中国青少年研究中心、中国教育学会专门（工读）教育分会
"青少年社会性教育研究"课题项目成果之一

国家财政专项资金资助课题

中国青少年研究中心
China Youth & Children Research Center

专门学校学生
社会性发展研究

RESEARCH ON SOCIAL DEVELOPMENT OF
STUDENTS IN REFORMATORY SCHOOL

基于专门学校学生与普通学生的比较分析

路 琦　雷 雳　马晓辉　张国华　刘 珂　耿靖宇／著

社会科学文献出版社
SOCIAL SCIENCES ACADEMIC PRESS (CHINA)

前　言

一

　　青少年社会性发展问题是个体和环境相互作用的结果。专门（工读）学校①学生不同于普通学校学生，在社会性发展方面存在较为严重的问题。找对问题产生的原因，抓住青少年（未成年）这个关键期，有针对性地进行干预，帮助其走向健康成长和发展的道路至关重要。对此，中国青少年研究中心立项的青少年社会性教育研究课题，将专门（工读）学校学生社会性发展问题列为其中一个重点问题进行研究。研究通过文献资料研究、座谈会、个案访谈、实地考察、问卷调查、数据分析等方式进行。其中，课题组联合中国教育学会专门（工读）教育分会，在全国选取了北京、上海、贵州、山西、云南、湖北、湖南、广东、江西、浙江、四川、江苏 12 个省、自治区、直辖市的 30 所中学，开展了问卷调查工作，这当中 13 所是工读学校，17 所是普通中学。课题组使用的调查问卷一套包括 24 份不同主题的问卷，分成五组分别进行调查，共回收了 12529 套问卷（包括电子问卷），24 份问卷共计有 56727 份有效样本数据，其中专门（工读）学校学生样本数据 26507份，普通学校学生样本数据 30220 份。现以著作的形式呈现调查研究的一些成果，供大家参考，以期对特殊青少年群体的教育引导工作有所裨益。

二

　　本书由三部分构成：第一编探究的是对自我与社会的认识，第二编探究的是自我与真实社会的关系，第三编探究的是自我与虚拟社会的关系。各编

---

　　①　专门学校，亦称工读学校。《中华人民共和国义务教育法》《中华人民共和国未成年人保护法》中使用的是"专门"，《中华人民共和国预防未成年人犯罪法》中使用的是"工读"。专门（工读）学校工作者和学术界目前使用较多的是"工读"。因此，本书中两种用法都存在。

章采用同样的结构模式：阐述所探究的问题，对专门（工读）学校学生和普通学校学生的相关情况进行对比分析，提出促进和完善专门（工读）学校学生社会性发展的对策和建议。

第一编对自我与社会的认识，主要从自我认识、情绪体验、自尊、自信、自我控制以及生命的意义和价值等方面进行探究。其中，对自我认识的探究，主要基于对学习自我、体貌自我、人际自我和整体自我等的测评分析；对情绪体验的探究，主要基于对抑郁、无聊、孤独感和主观幸福感等的测评分析；对生命意义和价值的探究，主要基于对生命意义的认知、公正世界信念和一般价值观等的测评分析。

第二编自我与真实社会的关系，主要从真实社会中的亲子关系和家庭关系、真实社会中的同伴关系和真实社会中的亲社会行为和攻击性行为等角度进行探究。其中，对真实社会中的亲子关系和家庭关系的探究，主要基于对亲子关系和学生父母婚姻冲突等的测评分析；对真实社会中的同伴关系的探究，主要基于对同伴依恋关系、校园欺凌等的测评分析；对真实社会中的亲社会行为的探究，主要基于对遵规与公益亲社会行为、特质性亲社会行为、关系性亲社会行为、利他性亲社会行为和总体亲社会行为的测评分析；对真实社会中的攻击性行为的探究，主要基于对身体攻击行为、间接攻击行为、总体攻击行为等的探究。

第三编自我与虚拟社会的关系，主要从虚拟社会中的人际交往和人际关系，以及虚拟社会中的在线行为角度进行探究。其中，对虚拟社会中的人际交往和人际关系的探究，主要基于对智能手机使用、微信使用、短视频（抖音和快手）等使用的测评分析；对虚拟社会中的在线行为的探究，主要基于对在线购物冲动、网络游戏障碍等的测评分析。

三

本书是中国青少年研究中心"青少年社会性教育研究课题"的一项研究成果，该课题得到了国家财政专项资金的资助。

课题研究得到了中国青少年研究中心王学坤、刘俊彦、张良驯等领导和同志们的关心支持，得到了中国教育学会专门（工读）教育分会王春生、刘燕、胡俊崎等领导和同志们的倾情帮助，深表感谢！

问卷调查得到了北京、上海、山西、云南、贵州、湖北、湖南、广东、江西、浙江、四川、江苏等12个省、自治区、直辖市的30所学校的真诚帮助和支持，其中有专门（工读）学校，也有普通中学，它们是：北京市海淀工读学校、上海市浦东新区工读学校、上海市五三中学、山西省太原市明德学校、山西省太原市第四职业学校、云南省昆明市金殿中学、云南省昆明市第三十中学、云南省昆明市白沙河中学、云南省文山第五中学、云南省文山市第四中学、贵州省黔南州启航学校、贵州省都匀市第四中学、湖北省武汉市砺志中学、湖北省武汉市常青树实验学校、湖北省武汉市汉铁初级中学、江西省赣州市第十一中学、江西省赣州市第九中学、江西省赣州市沙石中学、四川省成都市第五十二中学、四川省成都高新区新华学校、四川省宜宾市第十六中学校、四川省广安励志中学、江苏省南京市建宁中学、江苏省南师附中实验初中、浙江省杭州市城西中学、浙江省杭州市桐庐县凤川初级中学、浙江省杭州市上城区江城中学、广东省广州市新穗学校、广东省广州珠海中学、湖南省岳阳市春雷学校等，在此深表感谢！

全国人大常委会原内务司法委员会工青妇室赵智鸿、最高人民检察院原侦查监督厅刘雅清、芬中创新与教育协会梁旭、美国东卡大学张桂莉，中国青少年研究中心孙云晓、孙宏艳、刘秀英、洪明、曹萍、张旭东、赵霞、陈晨、张晓冰等，中国政法大学王贞会、温州大学崔冠宇，中国社科院徐超、蒋震，中国教育学会工读教育分会王春生、谭朴、刘燕、胡俊崎，亚太青少年可持续发展学习中心国敬华，以及上述专门（工读）学校、普通中学的校长、老师等分别参与了课题不同阶段的相关工作，如课题研讨论证、问卷研讨论证、试调研和问卷调查等工作，为课题研究提供了很好的帮助。中国教育学会工读教育分会高倩，中国政法大学于孟等同志在课题问卷研讨论证、试调研、问卷调查以及实地调研等方面协助课题组组长做了许多事务性工作，在此一并致谢！此外，还要特别感谢张会杰、郭元凯、刘丽燕、郝玉杰、应晖、胡林一、胡发清、杜宇、张翌、房雪、潘珍珍、张志勇、高晶威、郑潇珂、吕思奇等同志的支持！

敬请专家和读者提出宝贵意见！

联系方式：look2020@ aliyun. com

路 琦 雷 霁

2020 年 7 月 31 日

目　录

第一编　对自我与社会的认识

第二编　自我与真实社会的关系

第三编　自我与虚拟社会的关系

第一编　对自我与社会的认识

奥斯特洛夫斯基说过:"人的生命,似洪水奔流,不遇着岛屿和暗礁,难以激起美丽的浪花。"专门(工读)学校学生不同于普通学校学生,他们在成长道路上遭受过伤害,也不同程度地伤害过他人、危害过社会,怎样更有效地教育引导他们摆脱"困境",让生命激荡出美丽的浪花,是我们研究者愿意努力去做的事情。

对自我与社会的认识直接影响着人的行为动机和社会性发展。青少年对自我与社会的认识积极良好,青少年的身心就会朝着健康的方向发展,反之会带来一系列问题。青少年期对自我与社会的认识具有不断整合的特点,相比于高年龄段的人群,他们的认识更容易改变。作为青少年的专门(工读)学校学生在社会性发展方面出现问题,很重要的原因是对自我与社会的认识出现了偏差,若能及时给予教育矫治,是可以促其走向正途的。为了对教育矫治工作提出更有针对性的建议和措施,中国青少年研究中心和中国教育学会专门(工读)教育分会联合开展的首次青少年社会性发展问题调研,专门纳入了对自我与社会认识的相关调查,并通过对比考察普通学校学生和专门(工读)学校学生的相关情况,获得了大量宝贵的第一手资料和数据。本编主要呈现的是自我认识、情绪体验、自尊、自信、自我控制,以及对生命意义和价值的认识等方面的调查研究内容。

第一章 自我认识

　　青少年期一直被认为是个体开始探索并检验自我心理特征的关键时期。青少年期对自我的理解是复杂的，包含了自我的诸多方面。从儿童期向成年期过渡的这个过程中发生的快速变化导致高度的自我关注和意识，这种高度的自我关注引发了对自我的思考，本章主要对青少年在学业、人际关系等方面的自我认识进行调查和研究。

第一节　问题提出

一　自我认识

　　自我认识是自我意识的认知成分。它是自我意识的首要成分，也是自我调节控制的心理基础，它包括自我感觉、自我概念、自我观察、自我分析和自我评价。自我分析是在自我观察的基础上对自身状况的反思。自我评价是对自己能力、品德、行为等方面的评估，它最能代表一个人自我认识的水平（科普中国·科学百科词条）。罗杰斯认为：自我认识是一个人对自己多方面的综合看法，包括个人对自己的能力、性格以及与人、与事、与物的关系等多方面的集合。他把自我认识分为现实的自我与理想的自我，前者是我认为我是什么样的人，后者是我希望成为什么样的人。我国研究者林崇德认为：自我认识是个人心目中对自己的印象，包括对自己存在的认识以及对个人身体能力、性格、态度、思想等方面的认识，是由一系列态度、信念和价值标准所组成的有组织的认识结构。

　　自我认识是自我体验和自我管理的基础，在自我系统中具有重要的作用。自我认识不仅为个体提供自我认同感和连续感，使个体的存在和发展富有意义和价值，而且在面临重要任务时能够调节、维持有意义的行为。自我认识的发展标志着个体社会性的发展和人格的健全程度。大量研究表明，自我认识是心理健康的重要指标，客观的自我评价、积极的自我悦纳、健康的自我形象是心理健康的重要标志之一（樊富珉，付吉元，2001）。

青少年期是个体开始探索并检验自我的关键时期。当个体从儿童期向成年期过渡时，生理发育、认知机能和社会期望方面的快速变化会带来高度的自我关注和意识，这种高度的自我关注进而会引发对自我的思考，比如"我是谁"以及"自我的哪些方面是真实的"。处于这一阶段的青少年想要发现真正的自己，想要弄清自己与身处其中的世界是否相容。

二 青少年自我认识的特点

（一）青少年的自我认识是抽象的

按照皮亚杰的认知发展理论，很多青少年开始具备了抽象思维能力，反映在其对自我的看法上，就表现为青少年在描述自我时比儿童更加喜欢使用抽象的、唯心的词语。比如，他们会说："我是一个人。我很犹豫。我不知道自己是谁。""我生来是一个敏感的人，我真的很关心别人的感受。我觉得自己长相不错。"此外，青少年开始根据个人的信念和标准来看待自我，而不是根据社会比较（Harter et al.，1998，2006）。对此，有分析也指出，青少年的自我认识随年龄的增长，逐步由外在的、具体的描述转向内在的、抽象的描述（易艳等，2013）。

（二）青少年的自我认识是分化的

青少年既从总体上对自身进行评价，也从一些具体的方面进行评价，如学业、运动、外表、社会关系以及道德行为，并且自我认识的各个方面与总体自我认识之间的关系是不同的。例如，外表对总体自我认识就非常重要，特别对女性而言更是如此（Usmiani & Daniluk，1997）。与学龄儿童相比，青少年尤其重视社会性品质，比如，互助友好、细心周到、慷慨仁慈、乐于合作等；年龄大一些的青少年对自我进行描述时，个人价值观和道德价值观都是关键。总之，青少年比儿童更能够理解因个人角色的不同或者环境的不同，每个人都会有不同的自我。

（三）青少年的自我认识是矛盾的

青少年常常以相互矛盾的方式来描述自我，比如，他们可能会提到一些相反的特质——"害羞"和"闹腾"，"聪明"和"脑残"。这是因为相较于儿童，青少年的社会交往得到扩展，他们会面临新的人际压力，从而在不同的人际关系中表现不同的自我，即他们的自我认识在不同背景中有不同的表现，青少年与同伴在一起时和与父母、老师在一起时，对自己的看法是不同的（Harter et al.，1998）。研究表明，青少年自我描述中所表现出的矛盾（喜怒无常与善解人意、丑陋与有魅力、无聊与好奇、关怀与忽视、内向与好开玩笑等）的数量在七到九年级有很大增长（Harter，1986）。到十一年级时，自我描述中的矛盾有所下降，但是仍然比七年级时高。青少年在试图建构关于自我或者个性的一般理论的过程中，逐渐发展和形成侦测自我中的这些差异的能力（Harter & Monsour，1992）。

（四）青少年的自我认识是波动的

由于青少年的自我认识具有矛盾的特性，其自我就自然会随着情境和时间的不同而波动（Harter，1990）。比如，他们可能会无法理解自己怎么会变得那么快，刚才还心情愉快，继而就会感到忧心忡忡，再过一会儿，又变得对人讥讽有加。有研究者戏称青少年的这种波动的自我为"温度计自我"（Rosenberg，1986）。青少年自我的这种不稳定性一直会持续到其建立起更为统一的自我理论为止，这大概是在青少年期的后期，或者直到成年初期。

（五）青少年的自我认识是不断整合的

尽管青少年创建了多种自我认识，但这些分离对自我的理解会变得越来越整合，特别是在青少年后期，自我的各个部分会更为系统地结合在一起。形式运算思维的出现，既让青少年能把自我分化为多种角色，也让青少年能检测到自我在不同角色之间的不一致，并进而对这种明显的矛盾进行整合。年龄较大的青少年，形式运算能力更强，在试图建构关于自我的认识、形成整合的自我认同感时，更可能会检测到自己早先的自我描述中的不一致性，从而也更可能对自我认识进行整合。研究表明，14～15岁的青少年不仅发现了自己不同角色（比如，与父母、朋友及恋人在一起时的角色）之间的不一致，而且与年龄较小（11～12岁）及年龄较大（17～18岁）的青少年相比较，他们对这些矛盾更感到困扰（Damon & Hart，1988）。

三　自我认识对青少年发展的作用

（一）自我认识影响青少年的动机与行为

积极的自我认识能使青少年维持高水平的行为动机，有助于建立向上的生活、学习目标。乐观主义的自我认识，还能使青少年从教师的低评价中解放出来，使自己意识到未曾激发的潜能。高自我认识水平的青少年在面临困难时不容易气馁，并能迅速地从挫败中恢复。

（二）自我认识影响青少年的社会化发展

自我认识与社会性发展是相互作用的。一方面，个体的自我认识在人际互动中得到发展；另一方面，健全的自我认识又反过来促进个体的社会性发展。自我认识是青少年社会性发展的内部动力因素，而社会行为是青少年社会性发展的外部表现。青少年社会化转变的顺利与否，往往取决于其自我认识的发展水平。

（三）良好的自我认识促进青少年的身心健康

一般而言，具有良好自我认识的青少年会对自己有较为客观的评价，能积极地悦纳自我，从而维护身心健康；反之，消极自我认识会降低青少年的适应力，易产生自卑或自傲，从而影响身心健康。有研究发现，低自我认识的青少年心理问题较多，而高自我认识的青少年心理健康水平较高。

四 青少年自我认识的影响因素

自我认识的形成和发展是一个长期而复杂的过程，在这个过程中，家庭、学校、同辈群体以及个人的性格类型、成就动机等因素都会对其产生影响。生活中重要的他人，如父母、教师对自我认识的形成影响最大。在父母对自我认识的影响上，自我认识与父母的文化水平、教养方式等存在相关性。

自我认识部分决定于他人对我们的看法，或我们认为他人是怎么看待我们的。然而，不是所有人都有同样的影响。"重要他人"就是那些能够产生重要影响的人。他们有影响力，他们的意见有价值。不过，他们的影响也有赖于他们卷入的程度、亲密度、他们提供的社会支持以及他们所享有的权利和权威（Blain，Thompson，& Whiffen，1993）。研究者发现，青少年越感觉父母用关怀、奖励、宽容、赞赏、爱护、温暖和高期望的态度来管教他们，他们的自我认识越高。

五 自我认识的测评

综上所述，自我认识对个体自我与社会化的发展有重要影响，而青少年时期是个体探索与建立自我认识的关键时期。处于这一时期的专门（工读）学校学生（以下简称专门学生或工读学生）恰恰是一群特殊的青少年，他们大多属于"行为上有偏差和心理上有缺陷的学生"（张福娟，2002）。由于其本身所具有的消极特点，使得他们更容易遭受来自周围人的拒绝和排斥，阻碍其建立积极的自我认识。本研究对工读学生的自我认识状况进行调查，并从自我认识的各个维度与普通学校学生（以下简称普通学生）比较，从而了解工读学生自我认识的特点，为进一步提高其自我认识提供针对性的依据和建议。

（一）测评样本

本次调研选择国内的工读学生 1237 名，其中女生 311 名，男生 926 名；普通学生 1395 名，其中女生 619 名，男生 776 名。

从年龄上来看，工读学生平均年龄 14.90 岁，标准差为 1.18 岁；普通学生平均年龄 13.80 岁，标准差为 1.09 岁。为了方便统计和分析，将不同年龄的学生分为：13 岁及以下、14 岁、15 岁、16 岁、17 岁及以上五组。除去年龄缺失的学生 90 名，1147 名工读学生的年龄分布为：13 岁及以下 132 人，14 岁 278 人，15 岁 417 人，16 岁 228 人，17 岁及以上 92 人；除去年龄缺失的学生 54 名，1341 名普通学生的年龄分布为：13 岁及以下 540 人，14 岁 517 人，15 岁 190 人，16 岁的 71 人，17 岁及以上 23 人。

（二）测评工具

课题组参考《自我描述问卷》（Self – Description Questionnaire）（Marsh，1988，1990）、《儿童自我概念评定量表》（王爱民、任桂英，2004），编制了《青少年自我认识量表》。通过对回收数据进行探索性和验证性因素分析后，确定问卷的维度结构为：18 道题目，四个维度。该量表采用 4 点计分，从"很不符合"到"很符合"分为 4 个等级，选择"很不符合"得 1 分，选择"不太符合"得 2 分，选择"基本符合"得 3 分，选择"很符合"得 4 分。第 1、4、5、6、7、11、15 题均为反向计分题。先计算项目均分和标准差，再比较工读学生和普通学生两个群体的差异性。

《青少年自我认识量表》的维度结构如下：第一为"学业自我"，指学生对自己一般学业能力的认识，是学生对自己在学业任务中能否获得成功、能否掌握某一具体的、确定的学业任务的预期和判断，包括题目如"我大多数课程成绩很差"，"大多数课程对我来说太难"，"我大多数课程都学得很好"。第二为"体貌自我"，指对自己的体貌特征，如外表、健康水平的认识和满意程度，包括题目如"我的体型很好看"，"我长得好看"，"我的脸长得很好看"。第三为"人际自我"，指对周围人群或者环境间的交往的认识，如对师生关系、亲子关系、同伴关系的认识、自己与周围环境是否融洽的认识等，包括题目如"我很容易和其他人交朋友"，"我与其他人交朋友是困难的"，"我没有几个朋友"。第四为"运动自我"，指对自己运动能力的认识，如对自己体能的认识和满意程度，包括题目如"在体育、体操和舞蹈等活动中，我比我的大多数朋友都强"，"我讨厌体育、体操和舞蹈之类的活动"，"我喜欢体育、体操和舞蹈之类的活动"。

第二节 学业自我的基本情况分析

一 学业自我的总体特点

在《青少年自我认识量表》中测量学业自我的题目共5题（第4、7、13、15、16题），计分方式为"很不符合"计为1分，"不太符合"计为2分，"基本符合"计为3分，"很符合"计为4分。其中，第4、7、15题反向计分。维度均分越高表示学生对自己的一般学业能力的评价越好，觉得自己在学业任务中能够获得成功、掌握具体的、确定的学业任务有较好的预期和判断。

工读学生和普通学生在学业自我维度对应题目上的作答详情如表1-1和表1-2所示。

表1-1 工读学生在学业自我维度上的作答情况

单位：人，分

问卷题目	很不符合	不太符合	基本符合	很符合
我大多数课程成绩很差	179	449	386	223
大多数课程对我来说太难	245	457	376	159
我大多数课程都学得很好	247	473	390	127
在大多数课程的学习中，我都显得很笨	264	489	360	124
我大多数课程的成绩都挺好	229	474	380	154
总　计	1164	2342	1892	787
均值（标准差）	2.50（$SD = 0.56$）			

表1-2 普通学生在学业自我维度上的作答情况

单位：人，分

问卷题目	很不符合	不太符合	基本符合	很符合
我大多数课程成绩很差	381	500	367	147
大多数课程对我来说太难	439	532	314	110
我大多数课程都学得很好	270	457	494	174
在大多数课程的学习中，我都显得很笨	416	584	294	101
我大多数课程的成绩都挺好	222	531	462	180
总　计	1728	2604	1931	712
均值（标准差）	2.70（$SD = 0.67$）			

从学业自我维度来看，工读学生平均得分为 2.50 分（$SD = 0.56$），普通学生平均得分为 2.70 分（$SD = 0.67$）。为了比较两者之间是否存在差异，对两组平均值进行方差分析，发现工读学生在学业自我上的得分显著低于普通学生（$t = -8.28$，$p < 0.001$），如表 1-3 所示。上述结果表明，跟普通学生相比，工读学生对自己一般学业能力的评价偏低，对自己胜任学习任务的信心不足。

表 1-3　工读学生和普通学生在学业自我维度上的得分差异

单位：人，分

	工读学生	普通学生
人数（百分比）	1237（47.00%）	1395（53.00%）
均值（标准差）	2.50（0.56）	2.70（0.67）
方差分析结果 $t(p)$	$t = -8.28$，$p < 0.001$	

二　学业自我的性别特点

分析不同性别的工读学生和普通学生在学业自我维度上的作答情况，统计情况见表 1-4~表 1-7。

表 1-4　工读女生在学业自我维度上的作答情况

单位：人，分

问卷题目	很不符合	不太符合	基本符合	很符合
我大多数课程成绩很差	48	106	93	64
大多数课程对我来说太难	56	113	105	37
我大多数课程都学得很好	78	122	85	26
在大多数课程的学习中，我都显得很笨	69	129	88	25
我大多数课程的成绩都挺好	62	139	84	26
总　计	313	609	455	178
均值（标准差）	2.45（$SD = 0.61$）			

表 1-5　工读男生在学业自我维度上的作答情况

单位：人，分

问卷题目	很不符合	不太符合	基本符合	很符合
我大多数课程成绩很差	131	343	293	159
大多数课程对我来说太难	189	344	271	122

续表

问卷题目	很不符合	不太符合	基本符合	很符合
我大多数课程都学得很好	169	351	305	101
在大多数课程的学习中，我都显得很笨	195	360	272	99
我大多数课程的成绩都挺好	167	335	296	128
总　计	851	1733	1437	609
均值（标准差）	2.52（SD = 0.54）			

表1-6　普通女生在学业自我维度上的作答情况

单位：人，分

问卷题目	很不符合	不太符合	基本符合	很符合
我大多数课程成绩很差	142	249	175	53
大多数课程对我来说太难	161	261	150	47
我大多数课程都学得很好	108	198	247	66
在大多数课程的学习中，我都显得很笨	156	291	133	39
我大多数课程的成绩都挺好	90	246	218	65
总　计	657	1245	923	270
均值（标准差）	2.68（SD = 0.68）			

表1-7　普通男生在学业自我维度上的作答情况

单位：人，分

问卷题目	很不符合	不太符合	基本符合	很符合
我大多数课程成绩很差	239	251	192	94
大多数课程对我来说太难	278	271	164	63
我大多数课程都学得很好	162	259	247	108
在大多数课程的学习中，我都显得很笨	260	293	161	62
我大多数课程的成绩都挺好	132	285	244	115
总　计	1071	1359	1008	442
均值（标准差）	2.72（SD = 0.66）			

为比较男、女生的学业自我，通过统计发现：工读学生中，女生的平均得分为2.45分（$SD = 0.61$），男生的平均得分为2.52分（$SD = 0.54$），性别差异不显著（$t = -1.86$，$p = 0.06$）；普通学生中，女生的平均得分为2.68分（$SD = 0.68$），男生的平均得分为2.72分（$SD = 0.66$），性别差异不显著（$t = -1.07$，$p = 0.29$），统计分析结果见表1-8。上述结果说明，在工读学生中，在对自己学习能力的评价方面，男、女生之间没有明显差异。

表1-8　男女生在学业自我维度上的得分差异

单位：人，分

性别	工读学生		普通学生	
	女	男	女	男
人数（百分比）	311 (11.8%)	926 (35.2%)	619 (23.5%)	776 (29.5%)
均值（标准差）	2.45 (0.61)	2.52 (0.54)	2.68 (0.68)	2.72 (0.66)
方差分析结果 t (p)	$t = -1.86$, $p = 0.06$		$t = -1.07$, $p = 0.29$	

通过方差分析，比较同性别中不同类型的学生发现，工读学校女生的学业自我显著低于普通学校女生（$t = -5.26$，$p < 0.001$），同样，工读学校男生的学业自我也显著低于普通学校男生（$t = -6.42$，$p < 0.001$），如表1-9所示。上述结果说明，工读学校男、女生对自己学习能力的评价皆低于普通学校的男、女生。

表1-9　同性别工读学生和普通学生在学业自我维度上的得分差异

单位：人，分

学校类别	女		男	
	工读学生	普通学生	工读学生	普通学生
人数（百分比）	311 (11.8%)	619 (23.5%)	926 (35.2%)	776 (29.5%)
均值（标准差）	2.45 (0.61)	2.68 (0.68)	2.52 (0.54)	2.72 (0.66)
方差分析结果 t (p)	$t = -5.26$, $p < 0.001$		$t = -6.42$, $p < 0.001$	

三　学业自我的发展特点

为了考察随着年龄增长，工读学校学生的学业自我是否存在变化趋势，以年龄组为自变量，学业自我维度得分为因变量进行单因素方差分析，并检验其是否存在线性趋势，得到如下结果。

分析不同年龄组的工读学校学生和普通学校学生在学业自我维度上的作答情况，统计结果见表1-10~表1-19。

表1-10　13岁及以下年龄组工读学生在学业自我维度上的作答情况

单位：人，分

问卷题目	很不符合	不太符合	基本符合	很符合
我大多数课程成绩很差	32	54	34	12
大多数课程对我来说太难	34	47	36	15

续表

问卷题目	很不符合	不太符合	基本符合	很符合
我大多数课程都学得很好	19	59	39	15
在大多数课程的学习中，我都显得很笨	40	50	29	13
我大多数课程的成绩都挺好	19	55	37	21
总　计	144	265	175	76
均值（标准差）	2.66（SD = 0.57）			

表 1 – 11　14 岁年龄组工读学生在学业自我维度上的作答情况

单位：人，分

问卷题目	很不符合	不太符合	基本符合	很符合
我大多数课程成绩很差	41	94	91	52
大多数课程对我来说太难	58	109	86	25
我大多数课程都学得很好	58	106	91	23
在大多数课程的学习中，我都显得很笨	61	115	78	24
我大多数课程的成绩都挺好	47	112	88	31
总　计	265	536	434	155
均值（标准差）	2.52（SD = 0.54）			

表 1 – 12　15 岁年龄组工读学生在学业自我维度上的作答情况

单位：人，分

问卷题目	很不符合	不太符合	基本符合	很符合
我大多数课程成绩很差	49	141	140	87
大多数课程对我来说太难	78	137	139	63
我大多数课程都学得很好	94	146	126	51
在大多数课程的学习中，我都显得很笨	83	157	125	52
我大多数课程的成绩都挺好	92	144	121	60
总　计	396	725	651	313
均值（标准差）	2.45（SD = 0.58）			

表 1 – 13　16 岁年龄组工读学生在学业自我维度上的作答情况

单位：人，分

问卷题目	很不符合	不太符合	基本符合	很符合
我大多数课程成绩很差	23	80	77	48

问卷题目	很不 符合	不太 符合	基本 符合	很 符合
大多数课程对我来说太难	41	86	66	35
我大多数课程都学得很好	39	90	82	17
在大多数课程的学习中，我都显得很笨	37	94	79	18
我大多数课程的成绩都挺好	35	90	76	27
总　计	175	440	380	145
均值（标准差）	2.47（SD = 0.57）			

表 1 – 14　17 岁及以上年龄组工读学生在学业自我维度上的作答情况

单位：人，分

问卷题目	很不 符合	不太 符合	基本 符合	很 符合
我大多数课程成绩很差	13	44	27	8
大多数课程对我来说太难	19	43	20	10
我大多数课程都学得很好	16	35	33	8
在大多数课程的学习中，我都显得很笨	18	40	26	8
我大多数课程的成绩都挺好	16	34	35	7
总　计	82	196	141	41
均值（标准差）	2.58（SD = 0.57）			

表 1 – 15　13 岁及以下年龄组普通学生在学业自我维度上的作答情况

单位：人，分

问卷题目	很不 符合	不太 符合	基本 符合	很 符合
我大多数课程成绩很差	187	195	114	44
大多数课程对我来说太难	213	199	99	29
我大多数课程都学得很好	97	138	223	82
在大多数课程的学习中，我都显得很笨	206	212	92	30
我大多数课程的成绩都挺好	84	172	193	91
总　计	787	916	721	276
均值（标准差）	2.85（SD = 0.64）			

表 1 – 16　14 岁年龄组普通学生在学业自我维度上的作答情况

单位：人，分

问卷题目	很不 符合	不太 符合	基本 符合	很 符合
我大多数课程成绩很差	131	176	154	56

续表

问卷题目	很不符合	不太符合	基本符合	很符合
大多数课程对我来说太难	161	194	120	42
我大多数课程都学得很好	92	177	183	65
在大多数课程的学习中，我都显得很笨	133	222	123	39
我大多数课程的成绩都挺好	77	209	170	61
总　计	594	978	750	263
均值（标准差）	2.67（SD = 0.67）			

表 1 – 17　15 岁年龄组普通学生在学业自我维度上的作答情况

单位：人，分

问卷题目	很不符合	不太符合	基本符合	很符合
我大多数课程成绩很差	33	75	54	28
大多数课程对我来说太难	40	78	50	22
我大多数课程都学得很好	47	76	48	19
在大多数课程的学习中，我都显得很笨	49	79	42	20
我大多数课程的成绩都挺好	33	84	55	18
总　计	202	392	249	107
均值（标准差）	2.53（SD = 0.70）			

表 1 – 18　16 岁年龄组普通学生在学业自我维度上的作答情况

单位：人，分

问卷题目	很不符合	不太符合	基本符合	很符合
我大多数课程成绩很差	8	27	24	12
大多数课程对我来说太难	5	32	27	7
我大多数课程都学得很好	16	35	16	4
在大多数课程的学习中，我都显得很笨	10	36	19	6
我大多数课程的成绩都挺好	12	39	15	5
总　计	51	169	101	34
均值（标准差）	2.39（SD = 0.65）			

表 1 – 19　17 岁及以上年龄组普通学生在学业自我维度上的作答情况

单位：人，分

问卷题目	很不符合	不太符合	基本符合	很符合
我大多数课程成绩很差	5	6	11	1

问卷题目	很不符合	不太符合	基本符合	很符合
大多数课程对我来说太难	3	9	8	3
我大多数课程都学得很好	4	13	5	1
在大多数课程的学习中，我都显得很笨	3	12	7	1
我大多数课程的成绩都挺好	1	12	9	1
总　计	16	52	40	7
均值（标准差）	2.50（$SD = 0.46$）			

为了解不同年龄段学生的学业自我，通过描述统计发现：工读学生中，13 岁及以下组的平均得分为 2.66 分（$SD = 0.57$），14 岁组的平均得分为 2.52 分（$SD = 0.54$），15 岁组的平均得分为 2.45 分（$SD = 0.58$），16 岁组的平均得分为 2.47 分（$SD = 0.57$），17 岁及以上组的平均得分为 2.58 分（$SD = 0.57$）。为探究学业自我的发展趋势，方差分析发现，在工读学生中，年龄组间差异显著（$F = 4.09$，$p < 0.01$），线性趋势边缘显著（$F = 3.29$，$p = 0.07$），即工读学生的学业自我随年龄增长有下降的趋势。为进一步探究不同年龄工读学生的学业自我的差异，通过事后比较发现 13 岁组的学业自我水平显著高于 15 岁组（$p < 0.01$）。

普通学生中，13 岁及以下组的平均得分为 2.85 分（$SD = 0.64$），14 岁组的平均得分为 2.67 分（$SD = 0.67$），15 岁组的平均得分为 2.53 分（$SD = 0.70$），16 岁组的平均得分为 2.39 分（$SD = 0.65$），17 岁及以上组的平均得分为 2.50 分（$SD = 0.46$）。为探究学业自我的发展趋势，方差分析发现，在普通学生中，年龄组间差异显著（$F = 11.67$，$p < 0.001$），线性趋势显著（$F = 15.07$，$p < 0.001$），即普通学生的学业自我随年龄增长有下降的趋势。通过事后比较发现：13 岁及以下组的学业自我显著高于 14 岁（$p < 0.05$）、15 岁（$p < 0.001$）和 16 岁（$p < 0.001$）组；14 岁组的学业自我显著高于 16 岁组（$p < 0.05$）。

方差分析发现，在 13 岁及以下组（$t = -3.45$，$p = 0.001$）、14 岁组（$t = -3.59$，$p < 0.001$），工读学生的学业自我低于普通学生，但在 15 岁组（$t = -1.30$，$p = 0.17$）、16 岁组（$t = 1.01$，$p = 0.31$）、17 岁及以上组（$t = 0.67$，$p = 0.51$），工读学生与普通学生在学业自我上的差异不显著。

上述结果说明：从 13 岁到 15 岁，工读学生和普通学生对自己学习能力的评价有随年龄增长而下降的趋势；15 岁以前，工读学生的学业自我低于同龄普通学生。方差分析结果见表 1-20，变化趋势见图 1-1。

表 1-20　不同年龄组在学业自我维度上的差异分析

单位：分

年龄组	13 岁及以下	14 岁	15 岁	16 岁	17 岁及以上	不同年龄组间的方差分析
工读学生均值（标准差）	2.66 (0.57)	2.52 (0.54)	2.45 (0.58)	2.47 (0.57)	2.58 (0.57)	$F = 4.09$, $p < 0.01$
普通学生均值（标准差）	2.85 (0.64)	2.67 (0.67)	2.53 (0.70)	2.39 (0.65)	2.50 (0.46)	$F = 11.67$, $p < 0.001$
同年龄组不同类型学生的方差分析	$t = -3.45$, $p = 0.001$	$t = -3.59$, $p < 0.001$	$t = -1.30$, $p = 0.17$	$t = 1.01$, $p = 0.31$	$t = 0.67$, $p = 0.51$	

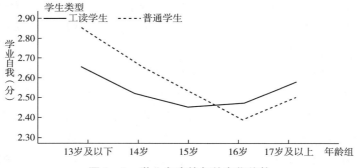

图 1-1　学业自我的年龄变化趋势

四　小结

从上述分析结果可知，在学业自我维度上，相比普通学生，工读学生对自己一般学业能力的评价偏低，对自己胜任学习任务的信心不足。从性别特点看，工读男、女生在学业自我上没有明显的性别差异，但工读女生的学业自我明显低于普通女生，工读男生的学业自我也明显低于普通男生。从年龄特点看，从 13 岁到 15 岁，工读学生与普通学生对自己一般学习能力的评价，都有随年龄增长而下降的趋势，15 岁以前，工读学生的学业自我普遍低于同龄普通学生。

第三节 体貌自我的基本情况分析

一 体貌自我的总体特点

在《青少年自我认识量表》中测量体貌自我的题目共 4 题（第 3、8、12、17 题），计分方式为"很不符合"计为 1 分，"不太符合"计为 2 分，"基本符合"计为 3 分，"很符合"计为 4 分。维度均分越高，说明学生对自己的体貌特征越满意。

工读学生和普通学生在体貌自我维度对应题目上的作答详情见表 1-21和表 1-22。

表 1-21 工读学生在体貌自我维度上的作答情况

单位：人，分

问卷题目	很不符合	不太符合	基本符合	很符合
我的脸长得很好看	186	380	402	269
我的体型很好看	218	403	384	232
别人认为我长得好看	183	436	417	201
我长得好看	214	380	402	241
总 计	801	1599	1605	943
均值（标准差）	2.54（$SD = 0.81$）			

表 1-22 普通学生在体貌自我维度上的作答情况

单位：人，分

问卷题目	很不符合	不太符合	基本符合	很符合
我的脸长得很好看	227	396	498	274
我的体型很好看	284	437	456	218
别人认为我长得好看	266	464	490	175
我长得好看	245	432	488	230
总 计	1022	1729	1932	897
均值（标准差）	2.48（$SD = 0.83$）			

从体貌自我的维度看，工读学生的平均得分为 2.54 分（$SD = 0.81$），普通学生的平均得分为 2.48 分（$SD = 0.83$）。为了比较两者之间是否存在差异，对两组平均值进行方差分析，发现工读学生与普通学生在体貌自我上

的差异不显著（$t = 1.85$，$p = 0.07$），如表 1 – 23 所示。上述结果说明，工读学生、普通学生在对自身外貌的评价上没有太大的差异。

表 1 – 23　工读学生和普通学生在体貌自我维度上的得分差异

单位：人，分

	工读学生	普通学生
人数（百分比）	1237（47.00%）	1395（53.00%）
均值（标准差）	2.54（0.81）	2.48（0.83）
方差分析结果 t（p）	$t = 1.85$，$p = 0.07$	

二　体貌自我的性别特点

分析不同性别的工读学生和普通学生在体貌自我维度上的作答情况，统计结果见表 1 – 24 ~ 表 1 – 27。

表 1 – 24　工读女生在体貌自我维度上的作答情况

单位：人，分

问卷题目	很不符合	不太符合	基本符合	很符合
我的脸长得很好看	44	112	93	62
我的体型很好看	60	111	85	55
别人认为我长得好看	43	112	107	49
我长得好看	57	113	87	54
总　计	204	448	372	220
均值（标准差）	2.49（$SD = 0.78$）			

表 1 – 25　工读男生在体貌自我维度上的作答情况

单位：人，分

问卷题目	很不符合	不太符合	基本符合	很符合
我的脸长得很好看	142	268	309	207
我的体型很好看	158	292	299	177
别人认为我长得好看	140	324	310	152
我长得好看	157	267	315	187
总　计	597	1151	1233	723
均值（标准差）	2.56（$SD = 0.82$）			

表 1 - 26 普通女生在体貌自我维度上的作答情况

单位：人，分

问卷题目	很不符合	不太符合	基本符合	很符合
我的脸长得很好看	89	192	241	97
我的体型很好看	123	219	196	81
别人认为我长得好看	106	209	236	68
我长得好看	102	209	227	81
总　　计	420	829	900	327
均值（标准差）	2.46（$SD = 0.80$）			

表 1 - 27 普通男生在体貌自我维度上的作答情况

单位：人，分

问卷题目	很不符合	不太符合	基本符合	很符合
我的脸长得很好看	138	204	257	177
我的体型很好看	161	218	260	137
别人认为我长得好看	160	255	254	107
我长得好看	143	223	261	149
总　　计	602	900	1032	570
均值（标准差）	2.51（$SD = 0.86$）			

为比较男、女生的体貌自我，通过统计发现：工读学生中，女生的平均得分为 2.49 分（$SD = 0.78$），男生的平均得分为 2.56 分（$SD = 0.82$），性别差异不显著（$t = -1.39$，$p = 0.17$）；普通学生中，女生的平均得分为 2.46 分（$SD = 0.80$），男生的平均得分为 2.51 分（$SD = 0.86$），性别差异不显著（$t = -1.08$，$p = 0.28$），见表 1 - 28。上述结果说明，工读学校男、女生在对自身外貌的评价上没有明显差异。

表 1 - 28 男女生在体貌自我维度上的得分差异

单位：人，分

性别	工读学生		普通学生	
	女	男	女	男
人数（百分比）	311（11.8%）	926（35.2%）	619（23.5%）	776（29.5%）
均值（标准差）	2.49（0.78）	2.56（0.82）	2.46（0.80）	2.51（0.86）
方差分析结果 t（p）	$t = -1.39$，$p = 0.17$		$t = -1.08$，$p = 0.28$	

通过方差分析比较同性别中不同类型的学生发现，在体貌自我上，工读

女生与普通女生得分差异不显著（$t = 0.56$，$p = 0.58$）；工读男生与普通男生得分差异也不显著（$t = 1.39$，$p = 0.17$），见表 1 - 29。上述结果说明，工读学校男、女生与普通学校男、女生在对自身外貌的评价上没有明显差异。

表 1 - 29　同性别工读学生和普通学生在体貌自我维度上的得分差异

单位：人，分

学校类别	女		男	
	工读学生	普通学生	工读学生	普通学生
人数（百分比）	311（11.8%）	619（23.5%）	926（35.2%）	776（29.5%）
均值（标准差）	2.49（0.78）	2.46（0.80）	2.56（0.82）	2.51（0.86）
方差分析结果 t（p）	$t = 0.56$，$p = 0.58$		$t = 1.39$，$p = 0.17$	

三　体貌自我的发展特点

为了考察随着年龄增长，工读学生的体貌自我是否存在变化趋势，以年龄组为自变量，体貌自我维度得分为因变量进行单因素方差分析，并检验其是否存在线性趋势，得到如下结果。

分析不同年龄组的工读学生和普通学生在体貌自我维度上的作答情况，统计结果见表 1 - 30 ~ 表 1 - 39。

表 1 - 30　13 岁及以下年龄组工读学生在体貌自我维度上的作答情况

单位：人，分

问卷题目	很不符合	不太符合	基本符合	很符合
我的脸长得很好看	23	52	34	23
我的体型很好看	26	46	43	17
别人认为我长得好看	32	47	39	14
我长得好看	23	46	43	20
总　计	104	191	159	74
均值（标准差）	2.38（$SD = 0.76$）			

表 1 - 31　14 岁年龄组工读学生在体貌自我维度上的作答情况

单位：人，分

问卷题目	很不符合	不太符合	基本符合	很符合
我的脸长得很好看	48	81	92	57

问卷题目	很不符合	不太符合	基本符合	很符合
我的体型很好看	54	87	96	41
别人认为我长得好看	39	103	91	45
我长得好看	46	98	95	39
总　计	187	369	374	182
均值（标准差）	2.50（SD = 0.75）			

表 1 - 32　15 岁年龄组工读学生在体貌自我维度上的作答情况

单位：人，分

问卷题目	很不符合	不太符合	基本符合	很符合
我的脸长得很好看	62	109	147	99
我的体型很好看	77	129	125	86
别人认为我长得好看	66	145	137	69
我长得好看	84	106	127	100
总　计	289	489	536	354
均值（标准差）	2.57（SD = 0.85）			

表 1 - 33　16 岁年龄组工读学生在体貌自我维度上的作答情况

单位：人，分

问卷题目	很不符合	不太符合	基本符合	很符合
我的脸长得很好看	21	77	78	52
我的体型很好看	29	71	75	53
别人认为我长得好看	18	81	92	37
我长得好看	29	69	81	49
总　计	97	298	326	191
均值（标准差）	2.67（SD = 0.78）			

表 1 - 34　17 岁及以上年龄组工读学生在体貌自我维度上的作答情况

单位：人，分

问卷题目	很不符合	不太符合	基本符合	很符合
我的脸长得很好看	11	29	27	25
我的体型很好看	12	30	28	22
别人认为我长得好看	10	28	32	22
我长得好看	13	32	26	21

续表

问卷题目	很不 符合	不太 符合	基本 符合	很 符合
总　计	46	119	113	90
均值（标准差）	2.67（SD = 0.86）			

表1-35　13岁及以下年龄组普通学生在体貌自我维度上的作答情况

单位：人，分

问卷题目	很不 符合	不太 符合	基本 符合	很 符合
我的脸长得很好看	95	137	201	107
我的体型很好看	114	159	179	88
别人认为我长得好看	109	168	183	80
我长得好看	104	155	187	94
总　计	422	619	750	369
均值（标准差）	2.49（SD = 0.87）			

表1-36　14岁年龄组普通学生在体貌自我维度上的作答情况

单位：人，分

问卷题目	很不 符合	不太 符合	基本 符合	很 符合
我的脸长得很好看	80	146	190	101
我的体型很好看	97	156	177	87
别人认为我长得好看	97	170	185	65
我长得好看	79	163	188	87
总　计	353	635	740	340
均值（标准差）	2.52（SD = 0.83）			

表1-37　15岁年龄组普通学生在体貌自我维度上的作答情况

单位：人，分

问卷题目	很不 符合	不太 符合	基本 符合	很 符合
我的脸长得很好看	35	63	55	37
我的体型很好看	47	69	52	22
别人认为我长得好看	39	70	60	21
我长得好看	42	63	54	31
总　计	163	265	221	111
均值（标准差）	2.37（SD = 0.80）			

表 1-38　16 岁年龄组普通学生在体貌自我维度上的作答情况

单位：人

问卷题目	很不符合	不太符合	基本符合	很符合
我的脸长得很好看	5	30	25	11
我的体型很好看	12	31	21	7
别人认为我长得好看	9	33	26	3
我长得好看	8	29	26	8
总　计	34	123	98	29
均值（标准差）	2.43（$SD = 0.69$）			

表 1-39　17 岁及以上年龄组普通学生在体貌自我维度上的作答情况

单位：人

问卷题目	很不符合	不太符合	基本符合	很符合
我的脸长得很好看	2	5	9	7
我的体型很好看	3	7	9	4
别人认为我长得好看	1	8	13	1
我长得好看	1	9	10	3
总　计	7	29	41	15
均值（标准差）	2.70（$SD = 0.69$）			

为了解不同年龄段学生的体貌自我，通过描述统计发现：工读学生中，13 岁及以下组的平均得分为 2.38 分（$SD = 0.76$），14 岁组的平均得分为 2.50 分（$SD = 0.75$），15 岁组的平均得分为 2.57 分（$SD = 0.85$），16 岁组的平均得分为 2.67 分（$SD = 0.78$），17 岁及以上组的平均得分为 2.67 分（$SD = 0.86$）。为探究体貌自我的发展趋势，方差分析发现，在工读学生中，年龄组间差异显著（$F = 3.54$，$p < 0.05$），线性趋势显著（$F = 10.54$，$p < 0.001$），即工读学生的体貌自我随年龄增长有上升的趋势，为进一步探究不同年龄工读学生的体貌自我的差异，通过事后比较发现，13 岁及以下组的体貌自我显著低于 16 岁组（$p < 0.05$）。

普通学生中，13 岁及以下组的平均得分为 2.49 分（$SD = 0.87$），14 岁组的平均得分为 2.52 分（$SD = 0.83$），15 岁组的平均得分为 2.37 分（$SD = 0.80$），16 岁组的平均得分为 2.43 分（$SD = 0.69$），17 岁及以上组的平均得分为 2.70 分（$SD = 0.69$）。为探究体貌自我的发展趋势，方差分析发现，在普通学生中，年龄组间差异不显著（$F = 1.58$，$p = 0.18$），线性趋势不显著（$F = 0.74$，$p = 0.39$）。

为探究各年龄组工读学生和普通学生在体貌自我上的差异，方差分析发现，在13岁及以下组（$t = -1.33$，$p = 0.17$）、14岁组（$t = -0.34$，$p = 0.73$）、17岁及以上组（$t = -0.13$，$p = 0.90$）工读学生与普通学生在体貌自我上无显著差异，但在15岁组（$t = 2.80$，$p < 0.05$）、16岁组（$t = 2.32$，$p < 0.05$），工读学生的体貌自我高于普通学生。

上述结果说明：工读学生的体貌评价随年龄增长有上升的趋势，年龄越大的工读学生对自己的外貌越满意，而普通学生对自我外貌的评价随年龄变化的差异不大；15、16岁工读学生对自身外貌的满意度高于普通学生。方差分析结果见表1-40，变化趋势见图1-2。

表1-40　不同年龄组在体貌自我维度上的差异分析

单位：分

年龄组	13岁及以下	14岁	15岁	16岁	17岁及以上	不同年龄组间的方差分析
工读学生均值（标准差）	2.38 (0.76)	2.50 (0.75)	2.57 (0.85)	2.67 (0.78)	2.67 (0.86)	$F = 3.54$, $p < 0.05$
普通学生均值（标准差）	2.49 (0.87)	2.52 (0.83)	2.37 (0.80)	2.43 (0.69)	2.70 (0.69)	$F = 1.58$, $p = 0.18$
同年龄组不同类型学生的方差分析	$t = -1.33$, $p = 0.17$	$t = -0.34$, $p = 0.73$	$t = 2.80$, $p < 0.05$	$t = 2.32$, $p < 0.05$	$t = -0.13$, $p = 0.90$	

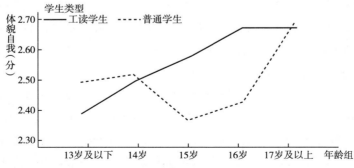

图1-2　体貌自我的年龄变化趋势

四　小结

从上述分析结果可知，整体来看，工读学生对自己的体貌特征，如外表、健康水平的认识和评价，与普通学生没有明显的差异。从性别特点看，工读学校的男女生在体貌自我上也没有明显的差异。工读女生和普通女生、工读男生与普通男生，在体貌自我上也没有明显的差异。从年龄特点看，工读学生对自己外貌的评价从 13 岁到 16 岁间，有随年龄增加而上升的趋势，而普通学生的体貌自我随年龄增加变化不明显，15、16 岁工读学生对自身外貌的满意度高于普通学生。

第四节　人际自我的基本情况分析

一　人际自我的总体特点

在《青少年自我认识量表》中测量人际自我的题目共 5 题（第 1、5、6、10、14 题），计分方式为"很不符合"计为 1 分，"不太符合"计为 2 分，"基本符合"计为 3 分，"很符合"计为 4 分。其中，第 1、5、6 题反向计分。维度均分越高，说明学生对自己的人际关系的评价越好。

工读学生和普通学生在人际自我维度对应题目上的作答详情见表 1 – 41 和表 1 – 42。

表 1 – 41　工读学生在人际自我维度上的作答情况

单位：人，分

问卷题目	很不符合	不太符合	基本符合	很符合
我与其他人交朋友是困难的	437	517	223	60
我没有几个朋友	425	454	257	101
同学中喜欢我的并不多	300	484	322	131
我很容易和其他人交朋友	158	354	454	271
同学们都喜欢我	160	407	491	179
总　计	1480	2216	1747	742
均值（标准差）	2.81（SD = 0.59）			

表 1 – 42　普通学生在人际自我维度上的作答情况

单位：人，分

问卷题目	很不符合	不太符合	基本符合	很符合
我与其他人交朋友是困难的	663	497	184	51
我没有几个朋友	735	411	174	75

问卷题目	很不 符合	不太 符合	基本 符合	很 符合
同学中喜欢我的并不多	517	533	229	116
我很容易和其他人交朋友	176	291	528	400
同学们都喜欢我	184	407	575	229
总　计	2275	2139	1690	871
均值（标准差）	3.01（$SD = 0.64$）			

　　从人际自我维度看，工读学生的平均得分为 2.81 分（$SD = 0.59$），普通学生的平均得分为 3.01 分（$SD = 0.64$）。为了比较两者之间是否存在差异，对两组平均值进行方差分析，发现工读学生得分显著低于普通学生得分（$t = -8.23$，$p < 0.001$），如表 1 - 43 所示。上述结果说明，相比普通学生，工读学生对自己的人际关系和社交能力的评价偏低。

表 1 - 43　工读学生和普通学生在人际自我维度上的得分差异

单位：人，分

	工读学生	普通学生
人数（百分比）	1237（47.00%）	1395（53.00%）
均值（标准差）	2.81（0.59）	3.01（0.64）
方差分析结果 t（p）	$t = -8.23$，$p < 0.001$	

二　人际自我的性别特点

　　分析不同性别的工读学生和普通学生在人际自我维度上的作答情况，统计结果见表 1 - 44 ~ 表 1 - 47。

表 1 - 44　工读女生在人际自我维度上的作答情况

单位：人，分

问卷题目	很不 符合	不太 符合	基本 符合	很 符合
我与其他人交朋友是困难的	107	132	62	10
我没有几个朋友	104	123	57	27
同学中喜欢我的并不多	75	138	71	27
我很容易和其他人交朋友	35	93	116	67
同学们都喜欢我	30	112	124	45
总　计	351	598	430	176
均值（标准差）	2.84（$SD = 0.60$）			

表 1－45　工读男生在人际自我维度上的作答情况

单位：人，分

问卷题目	很不符合	不太符合	基本符合	很符合
我与其他人交朋友是困难的	330	385	161	50
我没有几个朋友	321	331	200	74
同学中喜欢我的并不多	225	346	251	104
我很容易和其他人交朋友	123	261	338	204
同学们都喜欢我	130	295	367	134
总　计	1129	1618	1317	566
均值（标准差）	2.80（$SD = 0.58$）			

表 1－46　普通女生在人际自我维度上的作答情况

单位：人，分

问卷题目	很不符合	不太符合	基本符合	很符合
我与其他人交朋友是困难的	287	246	68	18
我没有几个朋友	327	192	71	29
同学中喜欢我的并不多	226	246	99	48
我很容易和其他人交朋友	58	117	261	183
同学们都喜欢我	58	186	280	95
总　计	956	987	779	373
均值（标准差）	3.05（$SD = 0.63$）			

表 1－47　普通男生在人际自我维度上的作答情况

单位：人，分

问卷题目	很不符合	不太符合	基本符合	很符合
我与其他人交朋友是困难的	376	251	116	33
我没有几个朋友	408	219	103	46
同学中喜欢我的并不多	291	287	130	68
我很容易和其他人交朋友	118	174	267	217
同学们都喜欢我	126	221	295	134
总　计	1319	1152	911	498
均值（标准差）	2.97（$SD = 0.65$）			

　　为比较男、女生的人际自我，通过统计发现：工读学生中，女生的平均得分为 2.84 分（$SD = 0.60$），男生的平均得分为 2.80 分（$SD = 0.58$），性别差异不显著（$t = 0.88$，$p = 0.38$）。普通学生中，女生的平均得分为

3.05 分（$SD = 0.63$），男生的平均得分为 2.97 分（$SD = 0.65$），性别差异不显著（$t = 2.20$，$p = 0.28$），详见表 1 - 48。上述结果说明，工读男生与工读女生在对自身人际关系和社交能力的评价上没有明显差异。

表 1 - 48　男女生在人际自我维度上的得分差异

单位：人，分

性别	工读学生		普通学生	
	女	男	女	男
人数（百分比）	311（11.8%）	926（35.2%）	619（23.5%）	776（29.5%）
均值（标准差）	2.84（0.60）	2.80（0.58）	3.05（0.63）	2.97（0.65）
方差分析结果 t（p）	$t = 0.88$，$p = 0.38$		$t = 2.20$，$p = 0.28$	

通过方差分析比较同性别中不同类型的学生发现，工读女生在人际自我上的得分显著低于普通女生（$t = -4.96$，$p < 0.001$）；同样，工读男生在人际自我上的得分显著低于普通男生（$t = -5.71$，$p < 0.001$），见表 1 - 49。上述结果说明，工读学校男、女生的人际自我皆低于普通学校男、女生。

表 1 - 49　同性别工读学生和普通学生在人际自我维度上的得分差异

单位：人，分

学校类别	女		男	
	工读学生	普通学生	工读学生	普通学生
人数（百分比）	311（11.8%）	619（23.5%）	926（35.2%）	776（29.5%）
均值（标准差）	2.84（0.60）	3.05（0.63）	2.80（0.58）	2.97（0.65）
方差分析结果 t（p）	$t = -4.96$，$p < 0.001$		$t = -5.71$，$p < 0.001$	

三　人际自我的发展特点

为了考察随着年龄增长，工读学生的人际自我是否存在变化趋势，以年龄组为自变量，人际自我维度得分为因变量进行单因素方差分析，并检验其是否存在线性趋势，得到如下结果。

分析不同年龄组的工读学生和普通学生在人际自我维度上的作答情况，统计结果见表 1 - 50 ~ 表 1 - 59。

表 1-50　13 岁及以下年龄组工读学生在人际自我维度上的作答情况

单位：人，分

问卷题目	很不符合	不太符合	基本符合	很符合
我与其他人交朋友是困难的	60	48	18	6
我没有几个朋友	49	52	22	9
同学中喜欢我的并不多	45	43	33	11
我很容易和其他人交朋友	19	37	50	26
同学们都喜欢我	14	46	48	24
总　计	187	226	171	76
均值（标准差）	2.89（SD = 0.57）			

表 1-51　14 岁年龄组工读学生在人际自我维度上的作答情况

单位：人，分

问卷题目	很不符合	不太符合	基本符合	很符合
我与其他人交朋友是困难的	111	106	46	15
我没有几个朋友	96	103	58	21
同学中喜欢我的并不多	59	111	84	24
我很容易和其他人交朋友	40	83	95	60
同学们都喜欢我	39	98	102	39
总　计	345	501	385	159
均值（标准差）	2.80（SD = 0.60）			

表 1-52　15 岁年龄组工读学生在人际自我维度上的作答情况

单位：人，分

问卷题目	很不符合	不太符合	基本符合	很符合
我与其他人交朋友是困难的	134	165	94	24
我没有几个朋友	138	149	90	40
同学中喜欢我的并不多	102	150	111	54
我很容易和其他人交朋友	57	108	163	89
同学们都喜欢我	58	127	168	64
总　计	489	699	626	271
均值（标准差）	2.78（SD = 0.62）			

表 1 – 53　16 岁年龄组工读学生在人际自我维度上的作答情况

单位：人，分

问卷题目	很不符合	不太符合	基本符合	很符合
我与其他人交朋友是困难的	73	102	46	7
我没有几个朋友	82	79	48	19
同学中喜欢我的并不多	54	95	55	24
我很容易和其他人交朋友	16	61	91	60
同学们都喜欢我	19	71	105	33
总　计	244	408	345	143
均值（标准差）	2.87（$SD = 0.58$）			

表 1 – 54　17 岁及以上年龄组工读学生在人际自我维度上的作答情况

单位：人，分

问卷题目	很不符合	不太符合	基本符合	很符合
我与其他人交朋友是困难的	31	49	11	1
我没有几个朋友	34	38	18	2
同学中喜欢我的并不多	22	45	18	7
我很容易和其他人交朋友	11	28	30	23
同学们都喜欢我	9	29	44	10
总　计	107	189	121	43
均值（标准差）	2.90（$SD = 0.55$）			

表 1 – 55　13 岁及以下年龄组普通学生在人际自我维度上的作答情况

单位：人，分

问卷题目	很不符合	不太符合	基本符合	很符合
我与其他人交朋友是困难的	291	158	71	20
我没有几个朋友	306	143	69	22
同学中喜欢我的并不多	219	202	73	46
我很容易和其他人交朋友	78	99	190	173
同学们都喜欢我	77	133	230	100
总　计	971	735	633	361
均值（标准差）	3.06（$SD = 0.64$）			

表 1-56　14 岁年龄组普通学生在人际自我维度上的作答情况

单位：人，分

问卷题目	很不符合	不太符合	基本符合	很符合
我与其他人交朋友是困难的	248	191	58	20
我没有几个朋友	264	162	66	25
同学中喜欢我的并不多	195	188	93	41
我很容易和其他人交朋友	57	112	202	146
同学们都喜欢我	64	154	217	82
总　计	828	807	636	314
均值（标准差）	3.01（$SD = 0.64$）			

表 1-57　15 岁年龄组普通学生在人际自我维度上的作答情况

单位：人，分

问卷题目	很不符合	不太符合	基本符合	很符合
我与其他人交朋友是困难的	73	77	32	8
我没有几个朋友	102	54	17	17
同学中喜欢我的并不多	61	76	32	21
我很容易和其他人交朋友	24	44	75	47
同学们都喜欢我	26	71	68	25
总　计	286	322	224	118
均值（标准差）	2.92（$SD = 0.68$）			

表 1-58　16 岁年龄组普通学生在人际自我维度上的作答情况

单位：人，分

问卷题目	很不符合	不太符合	基本符合	很符合
我与其他人交朋友是困难的	23	35	12	1
我没有几个朋友	26	31	8	6
同学中喜欢我的并不多	15	37	16	3
我很容易和其他人交朋友	3	21	33	14
同学们都喜欢我	5	24	33	9
总　计	72	148	102	33
均值（标准差）	2.92（$SD = 0.57$）			

表 1 - 59　17 岁及以上年龄组普通学生在人际自我维度上的作答情况

单位：人，分

问卷题目	很不符合	不太符合	基本符合	很符合
我与其他人交朋友是困难的	6	12	4	1
我没有几个朋友	10	8	4	1
同学中喜欢我的并不多	6	10	6	1
我很容易和其他人交朋友	2	7	11	3
同学们都喜欢我	1	8	12	2
总　计	25	45	37	8
均值（标准差）	2.88（$SD = 0.60$）			

为了解不同年龄段学生的人际自我，通过描述统计发现：工读学生中，13 岁及以下组的平均得分为 2.89 分（$SD = 0.57$），14 岁组的平均得分为 2.80 分（$SD = 0.60$），15 岁组的平均得分为 2.78 分（$SD = 0.62$），16 岁组的平均得分为 2.87 分（$SD = 0.58$），17 岁及以上组的平均得分为 2.90 分（$SD = 0.55$）。为探究人际自我的发展趋势，通过方差分析发现，在工读学生中，年龄组间差异不显著（$F = 2.05$，$p = 0.09$），线性趋势不显著（$F = 0.30$，$p = 0.59$）。

普通学生中，13 岁及以下组的平均得分为 3.06 分（$SD = 0.64$），14 岁组的平均得分为 3.01 分（$SD = 0.64$），15 岁组的平均得分为 2.92 分（$SD = 0.68$），16 岁组的平均得分 2.92 分（$SD = 0.57$），17 岁及以上组的平均得分为 2.88 分（$SD = 0.60$）。在普通学生中，年龄组间差异显著（$F = 2.45$，$p < 0.05$），且线性趋势显著（$F = 8.96$，$p < 0.01$），即普通学生的人际自我随年龄增长有下降的趋势。事后比较发现，13 岁及以下组的人际自我显著高于 15 岁组（$p < 0.05$）。

为探究各年龄组工读学生和普通学生在人际自我方面的差异，方差分析发现，在 13 岁及以下组（$t = -2.91$，$p < 0.01$）、14 岁组（$t = -4.77$，$p < 0.001$）、15 岁组（$t = -2.51$，$p < 0.05$），工读学生的人际自我低于普通学生，但在 16 岁组（$t = -0.59$，$p = 0.56$）、17 岁及以上组（$t = 0.20$，$p = 0.84$），工读学生与普通学生的人际自我差异不显著。

上述结果说明：工读生对自己人际关系和社交能力的评价在各年龄组间差异不大，而在普通学生中，对自己人际关系和社交能力的评价有随年龄下降的趋势；在 15 岁以前，工读学生的人际自我低于普通学生。方差分析结果见表 1 - 60，变化趋势见图 1 - 3。

表 1 - 60 不同年龄组在人际自我维度上的差异分析

单位：分

年龄组	13 岁及以下	14 岁	15 岁	16 岁	17 岁及以上	不同年龄组间的方差分析
工读学生均值（标准差）	2.89 (0.57)	2.80 (0.60)	2.78 (0.62)	2.87 (0.58)	2.90 (0.55)	$F = 2.05$, $p = 0.09$
普通学生均值（标准差）	3.06 (0.64)	3.01 (0.64)	2.92 (0.68)	2.92 (0.57)	2.88 (0.60)	$F = 2.45$, $p < 0.05$
同年龄组不同类型学生的方差分析	$t = -2.91$, $p < 0.01$	$t = -4.77$, $p < 0.001$	$t = -2.51$, $p < 0.05$	$t = -0.59$, $p = 0.56$	$t = 0.20$, $p = 0.84$	

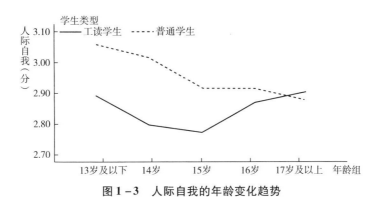

图 1 - 3 人际自我的年龄变化趋势

四 小结

从上述分析结果可知，工读学生对自己的人际关系，以及自己与他人交往的能力的评价低于普通学生。从性别特点看，工读学校男、女生在人际自我上没有明显的差异，但工读女生的人际自我明显低于普通女生，工读男生的人际自我也明显低于普通男生。从年龄特点看，工读学生的人际自我随年龄增加的变化不明显，而普通学生的人际自我有随年龄增加下降的趋势，在15 岁以前工读学生的人际自我低于普通学生。

第五节 运动自我的基本情况分析

一 运动自我的总体特点

在《青少年自我认识量表》中测量人际自我的题目共4题（第2、9、11、18题），计分方式为"很不符合"计为1分，"不太符合"计为2分，"基本符合"计为3分，"很符合"计为4分。其中，第11题反向计分。维度均分越高，说明学生对自己运动能力的评价越好。

工读学生和普通学生在运动自我维度对应题目上的作答详情见表1-61和表1-62。

表1-61　工读学生在运动自我维度上的作答情况

单位：人，分

问卷题目	很不符合	不太符合	基本符合	很符合
我喜欢体育、体操和舞蹈之类的活动	198	330	475	234
在体育、体操和舞蹈等活动中，我比我的大多数朋友都强	234	452	373	178
我讨厌体育、体操和舞蹈之类的活动	383	440	299	115
我在体育、体操和舞蹈等活动方面比其他同学表现好	203	492	370	172
总　计	1018	1714	1517	699
均值（标准差）	2.57（SD = 0.64）			

表1-62　普通学生在运动自我维度上的作答情况

单位：人，分

问卷题目	很不符合	不太符合	基本符合	很符合
我喜欢体育、体操和舞蹈之类的活动	218	356	489	332
在体育、体操和舞蹈等活动中，我比我的大多数朋友都强	313	528	400	154
我讨厌体育、体操和舞蹈之类的活动	607	491	216	81
我在体育、体操和舞蹈等活动方面比其他同学表现好	266	532	433	164
总　计	1404	1907	1538	731
均值（标准差）	2.62（SD = 0.68）			

从运动自我维度看，工读学生的平均得分为 2.57 分（$SD = 0.64$），普通学生的平均得分为 2.62 分（$SD = 0.68$）。为了比较两者之间是否存在差异，对两组平均值进行方差分析，发现工读学生与普通学生的得分差异不显著（$t = -1.70$，$p = 0.09$），如表 1-63 所示。上述结果说明，工读学生、普通学生对自身运动能力的评价没有明显差异。

表 1-63　工读学生和普通学生在运动自我维度上的得分差异

单位：人，分

	工读学生	普通学生
人数（百分比）	1237（47.00%）	1395（53.00%）
均值（标准差）	2.57（$SD = 0.64$）	2.62（$SD = 0.68$）
方差分析结果 t（p）	$t = -1.70$，$p = 0.09$	

二　运动自我的性别特点

分析不同性别的工读学生和普通学生在运动自我维度上的作答情况，统计结果见表 1-64 ~ 表 1-67。

表 1-64　工读女生在运动自我维度上的作答情况

单位：人，分

问卷题目	很不符合	不太符合	基本符合	很符合
我喜欢体育、体操和舞蹈之类的活动	52	79	111	69
在体育、体操和舞蹈等活动中，我比我的大多数朋友都强	71	126	79	35
我讨厌体育、体操和舞蹈之类的活动	88	127	65	31
我在体育、体操和舞蹈等活动方面比其他同学表现好	48	141	86	36
总　计	259	473	341	171
均值（标准差）	2.53（$SD = 0.68$）			

表 1-65　工读男生在运动自我维度上的作答情况

单位：人，分

问卷题目	很不符合	不太符合	基本符合	很符合
我喜欢体育、体操和舞蹈之类的活动	146	251	364	165

问卷题目	很不符合	不太符合	基本符合	很符合
在体育、体操和舞蹈等活动中，我比我的大多数朋友都强	163	326	294	143
我讨厌体育、体操和舞蹈之类的活动	295	313	234	84
我在体育、体操和舞蹈等活动方面比其他同学表现好	155	351	284	136
总　计	759	1241	1176	528
均值（标准差）	2.59（SD = 0.62）			

表 1 - 66　普通女生在运动自我维度上的作答情况

单位：人

问卷题目	很不符合	不太符合	基本符合	很符合
我喜欢体育、体操和舞蹈之类的活动	84	162	216	157
在体育、体操和舞蹈等活动中，我比我的大多数朋友都强	144	264	157	54
我讨厌体育、体操和舞蹈之类的活动	259	236	85	39
我在体育、体操和舞蹈等活动方面比其他同学表现好	118	259	180	62
总　计	605	921	638	312
均值（标准差）	2.59（SD = 0.69）			

表 1 - 67　普通男生在运动自我维度上的作答情况

单位：人

问卷题目	很不符合	不太符合	基本符合	很符合
我喜欢体育、体操和舞蹈之类的活动	134	194	273	175
在体育、体操和舞蹈等活动中，我比我的大多数朋友都强	169	264	243	100
我讨厌体育、体操和舞蹈之类的活动	348	255	131	42
我在体育、体操和舞蹈等活动方面比其他同学表现好	148	273	253	102
总　计	799	986	900	419
均值（标准差）	2.64（SD = 0.68）			

为比较男、女生的运动自我，通过统计发现：工读学生中，女生的平均得分为 2.53 分（SD = 0.68），男生的平均得分为 2.59 分（SD = 0.62），

性别差异不显著（$t = -1.48$，$p = 0.14$）；普通学生中，女生的平均得分为 2.59 分（$SD = 0.69$），男生的平均得分为 2.64 分（$SD = 0.68$），性别差异不显著（$t = -1.23$，$p = 0.22$），结果见表 1-68。上述结果说明，工读男生与工读女生在对自身运动能力的评价上没有明显差异。

表 1-68　男女生在运动自我维度上的得分差异

单位：人，分

性别	工读学生		普通学生	
	女	男	女	男
人数（百分比）	311（11.8%）	926（35.2%）	619（23.5%）	776（29.5%）
均值（标准差）	2.53（0.68）	2.59（0.62）	2.59（0.69）	2.64（0.68）
方差分析结果 t（p）	$t = -1.48$，$p = 0.14$		$t = -1.23$，$p = 0.22$	

通过方差分析比较同性别中不同类型的学生，发现工读女生的运动自我与普通女生差异不显著（$t = -1.36$，$p = 0.18$）；工读男生的运动自我与普通男生差异也不显著（$t = -1.52$，$p = 0.13$），如表 1-69 所示。上述结果说明，工读学校男、女生与普通学校男、女生在对自身运动能力的评价上没有明显差异。

表 1-69　同性别工读学生和普通学生在运动自我维度上的得分差异

单位：人，分

学校类别	女		男	
	工读学生	普通学生	工读学生	普通学生
人数（百分比）	311（11.8%）	619（23.5%）	926（35.2%）	776（29.5%）
均值（标准差）	2.53（0.68）	2.59（0.69）	2.59（0.62）	2.64（0.68）
方差分析结果 t（p）	$t = -1.36$，$p = 0.18$		$t = -1.52$，$p = 0.13$	

三　运动自我的发展特点

为了考察随着年龄增长，工读学生的运动自我是否存在变化趋势，以年龄组为自变量，运动自我维度得分为因变量进行单因素方差分析，并检验其是否存在线性趋势，得到如下结果。

分析不同年龄组的工读学生和普通学生在运动自我维度上的作答情况，统计结果见表 1-70～表 1-79。

表1-70 13岁及以下年龄组工读学生在运动自我维度上的作答情况

单位：人，分

问卷题目	很不符合	不太符合	基本符合	很符合
我喜欢体育、体操和舞蹈之类的活动	25	29	57	21
在体育、体操和舞蹈等活动中，我比我的大多数朋友都强	32	46	36	18
我讨厌体育、体操和舞蹈之类的活动	38	51	31	12
我在体育、体操和舞蹈等活动方面比其他同学表现好	30	50	43	9
总　计	125	176	167	60
均值（标准差）	2.49（SD = 0.61）			

表1-71 14岁年龄组工读学生在运动自我维度上的作答情况

单位：人，分

问卷题目	很不符合	不太符合	基本符合	很符合
我喜欢体育、体操和舞蹈之类的活动	43	75	107	53
在体育、体操和舞蹈等活动中，我比我的大多数朋友都强	46	107	84	41
我讨厌体育、体操和舞蹈之类的活动	87	110	60	21
我在体育、体操和舞蹈等活动方面比其他同学表现好	46	119	72	41
总　计	222	411	323	156
均值（标准差）	2.59（SD = 0.64）			

表1-72 15岁年龄组工读学生在运动自我维度上的作答情况

单位：人，分

问卷题目	很不符合	不太符合	基本符合	很符合
我喜欢体育、体操和舞蹈之类的活动	64	106	162	85
在体育、体操和舞蹈等活动中，我比我的大多数朋友都强	88	139	132	58
我讨厌体育、体操和舞蹈之类的活动	131	134	103	49
我在体育、体操和舞蹈等活动方面比其他同学表现好	72	156	123	66
总　计	355	535	520	258
均值（标准差）	2.57（SD = 0.64）			

表 1-73 16 岁年龄组工读学生在运动自我维度上的作答情况

单位：人，分

问卷题目	很不符合	不太符合	基本符合	很符合
我喜欢体育、体操和舞蹈之类的活动	31	47	101	49
在体育、体操和舞蹈等活动中，我比我的大多数朋友都强	33	79	83	33
我讨厌体育、体操和舞蹈之类的活动	73	82	58	15
我在体育、体操和舞蹈等活动方面比其他同学表现好	27	90	78	33
总　计	164	298	320	130
均值（标准差）	2.67（SD = 0.69）			

表 1-74 17 岁及以上年龄组工读学生在运动自我维度上的作答情况

单位：人，分

问卷题目	很不符合	不太符合	基本符合	很符合
我喜欢体育、体操和舞蹈之类的活动	15	35	29	13
在体育、体操和舞蹈等活动中，我比我的大多数朋友都强	13	45	19	15
我讨厌体育、体操和舞蹈之类的活动	28	36	20	8
我在体育、体操和舞蹈等活动方面比其他同学表现好	12	37	31	12
总　计	68	153	99	48
均值（标准差）	2.55（SD = 0.64）			

表 1-75 13 岁及以下年龄组普通学生在运动自我维度上的作答情况

单位：人，分

问卷题目	很不符合	不太符合	基本符合	很符合
我喜欢体育、体操和舞蹈之类的活动	88	137	182	133
在体育、体操和舞蹈等活动中，我比我的大多数朋友都强	120	186	160	74
我讨厌体育、体操和舞蹈之类的活动	241	187	90	22
我在体育、体操和舞蹈等活动方面比其他同学表现好	100	188	177	75
总　计	549	698	609	304
均值（标准差）	2.66（SD = 0.69）			

表 1 – 76　14 岁年龄组普通学生在运动自我维度上的作答情况

单位：人，分

问卷题目	很不符合	不太符合	基本符合	很符合
我喜欢体育、体操和舞蹈之类的活动	71	113	199	134
在体育、体操和舞蹈等活动中，我比我的大多数朋友都强	105	205	157	50
我讨厌体育、体操和舞蹈之类的活动	237	173	73	34
我在体育、体操和舞蹈等活动方面比其他同学表现好	92	201	166	58
总　计	505	692	595	276
均值（标准差）	2.65（$SD = 0.67$）			

表 1 – 77　15 岁年龄组普通学生在运动自我维度上的作答情况

单位：人，分

问卷题目	很不符合	不太符合	基本符合	很符合
我喜欢体育、体操和舞蹈之类的活动	38	61	61	30
在体育、体操和舞蹈等活动中，我比我的大多数朋友都强	61	72	44	13
我讨厌体育、体操和舞蹈之类的活动	70	80	27	13
我在体育、体操和舞蹈等活动方面比其他同学表现好	47	79	46	18
总　计	216	292	178	74
均值（标准差）	2.44（$SD = 0.67$）			

表 1 – 78　16 岁年龄组普通学生在运动自我维度上的作答情况

单位：人，分

问卷题目	很不符合	不太符合	基本符合	很符合
我喜欢体育、体操和舞蹈之类的活动	7	26	23	15
在体育、体操和舞蹈等活动中，我比我的大多数朋友都强	12	37	18	4
我讨厌体育、体操和舞蹈之类的活动	23	26	15	7
我在体育、体操和舞蹈等活动方面比其他同学表现好	13	37	16	5
总　计	55	126	72	31
均值（标准差）	2.49（$SD = 0.64$）			

表 1-79　17 岁及以上年龄组普通学生在运动自我维度上的作答情况

单位：人，分

问卷题目	很不符合	不太符合	基本符合	很符合
我喜欢体育、体操和舞蹈之类的活动	4	4	9	6
在体育、体操和舞蹈等活动中，我比我的大多数朋友都强	2	9	7	5
我讨厌体育、体操和舞蹈之类的活动	10	8	4	1
我在体育、体操和舞蹈等活动方面比其他同学表现好	2	9	9	3
总　计	18	30	29	15
均值（标准差）	2.78（SD = 0.80）			

　　为了解不同年龄段学生运动自我，通过描述统计发现：工读学生中，13 岁及以下组的平均得分为 2.49 分（$SD = 0.61$），14 岁组的平均得分为 2.59 分（$SD = 0.64$），15 岁组的平均得分为 2.57 分（$SD = 0.64$），16 岁组的平均得分为 2.67 分（$SD = 0.69$），17 岁及以上组的平均得分为 2.55 分（$SD = 0.64$）。为探究运动自我的发展趋势，通过方差分析发现，在工读学生中，年龄组间差异不显著（$F = 1.85$，$p = 0.12$），线性趋势不显著（$F = 1.15$，$p = 0.29$）。

　　普通学生中，13 岁及以下组的平均得分为 2.66 分（$SD = 0.69$），14 岁组的平均得分为 2.65 分（$SD = 0.67$），15 岁组的平均得分为 2.44 分（$SD = 0.67$），16 岁组的平均得分为 2.49 分（$SD = 0.64$），17 岁及以上组的平均得分为 2.78 分（$SD = 0.80$）。为探究运动自我的发展趋势，方差分析发现，在普通学生中，年龄组间差异显著（$F = 5.10$，$p < 0.01$），线性趋势显著（$F = 7.11$，$p < 0.01$），即从 13 岁到 15 岁，普通学生的运动自我有下降趋势。事后比较发现，13 岁及以下组的运动自我显著高于 15 岁组（$p < 0.01$）；14 岁组的运动自我显著高于 15 岁组（$p < 0.01$）。

　　为探究各年龄组工读学生和普通学生在运动自我上的差异，通过方差分析发现：在 13 岁及以下组（$t = -2.52$，$p < 0.05$），工读学生的运动自我低于普通学生；在 15 岁组（$t = 2.39$，$p < 0.05$）、16 岁组（$t = 2.03$，$p < 0.05$），工读学生的运动自我高于普通学生；在 14 岁组（$t = -1.30$，$p = 0.17$）和 17 岁及以上组（$t = -1.46$，$p = 0.15$），工读学生与普通学生在运动自我上的差异不显著。

　　上述结果说明：工读学生的运动自我随年龄的变化差异不大，但普通学生的运动自我从 13 岁到 15 岁有随年龄增长下降的趋势；在 15 或 16 岁时，工读学生的运动自我高于普通学生。方差分析结果见表 1-80，变化趋势见图 1-4。

表 1-80　不同年龄组在运动自我维度上的差异分析

单位：分

年龄组	13 岁及以下	14 岁	15 岁	16 岁	17 岁及以上	不同年龄组间的方差分析
工读学生均值（标准差）	2.49 (0.61)	2.59 (0.64)	2.57 (0.64)	2.67 (0.69)	2.55 (0.64)	$F = 1.85$, $p = 0.12$
普通学生均值（标准差）	2.66 (0.69)	2.65 (0.67)	2.44 (0.67)	2.49 (0.64)	2.78 (0.80)	$F = 5.10$, $p < 0.01$
同年龄组不同类型学生的方差分析	$t = -2.52$, $p < 0.05$	$t = -1.30$, $p = 0.17$	$t = 2.39$, $p = 0.05$	$t = 2.03$, $p < 0.05$	$t = -1.46$, $p = 0.15$	

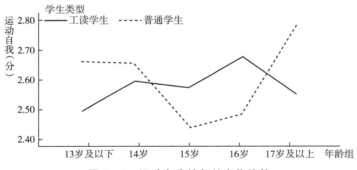

图 1-4　运动自我的年龄变化趋势

四　小结

从上述分析结果可知，在对自己的运动能力的评价上，工读学生与普通学生没有明显差异。从性别特点看，工读学校的男、女生在运动自我上也没有明显差异。工读女生和普通女生、工读男生与普通男生，在运动自我上也没有明显差异。从年龄特点看，工读学生的运动自我随年龄的变化不大，而普通学生的运动自我在 13 岁到 15 岁随年龄增加而下降，在 15 或 16 岁时，工读学生的运动自我高于普通学生。

第六节　整体自我认识的基本情况分析

一　整体自我认识的总体特点

《青少年自我认识量表》所有项目的均分，即青少年在学业自我、体貌自我、人际自我、运动自我维度的得分均值，反映了整体自我认识水平的高低。从总分来看，工读学生的平均得分为 2.61 分（$SD = 0.43$），普通学生的平均得分为 2.72 分（$SD = 0.52$）。为比较两者是否存在差异，对两组均值进行方差分析，结果发现工读学生得分显著低于普通学生得分（$t = -5.77$，$p < 0.001$），如表 1-81 所示。该结果表明，相比普通学生，工读学生对自己的整体评价偏低。

表 1-81　工读学生和普通学生在整体自我认识上的得分差异

单位：人，分

	工读学生	普通学生
人数（百分比）	1237（47.00%）	1395（53.00%）
均值（标准差）	2.61（$SD = 0.43$）	2.72（$SD = 0.52$）
方差分析结果 t（p）	$t = -5.77$，$p < 0.001$	

二　整体自我认识的性别特点

为比较男、女生的整体自我认识水平，通过统计发现：工读学生中，女生的平均得分为 2.58 分（$SD = 0.40$），男生的平均得分为 2.62 分（$SD = 0.43$），方差分析表明，性别差异不显著（$t = -1.46$，$p = 0.15$）；普通学生中，女生的平均得分为 2.71 分（$SD = 0.53$），男生的平均得分为 2.72 分（$SD = 0.51$），方差分析表明，性别差异不显著（$t = -0.37$，$p = 0.71$）。具体如表 1-82 所示。

表 1-82　男女生在整体自我认识上的得分差异

单位：人，分

	工读学生		普通学生	
性别	女	男	女	男
人数（百分比）	311（11.8%）	926（35.2%）	619（23.5%）	776（29.5%）
均值（标准差）	2.58（0.40）	2.62（0.43）	2.71（0.53））	2.72（0.51）
方差分析结果 t（p）	$t = -1.46$，$p = 0.15$		$t = -0.37$，$p = 0.71$	

通过方差分析比较同性别中不同类型的学生发现：工读女生得分显著低于普通女生（$t = -4.21$，$p < 0.001$）；同样，工读男生的得分显著低于普通男生（$t = -4.32$，$p < 0.001$），如表 1 - 83 所示。上述结果说明，工读男生与工读女生对自我的整体评价没有明显差异，但工读学校男、女生对自我的总体评价低于普通学校男、女生对自我的总体评价。

表 1 - 83　同性别工读学生和普通学生在整体自我认识上的得分差异

单位：人，分

学校类别	女		男	
	工读学生	普通学生	工读学生	普通学生
人数（百分比）	311（11.8%）	619（23.5%）	926（35.2%）	776（29.5%）
均值（标准差）	2.58（0.40）	2.71（0.53））	2.62（0.43）	2.72（0.51）
方差分析结果 t（p）	$t = -4.21$，$p < 0.001$		$t = -4.32$，$p < 0.001$	

三　整体自我认识的发展特点

为了解不同年龄段学生的整体自我认识水平，通过描述统计发现：在工读学生中，13 岁及以下组的平均得分为 2.63 分（$SD = 0.43$），14 岁组的平均得分为 2.61 分（$SD = 0.45$），15 岁组的平均得分为 2.59 分（$SD = 0.42$），16 岁组的平均得分为 2.67 分（$SD = 0.41$），17 岁及以上组的平均得分为 2.68 分（$SD = 0.46$）。为探究整体自我认识的年龄发展趋势，方差分析发现工读学生各年龄组间差异不显著（$F = 1.70$，$p = 0.15$），线性趋势不显著（$F = 2.16$，$p = 0.14$），说明整体自我认识在工读学生的不同年龄组间无明显差异。

在普通学生中，13 岁及以下组的平均得分为 2.79 分（$SD = 0.53$），14 岁组的平均得分为 2.73 分（$SD = 0.53$），15 岁组的平均得分为 2.58 分（$SD = 0.51$），16 岁组的平均得分为 2.56 分（$SD = 0.43$），17 岁及以上组的平均得分为 2.71 分（$SD = 0.45$）。为探究整体自我认识的年龄发展趋势，方差分析发现普通学生各年龄组间差异显著（$F = 7.36$，$p < 0.001$），且线性趋势显著（$F = 22.43$，$p < 0.001$），即从 13 岁到 16 岁，普通学生的整体自我认识有下降的趋势。为进一步探究不同年龄普通学生在整体自我认识上的差异，通过事后比较发现：普通学生 13 岁及以下组的整体自我认识显著高于 15 岁组（$p < 0.001$）和 16 岁组（$p < 0.05$）；普通学生 14 岁组的整体自我认识水平显著高于 15 岁组（$p < 0.05$）。

为探究各年龄组内工读学生和普通学生的整体自我认识差异，方差分析发现，在 13 岁及以下组（$t = -3.22$，$p < 0.05$）、14 岁组（$t = -3.34$，$p < 0.05$），工读学生的整体自我认识低于普通学生，但在 15 岁组（$t = 0.35$，$p = 0.72$）、16 岁组（$t = 1.85$，$p = 0.07$）、17 岁及以上组（$t = -0.24$，$p = 0.81$），工读学生与普通学生的整体自我认识差异不显著。

上述结果说明：工读学生的整体自我认识随年龄的变化不明显，但普通学生的整体自我认识在 13 岁到 16 岁时，有持续下降趋势；在 15 岁以前，工读学生对自己的整体评价低于同龄普通学生。方差分析结果见表 1 – 84，变化趋势见图 1 – 5。

表 1 – 84　不同年龄组整体自我认识上的差异分析

单位：分

年龄组	13 岁及以下	14 岁	15 岁	16 岁	17 岁及以上	不同年龄组间的方差分析
工读学生均值（标准差）	2.63 (0.43)	2.61 (0.45)	2.59 (0.42)	2.67 (0.41)	2.68 (0.46)	$F = 1.70$，$p = 0.15$
普通学生均值（标准差）	2.79 (0.53)	2.73 (0.53)	2.58 (0.51)	2.56 (0.43)	2.71 (0.45)	$F = 7.36$，$p < 0.001$
同年龄组不同类型学生的方差分析	$t = -3.22$，$p < 0.05$	$t = -3.34$，$p < 0.05$	$t = 0.35$，$p = 0.72$	$t = 1.85$，$p = 0.07$	$t = -0.24$，$p = 0.81$	

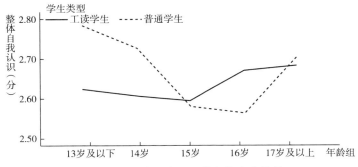

图 1 – 5　整体自我认识的年龄变化趋势

四 小结

从上述分析结果可知，从整体来看，工读学生对自我的评价低于普通学生。该结果与以往的研究结果基本一致，如有研究者采用田纳西自我概念量表进行调查并发现：工读学生的自我概念总分低于普通学生；在生理自我、道德自我、心理自我、家庭自我、自我认同、自我满意等各维度，工读学生的得分也明显低于普通学生（孙玉环、刘本荣，2010）。从性别来看，工读学校男、女生在整体自我评价上没有明显的性别差异，但工读学校男、女生对自我的评价都明显低于普通学校的同性别学生。

第七节 对策和建议

一 给予工读学生合理关注，由注重行为矫治转变为情感教育

长期以来，工读学校学生感受到外界对自己的消极评价远大于积极评价，由于问题行为常常是这些学生最突出的特点，因而无论是家庭、学校还是整个社会，对于工读学校学生的关注点都集中在问题行为的矫治上，过多地关注他们的外在表现而忽略他们的内心，学生感受到的关爱和鼓励较少，学生的整体自我认识就会较低。因此，对工读学校学生的关注需要由注重行为矫治向情感教育转变，而情感教育的关键在于为他们营造一个和谐的成长环境。多鼓励学生参加自己感兴趣的活动，为学生提供展示才能的平台，让学生在活动中发现自己的优势，感受到老师与同学的肯定，增强自信。许多工读学校已开始重视并实施情感教育，效果良好。此外，帮助学生抵制不良社会文化，多传播一些正面的社会信息，如宣传和谐社会、进行诚信教育等，不断促进学生自我和谐水平的提高，这也符合德育大纲的要求。

工读学校采用的是寄宿制，学生在学校与老师接触的时间很多，老师在生活上可多关心他们，通过点滴的积累来帮助学生建立良好的信任与归属感，从而提高他们的自我认识。在学习上，提倡更为温和的教育方式，对学生从心灵上关怀，提高学生学习的积极性。有时批评是必要的，但不能太苛求、太严厉。因为学生在这一阶段会有很强的逆反心理，一味限制反而不利于他们的自我和谐发展，利用其兴趣与优势，因势利导地进行个性化培养，则能获得更好的教育效果。出现学生对老师的监管有抵触的情况，建议更多地通过学生自己参与管理的方式来进行缓解，如卫生、就寝、就餐等都由学

生自己监管，安排学生轮流担任寝室长、生活委员，通过自我管理融入集体，产生积极观念和责任意识，促进自我的认识和发展。许多工读学校都在这样实践着，效果良好。

二 工读学生需要正确认识与评价自我

从工读学校学生自身的角度来说，需要正确认识和客观评价自我，满足"自我关注需要"。根据心理学家罗杰斯的观点，个体无须通过他人或社会的积极关注传达，就可以体验到与任何特定的自我经验或自我经验群相关的积极关注的满足或受挫。这种形式的积极关注就称为自我关注。因此，工读学校学生应在自我关注的基础上，通过自我观察、自我判断，形成客观正确的自我评价，合理认识自己，摆正自己的位置，既不因自己在某些方面高于别人而自傲，也不因某些方面低于别人而自惭，这样才能促进自我认识的提高。

工读学生需要学会运用自我实现倾向评价经验。工读学校学生与普通学生相比，可能在学习方面有很大差距，难以获得较高的学业成绩，但是，只要能把自身价值和潜能充分发挥出来就是成功者，用自我实现倾向评价经验，应学会扬长避短，以自己的优势和长处作为发展的根基，努力向前。

工读学生要学会接受和表达自己的情感。工读学校学生经常产生更多的消极情绪，面对这些情绪，要学会自我疏导和自我排遣，找到正确表达情绪的方式，既不过分压抑，也不要放纵自己。可以采用一些基本的自我调适方法，例如当感到情绪不良或情绪激动时，主动寻找信赖的老师、朋友或家长交谈，获得抚慰并寻求有效的建议，利用合理宣泄的方式来缓解自我冲突，避免过激情绪。当遭遇挫折、内心压抑时，可以尝试回忆曾经经历过的成功或愉快事件，鼓励自己增强信心，走出失败的阴影。遇到困难和阻碍时，学会用激励性的语言暗示自己，进行积极的自我暗示，如"一切都会好起来""我能行"等。

三 营造氛围，帮助工读学生建立良好的同伴关系

良好的同伴关系能够促进工读学校学生积极地看待自己，也可以帮助他们缓解与父母之间的情感疏离，但工读学生常会接触到更多的社会人士，在交友上也容易产生偏差。因此，在工读学校教育中，要帮助他们形成正确的择友观，掌握适当的人际交往技巧，鼓励他们形成融洽的同伴关系，提高自我的灵活性，在良好的同伴交往中获得归属感，并且通过良好的关系氛围来

推动积极的自我认知，提高自我和谐水平。

在工读学校中，一个班级的班风会对学生产生很大影响，班级中的同伴关系也会显著影响学生的自我和谐，老师应与学生一起营造一个相互信任、和谐共进的班级氛围。要注重开展形式多样的活动，促进学生之间的联系与信任。如召开主题班会、开展互送篇言活动、进行"一对一"结对互助、请先进人物做报告、为同学过生日、献爱心送温暖活动等，通过营造和谐的班级环境，维护良好的同伴关系，从而促进学生自我和谐的发展。

此外，营造良好的校园学习和生活的大氛围也很必要。要注重结合心理健康和自我和谐的教育，开展心理健康教育月活动、心理热点问题讲座等，将个别咨询与团体辅导相结合、专题辅导和日常教育相结合，并利用网络等工读学校学生感兴趣的媒介开展有效宣传，通过多方面的指导和帮助，进一步建立工读学生心理健康教育的和谐氛围，从而促进学生内在的自我和谐的发展。

四 发挥家长作用，加强学校、家庭与社会的合作

家庭在工读学校学生的教育和矫治中具有非常重要和不可替代的作用，改善不良的家庭关系，多给予孩子无条件积极关注，是家庭教育的关键所在。家长应该首先树立信心，相信爱的力量是巨大的，愿意给予孩子无条件的关爱，乐于与孩子交流沟通，不能以简单粗暴的方式解决问题。其次，家长应该积极创造良好的、亲密的家庭环境，让孩子在家庭中感受到温暖和亲情。其次，要意识到以往不恰当的教养方式对家庭关系以及孩子的自我和谐所起到的消极影响，学习和掌握正确的亲子交往技巧。最后，要学会从积极关注的角度去发现孩子的闪光点，进行鼓励和引导，让他们也能意识到自己的优势，逐步改变消极的自我认知和评价，减少自我冲突，从而提高自我认识。

学校也可以定期召开家长会，将学生获得的点滴进步都告诉家长，让家长知道自己的孩子不是很差，还有希望。还可以多开展如家长参观日之类的活动，让家长了解孩子在学校的生活和学习，了解孩子真正的需要，改善家长与子女间的关系，帮助学生建立对家长的信任。

除了学校和家庭以外，工读学生常比普通学生有着更多的社会接触和交往，来自社会中的良性教育对于工读学校学生的自我认识也有很大的促进作用。工读学校可以开展社会互动活动，邀请当地大学生到学校进行志愿者活动，与工读学校学生互动交流，沟通谈心。也可以邀请一些专业技术方面的

专家来学校开展特色演讲，扩展工读学生的兴趣和眼界，并让他们能从专业成功人士的成长经历中获得经验和激励。

正如本次调研的结果所示，工读学生自我认识的某些方面有随年龄增长的一些变化趋势，如从 13 岁到 15 岁，工读学生的学业自我有逐渐下降的趋势，而体貌自我有逐渐上升的趋势。在对工读学生的教育和培养中，应该充分意识到其心理与年龄发展特点，有针对性地、取长补短地开展辅助教育活动。例如，针对高年级工读学生，一方面应引导其正确看待学习中遇到的挫折和困难，避免让学习过程中产生的沮丧情绪，扩散到其他方面，以偏概全地影响对自我的认识；另一方面，应该引导他们关注自己的优势方面，如更强的运动能力、对外貌和身体的满意、更多的朋友等。

参考文献

Blain，M. D. ，Thompson，J. M. & Whiffen，V. E. （1993）. Attachment and perceived social support in late adolescence：The interaction between working models of self and others. *Journal of Adolescent Research*，8（2），226 – 241.

Hart，D. & Damon，W. （1988）. Self - understanding and social cognitive development. *Early Child Development and Care*，40（1），5 – 23.

Harter，S. （1986）. Cognitive – developmental processes in the integration of concepts about emotions and the self. *Social Cognition*，4（2），119 – 151.

Harter，S. （1990）. Processes Underlying Adolescent Self – concept Formation. In R. Montemayor，G. R. Adams & T. P. Gullotta（Eds. ），*Advances in Adolescent Development*：*An Annual Book Series*，Vol. 2. From childhood to adolescence：A transitional period？205 – 239. Sage Publications，Inc.

Harter，S. & Monsour，A. （1992）. Development analysis of conflict caused by opposing attributes in the adolescent self – portrait. Developmental Psychology，28（2），251.

Harter，S. ，Waters，P. & Whitesell，N. R. （1998）. Relational Self – worth：Differences in Perceived Worth as A Person across Interpersonal Contexts among Adolescents. *Child Development*，69（3），756 – 766.

Usmiani，S. & Daniluk，J. （1997）. Mothers and Their Adolescent Daughters：Relation Ship between Self – esteem，Gender Role Identity，Body Image. *Journal of Youth and Adolescence*，26（1），45 – 62.

Rosenberg，M. （1986）. Conceiving the Self. RE Krieger.

Steinberg，L. & Morris，A. S. （2001）. Adolescent Development. *Annual Review of Psy-*

chology，52（1），83 – 110.

陈福侠，张福娟．（2010）．工读学校学生同伴依恋，自我概念与孤独感的特点及其关系．心理发展与教育，26（1），73 – 80.

陈福侠．（2007）．工读学校学生依恋、自我概念及其关系的研究．华东师范大学硕士学位论文．

樊富珉，付吉元．（2001）．大学生自我概念与心理健康的相关研究．中国心理卫生杂志，15（2），76 – 77.

江琴娣，杨福义．（2005）．工读学校学生的心理健康状况及其影响因素研究．心理科学，（3），27.

雷雳，马晓辉．（2015）．中学生心理学．浙江教育出版社．

林崇德，李庆安．（2005）．青少年期身心发展特点．北京师范大学学报（社会科学版），1，48 – 56.

刘化英．（2000）．罗杰斯对自我概念的研究及其教育启示．辽宁师范大学学报，（6）．

孙玉环，刘本荣．（2010）．广东省工读学校学生自我概念及影响因素研究．中国特殊教育，9，33 – 37.

王爱民，任桂英．（2004）．中美两国儿童自我概念的比较研究——评定工具对研究结果的影响．中国心理卫生杂志，18（5），294 – 296.

熊恋，凌辉，叶玲．（2010）．青少年自我概念发展特点的研究．中国临床心理学杂志，18（4），511 – 513.

薛蕾．（2011）．工读学校学生自我和谐及其影响因素研究．华东师范大学硕士学位论文．

易艳，凌辉，潘伟刚，司欣芳，马靖惠，蒋艳娇，胡凯．（2013）．青少年"我是谁"反应的内容分析．中国临床心理学杂志，21（3），406 – 409.

第二章　情绪体验

第一节　问题提出

　　情绪体验是人对待外界事物的态度，是人针对客观现实是否符合自己的需要而产生的体验。人在认识世界和改造世界的过程中，与周围现实发生相互作用，产生多种多样的联系。主体根据客观事物对人的不同意义而产生对这些事物的不同态度，在内部产生肯定或否定的体验。情绪体验就是人对客观事物的态度的一种特殊反映。情绪体验作为个体生活中必不可少的一部分，在青少年期呈现出新的特点。青少年体验到的消极情绪比学龄儿童更多，沉浸在消极情绪状态的时间也更长，如果不能有效地疏导和调节，长此以往，消极情绪会损害青少年的身心健康，影响其学业发展。鉴于情绪体验对青少年的重要影响，本章对青少年期典型的情绪体验，如抑郁、无聊、孤独感和主观幸福感等进行调查和研究。

一　抑郁

　　抑郁症又称抑郁障碍，是世界范围内常见的精神疾病，也是 10 岁到 24 岁青少年高发疾病之一。抑郁症主要以心境低落、对事物缺乏兴趣、对自身认同感不强、思维意识缓慢等症状为表现特征，抑郁症患者随着病情的严重，思维能力和身体功能愈发变差，极易引发其他身体疾病，给患者家庭带来极大的负担。青少年因发病年龄较低，生命经历累积较为短浅，尚未发展健全的认知、人格、应对能力、社会技巧等，使他们在社会功能的预后方面较为困难，且发病年龄越早，疾病预后越差。我国青少年发生抑郁的占比在 20 % ~44%（罗伏生，沈丹，张珊明，2009）。

　　（一）抑郁对青少年的影响

　　青少年抑郁症状有复发的风险，影响青少年正常的生长和发育、在校的表现、与同龄人及家人的关系。而且，抑郁通常与青少年的吸烟、饮酒、物质滥用、不安全性行为及暴力等健康危害行为有关，会进一步影响正常生活、学习，并削弱社会功能，甚至引起自杀意念和自杀行为。研究发现：青少年抑郁是儿童的2倍；青少年时期的抑郁体验会引发和加重成年后的抑郁情绪；早期阶段的抑郁情绪不仅能够预测成年后的抑郁，还可预测其他精神障碍（Geurtzen et al. , 2015；孙浩，徐夫真，刘宇鹏，崔伟，2018）。

（二）影响青少年抑郁的因素

研究表明，青少年抑郁是生理、心理、社会因素相结合的产物，基因遗传、家庭环境、学业压力、人际关系等都可能成为其显著的预测因素。

1. 遗传因素

近年来越来越多的证据显示，抑郁具有复杂的多基因遗传结构。研究发现，遗传因素能够解释抑郁 30% ~ 70% 的变异（Nivard et al. , 2015）。目前认为，多巴胺系统功能失调是引发抑郁的重要原因（Belmaker & Agam, 2008）。多巴胺系统功能受到多巴胺代谢、转运和传导多个环节的共同影响（Opmeer, Kortekaas & Aleman, 2010）。此外，理论和实证研究显示，多巴胺系统多基因不仅联合影响个体罹患抑郁的风险，并且可能调节个体对环境的敏感性。譬如，多巴胺含量下降会引发青少年行为趋向系统功能缺陷，增强个体在面对不利环境时的敏感性，导致个体罹患内外化问题的风险提高（Beauchaine, Gatzke – Kopp & Mead, 2007）。前额叶晚熟理论认为，边缘系统—前额叶连通性影响个体对环境的敏感性，进而与抑郁情绪密切相关（Andersen & Teicher, 2008）。

2. 家庭因素

家庭是青少年成长的重要环境，家庭功能、成员之间的关系及稳定性是家庭的重要组成部分。一个健康的家庭能为青少年提供必需的安全感。父母离婚、父母人格不健全或有精神疾病，或者父母死亡、虐待及忽视都会危害青少年的心理健康。研究发现，家庭关系不和谐、家庭环境不良的中学生表现出较多的抑郁症状；父母的高控制与青少年抑郁、焦虑发生高相关（Geurtzen et al. , 2015）。有研究将父母养育划分为民主型、专制型、溺爱型，其中，专制型教养方式意味着对孩子有更多严格要求和行为控制，导致青少年产生抑郁、悲伤、愤怒等情绪（Ebrahimi, Amiri, Mohamadlou & Rezapur, 2017）。此外，母亲积极和消极教养行为也是青少年抑郁的重要预测源。研究显示，母亲的积极教养行为，如温情、支持性的教养行为，会促进青少年积极的自我知觉和较好的社会情绪功能，进而降低抑郁的风险（Olino et al. ,

2016；Wang et al.，2016），相反，消极教养行为，如拒绝、严厉等，会导致青少年形成较差的自我意识和自尊，继而导致较高的抑郁风险（Wang et al.，2016）。

3. 同伴关系

青少年十分注重自己的独立，相比父母，他们更愿意与同学和朋友更密切地交往，也更看重朋友对自己的看法，这使得来自朋友和学校的支持更为重要。朋友的社会支持能更有效地降低青少年的抑郁情绪，相反，遭受校园欺凌、同伴排斥则会导致青少年的抑郁。比如，有的青少年不能融入班集体，经常遭受同学的嘲弄和欺负；有的青少年虽然能融入集体，但是与人相处的方式是过度讨好，害怕别人说自己不好；有的青少年虽然融入集体当中，但是总感觉自己被边缘化，或者是自己主动把自己边缘化了。研究发现，青少年抑郁症患者有着比正常群体更小的社会关系网，而且这些关系网经常处于不稳定的状态，很难在他们遇到消极事件时及时地提供帮助。

二　无聊

无聊（boredom）是人们在日常生活中因为活动缺乏和兴趣丧失所产生的一种消极情绪体验（Oxford English Dictionary）。在中国古代，无聊意味着心情郁闷、精神空虚，被看作一种没有意义而令人生厌的状态。而在中世纪的欧洲，无聊被认为是灵魂干瘪（dryness of the soul）的倦怠（acedia）状态，为基督教义上一项重要的罪孽。从17世纪开始，无聊则更多地被当作一种对生活的厌倦现象，伏尔泰就曾经形容无聊是人们生活中最糟糕的状态之一。进入20世纪以来，人们的无聊感伴随着社会的快速进步出现激增，这一主题开始被纳入心理学研究的范畴。有人认为无聊是由于个体对当前活动缺乏兴趣并且无法集中注意力所产生的一种不愉快的情绪体验（Fisher，1993），还有人认为无聊是由于活动和生活缺乏意义而产生的焦虑状态（Barbalet，1999）。大量的研究结果发现，身处重复、单调、压抑的现代环境中，人们会频繁地体会到无聊的感觉（Bergstein，2009；Britton & Shipley，2010）。

（一）无聊对情绪和行为的影响

具有无聊倾向的人群往往有着更多的负性情绪（Kass et al.，2001；Tsapelas et al.，2010）。研究发现，无聊和抑郁、焦虑、孤独感等负性情绪体验呈显著的正相关。处于无意义情境中的无聊个体有着更高的焦虑、抑郁倾向（Barbalet，1999）。高无聊倾向个体更容易产生抑郁、焦虑等负性情绪，同时伴随有强迫症、人际敏感性等心理问题（Sommers，Vodanovih，2000）。此外，失望、挫败感、沮丧、焦虑、抑郁是无聊倾向个体的基本特征（Martion et al.，2006；Vodanovich et al.，2005），而无聊也是临床焦虑症、抑郁症的症状表现之一（Vodanovich et al.，2005）。

在对行为的影响上，研究发现，低无聊倾向的人群有着更高的教育水平、职业成就以及自主权，而高无聊倾向的人群则有着更多的功能性不良行为，例如无聊会降低工作效率并增加职业倦怠感，在职场上表现出更多的漠不关心（Loukidou，Loan – Clarke & Daniels，2009；Watt & Hargis，2010）；无聊也会对学业成绩产生负面作用（Daschmann et al，2010），使人们在学业方面产生更多的冲动、拖延行为（Leong & Schneller，1993；Vodanovich & Rupp，1999）；无聊还与过度饮食、赌博成瘾（Blaszczynski，Mcconaghy & Frankova 1990）、逃学辍学（Wegner，Flisher，Chikobvu，Lombard & King，2008）、犯罪行为（Newberry & Duncan，2001）、物质滥用（Belton & Priyadharshini，2007；Eastwood et al.，2007）、违章驾驶（Eric，Ryan，Katie & Myndi，2005）等社会适应不良行为显著相关。此外，研究也发现：高无聊倾向的个体有着更高的愤怒和攻击性水平，容易出现酗酒、吸毒、暴力侵害等不良社会行为，并伴有焦虑症、抑郁症以及强迫症等心理健康问题（Vodanovich，2003）；他们往往缺乏健康适度的社会交往，总是认为社会刺激没有意思，对社交活动缺乏兴趣，难以建立稳定良好的人际关系（Sommers & Vodanovich，2000）。

（二）影响青少年无聊的因素

重复性的简单工作和生活、困难的任务、缺乏新颖刺激等都会使人感觉到无聊。但无聊感会因为个体内部条件的不同而产生差异，当身处重复单调或受迫的环境时，一些人会比其他人更倾向于产生无聊状态。研究者认为动机、能力等内部条件是无聊感产生的关键，当个体内部动机无法得到满足或者自身能力无法实现愿望时，他们将体会到更多的百无聊赖、自我厌恶和茫然无助（Eastwood，et al.，2007）。此外，自我调节对无聊的产生有着重要影响（Vodanovich et al.，2005），研究发现，能够精确评估自身情绪的个体可以通过自我调节较少地关注情绪本身并较多地专注于当前任务，因此有着更少的无聊体验（Harris，2000）。兴趣广泛、在各种环境中都能够自得其乐的人也不容易感到无聊（Balzer，2004）。对青少年而言，单一的教学方式、过于简单或困难的学习内容等，都会使他们丧失对学习的兴趣，从而更容易在学校感到无聊。

三　孤独感

孤独感是当个人需要他人却由于某种原因得不到令人满意的人际关系，自己的期望与现实之间产生差异时产生的一种主观心理感受和消极体验（Rokach，2002）。在日常生活中，很多青少年都无法逃避"孤独"这种痛苦的人生体验。有调查报告指出，孤独最容易在 18 岁以下青少年和儿童中发生，在这一年龄阶段有 79% 的人报告他们有时或经常体验孤独；国内研究则表明，17.4% 的青少年报告存在比较高的孤独感（邹泓，1999）。

（一）孤独对身心健康的影响

虽然在现实生活中偶尔的孤独不可避免，但是长时间的孤独会对人造成严重的影响。长期的或严重的孤独有可能引起某些情绪障碍，降低心理健康水平，进而导致疾病（刘娅俐，1995）。研究表明，在孤独状态下人们往往缺乏自信，自我评价降低，进而带来种种消极的情绪体验，如抑郁、焦虑、沮丧、自卑、烦躁、绝望等。同时，强烈的孤独感还与酒精依赖、药物滥用、自杀、犯罪、吸毒等不健康行为密切相关（崔光成，张嘉玮，1995）。孤独还会影响睡眠质量：对有孤独感、中等程度的孤独感、没有孤独感的人做的对比实验表明，有孤独感的人睡眠质量差，他们和没有孤独感的人相比，睡眠时间短而且通常醒得也较早。另外，据统计，身体健康但精神孤独的人在十年之中的死亡率要比那些身体健康且合群的人死亡率高一倍。对青少年而言，孤独感与在学校、同伴群体和家庭中体验到负性情绪，如焦虑、抑郁等，以及学业问题、交往障碍有关。

（二）影响青少年孤独感的因素

1. 人格因素

人格因素通过影响人的心理活动方式、人们对其社交情景或社会关系状况的知觉与评价、人们对其自身处境的理解，进而影响到孤独感。研究结果表明：有孤独感的人往往社交技巧、社交能力较差，有更多的社交焦虑，更抑郁和神经质（Hojat，1982）；经常有孤独感的人往往是较内向的，人际角色被动，难以建立和维持良好的人际关系（Perlman & Peplau，1982）；高神经质的人对人际关系过分敏感，害怕被拒绝，害怕被伤害，常常使用过当的自我防御机制，因而常有孤独感（Stoks，1985）。国内研究也发现，人格的外向性、宜人性显著负向预测孤独感，情绪性和开放性显著正向预测孤独感（李彩娜，邹泓，2006）。

2. 同伴关系

青少年的孤独感与同伴关系状况密切相关，同伴关系差的青少年孤独感水平高。青少年的同伴关系是指相互关系的体验水平，一方面是指同伴接纳，即在班级中与同伴的相互作用及在这些同伴中的社会地位，如受欢迎程度；另一方面是指青少年的友谊。众多的研究表明，朋友少、同伴接纳水平低或被同伴拒绝的青少年有更强的孤独感（邹泓，1998；Bush & Ladd，2001），并且在将来可能有更多的社会心理问题，如犯罪、学业水平低、退学、财产滥用和其他心理不适应（Terry & Hyman，1992）。

3. 人际交往能力

人际交往能力指个体发展各种亲密关系的能力，如与父母、亲密朋友、配偶等之间的关系。人际交往需要是个体的一种基本需要，如果无法满足，个体就会产生孤独感，而人际关系能力是个体人际需要满足的前提条件，只有具备了良好的交往能力，才能建立与他人之间的积极互动，获得认可和欢迎，产生积极的情绪体验。研究表明，孤独感与社会技能缺乏有关，经常有孤独感的人往往人际角色被动，难以建立和维持与他人的关系（Jone et al.，1982）。此外，个体能否使用有效的人际问题解决策略及能否在他人面前自我袒露可以显著预测个体的孤独感（Buhrmester et al.，1988）。而对于友谊质量的研究也发现，当青少年对同伴表现出肯定与关心、陪伴与支持，并且能有效地解决冲突关系时，其友谊质量更高、孤独感更少（邹泓，2003）。

四　主观幸福感

主观幸福感是衡量个体生活质量的综合性心理指标，反映了个体的社会功能和适应状态（Diener，1984）。主观幸福感包括生活满意度、相对存在的愉悦情绪或缺乏负面情绪（Panaccio & Vandenberghe，2009）。同时，主观幸福感不仅仅是一种情绪上的愉悦，还是一种意义感的存在（Diener & Seligman，2004）。主观幸福感描述了个体的幸福感水平，是个体对其生活的正面和负面的主观评价（Diener & Ryan，2009）。针对青少年主观幸福感的研究表明：青少年的主观幸福感不仅能够正向预测其学业成就（丁新华，王极盛，2004），还能负向预测其抑郁、自杀、暴力行为等情绪或行为问题（Antaramian，Huebner，Hills & Valois，2010；Huebner，2004；王伟，杨俊生，辛志勇，2010）。因此，增进青少年主观幸福感不仅能有效促进其学业发展，还能预防相关心理行为问题的产生（Zullig，Valois，Huebner & Drane，2005）。

1. 个体因素

人格特质，如外倾性和神经质，对主观幸福感有显著的预测作用。外向是快乐的核心成分，高外倾性者的主观幸福感也一般比较高。而高神经质者往往更容易体验到消极情感，并比一般人更易于激动、沮丧和动怒，故通常会有较低的主观幸福感（Shao，2000）。我国针对青少年的研究也发现：五大人格中的外倾性、神经质、开放性和严谨性均与主观幸福感各维度之间有显著的相关性，其中，外倾性、严谨性、开放性与青少年学生的生活满意度、正性情感之间有明显的正相关，而与负性情感之间有显著的负相关；神经质与生活满意度、正性情感之间有显著的负相关，与负性情感之间有显著的正相关，而且这些相关之间具有明显的跨年纪的一致性和稳定性。但是宜人性仅与生活满意度之间有显著的正相关，与负性情感之间有显著的负相关，而与正性情感之间无显著的相关。进一步的回归分析发现：外倾性对青少年学生的生活满意度和正性情感会产生显著而稳定的正向预测作用，能够提升个体的主观幸福感水平；而神经质会对青少年学生的负性情感产生显著而稳定的负向预测作用，能够降低个体的主观幸福感水平，并且这一结论具有跨年级的稳定性（张兴贵，郑雪，2005）。

自尊，作为青少年重要的内部心理资源，是青少年主观幸福感的一个有力的预测变量（Furnham & Cheng，2000）。针对 31 个国家的 13118 名大学生的相关研究显示，自尊与生活满意度之间的相关系数达 0.47（Diener，1995）。国内研究也发现：对于大专新生而言，自尊同样与其主观幸福感之间有显著的正相关，并且是影响大专新生主观幸福感水平的主要因素之一（张国华，王春莲，李月华，2009）；自尊与大学生的生活满意度、积极情感有显著的正相关，而与消极情感有显著的负相关（叶晓云，2009）。

2. 家庭因素

家庭环境中父母的教养方式起着十分重要的作用，父母的教养方式通常会对青少年的主观幸福感产生明显的影响，如在权威型教养风格下成长的青少年的主观幸福感会明显地高于父母不负责任的教养风格下成长的青少年（Petito & Cummins，2000）。国内针对青少年的研究发现：父母亲对初中生的理解越多、关心越多，初中生的正性情感越多，生活满意度水平越高，主观幸福感也会越高；而如果父母亲对初中生放任不管或者管教过于严厉与苛刻，初中生体验到的主观幸福感就会越少（王极盛，丁新华，2003）；父母亲的情感温暖和理解与青少年的主观幸福感之间有显著的正相关；而父母亲的拒绝否认、惩罚严厉、过分干涉和保护与其主观幸福感之间有显著的负相关。

3. 学校因素

师生关系是指教师和学生在共同的教育教学过程中通过相互影响和作用而形成并建立起来的一种特殊人际关系。在青少年的学习、生活与情感世界中，教师占据了十分重要的地位，故师生关系是青少年学校生活中最基本与最普遍的人际关系，这一关系贯穿于整个中学教育阶段。因此，良好的师生关系通常会增加青少年的主观幸福感，而较差的师生关系则会降低青少年的主观幸福感。针对我国中学生的研究也发现，师生关系与中学生的总体主观幸福感之间也有显著的正相关，而且师生关系与中学生的友谊满意度、家庭满意度、学校满意度、环境满意度、自由满意度、学业满意度以及正性情感之间有显著的正相关，并与负性情感之间有显著的负相关（吴超，2008）。

同伴关系同样也会影响青少年的主观幸福感。青少年与同伴、同学之间的良好关系会提高个体的主观幸福感，如向同学、朋友提供帮助可以增加青少年的积极情感，进而直接提高其心理幸福感。研究发现：友谊网络特征（如朋友数量、交流频率等）会对个体的主观幸福感产生显著的正向影响；同伴依恋越积极的青少年、同伴接纳度更高的青少年，其主观幸福感也会更高（陈咏媛，2006；孙翠香，2004；邓林园，马博辉，武永新，2015）。此外，同伴关系不仅会对中学生的总体主观幸福感产生显著的正向影响，而且会对中学生主观幸福感的各维度产生显著的影响。具体而言，同伴关系会对中学生友谊满意度、家庭满意度、学校满意度、环境满意度、自由满意度、学业满意度以及正性情感产生显著的正向影响，并会对中学生的负性情感产生显著的负向影响（吴超，2008）。

五　抑郁、无聊、孤独感和主观幸福感的测评

综上所述，抑郁、无聊和孤独感对青少年的身心健康和学业发展有不良影响，而主观幸福感可以促进青少年的身心健康和学业发展，抵御心理或行为问题的产生。本研究对工读学生的抑郁、无聊、孤独感和主观幸福感现状进行了考察，并就如何降低工读学生的抑郁、无聊和孤独感，提高其主观幸福感给予建议。

（一）抑郁的测评

1. 测评样本

本次调研选择国内的工读学生 1237 名，其中女生 311 名，男生 926 名；普通学生 1395 名，其中女生 619 名，男生 776 名。

从年龄上来看，工读学生平均年龄 15.02 岁，标准差为 1.23 岁；普通学生平均年龄 13.93 岁，标准差为 1.11 岁。为了方便统计和分析，将不同年龄的学生分为：13 岁及以下、14 岁、15 岁、16 岁、17 岁及以上五组。除去年龄缺失的工读学生 91 名，1146 名工读学生的年龄分布为：13 岁及以下 110人，14 岁 264 人，15 岁 397 人，16 岁 269 人，17 岁及以上 106 人；除去年龄缺失的普通学生 55 名，1340 名普通学生的年龄分布为：13 岁及以下 474人，14 岁 515 人，15 岁 245 人，16 岁 76 人，17 岁及以上 30 人。

2. 测评工具

课题组参考《抑郁自评量表》（Self – Rating Depression Scale，SDS）（Zung，1965），编制了《青少年抑郁量表》。通过对回收数据进行探索性和验证性因素分析后，确定问卷的维度结构为：6 道题目，一个维度。该量表考察青少年过去一周的抑郁情绪，及其对生活、学习、自我的影响，并采用 7 点计分，从 "一点也没有" 到 "极度" 分为 7 个等级，选择 "一点没有" 得 1 分，选择 "非常少" 得 2 分，选择 "比较少" 得 3 分，选择 "有一些" 得 4 分，选择 "比较多" 得 5 分，选择 "非常多" 得 6 分，选择 "极度" 得 7 分。先计算项目均分和标准差，再比较工读学生和普通学生两个群体的差异性。《青少年抑郁量表》包括题目如 "本周你在多大程度上感到急躁、易怒和（或者）气愤"，"本周你的抑郁情绪在多大程度上影响了你同他人的关系"，"本周你的抑郁情绪在多大程度上影响了你在工作或者学校中的表现"。

（二）无聊的测评

1. 测评样本

本次调研选择国内的工读学生 1501 名，其中女生 384 名，男生 1117 名；普通学生 1762 名，其中女生 802 名，男生 960 名。

从年龄上来看，工读学生平均年龄 14.96 岁，标准差为 1.21 岁；普通学生平均年龄 13.80 岁，标准差为 1.12 岁。为了方便统计和分析，将不同年龄的学生分为：13 岁及以下、14 岁、15 岁、16 岁、17 岁及以上五组。除去年龄缺失的工读学生 107 名，1394 名工读学生的年龄分布为：13 岁及以下 165人，14 岁 294 人，15 岁 516 人，16 岁 293 人，17 岁及以上 126 人；除去年龄缺失的普通学生 106 名，1656 名普通学生的年龄分布为：13 岁及以下 740人，14 岁 528 人，15 岁 264 人，16 岁 97 人，17 岁及以上 27 人。

2. 测评工具

课题组参考《无聊倾向量表》（Boredom Proneness Scale，BPS）

（Farmer&Sundberg，1986），编制了《青少年无聊倾向量表》。通过对回收数据进行探索性和验证性因素分析后，确定问卷的维度结构为：8 道题目，一个维度。该量表考察青少年的无聊倾向程度，从"完全不符合"到"完全符合"分为 7 个等级，选择"完全不符合"得 1 分，选择"很不符合"得 2 分，选择"基本不符合"得 3 分、选择"不确定"得 4 分，选择"基本符合"得 5 分，选择"很符合"得 6 分，选择"完全符合"得 7 分。先计算项目均分和标准差，再比较工读学生和普通学生两个群体的差异性。《青少年无聊倾向量表》包括题目如"对我而言，自娱自乐是件很困难的事情"，"我对自己做的大多数事情都无法感到兴奋和刺激"，"大多数时候，我感到找到事情做，并且保持兴趣是困难的"。

（三）孤独感的测评

1. 测评样本

本次调研选择国内的工读学生 1116 名，其中女生 296 名，男生 820 名；普通学生 1332 名，其中女生 618 名，男生 714 名。

从年龄上来看，工读学生平均年龄 14.83 岁，标准差为 1.27 岁；普通学生平均年龄 13.72 岁，标准差为 1.11。为了方便统计和分析，将不同年龄的学生分为：13 岁及以下、14 岁、15 岁、16 岁、17 岁及以上五组。除去年龄缺失的工读学生 95 名，1021 名工读学生的年龄分布为：13 岁及以下 128 人，14 岁 259 人，15 岁 358 人，16 岁 195 人，17 岁及以上 81 人；除去年龄缺失的普通学生 85 名，1247 名普通学生的年龄分布为：13 岁及以下 596 人，14 岁 395 人，15 岁 159 人，16 岁 77 人，17 岁及以上 20 人。

2. 测评工具

课题组参考《孤独感量表》（Loneliness Scale）（Russell，1996）和《青少年孤独感量表》（邹泓，2003），编制了《青少年孤独感量表》。通过对回收数据进行探索性和验证性因素分析后，确定问卷的维度结构为：16 道题目，一个维度。该量表采用 4 点计分，从"很不符合"到"很符合"分为 4 个等级，选择"很不符合"得 1 分，选择"不太符合"得 2 分，选择"基本符合"得 3 分，选择"很符合"得 4 分。题目 1、3、5、7、10、15 为反向计分。先计算项目均分和标准差，再比较工读学生和普通学生两个群体的差异性。《青少年孤独感量表》包括题目如"没有人跟我说话"，"我觉得在有些活动中没人理我"，"我感到寂寞"。

（四）主观幸福感的测评

1. 测评样本

本次调研选择国内的工读学生 981 名，其中女生 251 名，男生 730 名；普通学生 1139 名，其中女生 493 名，男生 646 名。

2. 测评工具

课题组参考《总体幸福感量表》（Psychological General Well Being Schedule，GWB）（Fazio，1977），编制了《青少年主观幸福感量表》。通过对回收数据进行探索性和验证性因素分析后，确定问卷的维度结构为：9 道题目，一个维度。该量表考察青少年在过去几周的主观幸福感，从"完全不符合"到"完全符合"分为 7 个等级，选择"完全不符合"得 1 分，选择"很不符合"得 2 分，选择"基本不符合"得 3 分、选择"不确定"得 4 分，选择"基本符合"得 5 分，选择"很符合"得 6 分，选择"完全符合"得 7 分。先计算项目均分和标准差，再比较工读学生和普通学生两个群体的差异性。《青少年主观幸福感量表》包括题目如"过去几周我的生活是有趣的"，"过去几周我的生活是幸运的"，"过去几周我的生活是非常满意的"。

第二节 抑郁的基本情况分析

一 抑郁的总体特点

抑郁量表由 6 个题目组成，采用 7 点计分，从"一点没有"到"极度"分为 7 个等级，选择"一点没有"得 1 分，选择"非常少"得 2 分，选择"比较少"得 3 分，选择"有一些"得 4 分，选择"比较多"得 5 分，选择"非常多"得 6 分，选择"极度"得 7 分。先计算总分，后求项目均分和标准差。项目均分越高，表示过去一周的抑郁水平越高。

工读学生和普通学生在抑郁量表对应题目上的作答详情见表 2 - 1 和表 2 - 2。

表 2 - 1 工读学生在抑郁量表上的作答情况

单位：人，分

问卷题目	一点没有	非常少	比较少	有一些	比较多	非常多	极度
本周你在多大程度上感到急躁、易怒和（或者）气愤	270	210	246	349	82	29	51

问卷题目	一点没有	非常少	比较少	有一些	比较多	非常多	极度
本周你在多大程度上感到紧张、焦虑和（或者）恐惧	223	243	269	319	104	32	47
本周你在多大程度上感到不高兴、灰心丧气和（或者）抑郁	229	203	248	330	116	49	62
本周你的抑郁情绪在多大程度上影响了你对自己的良好感觉	257	186	225	333	146	39	51
本周你的抑郁情绪在多大程度上影响了你同他人的关系	291	190	249	276	123	59	49
本周你的抑郁情绪在多大程度上影响了你在工作或者学校中的表现	301	167	238	286	113	69	63
总　计	1571	1199	1475	1893	684	277	323
均值（标准差）	3.14（SD = 1.33）						

表 2 - 2　普通学生在抑郁量表上的作答情况

单位：人，分

问卷题目	一点没有	非常少	比较少	有一些	比较多	非常多	极度
本周你在多大程度上感到急躁、易怒和（或者）气愤	371	290	257	315	96	26	40
本周你在多大程度上感到紧张、焦虑和（或者）恐惧	370	300	267	292	88	45	33
本周你在多大程度上感到不高兴、灰心丧气和（或者）抑郁	387	292	262	262	96	50	46
本周你的抑郁情绪在多大程度上影响了你对自己的良好感觉	450	288	213	271	97	31	45
本周你的抑郁情绪在多大程度上影响了你同他人的关系	546	244	217	254	77	22	35
本周你的抑郁情绪在多大程度上影响了你在工作或者学校中的表现	530	269	192	247	77	47	33
总　计	2654	1683	1408	1641	531	221	232
均值（标准差）	2.68（SD = 1.33）						

在抑郁方面，工读学生平均得分为 3.14 分（$SD = 1.33$），普通学生平均得分为 2.68 分（$SD = 1.33$）。为了比较两者之间是否存在差异，对两组平均值进行方差分析，结果发现，工读学生在抑郁的得分显著高于普通学生（$t = 8.89$，$p < 0.001$），如表 2 − 3 所示。上述结果说明，相比普通学生，工读学生的抑郁水平偏高。

表 2 − 3　工读学生和普通学生在抑郁量表上的得分差异

单位：人，分

	工读学生	普通学生
人数（百分比）	1237（47.00%）	1395（53.00%）
均值（标准差）	3.14（$SD = 1.33$）	2.68（$SD = 1.33$）
方差分析结果 t（p）	$t = 8.89$，$p < 0.001$	

二　抑郁的性别特点

分析不同性别的工读学生和普通学生在抑郁量表上的作答情况，统计结果见表 2 − 4 ~ 表 2 − 7。

表 2 − 4　工读女生在抑郁量表上的作答情况

单位：人，分

问卷题目	一点没有	非常少	比较少	有一些	比较多	非常多	极度
本周你在多大程度上感到急躁、易怒和（或者）气愤	62	41	64	96	23	10	15
本周你在多大程度上感到紧张、焦虑和（或者）恐惧	46	55	71	89	23	14	13
本周你在多大程度上感到不高兴、灰心丧气和（或者）抑郁	48	41	63	86	40	14	19
本周你的抑郁情绪在多大程度上影响了你对自己的良好感觉	56	40	67	83	42	11	12
本周你的抑郁情绪在多大程度上影响了你同他人的关系	74	48	60	73	29	14	13
本周你的抑郁情绪在多大程度上影响了你在工作或者学校中的表现	72	43	62	67	23	21	23
总　计	358	268	387	494	180	84	95
均值（标准差）	3.27（$SD = 1.29$）						

表 2-5　工读男生在抑郁量表上的作答情况

单位：人，分

问卷题目	一点没有	非常少	比较少	有一些	比较多	非常多	极度
本周你在多大程度上感到急躁、易怒和（或者）气愤	208	169	182	253	59	19	36
本周你在多大程度上感到紧张、焦虑和（或者）恐惧	177	188	198	230	81	18	34
本周你在多大程度上感到不高兴、灰心丧气和（或者）抑郁	181	162	185	244	76	35	43
本周你的抑郁情绪在多大程度上影响了你对自己的良好感觉	201	146	158	250	104	28	39
本周你的抑郁情绪在多大程度上影响了你同他人的关系	217	142	189	203	94	45	36
本周你的抑郁情绪在多大程度上影响了你在工作或者学校中的表现	229	124	176	219	90	48	40
总　计	1213	931	1088	1399	504	193	228
均值（标准差）	3.10（SD = 1.34）						

表 2-6　普通女生在抑郁量表上的作答情况

单位：人，分

问卷题目	一点没有	非常少	比较少	有一些	比较多	非常多	极度
本周你在多大程度上感到急躁、易怒和（或者）气愤	104	142	129	160	52	17	15
本周你在多大程度上感到紧张、焦虑和（或者）恐惧	123	130	134	149	42	28	13
本周你在多大程度上感到不高兴、灰心丧气和（或者）抑郁	150	125	109	141	46	29	19
本周你的抑郁情绪在多大程度上影响了你对自己的良好感觉	175	125	112	126	41	18	22
本周你的抑郁情绪在多大程度上影响了你同他人的关系	223	111	94	126	37	14	14

续表

问卷题目	一点没有	非常少	比较少	有一些	比较多	非常多	极度
本周你的抑郁情绪在多大程度上影响了你在工作或者学校中的表现	215	126	101	110	33	20	14
总　计	990	759	679	812	251	126	97
均值（标准差）	2.82（SD = 1.32）						

表 2－7　普通男生在抑郁量表上的作答情况

单位：人，分

问卷题目	一点没有	非常少	比较少	有一些	比较多	非常多	极度
本周你在多大程度上感到急躁、易怒和（或者）气愤	267	148	128	155	44	9	25
本周你在多大程度上感到紧张、焦虑和（或者）恐惧	247	170	133	143	46	17	20
本周你在多大程度上感到不高兴、灰心丧气和（或者）抑郁	237	167	153	121	50	21	27
本周你的抑郁情绪在多大程度上影响了你对自己的良好感觉	275	163	101	145	56	13	23
本周你的抑郁情绪在多大程度上影响了你同他人的关系	323	133	123	128	40	8	21
本周你的抑郁情绪在多大程度上影响了你在工作或者学校中的表现	315	143	91	137	44	27	19
总　计	1664	924	729	829	280	95	135
均值（标准差）	2.56（SD = 1.33）						

为比较男、女生的抑郁水平，通过统计发现：工读学生中，女生的平均得分为 3.27 分（$SD = 1.29$），男生的平均得分为 3.10 分（$SD = 1.34$），性别差异显著（$t = 1.97$，$p = 0.05$）；普通学生中，女生的平均得分为 2.82 分（$SD = 1.32$），男生的平均得分为 2.56 分（$SD = 1.33$），性别差异显著（$t = 3.64$，$p < 0.001$），见表 2－8。以上结果说明，无论在工读学生还是普通学生中，女生的抑郁水平都要高于男生。

表 2 - 8　男女生在抑郁量表上的得分差异

单位：人，分

性别	工读学生		普通学生	
	女	男	女	男
人数（百分比）	311（11.82%）	926（35.18%）	619（23.52%）	776（29.48%）
均值（标准差）	3.27（1.29）	3.10（1.34）	2.82（1.32）	2.56（1.33）
方差分析结果 t（p）	$t = 1.97$，$p = 0.05$		$t = 3.64$，$p < 0.001$	

通过方差分析比较同性别中不同类型的学生发现，工读女生在抑郁上的得分显著高于普通女生（$t = 4.91$，$p < 0.001$）；工读男生在抑郁上的得分显著高于普通男生（$t = 8.21$，$p < 0.001$），见表 2 - 9。上述结果说明，工读学校男、女生的抑郁水平与普通学校男、女生相比偏高。

表 2 - 9　同性别工读学生和普通学生在抑郁量表上的得分差异

单位：人，分

学校类别	女		男	
	工读学生	普通学生	工读学生	普通学生
人数（百分比）	311（11.82%）	619（23.52%）	926（35.18%）	776（29.48%）
均值（标准差）	3.27（1.29）	2.82（1.32）	3.10（1.34）	2.56（1.33）
方差分析结果 t（p）	$t = 4.91$，$p < 0.001$		$t = 8.21$，$p < 0.001$	

三　抑郁的发展特点

为了考察随着年龄增长，工读学生的抑郁水平是否存在变化趋势，以年龄组为自变量，抑郁得分为因变量进行单因素方差分析，并检验其是否存在线性趋势。不同年龄组的工读学生和普通学生在抑郁量表上的作答情况，统计结果见表 2 - 10 ～表 2 - 19。

表 2 - 10　13 岁及以下年龄组工读学生在抑郁量表上的作答情况

单位：人，分

问卷题目	一点没有	非常少	比较少	有一些	比较多	非常多	极度
本周你在多大程度上感到急躁、易怒和（或者）气愤	34	25	18	24	3	3	3
本周你在多大程度上感到紧张、焦虑和（或者）恐惧	26	29	19	23	9	1	3

问卷题目	一点没有	非常少	比较少	有一些	比较多	非常多	极度
本周你在多大程度上感到不高兴、灰心丧气和（或者）抑郁	31	19	22	26	4	4	4
本周你的抑郁情绪在多大程度上影响了你对自己的良好感觉	33	24	15	23	9	4	2
本周你的抑郁情绪在多大程度上影响了你同他人的关系	31	21	19	25	10	1	3
本周你的抑郁情绪在多大程度上影响了你在工作或者学校中的表现	34	15	20	24	7	8	2
总　计	189	133	113	145	42	21	17
均值（标准差）	2.77（SD = 1.23）						

表 2－11　14 岁年龄组工读学生在抑郁量表上的作答情况

单位：人，分

问卷题目	一点没有	非常少	比较少	有一些	比较多	非常多	极度
本周你在多大程度上感到急躁、易怒和（或者）气愤	71	52	45	70	14	6	6
本周你在多大程度上感到紧张、焦虑和（或者）恐惧	59	49	49	68	21	6	12
本周你在多大程度上感到不高兴、灰心丧气和（或者）抑郁	57	56	37	73	21	10	10
本周你的抑郁情绪在多大程度上影响了你对自己的良好感觉	68	46	44	62	34	6	4
本周你的抑郁情绪在多大程度上影响了你同他人的关系	73	49	38	56	32	9	7
本周你的抑郁情绪在多大程度上影响了你在工作或者学校中的表现	75	35	48	52	25	14	15
总　计	403	287	261	381	147	51	54
均值（标准差）	2.97（SD = 1.29）						

表 2-12　15 岁年龄组工读学生在抑郁量表上的作答情况

单位：人，分

问卷题目	一点没有	非常少	比较少	有一些	比较多	非常多	极度
本周你在多大程度上感到急躁、易怒和（或者）气愤	55	56	89	140	30	6	21
本周你在多大程度上感到紧张、焦虑和（或者）恐惧	57	64	97	115	37	12	15
本周你在多大程度上感到不高兴、灰心丧气和（或者）抑郁	62	53	82	113	44	21	22
本周你的抑郁情绪在多大程度上影响了你对自己的良好感觉	60	50	79	119	54	13	22
本周你的抑郁情绪在多大程度上影响了你同他人的关系	74	47	91	102	35	26	22
本周你的抑郁情绪在多大程度上影响了你在工作或者学校中的表现	77	46	84	104	47	16	23
总　计	385	316	522	693	247	94	125
均值（标准差）	3.37（$SD = 1.31$）						

表 2-13　16 岁年龄组工读学生在抑郁量表上的作答情况

单位：人，分

问卷题目	一点没有	非常少	比较少	有一些	比较多	非常多	极度
本周你在多大程度上感到急躁、易怒和（或者）气愤	47	38	56	85	20	12	11
本周你在多大程度上感到紧张、焦虑和（或者）恐惧	44	44	59	79	25	9	9
本周你在多大程度上感到不高兴、灰心丧气和（或者）抑郁	48	41	50	73	32	10	15
本周你的抑郁情绪在多大程度上影响了你对自己的良好感觉	52	35	49	80	32	9	12
本周你的抑郁情绪在多大程度上影响了你同他人的关系	68	39	64	56	19	17	6

问卷题目	一点没有	非常少	比较少	有一些	比较多	非常多	极度
本周你的抑郁情绪在多大程度上影响了你在工作或者学校中的表现	69	33	54	65	22	15	11
总　计	328	230	332	438	150	72	64
均值（标准差）	3.20（SD = 1.35）						

表 2 – 14　17 岁及以上年龄组工读学生在抑郁量表上的作答情况

单位：人，分

问卷题目	一点没有	非常少	比较少	有一些	比较多	非常多	极度
本周你在多大程度上感到急躁、易怒和（或者）气愤	24	21	25	18	12	2	4
本周你在多大程度上感到紧张、焦虑和（或者）恐惧	23	30	24	16	8	2	3
本周你在多大程度上感到不高兴、灰心丧气和（或者）抑郁	20	14	35	22	10	1	4
本周你的抑郁情绪在多大程度上影响你对自己的良好感觉	23	15	19	31	8	5	5
本周你的抑郁情绪在多大程度上影响了你同他人的关系	26	21	19	15	19	2	4
本周你的抑郁情绪在多大程度上影响了你在工作或者学校中的表现	27	18	20	20	5	11	5
总　计	143	119	142	122	62	23	25
均值（标准差）	3.02（SD = 1.38）						

表 2 – 15　13 岁及以下年龄组普通学生在抑郁量表上的作答情况

单位：人，分

问卷题目	一点没有	非常少	比较少	有一些	比较多	非常多	极度
本周你在多大程度上感到急躁、易怒和（或者）气愤	166	94	76	91	27	8	12
本周你在多大程度上感到紧张、焦虑和（或者）恐惧	153	108	78	99	21	3	12

续表

问卷题目	一点没有	非常少	比较少	有一些	比较多	非常多	极度
本周你在多大程度上感到不高兴、灰心丧气和（或者）抑郁	157	91	106	77	19	12	12
本周你的抑郁情绪在多大程度上影响了你对自己的良好感觉	180	89	69	94	18	9	15
本周你的抑郁情绪在多大程度上影响了你同他人的关系	207	68	74	85	21	7	12
本周你的抑郁情绪在多大程度上影响了你在工作或者学校中的表现	216	75	65	68	20	18	12
总　　计	1079	525	468	514	126	57	75
均值（标准差）	2.49（SD = 1.30）						

表 2-16　14 岁年龄组普通学生在抑郁量表上的作答情况

单位：人，分

问卷题目	一点没有	非常少	比较少	有一些	比较多	非常多	极度
本周你在多大程度上感到急躁、易怒和（或者）气愤	119	117	96	129	33	5	16
本周你在多大程度上感到紧张、焦虑和（或者）恐惧	132	109	113	100	36	14	11
本周你在多大程度上感到不高兴、灰心丧气和（或者）抑郁	142	110	90	100	42	12	19
本周你的抑郁情绪在多大程度上影响了你对自己的良好感觉	164	104	96	92	38	5	16
本周你的抑郁情绪在多大程度上影响了你同他人的关系	204	88	87	92	26	5	13
本周你的抑郁情绪在多大程度上影响了你在工作或者学校中的表现	187	108	80	93	27	10	10
总　　计	948	636	562	606	202	51	85
均值（标准差）	2.67（SD = 1.30）						

表 2 - 17　15 岁年龄组普通学生在抑郁量表上的作答情况

单位：人，分

问卷题目	一点没有	非常少	比较少	有一些	比较多	非常多	极度
本周你在多大程度上感到急躁、易怒和（或者）气愤	53	46	59	55	16	9	7
本周你在多大程度上感到紧张、焦虑和（或者）恐惧	57	45	44	56	20	16	7
本周你在多大程度上感到不高兴、灰心丧气和（或者）抑郁	56	58	40	50	16	16	9
本周你的抑郁情绪在多大程度上影响了你对自己的良好感觉	72	52	27	46	27	10	11
本周你的抑郁情绪在多大程度上影响了你同他人的关系	89	55	29	44	18	3	7
本周你的抑郁情绪在多大程度上影响了你在工作或者学校中的表现	88	49	26	47	17	12	6
总　计	415	305	225	298	114	66	47
均值（标准差）	2.85（$SD = 1.39$）						

表 2 - 18　16 岁年龄组普通学生在抑郁量表上的作答情况

单位：人，分

问卷题目	一点没有	非常少	比较少	有一些	比较多	非常多	极度
本周你在多大程度上感到急躁、易怒和（或者）气愤	9	14	9	22	17	3	2
本周你在多大程度上感到紧张、焦虑和（或者）恐惧	8	14	15	22	8	7	2
本周你在多大程度上感到不高兴、灰心丧气和（或者）抑郁	9	13	14	17	15	5	3
本周你的抑郁情绪在多大程度上影响了你对自己的良好感觉	10	19	13	21	7	5	1
本周你的抑郁情绪在多大程度上影响了你同他人的关系	17	17	13	18	6	4	1

问卷题目	一点没有	非常少	比较少	有一些	比较多	非常多	极度
本周你的抑郁情绪在多大程度上影响了你在工作或者学校中的表现	12	17	13	22	7	3	2
总　计	65	94	77	122	60	27	11
均值（标准差）	3.31（$SD = 1.23$）						

表 2 – 19　17 岁及以上年龄组普通学生在抑郁量表上的作答情况

单位：人，分

问卷题目	一点没有	非常少	比较少	有一些	比较多	非常多	极度
本周你在多大程度上感到急躁、易怒和（或者）气愤	4	10	6	7	1	1	1
本周你在多大程度上感到紧张、焦虑和（或者）恐惧	7	9	5	5	1	3	0
本周你在多大程度上感到不高兴、灰心丧气和（或者）抑郁	3	8	3	11	1	3	1
本周你的抑郁情绪在多大程度上影响了你对自己的良好感觉	5	10	2	9	3	0	1
本周你的抑郁情绪在多大程度上影响了你同他人的关系	7	6	7	7	1	1	1
本周你的抑郁情绪在多大程度上影响了你在工作或者学校中的表现	8	7	1	10	2	1	1
总　计	34	50	24	49	9	9	5
均值（标准差）	2.98（$SD = 1.35$）						

　　为了解不同年龄段学生的抑郁水平，通过描述统计发现：工读学生中，13 岁及以下组的平均得分为 2.77 分（$SD = 1.23$），14 岁组的平均得分为 2.97 分（$SD = 1.29$），15 岁组的平均得分为 3.37 分（$SD = 1.31$），16 岁组的平均得分为 3.20 分（$SD = 1.35$），17 岁及以上组的平均得分为 3.02 分（$SD = 1.38$）。为探究抑郁的发展趋势，方差分析发现，在工读学生中，年龄组间差异显著（$F = 6.69$，$p < 0.001$），线性趋势显著（$F = 5.58$，$p < 0.05$），即从 13 岁到 15 岁，工读学生的抑郁水平有上升趋势。事后比较发

现：工读学生 13 岁及以下组的抑郁水平显著低于 15 岁组（$p < 0.01$）；工读学生 14 岁组的抑郁水平显著低于 15 岁组（$p < 0.01$）。

普通学生中，13 岁及以下组的平均得分为 2.49 分（$SD = 1.30$），14 岁组的平均得分为 2.67 分（$SD = 1.30$），15 岁组的平均得分为 2.85 分（$SD = 1.39$），16 岁组的平均得分为 3.31 分（$SD = 1.23$），17 岁及以上组的平均得分为 2.98 分（$SD = 1.35$）。为探究抑郁水平的发展趋势，方差分析发现，在普通学生中，年龄组间差异显著（$F = 8.23$，$p < 0.001$），线性趋势显著（$F = 9.65$，$p < 0.01$），即从 13 岁到 16 岁，普通学生的抑郁水平有上升趋势。通过事后比较发现：普通学生 13 岁及以下组的抑郁水平显著低于 15 岁组（$p < 0.05$）和 16 岁组（$p < 0.001$）；普通学生 14 岁组的抑郁水平显著低于 16 岁组（$p < 0.05$）。

为探究各年龄组工读学生和普通学生在抑郁水平上的差异，通过方差分析发现，在 13 岁及以下组（$t = 2.05$，$p < 0.05$）、14 岁组（$t = 3.08$，$p < 0.01$）、15 岁组（$t = 4.78$，$p < 0.001$），工读学生的抑郁水平都高于普通学生，而在 16 岁组（$t = -0.66$，$p = 0.51$）和 17 岁及以上组（$t = 0.13$，$p = 0.89$），两者间没有显著差异。

上述结果说明，从 13 岁到 15 岁，工读学生和普通学生的抑郁都有随年龄上升的趋势，但整体来看，工读学生的抑郁水平要高于同龄普通学生，特别体现在 16 岁以下的年龄组。方差分析结果见表 2-20，变化趋势见图 2-1。

表 2-20　不同年龄组在抑郁量表上的差异分析

单位：分

年龄组	13 岁及以下	14 岁	15 岁	16 岁	17 岁及以上	不同年龄组间的方差分析
工读学生均值（标准差）	2.77 (1.23)	2.97 (1.29)	3.37 (1.31)	3.20 (1.35)	3.02 (1.38)	$F = 6.69$, $p < 0.001$
普通学生均值（标准差）	2.49 (1.30)	2.67 (1.30)	2.85 (1.39)	3.31 (1.23)	2.98 (1.35)	$F = 8.23$, $p < 0.001$
同年龄组不同类型学生的方差分析	$t = 2.05$, $p < 0.05$	$t = 3.08$, $p < 0.01$	$t = 4.78$, $p < 0.001$	$t = -0.66$, $p = 0.51$	$t = 0.13$, $p = 0.89$	

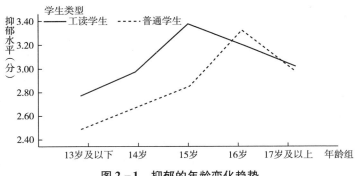

图 2 - 1　抑郁的年龄变化趋势

四　小结

从上述分析结果可知，工读学生的抑郁水平高于普通学生。从性别特点看，工读女生的抑郁水平高于普通女生，工读男生的抑郁水平也高于普通男生。此外，工读女生的抑郁水平明显高于工读男生；普通女生的抑郁水平也高于普通男生。该结果与前人的发现一致，即抑郁存在性别差异：女性的抑郁水平通常高于男性；在青少年中，女生的抑郁水平、患抑郁症的概率也要高于男生（从恩朝，蔡亦蕴，陈海莹，吴彦，2019）。从年龄特点看，工读学生和普通学生的抑郁水平都有随年龄增长上升的趋势；在 13 岁及以下、14 岁、15 岁年龄组，工读学生的抑郁水平高于普通学生。

第三节　无聊的基本情况分析

一　无聊的总体特点

无聊倾向量表由 8 个题目组成，采用 7 点计分，选择"完全不符合"得 1 分，选择"很不符合"得 2 分，选择"基本不符合"得 3 分、选择"不确定"得 4 分，选择"基本符合"得 5 分，选择"很符合"得 6 分，选择"完全符合"得 7 分。先计算总分，后求项目均分和标准差。项目均分越高，表示越容易感觉无聊。

工读学生和普通学生在无聊倾向量表对应题目上的作答详情见表 2 - 21 和表 2 - 22。

表 2-21　工读学生在无聊倾向量表上的作答情况

单位：人，分

问卷题目	完全不符合	很不符合	基本不符合	不确定	基本符合	很符合	完全符合
我经常觉得自己"闲得发慌"，但又不知道该干点儿什么	287	131	227	339	314	97	106
对我而言，自娱自乐是件很困难的事情	328	204	264	342	193	81	89
我需要做的都是些重复单调的事情	277	172	251	409	240	83	69
与大多数人相比，需要更多的刺激才能促使我前进	235	156	212	396	277	108	117
大多数时候，我感到找到事情做，并且保持兴趣是困难的	252	160	252	364	283	99	91
我对自己做的大多数事情都无法感到兴奋和刺激	258	213	253	383	225	95	74
大多数时候我都无所事事	281	191	214	353	260	101	101
除非是做一些令人激动甚至危险的事情，我总觉得自己无聊得像行尸走肉	423	154	189	377	178	95	85
总　计	2341	1381	1862	2963	1970	759	732
均值（标准差）	3.50（$SD = 1.26$）						

表 2-22　普通学生在无聊倾向量表上的作答情况

单位：人，分

问卷题目	完全不符合	很不符合	基本不符合	不确定	基本符合	很符合	完全符合
我经常觉得自己"闲得发慌"，但又不知道该干点儿什么	521	204	313	296	297	58	73
对我而言，自娱自乐是件很困难的事情	577	268	311	302	180	51	73
我需要做的都是些重复单调的事情	519	246	363	332	200	50	52

问卷题目	完全 不符合	很不 符合	基本 不符合	不确定	基本 符合	很符合	完全 符合
与大多数人相比，需要更多的刺激才能促使我前进	421	201	311	402	259	81	87
大多数时候，我感到找到事情做，并且保持兴趣是困难的	475	249	310	325	278	66	59
我对自己做的大多数事情都无法感到兴奋和刺激	485	275	330	345	183	76	68
大多数时候我都无所事事	605	271	324	272	160	54	76
除非是做一些令人激动甚至危险的事情，我总觉得自己无聊得像行尸走肉	839	231	209	253	119	43	68
总　　计	4442	1945	2471	2527	1676	479	556
均值（标准差）	2.91（SD = 1.25）						

在无聊倾向方面，工读学生平均得分为 3.50 分（$SD = 1.26$），普通学生平均得分为 2.91 分（$SD = 1.25$）。为了比较两者之间是否存在差异，对两组平均值进行方差分析，发现工读学生的无聊倾向显著高于普通学生（$t = 13.55$，$p < 0.001$），如表 2-23 所示。上述结果说明，相比普通学生，工读学生更容易感到无聊。

表 2-23　工读学生和普通学生在无聊倾向量表上的得分差异

单位：人，分

	工读学生	普通学生
人数（百分比）	1501（46.00%）	1762（54.00%）
均值（标准差）	3.50（$SD = 1.26$）	2.91（$SD = 1.25$）
方差分析结果 t（p）	$t = 13.55$，$p < 0.001$	

二　无聊的性别特点

分析不同性别的工读学生和普通学生在无聊倾向量表上的作答情况，统计结果见表 2-24～表 2-27。

表 2 - 24　工读女生在无聊倾向量表上的作答情况

单位：人，分

问卷题目	完全不符合	很不符合	基本不符合	不确定	基本符合	很符合	完全符合
我经常觉得自己"闲得发慌"，但又不知道该干点儿什么	81	43	47	68	93	29	23
对我而言，自娱自乐是件很困难的事情	85	68	71	79	47	19	15
我需要做的都是些重复单调的事情	80	44	71	97	51	21	20
与大多数人相比，需要更多的刺激才能促使我前进	65	39	66	105	59	28	22
大多数时候，我感到找到事情做，并且保持兴趣是困难的	59	44	85	93	63	20	20
我对自己做的大多数事情都无法感到兴奋和刺激	70	44	77	96	46	25	26
大多数时候我都无所事事	80	61	61	77	55	27	23
除非是做一些令人激动甚至危险的事情，我总觉得自己无聊得像行尸走肉	122	40	51	84	43	24	20
总　　计	642	383	529	699	457	193	169
均值（标准差）	3.39（$SD = 1.21$）						

表 2 - 25　工读男生在无聊倾向量表上的作答情况

单位：人，分

问卷题目	完全不符合	很不符合	基本不符合	不确定	基本符合	很符合	完全符合
我经常觉得自己"闲得发慌"，但又不知道该干点儿什么	206	88	180	271	221	68	83
对我而言，自娱自乐是件很困难的事情	243	136	193	263	146	62	74
我需要做的都是些重复单调的事情	197	128	180	312	189	62	49

续表

问卷题目	完全 不符合	很不 符合	基本 不符合	不确定	基本 符合	很符合	完全 符合
与大多数人相比，需要更多 的刺激才能促使我前进	170	117	146	291	218	80	95
大多数时候，我感到找到事 情做，并且保持兴趣是困 难的	193	116	167	271	220	79	71
我对自己做的大多数事情都 无法感到兴奋和刺激	188	169	176	287	179	70	48
大多数时候我都无所事事	201	130	153	276	205	74	78
除非是做一些令人激动甚至 危险的事情，我总觉得自己 无聊得像行尸走肉	301	114	138	293	135	71	65
总　计	1699	998	1333	2264	1513	566	563
均值（标准差）	3.54（$SD = 1.27$）						

表 2-26　普通女生在无聊倾向量表上的作答情况

单位：人，分

问卷题目	完全 不符合	很不 符合	基本 不符合	不确定	基本 符合	很符合	完全 符合
我经常觉得自己"闲得发 慌"，但又不知道该干点儿 什么	224	86	143	140	155	26	28
对我而言，自娱自乐是件很 困难的事情	261	130	139	143	87	22	20
我需要做的都是些重复单调 的事情	232	109	186	145	91	16	23
与大多数人相比，需要更多 的刺激才能促使我前进	194	95	147	168	119	42	37
大多数时候，我感到找到事 情做，并且保持兴趣是困 难的	221	118	152	133	122	28	28
我对自己做的大多数事情都 无法感到兴奋和刺激	226	128	163	143	76	39	27
大多数时候我都无所事事	285	132	163	107	65	22	28

问卷题目	完全不符合	很不符合	基本不符合	不确定	基本符合	很符合	完全符合
除非是做一些令人激动甚至危险的事情，我总觉得自己无聊得像行尸走肉	393	111	103	100	52	15	28
总　计	2036	909	1196	1079	767	210	219
均值（标准差）	2.87（SD = 1.25）						

表 2 - 27　普通男生在无聊倾向量表上的作答情况

单位：人，分

问卷题目	完全不符合	很不符合	基本不符合	不确定	基本符合	很符合	完全符合
我经常觉得自己"闲得发慌"，但又不知道该干点儿什么	297	118	170	156	142	32	45
对我而言，自娱自乐是件很困难的事情	316	138	172	159	93	29	53
我需要做的都是些重复单调的事情	287	137	177	187	109	34	29
与大多数人相比，需要更多的刺激才能促使我前进	227	106	164	234	140	39	50
大多数时候，我感到找到事情做，并且保持兴趣是困难的	254	131	158	192	156	38	31
我对自己做的大多数事情都无法感到兴奋和刺激	259	147	167	202	107	37	41
大多数时候我都无所事事	320	139	161	165	95	32	48
除非是做一些令人激动甚至危险的事情，我总觉得自己无聊得像行尸走肉	446	120	106	153	67	28	40
总　计	2406	1036	1275	1448	909	269	337
均值（标准差）	2.94（SD = 1.24）						

为比较男、女生的无聊倾向，通过统计发现：工读学生中，女生的平均得分为 3.39 分（SD = 1.21），男生的平均得分为 3.54 分（SD = 1.27），

性别差异显著（$t = -2.04$，$p < 0.05$）；普通学生中，女生的平均得分为2.87 分（$SD = 1.25$），男生的平均得分为 2.94 分（$SD = 1.24$），性别差异不显著（$t = -1.32$，$p = 0.19$），见表 2-28。上述结果说明，工读男生明显比工读女生更容易感到无聊。

表 2-28　男、女生在无聊倾向量表上的得分差异

单位：人，分

性别	工读学生		普通学生	
	女	男	女	男
人数（百分比）	384（11.77%）	1117（34.23%）	802（24.58%）	960（29.42%）
均值（标准差）	3.39（1.21）	3.54（1.27）	2.87（1.25）	2.94（1.24）
方差分析结果 t（p）	$t = -2.04$，$p < 0.05$		$t = -1.32$，$p = 0.19$	

通过方差分析比较同性别中不同类型的学生发现，工读女生在无聊上的得分显著高于普通女生（$t = 6.84$，$p < 0.001$），同样，工读男生在无聊上的得分显著高于普通男生（$t = 10.81$，$p < 0.001$），如表 2-29 所示。上述结果说明，工读学校男、女生的无聊倾向皆高于普通学校的男、女生。

表 2-29　同性别工读学生和普通学生在无聊倾向量表上的得分差异

单位：人，分

学校类别	女		男	
	工读学生	普通学生	工读学生	普通学生
人数（百分比）	384（11.77%）	802（24.58%）	1117（34.23%）	960（29.42%）
均值（标准差）	3.39（1.21）	2.87（1.25）	3.54（1.27）	2.94（1.24）
方差分析结果 t（p）	$t = 6.84$，$p < 0.001$		$t = 10.81$，$p < 0.001$	

三　无聊的发展特点

为了考察随着年龄增长，工读学生的无聊倾向是否存在变化趋势，以年龄组为自变量，无聊倾向得分为因变量进行单因素方差分析，并检验其是否存在线性趋势，得到如下结果。

分析不同年龄组的工读学生和普通学生在无聊倾向量表上的作答情况，统计结果见表 2-30~表 2-39。

表2-30　13岁及以下年龄组工读学生在无聊倾向量表上的作答情况

单位：人

问卷题目	完全不符合	很不符合	基本不符合	不确定	基本符合	很符合	完全符合
我经常觉得自己"闲得发慌"，但又不知道该干点儿什么	54	22	21	25	18	4	5
对我而言，自娱自乐是件很困难的事情	57	24	25	22	13	4	4
我需要做的都是些重复单调的事情	56	15	26	29	16	3	4
与大多数人相比，需要更多的刺激才能促使我前进	50	15	15	37	16	11	5
大多数时候，我感到找到事情做，并且保持兴趣是困难的	51	19	26	27	12	7	7
我对自己做的大多数事情都无法感到兴奋和刺激	46	23	17	31	20	8	4
大多数时候我都无所事事	55	27	18	26	12	5	6
除非是做一些令人激动甚至危险的事情，我总觉得自己无聊得像行尸走肉	66	12	11	36	11	8	5
总　计	435	157	159	233	118	50	40
均值（标准差）	2.79（$SD = 1.27$）						

表2-31　14岁年龄组工读学生在无聊倾向量表上的作答情况

单位：人，分

问卷题目	完全不符合	很不符合	基本不符合	不确定	基本符合	很符合	完全符合
我经常觉得自己"闲得发慌"，但又不知道该干点儿什么	65	29	38	65	54	12	16
对我而言，自娱自乐是件很困难的事情	65	46	48	57	35	12	16
我需要做的都是些重复单调的事情	67	34	43	74	34	12	15
与大多数人相比，需要更多的刺激才能促使我前进	47	36	39	78	46	14	19

续表

问卷题目	完全 不符合	很不 符合	基本 不符合	不确定	基本 符合	很符合	完全 符合
大多数时候，我感到找到事 情做，并且保持兴趣是困 难的	65	30	47	67	43	12	15
我对自己做的大多数事情都 无法感到兴奋和刺激	50	42	46	69	39	18	15
大多数时候我都无所事事	73	32	39	60	41	17	17
除非是做一些令人激动甚至 危险的事情，我总觉得自己 无聊得像行尸走肉	89	30	38	65	29	13	15
总　计	521	279	338	535	321	110	128
均值（标准差）	3.31（SD = 1.26）						

表 2 – 32　15 岁年龄组工读学生在无聊倾向量表上的作答情况

单位：人，分

问卷题目	完全 不符合	很不 符合	基本 不符合	不确定	基本 符合	很符合	完全 符合
我经常觉得自己"闲得发慌"， 但又不知道该干点儿什么	69	37	78	115	120	39	46
对我而言，自娱自乐是件很 困难的事情	92	61	81	116	69	36	49
我需要做的都是些重复单调 的事情	70	60	75	160	86	32	21
与大多数人相比，需要更多 的刺激才能促使我前进	67	47	78	124	97	44	47
大多数时候，我感到找到事 做，并且保持兴趣是困难的	56	56	92	125	97	43	35
我对自己做的大多数事情都 无法感到兴奋和刺激	75	73	92	131	72	38	23
大多数时候我都无所事事	66	51	71	131	104	41	40
除非是做一些令人激动甚至 危险的事情，我总觉得自己 无聊得像行尸走肉	120	57	69	121	70	36	31
总　计	615	442	636	1023	715	309	292
均值（标准差）	3.71（SD = 1.17）						

表 2－33　16 岁年龄组工读学生在无聊倾向量表上的作答情况

单位：人，分

问卷题目	完全不符合	很不符合	基本不符合	不确定	基本符合	很符合	完全符合
我经常觉得自己"闲得发慌"，但又不知道该干点儿什么	48	26	52	73	74	29	23
对我而言，自娱自乐是件很困难的事情	65	41	63	84	39	23	10
我需要做的都是些重复单调的事情	44	41	57	83	62	22	16
与大多数人相比，需要更多的刺激才能促使我前进	37	37	44	83	71	23	30
大多数时候，我感到找到事情做，并且保持兴趣是困难的	48	32	50	89	65	21	20
我对自己做的大多数事情都无法感到兴奋和刺激	53	39	55	85	62	17	14
大多数时候我都无所事事	51	47	53	80	51	22	21
除非是做一些令人激动甚至危险的事情，我总觉得自己无聊得像行尸走肉	95	31	40	80	44	19	16
总　计	441	294	414	657	468	176	150
均值（标准差）	3. 59（SD = 1. 25）						

表 2－34　17 岁及以上年龄组工读学生在无聊倾向量表上的作答情况

单位：人，分

问卷题目	完全不符合	很不符合	基本不符合	不确定	基本符合	很符合	完全符合
我经常觉得自己"闲得发慌"，但又不知道该干点儿什么	26	12	24	31	32	5	7
对我而言，自娱自乐是件很困难的事情	29	16	31	30	22	3	6
我需要做的都是些重复单调的事情	23	9	36	28	24	9	8
与大多数人相比，需要更多的刺激才能促使我前进	17	14	19	39	27	10	11

续表

问卷题目	完全 不符合	很不 符合	基本 不符合	不确定	基本 符合	很符合	完全 符合
大多数时候，我感到找到事情做，并且保持兴趣是困难的	19	11	21	34	34	9	9
我对自己做的大多数事情都无法感到兴奋和刺激	20	17	28	29	21	8	14
大多数时候我都无所事事	21	22	12	36	27	8	11
除非是做一些令人激动甚至危险的事情，我总觉得自己无聊得像行尸走肉	30	13	17	39	16	11	11
总　计	185	114	188	266	203	63	77
均值（标准差）	3.63（SD = 1.27）						

表 2-35　13 岁及以下年龄组普通学生在无聊倾向量表上的作答情况

单位：人，分

问卷题目	完全 不符合	很不 符合	基本 不符合	不确定	基本 符合	很符合	完全 符合
我经常觉得自己"闲得发慌"，但又不知道该干点儿什么	239	94	114	115	122	26	30
对我而言，自娱自乐是件很困难的事情	253	114	120	138	70	15	30
我需要做的都是些重复单调的事情	228	104	157	151	61	19	20
与大多数人相比，需要更多的刺激才能促使我前进	198	89	126	169	102	27	29
大多数时候，我感到找到事情做，并且保持兴趣是困难的	211	117	128	141	103	24	16
我对自己做的大多数事情都无法感到兴奋和刺激	206	110	140	145	72	39	28
大多数时候我都无所事事	257	111	131	122	62	21	36
除非是做一些令人激动甚至危险的事情，我总觉得自己无聊得像行尸走肉	340	96	85	121	51	17	30
总　计	1932	835	1001	1102	643	188	219
均值（标准差）	2.85（SD = 1.26）						

表 2－36　14 岁年龄组普通学生在无聊倾向量表上的作答情况

单位：人，分

问卷题目	完全不符合	很不符合	基本不符合	不确定	基本符合	很符合	完全符合
我经常觉得自己"闲得发慌"，但又不知道该干点儿什么	151	56	101	95	81	18	26
对我而言，自娱自乐是件很困难的事情	182	84	99	77	45	19	22
我需要做的都是些重复单调的事情	155	73	108	104	64	12	12
与大多数人相比，需要更多的刺激才能促使我前进	115	57	88	127	84	27	30
大多数时候，我感到找到事情做，并且保持兴趣是困难的	138	69	106	98	82	16	19
我对自己做的大多数事情都无法感到兴奋和刺激	146	92	86	109	60	16	19
大多数时候我都无所事事	191	80	98	84	40	16	19
除非是做一些令人激动甚至危险的事情，我总觉得自己无聊得像行尸走肉	261	67	60	82	31	7	20
总　计	1339	578	746	776	487	131	167
均值（标准差）	2.89（SD = 1.20）						

表 2－37　15 岁年龄组普通学生在无聊倾向量表上的作答情况

单位：人，分

问卷题目	完全不符合	很不符合	基本不符合	不确定	基本符合	很符合	完全符合
我经常觉得自己"闲得发慌"，但又不知道该干点儿什么	55	33	49	50	58	11	8
对我而言，自娱自乐是件很困难的事情	74	38	47	58	31	6	10
我需要做的都是些重复单调的事情	73	45	51	37	41	10	7

续表

问卷题目	完全不符合	很不符合	基本不符合	不确定	基本符合	很符合	完全符合
与大多数人相比，需要更多的刺激才能促使我前进	58	29	57	54	39	12	15
大多数时候，我感到找到事情做，并且保持兴趣是困难的	63	25	42	53	56	11	14
我对自己做的大多数事情都无法感到兴奋和刺激	63	37	54	55	33	13	9
大多数时候我都无所事事	82	34	55	38	37	8	10
除非是做一些令人激动甚至危险的事情，我总觉得自己无聊得像行尸走肉	129	33	36	30	19	10	7
总　计	597	274	391	375	314	81	80
均值（标准差）	3.05（SD = 1.20）						

表 2-38　16 岁年龄组普通学生在无聊倾向量表上的作答情况

单位：人，分

问卷题目	完全不符合	很不符合	基本不符合	不确定	基本符合	很符合	完全符合
我经常觉得自己"闲得发慌"，但又不知道该干点儿什么	22	7	26	17	19	2	4
对我而言，自娱自乐是件很困难的事情	21	14	16	14	21	7	4
我需要做的都是些重复单调的事情	16	10	24	19	18	3	7
与大多数人相比，需要更多的刺激才能促使我前进	11	11	22	22	15	9	7
大多数时候，我感到找到事情做，并且保持兴趣是困难的	17	16	20	16	18	5	5
我对自己做的大多数事情都无法感到兴奋和刺激	24	16	31	10	8	3	5
大多数时候我都无所事事	27	22	18	10	11	4	5

续表

问卷题目	完全不符合	很不符合	基本不符合	不确定	基本符合	很符合	完全符合
除非是做一些令人激动甚至危险的事情，我总觉得自己无聊得像行尸走肉	39	18	19	6	5	4	6
总　计	177	114	176	114	115	37	43
均值（标准差）	\multicolumn{7}{c}{3.20（SD = 1.22）}

表 2-39　17 岁及以上年龄组普通学生在无聊倾向量表上的作答情况

单位：人，分

问卷题目	完全不符合	很不符合	基本不符合	不确定	基本符合	很符合	完全符合
我经常觉得自己"闲得发慌"，但又不知道该干点儿什么	9	1	6	3	8	0	0
对我而言，自娱自乐是件很困难的事情	4	4	8	3	6	2	0
我需要做的都是些重复单调的事情	5	2	10	2	6	1	1
与大多数人相比，需要更多的刺激才能促使我前进	6	4	5	7	5	0	0
大多数时候，我感到找到事情做，并且保持兴趣是困难的	4	3	4	4	7	5	0
我对自己做的大多数事情都无法感到兴奋和刺激	6	4	6	6	4	1	0
大多数时候我都无所事事	6	8	5	3	4	1	0
除非是做一些令人激动甚至危险的事情，我总觉得自己无聊得像行尸走肉	12	4	4	3	3	1	0
总　计	52	30	48	31	43	11	1
均值（标准差）	\multicolumn{7}{c}{3.09（SD = 1.08）}

　　为了解不同年龄段学生的无聊倾向，通过描述统计发现：工读学生中，13 岁及以下组的平均得分为 2.79 分（SD = 1.27），14 岁组的平均得分为 3.31 分（SD = 1.26），15 岁组的平均得分为 3.71 分（SD = 1.17），16 岁组的平均得分为 3.59 分（SD = 1.25），17 岁及以上组的平均得分为 3.63 分（SD = 1.27）。为探究无聊倾向的发展趋势，方差分析发现，在工读学生中，

年龄组间差异显著（$F = 18.65$，$p < 0.001$），线性趋势显著（$F = 40.13$，$p < 0.001$），即从 13 岁到 15 岁，工读学生的无聊倾向有上升趋势。事后比较发现，工读学生 13 岁及以下组的抑郁水平显著低于 14 岁组（$p < 0.01$）、15 岁组（$p < 0.001$）、16 岁组（$p < 0.001$）和 17 岁及以上组（$p < 0.001$）；工读学生 14 岁组的抑郁水平显著低于 15 岁组（$p < 0.001$）。

普通学生中，13 岁及以下组的平均得分为 2.85 分（$SD = 1.26$），14 岁组的平均得分为 2.89 分（$SD = 1.20$），15 岁组的平均得分为 3.05 分（$SD = 1.20$），16 岁组的平均得分为 3.20 分（$SD = 1.22$），17 岁及以上组的平均得分为 3.09 分（$SD = 1.08$）。为探究无聊倾向的发展趋势，方差分析发现，在普通学生中，年龄组间差异显著（$F = 2.75$，$p < 0.05$），线性趋势显著（$F = 9.59$，$p < 0.01$），即从 13 岁到 16 岁，普通学生的无聊倾向有上升趋势。事后两两比较没有发现显著差异。

为探究各年龄组工读学生和普通学生在无聊倾向上的差异，方差分析发现，在 13 岁及以下组（$t = -0.54$，$p = 0.59$），工读学生和普通学生在无聊倾向上没有显著差异，但在 14 岁组（$t = 4.61$，$p < 0.001$）、15 岁组（$t = 7.43$，$p < 0.001$）、16 岁组（$t = 2.70$，$p < 0.01$）、17 岁及以上组（$t = 2.04$，$p < 0.05$），工读学生的无聊倾向得分高于普通学生。

上述结果说明：从 13 岁到 16 岁，工读学生和普通学生的无聊倾向上都有随年龄增长上升的趋势，但该趋势在工读学校的学生中更明显；13 岁以上的工读学生相比同龄的普通学生更容易感到无聊。方差分析结果见表 2 - 40，变化趋势见图 2 - 2。

表 2 - 40 不同年龄组在无聊倾向量表上的差异分析

单位：分

年龄组	13 岁及以下	14 岁	15 岁	16 岁	17 岁及以上	不同年龄组间的方差分析
工读学生均值（标准差）	2.79 (1.27)	3.31 (1.26)	3.71 (1.17)	3.59 (1.25)	3.63 (1.27)	$F = 18.65$, $p < 0.001$
普通学生均值（标准差）	2.85 (1.26)	2.89 (1.20)	3.05 (1.20)	3.20 (1.22)	3.09 (1.08)	$F = 2.75$, $p < 0.05$
同年龄组不同类型学生的方差分析	$t = -0.54$, $p = 0.59$	$t = 4.61$, $p < 0.001$	$t = 7.43$, $p < 0.001$	$t = 2.70$, $p < 0.01$	$t = 2.04$, $p < 0.05$	

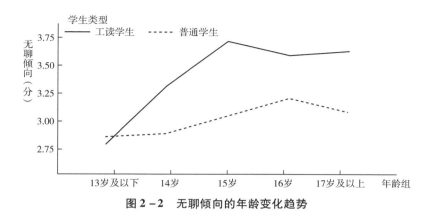

图 2 - 2 无聊倾向的年龄变化趋势

四 小结

从上述分析结果可知，工读学生的无聊倾向高于普通学生，即工读学生更容易体验到无聊。从性别特点看，工读男生的无聊倾向高于工读女生；而在普通学生中，没有性别差异。此外，工读女生的无聊倾向高于普通女生；工读男生的无聊倾向也高于普通男生。从年龄特点看，从13 岁到16 岁，工读学生和普通学生的无聊倾向都有上升趋势，但该趋势在工读学生中尤为明显，年龄越大的工读学生越容易在生活、学习中感到无聊。

第四节　孤独感的基本情况分析

一　孤独感的总体特点

孤独感量表共16 题，采用 4 点计分，选择"很不符合"得 1 分，选择"不太符合"得 2 分，选择"基本符合"得 3 分，选择"很符合"得 4 分。题目 1、3、5、7、10、15 为反向计分。先计算总分，后求项目均分和标准差。项目均分越高，表示孤独感越高。

工读学生和普通学生在孤独感量表对应题目上的作答详情见表 2 - 41 和表 2 - 42。

表 2 - 41   工读学生在孤独感量表上的作答情况

单位：人，分

问卷题目	很不符合	不太符合	基本符合	很符合
我很容易在学校交新朋友	153	303	444	216
没有人跟我说话	369	459	221	67
我和别的孩子一起做事可以做得很好	121	309	492	194
我很难交朋友	354	435	232	95
我有许多朋友	110	290	456	260
我感到寂寞	283	419	291	123
当我需要时我可以找到朋友	139	318	462	197
我很难让别的孩子喜欢我	283	459	284	90
没有人跟我一块玩	346	422	260	88
我跟别的孩子相处得好	112	311	479	214
我觉得在有些活动中没人理我	274	439	301	102
当我需要帮助时，我找不到人来帮我	276	449	282	109
我跟别的孩子相处得不好	297	445	282	92
我觉得孤单	280	412	293	131
班上的同学很喜欢我	138	351	458	169
我没有任何朋友	431	387	214	84
总　计	3966	6208	5451	2231
均值（标准差）	2.20 (SD = 0.51)			

表 2 - 42   普通学生在孤独感量表上的作答情况

单位：人，分

问卷题目	很不符合	不太符合	基本符合	很符合
我很容易在学校交新朋友	195	263	508	366
没有人跟我说话	659	437	182	54
我和别的孩子一起做事可以做得很好	150	290	579	313
我很难交朋友	629	420	206	77
我有许多朋友	147	292	484	409
我感到寂寞	536	434	261	101
当我需要时我可以找到朋友	170	298	514	350
我很难让别的孩子喜欢我	492	494	244	102
没有人跟我一块玩	642	421	199	70
我跟别的孩子相处得好	138	270	537	387
我觉得在有些活动中没人理我	478	484	276	94

问卷题目	很不 符合	不太 符合	基本 符合	很 符合
当我需要帮助时，我找不到人来帮我	486	521	237	88
我跟别的孩子相处得不好	558	479	205	90
我觉得孤单	538	444	235	115
班上的同学很喜欢我	186	334	585	227
我没有任何朋友	740	372	154	66
总　　计	6744	6253	5406	2909
均值（标准差）	1.99（SD = 0.59）			

在孤独感方面，工读学生平均得分为 2.20 分（SD = 0.51），普通学生平均得分为 1.99 分（SD = 0.59）。为了比较两者之间是否存在差异，对两组平均值进行方差分析，发现工读学生在孤独感上的得分显著高于普通学生（t = 9.34，p < 0.001），如表 2 - 43 所示。上述结果说明，相比普通学生，工读学生的孤独感水平偏高。

表 2 - 43　工读学生和普通学生在孤独感上的得分差异

单位：人，分

	工读学生	普通学生
人数（百分比）	1116（47.00%）	1332（53.00%）
均值（标准差）	2.20（SD = 0.51）	1.99（SD = 0.59）
方差分析结果 t（p）	t = 9.34，p < 0.001	

二　孤独感的性别特点

分析不同性别的工读学生和普通学生在孤独感量表上的作答情况，统计结果见表 2 - 44 ～表 2 - 47。

表 2 - 44　工读女生在孤独感量表上的作答情况

单位：人，分

问卷题目	很不 符合	不太 符合	基本 符合	很 符合
我很容易在学校交新朋友	36	85	129	46
没有人跟我说话	106	142	40	8
我和别的孩子一起做事可以做得很好	29	87	135	45
我很难交朋友	104	129	48	15

续表

问卷题目	很不 符合	不太 符合	基本 符合	很 符合
我有许多朋友	26	82	126	62
我感到寂寞	78	123	65	30
当我需要时我可以找到朋友	31	86	132	47
我很难让别的孩子喜欢我	85	147	50	14
没有人跟我一块玩	104	113	65	14
我跟别的孩子相处好	24	99	122	51
我觉得在有些活动中没人理我	75	114	89	18
当我需要帮助时，我找不到人来帮我	73	137	65	21
我跟别的孩子相处得不好	82	130	73	11
我觉得孤单	74	118	73	31
班上的同学很喜欢我	34	92	130	40
我没有任何朋友	124	128	32	12
总　计	1085	1812	1374	465
均值（标准差）	2.14（SD = 0.51）			

表2－45　工读男生在孤独感量表上的作答情况

单位：人，分

问卷题目	很不 符合	不太 符合	基本 符合	很 符合
我很容易在学校交新朋友	117	218	315	170
没有人跟我说话	263	317	181	59
我和别的孩子一起做事可以做得很好	92	222	357	149
我很难交朋友	250	306	184	80
我有许多朋友	84	208	330	198
我感到寂寞	205	296	226	93
当我需要时我可以找到朋友	108	232	330	150
我很难让别的孩子喜欢我	198	312	234	76
没有人跟我一块玩	242	309	195	74
我跟别的孩子相处好	88	212	357	163
我觉得在有些活动中没人理我	199	325	212	84
当我需要帮助时，我找不到人来帮我	203	312	217	88
我跟别的孩子相处得不好	215	315	209	81
我觉得孤单	206	294	220	100
班上的同学很喜欢我	104	259	328	129
我没有任何朋友	307	259	182	72
总　计	2881	4396	4077	1766
均值（标准差）	2.23（SD = 0.51）			

表 2 - 46　普通女生在孤独感量表上的作答情况

单位：人，分

问卷题目	很不符合	不太符合	基本符合	很符合
我很容易在学校交新朋友	64	126	265	163
没有人跟我说话	301	229	73	15
我和别的孩子一起做事可以做得很好	41	153	281	143
我很难交朋友	283	219	87	29
我有许多朋友	46	140	248	184
我感到寂寞	233	220	128	37
当我需要时我可以找到朋友	63	149	254	152
我很难让别的孩子喜欢我	222	249	111	36
没有人跟我一块玩	290	230	73	25
我跟别的孩子相处得好	42	129	272	175
我觉得在有些活动中没人理我	195	258	128	37
当我需要帮助时，我找不到人来帮我	206	267	111	34
我跟别的孩子相处得不好	254	254	74	36
我觉得孤单	241	220	115	42
班上的同学很喜欢我	60	169	292	97
我没有任何朋友	344	188	66	20
总　　计	2885	3200	2578	1225
均值（标准差）	1.96（SD = 0.60）			

表 2 - 47　普通男生在孤独感量表上的作答情况

单位：人，分

问卷题目	很不符合	不太符合	基本符合	很符合
我很容易在学校交新朋友	131	137	243	203
没有人跟我说话	358	208	109	39
我和别的孩子一起做事可以做得很好	109	137	298	170
我很难交朋友	346	201	119	48
我有许多朋友	101	152	236	225
我感到寂寞	303	214	133	64
当我需要时我可以找到朋友	107	149	260	198
我很难让别的孩子喜欢我	270	245	133	66
没有人跟我一块玩	352	191	126	45
我跟别的孩子相处得好	96	141	265	212
我觉得在有些活动中没人理我	283	226	148	57

续表

问卷题目	很不符合	不太符合	基本符合	很符合
当我需要帮助时，我找不到人来帮我	280	254	126	54
我跟别的孩子相处得不好	304	225	131	54
我觉得孤单	297	224	120	73
班上的同学很喜欢我	126	165	293	130
我没有任何朋友	396	184	88	46
总　计	3859	3053	2828	1684
均值（标准差）	2.02（SD = 0.59）			

为比较男、女生的孤独感，通过统计发现：工读学生中，女生的平均得分为 2.14 分（$SD = 0.51$），男生的平均得分为 2.23 分（$SD = 0.51$），性别差异显著（$t = -2.63$，$p < 0.05$）；普通学生中，女生的平均得分为 1.96 分（$SD = 0.60$），男生的平均得分为 2.02 分（$SD = 0.59$），性别差异不显著（$t = -1.83$，$p = 0.07$），见表 2 - 48。上述结果说明，工读学校男生的孤独感显著高于工读学校女生。

表 2 - 48　男女生在孤独感量表上的得分差异

单位：人，分

性别	工读学生		普通学生	
	女	男	女	男
人数（百分比）	296（12.09%）	820（33.50%）	618（25.25%）	714（29.17%）
均值（标准差）	2.14（0.51）	2.23（0.51）	1.96（0.60）	2.02（0.59）
方差分析结果 t（p）	$t = -2.63$，$p < 0.05$		$t = -1.83$，$p = 0.07$	

通过方差分析比较同性别中不同类型的学生发现，工读学校女生在孤独感上的得分显著高于普通学生女生（$t = 4.37$，$p < 0.001$）；工读学校男生在孤独感上的得分显著高于普通学校男生（$t = 7.41$，$p < 0.001$），见表 2 - 49。上述结果说明，工读学校男、女生的孤独感显著高于普通学校男、女生。

表 2 - 49　同性别工读学生和普通学生在孤独感量表上的得分差异

单位：人，分

学校类别	女		男	
	工读学生	普通学生	工读学生	普通学生
人数（百分比）	296（12.09%）	618（25.25%）	820（33.50%）	714（29.17%）

学校类别	女		男	
	工读学生	普通学生	工读学生	普通学生
均值（标准差）	2.14（0.51）	1.96（0.60）	2.23（0.51）	2.02（0.59）
方差分析结果 t（p）	$t = 4.37$，$p < 0.001$		$t = 7.41$，$p < 0.001$	

三　孤独感的发展特点

为了考察随着年龄增长，工读学生的孤独感是否存在变化趋势，以年龄组为自变量，孤独感得分为因变量进行单因素方差分析，并检验其是否存在线性趋势。不同年龄组的工读学生和普通学生在孤独感量表上的作答情况，统计结果见表 2 - 50 ~ 表 2 - 59。

表 2 - 50　13 岁及以下年龄组工读学生在孤独感量表上的作答情况

单位：人，分

问卷题目	很不符合	不太符合	基本符合	很符合
我很容易在学校交新朋友	35	25	41	27
没有人跟我说话	43	57	20	8
我和别的孩子一起做事可以做得很好	25	35	48	20
我很难交朋友	41	48	24	15
我有许多朋友	21	37	41	29
我感到寂寞	36	48	35	9
当我需要时我可以找到朋友	25	38	48	17
我很难让别的孩子喜欢我	35	58	25	10
没有人跟我一块玩	34	48	34	12
我跟别的孩子相处得好	12	41	53	22
我觉得在有些活动中没人理我	29	51	33	15
当我需要帮助时，我找不到人来帮我	29	51	32	16
我跟别的孩子相处得不好	28	46	41	13
我觉得孤单	37	50	29	12
班上的同学很喜欢我	22	35	47	24
我没有任何朋友	40	55	20	13
总　计	492	723	571	262
均值（标准差）	2.26（$SD = 0.49$）			

表 2－51　14 岁年龄组工读学生在孤独感量表上的作答情况

单位：人，分

问卷题目	很不符合	不太符合	基本符合	很符合
我很容易在学校交新朋友	44	60	110	45
没有人跟我说话	80	113	48	18
我和别的孩子一起做事可以做得很好	32	68	118	41
我很难交朋友	78	107	47	27
我有许多朋友	29	62	113	55
我感到寂寞	69	109	57	24
当我需要时我可以找到朋友	33	74	111	41
我很难让别的孩子喜欢我	69	115	52	23
没有人跟我一块玩	77	92	74	16
我跟别的孩子相处得好	29	91	90	49
我觉得在有些活动中没人理我	70	92	76	21
当我需要帮助时，我找不到人来帮我	63	110	62	24
我跟别的孩子相处得不好	68	95	74	22
我觉得孤单	69	102	58	30
班上的同学很喜欢我	32	84	107	36
我没有任何朋友	92	99	49	19
总　计	934	1473	1246	491
均值（标准差）	2.21（$SD = 0.51$）			

表 2－52　15 岁年龄组工读学生在孤独感量表上的作答情况

单位：人，分

问卷题目	很不符合	不太符合	基本符合	很符合
我很容易在学校交新朋友	33	102	143	80
没有人跟我说话	120	130	84	24
我和别的孩子一起做事可以做得很好	28	92	160	78
我很难交朋友	117	125	85	31
我有许多朋友	32	79	158	89
我感到寂寞	91	113	109	45
当我需要时我可以找到朋友	39	90	158	71
我很难让别的孩子喜欢我	83	137	110	28
没有人跟我一块玩	119	130	77	32
我跟别的孩子相处得好	39	74	170	75
我觉得在有些活动中没人理我	83	134	105	36

续表

问卷题目	很不 符合	不太 符合	基本 符合	很 符合
当我需要帮助时，我找不到人来帮我	89	133	102	34
我跟别的孩子相处得不好	103	144	80	31
我觉得孤单	88	104	119	47
班上的同学很喜欢我	42	108	151	57
我没有任何朋友	149	95	80	34
总　计	1255	1790	1891	792
均值（标准差）	2.19（SD = 0.53）			

表 2－53　16 岁年龄组工读学生在孤独感量表上的作答情况

单位：人，分

问卷题目	很不 符合	不太 符合	基本 符合	很 符合
我很容易在学校交新朋友	15	47	92	41
没有人跟我说话	70	78	42	5
我和别的孩子一起做事可以做得很好	12	53	100	30
我很难交朋友	66	72	49	8
我有许多朋友	4	49	89	53
我感到寂寞	40	74	55	26
当我需要时我可以找到朋友	14	52	90	39
我很难让别的孩子喜欢我	50	69	63	13
没有人跟我一块玩	65	72	47	11
我跟别的孩子相处得好	9	40	105	41
我觉得在有些活动中没人理我	46	81	55	13
当我需要帮助时，我找不到人来帮我	48	67	63	17
我跟别的孩子相处得不好	55	79	50	11
我觉得孤单	44	75	54	22
班上的同学很喜欢我	12	57	97	29
我没有任何朋友	90	54	45	6
总　计	640	1019	1096	365
均值（标准差）	2.13（SD = 0.53）			

表 2－54　17 岁及以上年龄组工读学生在孤独感量表上的作答情况

单位：人，分

问卷题目	很不 符合	不太 符合	基本 符合	很 符合
我很容易在学校交新朋友	9	20	40	12
没有人跟我说话	32	32	12	5

问卷题目	很不符合	不太符合	基本符合	很符合
我和别的孩子一起做事可以做得很好	8	20	43	10
我很难交朋友	30	33	14	4
我有许多朋友	9	19	33	20
我感到寂寞	28	25	19	9
当我需要时我可以找到朋友	12	20	35	14
我很难让别的孩子喜欢我	26	32	16	7
没有人跟我一块玩	29	32	13	7
我跟别的孩子相处得好	8	16	39	18
我觉得在有些活动中没人理我	24	36	15	6
当我需要帮助时，我找不到人来帮我	28	36	10	7
我跟别的孩子相处得不好	22	34	20	5
我觉得孤单	24	29	20	8
班上的同学很喜欢我	11	25	34	11
我没有任何朋友	34	33	8	6
总　计	334	442	371	149
均值（标准差）	2.11（SD = 0.49）			

表 2-55　13 岁及以下年龄组普通学生在孤独感量表上的作答情况

单位：人，分

问卷题目	很不符合	不太符合	基本符合	很符合
我很容易在学校交新朋友	93	123	218	162
没有人跟我说话	303	185	94	14
我和别的孩子一起做事可以做得很好	67	140	244	145
我很难交朋友	285	185	101	25
我有许多朋友	62	136	216	182
我感到寂寞	254	188	121	33
当我需要时我可以找到朋友	71	143	222	160
我很难让别的孩子喜欢我	231	214	115	36
没有人跟我一块玩	292	180	102	22
我跟别的孩子相处得好	58	131	226	181
我觉得在有些活动中没人理我	224	207	128	37
当我需要帮助时，我找不到人来帮我	221	235	115	25
我跟别的孩子相处得不好	254	213	94	35
我觉得孤单	250	194	112	40

问卷题目	很不符合	不太符合	基本符合	很符合
班上的同学很喜欢我	83	159	248	106
我没有任何朋友	322	163	83	28
总　计	3070	2796	2439	1231
均值（标准差）	1.98（SD = 0.59）			

表 2-56　14 岁年龄组普通学生在孤独感量表上的作答情况

单位：人，分

问卷题目	很不符合	不太符合	基本符合	很符合
我很容易在学校交新朋友	34	70	163	128
没有人跟我说话	206	123	48	18
我和别的孩子一起做事可以做得很好	33	75	187	100
我很难交朋友	204	120	49	22
我有许多朋友	33	74	150	138
我感到寂寞	173	124	71	27
当我需要时我可以找到朋友	45	80	155	115
我很难让别的孩子喜欢我	151	153	57	34
没有人跟我一块玩	201	122	47	25
我跟别的孩子相处得好	33	66	169	127
我觉得在有些活动中没人理我	149	149	70	27
当我需要帮助时，我找不到人来帮我	155	146	64	30
我跟别的孩子相处得不好	184	133	50	28
我觉得孤单	177	126	61	31
班上的同学很喜欢我	41	84	188	82
我没有任何朋友	237	102	35	21
总　计	2056	1747	1564	953
均值（标准差）	1.91（SD = 0.60）			

表 2-57　15 岁年龄组普通学生在孤独感量表上的作答情况

单位：人，分

问卷题目	很不符合	不太符合	基本符合	很符合
我很容易在学校交新朋友	27	32	60	40
没有人跟我说话	78	55	19	7
我和别的孩子一起做事可以做得很好	17	38	70	34

问卷题目	很不符合	不太符合	基本符合	很符合
我很难交朋友	70	48	31	10
我有许多朋友	17	42	51	49
我感到寂寞	55	54	31	19
当我需要时我可以找到朋友	18	31	74	36
我很难让别的孩子喜欢我	50	60	34	15
没有人跟我一块玩	73	51	25	10
我跟别的孩子相处得好	17	29	72	41
我觉得在有些活动中没人理我	52	57	36	14
当我需要帮助时，我找不到人来帮我	58	62	27	12
我跟别的孩子相处得不好	59	65	23	12
我觉得孤单	63	53	23	20
班上的同学很喜欢我	23	46	73	17
我没有任何朋友	94	44	15	6
总　计	771	767	664	342
均值（标准差）	2.04（$SD = 0.63$）			

表 2-58　16 岁年龄组普通学生在孤独感量表上的作答情况

单位：人，分

问卷题目	很不符合	不太符合	基本符合	很符合
我很容易在学校交新朋友	7	20	35	15
没有人跟我说话	33	35	8	1
我和别的孩子一起做事可以做得很好	4	18	42	13
我很难交朋友	31	32	9	5
我有许多朋友	7	16	36	18
我感到寂寞	17	31	21	8
当我需要时我可以找到朋友	6	25	28	18
我很难让别的孩子喜欢我	21	31	19	6
没有人跟我一块玩	34	36	6	1
我跟别的孩子相处得好	4	22	34	17
我觉得在有些活动中没人理我	17	36	20	4
当我需要帮助时，我找不到人来帮我	16	39	15	7
我跟别的孩子相处得不好	23	35	15	4
我觉得孤单	15	34	21	7
班上的同学很喜欢我	9	21	44	3

问卷题目	很不符合	不太符合	基本符合	很符合
我没有任何朋友	39	30	7	1
总　计	283	461	360	128
均值（标准差）	2.08（SD = 0.53）			

表 2-59　17 岁及以上年龄组普通学生在孤独感量表上的作答情况

单位：人，分

问卷题目	很不符合	不太符合	基本符合	很符合
我很容易在学校交新朋友	2	4	11	3
没有人跟我说话	7	8	4	1
我和别的孩子一起做事可以做得很好	1	2	13	4
我很难交朋友	3	11	5	1
我有许多朋友	1	6	10	3
我感到寂寞	2	8	8	2
当我需要时我可以找到朋友	0	3	12	5
我很难让别的孩子喜欢我	5	10	5	0
没有人跟我一块玩	6	8	5	1
我跟别的孩子相处得好	0	4	14	2
我觉得在有些活动中没人理我	1	12	6	1
当我需要帮助时，我找不到人来帮我	3	12	4	1
我跟别的孩子相处得不好	4	10	6	0
我觉得孤单	0	12	5	3
班上的同学很喜欢我	2	8	9	1
我没有任何朋友	6	11	3	0
总　计	43	129	120	28
均值（标准差）	2.17（SD = 0.34）			

为了解不同年龄段学生的孤独感水平，通过描述统计发现：工读学生中，13 岁及以下组的平均得分为 2.26 分（SD = 0.49），14 岁组的平均得分为 2.21 分（SD = 0.51），15 岁组的平均得分为 2.19 分（SD = 0.53），16 岁组的平均得分为 2.13 分（SD = 0.53），17 岁及以上组的平均得分为 2.11 分（SD = 0.49）。为探究孤独感的发展趋势，方差分析发现，在工读学生中，年龄组间差异不显著（F = 1.84，p = 0.12），但线性趋势显著（F = 6.05，$p < 0.01$），即从 13 岁到 17 岁，工读学生的孤独感呈下降趋势。

普通学生中，13 岁及以下组的平均得分为 1.98 分（SD = 0.59），14 岁组的平均得分为 1.91 分（$SD = 0.60$），15 岁组的平均得分为 2.04 分（$SD = 0.63$），16 岁组的平均得分为 2.08 分（$SD = 0.53$），17 岁及以上组的平均得分为 2.17 分（$SD = 0.34$）。为探究孤独感的发展趋势，方差分析发现，在普通学生中，年龄组间差异显著（$F = 2.75$，$p < 0.05$），线性趋势显著（$F = 3.95$，$p < 0.05$），从 14 岁到 17 岁，普通学生的孤独感有上升趋势。通过事后比较发现：普通学生 14 岁组的孤独感显著低于 17 岁及以上组（$p < 0.03$）。

为探究各年龄组工读学生和普通学生在孤独感上的差异，通过方差分析发现，在 13 岁组（$t = 5.78$，$p < 0.001$）、14 岁组（$t = 6.91$，$p < 0.001$）、15 岁组（$t = 2.71$，$p < 0.01$），工读学生的孤独感显著高于普通学生，而在 16 岁组（$t = 0.77$，$p = 0.45$）和 17 岁及以上组（$t = -0.51$，$p = 0.62$），工读学生和普通学生在孤独感上无显著差异。

上述结果说明，从 13 岁到 17 岁，工读学生的孤独感有随年龄下降的趋势，而普通学生的孤独感在 14 岁之后有随年龄上升的趋势；在 16 岁以前，工读学生的孤独感高于同龄的普通学生。方差分析结果见表 2 - 60，变化趋势见图 2 - 3。

表 2 - 60   不同年龄组在孤独感量表上的差异分析

单位：分

年龄组	13 岁及以下	14 岁	15 岁	16 岁	17 岁及以上	不同年龄组间的方差分析
工读学生均值（标准差）	2.26 (0.49)	2.21 (0.51)	2.19 (0.53)	2.13 (0.53)	2.11 (0.49)	$F = 1.84$, $p = 0.12$
普通学生均值（标准差）	1.98 (0.59)	1.91 (0.60)	2.04 (0.63)	2.08 (0.53)	2.17 (0.34)	$F = 2.75$, $p < 0.05$
同年龄组不同类型学生的方差分析	$t = 5.78$, $p < 0.001$	$t = 6.91$, $p < 0.001$	$t = 2.71$, $p < 0.01$	$t = 0.77$, $p = 0.45$	$t = -0.51$, $p = 0.62$	

四　小结

从上述分析结果可知，工读学生的孤独感高于普通学生，该结果与之前的研究一致（陈福侠，张福娟，2010）。从性别特点看，工读男生的孤独感高于工读女生。此外，工读女生的孤独感高于普通女生；工读男生的孤独感

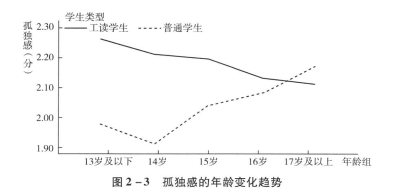

图 2-3　孤独感的年龄变化趋势

也高于普通男生。从年龄特点看，从 13 岁到 17 岁，工读学生的孤独感有随年龄增长而下降的趋势，但普通学生的孤独感在 14 岁后随年龄增长而上升；在 16 岁以前，工读学生的孤独感高于同龄的普通学生。

第五节　主观幸福感的基本情况分析

一　主观幸福感的总体特点

主观幸福感量表由 9 个题目组成，采用 7 点计分，选择"完全不符合"得 1 分，选择"很不符合"得 2 分，选择"基本不符合"得 3 分、选择"不确定"得 4 分，选择"基本符合"得 5 分，选择"很符合"得 6 分，选择"完全符合"得 7 分。先计算总分，后求项目均分和标准差。项目均分越高表示在过去一周的生活中体验到的乐趣、友谊、价值等越多，认为生活充满了希望，幸福感越高。

工读学生和普通学生在主观幸福感量表对应题目上的作答详情见表 2-61 和表 2-62。

表 2-61　工读学生在主观幸福感量表上的作答情况

单位：人，分

问卷题目	完全不符合	很不符合	基本不符合	不确定	基本符合	很符合	完全符合
过去几周我的生活是有趣的	94	38	74	214	160	69	332
过去几周我的生活是快乐的	77	42	75	195	150	102	340

问卷题目	完全 不符合	很不 符合	基本 不符合	不确定	基本 符合	很符合	完全 符合
过去几周我的生活是有价值的	71	31	75	201	156	115	332
过去几周我的生活是有很多朋友的	75	24	95	193	158	100	336
过去几周我的生活是充实的	77	32	75	166	173	114	344
过去几周我的生活是充满希望的	68	32	88	184	159	111	339
过去几周我的生活是令人鼓舞的	78	29	90	195	157	102	330
过去几周我的生活是幸运的	69	27	86	178	172	110	339
过去几周我的生活是非常满意的	68	30	75	184	171	116	337
总　计	677	285	733	1710	1456	939	3029
均值（标准差）	5.03（SD = 1.66）						

表 2 – 62　普通学生在主观幸福感量表上的作答情况

单位：人，分

问卷题目	完全 不符合	很不 符合	基本 不符合	不确定	基本 符合	很符合	完全 符合
过去几周我的生活是有趣的	36	26	62	134	142	98	641
过去几周我的生活是快乐的	29	23	47	143	137	127	633
过去几周我的生活是有价值的	23	20	36	134	148	129	649
过去几周我的生活是有很多朋友的	27	23	52	116	129	142	650
过去几周我的生活是充实的	27	16	47	124	133	134	658
过去几周我的生活是充满希望的	25	19	48	133	143	115	656
过去几周我的生活是令人鼓舞的	28	19	55	126	153	131	627
过去几周我的生活是幸运的	23	23	52	148	137	126	630
过去几周我的生活是非常满意的	20	21	39	140	147	142	630
总　计	238	190	438	1198	1269	1144	5774
均值（标准差）	5.89（SD = 1.39）						

在主观幸福感方面，工读学生平均得分为 5.03 分（$SD = 1.66$），普通学生平均得分为 5.89 分（$SD = 1.39$）。为了比较两者之间是否存在差异，对两组平均值进行方差分析，发现工读学生的主观幸福感上的得分显著低于普通学生（$t = -12.93$，$p < 0.001$），如表 2-63 所示。上述结果说明，相比普通学生，工读学生对过去一周生活的满意度偏低。

表 2-63　工读学生和普通学生在主观幸福感量表上的得分差异

单位：人，分

	工读学生	普通学生
人数（百分比）	981（46.27%）	1139（53.73%）
均值（标准差）	5.03（$SD = 1.66$）	5.89（$SD = 1.39$）
T 检验结果 t（p）	$t = -12.93$，$p < 0.001$	

二　主观幸福感的性别特点

分析不同性别的工读学生和普通学生在主观幸福感量表上的作答情况，统计结果见表 2-64～表 2-67。

表 2-64　工读女生在主观幸福感量表上的作答情况

单位：人，分

问卷题目	完全不符合	很不符合	基本不符合	不确定	基本符合	很符合	完全符合
过去几周我的生活是有趣的	23	9	28	64	41	24	62
过去几周我的生活是快乐的	16	11	19	61	46	30	68
过去几周我的生活是有价值的	18	6	25	66	39	29	68
过去几周我的生活是有很多朋友的	17	8	30	61	38	27	70
过去几周我的生活是充实的	20	8	25	52	47	30	69
过去几周我的生活是充满希望的	17	11	24	62	37	32	68
过去几周我的生活是令人鼓舞的	19	8	22	68	34	35	65
过去几周我的生活是幸运的	18	6	18	61	51	29	68
过去几周我的生活是非常满意的	23	6	27	61	43	30	61

续表

问卷题目	完全 不符合	很不 符合	基本 不符合	不确定	基本 符合	很符合	完全 符合
总　计	171	73	218	556	376	266	599
均值（标准差）	4.81（SD = 1.62）						

表 2 - 65　工读男生在主观幸福感量表上的作答情况

单位：人，分

问卷题目	完全 不符合	很不 符合	基本 不符合	不确定	基本 符合	很符合	完全 符合
过去几周我的生活是有趣的	71	29	46	150	119	45	270
过去几周我的生活是快乐的	61	31	56	134	104	72	272
过去几周我的生活是有价值的	53	25	50	135	117	86	264
过去几周我的生活是有很多朋友的	58	16	65	132	120	73	266
过去几周我的生活是充实的	57	24	50	114	126	84	275
过去几周我的生活是充满希望的	51	21	64	122	122	79	271
过去几周我的生活是令人鼓舞的	59	21	68	127	123	67	265
过去几周我的生活是幸运的	51	21	68	117	121	81	271
过去几周我的生活是非常满意的	45	24	48	123	128	86	276
总　计	506	212	515	1154	1080	673	2430
均值（标准差）	5.10（SD = 1.67）						

表 2 - 66　普通女生在主观幸福感量表上的作答情况

单位：人，分

问卷题目	完全 不符合	很不 符合	基本 不符合	不确定	基本 符合	很符合	完全 符合
过去几周我的生活是有趣的	18	10	23	60	70	55	257
过去几周我的生活是快乐的	14	11	22	60	65	70	251
过去几周我的生活是有价值的	12	8	16	50	74	67	266

续表

问卷题目	完全 不符合	很不 符合	基本 不符合	不确定	基本 符合	很符合	完全 符合
过去几周我的生活是有很多 朋友的	10	11	24	48	60	81	259
过去几周我的生活是充实的	10	7	22	51	61	73	269
过去几周我的生活是充满希 望的	10	10	22	53	73	59	266
过去几周我的生活是令人鼓 舞的	12	10	28	52	72	68	251
过去几周我的生活是幸运的	10	12	21	63	63	72	252
过去几周我的生活是非常满 意的	8	12	15	60	68	82	248
总　计	104	91	193	497	606	627	2319
均值（标准差）	5.83（SD = 1.38）						

表 2 - 67　普通男生在主观幸福感量表上的作答情况

单位：人，分

问卷题目	完全 不符合	很不 符合	基本 不符合	不确定	基本 符合	很符合	完全 符合
过去几周我的生活是有趣的	18	16	39	74	72	43	384
过去几周我的生活是快乐的	15	12	25	83	72	57	382
过去几周我的生活是有价 值的	11	12	20	84	74	62	383
过去几周我的生活是有很多 朋友的	17	12	28	68	69	61	391
过去几周我的生活是充实的	17	9	25	73	72	61	389
过去几周我的生活是充满希 望的	15	9	26	80	70	56	390
过去几周我的生活是令人鼓 舞的	16	9	27	74	81	63	376
过去几周我的生活是幸运的	13	11	31	85	74	54	378
过去几周我的生活是非常满 意的	12	9	24	80	79	60	382
总　计	134	99	245	701	663	517	3455
均值（标准差）	5.93（SD = 1.41）						

为比较男、女生的主观幸福感，通过统计发现：工读学生中，女生的平

均得分为 4.81 分（$SD = 1.62$），男生的平均得分为 5.10 分（$SD = 1.67$），性别差异显著（$t = -2.43$，$p < 0.05$）；普通学生中，女生的平均得分为 5.83 分（$SD = 1.38$），男生的平均得分为 5.93 分（$SD = 1.41$），性别差异不显著（$t = -1.16$，$p = 0.25$），统计结果见表 2-68。上述结果说明，工读女生的主观幸福感显著低于工读男生。

表 2-68　男女生在主观幸福感量表上的得分差异

单位：人，分

性别	工读学生		普通学生	
	女	男	女	男
人数（百分比）	251（11.84%）	730（34.43%）	493（23.25%）	646（30.47%）
均值（标准差）	4.81（1.62）	5.10（1.67）	5.83（1.38）	5.93（1.41）
方差分析结果 t（p）	$t = -2.43$，$p < 0.05$		$t = -1.16$，$p = 0.25$	

通过方差分析比较同性别中不同类型的学生发现，工读女生在主观幸福感上的得分显著低于普通女生（$t = -9.03$，$p < 0.001$）；工读男生在主观幸福感上的得分显著低于普通男生（$t = -9.83$，$p < 0.001$），见表 2-69。上述结果说明，工读学校男、女生的主观幸福感显著低于普通学校男、女生。

表 2-69　同性别工读学生和普通学生在主观幸福感量表上的得分差异

单位：人，分

学校类别	女		男	
	工读学生	普通学生	工读学生	普通学生
人数（百分比）	251（11.84%）	493（23.25%）	730（34.43%）	646（30.47%）
均值（标准差）	4.81（1.62）	5.83（1.38）	5.10（1.67）	5.93（1.41）
方差分析结果 t（p）	$t = -9.03$，$p < 0.001$		$t = -9.83$，$p < 0.001$	

三　主观幸福感的发展特点

为了考察随着年龄增长，工读学生的主观幸福感是否存在变化趋势，以年龄组为自变量，主观幸福感得分为因变量进行单因素方差分析，并检验其是否存在线性趋势，得到如下结果。

分析不同年龄组的工读学生和普通学生在主观幸福感量表上的作答情况，统计结果见表 2-70～表 2-79。

表 2 - 70　13 岁及以下年龄组工读学生在主观幸福感量表上的作答情况

单位：人，分

问卷题目	完全不符合	很不符合	基本不符合	不确定	基本符合	很符合	完全符合
过去几周我的生活是有趣的	5	9	7	23	24	6	42
过去几周我的生活是快乐的	5	5	8	17	23	15	43
过去几周我的生活是有价值的	6	4	8	18	22	14	44
过去几周我的生活是有很多朋友的	5	2	10	15	29	12	43
过去几周我的生活是充实的	4	2	9	14	29	13	45
过去几周我的生活是充满希望的	3	2	7	17	24	21	42
过去几周我的生活是令人鼓舞的	3	2	11	19	24	16	41
过去几周我的生活是幸运的	4	3	12	11	21	19	46
过去几周我的生活是非常满意的	5	5	6	13	22	18	47
总　计	40	34	78	147	218	134	393
均值（标准差）	5.34（$SD = 1.46$）						

表 2 - 71　14 岁年龄组工读学生在主观幸福感量表上的作答情况

单位：人，分

问卷题目	完全不符合	很不符合	基本不符合	不确定	基本符合	很符合	完全符合
过去几周我的生活是有趣的	20	7	16	62	39	10	75
过去几周我的生活是快乐的	16	9	14	66	29	14	81
过去几周我的生活是有价值的	13	7	14	70	27	19	79
过去几周我的生活是有很多朋友的	14	7	20	57	31	13	87
过去几周我的生活是充实的	17	9	12	49	35	24	83
过去几周我的生活是充满希望的	15	8	11	72	27	14	82
过去几周我的生活是令人鼓舞的	20	10	16	62	27	19	75
过去几周我的生活是幸运的	15	11	15	53	35	20	80

续表

问卷题目	完全 不符合	很不 符合	基本 不符合	不确定	基本 符合	很符合	完全 符合
过去几周我的生活是非常满意的	13	10	8	56	36	22	84
总　计	143	78	126	547	286	155	726
均值（标准差）	5.00（SD = 1.65）						

表 2−72　15 岁年龄组工读学生在主观幸福感量表上的作答情况

单位：人，分

问卷题目	完全 不符合	很不 符合	基本 不符合	不确定	基本 符合	很符合	完全 符合
过去几周我的生活是有趣的	26	9	22	63	43	25	114
过去几周我的生活是快乐的	22	14	24	41	56	30	115
过去几周我的生活是有价值的	25	10	21	48	48	43	107
过去几周我的生活是有很多朋友的	26	4	33	52	41	36	110
过去几周我的生活是充实的	26	7	23	47	46	41	112
过去几周我的生活是充满希望的	24	9	31	45	46	37	110
过去几周我的生活是令人鼓舞的	24	9	31	53	44	34	107
过去几周我的生活是幸运的	25	4	28	51	53	33	108
过去几周我的生活是非常满意的	24	6	25	48	56	37	106
总　计	222	72	238	448	433	316	989
均值（标准差）	5.10（SD = 1.69）						

表 2−73　16 岁年龄组工读学生在主观幸福感量表上的作答情况

单位：人，分

问卷题目	完全 不符合	很不 符合	基本 不符合	不确定	基本 符合	很符合	完全 符合
过去几周我的生活是有趣的	16	4	13	41	33	21	53
过去几周我的生活是快乐的	14	6	11	37	30	27	56

问卷题目	完全不符合	很不符合	基本不符合	不确定	基本符合	很符合	完全符合
过去几周我的生活是有价值的	11	5	19	30	36	25	55
过去几周我的生活是有很多朋友的	11	8	17	33	36	23	53
过去几周我的生活是充实的	14	8	16	30	36	20	57
过去几周我的生活是充满希望的	12	8	21	29	36	19	56
过去几周我的生活是令人鼓舞的	14	4	21	39	31	15	57
过去几周我的生活是幸运的	12	3	16	37	39	19	55
过去几周我的生活是非常满意的	12	4	21	40	32	20	52
总　计	116	50	155	316	309	189	494
均值（标准差）	4.96（SD = 1.62）						

表 2 - 74　17 岁及以上年龄组工读学生在主观幸福感量表上的作答情况

单位：人，分

问卷题目	完全不符合	很不符合	基本不符合	不确定	基本符合	很符合	完全符合
过去几周我的生活是有趣的	13	4	8	13	15	5	21
过去几周我的生活是快乐的	8	5	10	16	7	12	21
过去几周我的生活是有价值的	5	3	6	16	14	11	24
过去几周我的生活是有很多朋友的	7	2	9	18	11	11	21
过去几周我的生活是充实的	4	3	9	11	17	11	24
过去几周我的生活是充满希望的	4	1	12	10	16	11	25
过去几周我的生活是令人鼓舞的	8	1	7	12	18	12	21
过去几周我的生活是幸运的	4	3	9	13	18	10	22
过去几周我的生活是非常满意的	6	2	8	14	16	12	21
总　计	59	24	78	123	132	95	200
均值（标准差）	4.87（SD = 1.68）						

表 2 - 75　13 岁及以下年龄组普通学生在主观幸福感量表上的作答情况

单位：人，分

问卷题目	完全不符合	很不符合	基本不符合	不确定	基本符合	很符合	完全符合
过去几周我的生活是有趣的	5	6	10	26	23	22	210
过去几周我的生活是快乐的	7	4	7	21	24	29	210
过去几周我的生活是有价值的	5	6	5	23	28	25	210
过去几周我的生活是有很多朋友的	4	4	7	24	24	22	217
过去几周我的生活是充实的	3	1	7	21	26	23	221
过去几周我的生活是充满希望的	5	4	7	23	22	21	220
过去几周我的生活是令人鼓舞的	5	3	10	24	26	25	209
过去几周我的生活是幸运的	3	7	11	25	25	26	205
过去几周我的生活是非常满意的	4	5	11	24	18	28	212
总　计	41	40	75	211	216	221	1914
均值（标准差）	6.25（SD = 1.22）						

表 2 - 76　14 岁年龄组普通学生在主观幸福感量表上的作答情况

单位：人，分

问卷题目	完全不符合	很不符合	基本不符合	不确定	基本符合	很符合	完全符合
过去几周我的生活是有趣的	13	9	18	52	49	38	234
过去几周我的生活是快乐的	9	10	12	60	49	41	232
过去几周我的生活是有价值的	3	9	13	43	55	52	238
过去几周我的生活是有很多朋友的	6	9	20	43	44	50	241
过去几周我的生活是充实的	5	11	16	50	43	48	240
过去几周我的生活是充满希望的	5	8	19	47	54	44	236
过去几周我的生活是令人鼓舞的	7	9	18	47	59	47	226
过去几周我的生活是幸运的	6	9	21	53	57	44	223

问卷题目	完全 不符合	很不 符合	基本 不符合	不确定	基本 符合	很符合	完全 符合
过去几周我的生活是非常满意的	6	4	14	49	60	51	229
总　计	60	78	151	444	470	415	2099
均值（标准差）	5.91（SD = 1.33）						

表 2 – 77　15 岁年龄组普通学生在主观幸福感量表上的作答情况

单位：人，分

问卷题目	完全 不符合	很不 符合	基本 不符合	不确定	基本 符合	很符合	完全 符合
过去几周我的生活是有趣的	11	5	22	24	42	21	118
过去几周我的生活是快乐的	7	5	17	30	39	32	113
过去几周我的生活是有价值的	10	3	11	33	37	31	118
过去几周我的生活是有很多朋友的	9	8	14	25	36	39	112
过去几周我的生活是充实的	10	3	16	29	36	32	117
过去几周我的生活是充满希望的	10	4	12	34	37	28	118
过去几周我的生活是令人鼓舞的	9	4	15	30	44	29	112
过去几周我的生活是幸运的	7	4	12	38	32	33	117
过去几周我的生活是非常满意的	5	7	7	38	38	40	108
总　计	78	43	126	281	341	285	1033
均值（标准差）	5.63（SD = 1.52）						

表 2 – 78　16 岁年龄组普通学生在主观幸福感量表上的作答情况

单位：人，分

问卷题目	完全 不符合	很不 符合	基本 不符合	不确定	基本 符合	很符合	完全 符合
过去几周我的生活是有趣的	3	4	5	13	11	4	22
过去几周我的生活是快乐的	3	1	7	14	8	7	22

问卷题目	完全不符合	很不符合	基本不符合	不确定	基本符合	很符合	完全符合
过去几周我的生活是有价值的	3	1	5	16	10	4	23
过去几周我的生活是有很多朋友的	5	2	7	10	9	10	19
过去几周我的生活是充实的	6	1	5	12	10	9	19
过去几周我的生活是充满希望的	3	2	5	12	13	7	20
过去几周我的生活是令人鼓舞的	4	1	8	12	6	10	21
过去几周我的生活是幸运的	5	1	6	15	6	8	21
过去几周我的生活是非常满意的	3	2	6	12	11	6	22
总　计	35	15	54	116	84	65	189
均值（标准差）	5.06（SD = 1.66）						

表 2 – 79　17 岁及以上年龄组普通学生在主观幸福感量表上的作答情况

单位：人，分

问卷题目	完全不符合	很不符合	基本不符合	不确定	基本符合	很符合	完全符合
过去几周我的生活是有趣的	0	0	2	13	12	7	17
过去几周我的生活是快乐的	0	0	3	12	9	11	16
过去几周我的生活是有价值的	0	0	1	13	9	9	19
过去几周我的生活是有很多朋友的	0	0	2	9	8	13	19
过去几周我的生活是充实的	1	0	1	10	9	14	16
过去几周我的生活是充满希望的	0	1	5	10	10	9	16
过去几周我的生活是令人鼓舞的	1	2	1	10	13	9	15
过去几周我的生活是幸运的	0	1	2	13	9	8	18
过去几周我的生活是非常满意的	0	2	1	11	12	10	15
总　计	2	6	18	101	91	90	151
均值（标准差）	5.50（SD = 1.19）						

　　为了解不同年龄段学生的主观幸福感，通过描述统计发现：工读学生中，13 岁及以下组的平均得分为 5.34 分（$SD = 1.46$），14 岁组的平均得分为 5.00 分（$SD = 1.65$），15 岁组的平均得分为 5.10 分（$SD = 1.69$），16 岁组的平均得分为 4.96 分（$SD = 1.62$），17 岁及以上组的平均得分为 4.87 分（$SD = 1.68$）。为探究主观幸福感的发展趋势，方差分析发现，在工读学生中，年龄组间差异不显著（$F = 1.39$，$p = 0.24$），线性趋势边缘显著（$F = 3.75$，$p = 0.05$），即从 13 岁到 17 岁，工读学生的主观幸福感呈波动下降趋势。

　　普通学生中，13 岁及以下组的平均得分为 6.25 分（$SD = 1.22$），14 岁组的平均得分为 5.91 分（$SD = 1.33$），15 岁组的平均得分为 5.63 分（$SD = 1.52$），16 岁组的平均得分为 5.06 分（$SD = 1.66$），17 岁及以上组的平均得分为 5.50 分（$SD = 1.19$）。为探究主观幸福感的发展趋势，在普通学生中，年龄组间差异显著（$F = 14.37$，$p < 0.001$），线性趋势显著（$F = 27.23$，$p < 0.001$），即从 13 岁到 16 岁，普通学生的主观幸福感有明显的下降趋势。通过事后比较发现：普通学生 13 岁及以下组的主观幸福感显著高于 14 岁组（$p < 0.05$）、15 岁组（$p < 0.001$）、16 岁组（$p < 0.001$）和 17 岁及以上组（$p < 0.001$）；普通学生 14 岁组的主观幸福感显著高于 16 岁组（$p < 0.001$）。

　　为探究各年龄组工读学生与普通学生在主观幸福感上的差异，方差分析发现：在 13 岁组（$t = -5.99$，$p < 0.001$）、14 岁组（$t = -7.17$，$p < 0.001$）、15 岁组（$t = -3.82$，$p < 0.001$）、17 岁及以上组（$t = -2.49$，$p < 0.05$），工读学生的主观幸福感低于普通学生；在 16 岁组，工读学生与普通学生的主观幸福感无显著差异（$t = -0.41$，$p = 0.68$）。

　　上述结果说明，从 13 岁到 16 岁，工读学生和普通学生的主观幸福感整体上有下降趋势，但该趋势在普通学生中更为明显；13 岁到 15 岁，工读学生的主观幸福感明显低于同龄普通学生。方差分析结果见表 2 - 80，变化趋势见图 2 - 4。

表 2 - 80　不同年龄组在主观幸福感上的差异分析

单位：分

年龄组	13 岁及以下	14 岁	15 岁	16 岁	17 岁及以上	不同年龄组间的方差分析
工读学生均值（标准差）	5.34 (1.46)	5.00 (1.65)	5.10 (1.69)	4.96 (1.62)	4.87 (1.68)	$F = 1.39$，$p = 0.24$

续表

年龄组	13 岁及以下	14 岁	15 岁	16 岁	17 岁及以上	不同年龄组间的方差分析
普通学生均值（标准差）	6.25 (1.22)	5.91 (1.33)	5.63 (1.52)	5.06 (1.66)	5.50 (1.19)	$F = 14.37$, $p < 0.001$
同年龄组不同类型学生的方差分析	$t = -5.99$, $p < 0.001$	$t = -7.17$, $p < 0.001$	$t = -3.82$, $p < 0.001$	$t = -0.41$, $p = 0.68$	$t = -2.49$, $p < 0.05$	

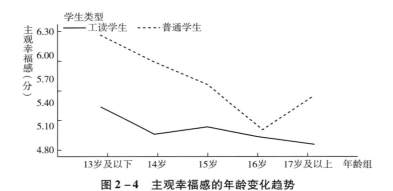

图 2-4　主观幸福感的年龄变化趋势

四　小结

从上述分析结果可知，工读学生的主观幸福感低于普通学生。从性别特点看，工读女生的主观幸福感低于工读男生；在普通学生中，没有发现此性别差异。此外，工读女生的主观幸福感低于普通女生；工读男生的主观幸福感也低于普通男生。从年龄特点看，13 岁到 16 岁，工读学生和普通学生的主观幸福感整体上有下降趋势，但该趋势在普通学生中更为明显。在 16 岁以前，工读学生的主观幸福感明显低于普通学生。

第六节　对策和建议

一　降低工读学生抑郁情绪的建议

低自尊、过分消极评价自己、认为自己能力不足是抑郁的风险因素和典型特征。一些工读学生可能由于学业成绩不良、人际交往状况不佳等消极失望、过分自卑，他们可能会在心理上远离同伴和家人，在遇到困难时，不愿意求助或得不到支持帮助，从而难以从失败的阴影中走出，陷入抑郁不能自拔。因此，对自卑的工读学生，家长、教师应采取多元化评价方式，多侧面、多角度寻找他们的闪光点，适当降低要求，多鼓励表扬，帮助他们建立正确的自我概念。此外，在教育中，教师可以加强对青少年学业和职业规划的指导，帮助他们在个人兴趣的基础上设立目标，使他们意识到自己发展的空间和可能性，不因为自己一时一地的得失而自怨自艾。

二 降低工读学生无聊情绪的建议

当工读学生的需求无法得到满足或者因自身能力无法实现愿望时，他们将体会到更多的百无聊赖、自我厌恶和茫然无助。因此，家长和教育工作者唯有站在工读学生的角度，倾听他们的声音，重视他们的需求，了解他们的心理感受，才能真正协助他们脱离无聊。在具体做法上，工读教师应对学生的休闲需求与感受进行调查，并以此为依据设计相应的闲暇活动，提供必要的活动设施和场所，同时应鼓励学生进行休闲的自我探索，亦即鼓励青少年从多样化的尝试中培养休闲的兴趣，一旦他们能从自发性的休闲行为中体验到成就与满足，无聊的感受也就得到了有效缓解。

三 降低工读学生孤独感的建议

青少年的孤独感往往和他们的同伴关系密切相关。部分学生，由于家庭、性格、经历等方面的原因，比较羞怯、敏感、缺乏对他人的信任，因而不容易建立良好的同伴关系，容易感到疏离和孤独。工读教师一方面应尽力营造一个平等的、接纳的环境，另一方面，可以在课程中纳入社交技能提升的内容，教授学生一些与同伴及异性沟通、交往的技巧，从而改善他们的人际交往状况。此外，教师还可以适时地开展团体心理辅导。团体心理辅导是近十年来逐渐兴起的一种解决学生个人发展问题的辅助教育形式。大量的研究证明，团体心理辅导能够促进学生的心理健康，优化学生的心理素质。通过一系列有针对性的活动，团体心理辅导不仅可以促进工读学生的自我认识，帮助他们形成积极的自我映象，还为他们提供了从不同角度、角色审视自己的机会，促使他们反思自己的人际关系。团体活动中的分享、交流也能增加他们彼此间的了解，加深情感，从而降低孤独感。一些专门（工读）学校已引进了团体心理辅导教育方式并取得了良好效果，值得推广。

四 提升工读学生主观幸福感的建议

高自尊和良好的师生、同伴关系是促进青少年主观幸福感的重要因素，因此可以通过增加工读学生自尊和促进人际关系这两条途径，来提升其主观幸福感。自尊方面，教师要采取温暖、鼓励的方式，肯定工读学生的价值，帮助其正确认识自己，提高自尊心。在日常工作中，教师可以尝试让每个学生在班级内部担任或大或小的职务，令学生感受到自己在班级中的重要性和价值感，从而提高其自尊。师生关系方面，良好的师生关系，首先应表现为教师的教学能力、管理能力等得到学生的承认，赢得学生的尊重，其次是师生之间需要相互尊重，师生之间的交流是平等的，教师应当视学生为独立的个体，通过互相了解和尊重从而建立起良好的关系。在学生眼里，理想的教师能维持秩序又不过分严厉，公正无偏私，授课思路清晰，知识渊博，能够关心学生的进步，通过多种形式给不同认知水平的学生及时的指导和帮助。同伴关系方面，家长和学校都要密切关注同伴关系，营造轻松安全的同伴交流氛围，鼓励工读学生多与同伴沟通，从而提升同学之间的彼此信任和支持度。此外，学校和教师还应重视班级和学校的团体文化建设，促进工读学生增强对学校和班级的认同感和归属感，从而提升总体主观幸福感。

参考文献

Andersen, S. L. & Teicher, M. H. (2008). Stress, Sensitive Periods and Maturational Events in Adolescent depression. *Trends in neurosciences*, 31 (4), 183 – 191.

Antaramian, S. P., Huebner, E. S., Hills, K. J. & Valois, R. F. (2010). A Dual – factor Model of Mental Health: Toward a More Comprehensive Understanding of Youth Functioning. *American Journal of Orthopsychiatry*, 80 (4), 462.

Barbalet, J. M. (1999). Boredom and Social Meaning. *The British Journal of Sociology*, 50 (4), 631 – 646.

Beauchaine, T. P., Gatzke – Kopp, L. & Mead, H. K. (2007). Polyvagal Theory and Developmental Psychopathology: Emotion Dysregulation and Conduct Problems from Preschool to Adolescence. *Biological Psychology*, 74 (2), 174 – 184.

Belmaker, R. H. & Agam, G. (2008). Major Depressive Disorder. *New England Journal of Medicine*, 358 (1), 55 – 68.

Belton, T. & Priyadharshini, E. (2007). Boredom and Schooling: A Cross – disciplinary Exploration. *Cambridge Journal of Education*, 37 (4), 579 – 595.

Blaszczynski, A., McConaghy, N. & Frankova, A. (1990). Boredom Proneness in Pathological Gambling. *Psychological Reports*, 67 (1), 35 – 42.

Britton, A. & Shipley, M. J. (2010). Bored to Death? *International Journal of Epidemiology*, 39 (2), 370 – 371.

Buhrmester, D., Furman, W., Wittenberg, M. T. & Reis, H. T. (1988). Five Domains of Interpersonal Competence in Peer Relationships. *Journal of Personality and Social Psychology*, 55 (6), 991.

Dahlen, E. R., Martin, R. C., Ragan, K. & Kuhlman, M. M. (2005). Driving Anger, Sensation Seeking, Impulsiveness, and Boredom Proneness in the Prediction of Unsafe Driving. *Accident Analysis & Prevention*, 37 (2), 341 – 348.

Diener, E. & Fujita, F. (1995). Resources, Personal Strivings, and Subjective Well – being: A Nomothetic and Idiographic Approach. *Journal of Personality and Social Psychology*, 68 (5), 926.

Diener, E. & Seligman, M. E. (2004). Beyond Money: Toward an Economy of Well – being. *Psychological Science in the Public Interest*, 5 (1), 1 – 31.

Diener, E. & Ryan, K. (2009). Subjective Well – being: A General Overview. *South African Journal of Psychology*, 39 (4), 391 – 406.

Ebrahimi, L., Amiri, M., Mohamadlou, M. & Rezapur, R. (2017). Attachment Styles, Parenting Styles, and depression. *International Journal of Mental Health and Addiction*, 15 (5), 1064 – 1068.

Farmer, R. & Sundberg, N. D. (1986). Boredom Proneness——the Development and Correlates of a New Scale. *Journal of Personality Assessment*, 50 (1), 4 – 17.

Fazio, A. F. (1977). A Concurrent Validational Study of the NCHS General Well – Being Schedule.

Freed, R. D., Rubenstein, L. M., Daryanani, I., Olino, T. M. & Alloy, L. B. (2016). The Relationship Between Family Functioning and Adolescent Depressive Symptoms: The role of Emotional Clarity. *Journal of Youth and Adolescence*, 45 (3), 505 – 519.

Geurtzen, N., Scholte, R. H., Engels, R. C., Tak, Y. R. & Van Zundert, R. M. (2015). Association Between Mindful Parenting and Adolescents' Internalizing Problems: Non – judgmental Acceptance of Parenting as Core Element. *Journal of Child and Family Studies*, 24 (4), 1117 – 1128.

Hojat, M. (1982). Loneliness as a Function of Selected Personality Variables. *Journal of Clinical Psychology*, 38 (1), 137 – 141.

Huebner, E. S. (2004). Research on Assessment of Life satisfaction of Children and Adolescents. *Social Indicators Research*, 66 (1 – 2), 3 – 33.

Mojtabai, R., Olfson, M. & Han, B. (2016). National Trends in the Prevalence and Treatment of Depression in Adolescents and Young Adults. *Pediatrics*, 138 (6). e20161878.

Newberry, A. L. & Duncan, R. D. (2001). Roles of Boredom and Life Goals in Juvenile Delinquency 1. *Journal of Applied Social Psychology*, 31 (3), 527 – 541.

Nivard, M. G., Dolan, C. V., Kendler, K. S., Kan, K. J., Willemsen, G., Van Beijsterveldt, C. E. M. ... & Middeldorp, C. M. (2015). Stability in Symptoms of Anxiety and Depression as a Function of Genotype and Environment: a Longitudinal Twin Study from Ages 3 to 63 Years. *Psychological Medicine*, 45 (5), 1039.

Opmeer, E. M., Kortekaas, R. & Aleman, A. (2010). Depression and the Role of Genes Involved in Dopamine Metabolism and signalling. *Progress in Neurobiology*, 92 (2), 112 – 133.

Panaccio, A. & Vandenberghe, C. (2009). Perceived Organizational Support, Organizational Commitment and Psychological Well – being: A Longitudinal Study. *Journal of Vocational Behavior*, 75 (2), 224 – 236.

Perlman, D. & Peplau, L. A. (1982). Theoretical Approaches to Loneliness. Loneliness: A Sourcebook of Current theory, Research and Therapy, 123 – 134.

Petito, F. & Cummins, R. A. (2000). Quality of Life in Adolescence: The Role of Perceived Control, Parenting Style, and Social Support. *Behaviour Change*, 17 (3), 196.

Rokach, A. (2002). Determinants of Loneliness of Young Adult Drug Users. *The Journal of Psychology*, 136 (6), 613 – 630.

Russell, D. W. (1996). UCLA Loneliness Scale (Version 3): Reliability, Validity, and Factor Structure. *Journal of Personality Assessment*, 66 (1), 20 – 40.

Sommers, J. & Vodanovich, S. J. (2000). Boredom Proneness: Its Relationship to Psychological – and Physical – health Symptoms. *Journal of Clinical Psychology*, 56 (1), 149 – 155.

Vodanovich, S. J. & Rupp, D. E. (1999). Are Procrastinators Prone to Boredom?. *Social Behavior and Personality*, 27 (1), 11.

Vodanovich, S. J. (2003). Psychometric Measures of Boredom: A Review of the Literature. *The Journal of Psychology*, 137 (6), 569 – 595.

Vodanovich, S. J., Wallace, J. C. & Kass, S. J. (2005). A Confirmatory Approach to the Factor Structure of the Boredom Proneness Scale: Evidence for a Two – factor Short form. *Journal of Personality Assessment*, 85 (3), 295 – 303.

Watt, J. D. & Hargis, M. B. (2010). Boredom Proneness: Its Relationship with Subjective Underemployment, Perceived Organizational Support, and Job Performance. *Journal of business and psychology*, 25 (1), 163 – 174.

Wegner, L. , Flisher, A. J. , Chikobvu, P. , Lombard, C. & King, G. (2008). Leisure Boredom and High School Dropout in Cape Town, South Africa. *Journal of Adolescence*, 31 (3), 421 – 431.

Zullig, K. J. , Valois, R. F. , Huebner, E. S. & Drane, J. W. (2005). Adolescent Health – related Quality of Life and Perceived Satisfaction with Life. *Quality of life Research*, 14 (6), 1573 – 1584.

Zullig, K. J. , Valois, R. F. , Huebner, E. S. & Drane, J. W. (2005). Associations among Family Structure, Demographics, and Adolescent Perceived Life Satisfaction. *Journal of child and Family Studies*, 14 (2), 195 – 206.

Zung, W. W. (1965). A self – rating Depression Scale. *Archives of General Psychiatry*, 12 (1), 63 – 70.

曹衍森, 张文新. (2019). 多巴胺系统基因与母亲教养行为对青少年抑郁的影响: 一项多基因研究. 心理学报, 51 (10), 1102 – 1115.

陈福侠, 张福娟. (2010). 工读学校学生同伴依恋, 自我概念与孤独感的特点及其关系. 心理发展与教育, 26 (1), 73 – 80.

陈咏媛. (2006). 中学生同伴关系与其幸福感的关系研究. 医学与社会, 19 (8), 42 – 43.

崔光成, 张嘉玮. (1995). 中学生的孤独感及应对方式的研究. 中国民康医学, (4), 222 – 224.

邓林园, 马博辉, 武永新. (2015). 初中生依恋与主观幸福感: 自尊的中介作用. 心理发展与教育, 31 (2), 230 – 238.

邓林园, 马博辉, 方晓义. (2016). 初中生同伴依恋与生活满意度: 班级自尊的中介作用. 心理与行为研究, 14 (2), 145 – 151.

丁新华, 王极盛. (2004). 青少年主观幸福感研究述评. 心理科学进展, 12 (1), 59 – 66.

李白璐, 边玉芳. (2016). 初中生生活满意度的发展趋势及社会支持、自尊的影响: 一项 3 年追踪研究. 中国临床心理学杂志, 24 (5), 900 – 904.

李彩娜, 邹泓. (2006). 青少年孤独感的特点及其与人格、家庭功能的关系. 陕西师范大学学报 (哲学社会科学版), 35 (1), 115 – 121.

罗伏生, 沈丹, 张珊明. (2009). 青少年焦虑和抑郁情绪特征研究. 中国临床心理学杂志, (4), 468 – 470.

孙翠香. (2004). 初中生主观幸福感与人格特征的关系. 青少年研究, (2), 16 – 20.

孙浩, 徐夫真, 刘宇鹏, 崔伟. (2018). 父母期望与早中青少年期内化问题的关系: 有差异的中介模型. 心理研究, 11 (6), 556.

王克静．（2013）．中学生主观幸福感的发展特点及影响因素研究．陕西师范大学博士学位论文．

王伟，杨俊生，辛志勇．（2010）．国外生活满意度研究成果及其意义价值．江西师范大学学报（哲学社会科学版），43（4），42－45.

毋嫘，赵伯尧，展昭，范碧娟，赵亚萍．（2019）．父母正念养育对青少年抑郁的影响及其机制．心理与行为研究，17（4），561－568.

谢家树，李杰，易嫦娥，邓多林．（2014）．初中生生活事件与生活满意度的关系：心理弹性的中介作用．中国临床心理学杂志，22（4），676－679.

杨波，刘宣文，何伟强．（2005）．青少年"无聊症候群"问题探讨．心理与行为研究，3（1），25－29.

叶晓云．（2009）．大学生主观幸福感及其与自尊的关系．中国健康心理学杂志，17（5），586－588.

张国华，王春莲，李月华．（2009）．大学新生主观幸福感状况及影响因素研究．中国健康心理学杂志，（9），1065－1068.

张兴贵，郑雪．（2005）．青少年学生大五人格与主观幸福感的关系研究．心理发展与教育，21（2），98－103.

周浩，王琦，董妍．（2012）．无聊：一个久远而又新兴的研究主题．心理科学进展，20（1），98－107.

邹泓．（1998）．同伴关系的发展功能及影响因素．心理发展与教育，14（2），39－44.

邹泓．（1999）．中学生的社会支持系统与同伴关系．北京师范大学学报（社会科学版），（1），34－42.

邹泓．（2003）．青少年的同伴关系：发展特点功能及其影响因素．北京师范大学出版社．

第三章 自尊、自信、自我控制

第一节 问题提出

自尊、自信是青少年基于对自身能力、重要性、价值等方面的评价而形成的对自己的态度。高自尊和高自信作为重要的心理品质，可以促进青少年的心理健康，帮助其抵御在学习或生活中遇到的消极事件带来的不良影响。自我控制能力是个体控制情绪或行为上的冲动从而达成长远目标的能力。由于青少年容易出现情绪波动、行为冲动、思想偏激等情况，自我控制对青少年显得尤为重要。本章主要对青少年的自尊、自信和自我控制能力进行调查和研究。

一 自尊

自尊是指个体对自己作为一个整体所持有的一种肯定或否定的态度，这种态度表明个体相信自己是有能力的、重要的、成功的和有价值的，是人们对自己的价值、长处、重要性等总体情感上的评价，是自我体验的一个重要组成部分（Coopersmith，1967）。自尊水平高的个体对自身的认知评价是积极的，由此产生的情绪状态是愉悦的、乐观的，并且能够有意识地监控自己对自己的认识、态度和行为，及时对自己的社会认知、社会行为进行主动调整，以使其更加有利于实现个人的自身价值。

（一）自尊在青少年发展中的作用

自尊作为自我系统中重要的品质，对于儿童青少年的心理健康水平有着重要的影响，主要表现在自尊与一些积极的心理品质呈现正相关，与一些消极的心理品质呈负相关，如一些研究表明，自尊与生活满意度呈正相关（Rosenberg，Schooler，Schoenbach & Rosenberg，1995），和抑郁水平、焦虑水平呈负相关（Rosenberg，1985）。

1. 心理健康

较高的自尊与长远的心理健康以及情绪幸福感密切相关（Klein，1995）。自尊未得以充分发展的人会表现出大量的、不健康的情绪症状。研究发现，低自尊与青少年吸毒、未婚怀孕相关（Blinn，1987），也与神经性厌食症、贪食症有关（Fenzel，1994），并且是影响青少年抑郁、焦虑及自杀的一个因素（King，Akiyama & Elling，1996；Sharpes & Wang，1997）。低自尊的青少年有时会试图以一种虚假的态度来面对外部世界。这是一种补偿机制，它要使别人相信自己是有价值的，目的是克服自己的无价值感。青少年会试图通过假装出某种行为举止来给人留下深刻印象，然而假装做出一种行为是令人神经紧绷的，在一个人并没有感到自信、友善和欣喜而又要假装出这样的感受时，那将是持续的内心挣扎。这种焦虑会产生严重的紧张状态（Fenzel，1994）。低自尊的人所表现的另外一种焦虑是其自我的飘浮不定。低自尊的青少年对批评或者拒绝的自我意识太强、太脆弱，这证明了他们发展不良、无能或无价值（Rosenthal & Simeonsson，1989）。他们在受到嘲笑、责备时，或别人对他们提出不好的意见时，他们可能会深感不安。他们越是感到自己脆弱，其焦虑水平就越高。这种青少年会说"他们的批评深深地伤害了我"或"在我做错事的时候，我无法承受别人的嘲笑或责备"。因此，他们在社交场合会感到笨拙、不自在，并可能会尽量地逃避这样的窘迫。

2. 社会适应

低自尊的青少年会出现社会适应的困难（DuBois，Felner & Brand，1997）。接受他人，被他人所接受，尤其是被好朋友所接受，这些都与自尊有密切的联系。对自我的接受、接受他人、被他人所接受之间，有正向的、显著的相关。因此，在自我接受与社会适应之间就存在着密切的联系。在青少年期可能出现困扰的信号之一就是他们无法建立友谊，或无法与新人进行交往。与低自尊联系在一起的社会适应不良，可以有多个方面的表现。低自尊的青少年在社交场合极少露面。他们很少受到别人的注意，也很少被选为领导，并且他们也常常不参加班级活动、俱乐部活动或社交活动（Fenzel，1994）。他们在事关自己利益的事情上并不维护自己的权利，或表达自己的意见。这些青少年往往会生出孤立感和孤独感。害羞的人在社交场合常常感到笨拙、不自在，这又使得他们更加难以和他人进行沟通。由于他们想讨人喜欢，所以他们更容易受他人的影响和支配，并且他们因为缺乏自信而常常让他人做决定。

3. 在校表现

越来越多的证据表明，自尊和学校成绩之间是相关的。成功的学生有更大的自我价值感，自我评价更好。然而这是一种交互关系。高自尊的青少年往往学业成绩也很好，而学业成绩较好的那些青少年自尊也比较高（Liu，Kaplan & Risser，1992）。一般情况下，学生的平均成绩越高，其越是可能有高水平的同伴接受性（Mboya，1989）。原因之一是对自己有自信的学生有勇气去尝试，实现他们对自己的期望。对自己持消极态度的学生则会给自己的成绩设置限制。他们觉得自己"怎么也做不好"，或者自己"不够聪明"（Fenzel，1994）。其他的研究强调参加课外活动也和较高的自尊有关。当然现在尚不清楚是由于高自尊而参加呢，还是由于参加而提高了自尊。同时，参加课外活动也与较高的平均成绩和较低的缺勤率联系在一起（Fertman & Chubb，1992）。其他类似的研究发现，参加学校的活动，特别是体育活动，与男孩、女孩的高自尊是联系在一起的（Steitz & Owen，1992）。

4. 职业期望

对一些人来说，职业选择就是实现自我的一种尝试。想在职业上获得成功的愿望和期望，也是有赖于自尊的。已经为自己确定了事业目标的青少年与没有确定的人相比较，他们的自尊更高（Chiu，1990；Munson，1992）。期望事业成功的男孩会表现出强烈的自尊感，而没有这种想法的男孩常常想的是全面地改变自我，这反映了他们的自我拒绝。高自尊和低自尊的人都认为事业成功是重要的，但是，低自尊的人则很少认为自己能够获得成功。他们更可能会说："我希望事业有成，但是我觉得自己的想法实现不了。"他们不相信自己具备获得成功所应该具备的素质。研究表明，青少年的学业自尊是其最终职业选择的有力预测因素（Whitesell et al.，2009）。一般情况下，低自尊的人会回避自己被迫行使领导权的职位，也回避被别人指挥的职位；他们既不想指挥别人，也不想被别人指挥。逃避领导权或者被别人监督，实际上是在逃避评价或批评。

5. 青少年犯罪

多年以来，心理学家和社会学家都认为低自尊和犯罪之间有密切的联系，犯罪可能是对消极自我感受的一种补偿。成绩不好、与正常的同伴难以相处、似乎什么事都做不好的那些青少年，会对自己生出消极的自我感受，受到低自尊的困扰。为了对自己感觉好一点，他们就可能会和行为出轨的青少年在一起，而后者可能会强化和赞扬他们的犯罪行为。这会形成恶性循环，低自尊的青少年会变成罪犯，但他们的自尊会得到提升。当下研究尚未证实低自尊与犯罪的这种联系（Heaven，1996），比如，一项纵向研究表明，低自尊并不能预测青少年与从事犯罪行为的同伴的交往。然而，也有研究发现，以犯罪者为友的青少年，尽管自己的犯罪行为并没有增加，但是其自尊却上升了（Jang & Thornberry，1998）。如果犯罪和低自尊联系在一起的话，那常常是发生在女孩身上（Esbensen，Deschenes & Winfree Jr，1999）。

（二）影响青少年自尊的因素

1. 重要他人与亲子关系

亲子关系，如父母给孩子自主的意愿、父母的接受性和灵活性、沟通、分享快乐，以及父母的支持、参与及控制（Klein，1992；Robinson，1995）等，是影响青少年自尊的一个重要因素。大量研究表明，自尊较高的青少年与父母都比较亲密；换言之，他们觉得和父母亲近，相处融洽（Field，Lang，Yando & Vendell，1995）。此外，对父母的认同也会影响青少年的自尊。研究发现：与母亲比较亲密的年龄较大的青少年女孩，会认为自己有自信、聪明、理性、有自控力，而与母亲比较疏远的女孩，会认为自己反叛、冲动、暴躁、幼稚；对父母榜样非常认同的青少年会通过自我与榜样品质的融合，来形成积极的自我认同（Erikson，1968）。最后，父母的管教方式也会影响青少年的自尊。研究发现：高自尊的青少年与低自尊的青少年比较，其父母是民主的，但是并不纵容（Bartle，Anderson & Sabatelli，1989）；父母是严格的、前后一致的，他们要求高标准，但在特定的情况下也会有足够的灵活性，允许孩子偏离规则。

2. 社会经济地位

社会经济地位可能会对自尊产生影响。一般而言，低社会经济地位的青少年比高社会经济地位的自尊低。然而，有研究表明，高社会经济地位的女孩其自尊不及中低等社会经济地位的女孩（Richman，Clark & Brown，1985）。高社会经济地位的女孩承受着巨大的压力，她们必须在学业、身体魅力、社会活动等方面出类拔萃。一旦在某一方面失败，就会导致自尊的丧失和不适感。低社会经济地位的男孩、女孩更加习惯于失败，所以这不会给他们带来与高社会经济地位女孩一样的伤害。此外，经济困难也与青少年的自尊之间有关系。经济困难可能会对青少年的自尊产生负面的影响，但这种影响会受亲子关系的调节。经济困难可能会减少父母对子女的情感支持，继而传达出一种对青少年的负面评价，因而会降低他们的自尊（Ho，Lempers & Clark – Lempers，1995）。

3. 压力

一项针对 14～19 岁青少年的研究表明，随着消极生活事件的增加，青少年的自尊水平是下降的（Youngs，Rathge，Mullis & Mullis，1990）。消极生活事件包括亲密家庭成员的死亡、考试失败、换学校或搬家、生病、人际关系出问题、家庭变化（比如增加新成员或离婚）等。压力对自尊会产生负面影响，进一步又会影响青少年生活的方方面面。因此，就不难理解青少年早期的适应与自尊的降低之间的负相关（Tevendale，DuBois，Lopez & Prindiville，1997）。

二　自信

自信心是个体做出、并经常保持的、对自己的评价，说明个体在何种程度上认为自己能干、重要和有价值。它表达了一种对自己赞许或不赞许的态度，显示了对自己能力、身份、成就及价值的信心（Coopersmith，1967）。国内研究者认为，"自信指个人对自己所作所为之事具有信心，是指个人对处理一般事物时的一种积极态度"（张春兴，1994）；自信是个体对自己的信任，表现为对自己能力、知识、行为、判断等有信心，不怀疑（黄希庭，2004）；自信是一个多维度、多层次的心理系统，是个体对自己的积极肯定和确认程度，是对自身能力、价值等做出正向认知与评价的一种相对稳定的人格特征（车丽萍，2003）。总的来讲，自信是指个体对自身行为能力与价值的客观认识和充分评价的一种体验，是一种健康向上的心理品质（杨丽珠，2000）。

大量的研究表明，自信与个人动机、创造性、情感成熟、心理适应、心理健康等变量均存在较高正相关（车丽萍，2007）。自信心作为人格的重要组成部分之一，不仅是儿童青少年自我意识不断成熟和发展的标志，而且还深刻地影响着人的心理健康及整个人格的健全发展。

1. 生活经验

美国心理学家马尔兹认为，绝大多数的自我信念都是依据过去的经验——成功与失败、屈辱与荣耀，特别是童年时的经验而不自觉地形成的。幼儿阶段已产生对成就的追求和愿望。成功体验是一种驱使幼儿主动行动、克服活动中的困难并坚持下去，直到取得满意活动成果的强大内部力量。它对幼儿自信心发展水平的提高起着极其重要的促进作用。对青少年而言，丰富的经历、成功体验都有助于自信的提高（Laird，2005）。

2. 家庭因素

哈特维克认为，在宁静愉快、和谐的气氛中生活的孩子与在气氛紧张、冲突环境下成长的孩子在自信心的发展上会表现出明显的不同。家庭教养方式和教育态度对儿童自信心发展有密切联系。父母在儿童日常生活经验的能力训练中，能够帮助孩子发展自信心。限制性的父母强调严格和服从，他们频繁地纠正和惩罚孩子，降低了孩子探索其周围环境的自信心；过分纵容的父母则基本上不要求孩子，给孩子尽可能多的自由。生活在这两种家庭类型中的儿童，有较小的动机去取得预期效果并且依赖性很强。相反，温暖、慈爱而又严格的父母，能够做出关于期望他们的孩子能够做到的程度的合理指导，这将帮助孩子做出正确的选择，解决他们自己的问题，并且更加相信自己。当孩子了解到父母不仅重视他们，而且相信他们的能力时，信任关系就在父母和孩子之间建立起来，于是孩子能更加感知到自己的重要性，认为自己有能力，从而增强了自信心。研究发现，双亲家庭孩子自信心的发展水平优于单亲家庭孩子；独生子女与非独生子女的自信心发展水平没有显著差异（郭黎岩等，2005）。

3. 学校因素

校园文化环境和在学校中的人际关系对学生的自信心影响深刻。校园文化主要表现形式是校风、学风、教风、制度文化及其道德行为风气。良好的校园文化增强学生的归属感，提高学生对学校的满意度，进而提高学生的自信心。对于中小学生来说，教师意味着榜样和权威，教师的鼓励与赞赏是他们自信心的重要源泉。良好的师生关系，如教师对学生表现出赞美、支持、接纳、鼓励的态度，有助于提高学生的自信，并使他们朝着教师希望的方向发展；不良的师生关系可能使学生在学校表现出退缩或者攻击行为，不参与学校活动，形成低自我效能感，并影响其学业表现和成就。此外，良好的同伴关系也对青少年自信有重要影响，同伴关系紧张会影响青少年的学业及其他方面能力的发挥。青少年如果在班级中得到同学很好的认同、接纳，往往会在其他方面也表现得更加自信。

三　自我控制

自我控制能力，简称自制力。它是指个人对自身的心理和行为的主动掌握，是个体自觉地选择目标，在没有外部限制的情况下，克服困难，排除干扰，采取某种方式，控制自己的行为，从而保证目标的实现（杨丽珠，1995）。它是自我认识的重要组成部分。自我控制能力的发展是儿童社会化的重要方面，是个体从幼稚到成熟的标志之一，直接影响着儿童的学习、生活、社会交往以及人格发展等方面。青少年处于自我发展的关键时期，在这一阶段，个体容易出现情绪波动、行为冲动、思想偏激等现象，如何控制好自己的情绪、行为及思维是儿童青少年面临的一个较为迫切的问题。国内外的研究表明，低自我控制能力的儿童与高自我控制能力的儿童相比，会出现更多的不良行为，甚至违法犯罪（徐宏图，2005；Brenda & Alex，2005）。

（一）自我控制的心理机制

1. 行为主义学派的观点

行为主义学派对自我控制心理机制的研究是根据斯金纳操作性条件反射的原理进行的，这一观点成为班杜拉等分析个体自我调节机制的理论基础。班杜拉强调自我调节并非仅仅通过意志控制来实现，它的进行要借助一系列子功能的发挥，这些子功能包括自我观察、判断过程和自我反应三个阶段。个体对经自我观察所得到的信息，依据一定的标准和比较方式进行价值评价。不同的判断标准和比较方式会导致个体不同的自我评价和自我反应。自我激励、自我奖赏或者自我惩罚都可能是自我控制行为的动机。

2. 自我控制的选择模型

吉福德根据延迟满足实验提出自我控制的选择模型，他认为自我控制行为是一种进行选择的行为，个体在具有不同价值的行为中做出主动选择（Gifford，2002）。该理论以生物因素为前提，认为大脑前额叶的工作记忆系统和情绪动机系统共同决定着个体如何选择做出一个行为而放弃另一个行为。工作记忆系统负责逻辑推理、合理规划和问题解决，帮助个体根据现实的长远利益做出理智思考和决策，减少即时满足行为。但由于情绪动机系统的存在，个体在决策过程中会受其影响，出现认知与实际行为的分离，做出即时满足行为。这两种相互矛盾的选择方式导致自我控制的问题产生，只有当个体能够克服情绪能量的干扰，才会形成较高的自我控制。

（二）影响青少年自我控制的因素

（1）生理因素。

神经系统的发育和成熟是自我控制能力发展的基础。从幼儿期直到成年早期，大脑的不断发育，特别是额叶区的逐渐成熟，对自我控制能力有较大影响。值得注意的是，青少年的大脑发育尚未成熟，和成年人相比，他们的自我控制能力还有所欠缺，因而更容易出现冲动行为。

（2）教养方式。

青少年自我控制的发展受到家庭的影响，尤其是父母教养方式的影响。研究发现，父母的行为监控，即父母对青少年子女的行为管理和控制，可以有效遏制青少年问题性网络使用的发生，同时与青少年吸烟、饮酒、药物滥用、犯罪行为间显著负相关。此外，父母的积极教养方式（如温暖、善解人意）与初中生自我控制能力显著正相关，与问题行为显著负相关；父母消极的教养方式（如惩罚严厉、过分干涉、拒绝否认和过度保护）和初中生自我控制能力显著负相关，与问题行为呈显著正相关（江秀，2018）。

（3）惩罚和榜样。

班杜拉（1963）最初强调惩罚对个人行为的控制作用。研究发现，惩罚对抑制不良行为有显著效果，不过惩罚效果受儿童发展水平的影响。班杜拉后期的社会学习实验则重点强调榜样对个人行为的控制作用。研究发现，父母监控和父母自身的榜样示范都对青少年自我控制的发展存在影响。

四 自尊、自信、自我控制的测评

综上所述，自尊、自信和自我控制对青少年的身心健康和学习生活有重要的影响。本部分对工读学生自尊、自信和自我控制的特点进行了考察，并就如何提高工读学生的自尊、自信和自我控制给予建议。

（一）自尊的测评

1. 测评样本

本次调研选择国内的工读学生1116名，其中女生296名，男生820名；普通学生1332名，其中女生618名，男生714名。

从年龄上来看，工读学生平均年龄14.83岁，标准差为1.27岁；普通学生平均年龄13.72岁，标准差为1.11岁。为了方便统计和分析，将不同年龄的学生分为：13岁及以下、14岁、15岁、16岁、17岁及以上五组。除去年龄缺失的工读学生95名，1021名工读学生的年龄分布为：13岁及以下128人，14岁259人，15岁358人，16岁195人，17岁及以上81人；除去年龄缺失的普通学生85名，1247名普通学生的年龄分布为：13岁及以下596人，14岁395人，15岁159人，16岁77人，17岁及以上20人。

2. 测评工具

课题组参考《自尊量表》（Self - esteem scale，SES）（Rosenberg，1978；季益富，于欣，1993），编制了《青少年自尊量表》。通过对回收数据进行探索性和验证性因素分析后，确定问卷的维度结构为：9道题目，一个维度。该量表考察青少年关于自我价值和自我接纳的总体感受，采用4点计分，从"很不符合"到"很符合"分为4个等级，选择"很不符合"得1分，选择"不太符合"得2分，选择"基本符合"得3分，选择"很符合"得4分。题目3、5、8、9为反向计分题。先计算项目均分和标准差，再比较工读学生和普通学生两个群体的差异性。《青少年自尊量表》包括题目如"我感到我是一个有价值的人，至少与其他人在同一水平上"，"我能像大多数人一样把事情做好"，"我时常认为自己一无是处"。

（二）自信的测评

1. 测评样本

本次调研选择国内的工读学生 1069 名，其中女生 272 名，男生 797 名；普通学生 1030 名，其中女生 459 名，男生 571 名。

从年龄上来看，工读学生平均年龄 14.96 岁，标准差为 1.21 岁；普通学生平均年龄 13.80 岁，标准差为 1.12 岁。为了方便统计和分析，将不同年龄的学生分为：13 岁及以下、14 岁、15 岁、16 岁、17 岁及以上五组。除去年龄缺失的工读学生 87 名，982 名工读学生的年龄分布为：13 岁及以下 117 人，14 岁 225 人，15 岁 353 人，16 岁 199 人，17 岁及以上 88 人；除去年龄缺失的普通学生 50 名，980 名普通学生的年龄分布为：13 岁及以下 489 人，14 岁 284 人，15 岁 117 人，16 岁 66 人，17 岁及以上 24 人。

2. 测评工具

课题组参考《3～9 岁儿童自信心发展教师评定初始问卷》（王娥蕊，杨丽珠，2006），编制了《青少年自信量表》。通过对回收数据进行探索性和验证性因素分析后，确定问卷的维度结构为：17 道题目，一个维度。该量表通过青少年自我报告的方式来进行自信心水平的测查，采用 4 点计分，从很不符合到很符合分为 4 个等级，选择"很不符合"得 1 分，选择"不太符合"得 2 分，选择"基本符合"得 3 分，选择"很符合"得 4 分。先计算项目均分和标准差，再比较工读学生和普通学生两个群体的差异性。《青少年自信量表》包括题目如"站在众人面前能流利地叙述一段话，我不会感到很紧张"，"面对难易不同的任务时，我相信自己能够完成较难的那一个"，"我相信自己有能力实现自己定的目标"。

（三）自我控制的测评

1. 测评样本

本次调研选择国内的工读学生 1501 名，其中女生 384 名，男生 1117 名；普通学生 1762 名，其中女生 802 名，男生 960 名。

从年龄上来看，工读学生平均年龄 14.96 岁，标准差为 1.21 岁；普通学生平均年龄 13.80 岁，标准差为 1.12 岁。为了方便统计和分析，将不同年龄的学生分为：13 岁及以下、14 岁、15 岁、16 岁、17 岁及以上五组。除去年龄缺失的工读学生 107 名，1394 名工读学生的年龄分布为：13 岁及以下 165

人，14 岁 294 人，15 岁 516 人，16 岁 293 人，17 岁及以上 126 人；除去年龄缺失的普通学生 106 名，1656 名普通学生的年龄分布为：13 岁及以下 740 人，14 岁 528 人，15 岁 264 人，16 岁 97 人，17 岁及以上 27 人。

2. 测评工具

课题组参考《自我管理量表》（杨丽珠，2007），编制了《青少年自制力问卷》。通过对回收数据进行探索性和验证性因素分析后，确定问卷的维度结构为：5 道题目，一个维度。该问卷从整体上考察青少年的自制力水平，即个体控制自己的饮食、情绪状态，并理性地做出决策的能力。问卷采用 4 点计分，从很不符合到很符合分为 4 个等级，选择"很不符合"得 1 分，选择"不太符合"得 2 分，选择"基本符合"得 3 分，选择"很符合"得 4 分。先计算项目均分和标准差，再比较工读学生和普通学生两个群体的差异性。《青少年自制力问卷》包括题目如"即使是自己讨厌或不喜欢的事情，我也能控制自己的感受"，"即使生气了我也不表现在脸上"，"我知道一件事情不好时，会克制自己不去做"。

第二节　自尊的基本情况分析

一　自尊的总体特点

自尊量表共 9 题，采用 4 点计分，从"很不符合"到"很符合"分为 4 个等级，选择"很不符合"得 1 分，选择"不太符合"得 2 分，选择"基本符合"得 3 分，选择"很符合"得 4 分。题目 3、5、8、9 为反向计分题。先计算总分，后求项目均分和标准差。题目均分越高，表示自尊水平越高。

工读学生和普通学生在自尊量表对应题目上的作答详情见表 3－1 和表 3－2。

表 3－1　工读学生在自尊量表上的作答情况

单位：人，分

问卷题目	很不符合	不太符合	基本符合	很符合
我感到我是一个有价值的人，至少与其他人在同一水平上	177	387	396	156
我感到我有许多好的品质	134	341	483	158
归根结底，我倾向于觉得自己是一个失败者	237	445	335	99

问卷题目	很不符合	不太符合	基本符合	很符合
我能像大多数人一样把事情做好	113	322	486	195
我感到自己值得自豪的地方不多	178	373	445	120
我对自己持肯定态度	125	374	452	165
总的来说，我对自己是满意的	146	348	447	175
我确实时常感到毫无用处	229	448	330	109
我时常认为自己一无是处	243	423	327	123
总　计	1582	3461	3701	1300
均值（标准差）	2.63（SD = 0.45）			

表 3 - 2　普通学生在自尊量表上的作答情况

单位：人，分

问卷题目	很不符合	不太符合	基本符合	很符合
我感到我是一个有价值的人，至少与其他人在同一水平上	204	354	508	266
我感到我有许多好的品质	157	327	567	281
归根结底，我倾向于觉得自己是一个失败者	471	496	279	86
我能像大多数人一样把事情做好	142	294	566	330
我感到自己值得自豪的地方不多	310	464	426	132
我对自己持肯定态度	151	350	520	311
总的来说，我对自己是满意的	179	337	520	296
我确实时常感到毫无用处	454	472	303	103
我时常认为自己一无是处	496	430	313	93
总　计	2564	3524	4002	1898
均值（标准差）	2.81（SD = 0.59）			

在自尊方面，工读学生平均得分为 2.63 分（$SD = 0.45$），普通学生平均得分为 2.81 分（$SD = 0.59$）。为了比较两者之间是否存在差异，对两组平均值进行方差分析，发现工读学生在自尊上的得分显著低于普通学生（$t = -8.68$，$p < 0.001$），如表 3 - 3 所示。上述结果说明，相比普通学生，工读学生的自尊水平偏低。

表 3 - 3　工读学生和普通学生在自尊量表上的得分差异

单位：人

	工读学生	普通学生
人数（百分比）	1116（47.00%）	1332（53.00%）
均值（标准差）	2.63（$SD = 0.45$）	2.81（$SD = 0.59$）
方差分析结果 t（p）	$t = -8.28$，$p < 0.001$	

二　自尊的性别特点

分析不同性别的工读学生和普通学生在自尊量表上的作答情况，统计结果见表 3 - 4 ~ 表 3 - 7。

表 3 - 4　工读女生在自尊量表上的作答情况

单位：人，分

问卷题目	很不符合	不太符合	基本符合	很符合
我感到我是一个有价值的人，至少与其他人在同一水平上	36	118	102	40
我感到我有许多好的品质	28	80	142	46
归根结底，我倾向于觉得自己是一个失败者	57	129	84	26
我能像大多数人一样把事情做好	28	81	138	49
我感到自己值得自豪的地方不多	43	98	123	32
我对自己持肯定态度	35	105	118	38
总的来说，我对自己是满意的	41	114	103	38
我确实时常感到毫无用处	61	110	100	25
我时常认为自己一无是处	64	118	82	32
总　计	393	953	992	326
均值（标准差）	2.62（$SD = 0.50$）			

表 3 - 5　工读男生在自尊量表上的作答情况

单位：人，分

问卷题目	很不符合	不太符合	基本符合	很符合
我感到我是一个有价值的人，至少与其他人在同一水平上	141	269	294	116
我感到我有许多好的品质	106	261	341	112

问卷题目	很不符合	不太符合	基本符合	很符合
归根结底，我倾向于觉得自己是一个失败者	180	316	251	73
我能像大多数人一样把事情做好	85	241	348	146
我感到自己值得自豪的地方不多	135	275	322	88
我对自己持肯定态度	90	269	334	127
总的来说，我对自己是满意的	105	234	344	137
我确实时常感到毫无用处	168	338	230	84
我时常认为自己一无是处	179	305	245	91
总　计	1189	2508	2709	974
均值（标准差）	2.63（SD = 0.43）			

表3-6　普通女生在自尊量表上的作答情况

单位：人，分

问卷题目	很不符合	不太符合	基本符合	很符合
我感到我是一个有价值的人，至少与其他人在同一水平上	64	190	250	114
我感到我有许多好的品质	44	180	275	119
归根结底，我倾向于觉得自己是一个失败者	190	249	148	31
我能像大多数人一样把事情做好	42	155	271	150
我感到自己值得自豪的地方不多	122	230	212	54
我对自己持肯定态度	41	178	271	128
总的来说，我对自己是满意的	61	162	265	130
我确实时常感到毫无用处	182	236	155	45
我时常认为自己一无是处	200	214	164	40
总　计	946	1794	2011	811
均值（标准差）	2.81（SD = 0.61）			

表3-7　普通男生在自尊量表上的作答情况

单位：人，分

问卷题目	很不符合	不太符合	基本符合	很符合
我感到我是一个有价值的人，至少与其他人在同一水平上	140	164	258	152
我感到我有许多好的品质	113	147	292	162

问卷题目	很不符合	不太符合	基本符合	很符合
归根结底，我倾向于觉得自己是一个失败者	281	247	131	55
我能像大多数人一样把事情做好	100	139	295	180
我感到自己值得自豪的地方不多	188	234	214	78
我对自己持肯定态度	110	172	249	183
总的来说，我对自己是满意的	118	175	255	166
我确实时常感到毫无用处	272	236	148	58
我时常认为自己一无是处	296	216	149	53
总　计	1618	1730	1991	1087
均值（标准差）	2.81（SD = 0.57）			

为比较男、女生的自尊水平，通过统计发现：工读学生中，女生的平均得分为 2.62 分（$SD = 0.50$），男生的平均得分为 2.63 分（$SD = 0.43$），性别差异显著（$t = -0.31$，$p < 0.05$）；普通学生中，女生的平均得分为 2.81 分（$SD = 0.61$），男生的平均得分为 2.81 分（$SD = 0.57$），性别差异不显著（$t = -0.04$，$p = 0.12$）。上述结果说明，工读女生的自尊水平显著低于工读男生（见表 3-8）。

表 3-8　男女生在自尊量表上的得分差异

单位：人，分

性别	工读学生		普通学生	
	女	男	女	男
人数（百分比）	296（12.09%）	820（33.50%）	618（25.25%）	714（29.17%）
均值（标准差）	2.62（0.50）	2.63（0.43）	2.81（0.61）	2.81（0.57）
方差分析结果 t（p）	$t = -0.31$，$p < 0.05$		$t = -0.04$，$p = 0.12$	

通过方差分析比较同性别中不同类型的学生发现，工读女生的自尊显著低于普通女生（$t = -4.74$，$p < 0.001$）；工读男生的自尊显著低于普通男生（$t = -7.20$，$p < 0.001$）。上述结果说明，工读学校男、女生的自尊水平显著低于普通学校男、女生（见表 3-9）。

表 3 - 9　同性别工读学生和普通学生在自尊量表上的得分差异

单位：人，分

学校类别	女		男	
	工读学生	普通学生	工读学生	普通学生
人数（百分比）	296（12.09%）	618（25.25%）	820（33.50%）	714（29.17%）
均值（标准差）	2.62（0.50）	2.81（0.61）	2.63（0.43）	2.81（0.57）
方差分析结果 t（p）	$t = -4.74$，$p < 0.001$		$t = -7.20$，$p < 0.001$	

三　自尊的发展特点

为了考察随着年龄增长，工读学生的自尊水平是否存在变化趋势，以年龄组为自变量，自尊得分为因变量进行单因素方差分析，并检验其是否存在线性趋势。不同年龄组的工读学生和普通学生在自尊量表上的作答情况，统计结果见表 3 - 10 ~ 表 3 - 19。

表 3 - 10　13 岁及以下年龄组工读学生在自尊量表上的作答情况

单位：人，分

问卷题目	很不符合	不太符合	基本符合	很符合
我感到我是一个有价值的人，至少与其他人在同一水平上	28	46	39	15
我感到我有许多好的品质	20	41	48	19
归根结底，我倾向于觉得自己是一个失败者	27	58	33	10
我能像大多数人一样把事情做好	14	37	44	33
我感到自己值得自豪的地方不多	28	44	40	16
我对自己持肯定态度	17	48	45	18
总的来说，我对自己是满意的	29	41	40	18
我确实时常感到毫无用处	22	50	45	11
我时常认为自己一无是处	23	48	33	24
总　计	208	413	367	164
均值（标准差）	2.57（$SD = 0.42$）			

表 3 – 11 14 岁年龄组工读学生在自尊量表上的作答情况

单位：人，分

问卷题目	很不符合	不太符合	基本符合	很符合
我感到我是一个有价值的人，至少与其他人在同一水平上	49	96	82	32
我感到我有许多好的品质	24	97	107	31
归根结底，我倾向于觉得自己是一个失败者	49	112	71	27
我能像大多数人一样把事情做好	24	75	120	40
我感到自己值得自豪的地方不多	40	102	87	30
我对自己持肯定态度	28	85	117	29
总的来说，我对自己是满意的	35	92	97	35
我确实时常感到毫无用处	49	98	85	27
我时常认为自己一无是处	55	112	61	31
总　计	353	869	827	282
均值（标准差）	2.60（SD = 0.40）			

表 3 – 12 15 岁年龄组工读学生在自尊量表上的作答情况

单位：人，分

问卷题目	很不符合	不太符合	基本符合	很符合
我感到我是一个有价值的人，至少与其他人在同一水平上	49	116	134	59
我感到我有许多好的品质	45	98	158	57
归根结底，我倾向于觉得自己是一个失败者	78	136	111	33
我能像大多数人一样把事情做好	38	97	160	63
我感到自己值得自豪的地方不多	56	103	158	41
我对自己持肯定态度	41	106	152	59
总的来说，我对自己是满意的	44	113	145	56
我确实时常感到毫无用处	79	136	105	38
我时常认为自己一无是处	84	126	112	36
总　计	514	1031	1235	442
均值（标准差）	2.64（SD = 0.46）			

表 3 – 13 16 岁年龄组工读学生在自尊量表上的作答情况

单位：人，分

问卷题目	很不 符合	不太 符合	基本 符合	很 符合
我感到我是一个有价值的人，至少与其 他人在同一水平上	18	61	85	31
我感到我有许多好的品质	16	56	92	31
归根结底，我倾向于觉得自己是一个失 败者	40	80	61	14
我能像大多数人一样把事情做好	10	50	100	35
我感到自己值得自豪的地方不多	25	65	91	14
我对自己持肯定态度	16	64	82	33
总的来说，我对自己是满意的	14	62	83	36
我确实时常感到毫无用处	38	81	60	16
我时常认为自己一无是处	39	77	64	15
总　计	216	596	718	225
均值（标准差）	2.70（SD = 0.50）			

表 3 – 14 17 岁及以上年龄组工读学生在自尊量表上的作答情况

单位：人，分

问卷题目	很不 符合	不太 符合	基本 符合	很 符合
我感到我是一个有价值的人，至少与其 他人在同一水平上	13	23	36	9
我感到我有许多好的品质	8	25	39	9
归根结底，我倾向于觉得自己是一个失 败者	22	32	22	5
我能像大多数人一样把事情做好	8	21	39	13
我感到自己值得自豪的地方不多	11	32	31	7
我对自己持肯定态度	5	27	34	15
总的来说，我对自己是满意的	7	14	43	17
我确实时常感到毫无用处	19	38	14	10
我时常认为自己一无是处	23	29	21	8
总　计	116	241	279	93
均值（标准差）	2.72（SD = 0.51）			

表 3-15　13 岁及以下年龄组普通学生在自尊量表上的作答情况

单位：人，分

问卷题目	很不符合	不太符合	基本符合	很符合
我感到我是一个有价值的人，至少与其他人在同一水平上	88	162	218	128
我感到我有许多好的品质	65	157	240	134
归根结底，我倾向于觉得自己是一个失败者	224	219	128	25
我能像大多数人一样把事情做好	60	140	251	145
我感到自己值得自豪的地方不多	150	212	181	53
我对自己持肯定态度	63	163	215	155
总的来说，我对自己是满意的	67	157	237	135
我确实时常感到毫无用处	216	211	137	32
我时常认为自己一无是处	237	182	143	34
总　计	1170	1603	1750	841
均值（标准差）	2.85（$SD = 0.58$）			

表 3-16　14 岁年龄组普通学生在自尊量表上的作答情况

单位：人，分

问卷题目	很不符合	不太符合	基本符合	很符合
我感到我是一个有价值的人，至少与其他人在同一水平上	53	100	152	90
我感到我有许多好的品质	35	86	180	94
归根结底，我倾向于觉得自己是一个失败者	143	153	68	31
我能像大多数人一样把事情做好	32	74	176	113
我感到自己值得自豪的地方不多	90	147	118	40
我对自己持肯定态度	35	93	173	94
总的来说，我对自己是满意的	49	87	161	98
我确实时常感到毫无用处	137	144	78	36
我时常认为自己一无是处	152	135	79	29
总　计	726	1019	1185	625
均值（标准差）	2.87（$SD = 0.60$）			

表 3 – 17　15 岁年龄组普通学生在自尊量表上的作答情况

单位：人，分

问卷题目	很不符合	不太符合	基本符合	很符合
我感到我是一个有价值的人，至少与其他人在同一水平上	22	40	67	30
我感到我有许多好的品质	20	38	74	27
归根结底，我倾向于觉得自己是一个失败者	52	56	37	14
我能像大多数人一样把事情做好	15	37	75	32
我感到自己值得自豪的地方不多	25	52	62	20
我对自己持肯定态度	17	48	61	33
总的来说，我对自己是满意的	22	43	63	31
我确实时常感到毫无用处	44	58	43	14
我时常认为自己一无是处	52	48	47	12
总　计	269	420	529	213
均值（标准差）	2.73（*SD* = 0.66）			

表 3 – 18　16 岁年龄组普通学生在自尊量表上的作答情况

单位：人，分

问卷题目	很不符合	不太符合	基本符合	很符合
我感到我是一个有价值的人，至少与其他人在同一水平上	9	24	38	6
我感到我有许多好的品质	5	18	43	11
归根结底，我倾向于觉得自己是一个失败者	12	33	25	7
我能像大多数人一样把事情做好	3	17	38	19
我感到自己值得自豪的地方不多	9	21	37	10
我对自己持肯定态度	3	21	41	12
总的来说，我对自己是满意的	7	23	32	15
我确实时常感到毫无用处	14	25	26	12
我时常认为自己一无是处	15	29	23	10
总　计	77	211	303	102
均值（标准差）	2.66（*SD* = 0.52）			

表 3 - 19　17 岁及以上年龄组普通学生在自尊量表上的作答情况

单位：人，分

问卷题目	很不符合	不太符合	基本符合	很符合
我感到我是一个有价值的人，至少与其他人在同一水平上	3	4	11	2
我感到我有许多好的品质	2	7	8	3
归根结底，我倾向于觉得自己是一个失败者	6	10	3	1
我能像大多数人一样把事情做好	2	4	9	5
我感到自己值得自豪的地方不多	4	7	8	1
我对自己持肯定态度	3	3	9	5
总的来说，我对自己是满意的	2	6	9	3
我确实时常感到毫无用处	6	8	4	2
我时常认为自己一无是处	6	9	3	2
总　计	34	58	64	24
均值（标准差）	2.79（$SD = 0.42$）			

　　为了解不同年龄段学生的自尊水平，通过描述统计发现：工读学生中，13 岁及以下组的平均得分为 2.57 分（$SD = 0.42$），14 岁组的平均得分为 2.60 分（$SD = 0.40$），15 岁组的平均得分为 2.64 分（$SD = 0.46$），16 岁组的平均得分为 2.70 分（$SD = 0.50$），17 岁及以上组的平均得分为 2.72 分（$SD = 0.51$）。为探究自尊的发展趋势，方差分析发现工读学生年龄组间差异显著（$F = 2.90$，$p < 0.05$），线性趋势显著（$F = 9.24$，$p < 0.01$），即从 13 岁到 17 岁，工读学生的自尊水平有上升趋势。事后两两比较没有发现显著差异。

　　普通学生中，13 岁及以下组的平均得分为 2.85 分（$SD = 0.58$），14 岁组的平均得分为 2.87 分（$SD = 0.60$），15 岁组的平均得分为 2.73 分（$SD = 0.66$），16 岁组的平均得分为 2.66 分（$SD = 0.52$），17 岁及以上组的平均得分为 2.79 分（$SD = 0.42$）。为探究自尊的发展趋势，方差分析发现普通学生年龄组间差异显著（$F = 3.25$，$p < 0.05$），线性趋势显著（$F = 6.97$，$p < 0.01$），即从 14 岁到 16 岁，普通学生的自尊水平有下降趋势。通过事后比较发现：普通学生 13 岁及以下组的自尊水平显著高于 16 岁组（$p < 0.05$）；普通学生 14 岁组的自尊水平显著高于 16 岁组（$p < 0.05$）。

　　为探究各年龄组工读学生与普通学生在自尊上的差异，方差分析发现，在 13 岁及以下组（$t = -6.34$，$p < 0.001$）、14 岁组（$t = -7.06$，$p < 0.001$），工读学生的自尊水平显著低于普通学生，但在 15 岁组（$t = -1.60$，$p = 0.11$）、16 岁组（$t = 0.53$，$p = 0.56$）、17 岁及以上组（$t = -0.53$，$p = 0.60$），工读学生与普通学生的自尊水平无显著差异。

上述结果说明，工读学生的自尊水平从 13 岁到 16 岁有随年龄上升的趋势，而普通学生的自尊有随年龄下降的趋势；在 15 岁以前，工读学生的自尊低于同龄普通学生。方差分析结果见表 3 – 20，变化趋势见图 3 – 1。

表 3 – 20　不同年龄组在自尊量表上的差异分析

单位：分

年龄组	13 岁及以下	14 岁	15 岁	16 岁	17 岁及以上	不同年龄组间的方差分析
工读学生均值（标准差）	2.57（0.42）	2.60（0.40）	2.64（0.46）	2.70（0.50）	2.72（0.51）	$F = 2.90$ $p < 0.05$
普通学生均值（标准差）	2.85（0.58）	2.87（0.60）	2.73（0.66）	2.66（0.52）	2.79（0.42）	$F = 3.25$ $p < 0.05$
同年龄组不同类型学生的方差分析	$t = -6.34$, $p < 0.001$	$t = -7.06$, $p < 0.001$	$t = -1.60$, $p = 0.11$	$t = 0.53$, $p = 0.56$	$t = -0.53$, $p = 0.60$	

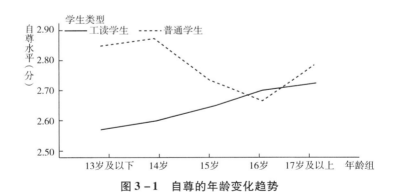

图 3 – 1　自尊的年龄变化趋势

四　小结

从上述分析结果可知，相比普通学校学生，工读学生的自尊水平较低，即他们对自身能力、重要性、价值等的评价比较消极。此外，从性别特点看，工读学校女生的自尊水平明显低于工读学校男生，而普通学校学生在自尊上没有性别差异。从年龄发展趋势看，工读学生的自尊水平从13岁到16岁有随年龄上升的趋势，而普通学生的自尊有随年龄下降的波动趋势；在15岁以前，工读学生的自尊水平低于同龄普通学生。

第三节　自信的基本情况分析

一　自信的总体特点

《青少年自信量表》采用4点计分，从"很不符合"到"很符合"分为4个等级，选择"很不符合"得1分，选择"不太符合"得2分，选择"基本符合"得3分，选择"很符合"得4分。先计算总分，后求题目均分和标准差。题目均分越高，个体在自我效能感、自我表现、成就感等方面对自己的评价越高，信心越强。

工读学生和普通学生在自信量表对应题目上的作答详情见表3-21和表3-22。

表3-21　工读学生在自信量表上的作答情况

单位：人，分

问卷题目	很不符合	不太符合	基本符合	很符合
日常生活中遇到问题时，我常说"我行""我能"	269	299	376	125
受到老师表扬后，我感到很自豪	173	334	393	169
站在众人面前能流利地叙述一段话，我不会感到很紧张	198	357	384	130
老师让同学到大家面前做示范时，我会主动举手	193	410	336	130
面对难易不同的任务时，我相信自己能够完成较难的那一个	188	347	387	147
我能经常积极向老师表达自己的想法和愿望	210	385	329	145
我很乐意为老师或同学表演新学过的舞蹈或展示新学到的技能（如画画或吹笛子等）	236	367	314	152

问卷题目	很不符合	不太符合	基本符合	很符合
我相信自己能够顺利地完成老师交给的任务	151	313	462	143
正确答题后，教师以怀疑口吻说："你答得对吗？"时，我能自信地告诉老师"对"	191	373	373	132
我总是愉快地告诉别人自己取得的成绩	179	329	411	150
集体活动中，当有人要请同学表演节目时，我能很大方地表演	200	409	339	121
我相信自己有能力实现自己定的目标	157	315	442	155
我上课时积极举手发言，声音洪亮	213	351	360	145
当旁观者越多的时候，我比平时表现会更好	181	378	375	135
花很多时间做完一件重要事情的时候，我感到很兴奋	164	344	387	174
对我来说，坚持自己的目标和达到目的是很容易的	166	346	422	135
小组讨论的时候，我总会主动当组长	237	374	346	112
总 计	3306	6031	6436	2400
均值（标准差）	2.44（$SD = 0.73$）			

表 3 - 22 普通学生在自信量表上的作答情况

单位：人，分

问卷题目	很不符合	不太符合	基本符合	很符合
日常生活中遇到问题时，我常说"我行""我能"	237	225	389	179
受到老师表扬后，我感到很自豪	144	250	392	244
站在众人面前能流利地叙述一段话，我不会感到很紧张	184	323	357	166
老师让同学到大家面前做示范时，我会主动举手	228	360	289	153
面对难易不同的任务时，我相信自己能够完成较难的那一个	188	336	367	139
我能经常积极向老师表达自己的想法和愿望	194	373	314	149

续表

问卷题目	很不符合	不太符合	基本符合	很符合
我很乐意为老师或同学表演新学过的舞蹈或展示新学到的技能（如画画或吹笛子等）	266	347	272	145
我相信自己能够顺利地完成老师交给的任务	165	254	421	190
正确答题后，教师以怀疑口吻说："你答得对吗？"时，我能自信地告诉老师"对"	175	309	369	177
我总是愉快地告诉别人自己取得的成绩	177	287	385	181
集体活动中，当有人要请同学表演节目时，我能很大方地表演	231	357	306	136
我相信自己有能力实现自己定的目标	174	266	400	190
我上课时积极举手发言，声音洪亮	219	323	311	177
当旁观者越多的时候，我比平时表现会更好	200	351	354	125
花很多时间做完一件重要事情的时候，我感到很兴奋	171	242	390	227
对我来说，坚持自己的目标和达到目的是很容易的	172	342	353	163
小组讨论的时候，我总会主动当组长	234	366	279	151
总　计	3359	5311	5948	2892
均值（标准差）	2.48（$SD = 0.80$）			

在自信方面，工读学生的平均得分为 2.44 分（$SD = 0.73$），普通学生的平均得分为 2.48 分（$SD = 0.80$）。为了比较两者之间是否存在差异，对两组平均值进行方差分析，发现工读学生与普通学生之间得分差异不显著（$t = -0.21, p = 0.21$），如表 3 - 23 所示。上述结果说明，工读学生与普通学生在自信方面没有明显差异。

表 3 - 23　工读学生和普通学生在自信量表上的得分差异

单位：人，分

	工读学生	普通学生
人数（百分比）	1069（50.93%）	1030（49.07%）
均值（标准差）	2.44（$SD = 0.73$）	2.48（$SD = 0.80$）
方差分析结果 t（p）	$t = -0.21, p = 0.21$	

二　自信的性别特点

分析不同性别的工读学生和普通学生在自信量表上的作答情况，统计结果见表 3 - 24 ~ 表 3 - 27。

表 3 - 24　工读女生在自信量表上的作答情况

单位：人，分

问卷题目	很不符合	不太符合	基本符合	很符合
日常生活中遇到问题时，我常说"我行""我能"	66	65	111	30
受到老师表扬后，我感到很自豪	37	83	107	45
站在众人面前能流利地叙述一段话，我不会感到很紧张	45	83	115	29
老师让同学到大家面前做示范时，我会主动举手	44	99	99	30
面对难易不同的任务时，我相信自己能够完成较难的那一个	48	80	97	47
我能经常积极向老师表达自己的想法和愿望	51	99	87	35
我很乐意为老师或同学表演新学过的舞蹈或展示新学到的技能（如画画或吹笛子等）	52	85	79	56
我相信自己能够顺利地完成老师交给的任务	38	66	138	30
正确答题后，教师以怀疑口吻说："你答得对吗?"时，我能自信地告诉老师"对"	66	88	89	29
我总是愉快地告诉别人自己取得的成绩	52	75	111	34
集体活动中，当有人要请同学表演节目时，我能很大方地表演	58	103	84	27
我相信自己有能力实现自己定的目标	37	72	125	38
我上课时积极举手发言，声音洪亮	72	78	87	35
当旁观者越多的时候，我比平时表现会更好	54	83	106	29
花很多时间做完一件重要事情的时候，我感到很兴奋	45	90	97	40

问卷题目	很不符合	不太符合	基本符合	很符合
对我来说，坚持自己的目标和达到目的是很容易的	48	74	123	27
小组讨论的时候，我总会主动当组长	80	81	87	24
总　计	893	1404	1742	585
均值（标准差）	2.44（SD = 0.71）			

表 3-25　工读男生在自信量表上的作答情况

单位：人，分

问卷题目	很不符合	不太符合	基本符合	很符合
日常生活中遇到问题时，我常说"我行""我能"	203	234	265	95
受到老师表扬后，我感到很自豪	136	251	286	124
站在众人面前能流利地叙述一段话，我不会感到很紧张	153	274	269	101
老师让同学到大家面前做示范时，我会主动举手	149	311	237	100
面对难易不同的任务时，我相信自己能够完成较难的那一个	140	267	290	100
我能经常积极向老师表达自己的想法和愿望	159	286	242	110
我很乐意为老师或同学表演新学过的舞蹈或展示新学到的技能（如画画或吹笛子等）	184	282	235	96
我相信自己能够顺利地完成老师交给的任务	113	247	324	113
正确答题后，教师以怀疑口吻说："你答得对吗？"时，我能自信地告诉老师"对"	125	285	284	103
我总是愉快地告诉别人自己取得的成绩	127	254	300	116
集体活动中，当有人要请同学表演节目时，我能很大方地表演	142	306	255	94
我相信自己有能力实现自己定的目标	120	243	317	117
我上课时积极举手发言，声音洪亮	141	273	273	110
当旁观者越多的时候，我比平时表现会更好	127	295	269	106

续表

问卷题目	很不符合	不太符合	基本符合	很符合
花很多时间做完一件重要事情的时候，我感到很兴奋	119	254	290	134
对我来说，坚持自己的目标和达到目的是很容易的	118	272	299	108
小组讨论的时候，我总会主动当组长	157	293	259	88
总　计	2413	4627	4694	1815
均值（标准差）	2.44（SD = 0.74）			

表 3 – 26　普通女生在自信量表上的作答情况

单位：人，分

问卷题目	很不符合	不太符合	基本符合	很符合
日常生活中遇到问题时，我常说"我行""我能"	77	103	197	82
受到老师表扬后，我感到很自豪	39	108	189	123
站在众人面前能流利地叙述一段话，我不会感到很紧张	58	156	171	74
老师让同学到大家面前做示范时，我会主动举手	87	173	135	64
面对难易不同的任务时，我相信自己能够完成较难的那一个	57	170	169	63
我能经常积极向老师表达自己的想法和愿望	69	177	141	72
我很乐意为老师或同学表演新学过的舞蹈或展示新学到的技能（如画画或吹笛子等）	95	168	131	65
我相信自己能够顺利地完成老师交给的任务	52	105	216	86
正确答题后，教师以怀疑口吻说："你答得对吗？"时，我能自信地告诉老师"对"	54	158	173	74
我总是愉快地告诉别人自己取得的成绩	63	131	189	76
集体活动中，当有人要请同学表演节目时，我能很大方地表演	86	172	143	58
我相信自己有能力实现自己定的目标	53	127	191	88
我上课时积极举手发言，声音洪亮	77	166	142	74

续表

问卷题目	很不符合	不太符合	基本符合	很符合
当旁观者越多的时候，我比平时表现会更好	73	159	171	56
花很多时间做完一件重要事情的时候，我感到很兴奋	55	109	193	102
对我来说，坚持自己的目标和达到目的是很容易的	53	161	173	72
小组讨论的时候，我总会主动当组长	80	182	135	62
总　计	1128	2525	2859	1291
均值（标准差）	2.55（SD = 0.72）			

表 3 – 27　普通男生在自信量表上的作答情况

单位：人，分

问卷题目	很不符合	不太符合	基本符合	很符合
日常生活中遇到问题时，我常说"我行""我能"	160	122	192	97
受到老师表扬后，我感到很自豪	105	142	203	121
站在众人面前能流利地叙述一段话，我不会感到很紧张	126	167	186	92
老师让同学到大家面前做示范时，我会主动举手	141	187	154	89
面对难易不同的任务时，我相信自己能够完成较难的那一个	131	166	198	76
我能经常积极向老师表达自己的想法和愿望	125	196	173	77
我很乐意为老师或同学表演新学过的舞蹈或展示新学到的技能（如画画或吹笛子等）	171	179	141	80
我相信自己能够顺利地完成老师交给的任务	113	149	205	104
正确答题后，教师以怀疑口吻说："你答得对吗？"时，我能自信地告诉老师"对"	121	151	196	103
我总是愉快地告诉别人自己取得的成绩	114	156	196	105
集体活动中，当有人要请同学表演节目时，我能很大方地表演	145	185	163	78

问卷题目	很不符合	不太符合	基本符合	很符合
我相信自己有能力实现自己定的目标	121	139	209	102
我上课时积极举手发言，声音洪亮	142	157	169	103
当旁观者越多的时候，我比平时表现会更好	127	192	183	69
花很多时间做完一件重要事情的时候，我感到很兴奋	116	133	197	125
对我来说，坚持自己的目标和达到目的是很容易的	119	181	180	91
小组讨论的时候，我总会主动当组长	154	184	144	89
总　计	2231	2786	3089	1601
均值（标准差）	2.42（$SD = 0.84$）			

为比较男、女生的自信水平，通过统计发现：工读学生中，女生的平均得分为 2.44 分（$SD = 0.71$），男生的平均得分为 2.44 分（$SD = 0.74$），性别差异不显著（$t = 0.01$，$p = 0.99$）；普通学生中，女生的平均得分为 2.55 分（$SD = 0.72$），男生的平均得分为 2.42 分（$SD = 0.84$），性别差异显著（$t = 2.71$，$p < 0.01$）。上述结果说明，工读学生在自信方面，男、女生之间没有明显差异，而普通男生相比普通女生较不自信（见表 3-28）。

表 3-28　男女生在自信量表上的得分差异

单位：人，分

性别	工读学生		普通学生	
	女	男	女	男
人数（百分比）	272（12.96%）	797（37.97%）	459（21.87%）	571（27.20%）
均值（标准差）	2.44（0.71）	2.44（0.74）	2.55（0.72）	2.42（0.84）
方差分析结果 t（p）	$t = 0.01$，$p = 0.99$		$t = 2.71$，$p < 0.01$	

通过方差分析比较同性别中不同类型的学生发现，工读女生的自信水平显著低于普通女生（$t = -2.11$，$p < 0.05$）；工读男生的自信水平与普通男生没有显著差异（$t = 0.42$，$p = 0.68$），如表 3-29 所示。上述结果说明，工读女生的自信显著低于普通女生，而工读男生与普通男生在自信上没有明显差异。

表 3 - 29 同性别工读学生和普通学生在自信量表上的得分差异

单位：人，分

学校类别	女		男	
	工读学生	普通学生	工读学生	普通学生
人数（百分比）	272（12.96%）	459（21.87%）	797（37.97%）	571（27.20%）
均值（标准差）	2.44（0.71）	2.55（0.72）	2.44（0.74）	2.42（0.84）
方差分析结果 t（p）	$t = -2.11$, $p < 0.05$		$t = 0.42$, $p = 0.68$	

三 自信的发展特点

为了考察随着年龄增长，工读学生的自信水平是否存在变化趋势，以年龄组为自变量，自信量表得分为因变量进行单因素方差分析，并检验其是否存在线性趋势，得到如下结果。

分析不同年龄组的工读学生和普通学生在自信量表上的作答情况，统计结果见表 3 - 30 ~ 表 3 - 39。

表 3 - 30 13 岁及以下年龄组工读学生在自信量表上的作答情况

单位：人，分

问卷题目	很不符合	不太符合	基本符合	很符合
日常生活中遇到问题时，我常说"我行""我能"	43	33	30	11
受到老师表扬后，我感到很自豪	28	42	35	12
站在众人面前能流利地叙述一段话，我不会感到很紧张	24	46	35	12
老师让同学到大家面前做示范时，我会主动举手	27	31	46	13
面对难易不同的任务时，我相信自己能够完成较难的那一个	24	50	35	8
我能经常积极向老师表达自己的想法和愿望	36	37	29	15
我很乐意为老师或同学表演新学过的舞蹈或展示新学到的技能（如画画或吹笛子等）	22	51	28	16
我相信自己能够顺利地完成老师交给的任务	31	36	39	11

续表

问卷题目	很不 符合	不太 符合	基本 符合	很 符合
正确答题后，教师以怀疑口吻说："你答得对吗？"时，我能自信地告诉老师"对"	22	48	36	11
我总是愉快地告诉别人自己取得的成绩	30	37	43	7
集体活动中，当有人要请同学表演节目时，我能很大方地表演	26	43	37	11
我相信自己有能力实现自己定的目标	22	35	44	16
我上课时积极举手发言，声音洪亮	24	46	28	19
当旁观者越多的时候，我比平时表现会更好	22	45	37	13
花很多时间做完一件重要事情的时候，我感到很兴奋	33	44	30	10
对我来说，坚持自己的目标和达到目的是很容易的	18	48	41	10
小组讨论的时候，我总会主动当组长	24	50	33	10
总　计	456	722	606	205
均值（标准差）	2.28（SD = 0.68）			

表 3-31　14 岁年龄组工读学生在自信量表上的作答情况

单位：人，分

问卷题目	很不 符合	不太 符合	基本 符合	很 符合
日常生活中遇到问题时，我常说"我行""我能"	43	88	59	35
受到老师表扬后，我感到很自豪	28	79	77	41
站在众人面前能流利地叙述一段话，我不会感到很紧张	34	84	71	36
老师让同学到大家面前做示范时，我会主动举手	36	105	46	38
面对难易不同的任务时，我相信自己能够完成较难的那一个	30	100	61	34
我能经常积极向老师表达自己的想法和愿望	32	99	56	38
我很乐意为老师或同学表演新学过的舞蹈或展示新学到的技能（如画画或吹笛子等）	43	97	53	32

问卷题目	很不符合	不太符合	基本符合	很符合
我相信自己能够顺利地完成老师交给的任务	27	89	72	37
正确答题后，教师以怀疑口吻说："你答得对吗?"时，我能自信地告诉老师"对"	36	90	70	29
我总是愉快地告诉别人自己取得的成绩	33	90	65	37
集体活动中，当有人要请同学表演节目时，我能很大方地表演	36	97	62	30
我相信自己有能力实现自己定的目标	30	87	73	35
我上课时积极举手发言，声音洪亮	43	88	62	32
当旁观者越多的时候，我比平时表现会更好	33	86	74	32
花很多时间做完一件重要事情的时候，我感到很兴奋	29	84	71	41
对我来说，坚持自己的目标和达到目的是很容易的	35	89	70	31
小组讨论的时候，我总会主动当组长	42	93	62	28
总　计	590	1545	1104	586
均值（标准差）	2.44（$SD = 0.74$）			

表 3 – 32　15 岁年龄组工读学生在自信量表上的作答情况

单位：人，分

问卷题目	很不符合	不太符合	基本符合	很符合
日常生活中遇到问题时，我常说"我行""我能"	76	85	151	41
受到老师表扬后，我感到很自豪	48	108	133	64
站在众人面前能流利地叙述一段话，我不会感到很紧张	58	106	142	47
老师让同学到大家面前做示范时，我会主动举手	55	139	113	46
面对难易不同的任务时，我相信自己能够完成较难的那一个	57	85	145	66
我能经常积极向老师表达自己的想法和愿望	58	134	109	52

问卷题目	很不符合	不太符合	基本符合	很符合
我很乐意为老师或同学表演新学过的舞蹈或展示新学到的技能（如画画或吹笛子等）	72	109	105	67
我相信自己能够顺利地完成老师交给的任务	47	80	172	54
正确答题后，教师以怀疑口吻说："你答得对吗？"时，我能自信地告诉老师"对"	80	103	117	53
我总是愉快地告诉别人自己取得的成绩	57	95	142	59
集体活动中，当有人要请同学表演节目时，我能很大方地表演	69	131	108	45
我相信自己有能力实现自己定的目标	50	86	162	55
我上课时积极举手发言，声音洪亮	83	100	116	54
当旁观者越多的时候，我比平时表现会更好	60	113	127	53
花很多时间做完一件重要事情的时候，我感到很兴奋	48	102	131	72
对我来说，坚持自己的目标和达到目的是很容易的	55	102	145	51
小组讨论的时候，我总会主动当组长	95	103	115	40
总　计	1068	1781	2233	919
均值（标准差）	2.50（SD = 0.76）			

表 3－33　16 岁年龄组工读学生在自信量表上的作答情况

单位：人，分

问卷题目	很不符合	不太符合	基本符合	很符合
日常生活中遇到问题时，我常说"我行""我能"	35	62	76	26
受到老师表扬后，我感到很自豪	20	61	86	32
站在众人面前能流利地叙述一段话，我不会感到很紧张	24	80	75	20
老师让同学到大家面前做示范时，我会主动举手	23	91	67	18
面对难易不同的任务时，我相信自己能够完成较难的那一个	24	74	79	22

续表

问卷题目	很不符合	不太符合	基本符合	很符合
我能经常积极向老师表达自己的想法和愿望	31	76	71	21
我很乐意为老师或同学表演新学过的舞蹈或展示新学到的技能（如画画或吹笛子等）	42	70	64	23
我相信自己能够顺利地完成老师交给的任务	14	64	96	25
正确答题后，教师以怀疑口吻说："你答得对吗?"时，我能自信地告诉老师"对"	20	78	80	21
我总是愉快地告诉别人自己取得的成绩	24	67	81	27
集体活动中，当有人要请同学表演节目时，我能很大方地表演	31	79	70	19
我相信自己有能力实现自己定的目标	20	64	89	26
我上课时积极举手发言，声音洪亮	27	78	73	21
当旁观者越多的时候，我比平时表现会更好	28	70	81	20
花很多时间做完一件重要事情的时候，我感到很兴奋	20	67	84	28
对我来说，坚持自己的目标和达到目的是很容易的	26	68	84	21
小组讨论的时候，我总会主动当组长	37	73	70	19
总　计	446	1222	1326	389
均值（标准差）	2.49（$SD = 0.63$）			

表 3-34　17 岁及以上年龄组工读学生在自信量表上的作答情况

单位：人，分

问卷题目	很不符合	不太符合	基本符合	很符合
日常生活中遇到问题时，我常说"我行""我能"	36	19	25	8
受到老师表扬后，我感到很自豪	26	23	27	12
站在众人面前能流利地叙述一段话，我不会感到很紧张	36	21	23	8
老师让同学到大家面前做示范时，我会主动举手	35	25	23	5

问卷题目	很不符合	不太符合	基本符合	很符合
面对难易不同的任务时，我相信自己能够完成较难的那一个	33	20	26	9
我能经常积极向老师表达自己的想法和愿望	32	18	29	9
我很乐意为老师或同学表演新学过的舞蹈或展示新学到的技能（如画画或吹笛子等）	33	25	22	8
我相信自己能够顺利地完成老师交给的任务	14	22	43	9
正确答题后，教师以怀疑口吻说："你答得对吗？"时，我能自信地告诉老师"对"	14	38	27	9
我总是愉快地告诉别人自己取得的成绩	14	22	43	9
集体活动中，当有人要请同学表演节目时，我能很大方地表演	18	43	20	7
我相信自己有能力实现自己定的目标	15	18	41	14
我上课时积极举手发言，声音洪亮	18	25	36	9
当旁观者越多的时候，我比平时表现会更好	18	41	21	8
花很多时间做完一件重要事情的时候，我感到很兴奋	16	29	30	13
对我来说，坚持自己的目标和达到目的是很容易的	15	21	42	10
小组讨论的时候，我总会主动当组长	20	36	25	7
总　计	393	446	503	154
均值（标准差）	2.28（SD = 0.75）			

表 3-35　13 岁及以下年龄组普通学生在自信量表上的作答情况

单位：人，分

问卷题目	很不符合	不太符合	基本符合	很符合
日常生活中遇到问题时，我常说"我行""我能"	136	109	158	86
受到老师表扬后，我感到很自豪	82	137	151	119
站在众人面前能流利地叙述一段话，我不会感到很紧张	94	154	155	86

续表

问卷题目	很不符合	不太符合	基本符合	很符合
老师让同学到大家面前做示范时，我会主动举手	110	169	127	83
面对难易不同的任务时，我相信自己能够完成较难的那一个	101	156	163	69
我能经常积极向老师表达自己的想法和愿望	94	191	124	80
我很乐意为老师或同学表演新学过的舞蹈或展示新学到的技能（如画画或吹笛子等）	135	168	116	70
我相信自己能够顺利地完成老师交给的任务	86	136	166	101
正确答题后，教师以怀疑口吻说："你答得对吗？"时，我能自信地告诉老师"对"	93	153	161	82
我总是愉快地告诉别人自己取得的成绩	92	148	163	86
集体活动中，当有人要请同学表演节目时，我能很大方地表演	114	186	126	63
我相信自己有能力实现自己定的目标	86	142	166	95
我上课时积极举手发言，声音洪亮	105	154	130	100
当旁观者越多的时候，我比平时表现会更好	98	173	154	64
花很多时间做完一件重要事情的时候，我感到很兴奋	95	128	159	107
对我来说，坚持自己的目标和达到目的是很容易的	96	170	144	79
小组讨论的时候，我总会主动当组长	120	168	124	77
总　计	1737	2642	2487	1447
均值（标准差）	2.44（$SD = 0.82$）			

表 3 - 36　14 岁年龄组普通学生在自信量表上的作答情况

单位：人，分

问卷题目	很不符合	不太符合	基本符合	很符合
日常生活中遇到问题时，我常说"我行""我能"	50	55	118	61
受到老师表扬后，我感到很自豪	34	49	129	72

问卷题目	很不符合	不太符合	基本符合	很符合
站在众人面前能流利地叙述一段话，我不会感到很紧张	49	74	108	53
老师让同学到大家面前做示范时，我会主动举手	52	90	97	45
面对难易不同的任务时，我相信自己能够完成较难的那一个	40	79	123	42
我能经常积极向老师表达自己的想法和愿望	46	83	107	48
我很乐意为老师或同学表演新学过的舞蹈或展示新学到的技能（如画画或吹笛子等）	59	92	88	45
我相信自己能够顺利地完成老师交给的任务	40	54	134	56
正确答题后，教师以怀疑口吻说："你答得对吗？"时，我能自信地告诉老师"对"	40	68	118	58
我总是愉快地告诉别人自己取得的成绩	43	69	114	58
集体活动中，当有人要请同学表演节目时，我能很大方地表演	49	75	112	48
我相信自己有能力实现自己定的目标	45	51	131	57
我上课时积极举手发言，声音洪亮	50	80	105	49
当旁观者越多的时候，我比平时表现会更好	47	83	115	39
花很多时间做完一件重要事情的时候，我感到很兴奋	40	55	123	66
对我来说，坚持自己的目标和达到目的是很容易的	33	80	120	51
小组讨论的时候，我总会主动当组长	48	97	93	46
总　计	765	1234	1935	894
均值（标准差）	2.61（$SD = 0.78$）			

表 3 – 37 15 岁年龄组普通学生在自信量表上的作答情况

单位：人，分

问卷题目	很不符合	不太符合	基本符合	很符合
日常生活中遇到问题时，我常说"我行""我能"	19	27	53	18
受到老师表扬后，我感到很自豪	11	22	49	35
站在众人面前能流利地叙述一段话，我不会感到很紧张	17	48	37	15
老师让同学到大家面前做示范时，我会主动举手	31	47	25	14
面对难易不同的任务时，我相信自己能够完成较难的那一个	19	45	34	19
我能经常积极向老师表达自己的想法和愿望	26	44	35	12
我很乐意为老师或同学表演新学过的舞蹈或展示新学到的技能（如画画或吹笛子等）	36	36	28	17
我相信自己能够顺利地完成老师交给的任务	17	20	60	20
正确答题后，教师以怀疑口吻说："你答得对吗?"时，我能自信地告诉老师"对"	17	38	41	21
我总是愉快地告诉别人自己取得的成绩	20	24	48	25
集体活动中，当有人要请同学表演节目时，我能很大方地表演	39	37	29	12
我相信自己有能力实现自己定的目标	17	33	42	25
我上课时积极举手发言，声音洪亮	29	38	34	16
当旁观者越多的时候，我比平时表现会更好	28	40	39	10
花很多时间做完一件重要事情的时候，我感到很兴奋	14	20	56	27
对我来说，坚持自己的目标和达到目的是很容易的	21	39	41	16
小组讨论的时候，我总会主动当组长	32	46	26	13
总　计	393	604	677	315
均值（标准差）	2.46（$SD = 0.75$）			

表 3 – 38　16 岁年龄组普通学生在自信量表上的作答情况

单位：人，分

问卷题目	很不符合	不太符合	基本符合	很符合
日常生活中遇到问题时，我常说"我行""我能"	11	16	31	8
受到老师表扬后，我感到很自豪	2	15	37	12
站在众人面前能流利地叙述一段话，我不会感到很紧张	6	26	28	6
老师让同学到大家面前做示范时，我会主动举手	17	29	15	5
面对难易不同的任务时，我相信自己能够完成较难的那一个	10	30	21	5
我能经常积极向老师表达自己的想法和愿望	10	33	19	4
我很乐意为老师或同学表演新学过的舞蹈或展示新学到的技能（如画画或吹笛子等）	17	25	19	5
我相信自己能够顺利地完成老师交给的任务	6	22	32	6
正确答题后，教师以怀疑口吻说："你答得对吗？"时，我能自信地告诉老师"对"	8	26	23	9
我总是愉快地告诉别人自己取得的成绩	8	25	27	6
集体活动中，当有人要请同学表演节目时，我能很大方地表演	14	30	14	8
我相信自己有能力实现自己定的目标	8	20	31	7
我上课时积极举手发言，声音洪亮	16	29	16	5
当旁观者越多的时候，我比平时表现会更好	11	29	22	4
花很多时间做完一件重要事情的时候，我感到很兴奋	6	16	27	17
对我来说，坚持自己的目标和达到目的是很容易的	6	28	24	8
小组讨论的时候，我总会主动当组长	15	32	15	4
总　　计	171	431	401	119
均值（标准差）	\multicolumn{4}{c}{2.42（$SD = 0.62$）}

表3-39 17岁及以上年龄组普通学生在自信量表上的作答情况

单位：人，分

问卷题目	很不符合	不太符合	基本符合	很符合
日常生活中遇到问题时，我常说"我行""我能"	4	3	15	2
受到老师表扬后，我感到很自豪	2	7	11	4
站在众人面前能流利地叙述一段话，我不会感到很紧张	3	6	12	3
老师让同学到大家面前做示范时，我会主动举手	3	8	9	4
面对难易不同的任务时，我相信自己能够完成较难的那一个	3	8	11	2
我能经常积极向老师表达自己的想法和愿望	3	6	12	3
我很乐意为老师或同学表演新学过的舞蹈或展示新学到的技能（如画画或吹笛子等）	3	6	10	5
我相信自己能够顺利地完成老师交给的任务	3	3	14	4
正确答题后，教师以怀疑口吻说："你答得对吗？"时，我能自信地告诉老师"对"	3	6	12	3
我总是愉快地告诉别人自己取得的成绩	2	4	15	3
集体活动中，当有人要请同学表演节目时，我能很大方地表演	3	7	13	1
我相信自己有能力实现自己定的目标	3	5	12	4
我上课时积极举手发言，声音洪亮	4	6	11	3
当旁观者越多的时候，我比平时表现会更好	3	6	10	5
花很多时间做完一件重要事情的时候，我感到很兴奋	3	7	10	4
对我来说，坚持自己的目标和达到目的是很容易的	2	6	10	6
小组讨论的时候，我总会主动当组长	4	7	8	5
总　计	51	101	195	61
均值（标准差）	2.65（$SD = 0.76$）			

为了解不同年龄段学生的自信，通过描述统计发现：工读学生中，13岁及以

下组的平均得分为 2.28 分（$SD = 0.68$），14 岁组的平均得分为 2.44 分（$SD = 0.74$），15 岁组的平均得分为 2.50 分（$SD = 0.76$），16 岁组的平均得分为 2.49 分（$SD = 0.63$），17 岁及以上组的平均得分为 2.28 分（$SD = 0.75$）。为探究自信水平的发展趋势，方差分析发现，在工读学生中，年龄组间差异显著（$F = 3.35$，$p < 0.05$），但线性趋势不显著（$F = 0.04$，$p = 0.84$）。事后比较发现，工读学生 13 岁及以下组的自信水平显著低于 15 岁组（$p < 0.05$）。

普通学生中，13 岁及以下组的平均得分为 2.44 分（$SD = 0.82$），14 岁组的平均得分为 2.61 分（$SD = 0.78$），15 岁组的平均得分为 2.46 分（$SD = 0.75$），16 岁组的平均得分为 2.42 分（$SD = 0.62$），17 岁及以上组的平均得分为 2.65 分（$SD = 0.76$）。为探究自信水平的发展趋势，方差分析发现，在普通学生中，年龄组间差异显著（$F = 2.67$，$p < 0.05$），线性趋势不显著（$F = 0.45$，$p = 0.50$）。事后比较发现，普通学生 13 岁及以下组的自信水平显著低于 14 岁组（$p < 0.05$）。

为探究各年龄组工读学生与普通学生在自信水平上的差异，方差分析发现，在 13 岁及以下组（$t = -2.14$，$p < 0.001$）、14 岁组（$t = -2.53$，$p < 0.05$）、17 岁及以上组（$t = -2.15$，$p < 0.05$）工读学生的自信水平低于普通学生，但在 15 岁组（$t = 0.51$，$p = 0.61$）、16 岁组（$t = 0.82$，$p = 0.42$），工读学生与普通学生的自信无显著差异。

上述结果说明，15 岁年龄组工读学生的自信水平最高，表现为在自我效能感、自我表现、成就感等方面对自己的评价最高；15 岁以前，工读学生的自信水平低于同龄普通学生。方差分析结果见表 3-40，变化趋势见图 3-2。

表 3-40　不同年龄组在自信量表上的差异分析

单位：分

年龄组	13 岁及以下	14 岁	15 岁	16 岁	17 岁及以上	不同年龄组间的方差分析
工读学生均值（标准差）	2.28 (0.68)	2.44 (0.74)	2.50 (0.76)	2.49 (0.63)	2.28 (0.75)	$F = 3.35$, $p < 0.05$
普通学生均值（标准差）	2.44 (0.82)	2.61 (0.78)	2.46 (0.75)	2.42 (0.62)	2.65 (0.76)	$F = 2.67$, $p < 0.05$
不同年龄组间的方差分析	$t = -2.14$, $p < 0.001$	$t = -2.53$, $p < 0.05$	$t = 0.51$, $p = 0.61$	$t = 0.82$, $p = 0.42$	$t = -2.15$, $p < 0.05$	

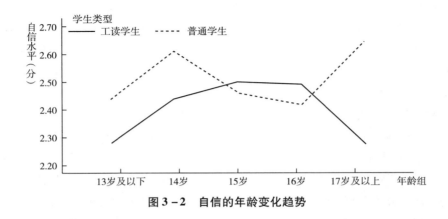

图 3 - 2 　自信的年龄变化趋势

四　小结

整体来看，工读学生和普通学生在自信上没有明显差异。从性别特点看，工读学校男、女生在自信上没有显著差异，工读男生与普通男生在自信上也没有明显差异，但工读女生的自信明显低于普通女生。从年龄特点看，15 岁、16 岁的工读学生的自信水平较高，表现为在自我效能感、自我表现、成就感等方面对自己的评价最高，但 15 岁以前，工读学生的自信水平低于同龄普通学生。

第四节　自我控制的基本情况分析

一　自我控制的总体特点

《青少年自制力问卷》共五题，采用 4 点计分，从"很不符合"到"很符合"分为 4 个等级，选择"很不符合"得 1 分，选择"不太符合"得 2 分，选择"基本符合"得 3 分，选择"很符合"得 4 分。先计算总分，后求题目均分和标准差。题目均分越高，个体控制、调节冲动的能力越强。

工读学生和普通学生在自制力问卷各题目上的作答详情见表 3 - 41 和表 3 - 42。

表3-41　工读学生在自制力问卷上的作答情况

单位：人，分

问卷题目	很不符合	不太符合	基本符合	很符合
即使是自己讨厌或不喜欢的事情，我也能控制自己的感受	229	392	634	246
即使不爱吃的食物，为了健康我也会吃	202	413	583	303
即使生气了我也不表现在脸上	211	467	542	281
即使爱吃的食物，如果对身体不好，我也不贪吃	231	488	510	272
我知道一件事情不好时，会克制自己不去做	166	384	603	348
总　计	1039	2144	2872	1450
均值（标准差）	2.63（SD = 0.68）			

表3-42　普通学生在自制力问卷上的作答情况

单位：人，分

问卷题目	很不符合	不太符合	基本符合	很符合
即使是自己讨厌或不喜欢的事情，我也能控制自己的感受	227	390	798	347
即使不爱吃的食物，为了健康我也会吃	200	448	666	448
即使生气了我也不表现在脸上	215	578	622	347
即使爱吃的食物，如果对身体不好，我也不贪吃	204	494	646	418
我知道一件事情不好时，会克制自己不去做	173	315	705	569
总　计	1019	2225	3437	2129
均值（标准差）	2.76（SD = 0.72）			

从总体来看，工读学生自制力的平均得分为2.63分（$SD = 0.68$），普通学生平均得分为2.76分（$SD = 0.72$）。为了比较两者之间是否存在差异，对两组平均值进行方差分析，发现工读学生在自制力上的得分显著低于普通学生（$t = -5.19$，$p < 0.001$），如表3-43所示。上述结果说明，工读学生抑制情绪或行为冲动的能力相对较差，容易屈服于接近的、短期的诱惑和欲望。

表3-43　工读学生和普通学生在自我控制上的得分差异

单位：人，分

	工读学生	普通学生
人数（百分比）	1501（46.00%）	1762（54.00%）
均值（标准差）	2.63（0.68）	2.76（0.72）
方差分析结果 t（p）	$t = -5.19$，$p < 0.001$	

二　自我控制的性别特点

分析不同性别的工读学生和普通学生在自制力问卷上的作答情况，统计结果见表3-44～表3-47。

表3-44　工读女生在自制力问卷上的作答情况

单位：人，分

问卷题目	很不符合	不太符合	基本符合	很符合
即使是自己讨厌或不喜欢的事情，我也能控制自己的感受	55	95	167	67
即使不爱吃的食物，为了健康我也会吃	47	111	142	84
即使生气了我也不表现在脸上	66	123	127	68
即使爱吃的食物，如果对身体不好，我也不贪吃	66	123	127	68
我知道一件事情不好时，会克制自己不去做	42	84	158	100
总　计	276	536	721	387
均值（标准差）	2.63（$SD = 0.67$）			

表3-45　工读男生在自制力问卷上的作答情况

单位：人，分

问卷题目	很不符合	不太符合	基本符合	很符合
即使是自己讨厌或不喜欢的事情，我也能控制自己的感受	174	297	467	179
即使不爱吃的食物，为了健康我也会吃	155	302	441	219
即使生气了我也不表现在脸上	145	344	415	213
即使爱吃的食物，如果对身体不好，我也不贪吃	145	344	415	213

问卷题目	很不符合	不太符合	基本符合	很符合
我知道一件事情不好时，会克制自己不去做	124	300	445	248
总　计	743	1587	2183	1072
均值（标准差）	2.63（*SD* = 0.68）			

表3－46　普通女生在自制力问卷上的作答情况

单位：人，分

问卷题目	很不符合	不太符合	基本符合	很符合
即使是自己讨厌或不喜欢的事情，我也能控制自己的感受	70	178	393	161
即使不爱吃的食物，为了健康我也会吃	85	196	318	203
即使生气了我也不表现在脸上	75	282	302	143
即使爱吃的食物，如果对身体不好，我也不贪吃	78	224	311	189
我知道一件事情不好时，会克制自己不去做	59	131	340	272
总　计	367	1011	1664	968
均值（标准差）	2.81（*SD* = 0.66）			

表3－47　普通男生在自制力问卷上的作答情况

单位：人，分

问卷题目	很不符合	不太符合	基本符合	很符合
即使是自己讨厌或不喜欢的事情，我也能控制自己的感受	157	212	405	186
即使不爱吃的食物，为了健康我也会吃	115	252	348	245
即使生气了我也不表现在脸上	140	296	320	204
即使爱吃的食物，如果对身体不好，我也不贪吃	126	270	335	229
我知道一件事情不好时，会克制自己不去做	114	184	365	297
总　计	652	1214	1773	1161
均值（标准差）	2.72（*SD* = 0.75）			

为比较男、女生的自我控制能力，通过统计发现：工读学生中，女生的

平均得分为 2.63 分（$SD = 0.67$），男生的平均得分为 2.63 分（$SD = 0.68$），性别差异不显著（$t = 0.003$，$p = 0.99$）；普通学生中，女生的平均得分为 2.81 分（$SD = 0.66$），男生的平均得分为 2.72 分（$SD = 0.75$），性别差异显著（$t = 2.60$，$p < 0.01$），普通男生的自我控制能力显著低于普通女生。上述结果说明，工读男生与工读女生在控制情绪或行为的能力上没有明显差异，但普通男生控制情绪或行为的能力低于普通女生。

表 3 – 48　男女生在自我控制上的得分差异

单位：人，分

性别	工读学生		普通学生	
	女	男	女	男
人数（百分比）	384（11.77%）	1117（34.23%）	802（24.58%）	960（29.42%）
均值（标准差）	2.63（0.67）	2.63（0.68）	2.81（0.66）	2.72（0.75）
方差分析结果 t（p）	$t = 0.003$, $p = 0.99$		$t = 2.60$, $p < 0.01$	

通过方差分析比较同性别中不同类型的学生发现，工读女生的自我控制能力显著低于普通女生（$t = -4.25$，$p < 0.001$），同样，工读男生的自我控制能力显著低于普通男生（$t = -2.76$，$p < 0.01$）。上述结果说明，工读学校男、女生的自我控制的能力皆低于普通学校的男、女生。

表 3 – 49　同性别工读学生和普通学生在自我控制上的得分差异

单位：人，分

学校类别	女		男	
	工读学生	普通学生	工读学生	普通学生
人数（百分比）	384（11.77%）	802（24.58%）	1117（34.23%）	960（29.42%）
均值（标准差）	2.63（0.67）	2.81（0.66）	2.63（0.68）	2.72（0.75）
方差分析结果 t（p）	$t = -4.25$, $p < 0.001$		$t = -2.76$, $p < 0.01$	

三　自我控制的发展特点

为了考察随着年龄增长，工读学生的自我控制能力是否存在变化趋势，以年龄组为自变量，自我控制得分为因变量进行单因素方差分析，并检验其是否存在线性趋势，得到如下结果。

分析不同年龄组的工读学生和普通学生在自制力问卷上的作答情况，统计结果见表 3 – 50 ~ 表 3 – 59。

表 3 - 50 13 岁及以下年龄组工读学生在自制力问卷上的作答情况

单位：人，分

问卷题目	很不符合	不太符合	基本符合	很符合
即使是自己讨厌或不喜欢的事情，我也能控制自己的感受	49	32	44	40
即使不爱吃的食物，为了健康我也会吃	37	41	49	38
即使生气了我也不表现在脸上	39	36	51	39
即使爱吃的食物，如果对身体不好，我也不贪吃	46	46	34	39
我知道一件事情不好时，会克制自己不去做	37	29	47	52
总　计	208	184	225	208
均值（标准差）	2.52（SD = 0.85）			

表 3 - 51 14 岁年龄组工读学生在自制力问卷上的作答情况

单位：人，分

问卷题目	很不符合	不太符合	基本符合	很符合
即使是自己讨厌或不喜欢的事情，我也能控制自己的感受	51	70	130	43
即使不爱吃的食物，为了健康我也会吃	39	84	117	54
即使生气了我也不表现在脸上	42	95	109	48
即使爱吃的食物，如果对身体不好，我也不贪吃	46	101	92	55
我知道一件事情不好时，会克制自己不去做	43	72	121	58
总　计	221	422	569	258
均值（标准差）	2.59（SD = 0.68）			

表 3 - 52 15 岁年龄组工读学生在自制力问卷上的作答情况

单位：人，分

问卷题目	很不符合	不太符合	基本符合	很符合
即使是自己讨厌或不喜欢的事情，我也能控制自己的感受	61	131	246	78
即使不爱吃的食物，为了健康我也会吃	63	127	219	107
即使生气了我也不表现在脸上	65	163	181	107

续表

问卷题目	很不符合	不太符合	基本符合	很符合
即使爱吃的食物，如果对身体不好，我也不贪吃	69	155	193	99
我知道一件事情不好时，会克制自己不去做	38	132	220	126
总　计	296	708	1059	517
均值（标准差）	2.70（SD = 0.63）			

表 3 - 53　16 岁年龄组工读学生在自制力问卷上的作答情况

单位：人，分

问卷题目	很不符合	不太符合	基本符合	很符合
即使是自己讨厌或不喜欢的事情，我也能控制自己的感受	30	81	126	56
即使不爱吃的食物，为了健康我也会吃	31	89	114	59
即使生气了我也不表现在脸上	36	93	111	53
即使爱吃的食物，如果对身体不好，我也不贪吃	39	101	106	47
我知道一件事情不好时，会克制自己不去做	25	76	127	65
总　计	161	440	584	280
均值（标准差）	2.67（SD = 0.66）			

表 3 - 54　17 岁及以上年龄组工读学生在自制力问卷上的作答情况

单位：人，分

问卷题目	很不符合	不太符合	基本符合	很符合
即使是自己讨厌或不喜欢的事情，我也能控制自己的感受	18	35	58	15
即使不爱吃的食物，为了健康我也会吃	13	34	54	25
即使生气了我也不表现在脸上	12	43	55	16
即使爱吃的食物，如果对身体不好，我也不贪吃	15	47	44	20
我知道一件事情不好时，会克制自己不去做	8	35	53	30
总　计	66	194	264	106
均值（标准差）	2.65（SD = 0.55）			

表 3 – 55　13 岁及以下年龄组普通学生在自制力问卷上的作答情况

单位：人，分

问卷题目	很不符合	不太符合	基本符合	很符合
即使是自己讨厌或不喜欢的事情，我也能控制自己的感受	130	168	310	132
即使不爱吃的食物，为了健康我也会吃	97	200	259	184
即使生气了我也不表现在脸上	103	250	253	134
即使爱吃的食物，如果对身体不好，我也不贪吃	96	213	255	176
我知道一件事情不好时，会克制自己不去做	92	154	274	220
总　计	518	985	1351	846
均值（标准差）	2.68（SD = 0.75）			

表 3 – 56　14 岁年龄组普通学生在自制力问卷上的作答情况

单位：人，分

问卷题目	很不符合	不太符合	基本符合	很符合
即使是自己讨厌或不喜欢的事情，我也能控制自己的感受	49	126	228	125
即使不爱吃的食物，为了健康我也会吃	60	136	203	129
即使生气了我也不表现在脸上	58	190	171	109
即使爱吃的食物，如果对身体不好，我也不贪吃	53	162	187	126
我知道一件事情不好时，会克制自己不去做	41	89	207	191
总　计	261	703	996	680
均值（标准差）	2.79（SD = 0.70）			

表 3 – 57　15 岁年龄组普通学生在自制力问卷上的作答情况

单位：人，分

问卷题目	很不符合	不太符合	基本符合	很符合
即使是自己讨厌或不喜欢的事情，我也能控制自己的感受	12	54	150	48
即使不爱吃的食物，为了健康我也会吃	15	53	116	80
即使生气了我也不表现在脸上	19	67	116	62

续表

问卷题目	很不符合	不太符合	基本符合	很符合
即使爱吃的食物，如果对身体不好，我也不贪吃	23	62	114	65
我知道一件事情不好时，会克制自己不去做	16	33	116	99
总　计	85	269	612	354
均值（标准差）	2.94（SD = 0.58）			

表 3 – 58　16 岁年龄组普通学生在自制力问卷上的作答情况

单位：人，分

问卷题目	很不符合	不太符合	基本符合	很符合
即使是自己讨厌或不喜欢的事情，我也能控制自己的感受	9	16	50	22
即使不爱吃的食物，为了健康我也会吃	3	31	42	21
即使生气了我也不表现在脸上	8	29	40	20
即使爱吃的食物，如果对身体不好，我也不贪吃	5	30	43	19
我知道一件事情不好时，会克制自己不去做	5	16	58	18
总　计	30	122	233	100
均值（标准差）	2.83（SD = 0.54）			

表 3 – 59　17 岁及以上年龄组普通学生在自制力问卷上的作答情况

单位：人，分

问卷题目	很不符合	不太符合	基本符合	很符合
即使是自己讨厌或不喜欢的事情，我也能控制自己的感受	3	2	17	5
即使不爱吃的食物，为了健康我也会吃	1	5	11	10
即使生气了我也不表现在脸上	2	9	8	8
即使爱吃的食物，如果对身体不好，我也不贪吃	1	6	14	6
我知道一件事情不好时，会克制自己不去做	1	2	14	10
总　计	8	24	64	39
均值（标准差）	2.99（SD = 0.61）			

为了解不同年龄段学生的自我控制能力，通过描述统计发现：工读学生中，13 岁及以下组的平均得分为 2.52 分（$SD = 0.85$），14 岁组的平均得分为 2.59 分（$SD = 0.68$），15 岁组的平均得分为 2.70 分（$SD = 0.63$），16 岁组的平均得分为 2.67 分（$SD = 0.66$），17 岁及以上组的平均得分为 2.65 分（$SD = 0.55$）。为探究自我控制能力的发展趋势，方差分析发现，在工读学生中，年龄组间差异显著（$F = 2.73$，$p < 0.05$），线性趋势显著（$F = 3.98$，$p < 0.05$），即从 13 岁到 15 岁，工读学生的自我控制能力有上升趋势。事后两两比较没有发现显著差异。

普通学生中，13 岁及以下组的平均得分为 2.68 分（$SD = 0.75$），14 岁组的平均得分为 2.79 分（$SD = 0.70$），15 岁组的平均得分为 2.94 分（$SD = 0.58$），16 岁组的平均得分为 2.83 分（$SD = 0.54$），17 岁及以上组的平均得分为 2.99 分（$SD = 0.61$）。为探究自我控制的发展趋势，方差分析发现，在普通学生中，年龄组间差异显著（$F = 7.66$，$p < 0.001$），线性趋势显著（$F = 5.36$，$p < 0.05$），即从 13 岁到 15 岁，普通学生的自我控制能力有上升趋势。通过事后比较发现：普通学生 13 岁及以下组的自我控制能力显著低于 15 岁组（$p < 0.001$）；普通学生 14 岁组的自我控制能力显著低于 15 岁组（$p < 0.05$）。

为探究各年龄组工读学生和普通学生在自我控制上的差异，方差分析发现，在 13 岁组（$t = -2.20$，$p < 0.05$）、14 岁组（$t = -4.09$，$p < 0.001$）、15 岁组（$t = -5.29$，$p < 0.001$）、16 岁组（$t = -2.38$，$p < 0.05$）、17 岁及以上组（$t = -2.88$，$p < 0.01$），工读学生的自我控制能力皆低于普通学生。

上述结果说明，从 13 岁到 15 岁，工读学校学生和普通学校学生的自我控制能力都有随年龄增长上升的趋势，但该趋势在普通学校的学生中更明显；各年龄段，工读学生的自我控制能力都低于普通学生。方差分析结果见表 3-60，变化趋势见图 3-3。

表 3-60 不同年龄组在自我控制上的差异分析

单位：分

年龄组	13 岁及以下	14 岁	15 岁	16 岁	17 岁及以上	不同年龄组间的方差分析
工读学生均值（标准差）	2.52 (0.85)	2.59 (0.68)	2.70 (0.63)	2.67 (0.66)	2.65 (0.55)	$F = 2.73$, $p < 0.05$

续表

年龄组	13 岁及以下	14 岁	15 岁	16 岁	17 岁及以上	不同年龄组间的方差分析
普通学生均值（标准差）	2.68 (0.75)	2.79 (0.70)	2.94 (0.58)	2.83 (0.54)	2.99 (0.61)	$F = 7.66$, $p < 0.001$
同年龄组不同类型学生的方差分析	$t = -2.20$, $p < 0.05$	$t = -4.09$, $p < 0.001$	$t = -5.29$, $p < 0.001$	$t = -2.38$, $p < 0.05$	$t = -2.88$, $p < 0.01$	

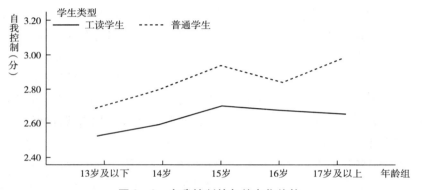

图 3 - 3 自我控制的年龄变化趋势

四 小结

从上述分析结果可知，相比普通学生，工读学生的自我控制能力偏低，即抑制情绪或行为冲动的能力相对较差，容易屈服于接近的、短期的诱惑和欲望。从性别特点看，工读学校男、女生在自我控制力上没有明显的性别差异，但工读女生的自我控制能力明显低于普通女生，工读男生的自我控制能力也明显低于普通男生。从年龄特点看，从 13 岁到 15 岁，工读学生和普通学生的自我控制能力都有随年龄增长而上升的趋势，但该趋势在普通学生中更明显；各年龄段工读学生的自我控制能力低于同龄普通学生。

第五节　对策和建议

一　提升工读学生自尊和自信的建议

1. 帮助学生获得成功体验

成功的经验能够提高学生的自尊和自信，多次的失败则会降低学生的自尊和自信。工读学生体验成功的机会相对来说少一些，他们的心理承受能力也比较脆弱，对外界的评价比较敏感。工读教师在安排学习或其他活动任务时，应采用难度适中的任务，保证大部分学生都能顺利完成。这样工读学生才能不断获取成功的经验，从而逐渐提高其自尊和自信。此外，当一些学生遭遇失败时，工读教师应帮助他们分析失败的原因，引导他们将失败归因于自身努力不足或解决问题的策略不当等，而不是归因于自己天生的能力或才智不够。

2. 给学生提供优秀的榜样

通常，当一个人看到与自己水平差不多的人取得了成功，会产生自己也能完成同样任务、获取同样结果的知觉，而这将会有助于其增强自尊和自信。在工读学校这个采用寄宿制、相对封闭式环境中，学生的起点基本在同一条线上，并且他们进入工读学校的原因很相似。因此，工读教师可选择一些学生接受、认可的其他学生，让他们分享自身的经验，通过树立榜样来激励并改善和增强其他学生的自尊和自信。

3. 给予学生赞赏和鼓励

工读教师应充分了解学生的基本情况，并根据不同的学生、不同的学科任务、甚至不同的环境条件采取不同的劝说方式，并合理地共情，使学生能感受到教师能理解他们。影响学生能否成功的关键是方法、环境等可控制的因素，他们需要的也是掌握具体的控制这些因素的对策，且一旦他们掌握成功，自尊和自信的变化或提高也比较快。而有些学生对自己能力、成就的整体评价偏低，这时候则需要通过对他进行具体任务特征、任务复杂程度、任务环境或与自己水平相当的他人成功经验等的分析，使学生逐渐认识自己、了解自己，看到并相信自己。

二　提升工读学生自我控制能力的建议

1. 适当增加压力，帮助学生树立积极心态

工读学生普遍存在自制力不好的问题，其中一个原因可能是工读学校的

175

压力比较小，空余时间很多，没必要逼着自己学习。人的行为是受环境影响的，当周围爱学习的同学少时，他们也就没了学习的动力。因此，教师要在学习和生活上给予学生一定的压力，让学生感觉到后面有根鞭子时刻鞭策他们，这样可激励他们自我约束、加强自我控制能力以达到老师的要求。久而久之，当这些鞭策成为习惯，学生的自我控制能力就培养出来了。

同时，教师施加的适当压力还能帮助学生树立积极的心态，并帮助其制定短期目标。学生可以根据自身实际情况制定短期目标，在教师的监督下尽力达到目标。在这个过程中，学生会感受到通过自我约束，一步一步执行计划，然后达成目标所带来的成就感。成功体验及随之而来的积极心态，即觉得自己的能力还不错，又会反过来进一步提升学生的自我控制能力。

2. 充分信任学生，适当采取奖惩措施

现在的学生大多数是独生子女，家长关爱过度，大事小事一手包办，有些家长的教育方式简单粗暴，对学生的想法不屑一顾。工读学生又处于特殊的叛逆期，家长的这些行为都会让他们感觉不到关爱，有的学生还因为被家长一味否定而产生了自卑等心理问题。因此有必要给工读学生更多的信任，让他们能平等地和家长、老师谈话，勇于说出自己的想法，能够自己制定学习、生活的目标，并自觉、独立地达成。在这一过程中，教师和家长不应随意插手，但可以采用一些奖惩措施作为辅助。学生做得好、做得对的事，教师和家长一定要给予鼓励表扬；学生做得不好或违反规章制度，教师和家长也要及时批评。

3. 发挥班干部带头作用，建设良好的班风

青少年很容易受到周围环境的影响，因此建立一个团结向上、积极进取、主动发展的优秀班集体，发挥班干部骨干带头作用，创造一个良好的学习环境非常重要。如果一个班级班风优良，大部分学生目标明确，行为习惯良好，个别自制力差的学生也能在集体中受到熏陶，不断提高自己，努力向优秀的学生靠拢，潜移默化地提高自制力。

参考文献

Bandura, A. & Walters, R. H. （1963）. Social Learning and Personality Development.

Bartle, S. E., Anderson, S. A. & Sabatelli, R. M. （1989）. A Model of Parenting style, Adolescent Individuation and Adolescent self – esteem: Preliminary findings. *Journal of Adolescent Research*, 4 （3）, 283 –298.

Coopersmith, S. （1967）. The Antecedents of Self – esteem. Palo Alto.

Esbensen, F. A. , Deschenes, E. P. & Winfree Jr, L. T. （1999）. Differences between Gang Girls and Gang Boys: Results from a Multisite Survey. *Youth & Society*, 31 （1）, 27 – 53.

Fenzel, L. M. （1994, February）. A Prospective Study of the Effects of Chronic Strains on Early Adolescent Self – worth and School Adjustment. In meeting of the Society for Research on Adolescence, San Diego.

Fertman, C. I. & Chubb, N. H. （1992）. The Effects of a Psychoeducational Program on Adolescents´ Activity Involvement, Self – esteem, and Locus of control. *Adolescence*, 27 （107）, 517.

Gifford Jr, A. （2002）. Emotion and Self – control. *Journal of Economic Behavior & Organization*, 49 （1）, 113 – 130.

Heaven, P. C. L. （1996）. *Adolescent Health: The Role of Individual Differences*. Psychology Press.

Ho, C. S. , Lempers, J. D. & Clark – Lempers, D. S. （1995）. Effects of Economic Hardship on Adolescent Self – esteem: A family Mediation Model. *Adolescence*, 30 （117）, 117.

Jang, S. J. & Thornberry, T. P. （1998）. Self – esteem, Delinquent Peers, and Delinquency: A Test of the Self – enhancement Thesis. *American Sociological Review*, 586 – 598.

Jiang, Y. & Kleitman, S. （2015）. Metacognition and Motivation: Links between Confidence, Self – protection and Self – enhancement. *Learning and Individual Differences*, 37, 222 – 230.

King, C. A. , Akiyama, M. M. & Elling, K. A. （1996）. Self – perceived Competencies and Depression among Middle School Students in Japan and the United States. *The Journal of Early Adolescence*, 16 （2）, 192 – 210.

Laird, T. F. N. （2005）. College Students' Experiences with Diversity and Their Effects on Academic Self – confidence, Social Agency, and Disposition Toward Critical Thinking. *Research in Higher Education*, 46 （4）, 365 – 387.

Liu, X. , Kaplan, H. B. & Risser, W. （1992）. Decomposing the Reciprocal Relationships between Academic Achievement and General Self – esteem. *Youth & Society*, 24 （2）, 123 – 148.

Munson, W. W. （1992）. Self – esteem, Vocational Identity, and Career Salience in High School Students. *The Career Development Quarterly*, 40 （4）, 361 – 368.

Richman, C. L. , Clark, M. L. & Brown, K. P. （1985）. General and Specific Self – esteem in Late Adolescent students: Race Gender SES Effects. *Adolescence*, 20 （79）, 555.

Robinson, N. S. （1995）. Evaluating the Nature of Perceived Support and Its Relation to

Perceived Self – worth in Adolescents. *Journal of Research on Adolescence*, 5 （2）, 253 – 280.

Rosenberg, M. （1965）. Rosenberg Self – Esteem Scale （RSE）. Acceptance and Commitment Therapy. *Measures package*, 61 （52）, 18.

Rosenberg, M. （1985）. Self – concept and Psychological Well – being in Adolescence. *The development of the self*, 1, 205 – 246.

Rosenthal, S. L. & Simeonsson, R. J. （1989）. Emotional Disturbance and the Development of Self – consciousness in Adolescence. *Adolescence*, 24 （95）, 689.

Rosenberg, M. , Schooler, C. , Schoenbach, C. & Rosenberg, F. （1995）. Global self – esteem and Specific Self – esteem：Different Concepts, Different Outcomes. *American Sociological Review*, 141 – 156.

Sharpes, D. K. & Wang, X. （1997）. Adolescent Self – concept among Han, Mongolian, and Korean Chinese. *Adolescence*, 32 （128）, 913.

Steitz, J. A. & Owen, T. P. （1992）. School Activities and Work：Effects on Adolescent Self – esteem. *Adolescence*, 27 （105）, 37.

Tevendale, H. D. , DuBois, D. L. , Lopez, C. & Prindiville, S. L. （1997）. Self – esteem Stability and Early Adolescent Adjustment an Exploratory Study. *The Journal of Early Adolescence*, 17 （2）, 216 – 237.

Whitesell, N. R. , Mitchell, C. M. & Spicer, P. （2009）. A Longitudinal Study of Self – esteem, Cultural Identity, and Academic Success among American Indian Adolescents. *Cultural Diversity and Ethnic Minority Psychology*, 15 （1）, 38.

Youngs, G. A. , Rathge, R. , Mullis, R. & Mullis, A. （1990）. Adolescent Stress and Self – esteem. *Adolescence*, 25 （98）, 333.

车丽萍. （2003）. 大学生自信发展特点的研究. 心理科学, 26 （4）, 661 – 666.

车丽萍. （2007）. 大学生自信与内外控倾向的关系研究. 心理科学, 30 （6）, 1385 – 1388.

邓林园, 刘丹, 徐洁. （2018）. 父母监控与青少年自我控制：父亲自我控制的调节作用分析. 中国特殊教育, 11, 83 – 91.

董光恒, 杨丽珠. （2007）. 3 – 5 岁幼儿自我控制类型研究. 学前教育研究,（11）, 13 – 17.

郭黎岩, 杨丽珠, 刘正伟, 宋涛. （2005）. 小学生自信心养成的实验研究. 心理科学, 28 （5）, 1068 – 1071.

黄希庭. （2004）. 简明心理学辞典（第 1 版）. 安徽人民出版社.

季益富, 于欣. （1993）. 自尊量表（SES）·心理卫生评定量表手册. 中国心理卫生杂志, 251 – 252.

江秀. （2018）. 初中生父母教养方式、自我控制能力与问题行为的关系研究. 河北师范大学硕士学位论文.

雷雳，马晓辉.（2015）. 中学生心理学. 浙江教育出版社.

王娥蕊，杨丽珠.（2006）. 3-9 岁儿童自信心发展特点的研究. 辽宁师范大学学报（社会科学版），29（3），45-48.

王桂平，陈会昌.（2004）. 儿童自我控制心理机制的理论述评. 心理科学进展，12（06），868-868.

徐宏图.（2005）. 关于低自我控制与不良行为研究概述. 中国特殊教育，5，61-64.

杨正皇.（2008）. 自我效能：工读学生的自我调节动力机制. 心理教育研究，9，103-105.

于聪聪.（2016）. 青少年自信感现状、积极后效及其干预研究. 上海师范大学硕士学位论文.

张春兴.（1994）. 成长中自我的探索. 东华书局.

张杰.（2016）. 浅谈高职学生自制力的建设. 课程教育研究，10，180.

第四章　生命的意义和价值

第一节　问题提出

　　青少年对生命的意义和价值的认识是其对自然、社会和人生问题根本性的认识，它既属于哲学研究的范畴，也被纳入心理学研究的范畴。在一个人的心理发展中，对生命意义和价值的认识和观点是后期形成的，它们的形成是一个人的个性意识倾向性发展成熟的主要标志，它既具有稳定性，又具有变化性。青少年对生命的意义和价值的认识不单纯是认识问题，它们和人的情感意志、理想动机、立场态度及道德品质等密切联系着，深刻影响青少年的成长发展。本章主要从心理学研究的视角，对青少年生命意义感、公正世界观和一般价值观等进行调查和研究。

一　生命意义感

　　生命意义感是指人们对人生目的和意义的总的看法和根本态度。20 世纪 40 年代，存在精神分析学家弗兰克尔（Frankl）根据第二次世界大战时期在纳粹集中营里的亲身经历和多年的心理治疗经验，写成《追寻生命的意义》（1963）一书。此书的诞生使生命意义作为临床概念在心理学研究中出现，成为生命意义研究从哲学领域走向心理学领域的重要里程碑。弗兰克尔由此创立了意义疗法，相信生命意义有助于克服心灵性神经官能症，但他并未对生命意义进行界定。随着主流心理学理论的发展，生命意义理论研究的流变从传统的存在心理学取向，动机与人格取向，转向相对主义观点，再发展到最近兴起的积极心理学取向，很多心理学家根据不同的理论和实证研究，对生命意义进行了诠释。比如，加拿大心理学家雷克（Reker）认为，生命意义是"一个多维度的构建，包括一个人对自己存在的原则、统合和目标的认知，对有价值的目标的追求和获得，并伴随有实现感"。人的生命意义各不相同，即具有个体差异性，且这一变量受到了诸多实证研究的关注，虽然研究结果显示，在人生的不同阶段或不同情境下，生命意义会发生变化，但它伴随人的一生，具有相对稳定性。

青少年时期是生命意义感形成的重要时期，在这个时期，青少年对生命意义的认识会受到诸多因素的影响，如人口统计学变量因素、心理因素和社会环境因素。其中人口统计学变量因素包括性别、年龄等，心理因素包括自我效能感和学业成就感等，社会环境因素包括家庭因素、社会文化因素等。

（1）性别对生命意义感的影响。在生命意义感的相关研究中，性别差异一直是研究者非常关注的。但是自20世纪70年代至今，研究的结果并不能取得一致。有研究结果表明，性别因素影响到生命意义感（Reker & Cousins，1979；陈秀云，2007）。有研究以大学生及专科学生为研究对象，结果显示男生比女生具有较清楚的"生命目的"，女生对"死亡接纳"的态度较男生为佳（何英奇，1990）。也有研究发现不同性别的被试验者，其对生命意义的认知存在显著差异（何郁玲，1999）。但是，也有研究支持不同性别的生命意义感并无差异（Zika & Chamberlain，1987）。以中国台湾地区初中、高中、高职学生为调查对象的研究，发现性别与生命意义感并没有显著的差异存在（宋秋蓉，1992）。另外也有一些其他研究发现生命意义感与性别无关（吴淑华，2003；赵晴，2008）。综上所述，生命意义感是否会因性别的不同而有所差异，有关的研究结果并不一致，但以上研究中选择的被试验者和采用的测量工具有所不同，因此研究结果的不一致需要进一步论证。

（2）年龄对生命意义感的影响。年龄也是生命意义的一个重要变量，因为随着年龄的增长，个体对生命意义的感知程度发生着变化，大多数的研究也发现生命意义感存在年龄差异，部分研究更显示生命意义感会随年龄的增加而增长。国内的研究发现，年龄的差异会影响个体对生命意义的感知（何郁玲，1999）。也有研究发现影响青少年生命意义的各因素在年纪上存在显著差异（糟艳丽，2007）。

（3）其他因素对生命意义感的影响。已有研究发现，家庭经济状况对个体的生命意义感有显著影响，即个体的家庭经济状况好，其生命意义感的得分也高（Crumbaugh，1968）。但也有研究发现中学生的生命意义感并未由于家庭经济状况不同而不同（江慧钰，2001）。另外，家庭氛围和人际关系对生命意义感也存在显著影响。对中国台湾地区初中生的研究显示，初中生的生命意义感因人口统计学变量、地区、学业成就、家庭氛围和人际关系的差别而存在显著差异，其中，家庭其乐融融、学业成绩优异和人际关系和谐的学生生命意义感量表得分高（江慧钰，2001）。对完整家庭初中生与单亲家庭初中生生命意义的比较研究显示，相比单亲家庭的初中生，完整家庭的初中生的生命意义感水平明显较高（毛纪如，2003）。

二 公正世界观

公正是人类看待世界和社会的一种基本价值观念与准则。美国心理学家勒纳（Lerner）最早提出了公正世界观的概念，他指出"个体有这样的一种需要：相信他们生活在一个公正的世界里。在这样一个世界里，人们得其所应得。这种世界是，公正的信息可以使个体相信他们所处的物理和社会环境是稳定有序的，从而有利于个体适应这些环境"（Lerner & Miller，1978）。这种公正世界观对个体适应物理环境和社会环境具有重要的作用，有研究者将其概括为三点（Dalbert，2001）。第一，公正世界观是个体相信人们可以公正地对待它，并且不会成为未来灾难的受害者。已有研究表明，高公正世界观的个体会做出更多的利他行为（Zuckerman，1975）。第二，公正世界观给个体提供了一个知觉框架，使个体用积极的方式去看待世界，有利于维护个体的心理健康；研究发现，在诱发愤怒的情境中，高公正世界观的个体更多地从认知上降低这种不利的情绪，给予情景更加合理的解释（Dalbert，2002）。第三，公正世界观代表着个人契约和应该公正行事的职责。儿童青少年在发展的过程中，如果坚持认为这个世界是公正的，他们便会逐渐学会延缓或抑制当前需要，发展延迟满足能力。公正世界观可以在人们自己生活中出现负面事件时，鼓励、发展出幸福感，帮助人们更有效地应对负性事件所引发的负性情绪影响，避免自信和自尊遭受打击，有利于保持心理平衡，维护心理健康。可见，儿童青少年的公正世界观对于他们心理健康、延迟满足能力的发展起着重要的作用。

这种公正世界观从孩童时代就开始发展并随着个体的成长而逐步成熟，是一种较稳定的人格特征。在自然发展力量与相关的稳定环境共同作用的影响下，人类会形成一种追求报酬的行为模式，并在应得原则的指导下来过他们的生活（Lerner，1977）。为了维持这种行为，人们就需要相信世界是公正的，因此当面对不公正事件的冲击时，人们就会感受到不公正对其信念的威胁，继而被激发去减少这种威胁感，以维护世界是按个人应得规律来分配资源与灾祸的这种观念。

勒纳（Lerner）第一次提出，应该对公正世界观中的自我信念和一般信念做出区分，随后其他研究者也陆续指出了做此区分的必要性。不公正体验与个体自身相关越紧密，则对个体的公正世界观产生的威胁性越大，这种不公正体验就越不容易被个体所接受、被拒绝的可能性就越大。发生在一个人自己的生活圈子里的不公正和歧视会比发生在其他人圈子里的更容易被个体所拒绝；对个人的歧视会比发生在其生活圈内其他人身上的更容易让个体产生强烈拒绝；个体会更关注那些发生在自己身上的公正事例。由此可见，区分对一般事件的公正世界观和自己的命运是公正的信念是很有必要的。总的来说，自我公正世界观反映了个人生活事件是公正的这种信念，而一般公正世界观反映的是世界是公正的这样一种信念。

三　一般价值观

（一）价值观的结构

心理学研究者基于不同的理论对价值观的结构进行了探索，并且不同的研究者有不同的看法。国外研究者最早对价值观的结构进行划分（Perry，1926），他们将价值观分为认知的、道德的、经济的、政治的、审美的和宗教的六类，这种价值观结构分类对价值观的测量起到了导向作用。后来又有国外研究者将价值观分为政治价值观、社会价值观、经济价值观、理论价值观和审美价值观（Allport，1961）。我国早期对价值观的结构研究主要借鉴了西方的相关基础理论。其中，有研究者将价值观分为宗教价值观、家庭价值观、经济价值观、成就价值观、政治价值观和道德价值观，这些价值观结构的分类基于西方早期的价值观结构分类理论（文崇一，1989）。也有研究者将价值观分为政治价值观、道德价值观、审美价值观、宗教价值观、职业价值观、人际价值观、婚恋价值观、自我价值观、人生价值观和幸福价值观10种类型（黄希庭，张进辅，李红，1994），就是依据西方早期的价值观结构分类理论所做出的区分，这一分类具体化了每一种价值观的亚型，但也不可避免地出现了各类型之间的相互冲突问题（杨宜音，1998）。尽管如此，从我国价值观的早期研究来看，这些研究者所开展的研究为我国的价值观研究从早期的模仿逐渐走向独立和创新奠定了基础（姜永志，白晓丽，2015）。

20世纪90年代，有一些研究者逐渐从对西方价值观结构研究的借鉴和模仿中走出来，逐步摆脱了模仿、复制和跟随研究，陆续开展了有关中国人价值观结构研究。我国研究者侧重从中国传统文化中挖掘价值观的本质内涵，并形成了中国本土化的价值观结构理论。比如，有研究者将价值观分为宗教意识取向、伦理取向、文化取向、政治取向和经济取向（翟学伟，1999）。也有研究者将中国人传统的价值观分为遵从权威、孝亲敬祖、安分守成、宿命自保和男性优越五类，将中国人的现代价值观分为平权开放、独立自主、乐观进取、尊重情感和两性平等五类（杨国枢，1998），尽管从具体维度上仍存在差异，仍可以发现这些价值观结构分类理论充分考虑到了中国传统文化对个体的深远影响。

从价值观的研究来看，部分价值观结构较为稳定，很少发生变化，也有一些价值观结构随着社会的发展而发生了变化，这应属于社会历史文化对价值观的影响。尽管时代变迁对当代社会和个体价值观的影响是一种历史必然，但不可能有一个恒久的价值观结构可以涵盖或者解释所有价值观问题，需要抓住特定时代价值观的本质内核，并根据其本质内核构建反映特定文化环境中个体或社会的价值观结构（傅永春，徐继红，周越，2014）。无论是过去对价值观结构的经典研究，还是当代对价值观结构的最新研究，都处在动态变化之中，需要因时和因势做出适当的调整和补充，以便为价值观的引导和干预提供理论参考（姜永志，白晓丽，2015）。

（二）价值观的形成

在个体发展过程中，价值观并不是立即形成和固定不变的。价值观是个体社会化的结果，依赖于个体认知结构发展和道德的早期发展。不同年龄、气质、道德认知和成长背景的青少年可能表现出不同的价值观（林崇德，寇彧，1998）。当个体形成了一定水平的自我意识，与他人交往的时候，就会逐渐形成一整套具有普遍性的、有组织的概念系统，形成对自己在大自然中的位置的看法，形成对人与人关系的看法以及对处理人与人、人与环境关系时值得做或不值得做的看法（杨宜音，1998）。以后随着个体认知水平、交往环境、自我需要的不断发展变化，这种看法也会随之而发生变化（林崇德，寇彧，1998）。

从认知的角度来看，美国社会心理学家凯尔曼的态度形成三阶段理论对分析价值观形成的内化机制有重要启示。这三个阶段是：

第一，服从。人们为了获得物质与精神的报酬或避免惩罚而采取的表面的顺化行为。服从行为不是自己真心愿意的行为，而是暂时由外在压力造成的，一旦报酬或惩罚的可能性消失，行为就会马上终止，因此在认识与情感上与他人并不一致。

第二，同化。人们不是被迫而是自愿接受他人或集体的观点、意见，使自己的态度与他人和集体关于价值的观念相一致。这一阶段已不同于服从阶段，它不是外界压力下才形成和转变态度的，而是出于自愿的。同化能否顺利实现，他人或群体的吸引力十分重要。

第三，内化。行为主体真正从内心深处相信并接受他人与集体的观点，将其纳入自己的价值体系，成为自己观念体系中的一个有机组成部分。一个人的价值观念只有到了内化阶段，才能稳固，内化阶段也是这三个阶段中最持久、最难转化的阶段。

国内的学者对价值观长期的形成过程也有一定的看法。国内有学者认为，价值观萌芽在幼儿期、童年期，主要是接受社会既定的价值。这时，社会化代理人（比如父母或其他成人）对于儿童的行为要求，以及儿童对于父母的认同，形成了儿童的基本价值观念和基本行为规范。随着年龄的增长和身心的日益成熟，尤其是认知能力的发展，青少年开始对周围世界有了新的认识，开始意识到以往价值的逻辑性矛盾和父母价值观念的局限性，并进而对既存价值观进行批评，以重新建立自己的价值观。于是，由童年期具体的、重视外在价值的价值观念开始向青少年期抽象的、重视内在价值的价值观念过渡（林崇德，2002）。从心理学分析，价值观具有知、情、意、行诸方面的特征。一个人的价值观必然是这个人对该观念有了相当了解甚至审慎思考、对它怀有满意的积极情感、在行动上愿意接受并作为一种生活方式反复践行。也有研究者从这一角度出发，认为人生价值观的形成大体可以分为三个阶段：自由选择阶段、对价值选择的珍视阶段和行动阶段。综合已有心理学研究，可以认为：初中阶段价值观开始萌芽，高中阶段价值观初步形成，所以青少年阶段是价值观形成的重要时期（黄希庭，张进辅，李红，1994）。

（三）青少年价值观的特点

价值观是人们对好（坏）、利（害）、美（丑）的看法，是在特定历史时期人们关于某一类事物价值的稳定的观念模式。因此，个体的价值观体系往往还会打上时代的烙印，具有时代性。根据国际上对价值观研究的惯例，需要不断更新对价值观的系统调查，以了解国民价值观随社会政治、经济、文化发展所呈现出来的特点。

现有对青少年价值观的研究，主要使用罗克奇编制的《价值观调查表》以及自编的问卷，所得出的结果反映出中学生价值观各个侧面的状况。20世纪80年代，研究者用罗克奇的价值调查表对我国五个城市、共2125名青少年学生进行了调查研究。结果表明：①我国青少年学生的价值观总的来说相当一致；②在终极性价值观中，有所作为、真正的友谊、自尊、国家安全被列为四个最重要的价值观，内心平静、舒适的生活、兴奋的生活、拯救灵魂被列为四个最不重要的价值观；③在工具性价值观中，有抱负、有能力、胸怀宽广被列为很重要的价值观，而整洁、自我控制、服从则被列为很不重要的价值观（黄希庭，张进辅，张蜀林，1989）。这当中也存在着某些团体差异和个体差异。

20世纪90年代，《当代中国青年价值观与教育》一书被认为是国内首次系统地以实证方法探讨青年价值观问题的研究成果（黄希庭，张进辅，李红，1994）。切实把握了当代中国青年价值观各方面的具体特点的基础，连续六年在全国各地进行大规模取样，试图紧密联系我国现实生活的实际，从实证的角度揭示我国当代青年价值观的特点。也有研究者曾经对青少年价值取向的发展趋势做了调查研究。结果显示：①青少年价值取向随年龄的增长而发展变化，表现为注重服从权威到注重平等、公正；从强调个人利益到关心他人与自己的关系，再到看重自我需要和自身发展。②青少年的价值取向相对来说不重视个人需要的表达，而强调对外界要求的适应；不重视个人主义的取向，而强调对权威的服从。③在小学毕业时，权威取向趋于解体，平等取向在小学生身上就有很强的反映（林崇德，寇彧，1998）。后来，研究者对北京等6个城市的青少年学生进行调查，结果表明，青少年学生认为最重要的终极性价值观是合家安宁、自由、自尊、国家安全，最重要的工具性价值观是有抱负、胸怀宽广、有能力、诚实（黄曼娜，1999）。

当前，我国社会正处于一个急剧变化的时期，在社会信息化、经济全球化、网络社会化、文化多元化的影响下，当代青少年的价值观也表现出了一些新的特点。

进入21世纪，研究者对杭州市青少年的价值观进行了为期10年的跟踪调查，发现10年内青少年的价值观发生了较大的变化：在终极性价值观方面，1999年排在前4位的价值观，10年前只有1种即"国家安全"，而"有所作为"、"真正友谊"和"自尊"在10年前没有排进前4位；排在最后4位的，1999年的中学生比10年前少了"舒适的生活"和"内心平静"，多了"成熟的爱"和"享乐"。在工具性价值观方面，"胸怀宽广"、"诚实"10年来一直被排在前4位，而且10年后地位上升了。但10年前青少年学生更喜欢"有抱负"、"有能力"，10年后的中学生则更关注"有教养"和"聪明"、"富于想象"，"钟情"代替了10年前的"逻辑性"和"自我控制"排在最后4位。调查结果还显示，性别间价值观差异不显著，各年级中学生在终极性价值观上基本一致，在工具性价值观上差异较大，主要表现在初一和高一的学生把"诚实"作为第一重要的价值观，但高三的学生把它排在了第4位；高二学生把"聪明"放在第9位，而把"自我控制"放在第4位。排在最后几位的工具性价值观差别不是很大，主要集中于服从、钟情、整洁和富于想象等几个方面（陈树林，王义强，赵国秋，2001）。

　　研究者从对学习目的、金钱、健康、交友等问题的看法四个方面对深圳市青少年的价值观进行了调查。结果发现，青少年认为最重要的品质是乐观、进取、自信；人生最重要的东西是健康、家庭、知识；交友最重要的是以诚相待；学习的目的是完善自我；最大的烦恼是考试成绩不好；成才愿望是最希望成为有能力的人（徐道稳，2003）。从金钱权力、正义公理、学习工作、从众、法律规范、家庭、爱情和公共利益八个维度，对青少年的价值观进行的调查研究结果显示，青少年最重视正义公理、学习工作、法律规范和公共利益，其次是家庭和爱情，最不重视金钱权力和从众（金盛华，孙娜，史清敏，田丽丽，2003）。对北京等7个城市的青少年的追踪调查结果发现，在十几年间，青少年的价值观发生了重要变化，即青少年价值观的个人主义和现世化趋向日益增长，具体表现在当代青少年越来越注重个人自身的幸福与快乐，越来越关注自己内心的愉悦（文萍，李红，马宽斌，2005）。

　　总而言之，从现有研究来看，总体来说，青少年对生命意义和价值的认识是健康向上的，但受社会现实的影响，呈现多元化的趋势。少数人思想观念中出现一些消极成分。随着年龄的增长，青少年的自我意识增强，但社会责任感有所下降，学习目的更趋于现实（杨韶刚，万增奎，2010）。当代中国青年价值观表现出几个特点：①传统性与现代性。在当代青年价值观特点研究中，这一特点最具争议性。该研究发现，当代中国青年价值观的每一个方面几乎都在经历着一场深刻而巨大的变动。但是对这种变动的理解既要强调其中所凸现出的时代精神，也要挖掘这种巨变背后蕴藏的源于传统的某种稳定力量。②多元性与整合性。多元化是当代青年价值观的一个突出特点，但也显现出某些整合的趋势。③开放性或世界性。当今所处的改革开放、全球一体化的大背景使当代青年的价值观表现出这一突出特征。在这一环境下成长起来的当代青年乐于接受新事物，紧跟时代潮流，因此他们的价值观会极大地受到当今世界各种流行风潮、时尚、观念等因素的影响（黄希庭，张进辅，李红，1994）。

四　生命意义感、公正世界观和一般价值观的测评

　　综上所述，青少年期是个体生命意义感、公正世界观和一般价值观形成的重要时期。青少年的生命意义感、公正世界观和一般价值观总体来说是健康向上的，但是会受到家庭、学校和社会的影响，而使得青少年生命意义

感、公正世界观和一般价值观呈现多元化趋势。工读学校是对"特殊问题青少年"进行有针对性教育的学校，是教育体系中的特殊形式。这些工读学生主要由"有严重不良行为，或有违法犯罪行为但因不满刑事责任年龄免于刑事处罚，或检察机关决定相对不起诉、附条件不起诉，或有轻微犯罪行为被判处非监禁刑的未成年人，或多次实施校园欺凌的青少年等"构成（路琦，2012，2019）。他们的生命意义感、公正世界观和一般价值观可能明显比普通学生更加消极，甚至可能出现扭曲。对工读学生和普通学生的生命意义感、公正世界观和一般价值观特点进行对比研究的具体情况如下。

（一）测评样本

为了考察工读学生和普通学生的生命意义感差异及发展趋势，采用了整群抽样法，选取工读学生 1237 名，其中男生 926 名，占比 74.9%，女生 311 名，占比 25.1%；除 96 名工读学生年龄缺失外，其他年龄范围在 11～18 岁，平均年龄为 14.89 岁，标准差为 1.18 岁。另外，用同样的方法，选取普通学生 1395 名，其中男生 776 名，占比 55.6%，女生 619 名，占比 44.4%；除 56 名普通学生年龄缺失外，其他年龄范围在 11～18 岁，平均年龄为 13.81 岁，标准差为 1.09 岁。根据年龄划分为五个组，分别是 13 岁及以下、14 岁、15 岁、16 岁、17 岁及以上。

为了考察工读学生和普通学生的公正感和价值观差异及发展趋势，采用了整群抽样法，选取工读学生 1501 名，其中男生 1117 名，占比 74.4%，女生 384 名，占比 25.6%；除 111 名年龄缺失外，其他年龄范围在 11～18 岁，平均年龄为 14.90 岁，标准差为 1.18 岁。另外，用同样的方法，选取普通学生 1762 名，其中男生 960 名，占比 54.5%，女生 802 名，占比 45.5%；除 108 名年龄缺失外，其他年龄范围在 11～18 岁，平均年龄为 13.80 岁，标准差为 1.11 岁。根据年龄划分为五个组，分别是 13 岁及以下、14 岁、15 岁、16 岁、17 岁及以上。

（二）测评工具

1. 生命意义感量表

课题组采用由 Steger、Frazier 和 Oishi（2006）编制并由刘思斯和甘怡群（2010）进行翻译修订的《生命意义感量表》（the Meaning in Life Questionnaire，MLQ）。该问卷包括 9 个条目，分为两个维度，即生命意义感和寻求意义感。

根据量表，每个题目按照"完全不符、比较不符合、不符合、不确定、符合、比较符合、完全符合"设计选项，采取"1、2、3、4、5、6、7"七级评分方法，将各题目评分相加得维度总分，根据各维度分量表题目分数之和求维度均值，再进一步计算标准差，比较工读学生和普通学生两个群体的差异性。

《生命意义感量表》的两个维度结构如下：

第一为"生命意义感"，是指个体对自己活得是否有意义的感受程度（强调结果）。生命意义感维度分量表包含的题目有："我的生活没有明确的目的"，"我明白自己生活的意义"，"我的生活有一个明晰的方向"，"我知道什么东西能使自己的生活有意义"，以及"我已经发现一个让自己满意的生活目的"。此分量表得分越高，表明被试者感觉自己的生命和存在越富有意义、目的和理由。

第二为"寻求意义感"，指个体对意义的积极寻找程度（强调过程）。寻求意义感维度分量表包含的题目有："我正在寻觅我人生的一个目的或使命"，"我正在寻找自己生活的意义"，"我正在寻觅让我感觉自己生活饶有意义的东西"，以及"我总在尝试找寻自己生活的目的"。此维度分量表得分越高，表明被试者正在努力寻找自己存在的理由或生命的意义。

2. 公正世界观

课题组采用由 Dalbert（2001）编制并由吴胜涛、王力、周明洁、王文忠和张建新（2009）翻译修订的《公正世界观量表》（Just World Scale，JWS）。该问卷包含 13 个题目，两个维度。

根据量表每个题目按照"很不同意、不太同意、基本同意、很同意"设计选项，采取"1、2、3、4"四级评分方法，将各题目评分相加得各维度总分，根据各维度题目分数之和求维度均值，根据所有题目的总分求均值作为公正世界观的得分，再进一步计算标准差、比较工读学生和普通学生两个群体的差异性。

《公正世界观量表》的维度结构如下：

第一为"个人公正世界观"，是指个体相信自己命运的公正性，即个人的小环境是公平和公正的，个人的生活、家庭及朋友都是公正的，包括"总体而言，生活中关于我的事情是公正的"，"我通常得到公平的对待"，"我相信我得到了该得的"，"我相信，我基本上做了好事就有好报，做了坏事就有恶报"，"生活中对我不公正的事情只是例外，而不是常事"，"我相信发生在生活中关于我的多数事情是公平的"，以及"我认为有关我的重要决定通常是公正的"。此维度得分越高，表明被试者越相信自己的命运是公正的。

第二为"一般公正世界观"，是指个体在一般情况下，相信世界对所有的人是公平和公正的，包括："我相信公正最终总会战胜不公正"，"生活中会存在不公正，但我坚信这只是例外，而不是常事"，"我认为人们会尽量公正地去做重要决定"，"我相信，在这个社会上，好人会有好报，坏人会有恶报"，"我确信，受到不公正待遇的人最终会得到补偿"，以及"我认为基本上这个世界是个公平的地方"。此维度得分越高，表明被试者越相信世界对所有的人是公平和公正的。

3. 价值观量表

课题组采用由金盛华编制的《青少年价值观量表》。该问卷包含 27 个题目，六个维度。

根据量表每个题目按照"很不同意、不太同意、基本同意、很同意"设计选项，采取"1、2、3、4"四级评分方法，将各题目评分相加得各维度总分，根据各维度题目分数之和求维度均值，再进一步计算标准差，比较工读学生和普通学生两个群体的差异性。

《青少年价值观量表》的维度结构如下：

第一为"学习观"，是指个体看重学习在人生发展中的作用和价值的程度，包含 4 个题目，分别是"学习能使我获得高地位"，"学习能够使我受到重视"，"学习能够使我得到别人的认可"，"学习能够维护我在同学中的形象"。此维度得分越高，表明被试者越看重学习在人生发展中的作用和价值。

第二为"金钱观"，是指个体看重金钱的价值的程度，包括 5 个题目，分别是"金钱能使生活变得更幸福"，"一个人的金钱越多就越有价值"，"人活着就是为了挣更多的钱"，"金钱是衡量个人价值的最重要的标准"，"有钱让人羡慕"。此维度得分越高，表明被试者越看重金钱的价值。

第三为"权力观"，是指个体看重权力的价值与作用的程度，包括 3 个题目，分别是"有权就有一切"，"人有权就有价值"，"有权力的人更容易获得别人的尊重"。此维度得分越高，表明被试者越看重权力的价值与作用。

第四为"国家认同"，是指个体对国家和民族的认同以及民族自豪感的程度，包括 6 个题目，分别是"我为我是中国人而感到自豪"，"中国人没有外国人幸福"，"如果有下辈子，我还愿意做一名中国人"，"我希望自己不是一名中国人"，"中国人身份对我来说很重要"，"中国人有很多值得自豪的地方"。此维度得分越高，表明被试者有越高的国家和民族认同，并有较强的民族自豪感。

第五为"集体主义"，是指个体的集体主义观念和公益观念的高低，包括 4 个题目，分别是"个人的幸福取决于他对社会的贡献"，"集体利益高于一切"，"任何时候都不应该做社会不能接受的事情"，"为国家利益付出个人代价是值得的"。此维度得分越高，表明被试者有更强的集体主义观念和公益观念。

第六为"环境保护"，是指个体的环保意识，包括 5 个题目，分别是"公共场合节约用电不会节省多少钱"，"随手关灯并不能节省多少能源"，"节约用水对缓解水资源缺乏状况有帮助"，"在农村不需要环保"，"公共场所需要注意节省水电"。此维度得分越高，表明被试者有越强的环保意识，更赞同环保行动，并更有可能在日常生活中实践环保行为。

第二节　对生命意义感的基本情况分析

一　对生命意义感的认识的总体特点

（一）生命意义感

首先，对生命意义感维度分量表的题目选项进行详细分析，选择"完全不符"得 1 分，选择"比较不符合"得 2 分，选择"不符合"得 3 分，选择"不确定"得 4 分，选择"符合"得 5 分，选择"比较符合"得 6 分，选择"完全符合"得 7 分。各题目均分为生命意义感得分。

分析工读学生和普通学生在生命意义感对应题目选项上的评分详情，统计结果见表 4-1 和表 4-2。

表 4-1　工读学生在生命意义感题目选项上的选择频次详情统计

单位：人，分

问卷题目	完全不符	比较不符合	不符合	不确定	符合	比较符合	完全符合
我的生活没有明确的目的	209	133	223	332	148	93	99
我明白自己生活的意义	86	72	135	365	262	132	185
我的生活有一个明晰的方向	100	90	161	364	230	116	176
我知道什么东西能使自己的生活有意义	93	87	166	346	229	128	188
我已经发现一个让自己满意的生活目的	105	83	156	381	212	133	167
总　计	593	465	841	1788	1081	602	815
均值（标准差）	4.35（$SD = 1.20$）						

表 4 - 2　普通学生在生命意义感题目选项上的选择频次详情统计

单位：人

问卷题目	完全不符	比较不符合	不符合	不确定	符合	比较符合	完全符合
我的生活没有明确的目的	446	171	275	262	98	69	74
我明白自己生活的意义	140	78	90	350	308	157	272
我的生活有一个明晰的方向	127	81	112	344	304	176	251
我知道什么东西能使自己的生活有意义	123	87	95	336	319	158	277
我已经发现一个让自己满意的生活目的	140	90	137	388	277	139	224
总　计	976	507	709	1680	1306	699	1098
均值（标准差）	4.62　($SD=1.36$)						

为了考察工读学生和普通学生的生命意义感差异，采用描述统计，对工读学生和普通学生的生命意义感进行统计分析。工读学生的生命意义感均值为 4.35 分，标准差为 1.20 分；普通学生的生命意义感均值为 4.62 分，标准差为 1.36 分。工读学生在生命意义感得分上的评分显著低于普通学生（$t=-5.52$，$p<0.001$），分析结果如表 4 - 3 所示。这说明对于工读学生而言，他们在感觉自己的生命和存在富有意义、目的和理由方面均不如普通学生，在回答"我明白自己生活的意义"这类问题时给出的回答也不如普通学生积极。

表 4 - 3　工读学生和普通学生在生命意义感上的得分差异

单位：人，分

	工读学生	普通学生
人数（百分比）	1237（47.0%）	1395（53.0%）
均值（标准差）	4.35（1.20）	4.62（1.36）
方差分析结果 t（p）	$t=-5.52$，$p<0.001$	

（二）寻求意义感

为了对工读学生的寻求意义感有整体的认识，对寻求意义感维度分量表的题目选项进行详细分析，各题目均分为寻求意义感得分。分析工读学生和普通学生在寻求意义感对应题目选项上的评分详情，统计结果见表 4 - 4 和表 4 - 5。

表 4 - 4　工读学生在寻求意义感题目选项上的选择频次详情统计

单位：人

问卷题目	完全不符	比较不符合	不符合	不确定	符合	比较符合	完全符合
我正在寻觅我人生的一个目的或使命	115	107	153	346	204	111	201
我正在寻找自己生活的意义	100	107	142	302	297	107	182
我正在寻觅让我感觉自己生活饶有意义的东西	87	80	145	339	258	142	186
我总在尝试找寻自己生活的目的	97	87	128	326	267	155	177
总　计	399	381	568	1313	1026	515	746
均值（标准差）	4.36（SD = 1.40）						

表 4 - 5　普通学生在寻求意义感题目选项上的选择频次详情统计

单位：人

问卷题目	完全不符	比较不符合	不符合	不确定	符合	比较符合	完全符合
我正在寻觅我人生的一个目的或使命	180	99	114	323	260	189	230
我正在寻找自己生活的意义	165	102	116	253	329	182	248
我正在寻觅让我感觉自己生活饶有意义的东西	141	89	107	274	340	208	236
我总在尝试找寻自己生活的目的	160	87	131	262	328	205	222
总　计	646	377	468	1112	1257	784	936
均值（标准差）	4.44（SD = 1.57）						

　　为了考察工读学生和普通学生的寻求意义感差异，笔者采用描述统计，对工读学生和普通学生的寻求意义感进行统计分析。工读学生的寻求意义感得分均值为 4.36 分，标准差为 1.40 分；普通学生的寻求意义感得分均值为 4.44 分，标准差为 1.57 分。工读学生与普通学生在寻求意义感得分上并无显著差异（$t = -1.49$，$p = 0.14$），分析结果如表 4 - 6 所示。这说明对于工读学生而言，他们在努力寻找自己存在的理由或生命的意义方面与普通学生并无显著差异，在回答"我正在寻觅我人生的一个目的或使命"这类问题时给出的回答与普通学生并无显著差异。

表4-6 工读学生和普通学生在寻求意义感上的得分差异

单位：人，分

	工读学生	普通学生
人数（百分比）	1237（47.0%）	1395（53.0%）
均值（标准差）	4.36（1.40）	4.44（1.57）
方差分析结果 t（p）	$t = -1.49$，$p = 0.14$	

二 对生命意义感的认识的性别特点

为了考察不同性别工读学生在对生命意义感的认识的不同维度上是否存在显著差异，对男、女生的得分均值进行方差分析，得到如下结果。

（一）生命意义感的性别差异

分析不同性别的工读学生和普通学生在生命意义感对应题目选项上的评分详情，统计结果见表4-7～表4-10。

表4-7 工读男生在生命意义感题目选项上的选择频次详情统计

单位：人，分

问卷题目	完全不符	比较不符合	不符合	不确定	符合	比较符合	完全符合
我的生活没有明确的目的	147	93	174	255	114	60	83
我明白自己生活的意义	66	51	105	270	200	92	142
我的生活有一个明晰的方向	78	65	118	273	172	82	138
我知道什么东西能使自己的生活有意义	69	64	124	255	181	95	138
我已经发现一个让自己满意的生活目的	78	58	117	274	175	99	125
总　计	438	331	638	1327	842	428	626
均值（标准差）	4.35（$SD = 1.17$）						

表4-8 工读女生在生命意义感题目选项上的选择频次详情统计

单位：人，分

问卷题目	完全不符	比较不符合	不符合	不确定	符合	比较符合	完全符合
我的生活没有明确的目的	62	40	49	77	34	33	16
我明白自己生活的意义	20	21	30	95	62	40	43
我的生活有一个明晰的方向	22	25	43	91	58	34	38
我知道什么东西能使自己的生活有意义	24	23	42	91	48	33	50

续表

问卷题目	完全不符	比较不符合	不符合	不确定	符合	比较符合	完全符合
我已经发现一个让自己满意的生活目的	27	25	39	107	37	34	42
总　计	155	134	203	461	239	174	189
均值（标准差）	4.36（SD = 1.27）						

表 4 - 9　普通男生在生命意义感题目选项上的选择频次详情统计

单位：人，分

问卷题目	完全不符	比较不符合	不符合	不确定	符合	比较符合	完全符合
我的生活没有明确的目的	253	92	134	141	54	46	56
我明白自己生活的意义	108	49	58	192	146	72	151
我的生活有一个明晰的方向	94	51	65	185	152	86	143
我知道什么东西能使自己的生活有意义	92	52	65	181	156	72	158
我已经发现一个让自己满意的生活目的	105	55	78	205	137	65	131
总　计	652	299	400	904	645	341	639
均值（标准差）	4.47（SD = 1.41）						

表 4 - 10　普通女生在生命意义感题目选项上的选择频次详情统计

单位：人，分

问卷题目	完全不符	比较不符合	不符合	不确定	符合	比较符合	完全符合
我的生活没有明确的目的	193	79	141	121	44	23	18
我明白自己生活的意义	32	29	32	158	162	85	121
我的生活有一个明晰的方向	33	30	47	159	152	90	108
我知道什么东西能使自己的生活有意义	31	35	30	155	163	86	119
我已经发现一个让自己满意的生活目的	35	35	59	183	140	74	93
总　计	324	208	309	776	661	358	459
均值（标准差）	4.82（SD = 1.27）						

工读学生中，男生的生命意义感均值为 4.35 分，标准差为 1.17 分，女生的生命意义感均值为 4.36 分，标准差为 1.27 分，男生和女生的生命意义感均值并无显著差异（$t = -0.13$，$p = 0.90$）。普通学生中，男生的生命意义感均值为 4.47 分，标准差为 1.41 分，女生的生命意义感均值为 4.82 分，标准差为 1.27 分，男生和女生的生命意义感均值差异显著（$t = -4.85$，$p < 0.001$），

表明女生的生命意义感水平显著高于男生，结果见表 4 - 11。但工读学校男生与普通学校男生在生命意义感得分上的差异边缘显著（$t = -1.94$，$p = 0.05$），工读学校男生在生命意义感得分上略低于普通学校男生；而工读学校女生的生命意义感得分显著低于普通学校女生得分（$t = -5.23$，$p < 0.001$），结果见表 4 - 12。

表 4 - 11　不同性别工读学生和普通学生在生命意义感上的得分差异

单位：人，分

性别	工读学生		普通学生	
	男	女	男	女
人数（百分比）	926（35.2%）	311（11.8%）	776（29.5%）	619（23.5%）
均值（标准差）	4.35（1.17）	4.36（1.27）	4.47（1.41）	4.82（1.27）
方差分析结果 t（p）	$t = -0.13$，$p = 0.90$		$t = -4.85$，$p < 0.001$	

表 4 - 12　男女生在生命意义感上的得分差异

单位：人，分

学校类别	男		女	
	工读学生	普通学生	工读学生	普通学生
人数（百分比）	926（35.2%）	776（29.5%）	311（11.8%）	619（23.5%）
均值（标准差）	4.35（1.17）	4.47（1.41）	4.36（1.27）	4.82（1.27）
方差分析结果 t（p）	$t = -1.94$，$p = 0.05$		$t = -5.23$，$p < 0.001$	

（二）寻求意义感的性别差异

分析不同性别的工读学生和普通学生在寻求意义感对应题目选项上的评分详情，统计结果见表 4 - 13 ~ 表 4 - 16。

表 4 - 13　工读男生在寻求意义感题目选项上的选择频次详情统计

单位：人，分

问卷题目	完全不符	比较不符合	不符合	不确定	符合	比较符合	完全符合
我正在寻觅我人生的一个目的或使命	85	78	123	255	154	79	152
我正在寻找自己生活的意义	77	80	105	227	214	80	143
我正在寻觅让我感觉自己生活饶有意义的东西	68	65	106	255	188	99	145
我总在尝试找寻自己生活的目的	69	65	98	242	199	115	138
总　计	299	288	432	979	755	373	578
均值（标准差）	4.36（$SD = 1.42$）						

表 4-14 工读女生在寻求意义感题目选项上的选择频次详情统计

单位：人，分

问卷题目	完全不符	比较不符合	不符合	不确定	符合	比较符合	完全符合
我正在寻觅我人生的一个目的或使命	30	29	30	91	50	32	49
我正在寻找自己生活的意义	23	27	37	75	83	27	39
我正在寻觅让我感觉自己生活饶有意义的东西	19	15	39	84	70	43	41
我总在尝试找寻自己生活的目的	28	22	30	84	68	40	39
总　计	100	93	136	334	271	142	168
均值（标准差）	4.35（SD = 1.33）						

表 4-15 普通男生在寻求意义感题目选项上的选择频次详情统计

单位：人，分

问卷题目	完全不符	比较不符合	不符合	不确定	符合	比较符合	完全符合
我正在寻觅我人生的一个目的或使命	119	57	67	176	119	96	142
我正在寻找自己生活的意义	113	55	73	138	162	86	149
我正在寻觅让我感觉自己生活饶有意义的东西	105	49	67	142	164	107	142
我总在尝试找寻自己生活的目的	110	54	74	146	154	105	133
总　计	447	215	281	602	599	394	566
均值（标准差）	4.33（SD = 1.67）						

表 4-16 普通女生在寻求意义感题目选项上的选择频次详情统计

单位：人，分

问卷题目	完全不符	比较不符合	不符合	不确定	符合	比较符合	完全符合
我正在寻觅我人生的一个目的或使命	61	42	47	147	141	93	88
我正在寻找自己生活的意义	52	47	43	115	167	96	99
我正在寻觅让我感觉自己生活饶有意义的东西	36	40	40	132	176	101	94
我总在尝试找寻自己生活的目的	50	33	57	116	174	100	89
总　计	199	162	187	510	658	390	370
均值（标准差）	4.58（SD = 1.42）						

工读学生中，男生的寻求意义感均值为 4.36 分，标准差为 1.42 分，女生的寻求意义感均值为 4.35 分，标准差为 1.33 分，男生和女生的寻求意义感均值并无显著差异（$t = 0.09$，$p = 0.93$）。普通学生中，男生的寻求意义感均值为 4.33 分，标准差为 1.67 分，女生的寻求意义感均值为 4.58 分，标准差为 1.42 分，男生和女生的寻求意义感均值差异显著（$t = -3.00$，$p < 0.01$），表明女生的寻求意义感水平显著高于男生，见表 4 - 17。但工读学校男生寻求意义感得分与普通学校男生得分无显著差异（$t = 0.35$，$p = 0.73$）；而工读学校女生的寻求意义感得分显著低于普通学校女生得分（$t = -2.38$，$p < 0.05$），见表 4 - 18。

表 4 - 17　不同性别工读学生和普通学生在寻求意义感上的得分差异

单位：人，分

性别	工读学生		普通学生	
	男	女	男	女
人数（百分比）	926（35.2%）	311（11.8%）	776（29.5%）	619（23.5%）
均值（标准差）	4.36（1.42）	4.35（1.33）	4.33（1.67）	4.58（1.42）
方差分析结果 t（p）	$t = 0.09$，$p = 0.93$		$t = -3.00$，$p < 0.01$	

表 4 - 18　男女生在寻求意义感上的得分差异

单位：人，分

学校类别	男		女	
	工读学生	普通学生	工读学生	普通学生
人数（百分比）	926（35.2%）	776（29.5%）	311（11.8%）	619（23.5%）
均值（标准差）	4.36（1.42）	4.33（1.67）	4.35（1.33）	4.58（1.42）
方差分析结果 t（p）	$t = 0.35$，$p = 0.73$		$t = -2.38$，$p < 0.05$	

三　对生命意义感的认识发展特点

为了考察随着年龄增长，工读学生在对生命意义感的认识的不同维度上是否存在变化趋势，以年龄组为自变量，对生命意义感的认识各维度得分为因变量进行单因素方差分析，并检验其是否存在线性趋势，得到如下结果。

（一）生命意义感的年龄差异

分析不同年龄组的工读学生和普通学生在生命意义感对应题目选项上的评分详情，统计结果见表 4 - 19 ~ 表 4 - 28。

表 4 – 19　13 岁及以下年龄组工读学生在生命意义感题目选项上的选择频次详情统计

单位：人，分

问卷题目	完全不符	比较不符合	不符合	不确定	符合	比较符合	完全符合
我的生活没有明确的目的	34	15	23	30	18	5	6
我明白自己生活的意义	14	8	10	38	34	12	15
我的生活有一个明晰的方向	7	11	20	38	20	10	25
我知道什么东西能使自己的生活有意义	10	11	18	34	26	8	24
我已经发现一个让自己满意的生活目的	10	12	16	40	19	14	20
总　计	75	57	87	180	117	49	90
均值（标准差）	4.42（SD = 1.15）						

表 4 – 20　14 岁年龄组工读学生在生命意义感题目选项上的选择频次详情统计

单位：人，分

问卷题目	完全不符	比较不符合	不符合	不确定	符合	比较符合	完全符合
我的生活没有明确的目的	47	26	47	78	33	17	25
我明白自己生活的意义	21	17	34	79	56	20	46
我的生活有一个明晰的方向	24	16	39	69	61	20	44
我知道什么东西能使自己的生活有意义	21	25	45	74	44	16	48
我已经发现一个让自己满意的生活目的	22	20	41	82	41	23	44
总　计	135	104	206	382	235	96	207
均值（标准差）	4.31（SD = 1.23）						

表 4 – 21　15 岁年龄组工读学生在生命意义感题目选项上的选择频次详情统计

单位：人，分

问卷题目	完全不符	比较不符合	不符合	不确定	符合	比较符合	完全符合
我的生活没有明确的目的	51	43	70	128	46	41	39
我明白自己生活的意义	21	21	38	141	77	57	63
我的生活有一个明晰的方向	28	32	46	139	71	43	59
我知道什么东西能使自己的生活有意义	28	24	45	127	76	57	61
我已经发现一个让自己满意的生活目的	32	22	44	135	75	57	53
总　计	160	142	243	670	345	255	275
均值（标准差）	4.38（SD = 1.16）						

表 4-22　16 岁年龄组工读学生在生命意义感题目选项上的选择频次详情统计

单位：人，分

问卷题目	完全不符	比较不符合	不符合	不确定	符合	比较符合	完全符合
我的生活没有明确的目的	43	21	38	63	36	15	16
我明白自己生活的意义	13	11	23	65	53	30	37
我的生活有一个明晰的方向	20	19	24	71	48	26	24
我知道什么东西能使自己的生活有意义	17	10	28	70	50	27	30
我已经发现一个让自己满意的生活目的	19	14	23	81	43	25	27
总　计	112	75	136	350	230	123	134
均值（标准差）	4.38（SD = 1.19）						

表 4-23　17 岁及以上年龄组工读学生在生命意义感题目选项上的选择频次详情统计

单位：人，分

问卷题目	完全不符	比较不符合	不符合	不确定	符合	比较符合	完全符合
我的生活没有明确的目的	16	10	26	12	9	10	4
我明白自己生活的意义	5	4	8	24	25	9	12
我的生活有一个明晰的方向	8	3	15	19	18	14	10
我知道什么东西能使自己的生活有意义	6	6	12	17	21	14	11
我已经发现一个让自己满意的生活目的	7	3	9	25	23	8	12
总　计	42	26	70	97	96	55	49
均值（标准差）	4.49（SD = 1.33）						

表 4-24　普通学生 13 岁及以下年龄组在生命意义感题目选项上的选择频次详情统计

单位：人，分

问卷题目	完全不符	比较不符合	不符合	不确定	符合	比较符合	完全符合
我的生活没有明确的目的	204	63	98	97	26	24	25
我明白自己生活的意义	53	34	38	134	98	60	120
我的生活有一个明晰的方向	46	33	44	123	117	60	114

问卷题目	完全不符	比较不符合	不符合	不确定	符合	比较符合	完全符合
我知道什么东西能使自己的生活有意义	48	31	47	119	117	52	123
我已经发现一个让自己满意的生活目的	47	33	64	136	100	56	101
总　计	398	194	291	609	458	252	483
均值（标准差）	4.71（$SD=1.39$）						

表 4-25　普通学生 14 岁年龄组在生命意义感题目选项上的选择频次详情统计

单位：人，分

问卷题目	完全不符	比较不符合	不符合	不确定	符合	比较符合	完全符合
我的生活没有明确的目的	156	61	111	96	47	15	25
我明白自己生活的意义	53	28	26	112	143	55	94
我的生活有一个明晰的方向	50	26	44	120	113	70	88
我知道什么东西能使自己的生活有意义	46	26	32	121	131	62	93
我已经发现一个让自己满意的生活目的	60	31	40	144	110	50	76
总　计	365	172	253	593	544	252	376
均值（标准差）	4.62（$SD=1.35$）						

表 4-26　普通学生 15 岁年龄组在生命意义感题目选项上的选择频次详情统计

单位：人，分

问卷题目	完全不符	比较不符合	不符合	不确定	符合	比较符合	完全符合
我的生活没有明确的目的	57	23	38	35	14	17	15
我明白自己生活的意义	22	11	9	57	41	24	35
我的生活有一个明晰的方向	17	17	11	54	39	29	32
我知道什么东西能使自己的生活有意义	14	19	8	52	40	24	42
我已经发现一个让自己满意的生活目的	17	18	15	63	37	18	31
总　计	127	88	81	261	171	112	155
均值（标准差）	4.55（$SD=1.36$）						

表 4 – 27　普通学生 16 岁年龄组在生命意义感题目选项上的选择频次详情统计

单位：人，分

问卷题目	完全不符	比较不符合	不符合	不确定	符合	比较符合	完全符合
我的生活没有明确的目的	8	10	16	18	6	6	5
我明白自己生活的意义	4	0	8	27	10	11	9
我的生活有一个明晰的方向	4	3	6	25	19	8	4
我知道什么东西能使自己的生活有意义	5	3	2	28	16	9	6
我已经发现一个让自己满意的生活目的	6	3	6	27	15	9	3
总　计	27	19	38	125	66	43	27
均值（标准差）	4.38（SD = 1.14）						

表 4 – 28　普通学生 17 岁及以上年龄组在生命意义感题目选项上的选择频次详情统计

单位：人，分

问卷题目	完全不符	比较不符合	不符合	不确定	符合	比较符合	完全符合
我的生活没有明确的目的	2	4	6	7	1	2	1
我明白自己生活的意义	1	2	2	10	5	1	2
我的生活有一个明晰的方向	1	1	1	11	6	0	3
我知道什么东西能使自己的生活有意义	1	1	1	7	9	1	3
我已经发现一个让自己满意的生活目的	1	1	3	9	7	0	2
总　计	6	9	13	44	28	4	11
均值（标准差）	4.38（SD = 0.96）						

工读学生生命意义感在年龄组间差异不显著（$F = 0.44$，$p = 0.78$），其中，13 岁及以下年龄组平均得分 4.42 分（$SD = 1.15$），14 岁年龄组平均得分 4.31 分（$SD = 1.23$），15 岁年龄组平均得分 4.38 分（$SD = 1.16$），16 岁年龄组平均得分 4.38 分（$SD = 1.19$），17 岁及以上年龄组平均得分 4.49 分（$SD = 1.33$）。类似地，普通学生生命意义感在年龄组间差异也不显著（$F = 1.48$，$p = 0.21$），其中，13 岁及以下年龄组平均得分 4.71 分（$SD = 1.39$），14 岁年龄组平均得分 4.62 分（$SD = 1.35$），15 岁年龄组平均得分 4.55 分（$SD = 1.36$），16 年龄组平均得分 4.38 分（$SD = 1.14$），17 岁及以上年龄组平均得分 4.38 分（$SD = 0.96$），方差分析结果见表 4 – 29，变化趋势见图 4 – 1。上

述结果表明，无论是工读学生还是普通学生，不同年龄组之间的生命意义感均无明显差异。

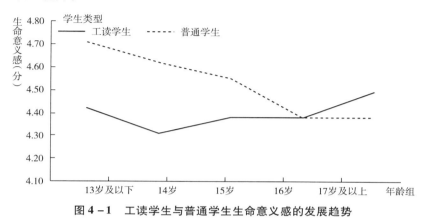

图 4 - 1　工读学生与普通学生生命意义感的发展趋势

另外，不同年龄组的工读学生与普通学生的生命意义感差异分析见表 4 - 29。具体而言，13 岁及以下的工读学生的生命意义感显著低于 13 岁及以下的普通学生（$t = -2.47$，$p < 0.05$），14 岁的工读学生的生命意义感显著低于 14 岁的普通学生（$t = -3.15$，$p < 0.01$）。其他年龄组的工读学生与普通学生的生命意义感无显著差异。

表 4 - 29　不同年龄组工读学生和普通学生生命意义感上的差异分析

单位：分

年龄组	13 岁及以下	14 岁	15 岁	16 岁	17 岁及以上	不同年龄组间的方差分析
工读学生均值（标准差）	4.42 (1.15)	4.31 (1.23)	4.38 (1.16)	4.38 (1.19)	4.49 (1.33)	$F = 0.44$，$p = 0.78$
普通学生均值（标准差）	4.71 (1.39)	4.62 (1.35)	4.55 (1.36)	4.38 (1.14)	4.38 (0.96)	$F = 1.48$，$p = 0.21$
同年龄组不同类型学生的方差分析	$t = -2.47$，$p < 0.05$	$t = -3.15$，$p < 0.01$	$t = -1.48$，$p = 0.14$	$t = 0.05$，$p = 0.96$	$t = 0.42$，$p = 0.68$	

（二）在寻求意义感上的年龄差异

分析不同年龄组的工读学生和普通学生在寻求意义感对应题目选项上的评分详情，统计结果见表 4 - 30 ~ 表 4 - 39。

表 4 - 30   13 岁及以下年龄组工读学生在寻求意义感题目选项上的选择频次详情统计

单位：人，分

问卷题目	完全不符	比较不符合	不符合	不确定	符合	比较符合	完全符合
我正在寻觅我人生的一个目的或使命	15	19	19	30	19	5	24
我正在寻找自己生活的意义	16	14	19	32	24	9	17
我正在寻觅让我感觉自己生活饶有意义的东西	11	10	19	35	21	14	21
我总在尝试找寻自己生活的目的	10	8	14	39	29	10	21
总　计	52	51	71	136	93	38	83
均值（标准差）	4.17（SD = 1.46）						

表 4 - 31   14 岁年龄组工读学生在寻求意义感题目选项上的选择频次详情统计

单位：人，分

问卷题目	完全不符	比较不符合	不符合	不确定	符合	比较符合	完全符合
我正在寻觅我人生的一个目的或使命	31	22	31	75	46	22	46
我正在寻找自己生活的意义	22	29	33	72	56	22	39
我正在寻觅让我感觉自己生活饶有意义的东西	23	22	46	69	51	21	41
我总在尝试找寻自己生活的目的	23	21	28	79	54	30	38
总　计	99	94	138	295	207	95	164
均值（标准差）	4.24（SD = 1.38）						

表 4 - 32   15 岁年龄组工读学生在寻求意义感题目选项上的选择频次详情统计

单位：人，分

问卷题目	完全不符	比较不符合	不符合	不确定	符合	比较符合	完全符合
我正在寻觅我人生的一个目的或使命	25	30	49	140	58	45	71
我正在寻找自己生活的意义	27	29	47	102	105	43	65
我正在寻觅让我感觉自己生活饶有意义的东西	17	21	32	138	87	58	65

问卷题目	完全 不符	比较 不符合	不符合	不确定	符合	比较 符合	完全 符合
我总在尝试找寻自己生活的目的	20	27	39	112	84	69	67
总　计	89	107	167	492	334	215	268
均值（标准差）	4.55（$SD=1.29$）						

表4－33　16岁年龄组工读学生在寻求意义感题目选项上的选择频次详情统计

单位：人，分

问卷题目	完全 不符	比较 不符合	不符合	不确定	符合	比较 符合	完全 符合
我正在寻觅我人生的一个目的或使命	19	15	30	60	50	26	32
我正在寻找自己生活的意义	16	12	19	59	71	18	37
我正在寻觅让我感觉自己生活饶有意义的东西	17	8	16	64	61	30	36
我总在尝试找寻自己生活的目的	20	11	21	67	56	29	28
总　计	72	46	86	250	238	103	133
均值（标准差）	4.48（$SD=1.41$）						

表4－34　17岁及以上年龄组工读学生在寻求意义感题目选项上的选择频次详情统计

单位：人，分

问卷题目	完全 不符	比较 不符合	不符合	不确定	符合	比较 符合	完全 符合
我正在寻觅我人生的一个目的或使命	8	5	7	23	20	10	14
我正在寻找自己生活的意义	8	7	5	17	27	10	13
我正在寻觅让我感觉自己生活饶有意义的东西	8	6	11	18	21	13	10
我总在尝试找寻自己生活的目的	12	4	10	12	25	13	11
总　计	36	22	33	70	93	46	48
均值（标准差）	4.41（$SD=1.27$）						

表4-35 普通学生13岁及以下年龄组在寻求意义感题目选项上的选择频次详情统计

单位：人，分

问卷题目	完全不符	比较不符合	不符合	不确定	符合	比较符合	完全符合
我正在寻觅我人生的一个目的或使命	79	41	46	128	88	66	89
我正在寻找自己生活的意义	72	50	53	107	90	69	96
我正在寻觅让我感觉自己生活饶有意义的东西	61	38	59	112	111	69	87
我总在尝试找寻自己生活的目的	63	39	64	115	111	68	77
总　计	275	168	222	462	400	272	349
均值（标准差）	4.28（SD=1.62）						

表4-36 普通学生14岁年龄组在寻求意义感题目选项上的选择频次详情统计

单位：人，分

问卷题目	完全不符	比较不符合	不符合	不确定	符合	比较符合	完全符合
我正在寻觅我人生的一个目的或使命	63	38	41	127	103	66	73
我正在寻找自己生活的意义	55	35	42	87	148	57	87
我正在寻觅让我感觉自己生活饶有意义的东西	49	36	29	85	146	79	87
我总在尝试找寻自己生活的目的	61	30	42	82	133	71	92
总　计	228	139	154	381	530	273	339
均值（标准差）	4.48（SD=1.54）						

表4-37 普通学生15岁年龄组在寻求意义感题目选项上的选择频次详情统计

单位：人，分

问卷题目	完全不符	比较不符合	不符合	不确定	符合	比较符合	完全符合
我正在寻觅我人生的一个目的或使命	22	13	15	38	38	29	44
我正在寻找自己生活的意义	25	8	7	34	56	33	36
我正在寻觅让我感觉自己生活饶有意义的东西	20	9	8	51	38	35	38
我总在尝试找寻自己生活的目的	22	8	15	37	47	37	33
总　计	89	38	45	160	179	134	151
均值（标准差）	4.64（SD=1.51）						

表4-38 普通学生16岁年龄组在寻求意义感题目选项上的选择频次详情统计

单位：人

问卷题目	完全不符	比较不符合	不符合	不确定	符合	比较符合	完全符合
我正在寻觅我人生的一个目的或使命	4	2	3	14	17	18	11
我正在寻找自己生活的意义	1	3	5	12	18	16	14
我正在寻觅让我感觉自己生活饶有意义的东西	1	1	3	14	20	18	12
我总在尝试找寻自己生活的目的	2	1	2	15	22	17	10
总　计	8	7	13	55	77	69	47
均值（标准差）	5.11（$SD = 1.16$）						

表4-39 普通学生17岁及以上年龄组在寻求意义感题目选项上的选择频次详情统计

单位：人

问卷题目	完全不符	比较不符合	不符合	不确定	符合	比较符合	完全符合
我正在寻觅我人生的一个目的或使命	0	3	1	7	6	4	2
我正在寻找自己生活的意义	2	3	1	5	6	3	3
我正在寻觅让我感觉自己生活饶有意义的东西	1	2	2	3	9	3	3
我总在尝试找寻自己生活的目的	1	3	1	4	8	4	2
总　计	4	11	5	19	29	14	10
均值（标准差）	4.52（$SD = 1.34$）						

工读学生寻求意义感在不同年龄组间存在显著差异（$F = 3.34$，$p < 0.05$），其中，13岁及以下年龄组平均得分4.17分（$SD = 1.46$），14岁年龄组平均得分4.24分（$SD = 1.38$），15岁年龄组平均得分4.55分（$SD = 1.29$），16岁年龄组平均得分4.48分（$SD = 1.41$），17岁及以上年龄组平均得分4.41分（$SD = 1.27$）。事后检验发现，不同年龄组之间两两相比，寻求意义感并无显著差异。方差分析表明，对于工读学生而言，寻求意义感随着年龄增长而变化的趋势并不明显（$F = 3.41$，$p = 0.07$），方差分析结果见表4-40，变化趋势见图4-2。

类似地，普通学生寻求意义感在不同年龄组间存在显著差异（$F = 5.46$，

$p < 0.001$），其中，13 岁及以下年龄组平均得分 4.28 分（$SD = 1.62$），14 岁年龄组平均得分 4.48 分（$SD = 1.54$），15 岁年龄组平均得分 4.64 分（$SD = 1.51$），16 岁年龄组平均得分 5.11 分（$SD = 1.16$），17 岁及以上年龄组平均得分 4.52 分（$SD = 1.34$）。事后检验发现，16 岁年龄组的学生寻求意义感显著高于 13 岁及以下年龄组的学生，16 岁年龄组的学生寻求意义感显著高于 14 岁年龄组的学生。方差分析表明，对于普通学生而言，寻求意义感随着年龄增长而变化的趋势并不明显（$F = 2.57$，$p = 0.11$），方差分析结果见表 4 – 40，变化趋势见图 4 – 2。

另外，不同年龄组的工读学生与普通学生的寻求意义感差异分析见表 4 – 40。具体而言，14 岁的工读学生的寻求意义感显著低于 14 岁的普通学生（$t = -2.18$，$p < 0.05$），16 岁的工读学生的寻求意义感显著低于 16 岁的普通学生（$t = -3.33$，$p < 0.01$）。其他年龄组的工读学生与普通学生的寻求意义感无显著差异。

表 4 – 40　不同年龄组工读学生和普通学生寻求意义感上的差异分析

单位：分

年龄组	13 岁及以下	14 岁	15 岁	16 岁	17 岁及以上	不同年龄组间的方差分析
工读学生均值（标准差）	4.17 (1.46)	4.24 (1.38)	4.55 (1.29)	4.48 (1.41)	4.41 (1.27)	$F = 3.34$，$p < 0.05$
普通学生均值（标准差）	4.28 (1.62)	4.48 (1.54)	4.64 (1.51)	5.11 (1.16)	4.52 (1.34)	$F = 5.46$，$p < 0.001$
同年龄组不同类型学生的方差分析	$t = -0.73$，$p = 0.47$	$t = -2.18$，$p < 0.05$	$t = -0.75$，$p = 0.46$	$t = -3.33$，$p < 0.01$	$t = -0.36$，$p = 0.72$	

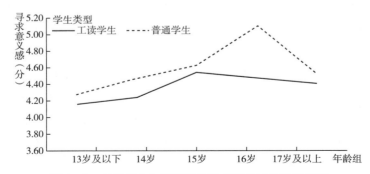

图 4 – 2　工读学生与普通学生寻求意义感的发展趋势

四 小结

从工读学生与普通学生的生命意义感和寻求意义感比较来看，工读学生的生命意义感和寻求意义感均明显低于普通学生，表明相比于普通学生，工读学生较少感觉到自己的生命和存在富有意义、目的和理由，并且当下也没有努力寻找自己存在的理由或生命的意义，表现出工读学生对待人生意义更消极的认识和态度。这种生命意义的感受与心理功能积极与否密切相关，生命意义的缺失与某些精神疾病高度相关，如无意义感是吸烟、酗酒、自杀、不安全性行为、攻击行为和违法犯罪行为等问题行为的重要预测因素，也是低自尊、抑郁、自我认同危机等心理疾病的重要征兆，而当个体感觉生命富有意义时则会提升个体的积极情感，如幸福感、生活满意度和希望感等（程明明，樊富珉，2010）。

就工读学生和普通学生的生命意义感和寻求意义感的性别差异比较结果来看，工读学生男生和女生的生命意义感和寻求意义感水平均较低，且无明显的性别差异，而普通学生中女生的生命意义感和寻求意义感均显著优于男生。以吉利根（Gilligan）为代表的女性主义学者认为女性的发展始终与他人的"联系感"、责任感和关怀相联系，相比男性，女性更多地强调对生命意义和价值的追求，这也支持了本研究调查的发现。而我们发现，在工读学生中，女生的这种优势发展并未体现出来。

就工读学生和普通学生的生命意义感和寻求意义感的发展特点来看，工读学生和普通学生的生命意义感并无随年龄增长而变化的趋势，不同年龄学生之间的生命意义感无显著差异。另外，对于寻求意义感而言，工读学生不同年龄组之间并无显著差异，而在普通学生中发现，高年龄组的寻求意义感显著高于低年龄组，虽无显著的线性变化趋势，但大致表现出随年龄增长普通学生的寻求意义感有所提升，表现出随年龄增长普通学生对人生意义的认识越来越积极，而工读学生并没有明显变化。

第三节 公正世界观的基本情况分析

一 公正世界观的总体特点

（一）个人公正世界观

首先，对个人公正世界观维度分量表的题目选项进行详细分析，选择

"很不同意"得1分,选择"不太同意"得2分,选择"基本同意"得3分,选择"很同意"得4分。各题目均分为个人公正世界观得分。

分析工读学生和普通学生在个人公正世界观对应题目选项上的评分详情,统计结果见表4-41和表4-42。

表4-41 工读学生在个人公正世界观题目选项上的选择频次详情统计

单位:人,分

问卷题目	很不同意	不太同意	基本同意	很同意
总体而言,生活中关于我的事情是公正的	174	507	568	252
我通常得到公平的对待	180	430	619	272
我相信我得到了该得的	176	414	615	296
我相信我基本上做了好事就有好报,做了坏事就有恶报	155	334	623	389
生活中对我不公正的事情只是例外,而不是常事	158	452	608	283
我相信发生在生活中关于我的多数事情是公平的	162	399	647	293
我认为有关我的重要决定通常是公正的	166	409	605	321
总　计	1171	2945	4285	2106
均值(标准差)	2.70($SD=0.70$)			

表4-42 普通学生在个人公正世界观题目选项上的选择频次详情统计

单位:人,分

问卷题目	很不同意	不太同意	基本同意	很同意
总体而言,生活中关于我的事情是公正的	221	517	667	357
我通常得到公平的对待	162	495	726	379
我相信我得到了该得的	188	432	734	408
我相信我基本上做了好事就有好报,做了坏事就有恶报	156	323	712	571
生活中对我不公正的事情只是例外,而不是常事	174	399	715	474
我相信发生在生活中关于我的多数事情是公平的	147	397	764	454
我认为有关我的重要决定通常是公正的	186	411	737	428
总　计	1234	2974	5055	3071
均值(标准差)	2.81($SD=0.73$)			

为了考察工读学生和普通学生的个人公正世界观差异,采用描述统计,对工读学生和普通学生的个人公正世界观进行统计分析。工读学生的个人

公正世界观均值为 2.70 分，标准差为 0.70 分；普通学生的个人公正世界
观得分均值为 2.81 分，标准差为 0.73 分。工读学生与普通学生在个人公
正世界观得分上差异显著（$t = -4.39$，$p < 0.001$），工读学生的个人公正
世界观得分显著低于普通学生，分析结果如表 4 – 43 所示。上述结果说明，
工读学生比普通学生更少相信世界或所处环境对自己是公正的。

表 4 – 43　工读学生和普通学生在个人公正世界观上的得分差异

单位：人，分

	工读学生	普通学生
人数（百分比）	1501（46.0%）	1762（54.0%）
均值（标准差）	2.70（0.70）	2.81（0.73）
方差分析结果 t（p）	$t = -4.39$，$p < 0.001$	

（二）一般公正世界观

对一般公正世界观维度分量表的题目选项进行详细分析，各题目均分为
一般公正世界观得分，分析工读学生和普通学生在一般公正世界观对应题目
选项上的评分详情，统计结果见表 4 – 44 和表 4 – 45。

表 4 – 44　工读学生在一般公正世界观题目选项上的选择频次详情统计

单位：人，分

问卷题目	很不同意	不太同意	基本同意	很同意
我相信公正最终总会战胜不公正	189	283	505	524
生活中会存在不公正，但我坚信这只是例外，而不是常事	157	387	623	334
我认为人们会尽量公正地去做重要决定	130	288	676	407
我相信，在这个社会上，好人会有好报，坏人会有恶报	133	277	576	515
我确信，受到不公正待遇的人最终会得到补偿	160	367	595	379
我认为基本上这个世界是个公平的地方	201	452	537	311
总　计	970	2054	3512	2470
均值（标准差）	2.83（$SD = 0.71$）			

表 4-45　普通学生在一般公正世界观题目选项上的选择频次详情统计

单位：人，分

问卷题目	很不同意	不太同意	基本同意	很同意
我相信公正最终总会战胜不公正	172	229	471	890
生活中会存在不公正，但我坚信这只是例外，而不是常事	174	346	671	571
我认为人们会尽量公正地去做重要决定	123	250	697	692
我相信，在这个社会上，好人会有好报，坏人会有恶报	119	228	553	862
我确信，受到不公正待遇的人最终会得到补偿	159	376	677	550
我认为基本上这个世界是个公平的地方	210	455	658	439
总　计	957	1884	3727	4004
均值（标准差）	3.02（$SD = 0.75$）			

　　为了考察工读学生和普通学生的一般公正世界观差异，采用描述统计，对工读学生和普通学生的一般公正世界观进行统计分析。工读学生的一般公正世界观得分均值为 2.83 分，标准差为 0.71 分；普通学生的一般公正世界观得分均值为 3.02 分，标准差为 0.75 分。工读学生与普通学生在一般公正世界观得分上差异显著（$t = -7.32$，$p < 0.001$），工读学生的一般公正世界观得分显著低于普通学生，分析结果如表 4-46 所示。上述结果说明，工读学生比普通学生更少相信世界对所有的人都是公正的。

表 4-46　工读学生和普通学生在一般公正世界观上的得分差异

单位：人，分

	工读学生	普通学生
人数（百分比）	1501（46.0%）	1762（54.0%）
均值（标准差）	2.83（0.71）	3.02（0.75）
方差分析结果 t（p）	$t = -7.32$，$p < 0.001$	

（三）总体公正世界观

　　为了对工读学生总体公正世界观有综合的认识，计算个人公正世界观和一般公正世界观两个维度的均值，代表个体总体的公正世界观，得分越高，代表个体总体上相信这个世界是公正的。

　　为了考察工读学生和普通学生的总体公正世界观差异，采用描述统计，对工读学生和普通学生的总体公正世界观进行统计分析。工读学生的总体公正世界观得分均值为 2.76 分，标准差为 0.66 分；普通学生的总体公正世界观得分均值为 2.91 分，标准差为 0.70 分。工读学生与普通学生在总体公正世界观得分上差异显著（$t = -6.26$，$p < 0.001$），工读学生的总体公正世界观得分显著低于普通学生，分析结果如表 4 - 47 所示。上述结果说明，工读学生比普通学生更少相信世界是公正的。

表 4 - 47　工读学生和普通学生在总体公正世界观上的得分差异

单位：人，分

	工读学生	普通学生
人数（百分比）	1501（46.0%）	1762（54.0%）
均值（标准差）	2.76（0.66）	2.91（0.70）
方差分析结果 t（p）	$t = -6.26$，$p < 0.001$	

二　公正世界观的性别特点

为了考察不同性别工读学生在公正世界观的不同维度上是否存在显著差异，对男、女生的得分均值进行方差分析，得到如下结果。

（一）个人公正世界观的性别差异

分析不同性别的工读学生和普通学生在个人公正世界观对应题目选项上的评分详情，统计结果见表 4 - 48 ~ 表 4 - 51。

表 4 - 48　工读男生在个人公正世界观题目选项上的选择频次详情统计

单位：人，分

问卷题目	很不同意	不太同意	基本同意	很同意
总体而言，生活中关于我的事情是公正的	135	362	430	190
我通常得到公平的对待	136	317	454	210
我相信我得到了该得的	136	295	471	215
我相信我基本上做了好事就有好报，做了坏事就有恶报	116	257	458	286
生活中对我不公正的事情只是例外，而不是常事	126	328	449	214
我相信发生在生活中关于我的多数事情是公平的	118	303	474	222
我认为有关我的重要决定通常是公正的	132	288	462	235
总　计	899	2150	3198	1572
均值（标准差）	2.70（$SD = 0.71$）			

表 4 – 49　普通女生在个人公正世界观题目选项上的选择频次详情统计

单位：人，分

问卷题目	很不同意	不太同意	基本同意	很同意
总体而言，生活中关于我的事情是公正的	39	145	138	62
我通常得到公平的对待	44	113	165	62
我相信我得到了该得的	40	119	144	81
我相信我基本上做了好事就有好报，做了坏事就有恶报	39	77	165	103
生活中对我不公正的事情只是例外，而不是常事	32	124	159	69
我相信发生在生活中关于我的多数事情是公平的	44	96	173	71
我认为有关我的重要决定通常是公正的	34	121	143	86
总　计	272	795	1087	534
均值（标准差）	2.70（SD = 0.77）			

表 4 – 50　普通男生在个人公正世界观题目选项上的选择频次详情统计

单位：人，分

问卷题目	很不同意	不太同意	基本同意	很同意
总体而言，生活中关于我的事情是公正的	135	277	368	180
我通常得到公平的对待	102	264	400	194
我相信我得到了该得的	119	254	390	197
我相信我基本上做了好事就有好报，做了坏事就有恶报	109	182	386	283
生活中对我不公正的事情只是例外，而不是常事	119	230	380	231
我相信发生在生活中关于我的多数事情是公平的	96	225	417	222
我认为有关我的重要决定通常是公正的	123	221	407	209
总　计	803	1653	2748	1516
均值（标准差）	2.74（SD = 0.75）			

表 4 – 51　普通女生在个人公正世界观题目选项上的选择频次详情统计

单位：人，分

问卷题目	很不同意	不太同意	基本同意	很同意
总体而言，生活中关于我的事情是公正的	86	240	299	177
我通常得到公平的对待	60	231	326	185
我相信我得到了该得的	69	178	344	211

问卷题目	很不同意	不太同意	基本同意	很同意
我相信我基本上做了好事就有好报，做了坏事就有恶报	47	141	326	288
生活中对我不公正的事情只是例外，而不是常事	55	169	335	243
我相信发生在生活中关于我的多数事情是公平的	51	172	347	232
我认为有关我的重要决定通常是公正的	63	190	330	219
总　计	431	1321	2307	1555
均值（标准差）		2.89（$SD = 0.71$）		

　　工读学生中，男生的个人公正世界观均值为 2.70 分，标准差为 0.71 分，女生的个人公正世界观均值为 2.70 分，标准差为 0.77 分，男生和女生的个人公正世界观均值并无显著差异（$t = -0.11$，$p = 0.92$）。普通学生中，男生的个人公正世界观均值为 2.74 分，标准差为 0.75 分，女生的个人公正世界观均值为 2.89 分，标准差为 0.71 分，男生和女生的个人公正世界观得分差异显著（$t = -4.23$，$p < 0.001$），表明女生的个人公正世界观水平显著高于男生，见表 4-52。工读学校男生与普通学校男生在个人公正世界观得分上无显著差异（$t = -1.39$，$p = 0.16$）；而工读学校女生的个人公正世界观得分显著低于普通学校女生得分（$t = -4.34$，$p < 0.001$），见表 4-53。

表 4-52　不同性别工读学生和普通学生在个人公正世界观上的得分差异

单位：人，分

性别	工读学生		普通学生	
	男	女	男	女
人数（百分比）	1117（34.2%）	384（11.8%）	960（29.4%）	802（24.6%）
均值（标准差）	2.70（0.71）	2.70（0.77）	2.74（0.75）	2.89（0.71）
方差分析结果 t（p）	$t = -0.11$，$p = 0.92$		$t = -4.23$，$p < 0.001$	

表 4-53　男女生在个人公正世界观上的得分差异

单位：人，分

学校类别	男		女	
	工读学生	普通学生	工读学生	普通学生
人数（百分比）	1117（34.2%）	960（29.4%）	384（11.8%）	802（24.6%）
均值（标准差）	2.70（0.71）	2.74（0.75）	2.70（0.77）	2.89（0.71）
方差分析结果 t（p）	$t = -1.39$，$p = 0.16$		$t = -4.34$，$p < 0.001$	

（二）一般公正世界观的性别差异

分析不同性别的工读学生和普通学生在一般公正世界观对应题目选项上的评分详情，统计结果见表4-54~表4-57。

表4-54　工读男生在一般公正世界观题目选项上的选择频次详情统计

单位：人，分

问卷题目	很不同意	不太同意	基本同意	很同意
我相信公正最终总会战胜不公正	143	216	378	380
生活中会存在不公正，但我坚信这只是例外，而不是常事	128	278	474	237
我认为人们会尽量公正地去做重要决定	93	231	489	304
我相信，在这个社会上，好人会有好报，坏人会有恶报	102	216	433	366
我确信，受到不公正待遇的人最终会得到补偿	123	271	454	269
我认为基本上这个世界是个公平的地方	157	336	401	223
总　计	746	1548	2629	1779
均值（标准差）	2.81（SD=0.71）			

表4-55　工读女生在一般公正世界观题目选项上的选择频次详情统计

单位：人，分

问卷题目	很不同意	不太同意	基本同意	很同意
我相信公正最终总会战胜不公正	46	67	127	144
生活中会存在不公正，但我坚信这只是例外，而不是常事	29	109	149	97
我认为人们会尽量公正地去做重要决定	37	57	187	103
我相信，在这个社会上，好人会有好报，坏人会有恶报	31	61	143	149
我确信，受到不公正待遇的人最终会得到补偿	37	96	141	110
我认为基本上这个世界是个公平的地方	44	116	136	88
总　计	224	506	883	691
均值（标准差）	2.89（SD=0.70）			

表4-56　普通男生在一般公正世界观题目选项上的选择频次详情统计

单位：人，分

问卷题目	很不同意	不太同意	基本同意	很同意
我相信公正最终总会战胜不公正	120	133	251	456

问卷题目	很不同意	不太同意	基本同意	很同意
生活中会存在不公正，但我坚信这只是例外，而不是常事	108	204	361	287
我认为人们会尽量公正地去做重要决定	88	145	379	348
我相信，在这个社会上，好人会有好报，坏人会有恶报	87	146	293	434
我确信，受到不公正待遇的人最终会得到补偿	117	220	358	265
我认为基本上这个世界是个公平的地方	140	260	350	210
总　　计	660	1108	1992	2000
均值（标准差）	2.93（SD = 0.79）			

表4－57　普通女生在一般公正世界观题目选项上的选择频次详情统计

单位：人，分

问卷题目	很不同意	不太同意	基本同意	很同意
我相信公正最终总会战胜不公正	52	96	220	434
生活中会存在不公正，但我坚信这只是例外，而不是常事	66	142	310	284
我认为人们会尽量公正地去做重要决定	35	105	318	344
我相信，在这个社会上，好人会有好报，坏人会有恶报	32	82	260	428
我确信，受到不公正待遇的人最终会得到补偿	42	156	319	285
我认为基本上这个世界是个公平的地方	70	195	308	229
总　　计	297	776	1735	2004
均值（标准差）	3.13（SD = 0.69）			

　　工读学生中，男生的一般公正世界观均值为2.81分，标准差为0.71分，女生的一般公正世界观均值为2.89分，标准差为0.70分，男生和女生的一般公正世界观得分并无显著差异（$t = -1.76$，$p = 0.08$）。普通学生中，男生的一般公正世界观均值为2.93分，标准差为0.79分，女生的一般公正世界观均值为3.13分，标准差为0.69分，男生和女生的一般公正世界观得分差异显著（$t = -5.85$，$p < 0.001$），表明女生的一般公正世界观水平显著高于

男生，见表4-58。工读学校男生的一般公正世界观得分显著低于普通学校男生（$t = -3.43$，$p = 0.001$）；工读学校女生的一般公正世界观得分显著低于普通学校女生得分（$t = -5.70$，$p < 0.001$），见表4-59。

表4-58　不同性别工读学生和普通学生在个人公正世界观上的得分差异

单位：人，分

性别	工读学生		普通学生	
	男	女	男	女
人数（百分比）	1117（34.2%）	384（11.8%）	960（29.4%）	802（24.6%）
均值（标准差）	2.81（0.71）	2.89（0.70）	2.93（0.79）	3.13（0.69）
方差分析结果 t（p）	$t = -1.76$，$p = 0.08$		$t = -5.85$，$p < 0.001$	

表4-59　男女生在个人公正世界观上的得分差异

单位：人，分

学校类别	男		女	
	工读学生	普通学生	工读学生	普通学生
人数（百分比）	1117（34.2%）	960（29.4%）	384（11.8%）	802（24.6%）
均值（标准差）	2.81（0.71）	2.93（0.79）	2.89（0.70）	3.13（0.69）
方差分析结果 t（p）	$t = -3.43$，$p = 0.001$		$t = -5.70$，$p < 0.001$	

（三）总体公正世界观的性别差异

为了对工读学生总体公正世界观的性别差异有综合的认识，计算个人公正世界观和一般公正世界观两个维度的均值，代表个体总体的公正世界观，得分越高，代表个体总体上相信这个世界是公正的。

工读学生中，男生的总体公正世界观均值为2.75分，标准差为0.67分，女生的总体公正世界观均值为2.79分，标准差为0.63分，男生和女生的总体公正世界观无显著差异（$t = -1.00$，$p = 0.32$）。普通学生中，男生的总体公正世界观得分为2.83分，标准差为0.73分，女生的总体公正世界观均值为3.01分，标准差为0.66分，男生和女生的总体公正世界观得分差异显著（$t = -5.35$，$p < 0.001$），见表4-60。工读学校男生的总体公正世界观得分显著低于普通学校男生得分（$t = -2.56$，$p < 0.05$）；工读学校女生的总体公正世界观得分显著低于普通学校女生得分（$t = -5.38$，$p < 0.001$），见表4-61。

表4-60 不同性别工读学生和普通学生在总体公正世界观上的得分差异

单位：人，分

性别	工读学生		普通学生	
	男	女	男	女
人数（百分比）	1117（34.2%）	384（11.8%）	960（29.4%）	802（24.6%）
均值（标准差）	2.75（0.67）	2.79（0.63）	2.83（0.73）	3.01（0.66）
方差分析结果 t（p）	$t=-1.00$, $p=0.32$		$t=-5.35$, $p<0.001$	

表4-61 男女生在总体公正世界观上的得分差异

单位：人，分

学校类别	男		女	
	工读学生	普通学生	工读学生	普通学生
人数（百分比）	1117（34.2%）	960（29.4%）	384（11.8%）	802（24.6%）
均值（标准差）	2.75（0.67）	2.83（0.73）	2.79（0.63）	3.01（0.66）
方差分析结果 t（p）	$t=-2.56$, $p<0.05$		$t=-5.38$, $p<0.001$	

三 公正世界观的发展特点

为了考察随着年龄增长，工读学生在公正世界观的不同维度上是否存在变化趋势，以年龄组为自变量，公正世界观各维度得分为因变量进行单因素方差分析，并检验其是否存在线性趋势，得到如下结果。

（一）个人公正世界观的年龄差异

分析不同年龄组的工读学生和普通学生在个人公正世界观对应题目选项上的评分详情，统计结果见表4-62～表4-71。

表4-62 13岁及以下年龄组工读学生在个人公正世界观题目选项上的选择频次详情统计

单位：人，分

问卷题目	很不同意	不太同意	基本同意	很同意
总体而言，生活中关于我的事情是公正的	31	52	52	36
我通常得到公平的对待	42	40	49	40
我相信我得到了该得的	33	42	60	36
我相信我基本上做了好事就有好报，做了坏事就有恶报	32	31	49	59
生活中对我不公正的事情只是例外，而不是常事	28	57	47	39

续表

问卷题目	很不同意	不太同意	基本同意	很同意
我相信发生在生活中关于我的多数事情是公平的	26	42	60	43
我认为有关我的重要决定通常是公正的	36	35	58	42
总　计	228	299	375	295
均值（标准差）	2.62（SD = 0.85）			

表 4 - 63　14 岁年龄组工读学生在个人公正世界观题目选项上的选择频次详情统计

单位：人，分

问卷题目	很不同意	不太同意	基本同意	很同意
总体而言，生活中关于我的事情是公正的	40	100	115	48
我通常得到公平的对待	37	76	131	59
我相信我得到了该得的	32	89	123	59
我相信我基本上做了好事就有好报，做了坏事就有恶报	34	71	122	76
生活中对我不公正的事情只是例外，而不是常事	32	93	120	58
我相信发生在生活中关于我的多数事情是公平的	36	74	135	58
我认为有关我的重要决定通常是公正的	39	90	116	58
总　计	250	593	862	416
均值（标准差）	2.68（SD = 0.69）			

表 4 - 64　15 岁年龄组工读学生在个人公正世界观题目选项上的选择频次详情统计

单位：人，分

问卷题目	很不同意	不太同意	基本同意	很同意
总体而言，生活中关于我的事情是公正的	46	170	203	109
我通常得到公平的对待	40	156	230	102
我相信我得到了该得的	54	130	227	117
我相信我基本上做了好事就有好报，做了坏事就有恶报	36	108	231	153
生活中对我不公正的事情只是例外，而不是常事	49	140	217	122
我相信发生在生活中关于我的多数事情是公平的	44	127	243	114
我认为有关我的重要决定通常是公正的	37	139	219	133
总　计	306	970	1570	850
均值（标准差）	2.80（SD = 0.65）			

表4－65 16岁年龄组工读学生在个人公正世界观题目选项上的选择频次详情统计

单位：人，分

问卷题目	很不同意	不太同意	基本同意	很同意
总体而言，生活中关于我的事情是公正的	33	86	125	32
我通常得到公平的对待	26	85	126	39
我相信我得到了该得的	29	69	129	49
我相信我基本上做了好事就有好报，做了坏事就有恶报	28	61	131	56
生活中对我不公正的事情只是例外，而不是常事	26	81	136	33
我相信发生在生活中关于我的多数事情是公平的	32	79	127	38
我认为有关我的重要决定通常是公正的	31	71	121	53
总　计	205	532	895	300
均值（标准差）	2.67（SD＝0.68）			

表4－66 17岁及以上年龄组工读学生在个人公正世界观题目选项上的
选择频次详情统计

单位：人，分

问卷题目	很不同意	不太同意	基本同意	很同意
总体而言，生活中关于我的事情是公正的	9	44	44	15
我通常得到公平的对待	9	36	47	20
我相信我得到了该得的	6	40	42	24
我相信我基本上做了好事就有好报，做了坏事就有恶报	8	23	53	28
生活中对我不公正的事情只是例外，而不是常事	7	37	52	16
我相信发生在生活中关于我的多数事情是公平的	8	33	48	23
我认为有关我的重要决定通常是公正的	6	29	55	22
总　计	53	242	341	148
均值（标准差）	2.74（SD＝0.64）			

表4－67 普通学生13岁及以下年龄组在个人公正世界观题目选项上的
选择频次详情统计

单位：人，分

问卷题目	很不同意	不太同意	基本同意	很同意
总体而言，生活中关于我的事情是公正的	100	211	273	151
我通常得到公平的对待	73	213	290	159

续表

问卷题目	很不同意	不太同意	基本同意	很同意
我相信我得到了该得的	80	194	284	177
我相信我基本上做了好事就有好报，做了坏事就有恶报	62	154	288	231
生活中对我不公正的事情只是例外，而不是常事	78	175	296	186
我相信发生在生活中关于我的多数事情是公平的	69	189	303	174
我认为有关我的重要决定通常是公正的	89	192	282	172
总　计	551	1328	2016	1250
均值（标准差）	2.77（SD = 0.75）			

表 4 – 68　普通学生 14 岁年龄组在个人公正世界观题目选项上的选择频次详情统计

单位：人，分

问卷题目	很不同意	不太同意	基本同意	很同意
总体而言，生活中关于我的事情是公正的	63	145	212	109
我通常得到公平的对待	45	139	222	123
我相信我得到了该得的	50	118	235	126
我相信我基本上做了好事就有好报，做了坏事就有恶报	46	80	224	179
生活中对我不公正的事情只是例外，而不是常事	50	122	207	150
我相信发生在生活中关于我的多数事情是公平的	38	100	236	155
我认为有关我的重要决定通常是公正的	53	109	230	137
总　计	345	813	1566	979
均值（标准差）	2.86（SD = 0.71）			

表 4 – 69　普通学生 15 岁年龄组在个人公正世界观题目选项上的选择频次详情统计

单位：人，分

问卷题目	很不同意	不太同意	基本同意	很同意
总体而言，生活中关于我的事情是公正的	20	94	98	56
我通常得到公平的对待	19	81	109	59
我相信我得到了该得的	23	68	114	63
我相信我基本上做了好事就有好报，做了坏事就有恶报	19	43	112	94

问卷题目	很不同意	不太同意	基本同意	很同意
生活中对我不公正的事情只是例外，而不是常事	20	50	118	80
我相信发生在生活中关于我的多数事情是公平的	16	53	127	72
我认为有关我的重要决定通常是公正的	16	62	126	64
总 计	133	451	804	488
均值（标准差）	2.88（SD = 0.68）			

表4－70 普通学生16岁年龄组在个人公正世界观题目选项上的选择频次详情统计

单位：人，分

问卷题目	很不同意	不太同意	基本同意	很同意
总体而言，生活中关于我的事情是公正的	7	32	39	18
我通常得到公平的对待	5	23	53	15
我相信我得到了该得的	6	22	50	18
我相信我基本上做了好事就有好报，做了坏事就有恶报	8	21	42	25
生活中对我不公正的事情只是例外，而不是常事	5	22	45	24
我相信发生在生活中关于我的多数事情是公平的	4	18	55	19
我认为有关我的重要决定通常是公正的	4	21	46	25
总 计	39	159	330	144
均值（标准差）	2.86（SD = 0.60）			

表4－71 普通学生17岁及以上年龄组在个人公正世界观题目选项上的
选择频次详情统计

单位：人，分

问卷题目	很不同意	不太同意	基本同意	很同意
总体而言，生活中关于我的事情是公正的	1	7	17	1
我通常得到公平的对待	2	4	18	2
我相信我得到了该得的	3	6	13	4
我相信我基本上做了好事就有好报，做了坏事就有恶报	1	3	14	8
生活中对我不公正的事情只是例外，而不是常事	2	3	13	8
我相信发生在生活中关于我的多数事情是公平的	0	7	11	8

问卷题目	很不同意	不太同意	基本同意	很同意
我认为有关我的重要决定通常是公正的	0	0	20	6
总　计	9	30	106	37
均值（标准差）	2.94（$SD = 0.56$）			

工读学生个人公正世界观在不同年龄组间差异显著（$F = 3.49$，$p = 0.008$），其中，13 岁及以下年龄组平均得分 2.62 分（$SD = 0.85$），14 岁年龄组平均得分 2.68 分（$SD = 0.69$），15 岁年龄组平均得分 2.80 分（$SD = 0.65$），16 岁年龄组平均得分 2.67 分（$SD = 0.68$），17 岁及以上年龄组平均得分 2.74 分（$SD = 0.64$），事后检验发现，不同年龄组之间两两相比，寻求意义感并无显著差异。方差分析表明，对于工读学生而言，个人公正世界观并不随着年龄增长呈线性增长（$F = 1.90$，$p = 0.17$），方差分析结果见表 4 - 72，变化趋势见图 4 - 3。

普通学生个人公正世界观在年龄组间差异也不显著（$F = 1.94$，$p = 0.10$），其中，13 岁及以下年龄组平均得分 2.77 分（$SD = 0.75$），14 岁年龄组平均得分 2.86 分（$SD = 0.71$），15 岁年龄组平均得分 2.88 分（$SD = 0.68$），16 岁年龄组平均得分 2.86 分（$SD = 0.60$），17 岁及以上年龄组平均得分 2.94 分（$SD = 0.56$）。方差分析表明，对于普通学生而言，个人公正世界观并无随年龄增长而增长的线性趋势（$F = 1.32$，$p = 0.25$），方差分析结果见表 4 - 72，变化趋势见图 4 - 3。

另外，不同年龄组的工读学生与普通学生的个人公正世界观差异分析见表 4 - 72、图 4 - 3。具体而言，13 岁及以下的工读学生的个人公正世界观显著低于 13 岁及以下的普通学生（$t = -2.37$，$p = 0.02$），14 岁的工读学生的个人公正世界观显著低于 14 岁的普通学生（$t = -3.50$，$p < 0.001$），16 岁的工读学生的个人公正世界观显著低于 16 岁的普通学生（$t = -2.48$，$p < 0.01$）。其他年龄组的工读学生与普通学生的个人公正世界观无显著差异。

表 4 - 72　不同年龄组工读学生和普通学生个人公正世界观上的差异分析

单位：分

年龄组	13 岁及以下	14 岁	15 岁	16 岁	17 岁及以上	不同年龄组间的方差分析
工读学生均值（标准差）	2.62（0.85）	2.68（0.69）	2.80（0.65）	2.67（0.68）	2.74（0.64）	$F = 3.49$，$p = 0.008$

年龄组	13 岁及以下	14 岁	15 岁	16 岁	17 岁及以上	不同年龄组间的方差分析
普通学生均值（标准差）	2.77 (0.75)	2.86 (0.71)	2.88 (0.68)	2.86 (0.60)	2.94 (0.56)	$F = 1.94$, $p = 0.10$
同年龄组不同类型学生的方差分析	$t = -2.37$, $p = 0.02$	$t = -3.50$, $p < 0.001$	$t = -1.53$, $p = 0.13$	$t = -2.48$, $p < 0.01$	$t = -1.42$, $p = 0.16$	

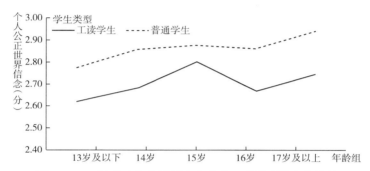

图 4 - 3　工读学生与普通学生个人公正世界观的发展趋势

（二）一般公正世界观的年龄差异

分析不同年龄组的工读学生和普通学生在一般公正世界观对应题目选项上的评分详情，统计结果见表 4 - 73 ~ 表 4 - 82。

表 4 - 73　13 岁及以下年龄组工读学生在一般公正世界观题目选项上的选择频次详情统计

单位：人，分

问卷题目	很不同意	不太同意	基本同意	很同意
我相信公正最终总会战胜不公正	43	22	45	61
生活中会存在不公正，但我坚信这只是例外，而不是常事	31	44	56	40
我认为人们会尽量公正地去做重要决定	25	32	62	52
我相信，在这个社会上，好人会有好报，坏人会有恶报	27	26	50	68
我确信，受到不公正待遇的人最终会得到补偿	35	32	58	46
我认为基本上这个世界是个公平的地方	39	43	49	40
总　　计	200	199	320	307
均值（标准差）	2.72（$SD = 0.88$）			

表 4 – 74　14 岁年龄组工读学生在一般公正世界观题目选项上的选择频次详情统计

单位：人，分

问卷题目	很不 同意	不太 同意	基本 同意	很同意
我相信公正最终总会战胜不公正	51	67	86	99
生活中会存在不公正，但我坚信这只是例外，而不是常事	34	78	127	64
我认为人们会尽量公正地去做重要决定	35	65	128	75
我相信，在这个社会上，好人会有好报，坏人会有恶报	29	56	112	106
我确信，受到不公正待遇的人最终会得到补偿	36	78	116	73
我认为基本上这个世界是个公平的地方	45	87	109	62
总　计	230	431	678	479
均值（标准差）	2.77（$SD = 0.73$）			

表 4 – 75　15 岁年龄组工读学生在一般公正世界观题目选项上的选择频次详情统计

单位：人，分

问卷题目	很不 同意	不太 同意	基本 同意	很同意
我相信公正最终总会战胜不公正	39	92	187	210
生活中会存在不公正，但我坚信这只是例外，而不是常事	39	124	227	138
我认为人们会尽量公正地去做重要决定	32	85	242	169
我相信，在这个社会上，好人会有好报，坏人会有恶报	33	95	201	199
我确信，受到不公正待遇的人最终会得到补偿	45	120	206	157
我认为基本上这个世界是个公平的地方	60	161	187	120
总　计	248	677	1250	993
均值（标准差）	2.94（$SD = 0.66$）			

表 4 – 76　16 岁年龄组工读学生在一般公正世界观题目选项上的选择频次详情统计

单位：人，分

问卷题目	很不 同意	不太 同意	基本 同意	很同意
我相信公正最终总会战胜不公正	24	55	113	84

问卷题目	很不同意	不太同意	基本同意	很同意
生活中会存在不公正，但我坚信这只是例外，而不是常事	28	82	120	46
我认为人们会尽量公正地去做重要决定	17	63	136	60
我相信，在这个社会上，好人会有好报，坏人会有恶报	20	52	126	78
我确信，受到不公正待遇的人最终会得到补偿	22	72	127	55
我认为基本上这个世界是个公平的地方	27	90	110	49
总　计	138	414	732	372
均值（标准差）	2.81（$SD=0.64$）			

表 4 – 77　17 岁及以上年龄组工读学生在一般公正世界观题目选项上的
选择频次详情统计

单位：人，分

问卷题目	很不同意	不太同意	基本同意	很同意
我相信公正最终总会战胜不公正	11	22	38	41
生活中会存在不公正，但我坚信这只是例外，而不是常事	5	26	47	34
我认为人们会尽量公正地去做重要决定	4	18	56	34
我相信，在这个社会上，好人会有好报，坏人会有恶报	8	19	48	37
我确信，受到不公正待遇的人最终会得到补偿	7	34	45	26
我认为基本上这个世界是个公平的地方	15	37	37	23
总　计	50	156	271	195
均值（标准差）	2.91（$SD=0.68$）			

表 4 – 78　普通学生 13 岁及以下年龄组在一般公正世界观题目选项上的
选择频次详情统计

单位：人，分

问卷题目	很不同意	不太同意	基本同意	很同意
我相信公正最终总会战胜不公正	87	116	187	345
生活中会存在不公正，但我坚信这只是例外，而不是常事	85	159	271	220

问卷题目	很不同意	不太同意	基本同意	很同意
我认为人们会尽量公正地去做重要决定	65	132	269	269
我相信，在这个社会上，好人会有好报，坏人会有恶报	52	123	215	345
我确信，受到不公正待遇的人最终会得到补偿	79	177	260	219
我认为基本上这个世界是个公平的地方	87	188	287	173
总　计	455	895	1489	1571
均值（标准差）	2.95（SD = 0.79）			

表 4 – 79　普通学生 14 岁年龄组在一般公正世界观题目选项上的选择频次详情统计

单位：人，分

问卷题目	很不同意	不太同意	基本同意	很同意
我相信公正最终总会战胜不公正	34	65	144	286
生活中会存在不公正，但我坚信这只是例外，而不是常事	43	101	198	187
我认为人们会尽量公正地去做重要决定	27	62	221	219
我相信，在这个社会上，好人会有好报，坏人会有恶报	30	51	176	272
我确信，受到不公正待遇的人最终会得到补偿	41	95	226	167
我认为基本上这个世界是个公平的地方	69	119	192	149
总　计	244	493	1157	1280
均值（标准差）	3.09（SD = 0.69）			

表 4 – 80　普通学生 15 岁年龄组在一般公正世界观题目选项上的选择频次详情统计

单位：人，分

问卷题目	很不同意	不太同意	基本同意	很同意
我相信公正最终总会战胜不公正	15	14	77	162
生活中会存在不公正，但我坚信这只是例外，而不是常事	14	42	117	95
我认为人们会尽量公正地去做重要决定	9	19	114	126
我相信，在这个社会上，好人会有好报，坏人会有恶报	13	21	91	143

问卷题目	很不同意	不太同意	基本同意	很同意
我确信，受到不公正待遇的人最终会得到补偿	12	48	114	94
我认为基本上这个世界是个公平的地方	23	79	97	69
总　计	86	223	610	689
均值（标准差）	3.18（$SD = 0.64$）			

表 4 – 81　普通学生 16 岁年龄组在一般公正世界观题目选项上的选择频次详情统计

单位：人，分

问卷题目	很不同意	不太同意	基本同意	很同意
我相信公正最终总会战胜不公正	5	12	37	42
生活中会存在不公正，但我坚信这只是例外，而不是常事	6	15	45	30
我认为人们会尽量公正地去做重要决定	2	13	45	36
我相信，在这个社会上，好人会有好报，坏人会有恶报	4	13	36	43
我确信，受到不公正待遇的人最终会得到补偿	7	25	38	26
我认为基本上这个世界是个公平的地方	9	36	36	15
总　计	33	114	237	192
均值（标准差）	3.02（$SD = 0.64$）			

表 4 – 82　普通学生 17 岁及以上年龄组在一般公正世界观题目选项上的选择频次详情统计

单位：人，分

问卷题目	很不同意	不太同意	基本同意	很同意
我相信公正最终总会战胜不公正	2	0	10	14
生活中会存在不公正，但我坚信这只是例外，而不是常事	3	2	11	10
我认为人们会尽量公正地去做重要决定	2	3	10	11
我相信，在这个社会上，好人会有好报，坏人会有恶报	1	2	10	13
我确信，受到不公正待遇的人最终会得到补偿	1	4	11	10
我认为基本上这个世界是个公平的地方	1	4	15	6
总　计	10	15	67	64
均值（标准差）	3.19（$SD = 0.71$）			

工读学生一般公正世界观在不同年龄组间差异显著（$F = 5.24$，$p < 0.001$），其中，13 岁及以下年龄组平均得分 2.72 分（$SD = 0.88$），14 岁年龄组平均得分 2.77 分（$SD = 0.73$），15 岁年龄组平均得分 2.94 分（$SD = 0.66$），16 岁年龄组平均得分 2.81 分（$SD = 0.64$），17 岁及以上年龄组平均得分 2.91 分（$SD = 0.68$），事后检验发现，13 岁及以下年龄组与 15 岁年龄组差异显著，表明 15 岁的工读学生一般公正世界观明显高于 13 岁及以下的工读学生；14 岁年龄组与 15 岁年龄组差异显著，表明 15 岁的工读学生一般公正世界观明显高于 14 岁的工读学生。方差分析表明，对于工读学生而言，一般公正世界观随着年龄增长呈线性增长（$F = 5.48$，$p < 0.05$），方差分析结果见表 4-83，变化趋势见图 4-4。

普通学生一般公正世界观在不同年龄组间存在显著差异（$F = 6.62$，$p < 0.001$），其中，13 岁及以下年龄组平均得分 2.95 分（$SD = 0.79$），14 岁年龄组平均得分 3.09 分（$SD = 0.69$），15 岁年龄组平均得分 3.18 分（$SD = 0.64$），16 岁年龄组平均得分 3.02 分（$SD = 0.64$），17 岁及以上年龄组平均得分 3.19 分（$SD = 0.71$），事后检验发现，13 岁及以下年龄组与 14 岁年龄组差异显著，与 15 岁年龄组差异显著，表明 14 岁和 15 岁的普通学生一般公正世界观明显高于 13 岁以下的普通学生。方差分析表明，对于普通学生而言，一般公正世界观并不随着年龄增长呈线性增长（$F = 1.81$，$p = 0.18$），方差分析结果见表 4-83，变化趋势见图 4-4。

另外，不同年龄组的工读学生与普通学生的一般公正世界观差异检验见表 4-83。具体而言，13 岁及以下的工读学生的一般公正世界观显著低于 13 岁及以下的普通学生（$t = -3.38$，$p < 0.01$），14 岁的工读学生的一般公正世界观显著低于 14 岁的普通学生（$t = -6.32$，$p < 0.001$），15 岁的工读学生的一般公正世界观显著低于 15 岁的普通学生（$t = -4.92$，$p < 0.001$），16 岁的工读学生的一般公正世界观显著低于 16 岁的普通学生（$t = -2.80$，$p < 0.01$）。17 岁及以上的工读学生与普通学生的一般公正世界观无显著差异（$t = -1.86$，$p = 0.07$）。

表 4-83　不同年龄组工读学生和普通学生一般公正世界观上的差异分析

单位：分

年龄组	13 岁及以下	14 岁	15 岁	16 岁	17 岁及以上	不同年龄组间的方差分析
工读学生均值（标准差）	2.72 (0.88)	2.77 (0.73)	2.94 (0.66)	2.81 (0.64)	2.91 (0.68)	$F = 5.24$, $p < 0.001$

续表

年龄组	13 岁及以下	14 岁	15 岁	16 岁	17 岁及以上	不同年龄组间的方差分析
普通学生均值（标准差）	2.95 (0.79)	3.09 (0.69)	3.18 (0.64)	3.02 (0.64)	3.19 (0.71)	$F = 6.62$, $p < 0.001$
同年龄组不同类型学生的方差分析	$t = -3.38$, $p < 0.01$	$t = -6.32$, $p < 0.001$	$t = -4.92$, $p < 0.001$	$t = -2.80$, $p < 0.01$	$t = -1.86$, $p = 0.07$	

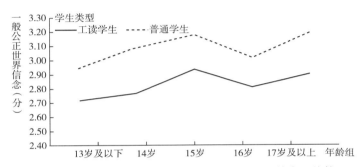

图 4 - 4　工读学生与普通学生一般公正世界观的发展趋势

（三）总体公正世界观的年龄差异

为了对工读学生总体公正世界观的年龄差异有综合的认识，计算个人公正世界观和一般公正世界观两个维度的均值，代表个体总体的公正世界观，得分越高，代表个体总体上相信这个世界是公正的。

工读学生总体公正世界观在不同年龄组间差异显著（$F = 4.85$, $p = 0.001$），其中，13 岁及以下年龄组平均得分 2.67 分（$SD = 0.82$），14 岁年龄组平均得分 2.73 分（$SD = 0.67$），15 岁年龄组平均得分 2.87 分（$SD = 0.61$），16 岁年龄组平均得分 2.74 分（$SD = 0.62$），17 岁及以上年龄组平均得分 2.83 分（$SD = 0.60$），事后检验发现，13 岁及以下年龄组与 15 岁年龄组差异显著，表明 15 岁的工读学生总体公正世界观明显高于 13 岁及以下的工读学生；14 岁年龄组与 15 岁年龄组差异显著，表明 15 岁的工读学生总体公正世界观明显高于 14 岁的工读学生。方差分析表明，对于工读学生而言，总体公正世界观随着年龄增长呈线性增长（$F = 3.94$, $p < 0.05$），方差分析结果见表 4 - 84，变化趋势见图 4 - 5。

普通学生总体公正世界观在不同年龄组间存在显著差异（$F = 4.34$, $p = 0.002$），其中，13 岁及以下年龄组平均得分 2.86 分（$SD = 0.73$），14 岁年龄组平均得分 2.98 分（$SD = 0.66$），15 岁年龄组平均得分 3.03 分（$SD = 0.61$），16 岁年龄组平均得分 2.94 分（$SD = 0.57$），17 岁及以上年龄组平均得分 3.06 分（$SD = 0.59$），事后检验发现，13 岁及以下年龄组与 15 岁年龄组差异显著，表明 15 岁的普通学生总体公正世界观明显高于 13 岁及以下的普通学生。方差分析表明，对于普通学生而言，总体公正世界观并无随年龄增长而增长的线性趋势（$F = 1.75$，$p = 0.19$），方差分析结果见表 4 - 84，变化趋势见图 4 - 5。

另外，不同年龄组的工读学生与普通学生的总体公正世界观差异分析见表 4 - 84、图 4 - 5。具体而言，13 岁及以下的工读学生的总体公正世界观显著低于 13 岁及以下的普通学生（$t = -3.03$，$p < 0.01$），14 岁的工读学生的总体公正世界观显著低于 14 岁的普通学生（$t = -5.23$，$p < 0.001$），15 岁的工读学生的总体公正世界观显著低于 15 岁的普通学生（$t = -3.45$，$p < 0.01$），16 岁的工读学生的总体公正世界观显著低于 16 岁的普通学生（$t = -2.82$，$p < 0.01$）。17 岁及以上的工读学生与普通学生的总体公正世界观无显著差异（$t = -1.80$，$p = 0.07$）。

表 4 - 84　不同年龄组工读学生和普通学生总体公正世界观上的差异分析

单位：分

年龄组	13 岁及以下	14 岁	15 岁	16 岁	17 岁及以上	不同年龄间的方差分析
工读学生均值（标准差）	2.67 (0.82)	2.73 (0.67)	2.87 (0.61)	2.74 (0.62)	2.83 (0.60)	$F = 4.85$, $p = 0.001$
普通学生均值（标准差）	2.86 (0.73)	2.98 (0.66)	3.03 (0.61)	2.94 (0.57)	3.06 (0.59)	$F = 4.34$, $p = 0.002$
同年龄组不同类型学生的方差分析	$t = -3.03$, $p < 0.01$	$t = -5.23$, $p < 0.001$	$t = -3.45$, $p < 0.01$	$t = -2.82$, $p < 0.01$	$t = -1.80$, $p = 0.07$	

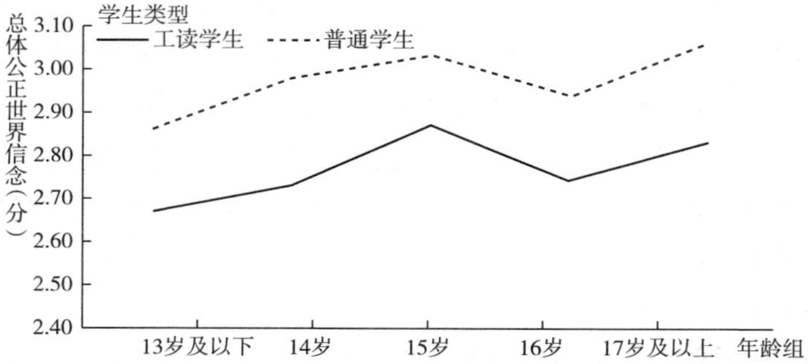

图 4 - 5　工读学生与普通学生总体公正世界观的发展趋势

四　小结

从工读学生与普通学生的公正世界观比较来看，工读学生的公正世界观明显低于普通学生，表明相比于普通学生，工读学生更多感受到世界对自己和所有人是不公平的，表现出工读学生对待世界更消极的认识和态度。这与以往的研究结果相一致，初次犯罪的未成年人，其一般公正世界观和个人公正世界观都显著低于普通中学生（滕洪昌，姚建龙，李月华，杜志昌，2018）。公正世界观在缓解心理压力、缓冲愤怒情绪、维持心理健康、激发个体关注长远目标、按照社会许可的方式努力进取中发挥重要作用，认为这个世界不公平以及自己没有得到公正对待的学生，相对而言更容易实施犯罪行为。

就工读学生和普通学生的公正世界观的性别差异比较结果来看，工读学生男生和女生的公正世界观水平均较低，且并无明显的性别差异，而普通学生中女生的公正世界观均显著优于男生，表明普通学生中女生更加倾向于认为世界对自己和所有人都是公平的。这一结果也支持了女性主义的假说。有关社会责任感和公正世界观的研究发现，女性的社会责任水平高于男性，女性比男性更愿意承担社会责任（AhnDoehee，2016），并且女大学生的公正世界观要显著高于男大学生（常志彬，谭千保，2017）。然而，在工读学生中，并未发现女生的这一优势表现。

就工读学生和普通学生的公正世界观的发展特点来看，普通学生的公正世界观在不同年龄群体中均处于较高的水平，并无随年龄增长而变化的线性趋势，而在工读学生中，公正世界观表现出随年龄增长逐渐增长的趋势。这表明虽然年龄较小的工读学生的公正世界观较低，但随着年龄的增长，他们对世界的认识逐渐有所改观，逐渐愿意相信世界对自己和他人是公正的，表现出世界观逐渐积极化的变化趋势。

第四节　价值观的基本情况分析

一　价值观的总体特点

（一）学习观

首先，对学习观维度分量表的题目选项进行详细分析，选择"很不同意"得1分，选择"不太同意"得2分，选择"基本同意"得3分，选择"很同意"得4分。各题目均分为学习观得分。

分析工读学生和普通学生在学习观对应题目选项上的评分详情，统计结果见表4-85和表4-86。

表4-85 工读学生在学习观题目选项上的选择频次详情统计

单位：人，分

问卷题目	很不同意	不太同意	基本同意	很同意
学习能使我获得高地位	230	444	556	271
学习能够使我受到重视	210	426	594	271
学习能够使我得到别人的认可	176	355	590	380
学习能够维护我在同学中的形象	223	480	548	250
总　计	839	1705	2288	1172
均值（标准差）	2.63（SD=0.73）			

表4-86 普通学生在学习观题目选项上的选择频次详情统计

单位：人，分

问卷题目	很不同意	不太同意	基本同意	很同意
学习能使我获得高地位	284	486	648	344
学习能够使我受到重视	253	457	650	402
学习能够使我得到别人的认可	183	314	654	611
学习能够维护我在同学中的形象	269	541	649	303
总　计	989	1798	2601	1660
均值（标准差）	2.70（SD=0.77）			

为了考察工读学生和普通学生的学习观差异，采用描述统计，对工读学生和普通学生的学习观进行统计分析。工读学生的学习观得分均值为2.63分，标准差为0.73分；普通学生的学习观均值为2.70分，标准差为0.77分。工读学生与普通学生在学习观得分上差异显著（$t=-2.58$，$p=0.01$），工读学生的学习观得分显著低于普通学生，分析结果如表4-87所示。上述结果说明，工读学生比普通学生更少看重学习在人生发展中的作用和价值。

表4-87 工读学生和普通学生在学习观上的得分差异

单位：人，分

	工读学生	普通学生
人数（百分比）	1501（46.0%）	1762（54.0%）
均值（标准差）	2.63（0.73）	2.70（0.77）
方差分析结果 t（p）	$t=-2.58$，$p=0.01$	

（二）金钱观

对金钱观维度分量表的题目选项进行详细分析，选择"很不同意"得 1 分，选择"不太同意"得 2 分，选择"基本同意"得 3 分，选择"很同意"得 4 分。各题目均分为金钱观得分。分析工读学生和普通学生在金钱观对应题目选项上的评分详情，统计结果见表 4 - 88 和表 4 - 89。

表 4 - 88　工读学生在金钱观题目选项上的选择频次详情统计

单位：人，分

问卷题目	很不同意	不太同意	基本同意	很同意
金钱能使生活变得更幸福	270	436	515	280
一个人的金钱越多就越有价值	404	539	399	159
人活着就是为了挣更多的钱	388	532	401	180
金钱是衡量个人价值的最重要的标准	368	543	398	192
有钱让人羡慕	285	409	523	284
总　计	1715	2459	2236	1095
均值（标准差）	2.36（SD = 0.74）			

表 4 - 89　普通学生在金钱观题目选项上的选择频次详情统计

单位：人，分

问卷题目	很不同意	不太同意	基本同意	很同意
金钱能使生活变得更幸福	474	707	455	126
一个人的金钱越多就越有价值	804	696	198	64
人活着就是为了挣更多的钱	813	674	199	76
金钱是衡量个人价值的最重要的标准	772	671	223	96
有钱让人羡慕	569	682	363	148
总　计	3432	3430	1438	510
均值（标准差）	1.89（SD = 0.66）			

为了考察工读学生和普通学生的金钱观差异，采用描述统计，对工读学生和普通学生的金钱观进行统计分析。工读学生的金钱观得分均值为 2.36 分，标准差为 0.74 分；普通学生的金钱观均值为 1.89 分，标准差为 0.66 分。工读学生与普通学生在金钱观得分上差异显著（$t = 19.02$，$p < 0.001$），工读学生的金钱观得分显著高于普通学生，分析结果如表 4 - 90 所示。上述结果说明，工读学生比普通学生更看重金钱的价值。

表 4 – 90　工读学生和普通学生在金钱观上的得分差异

单位：人，分

	工读学生	普通学生
人数（百分比）	1501（46.0%）	1762（54.0%）
均值（标准差）	2.36（0.74）	1.89（0.66）
方差分析结果 t（p）	$t = 19.02$，$p < 0.001$	

（三）权力观

对权力观维度分量表的题目选项进行详细分析，选择"很不同意"得 1 分，选择"不太同意"得 2 分，选择"基本同意"得 3 分，选择"很同意"得 4 分。各题目均分为权力观得分。分析工读学生和普通学生在权力观对应题目选项上的评分详情，统计结果见表 4 – 91 和表 4 – 92。

表 4 – 91　工读学生在权力观题目选项上的选择频次详情统计

单位：人，分

问卷题目	很不同意	不太同意	基本同意	很同意
有权就有一切	364	569	401	167
人有权就有价值	347	493	452	209
有权力的人更容易获得别人的尊重	263	410	535	293
总　计	974	1472	1388	669
均值（标准差）	2.39（$SD = 0.79$）			

表 4 – 92　普通学生在权力观题目选项上的选择频次详情统计

单位：人，分

问卷题目	很不同意	不太同意	基本同意	很同意
有权就有一切	744	704	223	91
人有权就有价值	713	676	267	106
有权力的人更容易获得别人的尊重	458	624	491	189
总　计	1915	2004	981	386
均值（标准差）	1.97（$SD = 0.73$）			

为了考察工读学生和普通学生的权力观差异，采用描述统计，对工读学生和普通学生的权力观进行统计分析。工读学生的权力观得分均值为 2.39 分，标准差为 0.79 分；普通学生的权力观均值为 1.97 分，标准差为 0.73 分。工读学生与普通学生在权力观得分上差异显著（$t = 15.59$，$p < 0.001$），

工读学生的权力观得分显著高于普通学生，分析结果如表 4-93 所示。上述结果说明，工读学生比普通学生更看重权力的价值与作用。

表 4-93　工读学生和普通学生在权力观上的得分差异

单位：人，分

	工读学生	普通学生
人数（百分比）	1501（46.0%）	1762（54.0%）
均值（标准差）	2.39（0.79）	1.97（0.73）
方差分析结果 t（p）	$t = 15.59$，$p < 0.001$	

（四）国家认同

对国家认同维度分量表的题目选项进行详细分析，选择"很不同意"得 1 分，选择"不太同意"得 2 分，选择"基本同意"得 3 分，选择"很同意"得 4 分。各题目均分为国家认同得分。分析工读学生和普通学生在国家认同对应题目选项上的评分详情，统计结果见表 4-94 和表 4-95。

表 4-94　工读学生在国家认同题目选项上的选择频次详情统计

单位：人，分

问卷题目	很不同意	不太同意	基本同意	很同意
我为我是中国人而感到自豪	99	197	292	913
中国人没有外国人幸福	779	378	234	110
如果有下辈子，我还愿意做一名中国人	141	189	306	865
我希望自己不是一名中国人	883	269	220	129
中国人身份对我来说很重要	119	223	392	767
中国人有很多值得自豪的地方	110	170	369	852
总　计	2131	1426	1813	3636
均值（标准差）	3.27（$SD = 0.68$）			

表 4-95　普通学生在国家认同题目选项上的选择频次详情统计

单位：人，分

问卷题目	很不同意	不太同意	基本同意	很同意
我为我是中国人而感到自豪	109	112	158	1383
中国人没有外国人幸福	1208	387	108	59
如果有下辈子，我还愿意做一名中国人	113	121	181	1347
我希望自己不是一名中国人	1407	187	92	76

问卷题目	很不同意	不太同意	基本同意	很同意
中国人身份对我来说很重要	128	150	289	1195
中国人有很多值得自豪的地方	121	137	272	1232
总　计	3086	1094	1100	5292
均值（标准差）	3.55（SD = 0.61）			

为了考察工读学生和普通学生的国家认同差异，采用描述统计，对工读学生和普通学生的国家认同进行统计分析。工读学生的国家认同得分均值为3.27 分，标准差为 0.68 分；普通学生的国家认同均值为 3.55 分，标准差为0.61。工读学生与普通学生在国家认同得分上差异显著（$t = -12.46$, $p < 0.001$），工读学生的国家认同得分显著低于普通学生，分析结果如表 4 - 96所示。上述结果说明，工读学生比普通学生的国家和民族认同感更低，并且民族自豪感更弱。

表 4 - 96　工读学生和普通学生在国家认同上的得分差异

单位：人，分

	工读学生	普通学生
人数（百分比）	1501（46.0%）	1762（54.0%）
均值（标准差）	3.27（0.68）	3.55（0.61）
方差分析结果 t（p）	$t = -12.46$, $p < 0.001$	

（五）集体主义

对集体主义维度分量表的题目选项进行详细分析，选择"很不同意"得1 分，选择"不太同意"得 2 分，选择"基本同意"得 3 分，选择"很同意"得 4 分。各题目均分为集体主义得分。分析工读学生和普通学生在集体主义对应题目选项上的评分详情，统计结果见表 4 - 97 和表 4 - 98。

表 4 - 97　工读学生在集体主义题目选项上的选择频次详情统计

单位：人，分

问卷题目	很不同意	不太同意	基本同意	很同意
个人的幸福取决于他对社会的贡献	204	445	576	276
集体利益高于一切	173	347	581	400
任何时候都不应该做社会不能接受的事情	167	314	513	507

问卷题目	很不同意	不太同意	基本同意	很同意
为国家利益付出个人代价是值得的	123	308	540	530
总　计	667	1414	2210	1713
均值（标准差）	2.83（SD = 0.70）			

表 4 - 98　普通学生在集体主义题目选项上的选择频次详情统计

单位：人，分

问卷题目	很不同意	不太同意	基本同意	很同意
个人的幸福取决于他对社会的贡献	247	462	639	414
集体利益高于一切	192	324	551	695
任何时候都不应该做社会不能接受的事情	222	280	441	819
为国家利益付出个人代价是值得的	150	169	494	949
总　计	811	1235	2125	2877
均值（标准差）	3.00（SD = 0.75）			

为了考察工读学生和普通学生的集体主义差异，采用描述统计，对工读学生和普通学生的集体主义进行统计分析。工读学生的集体主义得分均值为 2.83分，标准差为 0.70 分；普通学生的集体主义均值为 3.00 分，标准差为 0.75分。工读学生与普通学生在集体主义得分上差异显著（$t = -6.85$，$p < 0.001$），工读学生的集体主义得分显著低于普通学生，分析结果如表 4 - 99 所示。上述结果说明，相比普通学生，工读学生的集体主义观念和公益观念更弱。

表 4 - 99　工读学生和普通学生在集体主义上的得分差异

单位：人，分

	工读学生	普通学生
人数（百分比）	1501（46.0%）	1762（54.0%）
均值（标准差）	2.83（0.70）	3.00（0.75）
方差分析结果 t（p）	$t = -6.85$，$p < 0.001$	

（六）环境保护

对环境保护维度分量表的题目选项进行详细分析，选择"很不同意"得1 分，选择"不太同意"得 2 分，选择"基本同意"得 3 分，选择"很同意"得 4 分。各题目均分为环境保护得分。分析工读学生和普通学生在环境保护对应题目选项上的评分详情，统计结果见表 4 - 100 和表 4 - 101。

表 4 – 100 工读学生在环境保护题目选项上的选择频次详情统计

单位：人，分

问卷题目	很不同意	不太同意	基本同意	很同意
公共场合节约用电不会节省多少钱	470	584	328	119
随手关灯并不能节省多少能源	626	484	272	119
节约用水对缓解水资源缺乏状况有帮助	137	242	444	678
在农村不需要环保	834	345	232	90
公共场所需要注意节省水电	164	235	474	628
总　计	2231	1890	1750	1634
均值（标准差）	3.09 （SD = 0.60）			

表 4 – 101 普通学生在环境保护题目选项上的选择频次详情统计

单位：人，分

问卷题目	很不同意	不太同意	基本同意	很同意
公共场合节约用电不会节省多少钱	936	563	202	61
随手关灯并不能节省多少能源	1132	409	124	97
节约用水对缓解水资源缺乏状况有帮助	155	149	323	1135
在农村不需要环保	1343	277	84	58
公共场所需要注意节省水电	150	154	347	1111
总　计	3716	1552	1080	2462
均值（标准差）	3.44 （SD = 0.57）			

为了考察工读学生和普通学生的环境保护差异，采用描述统计，对工读学生和普通学生的环境保护进行统计分析。工读学生的环境保护得分均值为 3.09 分，标准差为 0.60 分；普通学生的环境保护均值为 3.44 分，标准差为 0.57 分。工读学生与普通学生在环境保护得分上差异显著（$t = -17.09$，$p < 0.001$），工读学生的环境保护得分显著低于普通学生，分析结果如表 4 – 102 所示。上述结果说明，相比普通学生，工读学生有更差的环保意识，较少赞同环保行动，更有可能在日常生活中表现出较少的环保行为。

表 4 – 102 工读学生和普通学生在环境保护上的得分差异

单位：人，分

	工读学生	普通学生
人数（百分比）	1501 （46.0%）	1762 （54.0%）
均值（标准差）	3.09 （0.60）	3.44 （0.57）
方差分析结果 t（p）	$t = -17.09$，$p < 0.001$	

二　价值观的性别特点

为了考察不同性别工读学生在价值观的不同维度上是否存在显著差异，对男、女生的得分均值进行方差分析，得到如下结果。

（一）学习观的性别差异

分析不同性别的工读学生和普通学生在学习观对应题目选项上的评分详情，统计结果见表4-103~表4-106。

表4-103　工读男生在学习观题目选项上的选择频次详情统计

单位：人，分

问卷题目	很不同意	不太同意	基本同意	很同意
学习能使我获得高地位	174	319	418	206
学习能够使我受到重视	162	306	447	202
学习能够使我得到别人的认可	136	259	438	284
学习能够维护我在同学中的形象	162	353	408	194
总　计	634	1237	1711	886
均值（标准差）	2.64（$SD=0.74$）			

表4-104　工读女生在学习观题目选项上的选择频次详情统计

单位：人，分

问卷题目	很不同意	不太同意	基本同意	很同意
学习能使我获得高地位	56	125	138	65
学习能够使我受到重视	48	120	147	69
学习能够使我得到别人的认可	40	96	152	96
学习能够维护我在同学中的形象	61	127	140	56
总　计	205	468	577	286
均值（标准差）	2.61（$SD=0.72$）			

表4-105　普通男生在学习观题目选项上的选择频次详情统计

单位：人，分

问卷题目	很不同意	不太同意	基本同意	很同意
学习能使我获得高地位	172	261	350	177
学习能够使我受到重视	157	243	352	208

续表

问卷题目	很不同意	不太同意	基本同意	很同意
学习能够使我得到别人的认可	114	175	360	311
学习能够维护我在同学中的形象	166	264	358	172
总　计	609	943	1420	868
均值（标准差）	2.66（SD = 0.79）			

表4 - 106　普通女生在学习观题目选项上的选择频次详情统计

单位：人，分

问卷题目	很不同意	不太同意	基本同意	很同意
学习能使我获得高地位	112	225	298	167
学习能够使我受到重视	96	214	298	194
学习能够使我得到别人的认可	69	139	294	300
学习能够维护我在同学中的形象	103	277	291	131
总　计	380	855	1181	792
均值（标准差）	2.74（SD = 0.74）			

工读学生中，男生的学习观均值为 2.64 分，标准差为 0.74 分，女生的学习观均值为 2.61 分，标准差为 0.72 分，男生和女生的学习观得分并无显著差异（$t = 0.53$，$p = 0.60$）。普通学生中，男生的学习观均值为 2.66 分，标准差为 0.79 分，女生的学习观均值为 2.74 分，标准差为 0.74 分，男生和女生的学习观得分差异显著（$t = -2.20$，$p < 0.05$），表明女生的学习观水平显著高于男生，见表 4 - 107。工读学校男生与普通学校男生的学习观无显著差异（$t = -0.76$，$p = 0.45$）；工读学校女生的学习观得分显著低于普通学校女生得分（$t = -2.85$，$p < 0.01$），见表 4 - 108。

表4 - 107　不同性别工读学生和普通学生在学习观上的得分差异

单位：人，分

性别	工读学生		普通学生	
	男	女	男	女
人数（百分比）	1117（34.2%）	384（11.8%）	960（29.4%）	802（24.6%）
均值（标准差）	2.64（0.74）	2.61（0.72）	2.66（0.79）	2.74（0.74）
方差分析结果 t（p）	$t = 0.53$，$p = 0.60$		$t = -2.20$，$p < 0.05$	

表4-108 男女生在学习观上的得分差异

单位：人，分

学校类别	男		女	
	工读学生	普通学生	工读学生	普通学生
人数（百分比）	1117（34.2%）	960（29.4%）	384（11.8%）	802（24.6%）
均值（标准差）	2.64（0.74）	2.66（0.79）	2.61（0.72）	2.74（0.74）
方差分析结果 t（p）	$t=-0.76$，$p=0.45$		$t=-2.85$，$p<0.01$	

（二）在金钱观上的性别差异

分析不同性别的工读学生和普通学生在金钱观对应题目选项上的评分详情，统计结果见表4-109～表4-112。

表4-109 工读男生在金钱观题目选项上的选择频次详情统计

单位：人，分

问卷题目	很不同意	不太同意	基本同意	很同意
金钱能使生活变得更幸福	195	305	402	215
一个人的金钱越多就越有价值	289	385	315	128
人活着就是为了挣更多的钱	282	389	313	133
金钱是衡量个人价值的最重要的标准	266	391	313	147
有钱让人羡慕	209	293	405	210
总　计	1241	1763	1748	833
均值（标准差）	2.39（$SD=0.75$）			

表4-110 工读女生在金钱观题目选项上的选择频次详情统计

单位：人，分

问卷题目	很不同意	不太同意	基本同意	很同意
金钱能使生活变得更幸福	75	131	113	65
一个人的金钱越多就越有价值	115	154	84	31
人活着就是为了挣更多的钱	106	143	88	47
金钱是衡量个人价值的最重要的标准	102	152	85	45
有钱让人羡慕	76	116	118	74
总　计	474	696	488	262
均值（标准差）	2.28（$SD=0.74$）			

表 4 - 111　普通男生在金钱观题目选项上的选择频次详情统计

单位：人，分

问卷题目	很不同意	不太同意	基本同意	很同意
金钱能使生活变得更幸福	262	364	257	77
一个人的金钱越多就越有价值	413	381	127	39
人活着就是为了挣更多的钱	425	355	134	46
金钱是衡量个人价值的最重要的标准	403	362	135	60
有钱让人羡慕	302	354	216	88
总　计	1805	1816	869	310
均值（标准差）	1.93（SD = 0.68）			

表 4 - 112　普通女生在金钱观题目选项上的选择频次详情统计

单位：人，分

问卷题目	很不同意	不太同意	基本同意	很同意
金钱能使生活变得更幸福	212	343	198	49
一个人的金钱越多就越有价值	391	315	71	25
人活着就是为了挣更多的钱	388	319	65	30
金钱是衡量个人价值的最重要的标准	369	309	88	36
有钱让人羡慕	267	328	147	60
总　计	1627	1614	569	200
均值（标准差）	1.84（SD = 0.63）			

　　工读学生中，男生的金钱观均值为 2.39 分，标准差为 0.75 分，女生的金钱观均值为 2.28 分，标准差为 0.74 分，男生的金钱观得分显著高于女生的金钱观得分（$t = 2.48$，$p < 0.05$）。普通学生中，男生的金钱观均值为 1.93 分，标准差为 0.68 分，女生的金钱观均值为 1.84 分，标准差为 0.63 分，男生的金钱观得分显著高于女生（$t = 3.15$，$p < 0.01$），见表 4 - 113。工读学校男生的金钱观得分显著高于普通学校男生（$t = 14.59$，$p < 0.001$）；工读学校女生的金钱观得分显著高于普通学校女生得分（$t = 10.17$，$p < 0.001$），见表 4 - 114。

表4－113 不同性别工读学生和普通学生在金钱观上的得分差异

单位：人，分

性别	工读学生		普通学生	
	男	女	男	女
人数（百分比）	1117（34.2%）	384（11.8%）	960（29.4%）	802（24.6%）
均值（标准差）	2.39（0.75）	2.28（0.74）	1.93（0.68）	1.84（0.63）
方差分析结果 t（p）	$t=2.48$，$p<0.05$		$t=3.15$，$p<0.01$	

表4－114 男女生在金钱观上的得分差异

单位：人，分

学校类别	男		女	
	工读学生	普通学生	工读学生	普通学生
人数（百分比）	1117（34.2%）	960（29.4%）	384（11.8%）	802（24.6%）
均值（标准差）	2.39（0.75）	1.93（0.68）	2.28（0.74）	1.84（0.63）
方差分析结果 t（p）	$t=14.59$，$p<0.001$		$t=10.17$，$p<0.001$	

（三）权力观的性别差异

分析不同性别的工读学生和普通学生在权力观对应题目选项上的评分详情，统计结果见表4－115～表4－118。

表4－115 工读男生在权力观题目选项上的选择频次详情统计

单位：人，分

问卷题目	很不同意	不太同意	基本同意	很同意
有权就有一切	260	412	318	127
人有权就有价值	256	348	351	162
有权力的人更容易获得别人的尊重	190	288	406	233
总　计	706	1048	1075	522
均值（标准差）	2.42（$SD=0.80$）			

表4－116 工读女生在权力观题目选项上的选择频次详情统计

单位：人，分

问卷题目	很不同意	不太同意	基本同意	很同意
有权就有一切	104	157	83	40
人有权就有价值	91	145	101	47
有权力的人更容易获得别人的尊重	73	122	129	60
总　计	268	424	313	147
均值（标准差）	2.29（$SD=0.78$）			

表 4 - 117　普通男生在权力观题目选项上的选择频次详情统计

单位：人，分

问卷题目	很不同意	不太同意	基本同意	很同意
有权就有一切	396	381	133	50
人有权就有价值	364	371	159	66
有权力的人更容易获得别人的尊重	250	315	283	112
总　计	1010	1067	575	228
均值（标准差）	2.01（SD = 0.74）			

表 4 - 118　普通女生在权力观题目选项上的选择频次详情统计

单位：人，分

问卷题目	很不同意	不太同意	基本同意	很同意
有权就有一切	348	323	90	41
人有权就有价值	349	305	108	40
有权力的人更容易获得别人的尊重	208	309	208	77
总　计	905	937	406	158
均值（标准差）	1.92（SD = 0.72）			

　　工读学生中，男生的权力观均值为 2.42 分，标准差为 0.80 分，女生的权力观均值为 2.29 分，标准差为 0.78 分，男生的权力观均值显著高于女生的权力观得分（$t = 2.72$，$p < 0.01$）。普通学生中，男生的权力观均值为 2.01 分，标准差为 0.74 分，女生的权力观均值为 1.92 分，标准差为 0.72 分，男生的权力观得分显著高于女生（$t = 2.38$，$p = 0.02$），见表 4 - 119。工读学校男生的权力观得分显著高于普通学校男生（$t = 12.27$，$p < 0.001$）；工读学校女生的权力观得分显著高于普通学校女生得分（$t = 8.06$，$p < 0.001$），见表 4 - 120。

表 4 - 119　不同性别工读学生和普通学生在权力观上的得分差异

单位：人，分

性别	工读学生		普通学生	
	男	女	男	女
人数（百分比）	1117（34.2%）	384（11.8%）	960（29.4%）	802（24.6%）
均值（标准差）	2.42（0.80）	2.29（0.78）	2.01（0.74）	1.92（0.72）
方差分析结果 t（p）	$t = 2.72$，$p < 0.01$		$t = 2.38$，$p = 0.02$	

表 4-120　男女生在权力观上的得分差异

单位：人，分

学校类别	男		女	
	工读学生	普通学生	工读学生	普通学生
人数（百分比）	1117（34.2%）	960（29.4%）	384（11.8%）	802（24.6%）
均值（标准差）	2.42（0.80）	2.01（0.74）	2.29（0.78）	1.92（0.72）
方差分析结果 t（p）	$t=12.27$，$p<0.001$		$t=8.06$，$p<0.001$	

（四）国家认同的性别差异

分析不同性别的工读学生和普通学生在国家认同对应题目选项上的评分详情，统计结果见表 4-121～表 4-124。

表 4-121　工读男生在国家认同题目选项上的选择频次详情统计

单位：人，分

问卷题目	很不同意	不太同意	基本同意	很同意
我为我是中国人而感到自豪	71	152	227	667
中国人没有外国人幸福	558	294	183	82
如果有下辈子，我还愿意做一名中国人	105	147	240	625
我希望自己不是一名中国人	635	209	173	100
中国人身份对我来说很重要	85	178	287	567
中国人有很多值得自豪的地方	84	126	293	614
总　计	1538	1106	1403	2655
均值（标准差）	3.25（$SD=0.68$）			

表 4-122　工读女生在国家认同题目选项上的选择频次详情统计

单位：人，分

问卷题目	很不同意	不太同意	基本同意	很同意
我为我是中国人而感到自豪	28	45	65	246
中国人没有外国人幸福	221	84	51	28
如果有下辈子，我还愿意做一名中国人	36	42	66	240
我希望自己不是一名中国人	248	60	47	29
中国人身份对我来说很重要	34	45	105	200
中国人有很多值得自豪的地方	26	44	76	238
总　计	593	320	410	981
均值（标准差）	3.33（$SD=0.69$）			

表4－123　普通男生在国家认同题目选项上的选择频次详情统计

单位：人，分

问卷题目	很不同意	不太同意	基本同意	很同意
我为我是中国人而感到自豪	72	76	96	716
中国人没有外国人幸福	618	240	67	35
如果有下辈子，我还愿意做一名中国人	78	80	108	694
我希望自己不是一名中国人	740	125	57	38
中国人身份对我来说很重要	86	101	173	600
中国人有很多值得自豪的地方	82	84	166	628
总　计	1676	706	667	2711
均值（标准差）	3.48（SD=0.65）			

表4－124　普通女生在国家认同题目选项上的选择频次详情统计

单位：人，分

问卷题目	很不同意	不太同意	基本同意	很同意
我为我是中国人而感到自豪	37	36	62	667
中国人没有外国人幸福	590	147	41	24
如果有下辈子，我还愿意做一名中国人	35	41	73	653
我希望自己不是一名中国人	667	62	35	38
中国人身份对我来说很重要	42	49	116	595
中国人有很多值得自豪的地方	39	53	106	604
总　计	1410	388	433	2581
均值（标准差）	3.64（SD=0.55）			

工读学生中，男生的国家认同均值为3.25分，标准差为0.68分，女生的国家认同均值为3.33分，标准差为0.69分，女生的国家认同得分显著高于男生（$t=-2.03$，$p<0.05$）。普通学生中，男生的国家认同均值为3.48分，标准差为0.65分，女生的国家认同均值为3.64分，标准差为0.55分，女生的国家认同得分显著高于男生（$t=-5.77$，$p<0.001$），见表4－125。工读学校男生的国家认同得分显著低于普通学校男生（$t=-7.90$，$p<0.001$）；工读学校女生的国家认同得分显著低于普通学校女生得分（$t=-7.82$，$p<0.001$），见表4－126。

表 4 – 125　不同性别工读学生和普通学生在国家认同上的得分差异

单位：人，分

性别	工读学生		普通学生	
	男	女	男	女
人数（百分比）	1117（34.2%）	384（11.8%）	960（29.4%）	802（24.6%）
均值（标准差）	3.25（0.68）	3.33（0.69）	3.48（0.65）	3.64（0.55）
方差分析结果 t（p）	$t = -2.03$，$p < 0.05$		$t = -5.77$，$p < 0.001$	

表 4 – 126　男女生在国家认同上的得分差异

单位：人，分

学校类别	男		女	
	工读学生	普通学生	工读学生	普通学生
人数（百分比）	1117（34.2%）	960（29.4%）	384（11.8%）	802（24.6%）
均值（标准差）	3.25（0.68）	3.48（0.65）	3.33（0.69）	3.64（0.55）
方差分析结果 t（p）	$t = -7.90$，$p < 0.001$		$t = -7.82$，$p < 0.001$	

（五）集体主义的性别差异

分析不同性别的工读学生和普通学生在集体主义对应题目选项上的评分详情，统计结果见表 4 – 127 ~ 表 4 – 130。

表 4 – 127　工读男生在集体主义题目选项上的选择频次详情统计

单位：人，分

问卷题目	很不同意	不太同意	基本同意	很同意
个人的幸福取决于他对社会的贡献	147	320	428	222
集体利益高于一切	141	252	427	297
任何时候都不应该做社会不能接受的事情	131	240	386	360
为国家利益付出个人代价是值得的	92	225	410	390
总　计	511	1037	1651	1269
均值（标准差）	2.82（$SD = 0.72$）			

表 4 – 128　工读女生在集体主义题目选项上的选择频次详情统计

单位：人，分

问卷题目	很不同意	不太同意	基本同意	很同意
个人的幸福取决于他对社会的贡献	57	125	148	54
集体利益高于一切	32	95	154	103
任何时候都不应该做社会不能接受的事情	36	74	127	147

问卷题目	很不同意	不太同意	基本同意	很同意
为国家利益付出个人代价是值得的	31	83	130	140
总　计	156	377	559	444
均值（标准差）	2.84（SD=0.66）			

表4－129　普通男生在集体主义题目选项上的选择频次详情统计

单位：人，分

问卷题目	很不同意	不太同意	基本同意	很同意
个人的幸福取决于他对社会的贡献	140	245	352	223
集体利益高于一切	123	178	302	357
任何时候都不应该做社会不能接受的事情	140	159	222	439
为国家利益付出个人代价是值得的	91	103	275	491
总　计	494	685	1151	1510
均值（标准差）	2.96（SD=0.78）			

表4－130　普通女生在集体主义题目选项上的选择频次详情统计

单位：人，分

问卷题目	很不同意	不太同意	基本同意	很同意
个人的幸福取决于他对社会的贡献	107	217	287	191
集体利益高于一切	69	146	249	338
任何时候都不应该做社会不能接受的事情	82	121	219	380
为国家利益付出个人代价是值得的	59	66	219	458
总　计	317	550	974	1367
均值（标准差）	3.06（SD=0.70）			

工读学生中，男生的集体主义均值为2.82分，标准差为0.72分，女生的集体主义均值为2.84分，标准差为0.66分，男生和女生的集体主义得分无显著差异（$t=-0.43$，$p=0.66$）。普通学生中，男生的集体主义均值为2.96分，标准差为0.78分，女生的集体主义均值为3.06分，标准差为0.70分，女生的集体主义得分显著高于男生（$t=-2.82$，$p<0.01$），见表4－131。工读学校男生的集体主义得分显著低于普通学校男生（$t=-4.04$，$p<0.001$）；工读学校女生的集体主义得分显著低于普通学校女生得分（$t=-5.09$，$p<0.001$），见表4－132。

表4－131　不同性别工读学生和普通学生在集体主义上的得分差异

单位：人，分

性别	工读学生		普通学生	
	男	女	男	女
人数（百分比）	1117（34.2%）	384（11.8%）	960（29.4%）	802（24.6%）
均值（标准差）	2.82（0.72）	2.84（0.66）	2.96（0.78）	3.06（0.70）
方差分析结果 t（p）	$t = -0.43$，$p = 0.66$		$t = -2.82$，$p < 0.01$	

表4－132　男女生在集体主义上的得分差异

单位：人，分

学校类别	男		女	
	工读学生	普通学生	工读学生	普通学生
人数（百分比）	1117（34.2%）	960（29.4%）	384（11.8%）	802（24.6%）
均值（标准差）	2.82（0.72）	2.96（0.78）	2.84（0.66）	3.06（0.70）
方差分析结果 t（p）	$t = -4.04$，$p < 0.001$		$t = -5.09$，$p < 0.001$	

（六）环境保护的性别差异

分析不同性别的工读学生和普通学生在环境保护对应题目选项上的评分详情，统计结果见表4－133～表4－136。

表4－133　工读男生在环境保护题目选项上的选择频次详情统计

单位：人，分

问卷题目	很不同意	不太同意	基本同意	很同意
公共场合节约用电不会节省多少钱	339	423	258	97
随手关灯并不能节省多少能源	443	374	207	93
节约用水对缓解水资源缺乏状况有帮助	103	189	336	489
在农村不需要环保	598	258	192	69
公共场所需要注意节省水电	127	182	367	441
总　计	1610	1426	1360	1189
均值（标准差）	3.05（$SD = 0.60$）			

表4－134　工读女生在环境保护题目选项上的选择频次详情统计

单位：人，分

问卷题目	很不同意	不太同意	基本同意	很同意
公共场合节约用电不会节省多少钱	131	161	70	22
随手关灯并不能节省多少能源	183	110	65	26

续表

问卷题目	很不同意	不太同意	基本同意	很同意
节约用水对缓解水资源缺乏状况有帮助	34	53	108	189
在农村不需要环保	236	87	40	21
公共场所需要注意节省水电	37	53	107	187
总 计	621	464	390	445
均值（标准差）	3.19（SD=0.61）			

表 4 – 135　普通男生在环境保护题目选项上的选择频次详情统计

单位：人，分

问卷题目	很不同意	不太同意	基本同意	很同意
公共场合节约用电不会节省多少钱	501	293	128	38
随手关灯并不能节省多少能源	594	228	76	62
节约用水对缓解水资源缺乏状况有帮助	105	103	182	570
在农村不需要环保	701	169	56	34
公共场所需要注意节省水电	103	102	199	556
总 计	2004	895	641	1260
均值（标准差）	3.37（SD=0.60）			

表 4 – 136　普通女生在环境保护题目选项上的选择频次详情统计

单位：人，分

问卷题目	很不同意	不太同意	基本同意	很同意
公共场合节约用电不会节省多少钱	435	270	74	23
随手关灯并不能节省多少能源	538	181	48	35
节约用水对缓解水资源缺乏状况有帮助	50	46	141	565
在农村不需要环保	642	108	28	24
公共场所需要注意节省水电	47	52	148	555
总 计	1712	657	439	1202
均值（标准差）	3.53（SD=0.52）			

　　工读学生中，男生的环境保护均值为 3.05 分，标准差为 0.60 分，女生的环境保护均值为 3.19 分，标准差为 0.61 分，女生的环境保护得分显著高于男生（$t = -0.43$，$p = 0.66$）。普通学生中，男生的环境保护均值为 3.37 分，标准差为 0.60 分，女生的环境保护均值为 3.53 分，标准差为 0.52 分，女生的环境保护得分显著高于男生（$t = -2.82$，$p < 0.01$），见表 4 – 137。

工读学校男生的环境保护得分显著低于普通学校男生（$t = -4.04$，$p <$ 0.001）；工读学校女生的环境保护得分显著低于普通学校女生得分（$t = -5.09$，$p < 0.001$），见表 4 – 138。

表 4 – 137　不同性别工读学生和普通学生在环境保护上的得分差异

单位：人，分

性别	工读学生		普通学生	
	男	女	男	女
人数（百分比）	1117（34.2%）	384（11.8%）	960（29.4%）	802（24.6%）
均值（标准差）	3.05（0.60）	3.19（0.61）	3.37（0.60）	3.53（0.52）
方差分析结果 t（p）	$t = -0.43$，$p = 0.66$		$t = -2.82$，$p < 0.01$	

表 4 – 138　男女生在环境保护上的得分差异

单位：人，分

学校类别	男		女	
	工读学生	普通学生	工读学生	普通学生
人数（百分比）	1117（34.2%）	960（29.4%）	384（11.8%）	802（24.6%）
均值（标准差）	3.05（0.60）	3.37（0.60）	3.19（0.61）	3.53（0.52）
方差分析结果 t（p）	$t = -4.04$，$p < 0.001$		$t = -5.09$，$p < 0.001$	

三　价值观的发展特点

为了考察随着年龄增长，工读学生在价值观的不同维度上是否存在变化趋势，以年龄组为自变量，价值观各维度得分为因变量进行单因素方差分析，并检验其是否存在线性趋势，得到如下结果。

（一）学习观的年龄差异

分析不同性别的工读学生和普通学生在学习观对应选项上的评分详情，统计结果见表 4 – 139 ～表 4 – 148。

表 4 – 139　13 岁及以下年龄组工读学生在学习观题目选项上的选择频次详情统计

单位：人，分

问卷题目	很不同意	不太同意	基本同意	很同意
学习能使我获得高地位	51	55	43	22
学习能够使我受到重视	46	47	48	30

问卷题目	很不 同意	不太 同意	基本 同意	很同意
学习能够使我得到别人的认可	41	41	45	44
学习能够维护我在同学中的形象	46	51	48	26
总　计	184	194	184	122
均值（标准差）	2.36（SD＝0.83）			

表4－140　14岁年龄组工读学生在学习观题目选项上的选择频次详情统计

单位：人，分

问卷题目	很不 同意	不太 同意	基本 同意	很同意
学习能使我获得高地位	54	100	95	54
学习能够使我受到重视	54	81	108	60
学习能够使我得到别人的认可	38	77	111	77
学习能够维护我在同学中的形象	54	104	92	53
总　计	200	362	406	244
均值（标准差）	2.57（SD＝0.78）			

表4－141　15岁年龄组工读学生在学习观题目选项上的选择频次详情统计

单位：人，分

问卷题目	很不 同意	不太 同意	基本 同意	很同意
学习能使我获得高地位	63	149	209	107
学习能够使我受到重视	54	144	228	102
学习能够使我得到别人的认可	45	115	223	145
学习能够维护我在同学中的形象	58	163	212	95
总　计	220	571	872	449
均值（标准差）	2.73（SD＝0.68）			

表4－142　16岁年龄组工读学生在学习观题目选项上的选择频次详情统计

单位：人，分

问卷题目	很不 同意	不太 同意	基本 同意	很同意
学习能使我获得高地位	30	80	116	50
学习能够使我受到重视	25	94	111	46
学习能够使我得到别人的认可	27	69	113	67

问卷题目	很不同意	不太同意	基本同意	很同意
学习能够维护我在同学中的形象	30	86	117	43
总　计	112	329	457	206
均值（标准差）	2.69（SD = 0.70）			

表4－143　17岁及以上年龄组工读学生在学习观题目选项上的选择频次详情统计

单位：人，分

问卷题目	很不同意	不太同意	基本同意	很同意
学习能使我获得高地位	11	32	44	25
学习能够使我受到重视	13	31	51	17
学习能够使我得到别人的认可	10	27	50	25
学习能够维护我在同学中的形象	10	35	49	18
总　计	44	125	194	85
均值（标准差）	2.71（SD = 0.65）			

表4－144　普通学生13岁及以下年龄组在学习观题目选项上的选择频次详情统计

单位：人，分

问卷题目	很不同意	不太同意	基本同意	很同意
学习能使我获得高地位	127	226	246	136
学习能够使我受到重视	111	215	249	160
学习能够使我得到别人的认可	88	161	257	229
学习能够维护我在同学中的形象	119	248	254	114
总　计	445	850	1006	639
均值（标准差）	2.63（SD = 0.76）			

表4－145　普通学生14岁年龄组在学习观题目选项上的选择频次详情统计

单位：人，分

问卷题目	很不同意	不太同意	基本同意	很同意
学习能使我获得高地位	84	131	207	107
学习能够使我受到重视	64	124	215	126

续表

问卷题目	很不同意	不太同意	基本同意	很同意
学习能够使我得到别人的认可	39	74	201	215
学习能够维护我在同学中的形象	68	139	209	113
总　计	255	468	832	561
均值（标准差）	2.80（SD = 0.74）			

表 4 – 146　普通学生 15 岁年龄组在学习观题目选项上的选择频次详情统计

单位：人，分

问卷题目	很不同意	不太同意	基本同意	很同意
学习能使我获得高地位	33	64	117	54
学习能够使我受到重视	39	59	111	59
学习能够使我得到别人的认可	19	42	109	98
学习能够维护我在同学中的形象	33	87	109	39
总　计	124	252	446	250
均值（标准差）	2.77（SD = 0.72）			

表 4 – 147　普通学生 16 岁年龄组在学习观题目选项上的选择频次详情统计

单位：人，分

问卷题目	很不同意	不太同意	基本同意	很同意
学习能使我获得高地位	8	30	41	17
学习能够使我受到重视	8	28	39	21
学习能够使我得到别人的认可	5	15	50	26
学习能够维护我在同学中的形象	13	37	32	14
总　计	34	110	162	78
均值（标准差）	2.74（SD = 0.67）			

表 4 – 148　普通学生 17 岁及以上年龄组在学习观题目选项上的选择频次详情统计

单位：人，分

问卷题目	很不同意	不太同意	基本同意	很同意
学习能使我获得高地位	3	5	9	9
学习能够使我受到重视	4	5	9	8

续表

问卷题目	很不同意	不太同意	基本同意	很同意
学习能够使我得到别人的认可	2	5	12	7
学习能够维护我在同学中的形象	5	6	10	5
总　计	14	21	40	29
均值（标准差）	2.81（$SD = 0.83$）			

　　工读学生学习观在不同年龄组间差异显著（$F = 10.01$，$p < 0.001$），其中，13 岁及以下年龄组平均得分 2.36 分（$SD = 0.83$），14 岁年龄组平均得分 2.57 分（$SD = 0.78$），15 岁年龄组平均得分 2.73 分（$SD = 0.68$），16 岁年龄组平均得分 2.69 分（$SD = 0.70$），17 岁及以上年龄组平均得分 2.71 分（$SD = 0.65$），事后检验发现，13 岁及以下年龄组的学习观均值显著低于 14 岁年龄组、15 岁年龄组、16 岁年龄组、17 岁及以上年龄组；15 岁年龄组的学习观均值显著高于 14 岁年龄组。方差分析表明，对于工读学生而言，学习观随着年龄增长呈线性增长（$F = 19.85$，$p < 0.001$），方差分析结果见表 4 – 149，变化趋势见图 4 – 6。

　　普通学生学习观在不同年龄组间存在显著差异（$F = 4.34$，$p = 0.002$），其中，13 岁及以下年龄组平均得分 2.63 分（$SD = 0.76$），14 岁年龄组平均得分 2.80 分（$SD = 0.74$），15 岁年龄组平均得分 2.77 分（$SD = 0.72$），16 岁年龄组平均得分 2.74 分（$SD = 0.67$），17 岁及以上年龄组平均得分 2.81 分（$SD = 0.83$），事后检验发现，仅有 13 岁及以下年龄组与 14 岁年龄组差异显著，表明 14 岁的普通学生学习观明显高于 13 岁及以下的普通学生。方差分析表明，对于普通学生而言，学习观并无随年龄增长而增长的线性趋势（$F = 0.95$，$p = 0.33$），但相较于 13 岁及以下的普通学生，14 岁的普通学生学习观有明显的提升，之后趋于稳定，方差分析结果见表 4 – 149，变化趋势见图 4 – 6。

　　另外，不同年龄组的工读学生与普通学生的学习观差异分析见表 4 – 149。具体而言，13 岁及以下的工读学生的学习观显著低于 13 岁及以下的普通学生（$t = -4.07$，$p < 0.001$），14 岁的工读学生的学习观显著低于 14 岁的普通学生（$t = -4.23$，$p < 0.001$）。其他年龄组的工读学生与普通学生的学习观无显著差异。

表 4 – 149　不同年龄组工读学生和普通学生学习观上的差异分析

单位：分

年龄组	13 岁及以下	14 岁	15 岁	16 岁	17 岁及以上	不同年龄组间的方差分析
工读学生均值（标准差）	2.36 (0.83)	2.57 (0.78)	2.73 (0.68)	2.69 (0.70)	2.71 (0.65)	$F = 10.01$, $p < 0.001$
普通学生均值（标准差）	2.63 (0.76)	2.80 (0.74)	2.77 (0.72)	2.74 (0.67)	2.81 (0.83)	$F = 4.34$, $p = 0.002$
同年龄组不同类型学生的方差分析	$t = -4.07$, $p < 0.001$	$t = -4.23$, $p < 0.001$	$t = -0.63$, $p = 0.53$	$t = -0.66$, $p = 0.51$	$t = -0.63$, $p = 0.53$	

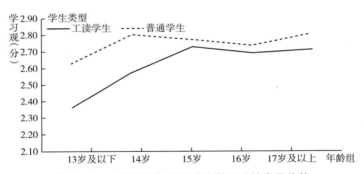

图 4 – 6　工读学生与普通学生学习观的发展趋势

（二）金钱观的年龄差异

分析不同性别的工读学生和普通学生在金钱观对应题目选项上的评分详情，统计结果见表 4 – 150 ~ 表 4 – 159。

表 4 – 150　13 岁及以下年龄组工读学生在金钱观题目选项上的选择频次详情统计

单位：人，分

问卷题目	很不同意	不太同意	基本同意	很同意
金钱能使生活变得更幸福	81	49	27	14
一个人的金钱越多就越有价值	79	62	20	10
人活着就是为了挣更多的钱	81	57	20	13
金钱是衡量个人价值的最重要的标准	73	53	28	17
有钱让人羡慕	76	41	32	22
总　计	390	262	127	76
均值（标准差）	1.87（$SD = 0.72$）			

表 4 - 151　14 年龄组工读学生在金钱观题目选项上的选择频次详情统计

单位：人，分

问卷题目	很不同意	不太同意	基本同意	很同意
金钱能使生活变得更幸福	64	99	99	41
一个人的金钱越多就越有价值	110	95	70	28
人活着就是为了挣更多的钱	89	104	78	32
金钱是衡量个人价值的最重要的标准	90	108	75	30
有钱让人羡慕	77	88	92	46
总　计	430	494	414	177
均值（标准差）	2.22（$SD = 0.75$）			

表 4 - 152　15 岁年龄组工读学生在金钱观题目选项上的选择频次详情统计

单位：人，分

问卷题目	很不同意	不太同意	基本同意	很同意
金钱能使生活变得更幸福	53	153	200	122
一个人的金钱越多就越有价值	104	200	154	70
人活着就是为了挣更多的钱	114	185	163	66
金钱是衡量个人价值的最重要的标准	104	197	146	81
有钱让人羡慕	66	147	196	119
总　计	441	882	859	458
均值（标准差）	2.51（$SD = 0.71$）			

表 4 - 153　16 岁年龄组工读学生在金钱观题目选项上的选择频次详情统计

单位：人，分

问卷题目	很不同意	不太同意	基本同意	很同意
金钱能使生活变得更幸福	35	65	120	56
一个人的金钱越多就越有价值	57	100	85	34
人活着就是为了挣更多的钱	55	111	71	39
金钱是衡量个人价值的最重要的标准	55	99	80	42
有钱让人羡慕	34	75	107	60
总　计	236	450	463	231
均值（标准差）	2.50（$SD = 0.71$）			

表 4 –154　17 岁及以上年龄组工读学生在金钱观题目选项上的选择频次详情统计

单位：人，分

问卷题目	很不同意	不太同意	基本同意	很同意
金钱能使生活变得更幸福	11	31	40	30
一个人的金钱越多就越有价值	25	44	35	8
人活着就是为了挣更多的钱	21	39	36	16
金钱是衡量个人价值的最重要的标准	21	42	39	10
有钱让人羡慕	15	33	42	22
总　计	93	189	192	86
均值（标准差）	2.48（SD = 0.67）			

表 4 –155　普通学生 13 岁及以下年龄组在金钱观题目选项上的选择频次详情统计

单位：人，分

问卷题目	很不同意	不太同意	基本同意	很同意
金钱能使生活变得更幸福	224	323	165	23
一个人的金钱越多就越有价值	356	289	77	13
人活着就是为了挣更多的钱	364	269	78	24
金钱是衡量个人价值的最重要的标准	328	282	91	34
有钱让人羡慕	256	294	136	49
总　计	1528	1457	547	143
均值（标准差）	1.81（SD = 0.60）			

表 4 –156　普通学生 14 年龄组在金钱观题目选项上的选择频次详情统计

单位：人，分

问卷题目	很不同意	不太同意	基本同意	很同意
金钱能使生活变得更幸福	136	202	153	38
一个人的金钱越多就越有价值	245	209	55	20
人活着就是为了挣更多的钱	254	198	56	21
金钱是衡量个人价值的最重要的标准	240	202	62	25
有钱让人羡慕	169	200	118	42
总　计	1044	1011	444	146
均值（标准差）	1.88（SD = 0.66）			

表 4 – 157　普通学生 15 岁年龄组在金钱观题目选项上的选择频次详情统计

单位：人，分

问卷题目	很不同意	不太同意	基本同意	很同意
金钱能使生活变得更幸福	55	106	77	30
一个人的金钱越多就越有价值	119	110	27	12
人活着就是为了挣更多的钱	114	112	28	14
金钱是衡量个人价值的最重要的标准	122	99	33	14
有钱让人羡慕	75	108	59	26
总　计	485	535	224	96
均值（标准差）	1.95（$SD = 0.66$）			

表 4 – 158　普通学生 16 岁年龄组在金钱观题目选项上的选择频次详情统计

单位：人，分

问卷题目	很不同意	不太同意	基本同意	很同意
金钱能使生活变得更幸福	13	34	33	16
一个人的金钱越多就越有价值	27	50	10	9
人活着就是为了挣更多的钱	27	46	15	8
金钱是衡量个人价值的最重要的标准	31	41	14	10
有钱让人羡慕	17	35	28	16
总　计	115	206	100	59
均值（标准差）	2.21（$SD = 0.72$）			

表 4 – 159　普通学生 17 岁及以上年龄组在金钱观题目选项上的选择频次详情统计

单位：人，分

问卷题目	很不同意	不太同意	基本同意	很同意
金钱能使生活变得更幸福	3	8	9	6
一个人的金钱越多就越有价值	10	5	10	1
人活着就是为了挣更多的钱	9	8	7	2
金钱是衡量个人价值的最重要的标准	11	8	5	2
有钱让人羡慕	5	12	4	5
总　计	38	41	35	16
均值（标准差）	2.22（$SD = 0.80$）			

工读学生金钱观在不同年龄组间差异显著（$F = 31.82$，$p < 0.001$），其中，13 岁及以下年龄组平均得分 1.87 分（$SD = 0.72$），14 岁年龄组平均得

分 2.22 分 （SD = 0.75）， 15 岁年龄组平均得分 2.51 分 （SD = 0.71）， 16 岁
年龄组平均得分 2.50 分 （SD = 0.71）， 17 岁及以上年龄组平均得分 2.48 分
（SD = 0.67）， 事后检验发现， 13 岁及以下年龄组的金钱观均值显著低于 14
岁年龄组、 15 岁年龄组、 16 岁年龄组以及 17 岁及以上年龄组； 14 岁年龄组
的金钱观均值显著小于 15 岁年龄组、 16 岁年龄组以及 17 岁及以上年龄组。
方差分析表明， 对于工读学生而言， 金钱观随着年龄增长呈线性增长 （F =
67.13， p < 0.001）， 方差分析结果见表 4 - 160， 变化趋势见图 4 - 7。

普通学生金钱观在不同年龄组间存在显著差异 （F = 11.31， p < 0.001），
其中， 13 岁及以下年龄组平均得分 1.81 分 （SD = 0.60）， 14 岁年龄组平均
得分 1.88 分 （SD = 0.66）， 15 岁年龄组平均得分 1.95 分 （SD = 0.66）， 16
岁年龄组平均得分 2.21 分 （SD = 0.72）， 17 岁及以上年龄组平均得分 2.22
分 （SD = 0.80）， 事后检验发现， 13 岁及以下年龄组的金钱观均值显著小于
16 岁年龄组以及 17 岁及以上年龄组； 16 岁年龄组的金钱观均值显著大于 14
岁年龄组以及 15 岁年龄组。 方差分析表明， 对于普通学生而言， 金钱观随着
年龄增长呈线性增长 （F = 19.00， p < 0.01）， 方差分析结果见表 4 - 160， 变
化趋势见图 4 - 7。

另外， 不同年龄组的工读学生与普通学生的金钱观差异分析见表 4 -
160。 具体而言， 14 岁年龄组工读学生的金钱观显著高于 14 岁的普通学生
（t = 6.59， p < 0.001）， 15 岁的工读学生的金钱观显著高于 15 岁的普通学生
（t = 10.73， p < 0.001）， 16 岁的工读学生的金钱观显著高于 16 岁的普通学
生 （t = 3.39， p < 0.01）。 其他年龄组的工读学生与普通学生的金钱观无显著
差异。

表 4 - 160　 不同年龄组工读学生和普通学生金钱观上的差异分析

单位： 分

年龄组	13 岁及以下	14 岁	15 岁	16 岁	17 岁及以上	不同年龄组间的方差分析
工读学生均值（标准差）	1.87（0.72）	2.22（0.75）	2.51（0.71）	2.50（0.71）	2.48（0.67）	F = 31.82，p < 0.001
普通学生均值（标准差）	1.81（0.60）	1.88（0.66）	1.95（0.66）	2.21（0.72）	2.22（0.80）	F = 11.31，p < 0.001
同年龄组不同类型学生的方差分析	t = 0.99，p = 0.32	t = 6.59，p < 0.001	t = 10.73，p < 0.001	t = 3.39，p < 0.01	t = 1.72，p = 0.09	

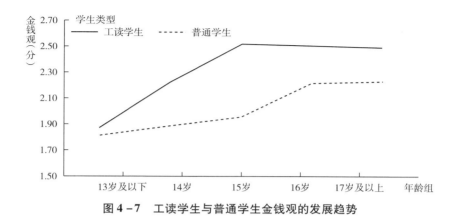

图 4 – 7 工读学生与普通学生金钱观的发展趋势

（三）权力观的年龄差异

分析不同性别的工读学生和普通学生在权力观对应题目选项上的评分详情，统计结果见表 4 – 161 ~ 表 4 – 170。

表 4 – 161 13 岁及以下年龄组工读学生在权力观题目选项上的选择频次详情统计

单位：人，分

问卷题目	很不同意	不太同意	基本同意	很同意
有权就有一切	79	52	29	11
人有权就有价值	85	38	36	12
有权力的人更容易获得别人的尊重	68	47	36	20
总　计	232	137	101	43
均值（标准差）	1.91（SD = 0.80）			

表 4 – 162 14 岁年龄组工读学生在权力观题目选项上的选择频次详情统计

单位：人，分

问卷题目	很不同意	不太同意	基本同意	很同意
有权就有一切	98	97	77	31
人有权就有价值	89	92	89	33
有权力的人更容易得到别人的尊重	73	89	94	47
总　计	260	278	260	111
均值（标准差）	2.24（SD = 0.80）			

263

表 4 – 163　15 岁年龄组工读学生在权力观题目选项上的选择频次详情统计

单位：人，分

问卷题目	很不同意	不太同意	基本同意	很同意
有权就有一切	100	210	143	75
人有权就有价值	82	179	175	92
有权力的人更容易获得别人的尊重	57	151	192	128
总　计	239	540	510	295
均值（标准差）	2.54（SD = 0.76）			

表 4 – 164　16 岁年龄组工读学生在权力观题目选项上的选择频次详情统计

单位：人，分

问卷题目	很不同意	不太同意	基本同意	很同意
有权就有一切	39	112	95	30
人有权就有价值	48	97	91	40
有权力的人更容易获得别人的尊重	32	72	120	52
总　计	119	281	306	122
均值（标准差）	2.52（SD = 0.74）			

表 4 – 165　17 岁及以上年龄组工读学生在权力观题目选项上的选择频次详情统计

单位：人，分

问卷题目	很不同意	不太同意	基本同意	很同意
有权就有一切	23	45	34	10
人有权就有价值	20	47	32	13
有权力的人更容易获得别人的尊重	14	23	45	30
总　计	57	115	111	53
均值（标准差）	2.48（SD = 0.75）			

表 4 – 166　普通学生 13 岁及以下年龄组在权力观题目选项上的选择频次详情统计

单位：人，分

问卷题目	很不同意	不太同意	基本同意	很同意
有权就有一切	321	303	76	35
人有权就有价值	320	272	104	39
有权力的人更容易获得别人的尊重	201	276	191	67
总　计	842	851	371	141
均值（标准差）	1.91（SD = 0.70）			

表 4 - 167　普通学生 14 岁年龄组在权力观题目选项上的选择频次详情统计

单位：人，分

问卷题目	很不同意	不太同意	基本同意	很同意
有权就有一切	229	195	77	28
人有权就有价值	219	199	77	34
有权力的人更容易获得别人的尊重	140	179	154	56
总　计	588	573	308	118
均值（标准差）	1.97（SD = 0.76）			

表 4 - 168　普通学生 15 岁年龄组在权力观题目选项上的选择频次详情统计

单位：人，分

问卷题目	很不同意	不太同意	基本同意	很同意
有权就有一切	107	124	26	11
人有权就有价值	94	119	35	20
有权力的人更容易获得别人的尊重	63	99	72	34
总　计	264	342	133	65
均值（标准差）	2.00（SD = 0.70）			

表 4 - 169　普通学生 16 岁年龄组在权力观题目选项上的选择频次详情统计

单位：人，分

问卷题目	很不同意	不太同意	基本同意	很同意
有权就有一切	32	40	20	4
人有权就有价值	30	43	19	4
有权力的人更容易获得别人的尊重	11	28	40	17
总　计	73	111	79	25
均值（标准差）	2.19（SD = 0.73）			

表 4 - 170　普通学生 17 岁及以上年龄组在权力观题目选项上的选择频次详情统计

单位：人，分

问卷题目	很不同意	不太同意	基本同意	很同意
有权就有一切	10	9	5	2
人有权就有价值	9	8	8	1
有权力的人更容易获得别人的尊重	4	11	7	4
总　计	23	28	20	7
均值（标准差）	2.14（SD = 0.82）			

工读学生权力观在不同年龄组间差异显著（$F = 26.85$，$p < 0.001$），其中，13 岁及以下年龄组平均得分 1.91 分（$SD = 0.80$），14 岁年龄组平均得分 2.24 分（$SD = 0.80$），15 岁年龄组平均得分 2.54 分（$SD = 0.76$），16 岁年龄组平均得分 2.52 分（$SD = 0.74$），17 岁及以上年龄组平均得分 2.48 分（$SD = 0.75$），事后检验发现，13 岁及以下年龄组的权力观均值显著小于 14 岁年龄组、15 岁年龄组、16 岁年龄组、17 岁及以上年龄组；14 岁年龄组的权力观均值显著小于 15 岁年龄组以及 16 岁年龄组。方差分析表明，对于工读学生而言，权力观随着年龄增长呈线性增长（$F = 50.54$，$p < 0.001$），方差分析结果见表 4 – 171，变化趋势见图 4 – 8。

普通学生权力观在不同年龄组间存在显著差异（$F = 3.86$，$p = 0.004$），其中，13 岁及以下年龄组平均得分 1.91 分（$SD = 0.70$），14 岁年龄组平均得分 1.97 分（$SD = 0.76$），15 岁年龄组平均得分 2.00 分（$SD = 0.70$），16 岁年龄组平均得分 2.19 分（$SD = 0.73$），17 岁及以上年龄组平均得分 2.14 分（$SD = 0.82$），事后检验发现，13 岁及以下年龄组的权力观均值显著小于 16 岁年龄组。方差分析表明，对于普通学生而言，权力观随着年龄增长呈线性增长（$F = 5.08$，$p = 0.02$），方差分析结果见表 4 – 171，变化趋势见图 4 – 8。

另外，不同年龄组的工读学生与普通学生的权力观差异分析见表 4 – 171。具体而言，13 岁及以下的工读学生与普通学生的权力观无显著差异（$t = -0.03$，$p = 0.98$），14 岁的工读学生的权力观显著高于 14 岁的普通学生（$t = 4.87$，$p < 0.001$），15 岁的工读学生的权力观显著高于 15 岁的普通学生（$t = 10.04$，$p < 0.001$），16 岁的工读学生的权力观显著高于 16 岁的普通学生（$t = 3.74$，$p < 0.001$），17 岁及以上的工读学生的权力观显著高于 17 岁及以上的普通学生（$t = 2.02$，$p < 0.05$）。

表 4 – 171　不同年龄组工读学生和普通学生权力观上的差异分析

单位：分

年龄组	13 岁及以下	14 岁	15 岁	16 岁	17 岁及以上	不同年龄组间的方差分析
工读学生均值（标准差）	1.91 (0.80)	2.24 (0.80)	2.54 (0.76)	2.52 (0.74)	2.48 (0.75)	$F = 26.85$，$p < 0.001$
普通学生均值（标准差）	1.91 (0.70)	1.97 (0.76)	2.00 (0.70)	2.19 (0.73)	2.14 (0.82)	$F = 3.86$，$p = 0.004$
同年龄组不同类型学生的方差分析	$t = -0.03$，$p = 0.98$	$t = 4.87$，$p < 0.001$	$t = 10.04$，$p < 0.001$	$t = 3.74$，$p < 0.001$	$t = 2.02$，$p < 0.05$	

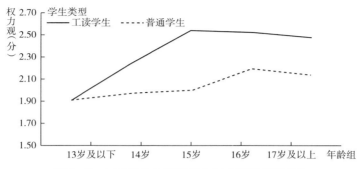

图 4 - 8　工读学生与普通学生权力观的发展趋势

（四）国家认同的年龄差异

分析不同性别的工读学生和普通学生在国家认同对应题目选项上的评分详情，统计结果见表 4 - 172 ~ 表 4 - 181。

表 4 - 172　13 岁及以下年龄组工读学生在国家认同题目选项上的选择频次详情统计

单位：人，分

问卷题目	很不同意	不太同意	基本同意	很同意
我为我是中国人而感到自豪	34	26	17	94
中国人没有外国人幸福	114	29	15	13
如果有下辈子，我还愿意做一名中国人	37	21	26	87
我希望自己不是一名中国人	118	23	18	12
中国人身份对我来说很重要	29	20	31	91
中国人有很多值得自豪的地方	33	17	36	85
总　计	365	136	143	382
均值（标准差）	3.15（SD = 0.80）			

表 4 - 173　14 岁年龄组工读学生在国家认同题目选项上的选择频次详情统计

单位：人，分

问卷题目	很不同意	不太同意	基本同意	很同意
我为我是中国人而感到自豪	24	46	52	181
中国人没有外国人幸福	160	71	51	21
如果有下辈子，我还愿意做一名中国人	34	34	64	171
我希望自己不是一名中国人	186	55	37	25
中国人身份对我来说很重要	33	39	80	151
中国人有很多值得自豪的地方	28	38	72	165
总　计	465	283	356	714
均值（标准差）	3.24（SD = 0.69）			

表 4 - 174 15 岁年龄组工读学生在国家认同题目选项上的选择频次详情统计

单位：人，分

问卷题目	很不同意	不太同意	基本同意	很同意
我为我是中国人而感到自豪	18	54	104	352
中国人没有外国人幸福	260	131	91	46
如果有下辈子，我还愿意做一名中国人	32	56	114	326
我希望自己不是一名中国人	307	93	83	45
中国人身份对我来说很重要	26	69	149	284
中国人有很多值得自豪的地方	21	53	131	323
总　计	664	456	672	1376
均值（标准差）	3.34（SD = 0.64）			

表 4 - 175 16 岁年龄组工读学生在国家认同题目选项上的选择频次详情统计

单位：人，分

问卷题目	很不同意	不太同意	基本同意	很同意
我为我是中国人而感到自豪	10	33	62	171
中国人没有外国人幸福	142	77	41	16
如果有下辈子，我还愿意做一名中国人	19	39	48	170
我希望自己不是一名中国人	159	55	41	21
中国人身份对我来说很重要	12	42	69	153
中国人有很多值得自豪的地方	16	33	66	161
总　计	358	279	327	692
均值（标准差）	3.33（SD = 0.65）			

表 4 - 176 17 岁及以上年龄组工读学生在国家认同题目选项上的选择频次详情统计

单位：人，分

问卷题目	很不同意	不太同意	基本同意	很同意
我为我是中国人而感到自豪	3	10	27	72
中国人没有外国人幸福	58	36	11	7
如果有下辈子，我还愿意做一名中国人	9	14	23	66
我希望自己不是一名中国人	70	16	10	16
中国人身份对我来说很重要	5	16	36	55
中国人有很多值得自豪的地方	3	9	30	70
总　计	148	101	137	286
均值（标准差）	3.35（SD = 0.62）			

表 4 - 177　普通学生 13 岁及以下年龄组在国家认同题目选项上的选择频次详情统计

单位：人，分

问卷题目	很不同意	不太同意	基本同意	很同意
我为我是中国人而感到自豪	60	64	83	528
中国人没有外国人幸福	459	185	64	27
如果有下辈子，我还愿意做一名中国人	57	80	87	511
我希望自己不是一名中国人	551	99	50	35
中国人身份对我来说很重要	66	82	138	449
中国人有很多值得自豪的地方	63	80	114	478
总　计	1256	590	536	2028
均值（标准差）	3.44（$SD = 0.67$）			

表 4 - 178　普通学生 14 岁年龄组在国家认同题目选项上的选择频次详情统计

单位：人，分

问卷题目	很不同意	不太同意	基本同意	很同意
我为我是中国人而感到自豪	22	22	37	448
中国人没有外国人幸福	382	107	23	17
如果有下辈子，我还愿意做一名中国人	25	19	55	430
我希望自己不是一名中国人	445	40	22	22
中国人身份对我来说很重要	25	31	80	393
中国人有很多值得自豪的地方	25	33	80	391
总　计	924	252	297	1701
均值（标准差）	3.65（$SD = 0.53$）			

表 4 - 179　普通学生 15 岁年龄组在国家认同题目选项上的选择频次详情统计

单位：人，分

问卷题目	很不同意	不太同意	基本同意	很同意
我为我是中国人而感到自豪	10	3	11	244
中国人没有外国人幸福	207	46	10	5
如果有下辈子，我还愿意做一名中国人	10	5	17	236
我希望自己不是一名中国人	245	9	7	7
中国人身份对我来说很重要	11	11	32	214
中国人有很多值得自豪的地方	8	7	37	216
总　计	491	81	114	922
均值（标准差）	3.76（$SD = 0.43$）			

表 4 - 180　普通学生 16 岁年龄组在国家认同题目选项上的选择频次详情统计

单位：人，分

问卷题目	很不同意	不太同意	基本同意	很同意
我为我是中国人而感到自豪	1	3	11	81
中国人没有外国人幸福	71	22	3	0
如果有下辈子，我还愿意做一名中国人	1	3	9	83
我希望自己不是一名中国人	78	15	1	2
中国人身份对我来说很重要	3	8	19	66
中国人有很多值得自豪的地方	3	2	18	73
总　计	157	53	61	305
均值（标准差）	3.72（SD = 0.43）			

表 4 - 181　普通学生 17 岁及以上年龄组在国家认同题目选项上的选择频次详情统计

单位：人，分

问卷题目	很不同意	不太同意	基本同意	很同意
我为我是中国人而感到自豪	1	1	5	19
中国人没有外国人幸福	20	5	1	0
如果有下辈子，我还愿意做一名中国人	1	0	2	23
我希望自己不是一名中国人	21	4	0	1
中国人身份对我来说很重要	1	1	5	19
中国人有很多值得自豪的地方	1	0	4	21
总　计	45	11	17	83
均值（标准差）	3.71（SD = 0.47）			

工读学生国家认同在不同年龄组间差异显著（$F = 3.25$，$p = 0.01$），其中，13 岁及以下年龄组平均得分 3.15 分（$SD = 0.80$），14 岁年龄组平均得分 3.24 分（$SD = 0.69$），15 岁年龄组平均得分 3.34 分（$SD = 0.64$），16 岁年龄组平均得分 3.33 分（$SD = 0.65$），17 岁及以上年龄组平均得分 3.35 分（$SD = 0.62$），事后检验发现，13 岁及以下年龄组的国家认同均值显著小于 15 岁年龄组。方差分析表明，对于工读学生而言，国家认同随着年龄增长呈线性增长（$F = 7.65$，$p = 0.006$），方差分析结果见表 4 - 182，变化趋势见图 4 - 9。

普通学生国家认同在不同年龄组间存在显著差异（$F = 20.49$，$p < 0.001$），其中，13 岁及以下年龄组平均得分 3.44 分（$SD = 0.67$），14 岁年

龄组平均得分 3.65 分（$SD = 0.53$），15 岁年龄组平均得分 3.76 分（$SD = 0.43$），16 岁年龄组平均得分 3.72 分（$SD = 0.43$），17 岁及以上年龄组平均得分 3.71 分（$SD = 0.47$），事后检验发现，13 岁及以下年龄组的国家认同均值显著小于 14 岁年龄组、15 岁年龄组以及 16 岁年龄组。方差分析表明，对于普通学生而言，国家认同随着年龄增长呈线性增长（$F = 6.11$，$p = 0.01$），方差分析结果见表 4 – 182，变化趋势见图 4 – 9。

另外，不同年龄组的工读学生与普通学生的国家认同差异分析见表 4 – 182。具体而言，13 岁及以下的工读学生的国家认同显著低于 13 岁及以下的普通学生（$t = -4.36$，$p < 0.001$），14 岁的工读学生的国家认同显著低于 14 岁的普通学生（$t = -8.91$，$p < 0.001$），15 岁的工读学生的国家认同显著低于 15 岁的普通学生（$t = -10.99$，$p < 0.001$），16 岁的工读学生的国家认同显著低于 16 岁的普通学生（$t = -6.58$，$p < 0.001$），17 岁及以上的工读学生的国家认同显著低于 17 岁及以上的普通学生（$t = -3.23$，$p < 0.01$）。

表 4 – 182　不同年龄组工读学生和普通学生国家认同上的差异分析

单位：分

年龄组	13 岁及以下	14 岁	15 岁	16 岁	17 岁及以上	不同年龄组间的方差分析
工读学生均值（标准差）	3.15（0.80）	3.24（0.69）	3.34（0.64）	3.33（0.65）	3.35（0.62）	$F = 3.25$，$p = 0.01$
普通学生均值（标准差）	3.44（0.67）	3.65（0.53）	3.76（0.43）	3.72（0.43）	3.71（0.47）	$F = 20.49$，$p < 0.001$
同年龄组不同类型学生的方差分析	$t = -4.36$，$p < 0.001$	$t = -8.91$，$p < 0.001$	$t = -10.99$，$p < 0.001$	$t = -6.58$，$p < 0.001$	$t = -3.23$，$p < 0.01$	

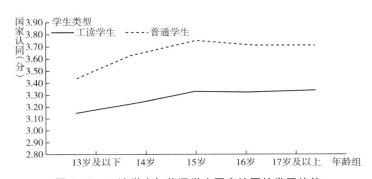

图 4 – 9　工读学生与普通学生国家认同的发展趋势

（五）集体主义的年龄差异

分析不同性别的工读学生和普通学生在集体主义对应题目选项上的评分详情，统计结果见表 4 – 183 ~ 表 4 – 192。

表 4 – 183　13 岁及以下年龄组工读学生在集体主义题目选项上的选择频次详情统计

单位：人，分

问卷题目	很不同意	不太同意	基本同意	很同意
个人的幸福取决于他对社会的贡献	41	44	52	34
集体利益高于一切	41	38	53	39
任何时候都不应该做社会不能接受的事情	31	42	42	56
为国家利益付出个人代价是值得的	33	39	32	67
总　　计	146	163	179	196
均值（标准差）	2.62（SD = 0.88）			

表 4 – 184　14 岁年龄组工读学生在集体主义题目选项上的选择频次详情统计

单位：人，分

问卷题目	很不同意	不太同意	基本同意	很同意
个人的幸福取决于他对社会的贡献	45	83	118	57
集体利益高于一切	39	76	104	84
任何时候都不应该做社会不能接受的事情	49	65	94	95
为国家利益付出个人代价是值得的	37	59	91	116
总　　计	170	283	407	352
均值（标准差）	2.78（SD = 0.77）			

表 4 – 185　15 岁年龄组工读学生在集体主义题目选项上的选择频次详情统计

单位：人，分

问卷题目	很不同意	不太同意	基本同意	很同意
个人的幸福取决于他对社会的贡献	59	130	232	107
集体利益高于一切	39	112	218	159
任何时候都不应该做社会不能接受的事情	41	95	201	191
为国家利益付出个人代价是值得的	20	101	219	188
总　　计	159	438	870	645
均值（标准差）	2.95（SD = 0.62）			

表 4 – 186　16 岁年龄组工读学生在集体主义题目选项上的选择频次详情统计

单位：人，分

问卷题目	很不同意	不太同意	基本同意	很同意
个人的幸福取决于他对社会的贡献	27	100	100	49
集体利益高于一切	25	56	122	73
任何时候都不应该做社会不能接受的事情	21	53	99	103
为国家利益付出个人代价是值得的	16	60	112	88
总　计	89	269	433	313
均值（标准差）	2.88（SD = 0.65）			

表 4 – 187　17 岁及以上年龄组工读学生在集体主义题目选项上的选择频次详情统计

单位：人，分

问卷题目	很不同意	不太同意	基本同意	很同意
个人的幸福取决于他对社会的贡献	13	41	42	16
集体利益高于一切	11	28	49	24
任何时候都不应该做社会不能接受的事情	7	31	34	40
为国家利益付出个人代价是值得的	7	23	42	40
总　计	38	123	167	120
均值（标准差）	2.82（SD = 0.64）			

表 4 – 188　普通学生 13 岁及以下年龄组在集体主义题目选项上的选择频次详情统计

单位：人，分

问卷题目	很不同意	不太同意	基本同意	很同意
个人的幸福取决于他对社会的贡献	121	204	252	158
集体利益高于一切	92	158	225	260
任何时候都不应该做社会不能接受的事情	99	139	173	324
为国家利益付出个人代价是值得的	80	89	205	361
总　计	392	590	855	1103
均值（标准差）	2.91（SD = 0.77）			

表 4 - 189 普通学生 14 岁年龄组在集体主义题目选项上的选择频次详情统计

单位：人，分

问卷题目	很不同意	不太同意	基本同意	很同意
个人的幸福取决于他对社会的贡献	62	129	204	134
集体利益高于一切	46	83	156	244
任何时候都不应该做社会不能接受的事情	55	74	128	272
为国家利益付出个人代价是值得的	30	38	154	307
总　计	193	324	642	957
均值（标准差）	3.12（SD = 0.69）			

表 4 - 190 普通学生 15 岁年龄组在集体主义题目选项上的选择频次详情统计

单位：人，分

问卷题目	很不同意	不太同意	基本同意	很同意
个人的幸福取决于他对社会的贡献	25	67	101	75
集体利益高于一切	17	39	98	114
任何时候都不应该做社会不能接受的事情	25	32	79	132
为国家利益付出个人代价是值得的	11	13	73	171
总　计	78	151	351	492
均值（标准差）	3.17（SD = 0.62）			

表 4 - 191 普通学生 16 岁年龄组在集体主义题目选项上的选择频次详情统计

单位：人，分

问卷题目	很不同意	不太同意	基本同意	很同意
个人的幸福取决于他对社会的贡献	7	30	38	21
集体利益高于一切	5	22	38	31
任何时候都不应该做社会不能接受的事情	10	13	31	42
为国家利益付出个人代价是值得的	2	8	31	55
总　计	24	73	138	149
均值（标准差）	3.07（SD = 0.62）			

表 4 - 192 普通学生 17 岁及以上年龄组在集体主义题目选项上的选择频次详情统计

单位：人，分

问卷题目	很不同意	不太同意	基本同意	很同意
个人的幸福取决于他对社会的贡献	2	2	17	5

问卷题目	很不同意	不太同意	基本同意	很同意
集体利益高于一切	2	3	11	10
任何时候都不应该做社会不能接受的事情	3	1	6	16
为国家利益付出个人代价是值得的	1	2	11	12
总　计	8	8	45	43
均值（标准差）	3.18（$SD = 0.70$）			

工读学生的集体主义观在不同年龄组间差异显著（$F = 8.21$，$p < 0.001$），其中，13 岁及以下年龄组平均得分 2.62 分（$SD = 0.88$），14 岁年龄组平均得分 2.78 分（$SD = 0.77$），15 岁年龄组平均得分 2.95 分（$SD = 0.62$），16 岁年龄组平均得分 2.88 分（$SD = 0.65$），17 岁及以上年龄组平均得分 2.82 分（$SD = 0.64$），事后检验发现，13 岁及以下年龄组的集体主义均值显著小于 15 岁年龄组以及 16 岁年龄组；14 岁年龄组的集体主义均值显著小于 15 岁年龄组。方差分析表明，对于工读学生而言，集体主义观随着年龄增长呈线性增长（$F = 8.04$，$p < 0.01$），方差分析结果见表 4 - 193，变化趋势见图 4 - 10。

普通学生集体主义在不同年龄组间存在显著差异（$F = 10.45$，$p < 0.001$），其中，13 岁及以下年龄组平均得分 2.91 分（$SD = 0.77$），14 岁年龄组平均得分 3.12 分（$SD = 0.69$），15 岁年龄组平均得分 3.17 分（$SD = 0.62$），16 岁年龄组平均得分 3.07 分（$SD = 0.62$），17 岁及以上年龄组平均得分 3.18 分（$SD = 0.70$），事后检验发现，13 岁及以下年龄组的集体主义均值显著小于 14 岁年龄组以及 15 岁年龄组。方差分析表明，对于普通学生而言，集体主义随着年龄增长呈线性增长的趋势并不明显（$F = 2.94$，$p = 0.08$），方差分析结果见表 4 - 193，变化趋势见图 4 - 10。

另外，不同年龄组的工读学生与普通学生的集体主义差异分析见表 4 - 193。具体而言，13 岁及以下的工读学生的集体主义显著低于 13 岁及以下的普通学生（$t = -3.94$，$p < 0.001$），14 岁的工读学生的集体主义显著低于 14 岁的普通学生（$t = -6.55$，$p < 0.001$），15 岁的工读学生的集体主义显著低于 15 岁的普通学生（$t = -4.87$，$p < 0.001$），16 岁的工读学生的集体主义显著低于 16 岁的普通学生（$t = -2.55$，$p < 0.05$），17 岁及以上的工读学生的集体主义显著低于 17 岁及以上的普通学生（$t = -2.54$，$p < 0.05$）。

表 4 - 193　不同年龄组工读学生和普通学生集体主义上的差异分析

单位：分

年龄组	13 岁及以下	14 岁	15 岁	16 岁	17 岁及以上	不同年龄组间的方差分析
工读学生均值（标准差）	2.62 (0.88)	2.78 (0.77)	2.95 (0.62)	2.88 (0.65)	2.82 (0.64)	$F = 8.21$, $p < 0.001$
普通学生均值（标准差）	2.91 (0.77)	3.12 (0.69)	3.17 (0.62)	3.07 (0.62)	3.18 (0.70)	$F = 10.45$, $p < 0.001$
同年龄组不同类型学生的方差分析	$t = -3.94$, $p < 0.001$	$t = -6.55$, $p < 0.001$	$t = -4.87$, $p < 0.001$	$t = -2.55$, $p < 0.05$	$t = -2.54$, $p < 0.05$	

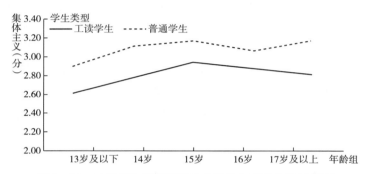

图 4 - 10　工读学生与普通学生的集体主义观的发展趋势

（六）环境保护的年龄差异

分析不同性别的工读学生和普通学生在环境保护对应题目选项上的评分详情，统计结果见表 4 - 194 ~ 表 4 - 203。

表 4 - 194　13 岁及以下年龄组工读学生在环境保护题目选项上的选择频次详情统计

单位：人，分

问卷题目	很不同意	不太同意	基本同意	很同意
公共场合节约用电不会节省多少钱	87	53	20	11
随手关灯并不能节省多少能源	99	41	21	10
节约用水对缓解水资源缺乏状况有帮助	37	26	46	62
在农村不需要环保	115	31	18	7
公共场所需要注意节省水电	37	22	33	79
总　计	375	173	138	169
均值（标准差）	3.15 (0.59)			

表 4 - 195　14 岁年龄组工读学生在环境保护题目选项上的选择频次详情统计

单位：人，分

问卷题目	很不同意	不太同意	基本同意	很同意
公共场合节约用电不会节省多少钱	108	102	70	23
随手关灯并不能节省多少能源	133	96	51	23
节约用水对缓解水资源缺乏状况有帮助	31	50	85	137
在农村不需要环保	161	74	52	16
公共场所需要注意节省水电	43	53	94	113
总　　计	476	375	352	312
均值（标准差）	3.07 （SD = 0.62）			

表 4 - 196　15 岁年龄组工读学生在环境保护题目选项上的选择频次详情统计

单位：人，分

问卷题目	很不同意	不太同意	基本同意	很同意
公共场合节约用电不会节省多少钱	150	217	117	44
随手关灯并不能节省多少能源	214	176	92	46
节约用水对缓解水资源缺乏状况有帮助	27	71	160	270
在农村不需要环保	298	109	83	38
公共场所需要注意节省水电	34	78	178	238
总　　计	723	651	630	636
均值（标准差）	3.13 （SD = 0.61）			

表 4 - 197　16 岁年龄组工读学生在环境保护题目选项上的选择频次详情统计

单位：人，分

问卷题目	很不同意	不太同意	基本同意	很同意
公共场合节约用电不会节省多少钱	62	126	61	27
随手关灯并不能节省多少能源	101	96	54	25
节约用水对缓解水资源缺乏状况有帮助	21	39	89	127
在农村不需要环保	159	65	38	14
公共场所需要注意节省水电	29	35	95	117
总　　计	372	361	337	310
均值（标准差）	3.08 （SD = 0.59）			

表4-198 17岁及以上年龄组工读学生在环境保护题目选项上的选择频次详情统计

单位：人，分

问卷题目	很不同意	不太同意	基本同意	很同意
公共场合节约用电不会节省多少钱	28	51	27	6
随手关灯并不能省多少能源	42	38	23	9
节约用水对缓解水资源缺乏状况有帮助	6	18	40	48
在农村不需要环保	58	32	15	7
公共场所需要注意节省水电	8	13	40	51
总　计	142	152	145	121
均值（标准差）	3.11（SD=0.59）			

表4-199 普通学生13岁及以下年龄组在环境保护题目选项上的选择频次详情统计

单位：人，分

问卷题目	很不同意	不太同意	基本同意	很同意
公共场合节约用电不会节省多少钱	382	239	92	22
随手关灯并不能节省多少能源	454	188	55	38
节约用水对缓解水资源缺乏状况有帮助	86	78	146	425
在农村不需要环保	527	142	45	21
公共场所需要注意节省水电	74	86	138	437
总　计	1523	733	476	943
均值（标准差）	3.38（SD=0.59）			

表4-200 普通学生14岁年龄组在环境保护题目选项上的选择频次详情统计

单位：人，分

问卷题目	很不同意	不太同意	基本同意	很同意
公共场合节约用电不会节省多少钱	297	158	58	16
随手关灯并不能节省多少能源	352	119	30	28
节约用水对缓解水资源缺乏状况有帮助	28	33	97	371
在农村不需要环保	414	78	18	19
公共场所需要注意节省水电	31	29	106	363
总　计	1122	417	309	797
均值（标准差）	3.52（SD=0.55）			

表 4 – 201　普通学生 15 岁年龄组在环境保护题目选项上的选择频次详情统计

单位：人，分

问卷题目	很不同意	不太同意	基本同意	很同意
公共场合节约用电不会节省多少钱	145	90	23	10
随手关灯并不能节省多少能源	184	51	19	14
节约用水对缓解水资源缺乏状况有帮助	11	11	44	202
在农村不需要环保	231	20	9	8
公共场所需要注意节省水电	15	13	60	180
总　计	586	185	155	414
均值（标准差）	3.56（SD = 0.49）			

表 4 – 202　普通学生 16 岁年龄组在环境保护题目选项上的选择频次详情统计

单位：人，分

问卷题目	很不同意	不太同意	基本同意	很同意
公共场合节约用电不会节省多少钱	38	40	12	6
随手关灯并不能节省多少能源	57	27	5	7
节约用水对缓解水资源缺乏状况有帮助	2	6	19	69
在农村不需要环保	80	15	1	0
公共场所需要注意节省水电	3	5	24	64
总　计	180	93	61	146
均值（标准差）	3.51（SD = 0.52）			

表 4 – 203　普通学生 17 岁及以上年龄组在环境保护题目选项上的选择频次详情统计

单位：人，分

问卷题目	很不同意	不太同意	基本同意	很同意
公共场合节约用电不会节省多少钱	16	4	6	0
随手关灯并不能节省多少能源	19	3	2	2
节约用水对缓解水资源缺乏状况有帮助	1	0	8	17
在农村不需要环保	22	2	2	0
公共场所需要注意节省水电	1	0	6	19
总　计	59	9	24	38
均值（标准差）	3.58（SD = 0.49）			

工读学生环境保护在不同年龄组间差异不显著（$F = 0.96$，$p = 0.43$），其中，13 岁及以下年龄组平均得分 3.15 分（$SD = 0.59$），14 岁年龄组平均

得分 3.07 分（$SD=0.62$），15 岁年龄组平均得分 3.13 分（$SD=0.61$），16 岁年龄组平均得分 3.08 分（$SD=0.59$），17 岁及以上年龄组平均得分 3.11 分（$SD=0.59$）。方差分析表明，对于工读学生而言，环境保护并不随着年龄增长呈线性增长（$F=0.31$，$p=0.58$），方差分析结果见表 4 – 204，变化趋势见图 4 – 11。

普通学生环境保护在不同年龄组间存在显著差异（$F=8.42$，$p<0.001$），其中，13 岁及以下年龄组平均得分 3.38 分（$SD=0.59$），14 岁年龄组平均得分 3.52 分（$SD=0.55$），15 岁年龄组平均得分 3.56 分（$SD=0.49$），16 岁年龄组平均得分 3.51 分（$SD=0.52$），17 岁及以上年龄组平均得分 3.58 分（$SD=0.49$）。事后检验发现，13 岁及以下年龄组的环境保护均值显著小于 14 岁年龄组和 15 岁年龄组。方差分析表明，对于普通学生而言，环境保护有随着年龄增长呈线性增长的趋势，但并不明显（$F=2.75$，$p=0.09$），方差分析结果见表 4 – 204，变化趋势见图 4 – 11。

另外，不同年龄组的工读学生与普通学生的环境保护差异分析见表 4 – 204。具体而言，13 岁及以下的工读学生的环境保护显著低于 13 岁及以下的普通学生（$t=-4.49$，$p<0.001$），14 岁的工读学生的环境保护显著低于 14 岁的普通学生（$t=-10.62$，$p<0.001$），15 岁的工读学生的环境保护显著低于 15 岁的普通学生（$t=-10.71$，$p<0.001$），16 岁的工读学生的环境保护显著低于 16 岁的普通学生（$t=-6.75$，$p<0.001$），17 岁及以上的工读学生的环境保护显著低于 17 岁及以上的普通学生（$t=-3.79$，$p<0.001$）。

表 4 – 204　不同年龄组工读学生和普通学生环境保护上的差异分析

单位：分

年龄组	13 岁及以下	14 岁	15 岁	16 岁	17 岁及以上	不同年龄组间的方差分析
工读学生均值（标准差）	3.15 (0.59)	3.07 (0.62)	3.13 (0.61)	3.08 (0.59)	3.11 (0.59)	$F=0.96$, $p=0.43$
普通学生均值（标准差）	3.38 (0.59)	3.52 (0.55)	3.56 (0.49)	3.51 (0.52)	3.58 (0.49)	$F=8.42$, $p<0.001$
同年龄组不同类型学生的方差分析	$t=-4.49$, $p<0.001$	$t=-10.62$, $p<0.001$	$t=-10.71$, $p<0.001$	$t=-6.75$, $p<0.001$	$t=-3.79$, $p<0.001$	

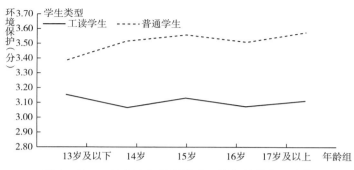

图4－11　工读学生与普通学生环境保护的发展趋势

四　小结

从工读学生与普通学生的价值观各个维度比较来看，工读学生的学习观、国家认同、集体主义、环境保护水平明显低于普通学生，工读学生的金钱观和权力观明显高于普通学生。这表明，相比于普通学生，工读学生更少看重学习在人生发展中的作用和价值，而是更加看重金钱的价值和权力的价值与作用，另外，其国家和民族认同、民族自豪感更差，集体主义观念和公益观念更弱，环保意识更薄弱，更倾向于在日常生活中表现出较少的环保行为。总体来讲，相比于普通学生，工读学生的价值观整体更加消极。

就工读学生和普通学生的价值观各个维度的性别差异比较结果来看，普通学生中，女生的学习观、国家认同、集体主义观、环境保护意识明显高于男生，金钱观和权力观明显低于男生，说明普通学生中，女生的价值观明显比男生更加积极。该结果也支持女性主义的假说和有关社会责任感的研究发现。在工读学生中，女生的学习观、集体主义和环境保护与男生并无显著差异，而权力观和金钱观显著低于男生，国家认同感显著高于男生，但是差异并不大，这说明在工读学生中，女生的价值观比男生更加积极，但工读女生在价值观上表现出的优势明显弱于普通女生。

对工读学生和普通学生的价值观各个维度的发展特点的分析发现以下现象。就学习观而言，对于工读学生，起初学习观水平较低，随着年龄增长有逐渐增长的趋势，到15岁之后略低于普通学生，而对于普通学生，年龄较小的学生学习观水平也相对较高，但在14岁时有明显的提升，之后趋于稳定。就金钱观而言，无论是工读学生还是普通学生，年龄较小时金钱观水平都相对较低，并且差距不大，而随着年龄增长，工读学生和普通学生的金钱观水平均呈线性增长，只是普通学生金钱观增长的趋势较工读学生更为缓慢，并且随着年龄的增长，工读学生和普通学生金钱观水平的差距也逐渐增大。就权力观而言，工读学生和普通学生年龄较小时权力观水平相似且相对较低，随着年龄的增长他们的权力观水平均呈线性增长，只是其增长的幅度有所不同，工读学生权力观随年龄增长的幅度明显比普通学生更大，因此随着年龄的增长，工读学生和普通学生权力观水平的差距也逐渐增大。就国家认同而言，工读学生和普通学生的国家认同均随年龄增长呈线性增长。就集体主义而言，工读学生的集体主义有随年龄增长呈线性增长的趋势，而普通学生的集体主义随年龄增长的线性增长趋势不显著，但也表现出年龄较大的学生的集体主义高于年龄较小的学生的现象。就环境保护而言，不同年龄的工读学生环境保护水平均较低，并且无明显年龄差异，而普通学生的环境保护表现出随着年龄增长而提高的线性趋势。整体来看，随着年龄的增长，工读学生越来越重视学习在人生发展中的作用和价值，国家和民族认同、民族自豪感越来越强，集体主义观念和公益观念也越来越强，只是增长速度较普通学生更慢，同时，工读学生也越来越重视金钱的价值和权力的价值与作用，增长的速度较普通学生更快，另外，工读学生对待环境保护的态度并无明显变化，这可能与工读学生与自然的接触较少有关。

第五节　对策和建议

中学阶段是学生生命意义感、公正世界观和价值观初步形成的重要时期。认识和了解当前工读学生生命意义感、公正世界观、价值观表现出的新特点，有助于我们更好地对工读学生进行价值观教育。在工读学生生命意义感、公正世界观、价值观形成过程中，教育具有举足轻重的作用，通过教师的教育可以帮助工读学生形成生命意义感、公正世界观、正确价值观。但是，在这一过程中要注意避免采用灌输的手段，而是要让工读学生在学习、体验、探索、比较和检验中，自主、主动地去构建自己的生命意义感、公正世界观、正确价值观。另外，在教育中要坚持宽容和引导相结合的原则。既要对当前工读学生生命意义感、公正世界观、价值观中出现的多元价值取向给予理解和包容，尊重其个人选择和个人需求；又要对工读学生中产生的极端个人主义、享乐主义加以适当的调控和引导，通过教师的教育和社会的引导，帮助工读学生形成生命意义感、公正世界观和正确价值观。

一 对社会的建议

良好的社会氛围对工读学生生命意义感、公正世界观和正确价值观的形成是非常有益的，作为生活在社会大家族中的成员，工读学生通常的行为举止和言行都深受社会整体氛围的影响。和谐、稳定的社会氛围，能够为工读学生正确的生命意义感、世界观、价值观的形成提供优质的外在环境，能够为工读学生的健康成长提供广阔的发展空间。生活在良好社会氛围下的工读学生能够自觉地约束自身的行为，自觉地遵守社会的生存和生活法则，能够在社会氛围提供的安全庇护下自由地发挥他们的主观能动性，最终形成适应社会发展和自身需要的积极生命意义感、公正世界观、和谐价值观。具体建议如下：

1. 制定完善加强工读学生对社会主义核心价值体系认识的政策制度

工读学生生命意义感、公正世界观和价值观的不稳定也在一定程度上反映着社会的价值观状况。所以，要使工读学生形成积极、科学的价值观、生命意义感和公正世界观，政府需要加强主导作用，通过制定完善合理、科学的政策，来改善整个社会的生产和生活风气，彰显社会主义的核心价值观体系。通过政策的制定和完善，在一定范围内剔除影响工读学生生命意义感、公正世界观和正确价值观形成的不和谐因素，使工读学生因多元价值观冲突造成的矛盾能够得以缓解，主动减少与低生命意义感、不公正世界观以及不和谐价值观理念的接触和交流，最终形成主流的、核心的、和谐的价值体系。

2. 加强有助于工读学生正确认识人生意义和价值的文化建设

大众文化和传媒在不断地影响着工读学生生命意义感、公正世界观和价值观的形成。大众文化和传媒所倡导的主流价值观念对工读学生的生命意义感、公正世界观和价值观起着导引、催化等作用，大众文化和传媒所倡导的正能量和社会主义核心价值观能够使整个社会弥漫在浓郁的文化氛围之中，能够不断地影响社会成员的价值理念，也会在无形中影响着工读学生的身心和思维，他们会在整个社会所倡导的价值理念中不断调整个体的生命意义感、公正世界观和价值观，并使之与社会主义核心价值观充分契合，适应自身成长和成才的需要。

3. 净化工读学生成长的环境土壤

工读学生成长的周边环境会直接影响到其生命意义感、公正世界观和价值观的形成，互联网的迅速普及和发展，使得当前的工读学生在方便及时了解世界信息的同时，也受到不良互联网文化的影响和毒害。在互联网的世界里，各种信息和思想不断充斥，由于我国目前网络法制的发展还不够健全，互联网整体监管的力度不到位，导致未经分级分类的信息直接进入专门（工读）学校学生的世界，黄赌毒等不良内容在互联网上赤裸裸地出现，工读学生一旦沉迷于其中，就会对其身心造成不同程度的伤害。所以，在工读学生成长的周边环境中，社会各部门都应该联合起来，自觉抵制、积极治理影响工读学生成长的不良环境，坚决对工读学生的周边环境进行净化，取缔戕害工读学生身体和心灵的组织和机构，还工读学生一片健康成长以及生命意义感、公正世界观和正确价值观形成的明亮天空。

二　对学校的建议

学校教育是工读学生生命意义感、公正世界观和价值观教育中的重要环节，工读学生生命意义感、公正世界观和价值观的巩固、稳定都在学校教育下完成。学校教育是实现国家教育制度的主要渠道和根本渠道，对社会生活领域的各个角落都具有深刻的影响。在学校教育的过程中，工读学生不仅最大限度地接受着科学文化知识的洗礼，也在不断形成内心逐步稳定、逐步完善的思想价值观念。良好的学校教育能够培养工读学生健康完整的思想道德体系，能够使他们在教育外因作用的影响下，不断升华自身的价值理念。

1. 加强工读学生社会主义核心价值体系的教育

思想政治教育是工读学生在心理完善和品德形成过程中必须要接受的教育内容，社会主义核心价值体系的教育能够增强工读学生的爱国主义和集体主义情感，能够陶冶工读学生的个人情操，能够使工读学生养成良好的道德观念与行为准则意识，并逐渐形成努力学习、艰苦创业、进取创新的精神和意志。加强对工读学生社会主义核心价值体系的教育，能够引导其正确认识中国的社会发展，充分认识到民族的命运和前途，理清社会发展的大趋势和大方向，自觉实现个体生命意义感、公正世界观和价值观与社会主义核心价值体系理念的有机结合。当利益冲突时，能够使工读学生自觉做到眼前利益服从长远利益、局部利益服从全局利益、个人利益服从集体利益，并在对个体的不断完善和升华中实现生命的真正价值。

2. 加强工读学生社会实践教育

学校在重视行为矫正和知识传授的同时，应该高度重视用生命意义感、公正世界观和正确价值观来培养教育工读学生，使工读学生端正对待过去、现实和未来的态度，并学会将课堂上所学到的教育理念运用到日常的实践活动中去，在实践中完成对自身价值理念的考核和锤炼，在一次次的实践磨练中完成对自身生命意义感、公正世界观和正确价值观思想理念的转变。在生命意义感、公正世界观和正确价值观培养的过程中，学校要创造机会让学生走进社会，在社会实践活动中学到课堂上所没有的知识。在这个过程中，教育者应该对学生遇到的问题进行积极总结和研究，帮助学生在实践中找到理论教育的最佳落脚点，使他们在社会实践活动中能够以更加饱满的热情、更加积极的心念参与到理论知识的学习当中，形成理论学习与实践检验的合力，从而促成工读学生生命意义感、公正世界观和正确价值观的不断优化和不断升华。

3. 引导工读学生采用价值澄清的方式正确认识生命的意义和价值

在生命意义感、公正世界观和正确价值观教育方面，"价值澄清理论"以其广泛的应用性和切实的可操作性在世界范围内产生了巨大影响（雷雳，1993）。价值澄清理论力图寻找到一种不受具体道德内容、法则和规范约束的普遍适用的教育形式，希望工读学生能够通过价值澄清的方式进行自主和合理选择，确立个体的价值观，以满足社会价值观念复杂多变的选择需要。

价值澄清理论认为，青少年生命意义感、公正世界观和正确价值观的形成不是教育的结果，而是自身选择的产物。因此，价值澄清教育的主要任务不是灌输和传授"某种确定的"生命意义感、世界观和价值观，而是帮助工读学生通过各种选择进行理智的思考，从而确立自己的价值理念，澄清自己的价值行为（拉思斯，2003）。在教育过程中，教育者的作用主要体现在"提出价值问题、引导学生对各种可能结果（及其后果）进行选择并进行讨论，使学生明确并强化自己的选择"等方面。因此，在教育方法上，教育者不能将某种特定的观念或信仰强加给工读学生，而应该在价值澄清过程中，采取不干涉青少年生命意义感、公正世界观和价值观念形成的态度，帮助他们澄清进而形成生命意义感、公正世界观和正确价值观。

在如何培养生命意义感、公正世界观和正确价值观方面，价值澄清理论将价值的形成过程分成"三个阶段、七个步骤"。"三个阶段"，即选择、珍视和行动；"七个步骤"，即（1）自由选择；（2）从各种可能选择中进行选择；（3）对每种可能选择的后果进行审慎思考后作出选择；（4）珍爱，对选择感到满意；（5）愿意向别人确认自己的选择；（6）根据选择采取行动；（7）以某种生活方式不断进行重复。在这一基础上，他们又设计了大量的关于价值澄清的具体方法，包括澄清问答法、书面评价法、班组讨论法、填空法、价值理念投票、角色游戏等，以及以生活为中心、对现实认可、鼓励思考、培养个人能力四个方面的内容。这些过程和方法帮助工读学生形成自己的思维，为提高工读学生的价值选择能力提供有益的帮助。

三　对家庭的建议

家庭是孩子成长的土壤。家庭中成员的思维、行为和生活方式会不同程度地影响工读学生的思维、行为和生活方式，家庭成员之间的互动和交流，能够为工读学生思想问题的解决提供重要思路。工读学生在家庭教育的影响下，能够不断地以家长的思维、行为和生活方式去解决他们学习和生活中遇到的各种问题。良好的家庭教育方式，对工读学生的行为、性格特征和待人接物态度都会产生积极的影响，这种影响一旦形成，就是长远的、持久的、持续的，有利于工读学生身心健康和谐发展。所以，在生命意义感、公正世界观和正确价值观培养的过程中，要重视和发挥家庭教育的作用。

首先，要营造良好的家庭氛围，增强家庭成员之间的和谐度。家庭成员之间要和谐相处，遇到问题要及时地沟通解决，不让家庭这个大环境弥漫硝烟。做父母的要彼此和睦，给孩子树立家庭生活的榜样，树立适应社会需要的生命意义感、公正世界观和正确价值观，为其提供成长所需要的家庭环境。

其次，家长要树立对孩子的信心，积极与学校保持联系，配合学校的安排，积极参加学校组织的各种活动。家长在与孩子的互动过程中，不要戴着有色眼镜和消极情绪与孩子交流沟通，要用发展的眼光看待孩子，帮助孩子树立信心，用自己的言行来影响孩子建立生命意义感、公正世界观和正确价值观，与孩子建立更为融洽的亲情关系，让孩子感受到来自家庭的温暖，建立起孩子对家庭、学校和整个社会的美好信念和期待。

四　对工读学生的建议

工读学生要用发展的眼光看待自己，对自己的未来有希望和信心。在工读学校学习的过程中，要不断学习科学文化知识，培养自己健全的心理素质，提升自己的综合能力。工读学生要自觉接受社会主义核心价值观的指引，以科学的理论知识为良师益友，自觉抵制不健康、不和谐社会思潮的影响。在学习科学文化知识的过程中，不断加强思想道德品质的培养，实现精神财富的不断累积，提高对外界干扰的抵抗力。

另外，工读学生自己要拥有一个广阔的内心去正确地面对世界、面对他人和自我，要自觉加强对困难和挫折的抵抗力。要从内心世界的宽度和深度方面进行自我修养，从困难和挫折中不断培养自己坚强的意志，从和别人的交往中主动学习别人身上的闪光点。要主动学会弥补自己内心的不足，用良好的文化感染内心、充实内心，真正使内心世界在外力和内力的联合作用下，发挥最大的光和热，使自己在面对社会时能够更加成熟、自信和坦然。

　　各种能力的相互促进和影响，能够使工读学生形成更加乐观和积极的学习和生活态度，为他们以后走进社会创造良好的条件。同时，工读学生自身能力的不断发展也会使他们能够不断化解外界环境对他们身心所造成的影响，最终形成对外界不良环境的免疫力和抵抗力，用全新的自己去迎接机会和挑战，并在尝试和应对过程中，不断深化内心的生命意义感、公正世界观和正确价值观。

参考文献

Allport，G. W.（1961）. *Pattern and Growth in Personality*. New York：Holt，Rinehart and Winston.

Crumbaugh，J. C.（1973）. *Everything to Gain：a Guide to Self Fulfillment through Logo-analysis*. Chicago：Nelson – Hall Company.

Dalbert，C.（2001）. *The Justice Motive as a Personal Resource：Dealing with Challenges and Critical Life Events*. New York：Kluwer Academic/Plenum.

Dalbert，C.（2002）. Belief in a Just World as a Buffer Against Anger. *Social Justice Research*，15（2），123 – 144.

Lerner，M. J.（1977）. The Justice Motive：Some Hypotheses as to Its Origins and forms. *Journal of Personality*，45，1 – 52.

Lerner，M. J. & Miller，D. T.（1978）. Just World Research and the Attribution Process：Looking Back and Ahead. *Psychological Bulletin*，85（5），1030 – 1051.

Perry，B. R.（1926）. *General theory of value*. Mass：Harvard University Press.

Zika，S. & Chamberlain，K.（1987）. Relation of hassles and personality to subjective well – being. *Journal of Personality and Social Psychology*，53（1），155 – 162.

陈树林，王义强，赵国秋 .（2001）. 杭州市中学生价值观调查 . 中国临床心理学，9（3），200 – 202.

陈秀云 .（2007）. 大学生个人生命意义量表编制及初步应用 . 浙江师范大学硕士论文 .

程明明，樊富珉 .（2010）. 生命意义心理学理论取向与测量 . 心理发展与教育，（4），431 – 437.

傅永春，徐继红，周越 .（2014）. 基于文献计量分析的当代大学生价值体系结构 .

内蒙古农业大学学报（社会科学版），29（1），95 – 99.

何英奇．(1990)．生命态度剖面圆之编制．台湾师范大学研究发展处．

何郁玲．(1999)．中小学教师职业倦怠，教师效能感与生命意义感关系之研究．彰化师范大学教育研究所硕士学位论文．

黄曼娜．(1999)．我国青少年学生价值观的比较研究．西南师范大学学报（哲学社会科学版），(5)．

黄希庭，张进辅，李红．(1994)．当代中国青年价值观与教育．成都：四川教育出版社．

黄希庭，张进辅，张蜀林．(1989)．我国五城市青少年学生价值观的调查．心理学报，(3)，52 – 61.

江慧钰．(2001)．国中生生命意义之探讨：比较分析与诊释研究．慈济大学教育研究所硕士学位论文．

姜永志，白晓丽．(2015)．文化变迁中的价值观发展：概念、结构与方法．心理科学进展，23（5），888 – 896.

金盛华，孙娜，史清敏，田丽丽．(2003)．当代中学生价值取向现状的调查研究．心理学探新（2），30 – 34.

金盛华，郑建君，辛志勇．(2009)．当代中国人价值观的结构与特点．心理学报，41（10），1000 – 1014.

雷雳．(1993)．美国青少年道德教育的基本方法．外国教育研究，(3)，54 – 56.

林崇德．(2002)．发展心理学．浙江教育出版社．

林崇德，寇彧．(1998)．青少年价值取向发展趋势研究．心理发展与教育，(4)，1 – 6.

刘思斯，甘怡群．(2010)．生命意义感量表中文版在大学生群体中的信效度．中国心理卫生杂志，24，478 – 482.

路琦．(2012)．创新和完善我国工读教育的现实思考，青少年犯罪问题，(5)，53 – 56.

路琦．(2019)．工读教育研究，社会科学文献出版社，41 – 53.

宋秋蓉．(1992)．青少年生命意义之研究．彰化师范大学辅导研究所硕士学位论文．

滕洪昌，姚建龙，李月华，杜志昌．(2018)．公正世界信念和亲社会行为对未成年人犯罪的影响研究．预防青少年犯罪研究，(2)，18 – 24.

文崇一．(1989)．中国人的价值观．台湾东天图书股份有限公司．

文萍，李红，马宽斌．(2005)．不同时期我国青少年价值观变化特点的历时性研究．青年研究，(12)．

吴胜涛，王力，周明洁，王文忠，张建新．(2009)．灾区民众的公正观与幸福感及其与非灾区的比较．心理科学进展，17（3），579 – 587.

吴淑华 . (2005) . 青少年生命意义感之研究 . 台湾嘉义大学 .

徐道稳 . (2003) . 深圳市中学生价值观调查 . 青年研究，2，37 - 42.

杨国枢 . (1998) . 中国人的心理 . 台湾桂冠图书公司 .

杨韶刚，万增奎 . (2010) . 中国伦理道德报告 . 中国社会科学出版社 .

杨宜音 . (1998) . 社会心理领域的价值观研究述要 . 中国社会科学，(2)，82 - 93.

糟艳丽 . (2007) . 中学生自杀态度与生命意义的跨文化研究 . 西北师范大学硕士学位论文 .

翟学伟 . (1999) . 中国人的价值取向：类型、转型及其问题 . 南京大学学报（哲学人文社会科学），(4)，119 - 127.

赵晴 . (2008) . 四川省医科大学生生命意义感与心理健康的现状研究 . 四川师范大学硕士学位论文 .

第二编　自我与真实社会的关系

人的成长过程，就是不断社会化的过程。积极因素影响得多，孩子就会健康成长；消极因素影响得多，孩子就可能出现问题，甚至走上犯罪的道路。中国青少年研究中心和中国教育学会专门（工读）教育分会2019年至2020年联合开展的"行为规范与青少年犯罪预防研究"的调查结果显示，真实社会中的家庭依附程度、学校认可程度、成长环境及社会交往等方面均会对青少年问题行为产生影响（路琦，付俊杰，2020）。进一步深入研究并提出更为具体的干预措施，有助于做好专门（工读）学校学生的教育矫治工作，这也是需要与时俱进、长期研究的课题。为此，中国青少年研究中心和中国教育学会专门（工读）教育分会再次联合开展调研，对普通学校学生和专门（工读）学生进行比较研究，获得了大量宝贵的第一手资料和数据。本编主要呈现的是真实社会中的亲子关系和家庭关系、同伴关系，以及亲社会行为和攻击性行为等方面的调查研究内容。

第五章　真实社会中的亲子关系和家庭环境

第一节　问题提出

　　家庭是一个人从出生开始适应并将长期居住的生活环境，人的发展离不开家庭的影响。很多研究指出，在消极家庭环境下成长的孩子出现问题行为的可能性更高，单亲家庭、亲子冲突与青少年早期的问题行为、犯罪、吸毒、性行为、学习不良等存在明显的关系（Huff，Werner－Wilson，& Kimberly，2014）。与大学生未成年时期、普通中学生两个群体相比，工读学生、未成年犯以及成年犯未成年时期三个特殊群体在父母基本情况、养育方式、家庭模式、亲子互动和家庭学校合育五个层面都不同程度存在问题（路琦，张萌，2020）。如果一个家庭能够很好地履行对孩子的抚养、教育和监管职责，那么在青少年遭到不良因素影响时，家庭能够给予及时的监管和指导，就可以有效预防他们出现问题行为。家庭是个体发展的第一背景，根据家庭系统理论，复杂的家庭环境可以分成多个子系统，如父母组成的子系统、亲子组成的子系统，以及子女之间组成的子系统，这些子系统本身的特点和彼此之间的交互影响对孩子的心理和行为均产生重要的影响。在这里，我们重点分析亲子之间形成的子系统和父母之间形成的子系统与青少年发展的关系。

一　家庭亲子关系

　　对青少年阶段的个体而言，家庭亲子关系是其发展的重要背景。作为垂直人际关系的一种，亲子关系泛指父母与子女间的相互关系。良好的家庭亲子关系是青少年与父母之间的积极人际联系，能够为青少年提供安全和保护，教会青少年生活知识和技能，支持青少年的健康发展。

　　（一）青少年亲子关系的特点

　　亲子亲合与亲子冲突是衡量亲子关系的两个重要维度。亲子亲合与亲子冲突并非完全对立，无论在哪一发展阶段，子女与父母的关系经常是冲突与亲合并存的。

1. 亲子亲合

亲子亲合主要指父母与子女之间亲密的情感联结，包括亲子间的相互依赖、亲密感、信任与沟通等，它既可以表现为积极的互动行为，又可以表现为父母与子女心理上对彼此的亲密感受。有研究表明，亲子关系在青少年阶段处于不稳定状态，这除表现为亲子冲突的增多外，还表现为亲子亲合程度的降低。亲子冲突的发生更具有冲动性和情绪性，而亲子亲合是在长期互动的基础上逐渐发展起来的。

对青少年而言，在他们理想中的亲子关系里，父母应具备以下三个方面的特点。

（1）给孩子以"亲近感"，即在父母和孩子之间有温情的、稳定的、充满爱意的、关注的联系。青少年想要知道在父母眼里他们是有价值的、被接受的、受喜欢的。他们希望得到父母的注意和陪伴，也想要父母容忍他们的与众不同和隐私。父母必须努力表现对孩子的赞许，并客观地看待孩子的各种特点。

（2）支持孩子的"心理自主"，孩子有提出自己意见的自由、隐私自由、为自己做决定的自由。如果缺乏自主，青少年就容易出现问题行为，难以成长为独立的成人。自主通常有两个方面的表现。其一是"行为自主"，它包括获得足够的独立和自由，在不过于依赖其他人指导的情况下自行其是。其二是"情感自主"，它指的是抛弃儿童期那种在情绪情感上对父母的依赖。很多青少年都会抱怨父母不够信任他们，他们认为父母应该完全信任他们，除非他们做过一些让父母不信任的事。青少年希望并且也需要在学会把握自主的同时，父母慢慢地、一点点地给予他们相应的行为自主。

（3）提供恰当的"监控"，虽然青少年期望获得一定的行为自主，但是在另外一些方面，比如规划教育计划，他们更愿意听从父母的指导。父母应该在必要的时候监控和督导孩子的行为，制定约束行为的规矩。监控能够让孩子学会自我控制，帮助他们避开反社会行为。通过和青少年交谈，了解他们，鼓励他们承担个人责任、自己做决定及自主。青少年在听取父母意见、和父母讨论他们的决定时，也逐渐学会自己做决定（雷雳，马晓辉，2015）。

2. 亲子冲突

亲子冲突是指青少年与父母之间公开的行为对抗或对立，它常表现为争吵、分歧、争论，甚至身体冲突等。在亲密的人际关系中，冲突是不可避免、普遍存在的，在家庭关系中尤其如此。有研究表明，59.2%的中学生一个月内与母亲发生过 1～5 次冲突，20%的发生过 6～10 次冲突，2.8%的发生过 11 次以上的冲突；57.3%的中学生一个月内与父亲发生过 1～5 次冲突，11.7%的发生过 6～10 次冲突，1.5%的发生过 11 次以上的冲突（方晓义，董奇，1998）。中学阶段亲子冲突的内容主要涉及日常事务。近几年来，有关我国青少年的研究发现，青少年与母亲冲突内容的顺序依次为：日常生活安排、学业、家务、外表、钱、家庭关系、朋友和隐私；与父亲冲突内容的顺序依次为：日常生活安排、学业、家务、钱、家庭关系、外表、朋友和隐私。

青少年亲子冲突在形式上多为言语冲突和情绪冲突，而身体冲突较少发生。这种亲子冲突的激烈性也主要表现在双方的情绪上。国内有研究表明，42.5%的青少年在与母亲发生冲突时感觉"有些不平静"，11.7%的感觉"较为气愤"和"很气愤"；44.6%的青少年与父亲发生冲突时感觉"有些不平静"，12.9%的感觉"较为气愤"和"很气愤"。就亲子冲突的发展模式而言，亲子冲突在青少年早期呈上升趋势，但从青少年中期开始下降，即呈倒 U 形的发展趋势（王美萍，张文新，2007）。

有研究认为，青少年亲子冲突更多地发生在母亲与子女之间。这可能有三个方面的原因。

第一，一般而言，母亲更多地参与子女的日常生活管理，这种较多的日常接触增加了母亲与子女发生冲突的可能性。

第二，父母在家庭中的地位不同，父亲在家中处于比母亲更权威的地位，这种权威上的差异可能导致子女更多地向权威地位弱的母亲挑战。

第三，与父母冲突可能带来不同的后果。与父亲冲突可能带来诸如遭到训斥或挨打等严重后果；而与母亲发生冲突时，母亲比父亲更可能做出妥协或让步。对这些后果的体验和认识可能减少子女与父亲发生冲突的可能性。

另外，研究还发现，男、女青少年的亲子冲突经历存在差异，男生与父母冲突的次数更多、强度更大。造成这种差异的原因可能是我国文化更强调女孩形成内向、文静的性格特点，她们即使有不同的观点也不太爱公开表达，这减少了女生与父母发生冲突的可能性；而社会期望男生独立自主，这增加了他们与父母发生冲突的可能性（林崇德，2019）。

（二）亲子关系在青少年发展中的作用

积极的亲子关系、高水平的亲子亲合能促进青少年的积极适应。但亲子冲突对青少年的发展并非是单一性质的。

1. 亲子关系的作用

一方面，亲子冲突是构成青少年心理压力的重要来源，因而亲子冲突对青少年的发展有其消极的一面。西方的研究表明，亲子冲突会导致青少年的各种问题行为，如离家出走、辍学、药物滥用、网络成瘾、青少年犯罪等。有研究者进一步指出，亲子冲突对青少年的不利影响还与其知觉到的冲突程度有关：当青少年知觉到的父母冲突多于母亲知觉到的父母冲突时，青少年表现的问题行为最多；当青少年知觉到的父母冲突少于母亲时，青少年表现的问题行为较多；当青少年与母亲知觉到的父母冲突一致时，青少年表现出的问题行为是最少的。

另一方面，亲子冲突对个体的影响也可能有其积极的一面。青少年早期亲子冲突的增长是亲子逐渐获得同等交往地位的一种手段。亲子冲突能刺激父母和青少年去更改或重新建构对彼此的期望，因而能对青少年和父母间关系的协调、双方各自特征和需要的改变起很大作用。在冲突和冲突的解决过程中，父母能逐渐给予子女更大的自主性和尊重。另外，通过合理解决亲子冲突，青少年也能逐渐获得未来人际交往中必需的一些社交技能。

2. 亲子关系的作用机制

既然良好的亲子关系能促进个体的发展和积极适应，那么亲子关系能通过哪些心理机制对青少年发生作用呢？这主要有三个方面的影响机制：态度改变、观察与模仿、认同作用。

态度改变是指父母直接向孩子传授行为规范，并采用种种方法改变孩子的态度，使其接受这些行为规范。所采用的奖励和惩罚使青少年做出某一行为，甚至能使青少年获得不需要父母监督的新道德标准和信念。

对父母行为的观察与模仿是青少年社会化的主要途径。在社会情景中，青少年直接观察别人的行为就能获得并模仿出一连串新的行为，也就是"替代强化"。青少年模仿父母的行为、态度，可以维持来自父母的情感和奖惩，也能获得对周围环境的适应。

认同作用是指个体认为自己相似于另一个人，并且有意识或无意识地发现那个人的方式行动给自己带来的满足。认同作用是青少年对其与父母具有相似性的一种信念和增加这种相似性的意向，而不只是单独的模仿。认同作用的前提是青少年对榜样所具有的目标状态的愿望，主要是对掌握感和爱的愿望；然后，这种愿望又导致其要具备榜样的特征的愿望，只要在特征上与榜样相似，就能达到愿望的目标。

亲子关系是父母与子女共同建立的，所以建立良好的亲子关系需要父母与子女的共同努力。但亲子关系具有不对称特点，父母在亲子关系中处于主导和权威地位，且青少年的认知水平和自我调节能力尚不完善，所以在亲子交往中父母应承担更多的责任和主动性。因此，父母应采用良好的教养方式，营造良好的家庭氛围，保持良好的亲子沟通。

二　家庭中的父母冲突

几乎所有的家庭都存在一定程度的父母冲突。当一个家庭中发生冲突时，卷入冲突的除了父母本人外，子女以及其他观察者也会被牵涉其中。家庭中成员的身份不同，在卷入家庭冲突时会有明显不同的体验，冲突对他们的影响也有所不同。

父母冲突，也可以称为婚姻冲突，主要指夫妻之间由于意见不一致或其他原因而产生的言语或身体的攻击与争执，可根据冲突发生的频率、强度、内容、风格（公开或隐蔽）及冲突是否得到解决等特征来具体加以界定（池丽萍，辛自强，2003）。而青少年因其独特的心理特点，对父母冲突有着更加独特的感知。父母眼里日常的争吵，青少年可能将其编码为激烈的冲突，并感知到冲突所带给他们的威胁、恐惧和无措。研究发现，并不是所有的父母冲突都会给子女带来消极的影响。孩子更多受那些公开冲突的影响，而隐蔽的、子女未感知到的冲突与其发展的关系比较微弱。父母婚姻冲突在频率、强度、表达形式等方面的差异对青少年有着不同的影响。

（一）冲突频率

冲突频率是指父母发生冲突的次数。父母冲突发生的频率分为从不发生、偶有发生、经常发生和总是发生。研究发现，父母冲突发生的频率越高，子女表现出的问题行为越多（Touriles，Murphy，Farris，et al.，1991）。父母冲突的频率和子女的学业成绩及适应问题存在显著相关，暴露在高频婚姻冲突中的子女对冲突的反应更为激烈。父母的冲突频率可以显著预测子女的行为和适应问题。

（二）冲突强度

冲突的强度是指父母冲突的激烈程度，强度可以从心平气和的讨论到严重的肢体冲突。不同强度的父母冲突对子女的发展有着不同的影响，冲突的激烈程度能够有效地预测子女的适应问题，冲突强度越大对子女的负面影响越大。研究发现，婚姻暴力对子女适应的影响最大，父母冲突越激烈，子女表现出的问题行为和负面情绪就越多。父母之间的肢体冲突相比言语冲突会引发子女更多的痛苦，当一个家庭中母亲受到虐待和暴力时，子女表现出更严重的精神问题（Holden & Ritchie，1991）。

（三）冲突内容

冲突内容是指婚姻冲突是否跟子女有关。父母冲突的内容非常广泛，涉及婚姻生活的方方面面，包括金钱、子女教育、家务分工、亲属关系处理、价值观、情感关系等。当父母发生冲突时，子女很容易感知到家庭氛围的紧张，更可能将父母冲突定义为压力事件。尤其是当父母冲突的内容和子女有关时，子女感知到的压力会急剧增长。例如，当父母因为子女的教育问题发生争吵时，子女很容易将冲突与自己相关联，认为自己是导致父母发生冲突的原因。青少年由于年龄段的发展特点，更容易因为这种压力而产生消极的行为和情感反应。

已有研究发现，冲突的内容和冲突的环境也会影响子女的发展。直接暴露在父母冲突中的子女、卷入暴力冲突的子女和被夹在父母中间的子女，受到的影响也是最大的（Davies & Cummings，1994）。有关子女教养的父母冲突预测了青少年的高抑郁症状和不良行为（Cui，Donnellan & Conger，2007）。其他的研究也得到了相似的结论：婚姻冲突内容与青少年越相关，青少年表现出来的问题行为越多。在子女教养问题上的分歧能够有效地预测子女的情绪困扰，有关子女教养方式的婚姻冲突相比其他冲突内容能更好地预测子女的问题行为。

（四）冲突的解决

冲突的解决是指当父母发生冲突时，他们会采取什么样的解决策略。家庭中父母婚姻冲突的解决策略可以有以下三种：破坏性的解决策略、建设性的解决策略和回避式的解决策略。不同的解决方式对子女的影响是不同的，建设性的解决方式（如讲道理、支持、妥协、道歉等）会减少婚姻冲突对子女的负面影响；而逃避、改变话题、屈服、冷漠、心不在焉等回避式的解决策略使子女表现出更多的消极反应。破坏性的解决方式（如压迫和控制）会加剧父母冲突所带来的消极影响。

采用不同解决策略将决定着父母冲突对子女的影响程度，并非所有的父母冲突都会对子女的发展产生负面影响，因为子女在观察父母冲突的同时，也会习得和内化父母在这个过程中处理冲突的策略。当父母采用建设性的解决策略时，不仅有利于减轻父母冲突带给子女的压力和恐惧，子女还可以通过观察模仿，习得解决问题的有效方式。有研究证实，子女因为父母冲突而产生的恐惧、焦虑、痛苦等情绪会随着父母冲突的有效解决而得以缓解（Cummings & Davies，2002）。

（五）威胁评价

威胁评价是指子女对感知到的来自婚姻冲突的压力和威胁的评价。暴露在婚姻冲突中的子女会感知到来自父母婚姻冲突所携带的威胁，对威胁的评价会引发子女的焦虑和抑郁情绪，导致子女的内化问题行为。有研究发现，子女对威胁的认知评价在父母冲突和内化问题行为之间起到了中介作用（Rhoades，2008）。

（六）自我归因

自我归因指的是，子女对婚姻冲突进行指向自我的归因，认为自己是引发婚姻冲突的原因，自己需要负主要责任。相比于与子女无关的父母冲突，与子女有关的父母冲突对子女的发展有更大的负面作用。如果父母冲突与自己有关，子女会倾向于表现出更多的愧疚和自责，以及担心被卷入父母冲突中的恐惧。研究发现，如果子女认为父母冲突与自己有关，自己应该负担相关责任，他们就会主动卷入父母冲突中去，这对子女的心理健康有更大的伤害性，也不利于亲子关系的平衡。

（七）应对效能感

应对效能感是指当父母发生冲突时，子女对自己解决冲突和自我保护能力的评价。父母冲突也会影响子女的应对方式类型，从而导致子女的适应不良。在经常爆发婚姻冲突的家庭中，子女倾向于采用分离的应对方式（努力远离压力源）和初级的应对方式（努力解决父母冲突），同时伴随着较高抑郁水平；相反的是，倾向于采取二级应对方式（使用注意力分散的方式）的子女表现出较低的消极情绪水平（Cummings，Melissa，George，et al.，2012）。

婚姻冲突与婚姻破裂影响的早期研究已经证实：在家庭系统中，父母离婚已经不再是一个导致子女适应不良的决定因素，父母冲突才是解释子女众多适应问题的关键因素。父母冲突对孩子的影响方式是多方面的，可能导致亲子关系的变化以及家庭整合度的下降。孩子在面对父母婚姻冲突时会表现出消极的情绪反应（如恐惧、愤怒和痛苦），表现出更多的自责和内归因。父母冲突显著影响青少年表现出的问题行为：暴露在家庭暴力或婚姻冲突下的子女，很可能表现出问题行为，包括消极的内化问题行为（情绪管理问题、抑郁症状、焦虑或是过度的担忧等）和外化问题行为（如攻击行为、暴力行为、社交问题、分裂行为等）。

三　工读学生亲子关系和父母冲突的测评

如前所述，我们分析了青少年亲子关系和家庭环境中父母冲突的表现及其对青少年的影响，那么工读学生群体在这些方面是否表现出不同特点呢？为了解这些问题，我们通过收集两个群体在亲子关系和子女感知父母冲突的评分数据，对工读学生和普通学生的家庭特点进行对比研究。

（一）亲子关系的测评

1. 测评样本

本次调研选择国内工读学校的 1010 名学生和普通中学的 1328 名学生作为研究对象。

从性别上来看，工读学校的学生中女生 251 名，男生 759 名，普通学校学生中女生 602 名，男生 726 名。

从年龄上来看，工读学生的平均年龄为 14.94 岁，标准差为 1.27 岁。为了方便统计和分析，根据不同年龄的人数分布将 13 岁及以下、14 岁、15 岁、16 岁和 17 岁及以上分为五组。各组人数所占比例如图 5-1 所示。

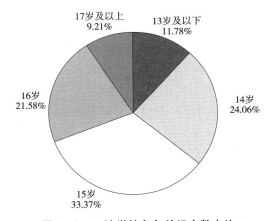

图 5-1　工读学校各年龄组人数占比

普通学生的平均年龄为 13.76 岁，标准差为 1.07 岁。参照工读学生的年龄分组，各组人数所占比例如图 5-2 所示。

2. 测评工具

课题组参考《社会关系网络问卷》（Network of Relationships Inventory，NRI）（Furman & Buhrmester，1985）和国内学者翻译修订版本（侯志瑾，1997），编制了《青少年亲子关系问卷》。测试前编制的问卷共包含 23 个题目，通过对回收数据进行探索性和验证性因素分析后，确定问卷的维度结构为 20 道题目，分为三个维度。

根据量表每个题目的选项"从不、偶尔、有时、经常、总是"，分别对

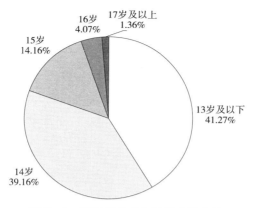

图 5 - 2 普通学校各年龄组人数占比

应"1、2、3、4、5"五级评分办法,将各维度题目评分相加后求维度均值和标准差,用于比较工读学生和普通学生两个群体的差异。

《青少年亲子关系问卷》的维度结构如下:

第一为"关爱程度",指的是父母和子女之间相互关心和帮助的程度,包含"父母真正关心你吗""父母爱你吗""父母对你有着深厚的感情(爱或喜欢)吗""你和父母相处感到愉快吗""当你遇到问题时父母会帮助你解决吗""父母在你需要完成某件事时提供帮助吗"和"你会照顾父母吗"7 个题目。此维度得分越高,代表青少年与父母之间的关爱程度越高。

第二为"亲密程度",指的是父母与子女一起活动、聊天和彼此欣赏的程度,包括"你会和父母一起做一些开心的事吗""你会和父母分享心里的秘密和个人感受吗""你会和父母谈论不想让其他人知道的事吗""你会把知道的各种事情都告诉父母吗""父母喜欢或称赞你做的事情吗""你会和父母一起出去玩吗"和"在你的空余时间里,你会和父母在一起吗"7 个题目。此维度得分越高,代表青少年与父母之间的亲密程度越高。

第三为"冲突程度",指的是父母与子女之间发生矛盾和争吵的程度,包括"你和父母发生争论吗""你和父母会因为对方的行为感到气恼吗""你和父母互相争论或指责对方吗""你和父母会意见不合或吵架吗""你和父母互相感到厌烦吗"和"你和父母相互感到心烦或恼火吗"6 个项目。此维度得分越高,代表青少年与父母之间的冲突水平越高。

(二)父母婚姻冲突的测评

1. 测评样本

调研选择国内工读学校的 1052 名学生和普通中学的 1219 名学生作为研

究对象，不同学校学生所占比例如图 5 – 3 所示。

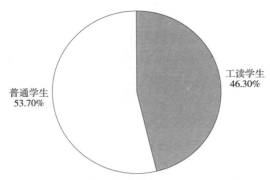

图 5 – 3　工读学生和普通学生所占比例

从性别上来看，工读学校的学生中，有 273 名女生，有 779 名男生，普通学校学生中，有 592 名女生，有 627 名男生，不同性别学生在不同类型学校中所占比例如图 5 – 4 和图 5 – 5。

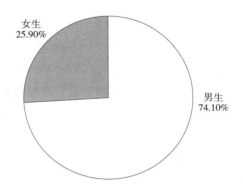

图 5 – 4　工读学校的男女性别比例

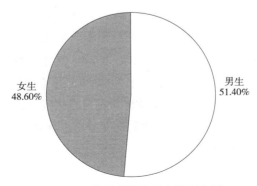

图 5 – 5　普通学校的男女性别比例

从年龄上来看，工读学生的平均年龄为 14.87 岁，标准差为 1.27 岁。为了方便统计和分析，根据不同年龄的人数分布将学生分为 13 岁及以下、14 岁、15 岁、16 岁、17 岁及以上五组，各组人数所占比例如图 5－6 所示。

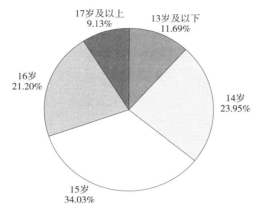

图 5－6　工读学校各年龄组人数占比

普通学生的平均年龄为 13.76 岁，标准差为 1.07 岁。参照工读学生的年龄分组，各组人数所占比例如图 5－7 所示。

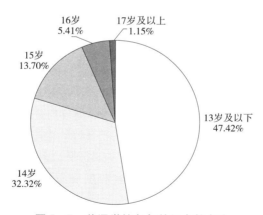

图 5－7　普通学校各年龄组人数占比

2. 测评工具

课题组采用修订版《子女感知父母冲突量表》进行测评。该量表源自国外研究编制的《儿童对婚姻冲突的感知量表》（Grych & Fincham，1992），由我国学者对其进行修订（池丽萍，辛自强，2003）。完整中文版量表共 37 个项目，由 7 个维度组成。

该量表采用四级评分方法：1表示实际情况完全不符合项目描述，计1分；2表示实际情况比较不符合项目描述，计2分；3表示实际情况比较符合项目描述，计3分；4表示实际情况完全符合项目描述，计4分。将各维度项目评分相加后求维度均值和标准差，用于比较工读学生和普通学生两个群体的差异性。

《子女感知父母冲突量表》原有七个维度，分别是冲突频率、冲突强度、冲突是否解决、冲突内容、威胁、自我归因和应对效能感。其中，冲突频率、冲突强度、冲突是否解决等是对冲突的一些基本特征的描述；冲突内容专指婚姻冲突的内容是否与儿童有关；威胁指儿童感受到的来自婚姻冲突的压力和威胁；自我归因指儿童对婚姻冲突进行指向自我的归因，把自己或自己的言行看作冲突发生的根源；应对效能感指面对冲突时，儿童对自己解决冲突以及自我保护能力的评价。根据调研对象的特点和研究目标，课题组选择了其中的冲突频率（4个项目）、冲突强度（5个项目）和冲突内容（4个项目）三个维度的13个项目进行研究。得分越高表示冲突对子女造成的影响或伤害越大，具体到冲突强度、频率和内容这三个维度上，得分越高表示冲突的频率越高，冲突强度越强，冲突内容与子女越有关。

第二节　亲子关系的基本情况分析

一　工读学生的亲子关系的总体特点

（一）亲子关爱程度

首先，对亲子关系问卷的题目选项进行详细分析，分数说明：选择"从不"得1分，选择"偶尔"得2分，选择"有时"得3分，选择"经常"得4分，选择"总是"得5分，根据各维度项目分数之和求维度均分。

分析工读学生和普通学生在亲子关爱程度对应题目选项上的评分详情，统计表如表5-1和表5-2所示。

表5-1　工读学生在亲子关爱程度题目选项上的评分详情统计

单位：人，分

问卷题目	从不	偶尔	有时	经常	总是
父母爱你吗？	37	126	224	201	422
当你遇到问题时父母会帮助你解决吗？	72	178	301	226	233

问卷题目	从不	偶尔	有时	经常	总是
你和父母相处感到愉快吗？	59	160	282	237	272
父母真正关心你吗？	49	112	240	226	383
父母对你有着深厚的感情（爱或喜欢）吗？	64	156	274	211	305
你会照顾父母吗？	58	150	370	195	237
父母在你需要完成某件事时提供帮助吗？	96	179	349	191	195
总　计	435	1061	2040	1487	2047
均值（标准差）	\multicolumn{5}{c}{3.52（$SD=0.90$）}

表5-2　普通学生在亲子关爱程度题目选项上的评分详情统计

单位：人，分

问卷题目	从不	偶尔	有时	经常	总是
父母爱你吗？	58	72	122	203	873
当你遇到问题时父母会帮助你解决吗？	103	163	272	317	473
你和父母相处感到愉快吗？	82	120	210	342	574
父母真正关心你吗？	64	63	149	243	809
父母对你有着深厚的感情（爱或喜欢）吗？	83	95	184	250	716
你会照顾父母吗？	60	125	348	289	506
父母在你需要完成某件事时提供帮助吗？	109	188	319	314	398
总　计	559	826	1604	1958	4349
均值（标准差）	\multicolumn{5}{c}{3.94（$SD=0.97$）}

从亲子关系问卷的关爱维度得分情况来看，工读学生的关爱程度均值为3.52分（$SD=0.90$），普通学生的关爱均值为3.94分（$SD=0.97$）。为了比较两者之间是否存在差异，对两组平均值进行方差分析，结果发现工读学生在关爱程度上的评分显著低于普通学生（$t=-10.74$，$p<0.001$），分析结果见表5-3。

表5-3　工读学生和普通学生在亲子关爱程度得分上的差异

单位：人，分

	工读学生	普通学生
人数（百分比）	1010（43.2%）	1328（56.8%）
均值（标准差）	3.52（0.90）	3.94（0.97）
方差分析结果 t（p）	\multicolumn{2}{c}{$t=10.74$，$p<0.001$}

从以上分析结果可以得到，相对于普通学生，工读学生与父母之间的亲子关爱程度更低。这说明对于工读学生而言，他们认为父母对自己的关心程度、爱护程度和帮助程度均不如普通学生高，在回答"你会照顾父母吗"这类问题时给出的回答也不如普通学生积极。

（二）亲子亲密程度

首先，分析工读学生和普通学生在亲子亲密程度对应选项上的评分详情，统计结果见表5-4和表5-5。

表5-4 工读学生在亲子亲密程度题目选项的评分详情统计

单位：人，分

问卷题目	从不	偶尔	有时	经常	总是
你会把知道的各种事情都告诉父母吗？	194	294	306	139	77
你会和父母分享心里的秘密和个人感受吗？	245	227	295	126	117
父母喜欢或称赞你做的事情吗？	119	229	343	165	154
你会和父母一起做一些开心的事吗？	92	224	350	139	205
你会和父母谈论不想让其他人知道的事吗？	213	222	320	125	130
在你的空余时间里，你会和父母在一起吗？	108	246	323	170	163
你会和父母一起出去玩吗？	99	261	357	155	138
总　计	1070	1703	2294	1019	984
均值（标准差）	2.88（SD＝0.88）				

表5-5 普通学生在亲子亲密程度题目选项的评分详情统计

单位：人，分

问卷题目	从不	偶尔	有时	经常	总是
你会把知道的各种事情都告诉父母吗？	186	360	325	256	201
你会和父母分享心里的秘密和个人感受吗？	290	303	320	184	231
父母喜欢或称赞你做的事情吗？	156	250	359	284	279
你会和父母一起做一些开心的事吗？	122	198	347	254	407
你会和父母谈论不想让其他人知道的事吗？	303	321	341	172	191
在你的空余时间里，你会和父母在一起吗？	127	237	288	334	342
你会和父母一起出去玩吗？	117	261	318	295	337
总　计	1301	1930	2298	1779	1988
均值（标准差）	3.13（SD＝1.04）				

从亲子关系问卷的亲密维度得分结果来看，工读学生得分均值为2.88分（SD＝0.88），普通学生得分均值为3.13分（SD＝1.04）。为了比较两者之

间是否存在差异，对两组平均值进行方差分析，结果发现工读学生在亲密程
度上的得分显著低于普通学生（$t = -6.20$，$p < 0.001$），如表 5 - 6 所示。

表 5 - 6　工读学生和普通学生在亲密程度得分上的差异

单位：人，分

	工读学生	普通学生
人数（百分比）	1010（43.2%）	1328（56.8%）
均值（标准差）	2.88（0.88）	3.13（1.04）
方差分析结果 t（p）	$t = -6.20$，$p < 0.001$	

通过以上结果可知，相对于普通学生，工读学生认为自己与父母的亲密
程度更低。这表明工读学生比普通学生更少与父母在一起聊天和活动，他们
空闲时间与父母待在一起的时候也更少。多项研究都发现，问题行为或犯罪
青少年的家庭亲子交流质量更差、亲密度更低，这极大地影响了亲子间相互
了解与信任，使父母对孩子的积极影响大大下降。

（三）亲子冲突程度

首先，分析工读学生和普通学生在亲子冲突程度对应选项上的评分详
情，统计结果见表 5 - 7 和表 5 - 8。

表 5 - 7　工读学生在亲子冲突程度题目选项上的评分详情统计

单位：人，分

问卷题目	从不	偶尔	有时	经常	总是
你和父母相互感到心烦或恼火吗？	167	351	311	108	73
你和父母互相感到厌烦吗？	250	334	278	93	55
你和父母会意见不合或吵架吗？	192	337	307	114	60
你和父母会因为对方的行为感到气恼吗？	162	264	344	149	91
你和父母互相争论或指责对方吗？	212	299	315	111	73
你和父母发生争论吗？	140	297	353	136	84
总　计	1123	1882	1908	711	436
均值（标准差）	2.81（$SD = 0.63$）				

表 5 - 8　普通学生在亲子冲突程度题目选项上的评分详情统计

单位：人，分

问卷题目	从不	偶尔	有时	经常	总是
你和父母相互感到心烦或恼火吗？	296	568	346	73	45

续表

问卷题目	从不	偶尔	有时	经常	总是
你和父母互相感到厌烦吗？	614	405	228	44	37
你和父母会意见不合或吵架吗？	391	551	268	70	48
你和父母会因为对方的行为感到气恼吗？	319	458	350	110	91
你和父母互相争论或指责对方吗？	469	452	270	75	62
你和父母发生争论吗？	288	526	348	95	71
总　计	2377	2960	1810	467	354
均值（标准差）	2.65（$SD = 0.66$）				

从亲子关系问卷的冲突程度评分结果来看，工读学生得分均值为 2.81 分（$SD = 0.63$），普通学生得分均值为 2.65 分（$SD = 0.66$）。为了比较两者之间是否存在差异，对两组平均值进行方差分析，结果发现工读学生在冲突程度上的得分显著高于普通学生（$t = 6.05$，$p < 0.001$），如表 5 - 9 所示。

表 5 - 9　工读学生和普通学生在冲突程度得分上的差异

单位：人，分

	工读学生	普通学生
人数（百分比）	1010（43.2%）	1328（56.8%）
均值（标准差）	2.81（0.63）	2.65（0.66）
方差分析结果 t（p）	$t = 6.05$，$p < 0.001$	

通过以上结果可以得到，相对于普通学生，工读学生与父母之间的冲突程度更高。这说明对于工读学生而言，他们与父母之间爆发的冲突、矛盾和争吵均比普通学生家庭要多，工读学生与父母之间相互感到厌烦的可能性也更大。

二　工读学生的亲子关系的性别特点

为了考察不同性别工读学生在亲子关系的不同维度上是否存在显著差异，对男、女生的得分均值进行方差分析，得到如下结果。

（一）亲子关爱程度的性别差异

分析不同性别的工读学生和普通学生在亲子关爱程度对应选项上的评分详情，统计结果见表 5 - 10 ~ 表 5 - 13。

表 5 - 10　工读男生在亲子关爱程度题目选项的评分详情统计

单位：人，分

问卷题目	从不	偶尔	有时	经常	总是
父母爱你吗？	32	91	163	152	321
当你遇到问题时父母会帮助你解决吗？	56	131	227	166	179
你和父母相处感到愉快吗？	46	116	220	171	206
父母真正关心你吗？	41	71	177	171	299
父母对你有着深厚的感情（爱或喜欢）吗？	54	108	206	159	232
你会照顾父母吗？	48	102	284	137	188
父母在你需要完成某件事时提供帮助吗？	78	118	257	152	154
总　　计	355	737	1534	1108	1579
均值（标准差）	3.53（SD=0.92）				

表 5 - 11　工读女生在亲子关爱程度题目选项的评分详情统计

单位：人，分

问卷题目	从不	偶尔	有时	经常	总是
父母爱你吗？	5	35	61	49	101
当你遇到问题时父母会帮助你解决吗？	16	47	74	60	54
你和父母相处感到愉快吗？	13	44	62	66	66
父母真正关心你吗？	8	41	63	55	84
父母对你有着深厚的感情（爱或喜欢）吗？	10	48	68	52	73
你会照顾父母吗？	10	48	86	58	49
父母在你需要完成某件事时提供帮助吗？	18	61	92	39	41
总　　计	80	324	506	379	468
均值（标准差）	3.47（SD=0.85）				

表 5 - 12　普通男生在亲子关爱程度题目选项上的评分详情统计

单位：人，分

问卷题目	从不	偶尔	有时	经常	总是
父母爱你吗？	51	35	69	113	458
当你遇到问题时父母会帮助你解决吗？	73	83	153	156	261
你和父母相处感到愉快吗？	67	61	119	167	312
父母真正关心你吗？	56	37	78	124	431
父母对你有着深厚的感情（爱或喜欢）吗？	61	48	105	131	381
你会照顾父母吗？	57	72	194	139	264

续表

问卷题目	从不	偶尔	有时	经常	总是
父母在你需要完成某件事时提供帮助吗？	77	95	171	155	228
总　计	442	431	889	985	2335
均值（标准差）	3.85（SD = 1.07）				

表 5 - 13　普通女生在亲子关爱程度题目选项的评分详情统计

单位：人，分

问卷题目	从不	偶尔	有时	经常	总是
父母爱你吗？	7	37	53	90	415
当你遇到问题时父母会帮助你解决吗？	30	80	119	161	212
你和父母相处感到愉快吗？	15	59	91	175	262
父母真正关心你吗？	8	26	71	119	378
父母对你有着深厚的感情（爱或喜欢）吗？	22	47	79	119	335
你会照顾父母吗？	3	53	154	150	242
父母在你需要完成某件事时提供帮助吗？	32	93	148	159	170
总　计	117	395	715	973	2014
均值（标准差）	4.04（SD = 0.83）				

从关爱程度得分上来看，工读女生的平均得分为 3.47 分（$SD = 0.85$），男生的平均得分为 3.53 分（$SD = 0.92$），性别差异不显著（$t = 0.88$，p > 0.05）。普通学生中，女生的平均得分为 4.04 分（$SD = 0.83$），男生的平均得分为 3.85 分（$SD = 1.07$），性别差异显著（$t = -3.45$，p = <0.05），男生显著低于女生。不同性别组均值与方差分析结果如表 5 - 14 所示。

表 5 - 14　不同性别工读学生和普通学生在关爱程度得分上的差异

单位：人，分

性别	工读学生		普通学生	
	男	女	男	女
人数（百分比）	759（32.5%）	251（10.7%）	726（31.1%）	602（25.7%）
均值（标准差）	3.53（0.92）	3.47（0.85）	3.85（1.07）	4.04（0.83）
方差分析结果 t（p）	$t = 0.88$，p > 0.05		$t = -3.45$，p < 0.05	

通过方差分析比较不同学校的相同性别学生得分情况发现，工读学校女生得分显著低于普通学校女生得分（$t = -9.02$，$p < 0.001$）；同样，工读学

校男生的得分显著低于普通学校男生得分（$t = -6.28$，$p < 0.001$）。上述结果说明，在工读学生中，男、女生对亲子关系的关爱程度评分没有明显差异，但工读学校男、女生与父母的关爱程度均低于普通学校男、女生，方差分析结果可见表 5 – 15。

表 5 – 15　男女生在关爱程度得分上的差异

单位：人，分

学校类别	男		女	
	工读学生	普通学生	工读学生	普通学生
人数（百分比）	759（32.5%）	726（31.1%）	251（10.7%）	602（25.7%）
均值（标准差）	3.53（0.92）	3.85（1.06）	3.47（0.85）	4.04（0.83）
方差分析结果 t（p）	$t = -9.02$，$p < 0.001$		$t = -6.28$，$p < 0.001$	

（二）亲子亲密程度的性别差异

分析不同性别的工读学生和普通学生在亲子亲密程度对应选项上的评分详情，统计结果见表 5 – 16 ~ 表 5 – 19。

表 5 – 16　工读男生在亲子亲密程度题目选项上的评分详情统计

单位：人，分

问卷题目	从不	偶尔	有时	经常	总是
你会把知道的各种事情都告诉父母吗？	158	221	226	101	53
你会和父母分享心里的秘密和个人感受吗？	183	169	218	97	92
父母喜欢或称赞你做的事情吗？	85	158	255	135	126
你会和父母一起做一些开心的事吗？	75	171	249	107	157
你会和父母谈论不想让其他人知道的事吗？	157	159	248	97	98
在你的空余时间里，你会和父母在一起吗？	86	177	241	132	123
你会和父母一起出去玩吗？	78	189	270	121	101
总　计	822	1244	1707	790	750
均值（标准差）	2.89（$SD = 0.89$）				

表 5 – 17　工读女生在亲子亲密程度题目选项上的评分详情统计

单位：人，分

问卷题目	从不	偶尔	有时	经常	总是
你会把知道的各种事情都告诉父母吗？	36	73	80	38	24
你会和父母分享心里的秘密和个人感受吗？	62	58	77	29	25

续表

问卷题目	从不	偶尔	有时	经常	总是
父母喜欢或称赞你做的事情吗？	34	71	88	30	28
你会和父母一起做一些开心的事吗？	17	53	101	32	48
你会和父母谈论不想让其他人知道的事吗？	56	63	72	28	32
在你的空余时间里，你会和父母在一起吗？	22	69	82	38	40
你会和父母一起出去玩吗？	21	72	87	34	37
总　计	248	459	587	229	234
均值（标准差）	2.85（SD = 0.84）				

表 5 - 18　普通男生在亲子亲密程度题目选项的评分详情统计

单位：人，分

问卷题目	从不	偶尔	有时	经常	总是
你会把知道的各种事情都告诉父母吗？	123	179	187	123	114
你会和父母分享心里的秘密和个人感受吗？	177	161	170	95	123
父母喜欢或称赞你做的事情吗？	97	128	196	156	149
你会和父母一起做一些开心的事吗？	80	103	193	136	214
你会和父母谈论不想让其他人知道的事吗？	177	186	183	77	103
在你的空余时间里，你会和父母在一起吗？	81	131	162	166	186
你会和父母一起出去玩吗？	75	136	177	156	182
总　计	810	1024	1268	909	1071
均值（标准差）	3.08（SD = 1.04）				

表 5 - 19　普通女生在亲子亲密程度题目选项的评分详情统计

单位：人，分

问卷题目	从不	偶尔	有时	经常	总是
你会把知道的各种事情都告诉父母吗？	63	181	138	133	87
你会和父母分享心里的秘密和个人感受吗？	113	142	150	89	108
父母喜欢或称赞你做的事情吗？	59	122	163	128	130
你会和父母一起做一些开心的事吗？	42	95	154	118	193
你会和父母谈论不想让其他人知道的事吗？	126	135	158	95	88
在你的空余时间里，你会和父母在一起吗？	46	106	126	168	156
你会和父母一起出去玩吗？	42	125	141	139	155
总　计	491	906	1030	870	917
均值（标准差）	3.19（SD = 1.03）				

　　从亲密程度得分上来看，工读女生的平均得分为 2.85 分（$SD=0.84$），男生的平均得分为 2.89 分（$SD=0.89$），性别差异不显著（$t=0.55$，$p>0.05$）。普通学生中，女生的平均得分为 3.19 分（$SD=1.03$），男生的平均得分为 3.08 分（$SD=1.04$），性别差异显著（$t=-1.99$，$p<0.05$），男生显著低于女生。不同性别组均值与方差分析结果如表 5-20 所示。

表 5-20　不同性别工读学生和普通学生在亲密程度得分上的差异

单位：人，分

性别	工读学生		普通学生	
	男	女	男	女
人数（百分比）	759（32.5%）	251（10.7%）	726（31.1%）	602（25.7%）
均值（标准差）	2.89（0.89）	2.85（0.84）	3.08（1.04）	3.19（1.03）
方差分析结果 t（p）	$t=0.55$，$p>0.05$		$t=-1.99$，$p<0.05$	

　　通过方差分析比较不同学校的相同性别学生得分情况发现，工读学校女生在亲密程度上的得分显著低于普通学校女生得分（$t=-4.65$，$p<0.001$）；同样，工读学校男生的得分显著低于普通学校男生得分（$t=3.81$，$p<0.001$）。上述结果说明，在工读学生中，男、女生对亲子关系的亲密程度评分没有明显差异，但工读学校男、女生与父母的亲密程度均低于普通学校男、女生。方差分析结果可见表 5-21。

表 5-21　男女生在亲密程度得分上的差异

单位：人，分

学校类别	男		女	
	工读学生	普通学生	工读学生	普通学生
人数（百分比）	759（32.5%）	726（31.1%）	251（10.7%）	602（25.7%）
均值（标准差）	2.89（0.89）	3.08（1.04）	2.85（0.84）	3.19（1.03）
方差分析结果 t（p）	$t=3.81$，$p<0.001$		$t=-4.65$，$p<0.001$	

（三）亲子冲突程度的性别的差异

　　分析不同性别的工读学生和普通学生在亲子冲突程度对应选项上的评分详情，统计结果见表 5-22~表 5-25。

表 5-22　工读男生在亲子冲突程度题目选项上的评分详情统计

单位：人，分

问卷题目	从不	偶尔	有时	经常	总是
你和父母相互感到心烦或恼火吗？	136	258	237	67	61

续表

问卷题目	从不	偶尔	有时	经常	总是
你和父母互相感到厌烦吗？	198	236	216	65	44
你和父母会意见不合或吵架吗？	161	253	232	74	39
你和父母会因为对方的行为感到气恼吗？	135	197	251	112	64
你和父母互相争论或指责对方吗？	166	221	230	86	56
你和父母发生争论吗？	119	227	252	101	60
总　计	915	1392	1418	505	324
均值（标准差）	2.79（$SD = 0.64$）				

表 5 – 23　工读女生在亲子冲突程度题目选项上的评分详情统计

单位：人，分

问卷题目	从不	偶尔	有时	经常	总是
你和父母相互感到心烦或恼火吗？	31	93	74	41	12
你和父母互相感到厌烦吗？	52	98	62	28	11
你和父母会意见不合或吵架吗？	31	84	75	40	21
你和父母会因为对方的行为感到气恼吗？	27	67	93	37	27
你和父母互相争论或指责对方吗？	46	78	85	25	17
你和父母发生争论吗？	21	70	101	35	24
总　计	208	490	490	206	112
均值（标准差）	2.86（$SD = 0.59$）				

表 5 – 24　普通男生在亲子冲突程度题目选项上的评分详情统计

单位：人，分

问卷题目	从不	偶尔	有时	经常	总是
你和父母相互感到心烦或恼火吗？	195	283	173	44	31
你和父母互相感到厌烦吗？	341	212	122	27	24
你和父母会意见不合或吵架吗？	242	291	128	37	28
你和父母会因为对方的行为感到气恼吗？	191	234	176	54	71
你和父母互相争论或指责对方吗？	271	229	135	47	44
你和父母发生争论吗？	186	270	171	49	50
总　计	1426	1519	905	258	248
均值（标准差）	2.62（$SD = 0.75$）				

表 5 – 25　普通女生在亲子冲突程度题目选项的评分详情统计

单位：人，分

问卷题目	从不	偶尔	有时	经常	总是
你和父母相互感到心烦或恼火吗？	101	285	173	29	14
你和父母互相感到厌烦吗？	273	193	106	17	13
你和父母会意见不合或吵架吗？	149	260	140	33	20
你和父母会因为对方的行为感到气恼吗？	128	224	174	56	20
你和父母互相争论或指责对方吗？	198	223	135	28	18
你和父母发生争论吗？	102	256	177	46	21
总　　计	951	1441	905	209	106
均值（标准差）	2.68（$SD = 0.52$）				

从冲突程度得分上来看，工读女生的平均得分为 2.86 分（$SD = 0.59$），男生的平均得分为 2.79 分（$SD = 0.64$），性别差异不显著（$t = -1.43$，p > 0.05）。普通学生中，女生的平均得分为 2.68 分（$SD = 0.52$），男生的平均得分为 2.62 分（$SD = 0.75$），性别差异不显著（$t = -1.61$，p > 0.05）。不同性别组均值比较结果见表 5 – 26。

通过方差分析比较不同学校的相同性别得分情况发现，工读学校女生在冲突程度上的得分显著高于普通学校女生得分（$t = 4.78$，p < 0.001）；同样，工读学校男生的得分显著高于普通学校男生得分（$t = 4.39$，p < 0.001）。上述结果说明，在工读学生中，男、女生对亲子关系的冲突程度评分没有明显差异，但工读学校男、女生与父母的冲突程度均高于普通学校男、女生。方差分析结果见表 5 – 27。

表 5 – 26　不同性别工读学生和普通学生在冲突程度得分上的差异

单位：人，分

性别	工读学生		普通学生	
	男	女	男	女
人数（百分比）	759（32.5%）	251（10.7%）	726（31.1%）	602（25.7%）
均值（标准差）	2.79（0.64）	2.86（0.59）	2.62（0.75）	2.68（0.52）
方差分析结果 t（p）	$t = -1.43$，p > 0.05		$t = -1.61$，p > 0.05	

表 5 - 27　男女生在冲突程度得分上的差异

单位：人，分

学校类别	男		女	
	工读学生	普通学生	工读学生	普通学生
人数（百分比）	759 (32.5%)	726 (31.1%)	251 (10.7%)	602 (25.7%)
均值（标准差）	2.79 (0.64)	2.62 (0.75)	2.86 (0.59)	2.68 (0.52)
方差分析结果 t (p)	$t = 4.39$，$p < 0.001$		$t = 4.78$，$p < 0.001$	

三　工读学生亲子关系的年龄发展特点

为了考察随着年龄增长，工读学生的亲子关系是否存在差异和变化趋势，以年龄组为自变量，亲子关系各维度得分为因变量进行单因素方差分析，并检验其是否存在线性趋势，得到如下结果。

（一）亲子关爱程度的年龄差异

分析不同年龄组的工读学生和普通学生在亲子亲密程度对应选项上的评分详情，统计结果见表 5 - 28 ~ 表 5 - 37。

表 5 - 28　13 岁及以下年龄组工读学生在亲子关爱程度题目选项上的评分详情统计

单位：人，分

问卷题目	从不	偶尔	有时	经常	总是
父母爱你吗？	2	8	23	22	64
当你遇到问题时父母会帮助你解决吗？	7	19	20	29	44
你和父母相处感到愉快吗？	5	18	20	25	51
父母真正关心你吗？	6	13	14	22	64
父母对你有着深厚的感情（爱或喜欢）吗？	6	19	21	22	51
你会照顾父母吗？	4	10	30	34	41
父母在你需要完成某件事时提供帮助吗？	9	20	31	17	42
总　　计	39	107	159	171	357
均值（标准差）	3.84 ($SD = 0.87$)				

表 5 - 29　14 岁年龄组工读学生在亲子关爱程度题目选项上的评分详情统计

单位：人，分

问卷题目	从不	偶尔	有时	经常	总是
父母爱你吗？	7	32	41	56	107
当你遇到问题时父母会帮助你解决吗？	19	37	62	55	70

续表

问卷题目	从不	偶尔	有时	经常	总是
你和父母相处感到愉快吗？	10	32	57	70	74
父母真正关心你吗？	12	32	46	53	100
父母对你有着深厚的感情（爱或喜欢）吗？	16	36	51	58	82
你会照顾父母吗？	16	39	71	51	66
父母在你需要完成某件事时提供帮助吗？	20	40	85	47	51
总　计	100	248	413	390	550
均值（标准差）	3.61（SD = 0.90）				

表 5 – 30　15 岁年龄组工读学生在亲子关爱程度题目选项上的评分详情统计

单位：人，分

问卷题目	从不	偶尔	有时	经常	总是
父母爱你吗？	18	48	78	73	120
当你遇到问题时父母会帮助你解决吗？	25	61	126	58	67
你和父母相处感到愉快吗？	26	60	109	70	72
父母真正关心你吗？	21	34	100	77	105
父母对你有着深厚的感情（爱或喜欢）吗？	24	54	111	62	86
你会照顾父母吗？	22	58	142	53	62
父母在你需要完成某件事时提供帮助吗？	44	53	124	67	49
总　计	180	368	790	460	561
均值（标准差）	3.36（SD = 0.88）				

表 5 – 31　16 岁年龄组工读学生在亲子关爱程度题目选项上的评分详情统计

单位：人，分

问卷题目	从不	偶尔	有时	经常	总是
父母爱你吗？	9	22	73	32	82
当你遇到问题时父母会帮助你解决吗？	15	49	67	50	37
你和父母相处感到愉快吗？	14	37	76	44	47
父母真正关心你吗？	8	25	63	48	74
父母对你有着深厚的感情（爱或喜欢）吗？	16	38	68	41	55
你会照顾父母吗？	10	29	96	37	46
父母在你需要完成某件事时提供帮助吗？	20	40	84	40	34
总　计	92	240	527	292	375
均值（标准差）	3.41（SD = 0.91）				

表 5 – 32　17 岁及以上年龄组工读学生在亲子关爱程度题目选项上的评分详情统计

单位：人，分

问卷题目	从不	偶尔	有时	经常	总是
父母爱你吗？	1	16	9	18	49
当你遇到问题时父母会帮助你解决吗？	6	12	26	34	15
你和父母相处感到愉快吗？	4	13	20	28	28
父母真正关心你吗？	2	8	17	26	40
父母对你有着深厚的感情（爱或喜欢）吗？	2	9	23	28	31
你会照顾父母吗？	6	14	31	20	22
父母在你需要完成某件事时提供帮助吗？	3	26	25	20	19
总　计	24	98	151	174	204
均值（标准差）	3.67（$SD = 0.81$）				

表 5 – 33　普通学生 13 岁及以下年龄组在亲子关爱程度题目选项上的评分详情统计

单位：人，分

问卷题目	从不	偶尔	有时	经常	总是
父母爱你吗？	42	20	47	77	362
当你遇到问题时父母会帮助你解决吗？	54	64	105	112	213
你和父母相处感到愉快吗？	55	43	67	124	259
父母真正关心你吗？	44	22	61	88	333
父母对你有着深厚的感情（爱或喜欢）吗？	49	27	68	92	312
你会照顾父母吗？	48	49	140	102	209
父母在你需要完成某件事时提供帮助吗？	63	77	117	120	171
总　计	355	302	605	715	1859
均值（标准差）	3.89（$SD = 1.10$）				

表 5 – 34　普通学生 14 岁年龄组在亲子关爱程度题目选项上的评分详情统计

单位：人，分

问卷题目	从不	偶尔	有时	经常	总是
父母爱你吗？	10	35	52	78	345
当你遇到问题时父母会帮助你解决吗？	29	59	112	144	176

问卷题目	从不	偶尔	有时	经常	总是
你和父母相处感到愉快吗？	18	44	97	142	219
父母真正关心你吗？	12	22	61	104	321
父母对你有着深厚的感情（爱或喜欢）吗？	19	43	80	102	276
你会照顾父母吗？	7	59	142	113	199
父母在你需要完成某件事时提供帮助吗？	31	70	127	132	160
总　　计	126	332	671	815	1696
均值（标准差）	4.00（SD = 0.86）				

表 5 - 35　普通学生 15 岁年龄组在亲子关爱程度题目选项的评分详情统计

单位：人，分

问卷题目	从不	偶尔	有时	经常	总是
父母爱你吗？	5	11	17	33	122
当你遇到问题时父母会帮助你解决吗？	14	23	44	40	67
你和父母相处感到愉快吗？	6	21	29	53	79
父母真正关心你吗？	5	12	20	32	119
父母对你有着深厚的感情（爱或喜欢）吗？	7	15	30	35	101
你会照顾父母吗？	3	9	46	50	80
父母在你需要完成某件事时提供帮助吗？	11	25	58	39	55
总　　计	51	116	244	282	623
均值（标准差）	4.00（SD = 0.85）				

表 5 - 36　普通学生 16 岁年龄组在亲子关爱程度题目选项的评分详情统计

单位：人，分

问卷题目	从不	偶尔	有时	经常	总是
父母爱你吗？	1	4	5	11	33
当你遇到问题时父母会帮助你解决吗？	3	15	9	12	15
你和父母相处感到愉快吗？	1	12	11	16	14
父母真正关心你吗？	1	6	5	13	29
父母对你有着深厚的感情（爱或喜欢）吗？	6	9	4	13	22
你会照顾父母吗？	1	7	14	18	14
父母在你需要完成某件事时提供帮助吗？	3	13	11	19	8
总　　计	16	66	59	102	135
均值（标准差）	3.72（SD = 0.89）				

表 5 - 37　普通学生 17 岁及以上年龄组在亲子关爱程度题目选项的评分详情统计

单位：人，分

问卷题目	从不	偶尔	有时	经常	总是
父母爱你吗？	0	2	1	4	11
当你遇到问题时父母会帮助你解决吗？	3	2	2	9	2
你和父母相处感到愉快吗？	2	0	6	7	3
父母真正关心你吗？	2	1	2	6	7
父母对你有着深厚的感情（爱或喜欢）吗？	2	1	2	8	5
你会照顾父母吗？	1	1	6	6	4
父母在你需要完成某件事时提供帮助吗？	1	3	6	4	4
总　计	11	10	25	44	36
均值（标准差）	3.67（$SD = 0.86$）				

分析不同年龄组在关爱程度上的得分，发现在工读学生中，13 岁及以下组的关爱程度均值为 3.84 分（$SD = 0.87$），14 岁组均值为 3.61 分（$SD = 0.90$），15 岁组均值为 3.36 分（$SD = 0.88$），16 岁组均值为 3.41 分（$SD = 0.91$），17 岁及以上组均值为 3.67 分（$SD = 0.81$）。单因素方差分析结果发现，不同年龄组间差异显著（$F = 8.82$，$p < 0.05$）。通过事后比较分析进一步发现，13 岁及以下组、14 岁组和 15 岁组之间差异显著，年龄越高，关爱得分越低，16 岁组得分显著低于 13 岁及以下组，17 岁及以上组显著高于 15 岁组。对不同年龄组得分的线性趋势检验结果发现，随年龄增长，关爱程度下降的趋势显著（$F = 4.50$，$p < 0.001$）。

在普通学生中，13 岁及以下组的关爱程度均值为 3.89 分（$SD = 1.10$），14 岁组均值为 4.00 分（$SD = 0.86$），15 岁组为 4.00 分（$SD = 0.85$），16 岁组为 3.72 分（0.89），17 岁及以上组为 3.67 分（$SD = 0.86$），单因素方差分析发现不同年龄组之间差异不显著（$F = 2.22$，$p > 0.05$），说明关爱程度在普通学生的不同年龄组间无变化。比较相同年龄组两种学生得分的差异，发现除 13 岁和 17 岁组外，其他工读学生年龄组均值均显著低于普通学生，方差分析结果见表 5 - 38，变化趋势见图 5 - 8。

表 5 - 38　不同年龄组亲子关爱程度上的差异分析

单位：分

年龄组	13 岁以下	14 岁	15 岁	16 岁	17 岁及以上	不同年龄组间的方差分析
工读学生均值（标准差）	3.84 (0.87)	3.61 (0.90)	3.36 (0.88)	3.41 (0.91)	3.67 (0.81)	$F = 8.82$, $p < 0.05$
普通学生均值（标准差）	3.89 (1.10)	4.00 (0.86)	4.00 (0.85)	3.72 (0.89)	3.67 (0.86)	$F = 2.22$, $p > 0.05$
同年龄组不同类型学生的方差分析	$t = -0.55$ $p > 0.05$	$t = -5.57$ $p < 0.001$	$t = -8.09$ $p < 0.001$	$t = -2.36$ $p < 0.05$	$t = 0.01$ $p > 0.05$	

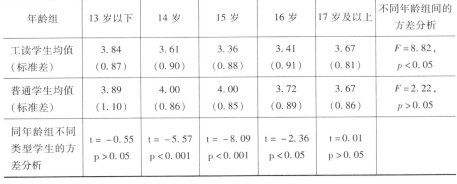

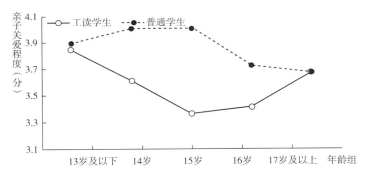

图 5 - 8　亲子关爱程度得分在不同年龄组别上的变化趋势

通过以上结果可以得知，普通学生的亲子关爱程度在不同年龄组之间无差异，但工读学生的亲子关爱程度在 15 岁之前随年龄增长呈线性下降趋势，年龄越大，关爱程度越低。这说明跟普通学生相比，工读学生随着年龄的增长，得到的父母关心和爱护就越少。

（二）亲子亲密程度的年龄差异

分析不同年龄组的工读学生和普通学生在亲子亲密程度对应选项上的评分详情，统计结果见表 5 - 39 ~ 表 5 - 48。

表 5 - 39　13 岁及以下年龄组工读学生在亲子亲密程度题目选项的评分详情统计

单位：人，分

问卷题目	从不	偶尔	有时	经常	总是
你会把知道的各种事情都告诉父母吗？	15	33	26	22	23
你会和父母分享心里的秘密和个人感受吗？	19	18	32	17	33

续表

问卷题目	从不	偶尔	有时	经常	总是
父母喜欢或称赞你做的事情吗？	9	21	34	19	36
你会和父母一起做一些开心的事吗？	6	25	19	13	46
你会和父母谈论不想让其他人知道的事吗？	18	16	37	15	33
在你的空余时间里，你会和父母在一起吗？	12	20	33	20	34
你会和父母一起出去玩吗？	8	21	33	29	28
总　　计	87	154	214	135	233
均值（标准差）	3.33（SD＝0.92）				

表 5-40　14 岁年龄组工读学生在亲子亲密程度题目选项的评分详情统计

单位：人，分

问卷题目	从不	偶尔	有时	经常	总是
你会把知道的各种事情都告诉父母吗？	54	58	74	41	16
你会和父母分享心里的秘密和个人感受吗？	53	67	64	30	29
父母喜欢或称赞你做的事情吗？	32	53	73	40	45
你会和父母一起做一些开心的事吗？	20	47	85	38	53
你会和父母谈论不想让其他人知道的事吗？	53	63	68	29	30
在你的空余时间里，你会和父母在一起吗？	23	52	74	45	49
你会和父母一起出去玩吗？	23	54	91	34	41
总　　计	258	394	529	257	263
均值（标准差）	2.93（SD＝0.84）				

表 5-41　15 岁年龄组工读学生在亲子亲密程度题目选项的评分详情统计

单位：人，分

问卷题目	从不	偶尔	有时	经常	总是
你会把知道的各种事情都告诉父母吗？	69	108	97	42	21
你会和父母分享心里的秘密和个人感受吗？	101	75	92	44	25
父母喜欢或称赞你做的事情吗？	46	83	117	52	39
你会和父母一起做一些开心的事吗？	40	86	117	42	52
你会和父母谈论不想让其他人知道的事吗？	78	73	113	36	37
在你的空余时间里，你会和父母在一起吗？	41	89	114	48	45
你会和父母一起出去玩吗？	38	90	116	49	44
总　　计	413	604	766	313	263
均值（标准差）	2.75（SD＝0.87）				

表 5-42　16 岁年龄组工读学生在亲子亲密程度题目选项的评分详情统计

单位：人，分

问卷题目	从不	偶尔	有时	经常	总是
你会把知道的各种事情都告诉父母吗？	44	63	77	23	11
你会和父母分享心里的秘密和个人感受吗？	52	45	77	22	22
父母喜欢或称赞你做的事情吗？	25	48	90	32	23
你会和父母一起做一些开心的事吗？	20	52	80	31	35
你会和父母谈论不想让其他人知道的事吗？	49	46	73	32	18
在你的空余时间里，你会和父母在一起吗？	27	51	77	37	26
你会和父母一起出去玩吗？	24	65	85	24	20
总　　计	241	370	559	201	155
均值（标准差）	2.78（SD = 0.86）				

表 5-43　17 岁及以上年龄组工读学生在亲子亲密程度题目选项的评分详情统计

单位：人，分

问卷题目	从不	偶尔	有时	经常	总是
你会把知道的各种事情都告诉父母吗？	12	32	32	11	6
你会和父母分享心里的秘密和个人感受吗？	20	22	30	13	8
父母喜欢或称赞你做的事情吗？	7	24	29	22	11
你会和父母一起做一些开心的事吗？	6	14	39	15	19
你会和父母谈论不想让其他人知道的事吗？	15	24	29	13	12
在你的空余时间里，你会和父母在一起吗？	5	34	25	20	9
你会和父母一起出去玩吗？	6	31	32	19	5
总　　计	71	181	216	113	70
均值（标准差）	2.89（SD = 0.78）				

表 5-44　普通学生 13 岁及以下年龄组在亲子亲密程度题目选项的评分详情统计

单位：人，分

问卷题目	从不	偶尔	有时	经常	总是
你会把知道的各种事情都告诉父母吗？	83	119	130	104	112
你会和父母分享心里的秘密和个人感受吗？	106	118	138	79	107
父母喜欢或称赞你做的事情吗？	67	86	133	126	136
你会和父母一起做一些开心的事吗？	61	64	129	103	191
你会和父母谈论不想让其他人知道的事吗？	118	123	139	76	92
在你的空余时间里，你会和父母在一起吗？	62	74	106	125	181

问卷题目	从不	偶尔	有时	经常	总是
你会和父母一起出去玩吗？	61	85	108	121	173
总　计	558	669	883	734	992
均值（标准差）	3.24（SD = 1.11）				

表 5 – 45　普通学生 14 岁年龄组在亲子亲密程度题目选项的评分详情统计

单位：人，分

问卷题目	从不	偶尔	有时	经常	总是
你会把知道的各种事情都告诉父母吗？	66	147	130	111	66
你会和父母分享心里的秘密和个人感受吗？	111	117	122	76	94
父母喜欢或称赞你做的事情吗？	52	95	158	116	99
你会和父母一起做一些开心的事吗？	37	84	143	107	149
你会和父母谈论不想让其他人知道的事吗？	113	141	131	69	66
在你的空余时间里，你会和父母在一起吗？	38	105	112	145	120
你会和父母一起出去玩吗？	31	119	132	122	116
总　计	448	808	928	746	710
均值（标准差）	3.13（SD = 0.97）				

表 5 – 46　普通学生 15 岁年龄组在亲子亲密程度题目选项的评分详情统计

单位：人，分

问卷题目	从不	偶尔	有时	经常	总是
你会把知道的各种事情都告诉父母吗？	24	68	47	30	19
你会和父母分享心里的秘密和个人感受吗？	50	50	41	21	26
父母喜欢或称赞你做的事情吗？	22	53	48	29	36
你会和父母一起做一些开心的事吗？	15	39	55	24	55
你会和父母谈论不想让其他人知道的事吗？	49	38	55	19	27
在你的空余时间里，你会和父母在一起吗？	18	43	51	40	36
你会和父母一起出去玩吗？	15	41	56	38	38
总　计	193	332	353	201	237
均值（标准差）	2.97（SD = 0.98）				

表 5 – 47　普通学生 16 岁年龄组在亲子亲密程度题目选项的评分详情统计

单位：人，分

问卷题目	从不	偶尔	有时	经常	总是
你会把知道的各种事情都告诉父母吗？	9	17	14	11	3
你会和父母分享心里的秘密和个人感受吗？	19	13	14	6	2
父母喜欢或称赞你做的事情吗？	11	13	14	10	6
你会和父母一起做一些开心的事吗？	8	9	15	13	9
你会和父母谈论不想让其他人知道的事吗？	17	13	14	6	4
在你的空余时间里，你会和父母在一起吗？	7	13	15	17	2
你会和父母一起出去玩吗？	8	12	19	9	6
总　计	79	90	105	72	32
均值（标准差）	2.70（$SD = 1.03$）				

表 5 – 48　普通学生 17 岁及以上年龄组在亲子亲密程度题目选项的评分详情统计

单位：人，分

问卷题目	从不	偶尔	有时	经常	总是
你会把知道的各种事情都告诉父母吗？	4	9	4	0	1
你会和父母分享心里的秘密和个人感受吗？	4	5	5	2	2
父母喜欢或称赞你做的事情吗？	4	3	6	3	2
你会和父母一起做一些开心的事吗？	1	2	5	7	3
你会和父母谈论不想让其他人知道的事吗？	6	6	2	2	2
在你的空余时间里，你会和父母在一起吗？	2	2	4	7	3
你会和父母一起出去玩吗？	2	4	3	5	4
总　计	23	31	29	26	17
均值（标准差）	2.87（$SD = 0.84$）				

分析不同年龄组在亲密程度上的得分，发现在工读学生中，13 岁及以下组的亲密程度均值为 3.33 分（$SD = 0.92$），14 岁组均值为 2.93 分（$SD = 0.84$），15 岁组为 2.75 分（$SD = 0.87$），16 岁组为 2.78 分（$SD = 0.86$），17 岁及以上组为 2.89 分（$SD = 0.78$）。单因素方差分析结果发现，不同年龄组间差异显著（$F = 10.95$，$p < 0.001$）。进一步通过事后比较分析发现，13 岁及以下组、14 岁组和 15 岁组之间差异显著，年龄越高，亲密得分越低，16 岁组得分显著低于 13 岁及以下组。对不同年龄组得分的线性趋势检验结果发现，随年龄增长，亲密程度下降的趋势显著（$F = 16.44$，$p < 0.001$）。

在普通学生中，13 岁及以下组的亲密程度均值为 3.24 分（$SD = 1.11$），

14 岁组均值为 3.13 分（$SD = 0.97$），15 岁组为 2.97 分（$SD = 0.98$），16 岁组为 2.70 分（$SD = 1.03$），17 岁组及以上为 2.87 分（$SD = 0.84$），单因素方差分析发现不同年龄组之间差异显著（$F = 5.43$，$p < 0.001$），趋势分析发现不同年龄组之间存在显著的线性趋势（$F = 5.23$，$p < 0.05$），说明普通学生中亲子亲密程度随年龄的增长，也呈现显著下降趋势。此外，比较相同年龄组不同类型学生的均值发现，14 岁和 15 岁组的工读学生亲密程度得分显著低于同年龄组普通学生。方差分析结果见表 5 - 49，变化趋势见图 5 - 9。

表 5 - 49　不同年龄组亲子亲密程度的差异分析

单位：分

年龄组	13 岁以下	14 岁	15 岁	16 岁	17 岁及以上	不同年龄组间的方差分析
工读学生均值（标准差）	3.33 (0.92)	2.93 (0.84)	2.75 (0.87)	2.78 (0.86)	2.89 (0.78)	$F = 10.95$, $p < 0.001$
普通学生均值（标准差）	3.24 (1.11)	3.13 (0.97)	2.97 (0.98)	2.70 (1.03)	2.87 (0.84)	$F = 5.43$, $p < 0.001$
同年龄组不同类型学生的方差分析	$t = 0.78$, $p > 0.05$	$t = -2.79$, $p < 0.01$	$t = -2.59$, $p < 0.01$	$t = 0.54$, $p > 0.05$	$t = 0.13$, $p > 0.05$	

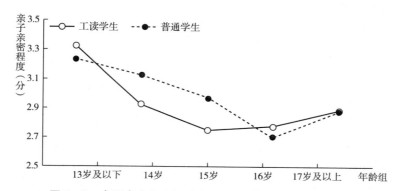

图 5 - 9　亲子亲密程度得分在不同年龄组别上的变化趋势

通过以上结果可以得知，工读学生和普通学生的亲子亲密程度在 16 岁之前大体随年龄增长呈线性下降趋势，年龄越大，亲密程度越低。这可能与青少年正处于"心理断乳期"有关，他们会逐渐减少与父母之间的情感交流，转而与家庭之外的同伴分享自己的情绪感受，一步步实现心理上的自主。

（三）亲子冲突程度的年龄差异

分析不同年龄组的工读学生和普通学生在亲子冲突程度对应选项上的评分详情，统计结果见表 5 - 50 ~ 表 5 - 59。

表 5 - 50　13 岁及以下年龄组工读学生在亲子冲突程度题目选项的评分详情统计

单位：人，分

问卷题目	从不	偶尔	有时	经常	总是
你和父母相互感到心烦或恼火吗？	35	40	25	16	3
你和父母互相感到厌烦吗？	46	35	18	14	6
你和父母会意见不合或吵架吗？	31	44	25	14	5
你和父母会因为对方的行为感到气恼吗？	31	29	30	17	12
你和父母互相争论或指责对方吗？	41	30	26	12	10
你和父母发生争论吗？	27	39	29	15	9
总　计	211	217	153	88	45
均值（标准差）	2.78（SD = 0.54）				

表 5 - 51　14 岁年龄组工读学生在亲子冲突程度题目选项的评分详情统计

单位：人，分

问卷题目	从不	偶尔	有时	经常	总是
你和父母相互感到心烦或恼火吗？	48	96	57	22	20
你和父母互相感到厌烦吗？	63	91	52	23	14
你和父母会意见不合或吵架吗？	58	91	51	28	15
你和父母会因为对方的行为感到气恼吗？	45	68	69	37	24
你和父母互相争论或指责对方吗？	62	69	65	27	20
你和父母发生争论吗？	43	74	64	38	24
总　计	319	489	358	175	117
均值（标准差）	2.77（SD = 0.66）				

表 5 - 52　15 岁年龄组工读学生在亲子冲突程度题目选项的评分详情统计

单位：人，分

问卷题目	从不	偶尔	有时	经常	总是
你和父母相互感到心烦或恼火吗？	41	116	115	30	35
你和父母互相感到厌烦吗？	69	98	114	30	26
你和父母会意见不合或吵架吗？	49	94	127	40	27

续表

问卷题目	从不	偶尔	有时	经常	总是
你和父母会因为对方的行为感到气恼吗？	49	76	124	51	37
你和父母互相争论或指责对方吗？	63	91	117	36	30
你和父母发生争论吗？	34	93	139	41	30
总　计	305	568	736	228	185
均值（标准差）	2.84（SD = 0.66）				

表 5 - 53　16 岁年龄组工读学生在亲子冲突程度题目选项的评分详情统计

单位：人，分

问卷题目	从不	偶尔	有时	经常	总是
你和父母相互感到心烦或恼火吗？	30	64	80	31	13
你和父母互相感到厌烦吗？	52	70	72	19	5
你和父母会意见不合或吵架吗？	35	73	75	23	12
你和父母会因为对方的行为感到气恼吗？	27	56	87	34	14
你和父母互相争论或指责对方吗？	34	67	82	26	9
你和父母发生争论吗？	29	59	83	29	18
总　计	207	389	479	162	71
均值（标准差）	2.81（SD = 0.62）				

表 5 - 54　17 岁及以上年龄组工读学生在亲子冲突程度题目选项的评分详情统计

单位：人，分

问卷题目	从不	偶尔	有时	经常	总是
你和父母相互感到心烦或恼火吗？	13	35	34	9	2
你和父母互相感到厌烦吗？	20	40	22	7	4
你和父母会意见不合或吵架吗？	19	35	29	9	1
你和父母会因为对方的行为感到气恼吗？	10	35	34	10	4
你和父母互相争论或指责对方吗？	12	42	25	10	4
你和父母发生争论吗？	7	32	38	13	3
总　计	81	219	182	58	18
均值（标准差）	2.82（SD = 0.52）				

表 5 – 55　普通学生 13 岁及以下年龄组在亲子冲突程度题目选项的评分详情统计

单位：人，分

问卷题目	从不	偶尔	有时	经常	总是
你和父母相互感到心烦或恼火吗？	160	214	128	27	19
你和父母互相感到厌烦吗？	286	149	82	12	19
你和父母会意见不合或吵架吗？	198	207	100	19	24
你和父母会因为对方的行为感到气恼吗？	165	174	139	33	37
你和父母互相争论或指责对方吗？	209	176	110	23	30
你和父母发生争论吗？	148	205	135	26	34
总　计	1166	1125	694	140	163
均值（标准差）	2.61（$SD = 0.73$）				

表 5 – 56　普通学生 14 岁年龄组在亲子冲突程度题目选项的评分详情统计

单位：人，分

问卷题目	从不	偶尔	有时	经常	总是
你和父母相互感到心烦或恼火吗？	102	243	132	28	15
你和父母互相感到厌烦吗？	220	176	96	17	11
你和父母会意见不合或吵架吗？	128	235	111	29	17
你和父母会因为对方的行为感到气恼吗？	106	192	142	49	31
你和父母互相争论或指责对方吗？	171	186	108	33	22
你和父母发生争论吗？	96	211	145	43	25
总　计	823	1243	734	199	121
均值（标准差）	2.67（$SD = 0.60$）				

表 5 – 57　普通学生 15 岁年龄组在亲子冲突程度题目选项的评分详情统计

单位：人，分

问卷题目	从不	偶尔	有时	经常	总是
你和父母相互感到心烦或恼火吗？	27	78	65	10	8
你和父母互相感到厌烦吗？	85	53	38	9	3
你和父母会意见不合或吵架吗？	55	79	38	12	4
你和父母会因为对方的行为感到气恼吗？	42	65	48	21	12
你和父母互相争论或指责对方吗？	66	63	40	12	7
你和父母发生争论吗？	39	80	45	16	8
总　计	314	418	274	80	42
均值（标准差）	2.68（$SD = 0.58$）				

表5-58　普通学生16岁年龄组在亲子冲突程度题目选项的评分详情统计

单位：人，分

问卷题目	从不	偶尔	有时	经常	总是
你和父母相互感到心烦或恼火吗？	3	25	16	7	3
你和父母互相感到厌烦吗？	15	19	12	5	3
你和父母会意见不合或吵架吗？	5	23	15	9	2
你和父母会因为对方的行为感到气恼吗？	3	19	16	6	10
你和父母互相争论或指责对方吗？	14	22	9	6	3
你和父母发生争论吗？	2	25	16	8	3
总　计	42	133	84	41	24
均值（标准差）	2.79（SD=0.65）				

表5-59　普通学生17岁及以上年龄组在亲子冲突程度题目选项的评分详情统计

单位：人，分

问卷题目	从不	偶尔	有时	经常	总是
你和父母相互感到心烦或恼火吗？	4	8	5	1	0
你和父母互相感到厌烦吗？	8	8	0	1	1
你和父母会意见不合或吵架吗？	5	7	4	1	1
你和父母会因为对方的行为感到气恼吗？	3	8	5	1	1
你和父母互相争论或指责对方吗？	9	5	3	1	0
你和父母发生争论吗？	3	5	7	2	1
总　计	32	41	24	7	4
均值（标准差）	2.50（SD=0.51）				

分析不同年龄组在冲突程度上的得分，发现在工读学生中，13岁及以下组的冲突程度均值为2.78分（$SD=0.54$），14岁组均值为2.77分（$SD=0.66$），15岁组为2.84分（$SD=0.66$），16岁组为2.81分（$SD=0.62$），17岁及以上组为2.82分（$SD=0.52$）。单因素方差分析结果发现，不同年龄组间差异不显著（$F=0.52$，$p>0.05$）。

在普通学生中，13岁及以下组的冲突程度均值为2.61分（$SD=0.73$），14岁组均值为2.67分（$SD=0.60$），15岁组为2.68分（$SD=0.58$），16岁组为2.79分（$SD=0.65$），17岁及以上组为2.50分（$SD=0.51$），单因素方差分析结果发现，不同年龄组间差异不显著（$F=1.67$，$p>0.05$）。比较相同年龄组不同类型学生的均值差异发现，13岁及以下、14岁、15岁和17

岁及以上组亲子冲突得分均显著高于同年龄组普通学生，方差分析结果详见表5－60和图5－10。

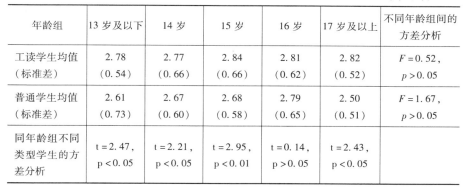

表5－60　不同年龄组亲子冲突程度上的差异分析

单位：分

年龄组	13 岁及以下	14 岁	15 岁	16 岁	17 岁及以上	不同年龄组间的方差分析
工读学生均值（标准差）	2.78 (0.54)	2.77 (0.66)	2.84 (0.66)	2.81 (0.62)	2.82 (0.52)	$F = 0.52$，$p > 0.05$
普通学生均值（标准差）	2.61 (0.73)	2.67 (0.60)	2.68 (0.58)	2.79 (0.65)	2.50 (0.51)	$F = 1.67$，$p > 0.05$
同年龄组不同类型学生的方差分析	$t = 2.47$，$p < 0.05$	$t = 2.21$，$p < 0.05$	$t = 2.95$，$p < 0.01$	$t = 0.14$，$p > 0.05$	$t = 2.43$，$p < 0.05$	

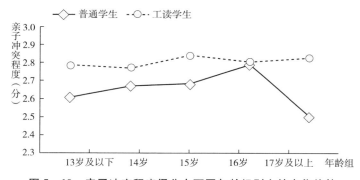

图5－10　亲子冲突程度得分在不同年龄组别上的变化趋势

通过以上结果可以得知，工读学生和普通学生的亲子冲突程度在16岁之前随年龄增长无显著变化趋势。这表明，随着年龄增长，工读学生和普通学生与父母之间的冲突波动不明显，一直相对稳定地维持在一定水平。

四　小结

从工读学生的亲子关系分析结果可知，工读学生的亲子关系质量明显不如普通学生：亲子关爱和亲子亲密程度更低，亲子冲突水平更高，其亲子关爱和亲密程度也随年龄增长而呈现下降趋势。

这与以往的研究结果基本一致，曾有研究发现，工读学生的家庭亲密度较低，工读学生家庭成员的矛盾性高于全国常模（周正怀、刘哲明、付丽、张娟，2010)。在一个家庭里，家庭成员之间相互支持，相互尊重，经常表达情感，具有明确的家庭活动及责任组织结构，有助于子女建立安全感，有助于培养孩子的亲社会行为，而敌意、拒绝的亲子关系则会导致反社会行为，冲突环境中的亲子关系更容易让孩子卷入犯罪事件 (Weymouth & Buehler，2016)。

第三节 父母冲突的基本情况分析

一 工读学生对父母冲突感知情况的总体特点

(一) 父母冲突频率

首先，对子女感知父母冲突问卷的题目选项进行详细分析，选择"完全不符合"得1分，选择"基本不符合"得2分，选择"基本符合"得3分、选择"完全符合"得4分，根据各维度项目分数之和求维度均分。

分析工读学生和普通学生在父母冲突频率维度对应选项上的评分详情，统计结果见表5-61和表5-62。

表5-61 工读学生在父母冲突频率题目选项上的评分详情统计

单位：人，分

问卷题目	完全不符合	基本不符合	基本符合	完全符合
他们可能认为我不知道，但是我的父母确实有很多的争吵或者意见不合	255	402	315	80
即使当着我的面，爸爸妈妈也会经常相互指责	243	335	380	94
我经常看到父母在争吵	274	435	242	101
爸妈在家经常互相指责、抱怨	290	405	281	76
总　计	1062	1577	1218	351
均值（标准差）	2.20 (SD = 0.73)			

表5-62 普通学生在父母冲突频率题目选项上的评分详情统计

单位：人，分

问卷题目	完全不符合	基本不符合	基本符合	完全符合
他们可能认为我不知道，但是我的父母确实有很多的争吵或者意见不合	349	454	293	123

续表

问卷题目	完全不符合	基本不符合	基本符合	完全符合
即使当着我的面，爸爸妈妈也会经常相互指责	377	454	311	77
我经常看到父母在争吵	443	402	277	97
爸妈在家经常互相指责、抱怨	253	338	390	238
总　计	1422	1648	1271	535
均值（标准差）	2.19 （$SD = 0.64$）			

从子女感知父母冲突量表的冲突频率得分情况来看，工读学生的冲突频率得分均值为 2.20 分（$SD = 0.73$），普通学生的冲突频率得分均值为 2.19分（$SD = 0.64$）。为了比较两者之间是否存在差异，对两组平均值进行方差分析，结果发现，工读学生在冲突频率上的评分与普通学生无显著差异（$t = 0.54$，$p > 0.05$），如表 5 − 63 所示。

表 5 − 63　工读学生和普通学生在父母冲突频率得分上的差异

单位：人，分

	工读学生	普通学生
人数（百分比）	1052 （46.3%）	1219 （53.7%）
均值（标准差）	2.20 （0.73）	2.19 （0.64）
方差分析结果 t（p）	$t = 0.54$，$p > 0.05$	

以往有研究认为，父母冲突的频率与孩子的问题行为之间呈正相关，父母冲突越多，孩子问题行为也越多。但本研究发现，工读学生与普通学生在感知父母之间的冲突频率上没有差异。这表明，对于工读学生而言，他们并没有比普通学生觉察到更多的父母冲突，所有人感知到的父母冲突均处于中等水平。

（二）父母冲突强度

分析工读学生和普通学生在父母冲突强度维度对应选项上的评分详情，统计结果见表 5 − 64 和表 5 − 65。

表 5 − 64　工读学生在父母冲突强度题目选项的评分详情统计

单位：人，分

问卷题目	完全不符合	基本不符合	基本符合	完全符合
爸妈争吵时像发疯一样	194	294	306	139

续表

问卷题目	完全不符合	基本不符合	基本符合	完全符合
爸妈吵架时，他们互相骂对方	245	227	295	126
爸妈吵架时，经常会大喊大叫	119	229	343	165
爸妈争吵时，经常扔或者摔坏东西	92	224	350	139
爸妈争吵时会相互推搡	213	222	320	125
总　计	863	1196	1614	694
均值（标准差）	2.10（SD = 0.79）			

表 5 - 65　普通学生在父母冲突强度题目选项的评分详情统计

单位：人，分

问卷题目	完全不符合	基本不符合	基本符合	完全符合
爸妈争吵时像发疯一样	494	443	221	61
爸妈吵架时，他们互相骂对方	281	359	359	220
爸妈吵架时，经常会大喊大叫	544	365	232	78
爸妈争吵时，经常扔或者摔坏东西	378	318	325	198
爸妈争吵时会相互推搡	685	332	143	59
总　计	2382	1817	1280	616
均值（标准差）	2.02（SD = 0.61）			

从子女感知父母冲突量表的冲突强度得分情况来看，工读学生的冲突强度得分均值为 2.10 分（$SD = 0.79$），普通学生的冲突强度得分均值为 2.02 分（$SD = 0.61$）。为了比较两者之间是否存在差异，对两组平均值进行方差分析，结果发现，工读学生在冲突强度上的评分与普通学生具有显著差异（$t = 2.54$，$p < 0.05$），如表 5 - 66 所示，工读学生感知到的父母冲突强度显著高于普通学生。

表 5 - 66　工读学生和普通学生在父母冲突强度得分上的差异

单位：人，分

	工读学生	普通学生
人数（百分比）	1010（43.2%）	1328（56.8%）
均值（标准差）	2.10（0.79）	2.02（0.61）
方差分析结果 t（p）	$t = 2.54$，$p < 0.05$	

从以上结果可以得知，工读学生感受到的父母之间冲突的强度显著高于

普通学生。在本研究中，父母之间的冲突强度是指婚姻冲突的激烈程度，低级别的冲突如低声争执，逐步升级到最激烈的身体攻击。已有研究发现，目睹过家庭暴力的孩子在长大后，也更有可能在各种亲密关系中表现出暴力行为。

（三）父母冲突内容

分析工读学生和普通学生在父母冲突内容维度对应选项上的评分详情，统计结果见表 5 - 67 和表 5 - 68。

表 5 - 67　工读学生在父母冲突内容题目选项的评分详情统计

单位：人，分

问卷题目	完全不符合	基本不符合	基本符合	完全符合
爸妈经常因为我在学校里表现不好而争吵	167	351	311	108
爸妈的争吵大多是因为我做的一些事情	250	334	278	93
爸妈经常因为我做的事情而争吵或者意见不合	192	337	307	114
在我做错事时爸妈经常会发生争吵	162	264	344	149
总　计	771	1286	1240	464
均值（标准差）	2.09（SD = 0.80）			

表 5 - 68　普通学生在父母冲突内容题目选项的评分详情统计

单位：人，分

问卷题目	完全不符合	基本不符合	基本符合	完全符合
爸妈经常因为我在学校里表现不好而争吵	655	352	154	58
爸妈的争吵大多是因为我做的一些事情	552	380	214	73
爸妈经常因为我做的事情而争吵或者意见不合	538	392	220	69
在我做错事时爸妈经常会发生争吵	543	400	214	62
总　计	2288	1524	802	262
均值（标准差）	1.80（SD = 0.76）			

从子女感知父母冲突量表的冲突内容维度得分结果来看，工读学生评分均值为 2.09 分（SD = 0.80），普通学生评分均值为 1.80 分（SD = 0.76）。工读学生的父母冲突内容得分显著高于普通学生（$t = 8.61$，$p < 0.001$），如表

5-69 所示。这表示，与普通学生相比，工读学生感知到的父母冲突内容更多与自己的过错有关。

表 5-69　工读学生和普通学生在父母冲突内容得分上的差异

单位：人，分

	工读学生	普通学生
人数（百分比）	1010（43.2%）	1328（56.8%）
均值（标准差）	2.09（0.80）	1.80（0.76）
方差分析结果 t（p）	$t = 8.61$，$p < 0.001$	

上面的结果表明，工读学生感受到的父母之间的冲突内容与自己所犯的过错和表现更相关。已有对儿童的研究发现，如果父母冲突是由孩子的事情而起，或涉及孩子，更容易引起儿童的问题行为。即便父母争吵的内容与孩子无关，孩子也有自责倾向，年龄越小的孩子，这种倾向越严重。当冲突的内容与孩子有关时，孩子显得较羞愧、自责，害怕被卷入冲突，并且倾向于以直接介入冲突的方式来应对。冲突引起孩子的自我贬低，进而产生适应上的问题。

二　工读学生感知父母冲突的性别特点

为了考察不同性别工读学生在父母冲突的不同维度上是否存在差异，课题组对男、女生的得分均值进行方差分析，得到如下结果。

（一）父母冲突频率的性别差异

分析不同性别的工读学生和普通学生在父母冲突频率维度对应选项上的评分详情，统计结果见表 5-70 ~ 表 5-73。

表 5-70　工读男生在父母冲突频率题目选项的评分详情统计

单位：人，分

问卷题目	完全不符合	基本不符合	基本符合	完全符合
他们可能认为我不知道，但是我的父母确实有很多的争吵或者意见不合	190	293	241	55
即使当着我的面，爸爸妈妈也会经常相互指责	184	262	267	66
我经常看到父母在争吵	202	316	186	75
爸妈在家经常互相指责、抱怨	222	294	209	54
总　计	798	1165	903	250
均值（标准差）	2.19（$SD = 0.73$）			

表 5 –71　工读女生在父母冲突频率题目选项的评分详情统计

单位：人，分

问卷题目	完全不符合	基本不符合	基本符合	完全符合
他们可能认为我不知道，但是我的父母确实有很多的争吵或者意见不合	65	109	74	25
即使当着我的面，爸爸妈妈也会经常相互指责	59	73	113	28
我经常看到父母在争吵	72	119	56	26
爸妈在家经常互相指责、抱怨	68	111	72	22
总　　计	264	412	315	101
均值（标准差）	2.23（SD = 0.72）			

表 5 –72　普通男生在父母冲突频率题目选项的评分详情统计

单位：人，分

问卷题目	完全不符合	基本不符合	基本符合	完全符合
他们可能认为我不知道，但是我的父母确实有很多的争吵或者意见不合	202	206	149	70
即使当着我的面，爸爸妈妈也会经常相互指责	217	216	151	43
我经常看到父母在争吵	250	195	131	51
爸妈在家经常互相指责、抱怨	151	156	193	127
总　　计	820	773	624	291
均值（标准差）	2.15（SD = 0.70）			

表 5 –73　普通女生在父母冲突频率题目选项的评分详情统计

单位：人，分

问卷题目	完全不符合	基本不符合	基本符合	完全符合
他们可能认为我不知道，但是我的父母确实有很多的争吵或者意见不合	147	248	144	53
即使当着我的面，爸爸妈妈也会经常相互指责	160	238	160	34
我经常看到父母在争吵	193	207	146	46
爸妈在家经常互相指责、抱怨	102	182	197	111
总　　计	602	875	647	244
均值（标准差）	2.23（SD = 0.58）			

从冲突频率得分上来看，工读学生中，女生的平均得分为 2.23 分（$SD = 0.72$），男生的平均得分为 2.19 分（$SD = 0.73$），性别差异不显著（$t = -0.74$，$p > 0.05$）。普通学生中，女生的平均得分为 2.23 分（$SD = 0.58$），男生的平均得分为 2.15 分（$SD = 0.70$），性别差异不显著（$t = -1.93$，$p > 0.05$），如表 5 - 74 所示。不同性别组均值比较发现，男、女生感知父母冲突频率差异不显著，结果如表 5 - 75 所示，表明工读学生和普通学生一样，男、女生感知到的父母冲突频率没有区别。

表 5 - 74　不同性别工读学生和普通学生在父母冲突频率得分上的差异

单位：人，分

性别	工读学生		普通学生	
	男	女	男	女
人数（百分比）	779 (67.6%)	273 (32.4%)	627 (51.4%)	592 (48.6%)
均值（标准差）	2.19 (0.73)	2.23 (0.72)	2.15 (0.70)	2.23 (0.58)
方差分析结果 t（p）	$t = 0.74$，$p > 0.05$		$t = -1.93$，$p > 0.05$	

表 5 - 75　男女生在父母冲突频率得分上的差异

单位：人，分

学校类别	男		女	
	工读学生	普通学生	工读学生	普通学生
人数（百分比）	779 (55.4%)	627 (44.6%)	273 (31.6%)	592 (68.4%)
均值（标准差）	2.19 (0.73)	2.15 (0.70)	2.23 (0.72)	2.23 (0.58)
方差分析结果 t（p）	$t = 1.05$，$p > 0.05$		$t = 0.14$，$p > 0.05$	

（二）父母冲突强度的性别差异

分析不同性别的工读学生和普通学生在父母冲突强度维度对应选项上的评分详情，统计结果见表 5 - 76 ~ 表 5 - 79。

表 5 - 76　工读男生在父母冲突强度题目选项的评分详情统计

单位：人，分

问卷题目	完全不符合	基本不符合	基本符合	完全符合
爸妈争吵时像发疯一样	272	272	166	69
爸妈吵架时，他们互相骂对方	228	239	249	63
爸妈吵架时，经常会大喊大叫	254	244	202	79

续表

问卷题目	完全不符合	基本不符合	基本符合	完全符合
爸妈争吵时，经常扔或者摔坏东西	281	260	176	62
爸妈争吵时会相互推搡	277	257	187	58
总　计	1312	1272	980	331
均值（标准差）	2.08（SD = 0.79）			

表 5 - 77　工读女生在父母冲突强度题目选项的评分详情统计

单位：人，分

问卷题目	完全不符合	基本不符合	基本符合	完全符合
爸妈争吵时像发疯一样	91	82	84	16
爸妈吵架时，他们互相骂对方	79	73	100	21
爸妈吵架时，经常会大喊大叫	67	104	77	25
爸妈争吵时，经常扔或者摔坏东西	92	110	49	22
爸妈争吵时会相互推搡	88	84	86	15
总　计	417	453	396	99
均值（标准差）	2.13（SD = 0.78）			

表 5 - 78　普通男生在父母冲突强度题目选项的评分详情统计

单位：人，分

问卷题目	完全不符合	基本不符合	基本符合	完全符合
爸妈争吵时像发疯一样	270	209	112	36
爸妈吵架时，他们互相骂对方	155	170	188	114
爸妈吵架时，经常会大喊大叫	294	168	123	42
爸妈争吵时，经常扔或者摔坏东西	216	141	168	102
爸妈争吵时会相互推搡	359	150	78	40
总　计	1294	838	669	334
均值（标准差）	2.01（SD = 0.67）			

表 5 - 79　普通女生在父母冲突强度题目选项的评分详情统计

单位：人，分

问卷题目	完全不符合	基本不符合	基本符合	完全符合
爸妈争吵时像发疯一样	224	234	109	25
爸妈吵架时，他们互相骂对方	126	189	171	106

问卷题目	完全不符合	基本不符合	基本符合	完全符合
爸妈吵架时，经常会大喊大叫	250	197	109	36
爸妈争吵时，经常扔或者摔坏东西	162	177	157	96
爸妈争吵时会相互推搡	326	182	65	19
总　计	1088	979	611	282
均值（标准差）	2.03（$SD = 0.55$）			

从冲突强度得分上来看，工读学校女生的平均得分为 2.13 分（$SD = 0.78$），男生的平均得分为 2.08 分（$SD = 0.79$），性别差异不显著（$t = -0.81$，$p > 0.05$）。普通学校学生中，女生的平均得分为 2.03 分（$SD = 0.55$），男生的平均得分为 2.01 分（$SD = 0.67$），性别差异不显著（$t = -0.45$，$p > 0.05$）。不同性别组均值结果如表 5 - 80、表 5 - 81 所示。这表明工读学生和普通学生一样，男、女生感知到的父母冲突强度也没有区别。

表 5 - 80　不同性别工读学生和普通学生在父母冲突强度得分上的差异

单位：人，分

性别	工读学生		普通学生	
	男	女	男	女
人数（百分比）	779（67.6%）	273（32.4%）	627（51.4%）	592（48.6%）
均值（标准差）	2.08（0.79）	2.13（0.78）	2.01（0.67）	2.03（0.55）
方差分析结果 t（p）	$t = -0.81$，$p > 0.05$		$t = -0.45$，$p > 0.05$	

表 5 - 81　男女生在父母冲突强度得分上的差异

单位：人，分

学校类别	男		女	
	工读学生	普通学生	工读学生	普通学生
人数（百分比）	779（55.4%）	627（44.6%）	273（31.6%）	592（68.4%）
均值（标准差）	2.08（0.79）	2.01（0.67）	2.13（0.78）	2.03（0.55）
方差分析结果 t（p）	$t = 1.79$，$p > 0.05$		$t = 2.16$，$p < 0.05$	

（三）父母冲突内容的性别差异

分析不同性别的工读学生和普通学生在父母冲突内容维度对应选项上的评分详情，统计结果见表 5 - 82 ~ 表 5 - 85。

表5－82 工读男生在父母冲突内容题目选项的评分详情统计

单位：人，分

问卷题目	完全不符合	基本不符合	基本符合	完全符合
爸妈经常因为我在学校里表现不好而争吵	273	259	193	54
爸妈的争吵大多是因为我做的一些事情	234	253	224	68
爸妈经常因为我做的事情而争吵或者意见不合	241	266	207	65
在我做错事时爸妈经常会发生争吵	242	269	208	60
总 计	990	1047	832	247
均值（标准差）	2.11（$SD = 0.81$）			

表5－83 工读女生在父母冲突内容题目选项的评分详情统计

单位：人，分

问卷题目	完全不符合	基本不符合	基本符合	完全符合
爸妈经常因为我在学校里表现不好而争吵	96	110	52	15
爸妈的争吵大多是因为我做的一些事情	93	76	86	18
爸妈经常因为我做的事情而争吵或者意见不合	89	110	60	14
在我做错事时爸妈经常会发生争吵	97	85	76	15
总 计	375	381	274	62
均值（标准差）	2.02（$SD = 0.76$）			

表5－84 普通男生在父母冲突内容题目选项的评分详情统计

单位：人，分

问卷题目	完全不符合	基本不符合	基本符合	完全符合
爸妈经常因为我在学校里表现不好而争吵	359	148	87	33
爸妈的争吵大多是因为我做的一些事情	279	178	121	49
爸妈经常因为我做的事情而争吵或者意见不合	288	173	123	43
在我做错事时爸妈经常会发生争吵	285	179	126	37
总 计	1211	678	457	162
均值（标准差）	1.83（$SD = 0.81$）			

表 5 – 85　普通女生在父母冲突内容题目选项的评分详情统计

单位：人，分

问卷题目	完全不符合	基本不符合	基本符合	完全符合
爸妈经常因为我在学校里表现不好而争吵	296	204	67	25
爸妈的争吵大多是因为我做的一些事情	273	202	93	24
爸妈经常因为我做的事情而争吵或者意见不合	250	219	97	26
在我做错事时爸妈经常会发生争吵	258	221	88	25
总　计	1077	846	345	100
均值（标准差）	1.78（$SD=0.71$）			

从冲突内容得分上来看，工读学校女生的平均得分为 2.02 分（$SD=0.76$），男生的平均得分为 2.11 分（$SD=0.81$），性别差异不显著（$t=1.55$，$p>0.05$）。普通学生中，女生的平均得分为 1.78 分（$SD=0.71$），男生的平均得分为 1.83 分（$SD=0.81$），性别差异不显著（$t=1.22$，$p>0.05$）。专门（工读）学校男、女生的得分均显著高于普通学校的男、女生。不同性别组均值结果如表 5 – 86、表 5 – 87 所示。这表明工读学生和普通学生一样，男、女生感知到的父母冲突内容没有区别。

表 5 – 86　不同性别工读学生和普通学生在父母冲突内容得分上的差异

单位：人，分

性别	工读学生		普通学生	
	男	女	男	女
人数（百分比）	779（67.6%）	273（32.4%）	627（51.4%）	592（48.6%）
均值（标准差）	2.11（0.81）	2.02（0.76）	1.83（0.81）	1.78（0.71）
方差分析结果 t（p）	$t=1.55$，$p>0.05$		$t=1.22$，$p>0.05$	

表 5 – 87　男女生在父母冲突内容得分上的差异

单位：人，分

学校类别	男		女	
	工读学生	普通学生	工读学生	普通学生
人数（百分比）	779（55.4%）	627（44.6%）	273（31.6%）	592（68.4%）
均值（标准差）	2.11（0.81）	1.83（0.81）	2.02（0.76）	1.78（0.71）
方差分析结果 t（p）	$t=6.4$，$p<0.001$		$t=4.62$，$p<0.001$	

虽然本研究没有发现子女感知父母冲突方面的性别差异，但有研究认

为，不同性别的儿童对家庭暴力或婚姻冲突的反应和处理方式是存在差异的。在面对父母冲突时，女孩比男孩表现出更多的焦虑、悲伤等内化问题行为，而男孩比女孩更多地使用躯体和直接的攻击行为（Cummings，George，Mccoy & Davies，2012）。

三 工读学生父母冲突的年龄发展特点

为了考察随着年龄增长，工读学生感知到的父母冲突是否存在变化趋势，以年龄组为自变量，父母冲突评价各维度得分为因变量进行单因素方差分析，并检验其是否存在线性趋势，得到如下结果。

（一）父母冲突频率的年龄差异

分析不同年龄组的工读学生和普通学生在父母冲突频率对应选项上的评分详情，统计结果见表 5 - 88 ~ 表 5 - 97。

表 5 - 88 13 岁及以下年龄组工读学生在父母冲突频率题目选项的评分详情统计

单位：人，分

问卷题目	完全不符合	基本不符合	基本符合	完全符合
他们可能认为我不知道，但是我的父母确实有很多的争吵或者意见不合	41	41	31	10
即使当着我的面，爸爸妈妈也会经常相互指责	36	38	37	12
我经常看到父母在争吵	37	43	30	13
爸妈在家经常互相指责、抱怨	43	43	25	12
总　计	157	165	123	47
均值（标准差）	2.12（$SD = 0.70$）			

表 5 - 89 14 岁年龄组工读学生在父母冲突频率题目选项的评分详情统计

单位：人，分

问卷题目	完全不符合	基本不符合	基本符合	完全符合
他们可能认为我不知道，但是我的父母确实有很多的争吵或者意见不合	71	107	63	11
即使当着我的面，爸爸妈妈也会经常相互指责	67	71	97	17
我经常看到父母在争吵	73	114	40	25

问卷题目	完全不符合	基本不符合	基本符合	完全符合
爸妈在家经常互相指责、抱怨	71	111	57	13
总　计	282	403	257	66
均值（标准差）	2.11（*SD* = 0.70）			

表 5 – 90　15 岁年龄组工读学生在父母冲突频率题目选项的评分详情统计

单位：人，分

问卷题目	完全不符合	基本不符合	基本符合	完全符合
他们可能认为我不知道，但是我的父母确实有很多的争吵或者意见不合	84	132	111	31
即使当着我的面，爸爸妈妈也会经常相互指责	81	121	121	35
我经常看到父母在争吵	97	142	82	37
爸妈在家经常互相指责、抱怨	97	136	97	28
总　计	359	531	411	131
均值（标准差）	2.22（*SD* = 0.75）			

表 5 – 91　16 岁年龄组工读学生在父母冲突频率题目选项的评分详情统计

单位：人，分

问卷题目	完全不符合	基本不符合	基本符合	完全符合
他们可能认为我不知道，但是我的父母确实有很多的争吵或者意见不合	39	83	81	20
即使当着我的面，爸爸妈妈也会经常相互指责	38	73	89	23
我经常看到父母在争吵	45	93	68	17
爸妈在家经常互相指责、抱怨	46	86	73	18
总　计	168	335	311	78
均值（标准差）	2.34（*SD* = 0.71）			

表 5 – 92　17 岁及以上年龄组工读学生在父母冲突频率题目选项的评分详情统计

单位：人，分

问卷题目	完全不符合	基本不符合	基本符合	完全符合
他们可能认为我不知道，但是我的父母确实有很多的争吵或者意见不合	20	39	29	8

问卷题目	完全不符合	基本不符合	基本符合	完全符合
即使当着我的面，爸爸妈妈也会经常相互指责	21	32	36	7
我经常看到父母在争吵	22	43	22	9
爸妈在家经常互相指责、抱怨	33	29	29	5
总　计	96	143	116	29
均值（标准差）	2.20（SD = 0.73）			

表 5 - 93　普通学生 13 岁及以下年龄组在父母冲突频率题目选项的评分详情统计

单位：人，分

问卷题目	完全不符合	基本不符合	基本符合	完全符合
他们可能认为我不知道，但是我的父母确实有很多的争吵或者意见不合	184	216	121	57
即使当着我的面，爸爸妈妈也会经常相互指责	192	239	122	25
我经常看到父母在争吵	224	199	123	32
爸妈在家经常互相指责、抱怨	119	160	182	117
总　计	719	814	548	231
均值（标准差）	2.13（SD = 0.61）			

表 5 - 94　普通学生 14 岁年龄组在父母冲突频率题目选项的评分详情统计

单位：人，分

问卷题目	完全不符合	基本不符合	基本符合	完全符合
他们可能认为我不知道，但是我的父母确实有很多的争吵或者意见不合	100	148	100	46
即使当着我的面，爸爸妈妈也会经常相互指责	124	137	101	32
我经常看到父母在争吵	145	126	87	36
爸妈在家经常互相指责、抱怨	81	101	136	76
总　计	450	512	424	190
均值（标准差）	2.22（SD = 0.68）			

表 5－95　普通学生 15 岁年龄组在父母冲突频率题目选项的评分详情统计

单位：人，分

问卷题目	完全不符合	基本不符合	基本符合	完全符合
他们可能认为我不知道，但是我的父母确实有很多的争吵或者意见不合	48	59	44	16
即使当着我的面，爸爸妈妈也会经常相互指责	44	48	60	15
我经常看到父母在争吵	57	46	44	20
爸妈在家经常互相指责、抱怨	37	49	45	36
总　计	186	202	193	87
均值（标准差）	2.27（SD＝0.64）			

表 5－96　普通学生 16 岁年龄组在父母冲突频率题目选项的评分详情统计

单位：人，分

问卷题目	完全不符合	基本不符合	基本符合	完全符合
他们可能认为我不知道，但是我的父母确实有很多的争吵或者意见不合	15	29	20	2
即使当着我的面，爸爸妈妈也会经常相互指责	13	27	22	4
我经常看到父母在争吵	13	28	17	8
爸妈在家经常互相指责、抱怨	12	24	22	8
总　计	53	108	81	22
均值（标准差）	2.27（SD＝0.58）			

表 5－97　普通学生 17 岁及以上年龄组在父母冲突频率题目选项的评分详情统计

单位：人，分

问卷题目	完全不符合	基本不符合	基本符合	完全符合
他们可能认为我不知道，但是我的父母确实有很多的争吵或者意见不合	2	2	8	2
即使当着我的面，爸爸妈妈也会经常相互指责	4	3	6	1
我经常看到父母在争吵	4	3	6	1
爸妈在家经常互相指责、抱怨	4	4	5	1
总　计	14	12	25	5
均值（标准差）	2.37（SD＝0.81）			

分析不同年龄组在冲突频率上的得分，发现在工读学生中，13 岁及以下组的冲突频率均值为 2.12 分（$SD = 0.70$），14 岁组均值为 2.11 分（$SD = 0.70$），15 岁组均值为 2.22 分（$SD = 0.75$），16 岁组均值为 2.34 分（$SD = 0.70$），17 岁及以上组均值为 2.20 分（$SD = 0.73$）。单因素方差分析结果发现，不同年龄组间差异显著（$F = 3.43$，$p < 0.01$）。进一步通过事后比较分析发现，13 岁及以下组、14 岁组的均值显著低于 16 岁组。对不同年龄组得分的线性趋势检验结果发现，随年龄增长，冲突频率得分线性趋势不显著（$F = 3.55$，$p > 0.05$）。

在普通学生中，13 岁及以下组的冲突频率得分均值为 2.13 分（$SD = 0.61$），14 岁组均值为 2.22 分（$SD = 0.68$），15 岁组为 2.27 分（$SD = 0.64$），16 岁组为 2.27 分（$SD = 0.58$），17 岁及以上组为 2.37 分（$SD = 0.81$），单因素方差分析发现不同年龄组之间差异显著（$F = 2.96$，$p < 0.05$）。进一步通过事后比较分析发现，13 岁及以下组和 14 岁组的均值显著低于 15 岁组。对不同年龄组得分的线性趋势检验结果发现，随着年龄增长，冲突频率得分线性趋势不显著（$F = 2.34$，$p > 0.05$）。比较相同年龄组不同类型学生得分发现，14 岁组工读学生父母冲突频率显著低于同年龄组普通学生。各年龄组均值和方差分析结果见表 5-98 和图 5-11。

表 5-98 不同年龄组父母冲突频率上的差异分析

单位：分

年龄组	13 岁以下	14 岁	15 岁	16 岁	17 岁及以上	不同年龄组间的方差分析
工读学生均值（标准差）	2.12 (0.70)	2.11 (0.70)	2.22 (0.75)	2.34 (0.70)	2.20 (0.73)	$F = 3.43$，$p < 0.01$
普通学生均值（标准差）	2.13 (0.61)	2.22 (0.68)	2.27 (0.64)	2.27 (0.58)	2.37 (0.81)	$F = 2.96$，$p < 0.05$
同年龄组不同类型学生的方差分析	$t = -0.06$ $p > 0.05$	$t = -2.11$ $p < 0.05$	$t = -0.77$ $p > 0.05$	$t = 0.73$ $p > 0.05$	$t = -0.76$ $p > 0.05$	

（二）父母冲突强度的年龄差异

分析不同年龄组的工读学生和普通学生在父母冲突强度对应选项上的评分详情，统计结果见表 5-99~表 5-108。

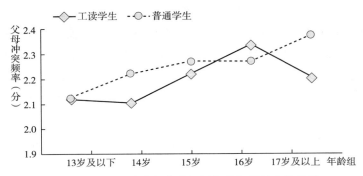

图 5 – 11　父母冲突频率在不同年龄组间的变化趋势

表 5 – 99　13 岁及以下年龄组工读学生在父母冲突强度题目选项的评分详情统计

单位：人，分

问卷题目	完全不符合	基本不符合	基本符合	完全符合
爸妈争吵时像发疯一样	40	31	40	12
爸妈吵架时，他们互相骂对方	39	28	47	9
爸妈吵架时，经常会大喊大叫	36	48	25	14
爸妈争吵时，经常扔或者摔坏东西	42	42	25	14
爸妈争吵时会相互推搡	38	30	43	12
总　　计	195	179	180	61
均值（标准差）	2.17（$SD = 0.79$）			

表 5 – 100　14 岁年龄组工读学生在父母冲突强度题目选项的评分详情统计

单位：人，分

问卷题目	完全不符合	基本不符合	基本符合	完全符合
爸妈争吵时像发疯一样	94	72	72	14
爸妈吵架时，他们互相骂对方	77	78	80	17
爸妈吵架时，经常会大喊大叫	79	86	63	24
爸妈争吵时，经常扔或者摔坏东西	93	96	42	21
爸妈争吵时会相互推搡	86	77	74	15
总　　计	429	409	331	91
均值（标准差）	2.07（$SD = 0.79$）			

表 5 – 101　15 岁年龄组工读学生在父母冲突强度题目选项的评分详情统计

单位：人，分

问卷题目	完全不符合	基本不符合	基本符合	完全符合
爸妈争吵时像发疯一样	126	135	63	34
爸妈吵架时，他们互相骂对方	113	109	103	33
爸妈吵架时，经常会大喊大叫	113	116	88	41
爸妈争吵时，经常扔或者摔坏东西	129	128	74	27
爸妈争吵时会相互推搡	139	115	77	27
总　计	620	603	405	162
均值（标准差）	2.06（SD = 0.81）			

表 5 – 102　16 岁年龄组工读学生在父母冲突强度题目选项的评分详情统计

单位：人，分

问卷题目	完全不符合	基本不符合	基本符合	完全符合
爸妈争吵时像发疯一样	67	83	55	18
爸妈吵架时，他们互相骂对方	51	68	87	17
爸妈吵架时，经常会大喊大叫	58	72	76	17
爸妈争吵时，经常扔或者摔坏东西	70	71	64	18
爸妈争吵时会相互推搡	63	82	62	15
总　计	309	376	344	85
均值（标准差）	2.18（SD = 0.77）			

表 5 – 103　17 岁及以上年龄组工读学生在父母冲突强度题目选项的评分详情统计

单位：人，分

问卷题目	完全不符合	基本不符合	基本符合	完全符合
爸妈争吵时像发疯一样	36	33	20	7
爸妈吵架时，他们互相骂对方	27	29	32	8
爸妈吵架时，经常会大喊大叫	35	26	27	8
爸妈争吵时，经常扔或者摔坏东西	39	33	20	4
爸妈争吵时会相互推搡	39	36	17	4
总　计	176	157	116	31
均值（标准差）	2.00（SD = 0.74）			

表 5-104　普通学生 13 岁及以下年龄组在父母冲突强度题目选项的评分详情统计

单位：人，分

问卷题目	完全不符合	基本不符合	基本符合	完全符合
爸妈争吵时像发疯一样	238	222	93	25
爸妈吵架时，他们互相骂对方	134	171	170	103
爸妈吵架时，经常会大喊大叫	264	188	94	32
爸妈争吵时，经常扔或者摔坏东西	183	149	151	95
爸妈争吵时会相互推搡	329	155	69	25
总　计	1148	885	577	280
均值（标准差）	2.00（$SD = 0.59$）			

表 5-105　普通学生 14 岁年龄组在父母冲突强度题目选项的评分详情统计

单位：人，分

问卷题目	完全不符合	基本不符合	基本符合	完全符合
爸妈争吵时像发疯一样	163	134	74	23
爸妈吵架时，他们互相骂对方	82	102	128	82
爸妈吵架时，经常会大喊大叫	180	105	84	25
爸妈争吵时，经常扔或者摔坏东西	116	101	113	64
爸妈争吵时会相互推搡	225	101	45	23
总　计	766	543	444	217
均值（标准差）	2.06（$SD = 0.66$）			

表 5-106　普通学生 15 岁年龄组在父母冲突强度题目选项的评分详情统计

单位：人，分

问卷题目	完全不符合	基本不符合	基本符合	完全符合
爸妈争吵时像发疯一样	68	57	33	9
爸妈吵架时，他们互相骂对方	45	57	40	25
爸妈吵架时，经常会大喊大叫	75	48	31	13
爸妈争吵时，经常扔或者摔坏东西	53	44	42	28
爸妈争吵时会相互推搡	90	50	20	7
总　计	331	256	166	82
均值（标准差）	2.00（$SD = 0.58$）			

表 5 - 107　普通学生 16 岁年龄组在父母冲突强度题目选项的评分详情统计

单位：人，分

问卷题目	完全不符合	基本不符合	基本符合	完全符合
爸妈争吵时像发疯一样	20	28	16	2
爸妈吵架时，他们互相骂对方	14	25	17	10
爸妈吵架时，经常会大喊大叫	19	22	18	7
爸妈争吵时，经常扔或者摔坏东西	21	21	15	9
爸妈争吵时会相互推搡	35	22	6	3
总　计	109	118	72	31
均值（标准差）	2.08（SD = 0.55）			

表 5 - 108　普通学生 17 岁及以上年龄组在父母冲突强度题目选项的评分详情统计

单位：人，分

问卷题目	完全不符合	基本不符合	基本符合	完全符合
爸妈争吵时像发疯一样	5	2	5	2
爸妈吵架时，他们互相骂对方	6	4	4	0
爸妈吵架时，经常会大喊大叫	6	2	5	1
爸妈争吵时，经常扔或者摔坏东西	5	3	4	2
爸妈争吵时会相互推搡	6	4	3	1
总　计	28	15	21	6
均值（标准差）	2.07（SD = 0.85）			

　　分析不同年龄组在冲突强度上的得分发现，在工读学生中，13 岁及以下组的冲突强度得分均值为 2.17 分（$SD = 0.79$），14 岁组均值为 2.07 分（$SD = 0.79$），15 岁组为 2.06 分（$SD = 0.81$），16 岁组为 2.18 分（$SD = 0.77$），17 岁及以上组为 2.00 分（$SD = 0.74$）。单因素方差分析结果发现，不同年龄组间差异不显著（$F = 1.58$，$p > 0.05$）。

　　在普通学生中，13 岁及以下组的冲突强度得分均值为 2.00 分（$SD = 0.59$），14 岁组均值为 2.06 分（$SD = 0.66$），15 岁组为 2.00 分（$SD = 0.58$），16 岁组为 2.08 分（$SD = 0.55$），17 岁及以上组为 2.07 分（$SD = 0.85$），单因素方差分析发现，不同年龄组之间差异不显著（$F = 0.78$，$p > 0.05$），说明父母冲突强度得分在普通学生的不同年龄组间无变化。比较相同年龄组不同类型学生得分的差异发现，13 岁及以下组工读学生父母冲突强度显著高于同年龄组普通学生。各年龄组均值和方差分析结果见表 5 - 109 和

图 5 – 12。

表 5 –109 不同年龄组父母冲突强度上的差异分析

单位：分

年龄组	13 岁以下	14 岁	15 岁	16 岁	17 岁及以上	不同年龄组间的方差分析
工读学生均值（标准差）	2.17 (0.79)	2.07 (0.79)	2.06 (0.81)	2.18 (0.77)	2.00 (0.74)	$F = 1.58$, $p > 0.05$
普通学生均值（标准差）	2.00 (0.59)	2.06 (0.66)	2.00 (0.58)	2.08 (0.55)	2.07 (0.85)	$F = 0.78$, $p > 0.05$
同年龄组不同类型学生的方差分析	$t = 2.84$, $p < 0.01$	$t = 0.17$, $p > 0.05$	$t = 0.89$, $p > 0.05$	$t = 1.06$, $p > 0.05$	$t = -0.28$, $p > 0.05$	

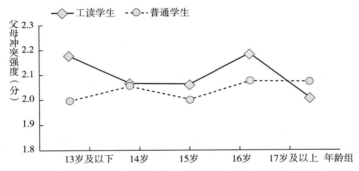

图 5 –12 父母冲突强度在不同年龄组间的变化趋势

（三）父母冲突内容在年龄上的差异

分析不同年龄组的工读学生和普通学生在父母冲突内容对应选项上的评分详情，统计结果见表 5 –110 ~ 表 5 –119。

表 5 –110 13 岁及以下年龄组工读学生在父母冲突内容题目选项的评分详情统计

单位：人，分

问卷题目	完全不符合	基本不符合	基本符合	完全符合
爸妈经常因为我在学校里表现不好而争吵	43	36	32	12
爸妈的争吵大多是因为我做的一些事情	41	24	40	18

问卷题目	完全不符合	基本不符合	基本符合	完全符合
爸妈经常因为我做的事情而争吵或者意见不合	37	46	32	8
在我做错事时爸妈经常会发生争吵	38	44	34	7
总　　计	159	150	138	45
均值（标准差）	2.14（SD = 0.75）			

表5－111　14岁年龄组工读学生在父母冲突内容题目选项的评分详情统计

单位：人，分

问卷题目	完全不符合	基本不符合	基本符合	完全符合
爸妈经常因为我在学校里表现不好而争吵	95	85	60	12
爸妈的争吵大多是因为我做的一些事情	78	72	82	20
爸妈经常因为我做的事情而争吵或者意见不合	90	81	61	20
在我做错事时爸妈经常会发生争吵	91	53	87	21
总　　计	354	291	290	73
均值（标准差）	2.08（SD = 0.81）			

表5－112　15岁年龄组工读学生在父母冲突内容题目选项的评分详情统计

单位：人，分

问卷题目	完全不符合	基本不符合	基本符合	完全符合
爸妈经常因为我在学校里表现不好而争吵	120	128	83	27
爸妈的争吵大多是因为我做的一些事情	115	116	99	28
爸妈经常因为我做的事情而争吵或者意见不合	109	133	88	28
在我做错事时爸妈经常会发生争吵	109	138	83	28
总　　计	453	515	353	111
均值（标准差）	2.09（SD = 0.80）			

表 5－113　16 岁年龄组工读学生在父母冲突内容题目选项的评分详情统计

单位：人，分

问卷题目	完全不符合	基本不符合	基本符合	完全符合
爸妈经常因为我在学校里表现不好而争吵	81	72	57	13
爸妈的争吵大多是因为我做的一些事情	66	78	65	14
爸妈经常因为我做的事情而争吵或者意见不合	67	73	67	16
在我做错事时爸妈经常会发生争吵	72	77	60	14
总　计	286	300	249	57
均值（标准差）	2.09（$SD = 0.82$）			

表 5－114　17 岁及以上年龄组工读学生在父母冲突内容题目选项的评分详情统计

单位：人，分

问卷题目	完全不符合	基本不符合	基本符合	完全符合
爸妈经常因为我在学校里表现不好而争吵	30	48	13	5
爸妈的争吵大多是因为我做的一些事情	27	39	24	6
爸妈经常因为我做的事情而争吵或者意见不合	27	43	19	7
在我做错事时爸妈经常会发生争吵	29	42	20	5
总　计	113	172	76	23
均值（标准差）	2.02（$SD = 0.77$）			

表 5－115　普通学生 13 岁及以下年龄组在父母冲突内容题目选项的评分详情统计

单位：人，分

问卷题目	完全不符合	基本不符合	基本符合	完全符合
爸妈经常因为我在学校里表现不好而争吵	320	160	75	23
爸妈的争吵大多是因为我做的一些事情	268	186	96	28
爸妈经常因为我做的事情而争吵或者意见不合	242	187	116	33
在我做错事时爸妈经常会发生争吵	251	195	109	23
总　计	1081	728	396	107
均值（标准差）	1.80（$SD = 0.74$）			

表 5 - 116　普通学生 14 岁年龄组在父母冲突内容题目选项的评分详情统计

单位：人，分

问卷题目	完全不符合	基本不符合	基本符合	完全符合
爸妈经常因为我在学校里表现不好而争吵	209	116	46	23
爸妈的争吵大多是因为我做的一些事情	167	123	75	29
爸妈经常因为我做的事情而争吵或者意见不合	185	117	67	25
在我做错事时爸妈经常会发生争吵	178	121	69	26
总　计	739	477	257	103
均值（标准差）	1.82（SD = 0.80）			

表 5 - 117　普通学生 15 岁年龄组在父母冲突内容题目选项的评分详情统计

单位：人，分

问卷题目	完全不符合	基本不符合	基本符合	完全符合
爸妈经常因为我在学校里表现不好而争吵	86	53	20	8
爸妈的争吵大多是因为我做的一些事情	80	52	25	10
爸妈经常因为我做的事情而争吵或者意见不合	79	62	18	8
在我做错事时爸妈经常会发生争吵	83	55	21	8
总　计	328	222	84	34
均值（标准差）	1.74（SD = 0.74）			

表 5 - 118　普通学生 16 岁年龄组在父母冲突内容题目选项的评分详情统计

单位：人，分

问卷题目	完全不符合	基本不符合	基本符合	完全符合
爸妈经常因为我在学校里表现不好而争吵	32	21	10	3
爸妈的争吵大多是因为我做的一些事情	31	14	15	6
爸妈经常因为我做的事情而争吵或者意见不合	26	22	15	3
在我做错事时爸妈经常会发生争吵	24	25	12	5
总　计	113	82	52	17
均值（标准差）	1.90（SD = 0.79）			

表 5 – 119　普通学生 17 岁及以上年龄组在父母冲突内容题目选项的评分详情统计

单位：人，分

问卷题目	完全不符合	基本不符合	基本符合	完全符合
爸妈经常因为我在学校里表现不好而争吵	8	2	3	1
爸妈的争吵大多是因为我做的一些事情	6	5	3	0
爸妈经常因为我做的事情而争吵或者意见不合	6	4	4	0
在我做错事时爸妈经常会发生争吵	7	4	3	0
总　计	27	15	13	1
均值（标准差）	1.79（$SD = 0.71$）			

　　分析不同年龄组在冲突内容上的得分，发现在工读学生中，13 岁及以下组的冲突内容得分均值为 2.14 分（$SD = 0.75$），14 岁组均值为 2.08 分（$SD = 0.81$），15 岁组为 2.09 分（$SD = 0.80$），16 岁为 2.09 分（$SD = 0.82$），17 岁及以上组为 2.02 分（$SD = 0.77$）。单因素方差分析结果发现，不同年龄组间差异不显著（$F = 0.29$，$p > 0.05$）。这说明冲突内容得分在工读学生的不同年龄组间基本无变化。

　　在普通学生中，13 岁及以下组的冲突内容得分均值为 1.80 分（$SD = 0.74$），14 岁组均值为 1.82 分（$SD = 0.80$），15 岁组为 1.74 分（$SD = 0.74$），16 岁组为 1.90 分（$SD = 0.79$），17 岁及以上组为 1.79 分（$SD = 0.71$），单因素方差分析发现，不同年龄组之间差异不显著（$F = 0.31$，$p > 0.05$），说明冲突内容得分在普通学生的不同年龄组间基本无变化。比较相同年龄组不同学生的得分差异发现，13 岁及以下、14 岁和 15 岁组的工读学生父母冲突内容得分均显著高于同年龄组普通学生。各年龄组均值和方差分析结果见表 5 – 120 和图 5 – 13 所示。

表 5 – 120　不同年龄组父母冲突内容上的差异分析

单位：分

年龄组	13 岁以下	14 岁	15 岁	16 岁	17 岁及以上	不同年龄组间的方差分析
工读学生均值（标准差）	2.14（0.75）	2.08（0.81）	2.09（0.80）	2.09（0.82）	2.02（0.77）	$F = 0.29$，$p > 0.05$

续表

年龄组	13 岁以下	14 岁	15 岁	16 岁	17 岁及以上	不同年龄组间的方差分析
普通学生均值（标准差）	1.80 (0.74)	1.82 (0.80)	1.74 (0.74)	1.90 (0.79)	1.79 (0.71)	$F = 0.31$, $p > 0.05$
同年龄组不同类型学生的方差分析	t = 4.64 p < 0.001	t = 3.96 p < 0.001	t = 4.90 p < 0.001	t = 1.69 p > 0.05	t = 1.15 p > 0.05	

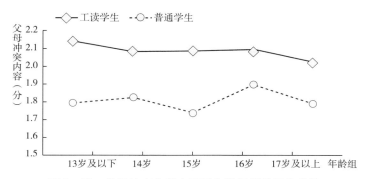

图 5 - 13　父母冲突内容在不同年龄组间的变化趋势

四　小结

分析工读学生感知到的父母冲突结果可以发现，工读学生与普通学生感知到的父母冲突频率是一致的。但在父母冲突强度和冲突内容上存在明显不同：工读学生感知到的父母冲突强度更大，他们认为父母冲突的内容可能与自己的不良表现有关，更有可能认为父母的矛盾是由自己引起的。

工读学生在成长中出现危机时，缺乏有效的家庭支持系统来化解。家庭成员间的矛盾不可避免，如果因情绪失控而导致争吵，甚至肢体冲突，可能会对孩子起到榜样作用，孩子在遇到类似问题时也会试图以非理性的冲动行为来解决。另外，家庭成员之间的不信任也增加了孩子的社交困扰，削弱了社会支持，进而导致其个性发展的异常，甚至走上违法犯罪的道路。

第四节　对策和建议

随着我国社会经济的飞速发展、物质条件的极大丰富，传统上只重视对未成年人衣食住行的监护观应该向着更适应时代发展的方向发展，除了进一步强调家庭的教育和监管义务外，也要意识到，满足青少年的心理需求和提供必要的精神供给也应当是未来监护干预和预防青少年犯罪的重心所在。

工读学生作为我国教育的一个特殊群体，相较于普通学生而言，其家庭背景和亲子关系等呈现不同的特点。如前面呈现的研究结果显示，工读学生的亲子关系中关爱程度和亲密程度均比普通学生家庭低，而亲子冲突程度比普通学生高。在感知到的父母婚姻冲突方面，与普通学生比，工读学生父母冲突的强度更高，争吵和冲突的内容也与工读学生的消极行为表现更有关系。

和谐的亲子关系和家庭环境能够促进子女的身心发展，缺乏关爱和亲密、充满冲突的亲子关系，以及父母冲突激烈的环境可能会导致子女出现各种问题行为。在这里，针对改善亲子关系和家庭环境，我们分别对父母、孩子和社会三方面提出相应的干预对策。

一　针对父母提出的建议和对策

父母作为预防青少年犯罪的第一道防线也是最重要的防线，应当承担相应的责任和职责。如果家庭正确履行了对未成年人的抚养、教育和监管职责，那么在未成年人遭到不良因素影响时，家庭就可以给予及时的补偿或救助，至少在他们走上犯罪道路之前可以起到预防和缓解的作用。

1. 父母应该履行对孩子的抚养、教育和监管责任，给予孩子更多的关爱

青少年的家庭作为他们心理需求最主要也是最核心的"供应商"，应该花足够的时间和精力关心孩子，及时发现孩子的精神需求与心理问题，通过自身特点有针对性地弥补子女的精神需求，缓解子女的心理问题。

父母需要对家庭教育负责，改善教养方式，正确处理亲子关系。父母可以多去参加一些家庭教育的讲座或是多阅读家庭教育的书籍，改善自己的教育观念，学习一些有效的教育技巧。父母要用影响来代替控制，学会共情孩子，教孩子共情。父母需要做到无条件养育，不因孩子的缺点而不喜欢孩子。父母可以给孩子设置合理的目标，鼓励孩子去达成，让孩子学会自我肯定。

2. 鼓励父母与孩子积极交流，建立亲密度更高的亲子关系

父母要避免成为道德主义者，避免站在道德的最高点指使孩子做事情。建议父母采用权威型的教养方式，对孩子尊重和理解、严格但慈爱，给孩子

提出合理要求，设定适当目标，设定适当限制。父母需要和孩子有各自的自我边界，尊重孩子的想法。

父母要利用所有机会，通过多种方式与子女沟通交流，用正确的方式满足子女在成长过程中的心理需求，以积极的手段解决子女在成长过程中的心理问题。父母可以多和孩子进行亲子游戏。研究证明，亲子游戏可以促进亲子交流，增进亲子间的情感联系，有效改善亲子关系。

3. 父母应努力减少与孩子之间的亲子冲突

父母多了解孩子不同年龄阶段的心理发展特点，多与孩子沟通，及时调节自己对孩子的管教行为，减少与孩子的亲子冲突和矛盾。如果实在无法避免冲突的发生，要学会控制好自己的情绪和情感，平静下来后再与孩子交流不一致的意见。

4. 父母应尽量减少夫妻之间的冲突和矛盾

作为家庭中心关系的丈夫和妻子，应该建立良好的沟通模式，避免使用激烈的方式进行沟通，减少婚姻冲突对孩子的消极影响。

第一，夫妻间要尽量减少冲突的频率。夫妻间要相互理解。每个人都是在不同的成长环境和教育环境下长大的，有不同的观点和习惯，都是正常的，避免冲突不是不要沟通，而是要用一种不激烈的、不相互伤害的方式说出自己的想法。

第二，要避免战火升级，降低冲突的强度。如果已经有了争执，一方最好暂时离开或暂停，避免战火升级，不要将争吵演变成打斗。激烈的冲突不但伤害夫妻双方的感情，更会让孩子感受到紧张、焦虑和痛苦。

第三，如果发生冲突，尤其是因为孩子的事情而起的争执，要温柔而坚定地告诉孩子，父母争吵与孩子无关，不要因为父母争吵而自责，教会孩子学会理性地看待父母吵架，防止孩子把不必要的责任揽到自己身上。

第四，避免在孩子面前发生冲突。几乎所有婚姻都存在某种程度的冲突，但并不是所有的婚姻冲突都会对儿童的成长造成压力。有研究发现，只有暴露在儿童面前的婚姻冲突与儿童的消极发展有关，而那些隐蔽的、儿童未感知到的冲突与儿童发展的消极后果的关系似乎很微弱。因此，如果实在难以避免冲突，不要当着孩子的面发生，最好不要让孩子知道冲突为宜。

二　针对孩子提出的建议和对策

在工读学校中，安置的大多是情绪与行为问题比较严重的儿童或者青少年，大多存在中重度的情绪或行为困扰障碍，如暴躁、破坏性行为、注意力缺陷、打架斗殴、偷窃、赌博、吸毒等不良行为，很多人还表现得亲情意识淡薄。

有研究对工读学生进行亲子互动训练后发现，工读学生在参与亲子互动训练的过程中，有更多机会与父母接触，增进了与家长的彼此了解，改变了沟通互动的方式与技巧，沟通变得更加顺畅，逐渐变得乐意与家长分享自己的想法。

在针对工读学生的教育工作中，应该注重他们与父母接触互动的机会，帮助他们通过多种方式了解自己的父母，学习与父母和他人交往的正确方式，反思自己身上出现的情绪和行为问题，帮助他们理解父母工作的辛苦和对自己的爱，体谅并尊重父母。对于正处青少年期的孩子而言，还可以试着多去交一些正能量的朋友，扩大自己的良性社会支持系统。

三 针对社会、政府和学校提出的建议和对策

1. 为工读学生家庭提供帮扶和支持

社会和政府应该为工读学生家庭提供扶持和帮助。社会要正确引导舆论，用平等的态度对待工读学生的家庭，减少社会上其他人的偏见对工读家庭带来的压力。

逐渐扩展为工读学生家庭引入心理健康疏导、教育咨询或者社工帮扶工作。心理健康和社会工作需要介入亲子关系十分紧张的工读学生家庭，针对工读家庭亲子关系存在的问题来设计主题活动，通过活动的方式改善家庭的亲子关系（侯文婧，2014）。家庭治疗模式在改善单亲家庭的亲子关系上被证实是有效的（宋雪，2015）。所以，心理健康工作和社会工作也可以考虑让工读学生的家长参与，使用家庭治疗模式来鼓励引导工读学生家庭建立和谐的亲子关系。

2. 进一步开展指导家庭教育的相关工作

我国现已经组织开展了一系列家庭教育指导工作，在家庭教育指导的形式上已经呈现出多样性。在指导方式上，以家长会、讲座、家长学校、家长委员会、亲子互动为主的集体指导成为主要形式，以家庭访问、在校接待、一对一咨询为主的个别指导和大众媒体引导作为补充。在指导的受众方面，指导对象的范围从4～14岁学生的家长向前后都有所延伸，也包括对0～3岁学生乃至备孕的父母进行优生优育优教方面的指导，为14～18岁青少年的家长提供家庭教育、亲子沟通方面的咨询。在管理模式方面，形成妇联系统牵头、地方政府牵头、地方教育主管部门直管和地方共青团牵头的多种管理

模式。

　　除了一般的家庭教育指导工作外，也应该考虑在工读生的规范教育中，把父母融入工读学校的教育体系中来，这样更有利于工读生的再社会化，帮助其顺利回归社会正常学习生活状态。

参考文献

Cui，M.，Donnellan，M. B. & Conger，R. D.（2007）. Reciprocal Influences between Parents' Marital Problems and Adolescent Internalizing and Externalizing Behavior. *Developmental Psychology*，43（6），1544 – 1552.

Cummings，E. & Davies，P.（2002）. Effects of Marital Conflict on Children：Recent Advances. *journal of Child Psychology & Psychiatry*，43，31 – 64.

Cummings，E. M.，George，M. R. W.，Mccoy，K. P. & Davies，P. T.（2012）. Interparental Conflict in Kindergarten and Adolescent Adjustment：Prospective Investigation of Emotional Security as an Explanatory Mechanism. *Child Dev*，83（5），1703 – 1715.

Davies，P. T. & Cummings，E. M.（1994）. Marital Conflict and Child Adjustment：An Emotional Security Hypothesis. *Psychological Bulletin*，116，387 – 411.

Furman，W. & Buhrmester，D.（1985）. Children's Perceptions of the Personal Relationships in Their Social Networks. *Developmental Psychology*，21（6），1016 – 1024.

Holden，G. W. & Ritchie，K. L.（1991）. Linking Extreme Marital Discord，Child Rearing，and Child Behavior Problems：Evidence from Battered Women. *Child Development*，62（2），311 – 327.

Huff，N.，Werner – Wilson R. & Kimberly C.（2014）. Electrical Brain Activity，Family Functioning，and Parent – Adolescent Conflict Communication. *Contemporary Family Therapy*，36（3），409 – 416.

Rhoades，K. A.（2008）. Children's Responses to Interparental Conflict：A Meta – analysis of Their Associations with Child Adjustment. *Child Development*，79，1942 – 1956.

Touriles E. N.，Murphy C. M.，Farris A. M.，et al.（1991）Marital Adjustment，Parental Disagreement About Child Rearing and Behaviors Problems in Boys Increasing the Specificity of the Marital Assessment. *Child Development*，62（1），1425 – 1433.

Weymouth，B. B. & Buehler，C.（2016）. Adolescent and Parental Contributions to parent – adolescent Hostility across Early Adolescence. *Journal of Youth & Adolescence*，45（4），713 – 729.

池丽萍，辛自强.（2003）. 儿童对婚姻冲突的感知量表修订. 中国心理卫生杂志，017（008），554 – 556.

方晓义，董奇（1998）．初中一、二年级学生的亲子冲突．心理科学，21（2）：122-125．

方晓义，张锦涛，徐洁，杨阿丽．（2004）．青少年和母亲知觉的差异及其与青少年问题行为的关系．心理科学，27（1），21-25．

侯文婧．（2014）．离异单亲家庭亲子关系问题社工介入研究．河北大学硕士学位论文．

侯志瑾．（1997）．中学生社会支持系统及其与心理健康关系的研究．北京师范大学博士学位论文．

雷雳，马晓辉（2015）．中学生心理学．浙江教育出版社．

林崇德（2019）．青少年心理学．北京师范大学出版社．

路琦，付俊杰．（2020）．青少年问题行为的影响因素分析．青少年问题行为研究．社会科学文献出版社，20-61．

路琦，张萌．（2020）．家庭因素对青少年问题行为的影响研究——基于五个群体及不同年份的对比分析．青少年犯罪问题，（3），43-56．

宋雪．（2015）．联合家庭治疗模式在单亲家庭亲子关系调适中的应用．南京农业大学硕士学位论文．

王美萍，张文新．（2007）．青少年期亲子冲突与亲子亲合的发展特征．心理科学，030（005），1196-1198．

周正怀，刘哲明，付丽，张娟．（2010）．工读学校学生社会人格与家庭环境的相关研究．青少年犯罪问题，（05），52-54，77．

朱艳新，王江洋，徐广湘．（2008）．工读男生不良行为归因与人格、父母教养方式的关系．中国健康心理学杂志，16（10），1089-1091．

第六章 真实社会中的同伴关系

第一节 问题提出

个体在向青少年期转化的过程中，开始热衷于与同伴交往，对同伴倾注更多的情感与期望。相对于其他时期，他们与同伴的互动更为频繁、持久，同伴关系也更为复杂。作为青少年学习和生活的重要场所，学校中频繁出现的同龄人欺凌事件和行为会对青少年产生很多负面影响。根据中国青少年研究中心和中国教育学会工读教育分会 2019 年至 2020 年关于行为规范与青少年犯罪预防研究的调查结果显示，工读学校学生实施过校园欺凌和校园暴力的比例高于普通学校学生，分别是 24.3% 和 4.1%；工读学校学生遭遇过校园欺凌和校园暴力的比例也高于普通学校学生，分别是 22.2% 和 8.2%。这说明有一定心理和行为问题的工读学校学生相比普通学校学生，受到的负面影响更多（路琦，付俊杰，2020）。有过被欺凌经历的受害者报告了更多的身体症状，如头痛、背疼与难以入睡，以及心理症状，比如孤独、无助、焦虑和不快乐（Due et al.，2005）。

处于青少年发展阶段的工读学校学生由于其本身所具有的消极特点，使得他们更容易遭受来自周围人的拒绝和排斥，在心理上产生消极的情绪体验。有研究发现，攻击、破坏、抑郁、退缩等行为和社会交往能力的缺乏与较差的同伴关系有关，而被同伴拒绝的个体会有更多的孤独感（Cassidy & Asher，1992）。作为品行障碍的学生集中的地方，欺凌行为在工读学校学生的交往过程中是十分普遍的现象，但目前关于工读学校学生欺凌行为的系统研究还很欠缺。因此很有必要深入考察与分析工读学生群体的同伴关系和校园欺凌特点及其对工读学生心理与行为发展的影响。

一 同伴关系与同伴依恋

同伴关系在青少年生活中占据了特别重要的地位。同伴关系是指年龄相同或相近的个体之间在交往过程中建立和发展起来的一种人际关系。同伴构成了个体发展的重要发展背景和社会化动因，个体在同伴群体中获得一系列的技能、态度及行为。因此，这一时期的同伴关系对个体的发展和适应具有不可替代的独特作用。

（一）青少年同伴关系的特点

同伴关系是一个多层次、多侧面、多水平的网络结构，而同伴接纳和友谊是同伴关系中两个重要的层面。

1. 同伴接纳

同伴接纳是指群体对个体的喜欢程度，是群体对个体的态度。同伴接纳一般通过社会计量法来测量，即要求青少年列出三位班内最喜欢或最不喜欢的同伴。研究者据此方法确定出了五种不同的同伴接纳类型，分别是：受欢迎者，即被大多数同伴喜欢，这些青少年一般具有较高水平的亲社会行为或领导能力；被拒绝者，即被大多数同伴回避甚至厌恶，这些青少年一般具有高水平的攻击行为或社交退缩倾向；矛盾的青少年，他们既被某些同伴喜欢，同时又被其他一些同伴回避甚至厌恶；被忽视的青少年，他们既不被同伴喜欢，同时又不被同伴回避甚至厌恶；一般青少年，被同伴接纳的情况处于一般程度。

青少年一直不受欢迎会对其产生很多负面影响。总的来说，不受欢迎与抑郁、行为问题、学习问题有关（Gorman et al.，2011）。被拒绝型青少年往往比被忽视型青少年存在更多的问题（Bierman，2004）。对于被拒绝型青少年来说，攻击性往往是他们被拒绝的根本原因（Prinstein & LaGreca，2004）。最终，他们会与其他有攻击性的青少年成为朋友，而且与攻击相关的问题出现的概率更高，例如他们更容易与同伴、老师和父母出现冲突（Bierman，2004）。他们比其他同伴更容易辍学（Zettergren，2003）。被忽视型儿童在青少年期经常会有不同的问题，比如低自尊、孤独、抑郁和酗酒（Hecht et al.，1998）。社交地位也对社交焦虑水平有影响，被拒绝型青少年比受欢迎组和普通组体验到更高的社交焦虑；他们更担心来自别人的否定评价，这种焦虑主要是"指向外部的"，而被忽视的青少年的焦虑表现是社交回避与苦恼，这种焦虑主要是"指向内部的"（辛自强，池丽萍，刘丙元，2004）。

被拒绝的青少年与被忽视的相比，他们往往在未来的生活中遇到更为严重的适应问题（Dishion & Spracklen，1996）。比如，一项研究对112名5年级的男孩进行了 7 年追踪研究，发现在预测青少年期的犯罪行为或辍学方面，最关键的因素是他们在小学时是否对同伴表现出攻击性（Kupersmidt & Coie，1990）。

当然，并非所有的被拒绝青少年都有攻击性（Coie，1999）。尽管被拒绝的青少年中有一半以上是由于他们表现出了攻击性和破坏性，但也有 10% ~ 20% 的人是因为他们太害羞了（Cillessen et al.，1992）。同伴拒绝可以负向预测青少年学生的学业成绩，且这种预测作用不存在显著的性别差异（张静，田录梅，张文新，2013）。

2. 友谊

在青少年期，对亲密朋友的需求变得非常重要。在青少年早期，亲密感的增强促使青少年去寻找朋友。如果青少年没有建立起这种亲密的友谊，他们就会体验到痛苦的孤独感，以及更低水平的自我价值感。

对青少年而言，友谊能起到六种基本的作用（Gottman & Parker，1987）：一是"陪伴"。友谊给青少年提供了熟悉的伙伴，他们愿意待在一起，并参加一些相互合作的活动。二是"刺激"。友谊为青少年带来了有趣的信息、兴奋、快乐。三是"物理支持"。友谊会提供时间、资源及帮助。四是"人格自我支持"。友谊会提供对支持、鼓励和反馈的期望，这有助于青少年维持他们对自己能力、魅力及个人价值的肯定。五是"社会比较"。友谊提供信息让青少年知道自己和他人的立场，以及他们的所作所为的对错。六是"亲密"。友谊为青少年提供一种温情的、密切的、信任的相互关系，这种关系中包含了自我表白。

青少年的友谊关系表现出新的特点：首先，大多数青少年均具有至少一位同性朋友并建立起较稳定的友谊关系。青少年的友谊变得更加深刻、稳固，而且具有一定的选择性，他们通常会选择兴趣、爱好、性格、信念相同的人做朋友。由于青少年自我意识的发展及"闭锁性"的特点，他们关心彼此的内心世界，倾诉"内心的秘密"。在满足陪伴需要、价值感、以及亲密感方面，青少年更为依赖朋友而不是父母（Furman & Buhrmester，1992）。

其次，青少年的朋友大多数是相同或相似年龄的同性别同学。中学生与同伴交往的水平较高，与异性同伴的关系要好于与同性同伴的关系；中学生与成人交往的水平较低，与陌生成人的关系要好于与父母和教师的关系；初二到初三的女生与异性同伴交往的水平迅速提高，初三后保持稳定；初二到高一的男生与异性同伴交往的水平迅速提高，高二后保持稳定；初三到高一的中学生与同性伙伴交往的水平明显提升。

最后，在青少年期，友谊的质量与幸福感之间的联系强于儿童期。与拥有亲密友谊的青少年相比，友谊一般或者根本没有亲密朋友的青少年更加容易感到孤独和抑郁，其自尊感也更低。青少年早期的友谊对成人初期的自我价值感也是一个非常重要的预测变量（Bagwell，Newcomb & Bukowski，1998）。

友谊日益亲密，愈加重要，这对青少年掌握更为复杂的社会技能提出了挑战（Porter，2003）。青少年的友谊代表了一种新的人际交往方式。相对于儿童期，青少年更为亲密的友谊要求他们学习很多建立亲密关系所需的技能，包括知道如何恰当地自我表白，给朋友以情感支持，以不会损害友谊亲密度的方式来解决争端。这些能力要求青少年在观点采择、移情和社会问题解决方面必须比儿童期成熟老练。

（二）青少年同伴依恋的特点

青少年期间，同伴依恋成为青少年依恋的重要形式之一，他们与同伴的依恋关系会对其认知、情感、人格、行为、心理健康以及社会适应产生重要影响。依恋是指个体在毕生发展过程中与重要他人建立的一种牢固的、持续的情感联系，这种依恋的情感关系会对个体的社会发展产生重要影响。人的一生处于不断发展过程中，依恋对象也发生着变化。从个体进入青春期开始，青少年开始摆脱最初的依恋对象——父母，与同伴的关系变得越来越亲密，个体的依恋关系从以父母依恋为主转化为以同伴依恋为主（郑伟东，2011）。有研究表明，同伴依恋是个体在社会适应发展过程中获得支持和亲密感的主要来源（钟歆，刘聚红，陈旭，2014）。青少年之间的情感支持会对其自尊和生活满意感产生影响，良好的同学关系，特别是同学之间的情感联系在增进青少年心理健康中具有重要意义。

青少年的同伴依恋在青春期相对稳定，而父母依恋质量在整个中学阶段会下降，到了大学阶段又有所回升（宋海荣，2004）。在青少年早期，对个体而言，同伴可以带来亲密感、安全感和信任感，提供工具性协助，帮助个体获得行为准则，等等（雷雳，伍亚娜，2009）。青少年的同伴关系具有重要的社会和情感意义，拥有良好的同伴依恋关系不仅可以降低青少年产生孤独感的风险，并且对个体的社会性和人格的发展具有积极影响；相反，不良的同伴依恋关系不仅与孤独感的产生有关，而且还可能导致个体与他人交流出现问题，对他人抱有消极期待，社会功能受损（Allen，2008）。

二 校园欺凌

校园欺凌通常指的是在中小学校里面未成年学生之间发生的欺凌，欺凌行为是一种特殊类型的攻击行为，它是指力量相对较强的一方对力量相对弱小或处于劣势的一方进行的攻击，通常表现为以大欺小、以众欺寡、以强凌弱。欺凌是青少年同伴拒绝中的一种极端形式，研究者认为欺凌包含三个成分：首先是攻击性，通常是以身体攻击形式或者言语攻击形式出现；其次是重复性，欺凌并非突发事件，而是在所有时间表现出同样的模式；最后是权力失衡，欺凌事件中的行为发出者的同伴地位要高于受害者（Olweus，2000；Wolak et al.，2007）。

（一）校园欺凌的基本特点

校园欺凌通常开始于童年中期并在青少年早期达到顶峰，并在青少年后期大幅减少（Pepler et al.，2006）。欺凌是各个国家普遍存在的现象，欧洲一项关于 28 个国家的 10 万名青少年的调查研究显示，大部分国家青少年被欺凌的发生概率在 10% 到 20% 之间（Due et al.，2005），而且所有国家的男生都比女生更有可能成为被欺凌的对象。

在我国小学阶段，欺凌者和受欺凌者所占的比例分别是 6% 和 22%；在初中阶段，欺凌者和受欺凌者所占的比例分别是 2% 和 12%（张文新，2004）。男孩更多地进行身体攻击和言语攻击，女孩主要是言语攻击。欺凌行为发生时，很少有人帮助受害者，而旁观者实际上是在鼓励欺凌，其中一部分人甚至为虎作伥（Salmivalli & Voeten，2004）。

很长一段时间里，研究者都认为男生和女生在校园里的欺凌和攻击行为水平明显不同，但近些年来有研究者也关注到女生群体中更常见的欺凌方式——关系攻击。"关系攻击"包括嘲笑、讽刺、造谣、谩骂、冷漠、排斥等行为（Goldstein & Tisak，2006；Underwood，2003）。简而言之，关系攻击就是非身体性的攻击，通过破坏人际关系来伤害他人。青少年期的男孩经常出现身体攻击的问题，是因为在性别角色获得过程中他们在学习如何成为一个真正的男人。然而如果攻击行为也包括关系攻击，那么青少年期的男生和女生的攻击行为是相当的。男生也会进行关系攻击，但是女孩的关系攻击更普遍一些。例如，一项研究发现在青少年关系攻击中，女生比男生更加普遍，包括关系操纵、社会排斥、谣言传播等（French，Jansen & Pidada，2002）。群体中高社会地位的女生会比其他女孩表现出更高的关系攻击性（Cillesen & Rose，2005）。

欺凌行为在今天又有了新的形式——"网络欺凌"，它主要是通过社交媒体、电子邮件或移动电话来进行的欺凌行为（Kowalski，2008）。有研究发现，网络欺凌与传统的欺凌行为有着相似的年龄模式，即在青少年早期会达到高峰，在整个青少年后期一直减退（Slonje & Smith，2008）。但在网络欺凌中，受害者往往不知道欺凌者的身份，这是与传统欺凌行为的一个关键区别。

（二）校园欺凌的实施者和受害者

欺凌者的社会地位比较复杂，有时他们是地位高的青少年，他们把欺凌别人当作一种声明并且维持自己高地位的方式（Dijkstra et al.，2008）；有时他们是中间地位的青少年，他们会跟随地位高的欺凌者去欺凌别人，从而避免成为受害者；有时地位低的青少年会寻找那些比他们地位还低的人，作为欺凌的对象。约有 1/4 的欺凌者同时也是受害者（Solberg，Olweus & Endresen，2007）。

欺凌行为的受害者有某些特定的特征。他们往往是被同伴拒绝、地位较低的青少年（Veenstra et al.，2007）。因为他们社会地位低，其他青少年也不愿意去保护他们。研究者发现有内化问题（比如焦虑和退缩）、在身体上比较羸弱、遭到同伴拒绝的青少年，随着时间的推移，他们越来越可能受到欺凌（Hodges & Perry，1999）。

无论是欺凌者还是受欺凌者，其父母的养育方式都和他们的同伴交往联系在一起。欺凌行为的受害者，其父母对孩子较干涉，指手画脚，对孩子的需要反应迟钝。非常亲密的亲子关系与男孩高水平的受欺凌相联系。父母与儿子之间过分亲密的情感联系可能不会促进孩子的自我张扬及独立；相反，它可能会导致孩子的自我怀疑和担忧，这种特点在男孩的同伴团体中表现出来时被认为是一种弱点。欺凌者的父母更可能表现为拒绝、独裁，或者容忍儿子的攻击性，而受欺凌者的父母更可能焦虑、过分保护。对于能够被朋友保护的孩子来说，内化问题与受欺凌之间的联系会减弱（Hodges et al.，1999）。

（三）校园欺凌对青少年的影响

欺凌对青少年的成长有许多负面影响。有过被欺凌经历的受害者报告了更多的问题，包括身体症状，如头痛、背疼、难以入睡，同时也有心理症状，比如孤独、无助、焦虑和不快乐（Due et al.，2005）。不仅是受害者，欺凌者们自身也存在高风险（Klomek et al.，2007）。一项加拿大关于欺凌的研究发现，欺凌者比没欺凌过别人的人表现出更多的心理问题和人际关系问题（Pepler et al.，2008）。

欺凌行为的受害者既可能受到短期的影响，也可能受到长期的影响（Kochenderfer & Ladd，1996）。从短期来看，他们可能会变得抑郁，对学校功课失去兴趣，甚至不想去上学。这种受欺凌的影响甚至会一直持续到成人期。在儿童期受欺凌的男生，在他们 20 多岁时比从前未受过欺凌的同龄人更为抑郁，自尊更低。

欺凌行为对欺凌者自身来说，可能和受欺凌者一样也存在严重的问题。在中学时被认定为欺凌者的男孩中，大约 60% 的人在其 20 多岁时至少有过一次犯罪记录，大约 1/3 的人有过三次或更多的犯罪记录，这一比率远远高于那些非欺凌者。

三 工读学生同伴依恋和校园欺凌的测评

如前所述，我们分析了青少年同伴依恋和学校环境中的欺凌行为对青少年心理和行为发展的影响，那么工读学生群体在这些方面是否表现出不同特点呢？为了解这些问题，我们通过收集两个群体在同伴依恋和校园欺凌方面的数据，对工读学生和普通学生的同伴关系特点进行了对比研究。

（一）同伴依恋关系的测评

1. 测评样本

调研选择国内工读学校的 1052 名学生和普通中学的 1219 名学生作为研究对象。

从性别上来看，工读学校的学生中女生有 274 名，男生有 778 名，普通学校学生中女生有 591 名，男生有 628 名。

从年龄上来看，工读学生的平均年龄为 14.87 岁，标准差为 1.27 岁。为了方便统计和分析，根据不同年龄的人数分布，按 13 岁及以下、14 岁、15岁、16 岁和 17 岁及以上标准分为五组，各组人数所占比例如图 6-1 所示。

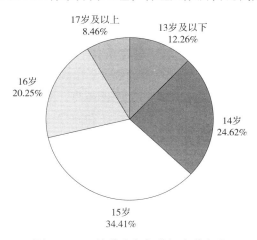

图 6-1 工读学生各年龄组人数占比

普通学生的平均年龄为 13.76 岁，标准差为 1.07 岁。参照工读学生的年龄分组，各组人数所占比例如图 6-2 所示。

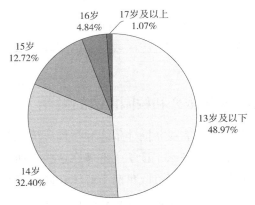

图 6-2　普通学生各年龄组人数占比

2. 测评工具

课题组选择《父母和同伴依恋问卷》(*Inventory of Parents and Peer Attachment*, *IPPA*) 中文版中的《同伴依恋问卷》作为测评工读学生同伴关系的工具。《父母和同伴依恋问卷》是关于亲子依恋和同伴依恋的自陈量表，后来国内研究者（宋海荣，2004）在此基础上进行了翻译修订，适用于 12～18 岁的青少年。

《同伴依恋问卷》的题目采用 5 点评分：1 分代表"非常不正确"，2 分代表"很不正确"，3 分代表"有点正确"，4 分代表"很正确"，5 分代表"非常正确"，将每个维度不同题目的得分相加得到总分后计算维度均值和标准差，用于比较工读学生和普通学生两个群体的差异。

《同伴依恋问卷》共有 25 题，包含了三个维度：一是同伴信任，共 10 题，反映的是同伴间相互理解和尊重的程度；二是同伴沟通，共 8 题，反映的是同伴间相互交流沟通的程度；三是同伴疏离，共 7 题，反映的是同伴间情感孤立的程度。从得分上来看，同伴信任和同伴沟通维度得分越高，表明同伴依恋质量越高；同伴疏离维度得分越高，说明同伴依恋质量越低。

（二）校园欺凌的测评

1. 测评样本

调研选择国内工读学校的 795 名学生和普通中学的 1041 名学生作为研究对象。

从性别上来看，工读学校的学生中女生有 208 名，男生有 587 名，普通学校学生中女生有 460 名，男生有 581 名。

从年龄上来看，工读学生的平均年龄为 14.87 岁，标准差为 1.41 岁。为了方便统计和分析，根据不同年龄的人数分布，按照 13 岁及以下、14 岁、15 岁、16 岁和 17 岁及以上标准分为五组，各组人数所占比例如图 6-3 所示。

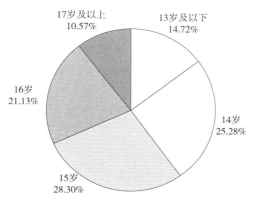

图 6-3　工读学生各年龄组人数占比

普通学生的平均年龄为 13.63 岁，标准差为 1.02 岁。参照工读学生的年龄分组，各组人数所占比例如图 6-4 所示。

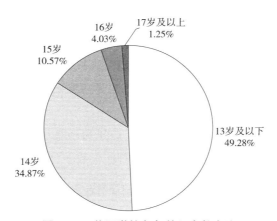

图 6-4　普通学校各年龄组人数占比

2. 测评工具

由于校园欺凌现象比较复杂，想要了解工读学生在校园欺凌中的表现特点，可以从参与欺凌行为角度和作为欺凌旁观者的角度来进行考察。

首先，为了考察工读学生的校园受欺凌行为水平，课题组选择了《学校心理环境问卷》中的"安全与秩序"维度的 7 个题目作为《校园受欺凌问卷》的指标，该问卷是由中国儿童青少年心理发育特征调查全国项目组编制的。《校园受欺凌问卷》采取 5 点计分方式，其中选择"没有"得 1 分，选择"1 次"得 2 分，选择"2 次"得 3 分，选择"3～4 次"得 4 分，选择"5 次以上"得 5 分。所有题目相加后计算均值作为受欺凌的程度，得分越高表明受欺凌的程度越高。

其次，为了考察工读学生作为欺凌旁观者的感受，课题组采取自编的《欺凌旁观感受问卷》作为测评工具。该问卷有 5 个题目，通过询问被试在看到他人被欺负时的内心感受并进行评分的方式来收集数据。题目采取 7 点计分，选择"完全不符合"计 1 分，选择"很不符合"计 2 分，选择"基本不符合"计 3 分，选择"不确定"计 4 分，选择"基本符合"计 5 分，选择"很符合"计 6 分，选择"完全符合"计 7 分，所有题目相加后计算均值作为欺凌旁观感受分数，得分越高表明越同情受欺凌者，越想要帮助受欺凌者。

第二节　同伴依恋的基本情况分析

一　工读学生的同伴依恋的总体特点

首先，对同伴依恋量表的所有题目选项进行详细分析，分数说明：1 分代表"非常不正确"，2 分代表"很不正确"，3 分代表"有点正确"，4 分代表"很正确"，5 分代表"非常正确"，其中"我希望我的朋友不是现在的朋友"一项为反向计分题目，将每个维度题目的得分相加后计算维度均值。

（一）同伴信任程度

分析工读学生和普通学生在同伴信任程度对应选项上的评分详情，统计结果见表 6-1 和表 6-2。

表 6-1　工读学生在同伴信任程度题目选项上的评分详情统计

单位：人，分

问卷题目	非常不正确	很不正确	有点正确	很正确	非常正确
我希望我的朋友不是现在的朋友	219	256	356	126	95
我的朋友理解我	98	155	416	214	169
我的朋友接受现实的我	90	155	408	242	157
我的朋友倾听我的诉说	97	164	397	245	149

问卷题目	非常不正确	很不正确	有点正确	很正确	非常正确
我觉得我的朋友都很好	99	144	415	216	178
和朋友交流很容易	87	171	389	234	171
当我为某些事情生气的时候，我的朋友设法理解我	142	193	426	172	119
当我需要解除心头的烦闷的时候，我可以依靠朋友	106	162	426	202	156
我信任我的朋友	85	149	405	221	192
我的朋友尊重我的感情	98	123	411	230	190
总　计	1121	1672	4049	2102	1576
均值（标准差）	3.20（$SD = 0.81$）				

表6－2　普通学生在同伴信任程度题目选项上的评分详情统计

单位：人，分

问卷题目	非常不正确	很不正确	有点正确	很正确	非常正确
我希望我的朋友不是现在的朋友	406	341	301	89	82
我的朋友理解我	102	134	461	269	253
我的朋友接受现实的我	104	115	416	312	272
我的朋友倾听我的诉说	106	138	456	272	247
我觉得我的朋友都很好	98	96	400	295	330
和朋友交流很容易	92	119	404	311	293
当我为某些事情生气的时候，我的朋友设法理解我	193	207	446	226	147
当我需要解除心头的烦闷的时候，我可以依靠朋友	122	142	491	233	231
我信任我的朋友	95	91	427	305	301
我的朋友尊重我的感情	103	119	422	294	281
总　计	1421	1502	4224	2606	2437
均值（标准差）	3.40（$SD = 0.87$）				

从同伴信任维度得分情况来看，工读学生的均值为 3.20 分（$SD = 0.81$），普通学生的均值为 3.40 分（$SD = 0.87$）。为了比较两者之间是否存在差异，对两组平均值进行方差分析，结果发现工读学生在同伴信任程度上的评分显著低于普通学生（$t = -5.80$，$p < 0.001$），分析结果如表 6－3

所示。

表6-3 工读学生和普通学生在同伴信任程度得分上的差异

单位：人，分

	工读学生	普通学生
人数（百分比）	1052（46.3%）	1219（53.7%）
均值（标准差）	3.20（0.81）	3.40（0.87）
方差分析结果 t（p）	$t = -5.80$，$p < 0.001$	

从以上分析结果可以得到，相对于普通学生，工读学生与同伴之间的信任程度更低。这与以往对工读学生的研究结果是一致的，对于工读学生而言，他们跟朋友之间相互理解、相互信任和相互依靠的水平都赶不上普通学生，他们对同伴表现的信任也更少。

（二）同伴沟通程度

分析工读学生和普通学生在同伴沟通维度对应选项上的评分详情，统计结果见表6-4和表6-5。

表6-4 工读学生在同伴沟通程度题目选项的评分详情统计

单位：人，分

问卷题目	非常不正确	很不正确	有点正确	很正确	非常正确
对于我关注的事情，我愿意接受我的朋友的看法	118	146	471	168	149
当我为一些事情不安的时候，我的朋友能发觉出来	101	196	462	169	124
当我们讨论问题的时候，朋友们会在乎我的看法	93	150	484	204	121
我的朋友鼓励我谈论自己的困难	114	159	446	184	149
我的朋友帮助我更好地理解我自己	96	185	419	200	152
我的朋友很在乎我的感受	115	139	443	207	148
我可以把我的问题和困难告诉朋友	103	177	406	210	156
如果我的朋友知道我在为一些事情所困扰时，他们会向我了解相关情况	98	143	440	208	163
总　计	838	1295	3571	1550	1162
均值（标准差）	3.11（$SD = 0.90$）				

表6－5 普通学生在同伴沟通程度题目选项的评分详情统计

单位：人，分

问卷题目	非常不正确	很不正确	有点正确	很正确	非常正确
对于我关注的事情，我愿意接受我的朋友的看法	137	119	492	258	213
当我为一些事情不安的时候，我的朋友能发觉出来	122	179	519	224	175
当我们讨论问题的时候，朋友们会在乎我的看法	120	130	521	255	192
我的朋友鼓励我谈论自己的困难	120	154	467	252	226
我的朋友帮助我更好地理解我自己	108	133	469	276	233
我的朋友很在乎我的感受	115	151	464	265	224
我可以把我的问题和困难告诉朋友	115	142	461	268	233
如果我的朋友知道我在为一些事情所困扰时，他们会向我了解相关情况	125	141	461	270	222
总　计	962	1149	3854	2068	1718
均值（标准差）	3.25（$SD = 0.98$）				

从同伴沟通维度得分情况来看，工读学生的沟通均值为 3.11 分（$SD = 0.90$），普通学生的沟通均值为 3.25 分（$SD = 0.98$）。为了比较两者之间是否存在差异，对两组平均值进行方差分析，结果发现工读学生在同伴沟通程度上的评分显著低于普通学生（$t = -3.60$，$p < 0.001$），分析结果如表6－6所示。

表6－6 工读学生和普通学生在同伴沟通程度得分上的差异

单位：人，分

	工读学生	普通学生
人数（百分比）	1052（46.3%）	1219（53.7%）
均值（标准差）	3.11（0.90）	3.25（0.98）
方差分析结果 t（p）	$t = -3.60$，$p < 0.001$	

（三）同伴疏离程度

分析工读学生和普通学生在同伴疏离维度对应选项上的评分详情，统计结果见表6－7和表6－8。

表6-7　工读学生在同伴疏离程度题目选项的评分详情统计

单位：人，分

问卷题目	非常不正确	很不正确	有点正确	很正确	非常正确
和朋友们谈论个人问题使我感到害羞或愚蠢	132	236	434	151	99
我需要和朋友更多地保持联系	90	138	444	206	174
我的朋友不理解这些日子我在经受着什么	152	221	386	173	120
当我和朋友们在一起时，我感到孤立	209	236	398	120	89
我对朋友感到生气	226	268	351	133	74
我感受的烦恼比我的朋友知道的要多得多	107	185	400	212	148
朋友们好像莫名其妙地烦我	206	248	382	140	76
总　计	1122	1532	2795	1135	780
均值（标准差）	2.85（SD=0.78）				

表6-8　普通学生在同伴疏离程度题目选项的评分详情统计

单位：人，分

问卷题目	非常不正确	很不正确	有点正确	很正确	非常正确
和朋友们谈论个人问题使我感到害羞或愚蠢	239	258	466	167	89
我需要和朋友更多地保持联系	116	129	462	280	232
我的朋友不理解这些日子我在经受着什么	268	295	434	132	90
当我和朋友们在一起时，我感到孤立	374	324	346	101	74
我对朋友感到生气	366	350	351	96	56
我感受的烦恼比我的朋友知道的要多得多	173	221	483	208	134
朋友们好像莫名其妙地烦我	354	333	355	109	68
总　计	1890	1910	2897	1093	743
均值（标准差）	2.64（SD=0.78）				

从同伴疏离维度情况来看，工读学生的均值为2.85分（SD=0.78），普通学生的疏离均值为2.64分（SD=0.78）。为了比较两者之间是否存在差异，对两组平均值进行方差分析，结果发现工读学生在同伴疏离程度上的评

分显著高于普通学生（$t=6.65$，$p<0.001$），分析结果如表 6 – 9 所示。

表 6 – 9　工读学生和普通学生在同伴疏离程度得分上的差异

单位：人，分

	工读学生	普通学生
人数（百分比）	1052（46.3%）	1219（53.7%）
均值（标准差）	2.85（0.78）	2.64（0.78）
方差分析结果 t（p）	$t=6.65$，$p<0.001$	

二　工读学生的同伴依恋的性别特点

为了考察不同性别工读学生在同伴依恋的不同维度上是否存在显著差异，对男、女生的得分均值进行方差分析，得到如下结果。

（一）同伴信任程度的性别差异

分析不同性别的工读学生和普通学生在同伴信任程度对应选项上的评分详情，统计结果见表 6 – 10 ~ 表 6 – 13。

表 6 – 10　工读男生在同伴信任程度题目选项的评分详情统计

单位：人，分

问卷题目	非常不正确	很不正确	有点正确	很正确	非常正确
我希望我的朋友不是现在的朋友	160	178	260	101	79
我的朋友理解我	77	103	310	170	118
我的朋友接受现实的我	76	103	304	184	111
我的朋友倾听我的诉说	80	110	297	190	101
我觉得我的朋友都很好	81	117	289	163	128
和朋友交流很容易	73	111	290	182	122
当我为某些事情生气的时候，我的朋友设法理解我	109	148	297	137	87
当我需要解除心头的烦闷的时候，我可以依靠朋友	84	124	300	157	113
我信任我的朋友	68	98	305	166	141
我的朋友尊重我的感情	78	92	293	179	136
总　计	886	1184	2945	1629	1136
均值（标准差）	3.18（$SD=0.81$）				

表6–11　工读女生在同伴信任程度题目选项的评分详情统计

单位：人，分

问卷题目	非常不正确	很不正确	有点正确	很正确	非常正确
我希望我的朋友不是现在的朋友	59	78	96	25	16
我的朋友理解我	21	52	106	44	51
我的朋友接受现实的我	14	52	104	58	46
我的朋友倾听我的诉说	17	54	100	55	48
我觉得我的朋友都很好	18	27	126	53	50
和朋友交流很容易	14	60	99	52	49
当我为某些事情生气的时候，我的朋友设法理解我	33	45	129	35	32
当我需要解除心头的烦闷的时候，我可以依靠朋友	22	38	126	45	43
我信任我的朋友	17	51	100	55	51
我的朋友尊重我的感情	20	31	118	51	54
总　计	235	488	1104	473	440
均值（标准差）	3.25（SD=0.82）				

表6–12　普通男生在同伴信任程度题目选项的评分详情统计

单位：人，分

问卷题目	非常不正确	很不正确	有点正确	很正确	非常正确
我希望我的朋友不是现在的朋友	229	151	155	43	50
我的朋友理解我	69	69	243	105	142
我的朋友接受现实的我	71	54	218	141	144
我的朋友倾听我的诉说	75	74	237	118	124
我觉得我的朋友都很好	70	46	207	141	164
和朋友交流很容易	66	66	200	140	156
当我为某些事情生气的时候，我的朋友设法理解我	114	88	243	106	77
当我需要解除心头的烦闷的时候，我可以依靠朋友	78	70	258	108	114
我信任我的朋友	69	51	218	139	151
我的朋友尊重我的感情	75	67	210	135	141
总　计	916	736	2189	1176	1263
均值（标准差）	3.33（SD=0.92）				

表 6 - 13　普通女生在同伴信任程度题目选项的评分详情统计

单位：人，分

问卷题目	非常不正确	很不正确	有点正确	很正确	非常正确
我希望我的朋友不是现在的朋友	177	190	146	46	32
我的朋友理解我	33	65	218	164	111
我的朋友接受现实的我	33	61	198	171	128
我的朋友倾听我的诉说	31	64	219	154	123
我觉得我的朋友都很好	28	50	193	154	166
和朋友交流很容易	26	53	204	171	137
当我为某些事情生气的时候，我的朋友设法理解我	79	119	203	120	70
当我需要解除心头的烦闷的时候，我可以依靠朋友	44	72	233	125	117
我信任我的朋友	26	40	209	166	150
我的朋友尊重我的感情	28	52	212	159	140
总　计	505	766	2035	1430	1174
均值（标准差）	3.49（$SD = 0.81$）				

从同伴信任维度得分上来看，工读女生的平均得分为 3.25 分（$SD = 0.82$），男生的平均得分为 3.18 分（$SD = 0.81$），性别差异不显著（$t = -1.10$，$p > 0.05$）。普通学生中，女生的平均得分为 3.49 分（$SD = 0.81$），男生的平均得分为 3.33 分（$SD = 0.92$），性别差异显著（$t = -3.15$，$p < 0.01$），男生显著低于女生。不同性别组均值与方差分析结果如表 6 - 14 所示。

表 6 - 14　不同性别工读学生和普通学生在同伴信任程度得分上的差异

单位：人，分

性别	工读学生		普通学生	
	男	女	男	女
人数（百分比）	778（74.0%）	274（26.0%）	628（51.5%）	591（48.5%）
均值（标准差）	3.18（0.81）	3.25（0.82）	3.33（0.92）	3.49（0.81）
方差分析结果 t（p）	$t = -1.10$，$p > 0.05$		$t = -3.15$，$p < 0.01$	

通过方差分析比较不同学校的相同性别得分情况发现，工读学校女生得分显著低于普通学校女生得分（$t = -4.04$，$p < 0.001$）；同样，工读学校男生的得分显著低于普通学校男生得分（$t = -3.18$，$p < 0.01$）。上述结果说明，在工读学生中，男、女生对同伴信任没有明显差异，但工读学校男、女生对同伴信任的程度均低于普通学校男、女生，方差分析结果见表 6 - 15。

表 6 – 15　男女生在同伴信任程度得分上的差异

单位：人，分

学校类别	男		女	
	工读学生	普通学生	工读学生	普通学生
人数（百分比）	778（55.3%）	628（44.7%）	274（31.7%）	591（68.3%）
均值（标准差）	3.18（0.81）	3.33（0.92）	3.25（0.82）	3.49（0.81）
方差分析结果 t（p）	$t = -3.18$，$p < 0.01$		$t = -4.04$，$p < 0.001$	

（二）同伴沟通程度的性别差异

分析不同性别的工读学生和普通学生在同伴沟通程度对应选项上的评分详情，统计结果见表 6 – 16 ~ 表 6 – 19。

表 6 – 16　工读男生在同伴沟通程度题目选项的评分详情统计

单位：人，分

问卷题目	非常不正确	很不正确	有点正确	很正确	非常正确
对于我关注的事情，我愿意接受我的朋友的看法	102	112	339	116	109
当我为一些事情不安的时候，我的朋友能发觉出来	81	131	352	124	90
当我们讨论问题的时候，朋友们会在乎我的看法	81	114	345	148	90
我的朋友鼓励我谈论自己的困难	95	125	310	144	104
我的朋友帮助我更好地理解我自己	77	128	307	155	111
我的朋友很在乎我的感受	91	105	311	164	107
我可以把我的问题和困难告诉朋友	81	119	306	161	111
如果我的朋友知道我在为一些事情所困扰时，他们会向我了解相关情况	73	120	311	157	117
总　　计	681	954	2581	1169	839
均值（标准差）	3.09（$SD = 0.91$）				

表 6 – 17　工读女生在同伴沟通程度题目选项的评分详情统计

单位：人，分

问卷题目	非常不正确	很不正确	有点正确	很正确	非常正确
对于我关注的事情，我愿意接受我的朋友的看法	16	34	132	52	40

续表

问卷题目	非常不正确	很不正确	有点正确	很正确	非常正确
当我为一些事情不安的时候，我的朋友能发觉出来	20	65	110	45	34
当我们讨论问题的时候，朋友们会在乎我的看法	12	36	139	56	31
我的朋友鼓励我谈论自己的困难	19	34	136	40	45
我的朋友帮助我更好地理解我自己	19	57	112	45	41
我的朋友很在乎我的感受	24	34	132	43	41
我可以把我的问题和困难告诉朋友	22	58	100	49	45
如果我的朋友知道我在为一些事情所困扰时，他们会向我了解相关情况	25	23	129	51	46
总　计	157	341	990	381	323
均值（标准差）	3.17（SD = 0.88）				

表 6 – 18　普通男生在同伴沟通程度题目选项的评分详情统计

单位：人，分

问卷题目	非常不正确	很不正确	有点正确	很正确	非常正确
对于我关注的事情，我愿意接受我的朋友的看法	92	59	235	124	118
当我为一些事情不安的时候，我的朋友能发觉出来	81	95	257	101	94
当我们讨论问题的时候，朋友们会在乎我的看法	81	74	256	110	106
我的朋友鼓励我谈论自己的困难	86	80	233	112	117
我的朋友帮助我更好地理解我自己	73	70	242	118	125
我的朋友很在乎我的感受	78	87	226	115	122
我可以把我的问题和困难告诉朋友	73	74	235	134	112
如果我的朋友知道我在为一些事情所困扰时，他们会向我了解相关情况	83	73	233	128	111
总　计	647	612	1917	942	905
均值（标准差）	3.17（SD = 1.03）				

表6-19　普通女生在同伴沟通程度题目选项的评分详情统计

单位：人，分

问卷题目	非常不正确	很不正确	有点正确	很正确	非常正确
对于我关注的事情，我愿意接受我的朋友的看法	45	60	257	134	95
当我为一些事情不安的时候，我的朋友能发觉出来	41	84	262	123	81
当我们讨论问题的时候，朋友们会在乎我的看法	39	56	265	145	86
我的朋友鼓励我谈论自己的困难	34	74	234	140	109
我的朋友帮助我更好地理解我自己	35	63	227	158	108
我的朋友很在乎我的感受	37	64	238	150	102
我可以把我的问题和困难告诉朋友	42	68	226	134	121
如果我的朋友知道我在为一些事情所困扰时，他们会向我了解相关情况	42	68	228	142	111
总　计	315	537	1937	1126	813
均值（标准差）	3.34（$SD=0.91$）				

从同伴沟通维度得分上来看，工读女生的平均得分为 3.17 分（$SD=0.88$），男生的平均得分为 3.09 分（$SD=0.91$），性别差异不显著（$t=-1.35$，$p>0.05$）。普通学生中，女生的平均得分为 3.34 分（$SD=0.91$），男生的平均得分为 3.17 分（$SD=1.03$），性别差异显著（$t=-2.98$，$p<0.01$），男生显著低于女生。不同性别组均值与方差分析结果如表6-20所示。

表6-20　不同性别工读学生和普通学生在同伴沟通程度得分上的差异

单位：人，分

性别	工读学生		普通学生	
	男	女	男	女
人数（百分比）	778（74.0%）	274（26.0%）	628（51.5%）	591（48.5%）
均值（标准差）	3.09（0.91）	3.17（0.88）	3.17（1.03）	3.34（0.91）
方差分析结果 t（p）	$t=-1.35$，$p>0.05$		$t=-2.98$，$p<0.01$	

通过方差分析比较不同学校的相同性别得分情况发现，工读学校女生得分显著低于普通学生女生得分（$t=-2.55$，$p<0.05$）；而工读学校男生的得分与普通学校男生得分差异不显著（$t=-1.64$，$p>0.05$）。上述结果说明，

在工读学生中，男、女生与同伴的沟通没有明显差异，但工读学校的女生与同伴沟通的程度低于普通学校的女生，方差分析结果见表 6－21。

表 6－21 男女生在同伴沟通程度得分上的差异

单位：人，分

学校类别	男		女	
	工读学生	普通学生	工读学生	普通学生
人数（百分比）	778（55.3%）	628（44.7%）	274（31.7%）	591（68.3%）
均值（标准差）	3.09（0.91）	3.17（1.03）	3.17（0.88）	3.34（0.91）
方差分析结果 t（p）	$t = -1.64$，$p > 0.05$		$t = -2.55$，$p < 0.05$	

（三）同伴疏离程度的性别差异

分析不同性别的工读学生和普通学生在同伴疏离程度对应选项上的评分详情，统计结果见表 6－22～表 6－25。

表 6－22 工读男生在同伴疏离程度题目选项的评分详情统计

单位：人，分

问卷题目	非常不正确	很不正确	有点正确	很正确	非常正确
和朋友们谈论我的个人问题使我感到害羞或愚蠢	99	155	329	116	79
我需要和朋友更多地保持联系	73	104	314	160	127
我的朋友不理解这些日子我在经受着什么	121	141	290	137	89
当我和朋友们在一起时，我感到孤立	155	173	287	99	64
我对朋友感到生气	162	178	270	112	56
我感受的烦恼比我的朋友知道的要多得多	84	124	303	157	110
朋友们好像莫名其妙地烦我	152	178	277	115	56
总　计	846	1053	2070	896	581
均值（标准差）	2.87（$SD = 0.80$）				

表 6－23 工读女生在同伴疏离程度题目选项的评分详情统计

单位：人，分

问卷题目	非常不正确	很不正确	有点正确	很正确	非常正确
和朋友们谈论我的个人问题使我感到害羞或愚蠢	33	81	105	35	20

问卷题目	非常不正确	很不正确	有点正确	很正确	非常正确
我需要和朋友更多地保持联系	17	34	130	46	47
我的朋友不理解这些日子我在经受着什么	31	80	96	36	31
当我和朋友们在一起时,我感到孤立	54	63	111	21	25
我对朋友感到生气	64	90	81	21	18
我感受的烦恼比我的朋友知道的要多得多	23	61	97	55	38
朋友们好像莫名其妙地烦我	54	70	105	25	20
总　计	276	479	725	239	199
均值(标准差)	2.79 (SD=0.70)				

表 6-24　普通男生在同伴疏离程度题目选项的评分详情统计

单位:人,分

问卷题目	非常不正确	很不正确	有点正确	很正确	非常正确
和朋友们谈论我的个人问题使我感到害羞或愚蠢	131	124	234	86	53
我需要和朋友更多地保持联系	85	63	225	126	129
我的朋友不理解这些日子我在经受着什么	144	135	231	66	52
当我和朋友们在一起时,我感到孤立	218	152	167	48	43
我对朋友感到生气	194	165	190	45	34
我感受的烦恼比我的朋友知道的要多得多	100	110	243	97	78
朋友们好像莫名其妙地烦我	184	155	197	59	33
总　计	1056	904	1487	527	422
均值(标准差)	2.63 (SD=0.82)				

表 6-25　普通女生在同伴疏离程度题目选项的评分详情统计

单位:人,分

问卷题目	非常不正确	很不正确	有点正确	很正确	非常正确
和朋友们谈论我的个人问题使我感到害羞或愚蠢	108	134	232	81	36

问卷题目	非常不正确	很不正确	有点正确	很正确	非常正确
我需要和朋友更多地保持联系	31	66	237	154	103
我的朋友不理解这些日子我在经受着什么	124	160	203	66	38
当我和朋友们在一起时，我感到孤立	156	172	179	53	31
我对朋友感到生气	172	185	161	51	22
我感受的烦恼比我的朋友知道的要多得多	73	111	240	111	56
朋友们好像莫名其妙地烦我	170	178	158	50	35
总　计	834	1006	1410	566	321
均值（标准差）	2.65（$SD = 0.73$）				

从同伴疏离维度得分上来看，工读女生的平均得分为 2.79 分（$SD = 0.70$），男生的平均得分为 2.87 分（$SD = 0.80$），性别差异不显著（$t = 1.55$，$p > 0.05$）。普通学生中，女生的平均得分为 2.65 分（$SD = 0.73$），男生的平均得分为 2.63 分（$SD = 0.82$），性别差异不显著（$t = -0.45$，$p > 0.05$）。不同性别组均值与方差分析结果如表 6 – 26 所示。

表 6 – 26　不同性别工读学生和普通学生在同伴疏离程度得分上的差异

单位：人，分

性别	工读学生		普通学生	
	男	女	男	女
人数（百分比）	778（74.0%）	274（26.0%）	628（51.5%）	591（48.5%）
均值（标准差）	2.87（0.80）	2.79（0.70）	2.63（0.82）	2.65（0.73）
方差分析结果 t（p）	$t = 1.55$，$p > 0.05$		$t = -0.45$，$p > 0.05$	

通过方差分析比较不同学校的相同性别得分情况发现，工读学校女生得分显著高于普通学生女生得分（$t = 2.87$，$p < 0.01$）；工读学校男生的得分显著高于普通学校男生得分（$t = 5.68$，$p < 0.001$）。上述结果说明，在工读学生中，男、女生与同伴疏离没有明显差异，但工读学校的男生和女生的同伴疏离程度均显著高于普通学校的男生和女生，方差分析结果见表 6 – 27。

表 6 – 27　男女生在同伴疏离程度得分上的差异

单位：人，分

学校类别	男		女	
	工读学生	普通学生	工读学生	普通学生
人数（百分比）	778（55.3%）	628（44.7%）	274（31.7%）	591（68.3%）
均值（标准差）	2.87（0.80）	2.63（0.82）	2.79（0.70）	2.65（0.73）
方差分析结果 t（p）	$t = 5.68$（$p < 0.001$）		$t = 2.87$（$p < 0.01$）	

三　工读学生同伴依恋的年龄发展特点

为了考察随着年龄增长，工读学生的同伴依恋是否存在差异和变化趋势，分析各年龄组的均值，并以年龄组为自变量，同伴依恋各维度得分为因变量进行单因子方差分析，并检验其是否存在线性趋势，得到如下结果。

（一）同伴信任程度的年龄差异

分析不同年龄组的工读学生和普通学生在同伴信任程度对应选项上的评分详情，统计结果见表 6 – 28 ~ 表 6 – 37。

表 6 – 28　13 岁及以下组工读学生在同伴信任程度题目选项的评分详情统计

单位：人，分

问卷题目	非常不正确	很不正确	有点正确	很正确	非常正确
我希望我的朋友不是现在的朋友	34	28	40	16	11
我的朋友理解我	13	29	42	25	20
我的朋友接受现实的我	15	33	39	29	13
我的朋友倾听我的诉说	14	31	35	31	18
我觉得我的朋友都很好	18	27	46	23	15
和朋友交流很容易	13	36	38	26	16
当我为某些事情生气的时候，我的朋友设法理解我	16	32	47	18	16
当我需要解除心头的烦闷的时候，我可以依靠朋友	15	24	52	26	12
我信任我的朋友	12	27	38	31	21
我的朋友尊重我的感情	15	22	45	28	19
总　　计	165	289	422	253	161
均值（标准差）	3.06（$SD = 0.80$）				

表 6 – 29　14 岁组工读学生在同伴信任程度题目选项的评分详情统计

单位：人，分

问卷题目	非常不正确	很不正确	有点正确	很正确	非常正确
我希望我的朋友不是现在的朋友	56	54	100	29	20
我的朋友理解我	30	47	98	41	43
我的朋友接受现实的我	28	51	100	48	32
我的朋友倾听我的诉说	32	58	86	50	33
我觉得我的朋友都很好	34	37	100	47	41
和朋友交流很容易	32	56	90	43	38
当我为某些事情生气的时候，我的朋友设法理解我	40	53	99	37	30
当我需要解除心头的烦闷的时候，我可以依靠朋友	35	45	104	40	35
我信任我的朋友	27	55	92	42	43
我的朋友尊重我的感情	32	32	104	43	48
总　　计	346	488	973	420	363
均值（标准差）	3.06（$SD = 0.84$）				

表 6 – 30　15 岁组工读学生在同伴信任程度题目选项的评分详情统计

单位：人，分

问卷题目	非常不正确	很不正确	有点正确	很正确	非常正确
我希望我的朋友不是现在的朋友	70	94	115	40	43
我的朋友理解我	31	44	146	76	65
我的朋友接受现实的我	26	41	141	93	61
我的朋友倾听我的诉说	30	43	145	87	57
我觉得我的朋友都很好	32	40	144	72	74
和朋友交流很容易	26	41	139	88	68
当我为某些事情生气的时候，我的朋友设法理解我	54	54	146	62	46
当我需要解除心头的烦闷的时候，我可以依靠朋友	33	56	137	71	65
我信任我的朋友	25	41	150	74	72
我的朋友尊重我的感情	30	42	142	82	66
总　　计	357	496	1405	745	617
均值（标准差）	3.27（$SD = 0.80$）				

表 6-31　16 岁组工读学生在同伴信任程度题目选项的评分详情统计

单位：人，分

问卷题目	非常不正确	很不正确	有点正确	很正确	非常正确
我希望我的朋友不是现在的朋友	45	52	73	28	15
我的朋友理解我	17	22	92	48	34
我的朋友接受现实的我	15	19	88	50	41
我的朋友倾听我的诉说	15	17	95	57	29
我觉得我的朋友都很好	8	25	96	49	35
和朋友交流很容易	10	26	89	53	35
当我为某些事情生气的时候，我的朋友设法理解我	24	36	96	38	19
当我需要解除心头的烦闷的时候，我可以依靠朋友	15	25	93	50	30
我信任我的朋友	14	17	87	54	41
我的朋友尊重我的感情	12	19	87	54	41
总　计	175	258	896	481	320
均值（标准差）	3.32（SD = 0.77）				

表 6-32　17 岁及以上组工读学生在同伴信任程度题目选项的评分详情统计

单位：人，分

问卷题目	非常不正确	很不正确	有点正确	很正确	非常正确
我希望我的朋友不是现在的朋友	7	13	38	24	7
我的朋友理解我	7	13	38	24	7
我的朋友接受现实的我	6	11	40	22	10
我的朋友倾听我的诉说	6	15	36	20	12
我觉得我的朋友都很好	7	15	29	25	13
和朋友交流很容易	6	12	33	24	14
当我为某些事情生气的时候，我的朋友设法理解我	8	18	38	17	8
当我需要解除心头的烦闷的时候，我可以依靠朋友	8	12	40	15	14
我信任我的朋友	7	9	38	20	15
我的朋友尊重我的感情	9	8	33	23	16
总　计	71	126	363	214	116
均值（标准差）	3.22（SD = 0.78）				

表 6 - 33　普通学生 13 岁及以下组在同伴信任程度题目选项的评分详情统计

单位：人，分

问卷题目	非常不正确	很不正确	有点正确	很正确	非常正确
我希望我的朋友不是现在的朋友	201	158	160	40	38
我的朋友理解我	57	65	231	119	125
我的朋友接受现实的我	62	61	208	132	134
我的朋友倾听我的诉说	53	77	233	114	120
我觉得我的朋友都很好	59	54	207	112	165
和朋友交流很容易	49	66	197	148	137
当我为某些事情生气的时候，我的朋友设法理解我	107	96	229	92	73
当我需要解除心头的烦闷的时候，我可以依靠朋友	64	64	255	108	106
我信任我的朋友	55	46	217	133	146
我的朋友尊重我的感情	57	61	215	128	136
总　　计	764	748	2152	1126	1180
均值（标准差）	3.35（$SD = 0.89$）				

表 6 - 34　普通学生 14 岁组在同伴信任程度题目选项的评分详情统计

单位：人，分

问卷题目	非常不正确	很不正确	有点正确	很正确	非常正确
我希望我的朋友不是现在的朋友	134	117	83	33	28
我的朋友理解我	27	38	142	96	92
我的朋友接受现实的我	28	30	123	116	98
我的朋友倾听我的诉说	31	33	134	110	87
我觉得我的朋友都很好	25	31	115	114	110
和朋友交流很容易	28	31	126	104	106
当我为某些事情生气的时候，我的朋友设法理解我	58	69	135	84	49
当我需要解除心头的烦闷的时候，我可以依靠朋友	34	42	143	86	90
我信任我的朋友	27	25	124	111	108
我的朋友尊重我的感情	27	35	122	108	103
总　　计	419	451	1247	962	871
均值（标准差）	3.51（$SD = 0.86$）				

表 6 - 35　普通学生 15 岁组在同伴信任程度题目选项的评分详情统计

单位：人，分

问卷题目	非常不正确	很不正确	有点正确	很正确	非常正确
我希望我的朋友不是现在的朋友	50	46	36	11	12
我的朋友理解我	10	23	53	39	30
我的朋友接受现实的我	7	15	56	44	33
我的朋友倾听我的诉说	16	17	54	36	32
我觉得我的朋友都很好	8	6	53	45	43
和朋友交流很容易	8	14	51	43	39
当我为某些事情生气的时候，我的朋友设法理解我	23	23	57	35	17
当我需要解除心头的烦闷的时候，我可以依靠朋友	14	22	61	27	31
我信任我的朋友	7	12	53	46	37
我的朋友尊重我的感情	12	15	55	40	33
总　计	155	193	529	366	307
均值（标准差）	3.45（SD = 0.81）				

表 6 - 36　普通学生 16 岁组在同伴信任程度题目选项的评分详情统计

单位：人，分

问卷题目	非常不正确	很不正确	有点正确	很正确	非常正确
我希望我的朋友不是现在的朋友	18	17	15	5	4
我的朋友理解我	7	7	25	14	6
我的朋友接受现实的我	6	8	19	19	7
我的朋友倾听我的诉说	4	10	26	12	7
我觉得我的朋友都很好	5	2	18	22	12
和朋友交流很容易	6	6	22	15	10
当我为某些事情生气的时候，我的朋友设法理解我	4	14	19	15	7
当我需要解除心头的烦闷的时候，我可以依靠朋友	8	11	25	12	3
我信任我的朋友	5	6	26	13	9
我的朋友尊重我的感情	6	6	23	17	7
总　计	69	87	218	144	72
均值（标准差）	3.24（SD = 0.81）				

表 6 - 37　普通学生 17 岁及以上组在同伴信任程度题目选项的评分详情统计

单位：人，分

问卷题目	非常不正确	很不正确	有点正确	很正确	非常正确
我希望我的朋友不是现在的朋友	3	3	7	0	0
我的朋友理解我	1	1	10	1	0
我的朋友接受现实的我	1	1	10	1	0
我的朋友倾听我的诉说	2	1	9	0	1
我觉得我的朋友都很好	1	3	7	2	0
和朋友交流很容易	1	2	8	1	1
当我为某些事情生气的时候，我的朋友设法理解我	1	5	6	0	1
当我需要解除心头的烦闷的时候，我可以依靠朋友	2	3	7	0	1
我信任我的朋友	1	2	7	2	1
我的朋友尊重我的感情	1	2	7	1	2
总　计	14	23	78	8	7
均值（标准差）	2.92（$SD=0.64$）				

分析不同年龄组在同伴信任程度上的得分，发现在工读学生中，13 岁及以下组的信任程度均值为 3.06 分（$SD=0.80$），14 岁组均值为 3.06 分（$SD=0.84$），15 岁组为 3.27 分（$SD=0.80$），16 岁组为 3.32 分（$SD=0.77$），17 岁及以上组为 3.22 分（$SD=0.78$）。单因子方差分析结果发现，不同年龄组间差异显著（$F=4.88$，$p<0.01$）。进一步通过事后分析发现，13 岁及以下组、14 岁组的得分显著低于 16 岁组，年龄越高同伴信任得分越高。对不同年龄组得分的线性趋势检验结果发现，随年龄增长，同伴信任程度的上升趋势显著（$F=6.41$，$p<0.05$）。

在普通学生中，13 岁及以下组的信任程度均值为 3.35 分（$SD=0.89$），14 岁组均值为 3.51 分（$SD=0.86$），15 岁组为 3.45 分（$SD=0.81$），16 岁组为 3.24 分（$SD=0.81$），17 岁及以上组为 2.92 分（$SD=0.64$），单因子方差分析发现不同年龄组之间差异显著（$F=3.63$，$p<0.05$），说明同伴信任程度在普通学生的不同年龄组间存在差异，事后分析发现 14 岁组显著高于 16 岁和 17 岁及以上组，线性趋势检验也发现线性下降趋势显著（$F=5.16$，$p<0.05$），但由于普通学生 16 岁和 17 岁及以上组人数太少，这种下降趋势没有进一步分析的意义。比较相同年龄组不同类型学生得分差异发

现，13岁及以下、14岁和15岁组工读学生同伴信任得分显著低于同年龄组普通学生。各年龄组均值和方差分析结果见表6-38，变化趋势见图6-5。

表6-38 不同年龄组同伴信任程度上的差异分析

单位：分

年龄组	13岁以下	14岁	15岁	16岁	17岁及以上	不同年龄组间的方差分析
工读学生均值（标准差）	3.06（0.80）	3.06（0.84）	3.27（0.80）	3.32（0.77）	3.22（0.78）	$F = 4.88$，$p < 0.01$
普通学生均值（标准差）	3.35（0.89）	3.51（0.86）	3.45（0.81）	3.24（0.81）	2.92（0.64）	$F = 3.63$，$p < 0.05$
同年龄组不同类型学生的方差分析	$t = -3.47$ $p < 0.001$	$t = -6.56$ $p < 0.001$	$t = -2.31$ $p < 0.05$	$t = 0.66$ $p > 0.05$	$t = 1.58$ $p > 0.05$	

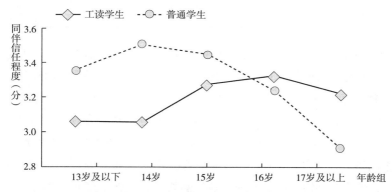

图6-5 同伴信任程度得分在不同年龄组别上的变化趋势

通过以上结果可以得知，工读学生的同伴信任程度虽然不如普通学生高，但随年龄增长呈线性增长趋势，年龄越大，同伴信任的程度越高。这说明跟普通学生相比，工读学生随着年龄的增长，与同伴之间建立的关系更加牢固可靠，他们越来越信任和依靠自己的同伴。

（二）同伴沟通程度的年龄差异

分析不同年龄组的工读学生和普通学生在同伴沟通程度对应选项上的评分详情，统计结果见表6-39~表6-48。

表 6 - 39 13 岁及以下组工读学生在同伴沟通程度题目选项的评分详情统计

单位：人，分

问卷题目	非常不正确	很不正确	有点正确	很正确	非常正确
对于我关注的事情，我愿意接受我的朋友的看法	24	29	45	15	16
当我为一些事情不安的时候，我的朋友能发觉出来	14	28	48	24	15
当我们讨论问题的时候，朋友们会在乎我的看法	15	22	52	28	12
我的朋友鼓励我谈论自己的困难	20	22	48	20	19
我的朋友帮助我更好地理解我自己	13	27	45	30	14
我的朋友很在乎我的感受	26	19	46	24	14
我可以把我的问题和困难告诉朋友	16	27	48	20	18
如果我的朋友知道我在为一些事情所困扰时，他们会向我了解相关情况	15	29	48	16	21
总　　计	143	203	380	177	129
均值（标准差）	2.95（SD = 0.88）				

表 6 - 40 14 岁组工读学生在同伴沟通程度题目选项的评分详情统计

单位：人，分

问卷题目	非常不正确	很不正确	有点正确	很正确	非常正确
对于我关注的事情，我愿意接受我的朋友的看法	39	42	114	31	33
当我为一些事情不安的时候，我的朋友能发觉出来	29	68	104	26	32
当我们讨论问题的时候，朋友们会在乎我的看法	30	40	125	36	28
我的朋友鼓励我谈论自己的困难	34	43	118	31	33
我的朋友帮助我更好地理解我自己	28	65	97	31	38
我的朋友很在乎我的感受	35	36	116	41	31
我可以把我的问题和困难告诉朋友	28	66	90	42	33
如果我的朋友知道我在为一些事情所困扰时，他们会向我了解相关情况	31	41	104	46	37
总　　计	254	401	868	284	265
均值（标准差）	2.95（SD = 0.93）				

表 6–41　15 岁组工读学生在同伴沟通程度题目选项的评分详情统计

单位：人，分

问卷题目	非常不正确	很不正确	有点正确	很正确	非常正确
对于我关注的事情，我愿意接受我的朋友的看法	34	42	162	65	59
当我为一些事情不安的时候，我的朋友能发觉出来	36	51	169	62	44
当我们讨论问题的时候，朋友们会在乎我的看法	29	46	167	74	46
我的朋友鼓励我谈论自己的困难	35	53	150	69	55
我的朋友帮助我更好地理解我自己	35	57	149	71	50
我的朋友很在乎我的感受	32	49	143	81	57
我可以把我的问题和困难告诉朋友	36	48	139	84	55
如果我的朋友知道我在为一些事情所困扰时，他们会向我了解相关情况	35	41	146	80	60
总　计	272	387	1225	586	426
均值（标准差）	3.18（$SD = 0.92$）				

表 6–42　16 岁组工读学生在同伴沟通程度题目选项的评分详情统计

单位：人，分

问卷题目	非常不正确	很不正确	有点正确	很正确	非常正确
对于我关注的事情，我愿意接受我的朋友的看法	12	24	104	43	30
当我为一些事情不安的时候，我的朋友能发觉出来	12	33	103	38	27
当我们讨论问题的时候，朋友们会在乎我的看法	14	31	97	46	25
我的朋友鼓励我谈论自己的困难	19	30	89	42	33
我的朋友帮助我更好地理解我自己	14	21	93	49	36
我的朋友很在乎我的感受	14	23	100	41	29
我可以把我的问题和困难告诉朋友	15	24	98	41	35
如果我的朋友知道我在为一些事情所困扰时，他们会向我了解相关情况	11	21	103	47	31
总　计	111	207	787	353	246
均值（标准差）	3.24（$SD = 0.84$）				

表 6 – 43　17 岁及以上组工读学生在同伴沟通程度题目选项的评分详情统计

单位：人，分

问卷题目	非常不正确	很不正确	有点正确	很正确	非常正确
对于我关注的事情，我愿意接受我的朋友的看法	9	9	46	14	11
当我为一些事情不安的时候，我的朋友能发觉出来	10	16	38	19	6
当我们讨论问题的时候，朋友们会在乎我的看法	5	11	43	20	10
我的朋友鼓励我谈论自己的困难	6	11	41	22	9
我的朋友帮助我更好地理解我自己	6	15	35	19	14
我的朋友很在乎我的感受	8	12	38	14	17
我可以把我的问题和困难告诉朋友	8	12	31	23	15
如果我的朋友知道我在为一些事情所困扰时，他们会向我了解相关情况	6	11	39	19	14
总　　计	58	97	311	150	96
均值（标准差）	3.18（SD = 0.84）				

表 6 – 44　普通学生 13 岁及以下组在同伴沟通程度题目选项的评分详情统计

单位：人，分

问卷题目	非常不正确	很不正确	有点正确	很正确	非常正确
对于我关注的事情，我愿意接受我的朋友的看法	83	65	245	105	99
当我为一些事情不安的时候，我的朋友能发觉出来	62	88	264	96	87
当我们讨论问题的时候，朋友们会在乎我的看法	68	64	267	108	90
我的朋友鼓励我谈论自己的困难	68	80	240	99	110
我的朋友帮助我更好地理解我自己	61	70	228	119	119
我的朋友很在乎我的感受	62	73	233	113	116
我可以把我的问题和困难告诉朋友	60	73	229	118	117
如果我的朋友知道我在为一些事情所困扰时，他们会向我了解相关情况	69	71	232	117	108
总　　计	533	584	1938	875	846
均值（标准差）	3.19（SD = 1.00）				

表 6 – 45　普通学生 14 岁组在同伴沟通程度题目选项的评分详情统计

单位：人，分

问卷题目	非常不正确	很不正确	有点正确	很正确	非常正确
对于我关注的事情，我愿意接受我的朋友的看法	41	36	156	90	72
当我为一些事情不安的时候，我的朋友能发觉出来	35	56	160	78	66
当我们讨论问题的时候，朋友们会在乎我的看法	32	40	153	97	73
我的朋友鼓励我谈论自己的困难	33	43	134	102	83
我的朋友帮助我更好地理解我自己	29	35	147	103	81
我的朋友很在乎我的感受	32	48	139	97	79
我可以把我的问题和困难告诉朋友	34	36	146	96	83
如果我的朋友知道我在为一些事情所困扰时，他们会向我了解相关情况	34	42	141	95	83
总　计	270	336	1176	758	620
均值（标准差）	3.36（$SD = 0.98$）				

表 6 – 46　普通学生 15 岁组在同伴沟通程度题目选项的评分详情统计

单位：人，分

问卷题目	非常不正确	很不正确	有点正确	很正确	非常正确
对于我关注的事情，我愿意接受我的朋友的看法	9	9	55	48	34
当我为一些事情不安的时候，我的朋友能发觉出来	14	27	56	40	18
当我们讨论问题的时候，朋友们会在乎我的看法	11	21	64	34	24
我的朋友鼓励我谈论自己的困难	13	22	63	31	26
我的朋友帮助我更好地理解我自己	11	22	60	35	27
我的朋友很在乎我的感受	15	21	60	37	22
我可以把我的问题和困难告诉朋友	13	24	52	41	25
如果我的朋友知道我在为一些事情所困扰时，他们会向我了解相关情况	16	20	55	39	25
总　计	102	166	465	305	201
均值（标准差）	3.28（$SD = 0.91$）				

表 6 – 47　普通学生 16 岁组在同伴沟通程度题目选项的评分详情统计

单位：人，分

问卷题目	非常不正确	很不正确	有点正确	很正确	非常正确
对于我关注的事情，我愿意接受我的朋友的看法	3	7	27	14	8
当我为一些事情不安的时候，我的朋友能发觉出来	9	7	29	10	4
当我们讨论问题的时候，朋友们会在乎我的看法	8	4	27	15	5
我的朋友鼓励我谈论自己的困难	5	7	21	19	7
我的朋友帮助我更好地理解我自己	5	4	27	18	5
我的朋友很在乎我的感受	4	6	26	17	6
我可以把我的问题和困难告诉朋友	6	7	26	13	7
如果我的朋友知道我在为一些事情所困扰时，他们会向我了解相关情况	5	5	25	19	5
总　计	45	47	208	125	47
均值（标准差）	3.17（SD = 0.86）				

表 6 – 48　普通学生 17 岁及以上组在同伴沟通程度题目选项的评分详情统计

单位：人，分

问卷题目	非常不正确	很不正确	有点正确	很正确	非常正确
对于我关注的事情，我愿意接受我的朋友的看法	1	2	9	1	0
当我为一些事情不安的时候，我的朋友能发觉出来	2	1	10	0	0
当我们讨论问题的时候，朋友们会在乎我的看法	1	1	10	1	0
我的朋友鼓励我谈论自己的困难	1	2	9	1	0
我的朋友帮助我更好地理解我自己	2	2	7	1	1
我的朋友很在乎我的感受	2	3	6	1	1
我可以把我的问题和困难告诉朋友	2	2	8	0	1
如果我的朋友知道我在为一些事情所困扰时，他们会向我了解相关情况	1	3	8	0	1
总　计	12	16	67	5	4
均值（标准差）	2.74（SD = 0.69）				

分析不同年龄组在同伴沟通程度上的得分，发现在工读学生中，13 岁及以下组的沟通程度均值为 2.95 分（$SD = 0.88$），14 岁组均值为 2.95 分（$SD = 0.93$），15 岁组为 3.18 分（$SD = 0.92$），16 岁组为 3.24 分（$SD = 0.84$），17 岁及以上组为 3.18 分（$SD = 0.84$）。单因子方差分析结果发现，不同年龄组间差异显著（$F = 4.82$，$p < 0.01$）。进一步通过事后分析发现，13 岁及以下组、14 岁组的得分显著低于 16 岁组，年龄越高同伴沟通得分越高。对不同年龄组得分的线性趋势检验结果发现，随年龄增长，同伴沟通程度的上升趋势显著（$F = 8.44$，$p < 0.01$）。

在普通学生中，13 岁及以下组的沟通程度均值为 3.19 分（$SD = 1.00$），14 岁组均值为 3.36 分（$SD = 0.98$），15 岁组为 3.28 分（$SD = 0.91$），16 岁组为 3.17 分（$SD = 0.86$），17 岁及以上组为 2.74 分（$SD = 0.69$），单因子方差分析发现不同年龄组之间差异显著（$F = 2.70$，$p < 0.05$），说明同伴沟通程度在普通学生的不同年龄组间存在差异，事后比较分析发现，14 岁组显著高于 16 岁和 17 岁及以上组，线性趋势检验发现变化趋势不显著（$F = 3.72$，$p > 0.05$）。比较同年龄组不同类型学生得分差异发现，13 岁及以下和 14 岁组工读学生同伴沟通程度显著低于同年龄组普通学生。各年龄组均值和方差分析结果见表 6 - 49，变化趋势见图 6 - 6。

表 6 - 49　不同年龄组同伴沟通程度上的差异分析

单位：分

年龄组	13 岁及以下	14 岁	15 岁	16 岁	17 岁及以上	不同年龄组间的方差分析
工读学生均值（标准差）	2.95 (0.88)	2.95 (0.93)	3.18 (0.92)	3.24 (0.84)	3.18 (0.84)	$F = 4.82$，$p < 0.01$
普通学生均值（标准差）	3.19 (1.00)	3.36 (0.98)	3.28 (0.91)	3.17 (0.86)	2.74 (0.69)	$F = 2.70$，$p < 0.05$
同年龄组不同类型学生的方差分析	$t = -2.78$ $p < 0.01$	$t = -5.22$ $p < 0.001$	$t = -1.18$ $p > 0.05$	$t = 0.56$ $p > 0.05$	$t = 2.08$ $p > 0.05$	

通过以上结果可以得知，工读学生的同伴沟通程度随年龄增长有线性上升趋势，年龄越大，同伴沟通的程度越高。这说明跟普通学生相比，工读学生随着年龄的增长，与同伴之间的沟通越来越好，他们有问题的时候越来越愿意与同伴交流、参考同伴的意见，彼此也更加关心。

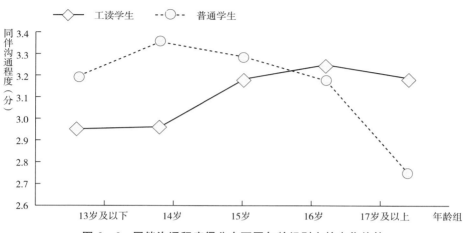

图 6 - 6　同伴沟通程度得分在不同年龄组别上的变化趋势

（三）同伴疏离程度的年龄差异

分析不同年龄组的工读学生和普通学生在同伴疏离程度对应选项上的评分详情，统计结果见表 6 - 50 ~ 表 6 - 59。

表 6 - 50　13 岁及以下组工读学生在同伴疏离程度题目选项的评分详情统计

单位：人，分

问卷题目	非常不正确	很不正确	有点正确	很正确	非常正确
和朋友们谈论我的个人问题使我感到害羞或愚蠢	16	34	51	13	15
我需要和朋友更多地保持联系	9	20	58	29	13
我的朋友不理解这些日子我在经受着什么	19	33	44	22	11
当我和朋友们在一起时，我感到孤立	18	31	51	17	12
我对朋友感到生气	29	36	34	18	12
我感受的烦恼比我的朋友知道的要多得多	12	29	40	23	25
朋友们好像莫名其妙地烦我	22	39	33	26	9
总　　计	125	222	311	148	97
均值（标准差）	2.86 （$SD = 0.76$）				

表 6-51　14 岁组工读学生在同伴疏离程度题目选项的评分详情统计

单位：人，分

问卷题目	非常不正确	很不正确	有点正确	很正确	非常正确
和朋友们谈论我的个人问题使我感到害羞或愚蠢	36	67	98	38	20
我需要和朋友更多地保持联系	35	39	110	38	37
我的朋友不理解这些日子我在经受着什么	45	64	83	41	26
当我和朋友们在一起时，我感到孤立	56	59	101	25	18
我对朋友感到生气	60	76	75	31	17
我感受的烦恼比我的朋友知道的要多得多	36	56	86	51	30
朋友们好像莫名其妙地烦我	51	57	104	30	17
总　计	319	418	657	254	165
均值（标准差）	2.74（SD = 0.78）				

表 6-52　15 岁组工读学生在同伴疏离程度题目选项的评分详情统计

单位：人，分

问卷题目	非常不正确	很不正确	有点正确	很正确	非常正确
和朋友们谈论我的个人问题使我感到害羞或愚蠢	47	73	147	52	43
我需要和朋友更多地保持联系	28	47	142	71	74
我的朋友不理解这些日子我在经受着什么	48	64	132	64	54
当我和朋友们在一起时，我感到孤立	71	82	133	42	34
我对朋友感到生气	77	84	133	40	28
我感受的烦恼比我的朋友知道的要多得多	36	51	150	68	57
朋友们好像莫名其妙地烦我	77	75	132	46	32
总　计	384	476	969	383	322
均值（标准差）	2.91（SD = 0.82）				

表 6 - 53　16 岁组工读学生在同伴疏离程度题目选项的评分详情统计

单位：人，分

问卷题目	非常不正确	很不正确	有点正确	很正确	非常正确
和朋友们谈论我的个人问题使我感到害羞或愚蠢	25	42	99	33	14
我需要和朋友更多地保持联系	13	21	97	45	37
我的朋友不理解这些日子我在经受着什么	29	42	92	30	20
当我和朋友们在一起时，我感到孤立	45	44	81	24	19
我对朋友感到生气	42	52	78	31	10
我感受的烦恼比我的朋友知道的要多得多	15	32	90	50	26
朋友们好像莫名其妙地烦我	42	53	81	25	12
总　计	211	286	618	238	138
均值（标准差）	2.87（$SD = 0.73$）				

表 6 - 54　17 岁及以上组工读学生在同伴疏离程度题目选项的评分详情统计

单位：人，分

问卷题目	非常不正确	很不正确	有点正确	很正确	非常正确
和朋友们谈论我的个人问题使我感到害羞或愚蠢	8	20	39	15	7
我需要和朋友更多地保持联系	5	11	37	23	13
我的朋友不理解这些日子我在经受着什么	11	18	35	16	9
当我和朋友们在一起时，我感到孤立	19	20	32	12	6
我对朋友感到生气	18	20	31	13	7
我感受的烦恼比我的朋友知道的要多得多	8	17	34	20	10
朋友们好像莫名其妙地烦我	14	24	32	13	6
总　计	83	130	240	112	58
均值（标准差）	2.89（$SD = 0.74$）				

表 6 - 55　普通学生 13 岁及以下组在同伴疏离程度题目选项的评分详情统计

单位：人，分

问卷题目	非常不正确	很不正确	有点正确	很正确	非常正确
和朋友们谈论我的个人问题使我感到害羞或愚蠢	125	128	233	70	41
我需要和朋友更多地保持联系	66	61	237	121	112
我的朋友不理解这些日子我在经受着什么	137	144	216	58	42
当我和朋友们在一起时，我感到孤立	192	142	185	48	30
我对朋友感到生气	180	167	175	48	27
我感受的烦恼比我的朋友知道的要多得多	86	117	250	86	58
朋友们好像莫名其妙地烦我	173	157	190	47	30
总　计	959	916	1486	478	340
均值（标准差）	2.60（$SD = 0.78$）				

表 6 - 56　普通学生 14 岁组在同伴疏离程度题目选项的评分详情统计

单位：人，分

问卷题目	非常不正确	很不正确	有点正确	很正确	非常正确
和朋友们谈论我的个人问题使我感到害羞或愚蠢	76	86	151	54	28
我需要和朋友更多地保持联系	34	51	134	98	78
我的朋友不理解这些日子我在经受着什么	89	97	132	49	28
当我和朋友们在一起时，我感到孤立	130	112	94	33	26
我对朋友感到生气	128	117	98	35	17
我感受的烦恼比我的朋友知道的要多得多	61	72	147	76	39
朋友们好像莫名其妙地烦我	118	116	102	40	19
总　计	636	651	858	385	235
均值（标准差）	2.61（$SD = 0.79$）				

表 6－57　普通学生 15 岁组在同伴疏离程度题目选项的评分详情统计

单位：人，分

问卷题目	非常不正确	很不正确	有点正确	很正确	非常正确
和朋友们谈论我的个人问题使我感到害羞或愚蠢	27	26	55	36	11
我需要和朋友更多地保持联系	10	11	59	44	31
我的朋友不理解这些日子我在经受着什么	30	37	57	15	16
当我和朋友们在一起时，我感到孤立	40	43	44	14	14
我对朋友感到生气	37	46	52	10	10
我感受的烦恼比我的朋友知道的要多得多	21	25	49	34	26
朋友们好像莫名其妙地烦我	47	36	41	19	12
总　　计	212	224	357	172	120
均值（标准差）	2.78（$SD = 0.76$）				

表 6－58　普通学生 16 岁组在同伴疏离程度题目选项的评分详情统计

单位：人，分

问卷题目	非常不正确	很不正确	有点正确	很正确	非常正确
和朋友们谈论我的个人问题使我感到害羞或愚蠢	8	14	22	6	9
我需要和朋友更多地保持联系	5	3	25	16	10
我的朋友不理解这些日子我在经受着什么	9	15	22	9	4
当我和朋友们在一起时，我感到孤立	9	25	15	6	4
我对朋友感到生气	18	15	21	3	2
我感受的烦恼比我的朋友知道的要多得多	4	5	31	10	9
朋友们好像莫名其妙地烦我	13	20	17	2	7
总　　计	66	97	153	52	45
均值（标准差）	2.79（$SD = 0.69$）				

表 6 - 59　普通学生 17 岁及以上组在同伴疏离程度题目选项的评分详情统计

单位：人，分

问卷题目	非常不正确	很不正确	有点正确	很正确	非常正确
和朋友们谈论我的个人问题使我感到害羞或愚蠢	3	4	5	1	0
我需要和朋友更多地保持联系	1	3	7	1	1
我的朋友不理解这些日子我在经受着什么	3	2	7	1	0
当我和朋友们在一起时，我感到孤立	3	2	8	0	0
我对朋友感到生气	3	5	5	0	0
我感受的烦恼比我的朋友知道的要多得多	1	2	6	2	2
朋友们好像莫名其妙地烦我	3	4	5	1	0
总　计	17	22	43	6	3
均值（标准差）	2.52（$SD = 0.56$）				

分析不同年龄组在同伴疏离程度上的得分，发现在工读学生中，13 岁及以下组的疏离程度均值为 2.86 分（$SD = 0.76$），14 岁组均值为 2.74 分（$SD = 0.78$），15 岁组为 2.91 分（$SD = 0.82$），16 岁组为 2.87 分（$SD = 0.73$），17 岁及以上组为 2.89 分（$SD = 0.74$）。单因子方差分析结果发现，不同年龄组间差异不显著（$F = 2.03$，$p > 0.05$）。

在普通学生中，13 岁及以下组的同伴疏离程度均值为 2.60 分（$SD = 0.78$），14 岁组均值为 2.61 分（$SD = 0.79$），15 岁组为 2.78 分（$SD = 0.76$），16 岁组为 2.79 分（$SD = 0.69$），17 岁及以上组为 2.52 分（$SD = 0.56$），单因子方差分析发现不同年龄组之间差异显著（$F = 2.45$，$p < 0.05$），说明同伴疏离程度在普通学生的不同年龄组间存在差异，事后比较分析发现，15 岁和 16 岁组显著高于 13 岁、14 岁组，线性趋势检验发现变化趋势不显著（$F = 0.01$，$p > 0.05$）。比较相同年龄组不同类型学生得分差异发现，13 岁及以下、14 岁和 17 岁及以上组的工读学生同伴疏离程度显著高于同年龄组普通学生。各年龄组均值和方差分析结果见表 6 - 60，变化趋势见图 6 - 7。

表 6 - 60　不同年龄组同伴疏离程度的差异分析

单位：分

年龄组	13 岁及以下	14 岁	15 岁	16 岁	17 岁及以上	不同年龄组间的方差分析
工读学生均值（标准差）	2.86（0.76）	2.74（0.78）	2.91（0.82）	2.87（0.73）	2.89（0.74）	$F = 2.03$，$p > 0.05$
普通学生均值（标准差）	2.60（0.78）	2.61（0.79）	2.78（0.76）	2.79（0.69）	2.52（0.56）	$F = 2.45$，$p < 0.05$
同年龄组不同类型学生的方差分析	$t = 3.46$ $p < 0.001$	$t = 2.01$ $p < 0.05$	$t = 1.77$ $p > 0.05$	$t = 0.78$ $p > 0.05$	$t = 2.14$ $p < 0.05$	

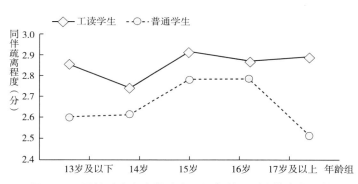

图 6 - 7　同伴疏离程度得分在不同年龄组别上的变化趋势

通过以上结果可以得知，工读学生的同伴疏离程度总体高于普通学生，随年龄增长没有显著的变化，他们与同伴之间的情感孤立一直维持在一个相对稳定的水平。

四　小结

分析工读学生的同伴依恋情况可以得知，工读学生的同伴信任和沟通程度低于普通学生，而同伴疏离程度高于普通学生，总体而言，工读学生的同伴依恋质量更差一些。以往也有研究发现类似的结果（陈福侠、张福娟，2010），研究者认为工读学生的同伴依恋质量低与工读学生表现出来的问题行为有关。工读学生的问题行为，比如攻击行为等，可能会导致他们在同伴群体中遭受更多的排斥和拒绝，由此也导致他们无法与同伴建立良好的情感关系。

此外，研究结果还发现，工读学生的同伴依恋情况随着年龄增长呈现一定的变化趋势：同伴信任和同伴沟通程度随年龄增长有变高的趋势，同伴疏离程度始终保持一定的水平。也就是说，工读学生的同伴依恋质量会随着年龄增长而变高。这说明工读学生与同伴的沟通越来越多，会获得越来越多的同伴信任和支持。值得注意的是，如果工读学生更好的同伴关系对他们的影响是积极的，那自然是好事，但如果来自工读学校的同伴给他们带来的是消极影响，是需要教育者和管理者多加警惕和关注的。

第三节　校园欺凌的基本情况分析

一　工读学生的校园欺凌总体特点

（一）受欺凌程度

首先，对校园受欺凌问卷题目选项的评分情况进行分析，分数说明：选择"没有"得1分，选择"1次"得2分，选择"2次"得3分、选择"3~4次"得4分，选择"5次以上"得5分，根据各维度项目分数之和求维度均分。分析工读学生和普通学生在校园受欺凌维度对应选项上的评分详情，统计结果见表6-61和表6-62。

表6-61　工读学生在受欺凌程度题目选项的评分详情统计

单位：人，分

问卷题目	没有	1次	2次	3~4次	5次以上
受到取笑或作弄	400	115	119	64	97
被人故意打、踢、推、撞	435	110	100	90	60
受到威胁或恐吓	484	121	86	39	65
自己的东西被人故意损坏	447	112	119	76	41
被人抢劫或勒索钱、物	541	94	75	57	28
被人排斥	464	110	84	81	56
被别人在背后说坏话	394	111	134	67	89
总　计	3165	773	717	474	436
均值（标准差）	1.97（SD=1.07）				

表 6 – 62 普通学生在受欺凌程度题目选项的评分详情统计

单位：人，分

问卷题目	没有	1 次	2 次	3 ~ 4 次	5 次以上
受到取笑或作弄	776	93	2	77	93
被人故意打、踢、推、撞	831	83	2	53	72
受到威胁或恐吓	902	64	1	23	51
自己的东西被人故意损坏	853	71	4	51	62
被人抢劫或勒索钱、物	955	39	2	13	32
被人排斥	884	59	3	33	62
被别人在背后说坏话	795	86	3	61	96
总　计	5996	495	17	311	468
均值（标准差）	1.46（SD = 0.91）				

从校园受欺凌问卷的得分情况来看，57% 的工读学生和 82% 的普通学生表示没有在校园里被欺凌过。但从均值来看，工读学生的受欺凌程度得分均值为 1.97 分（$SD = 1.07$），普通学生的受欺凌得分均值为 1.46 分（$SD = 0.91$），均值处于没有被欺凌到被欺凌过 1 次之间。为了比较两者之间是否存在差异，对两组平均值进行方差分析，结果发现工读学生在受欺凌程度方面与普通学生存在显著差异（$t = 10.74$，$p < 0.001$），工读学生得分显著高于普通学生，如表 6 – 63 所示。

表 6 – 63 工读学生和普通学生在受欺凌程度得分上的差异

单位：人，分

	工读学生	普通学生
人数（百分比）	795（43.3%）	1041（56.7%）
均值（标准差）	1.97（1.07）	1.46（0.91）
方差分析结果 t（p）	$t = 10.74$，$p < 0.001$	

从以上结果可知，虽然超过一半的工读学生和普通学生都表示在校园里不曾受到欺凌，但工读学生中被欺凌的比例（43%）远高于普通学生（18%），而且均值比较也发现工读学生在校园里受到欺凌的程度比普通学生更严重，这说明工读学生在学校中遭受的身体和精神伤害更多，感受到的压力更大。

（二）欺凌旁观感受

对校园欺凌旁观感受问卷题目选项的评分情况进行分析，分数说明：选择"完全不符合"计 1 分，选择"很不符合"计 2 分，选择"基本不符合"计 3 分，选择"不确定"计 4 分，选择"基本符合"计 5 分，选择"很符合"计 6 分，选择"完全符合"计 7 分，根据各维度项目分数之和求维度均分。

分析工读学生和普通学生在校园欺凌旁观感受对应选项上的评分详情，统计结果见表 6 - 64 和表 6 - 65。

表 6 - 64　工读学生在欺凌旁观感受题目选项的评分详情统计

单位：人，分

问卷题目	完全不符合	很不符合	基本不符合	不确定	基本符合	很符合	完全符合
一个受欺负的人会遭受极大的痛苦	138	57	93	240	108	45	114
欺负会对受害人造成很长时间的伤害	114	57	65	295	101	53	110
我真为那些被欺负者感到难过	110	45	104	238	135	52	111
如果我看到有人欺负人，我确信我有能力阻止他	113	59	68	321	108	45	81
我非常确信我有在欺负情境中进行干预和帮助受害者的能力	117	37	102	324	101	33	81
总　计	592	255	432	1418	553	228	497
均值（标准差）	3.95（SD = 1.57）						

表 6 - 65　普通学生在欺凌旁观感受题目选项的评分详情统计

单位：人，分

问卷题目	完全不符合	很不符合	基本不符合	不确定	基本符合	很符合	完全符合
一个受欺负的人会遭受极大的痛苦	212	46	58	145	190	105	285
欺负会对受害人造成很长时间的伤害	194	46	62	139	175	130	295
我真为那些被欺负者感到难过	159	38	46	141	194	134	329
如果我看到有人欺负人，我确信我有能力阻止他	172	44	67	314	151	87	206
我非常确信我有在欺负情境中进行干预和帮助受害者的能力	183	42	73	316	137	72	218
总　计	920	216	306	1055	847	528	1333
均值（标准差）	4.46（SD = 1.88）						

从欺凌旁观感受问卷的得分情况来看，工读学生的受欺凌程度得分均值为 3.95 分（$SD = 1.57$），普通学生的欺凌旁观感受得分均值为 4.46 分（$SD = 1.88$），对两组平均值进行方差分析，结果发现工读学生与普通学生在受欺凌旁观感受方面存在显著差异（$t = -6.41$，$p < 0.001$），工读学生得分显著低于普通学生，如表 6 - 66 所示。

表 6 - 66　工读学生和普通学生在欺凌旁观感受得分上的差异

单位：人，分

	工读学生	普通学生
人数（百分比）	795（43.3%）	1041（56.7%）
均值（标准差）	3.95（1.57）	4.46（1.88）
方差分析结果 t（p）	$t = -6.41$	$p < 0.001$

从以上结果可知，工读学生在作为欺凌旁观者时的感受得分显著低于普通学生，这表明工读学生对于被欺凌者的同情度更低，他们更不认为欺凌对受害者有极大的伤害，也更不认为自己有阻止欺凌的能力。这跟以往研究的结论是一致的，多数工读学校学生对于欺凌行为持消极态度（何晓莹，2006）。

二　工读学生校园欺凌的性别特点

为了考察不同性别工读学生在校园欺凌方面是否存在差异，对男、女生的得分均值进行方差分析，得到如下结果。

（一）受欺凌程度的性别差异

分析不同性别的工读学生和普通学生在校园受欺凌对应选项上的评分详情，统计结果见表 6 - 67 ～表 6 - 70。

表 6 - 67　工读男生在受欺凌程度题目选项的评分详情统计

单位：人，分

问卷题目	没有	1 次	2 次	3～4 次	5 次以上
受到取笑或作弄	274	99	81	54	79
被人故意打、踢、推、撞	296	92	85	58	56
受到威胁或恐吓	343	100	73	30	41
自己的东西被人故意损坏	313	88	87	61	38
被人抢劫或勒索钱、物	385	71	63	44	24

问卷题目	没有	1 次	2 次	3 ~ 4 次	5 次以上
被人排斥	324	93	71	54	45
被别人在背后说坏话	287	89	87	56	68
总　计	2222	632	547	357	351
均值（标准差）	2.02（SD = 1.10）				

表 6 - 68　工读女生在受欺凌程度题目选项的评分详情统计

单位：人，分

问卷题目	没有	1 次	2 次	3 ~ 4 次	5 次以上
受到取笑或作弄	126	16	38	10	18
被人故意打、踢、推、撞	139	18	15	32	4
受到威胁或恐吓	141	21	13	9	24
自己的东西被人故意损坏	134	24	32	15	3
被人抢劫或勒索钱、物	156	23	12	13	4
被人排斥	140	17	13	27	11
被别人在背后说坏话	107	22	47	11	21
总　计	943	141	170	117	85
均值（标准差）	1.80（SD = 0.98）				

表 6 - 69　普通男生在受欺凌程度题目选项的评分详情统计

单位：人，分

问卷题目	没有	1 次	2 次	3 ~ 4 次	5 次以上
受到取笑或作弄	431	48	2	38	62
被人故意打、踢、推、撞	451	48	2	28	52
受到威胁或恐吓	491	37	1	15	37
自己的东西被人故意损坏	471	36	4	22	48
被人抢劫或勒索钱、物	524	21	2	7	27
被人排斥	495	28	3	15	40
被别人在背后说坏话	447	46	3	28	57
总　计	3310	264	17	153	323
均值（标准差）	1.50（SD = 1.01）				

表6-70 普通女生在受欺凌程度题目选项的评分详情统计

单位：人，分

问卷题目	没有	1 次	2 次	3~4 次	5 次以上
受到取笑或作弄	345	45	0	39	31
被人故意打、踢、推、撞	380	35	0	25	20
受到威胁或恐吓	411	27	0	8	14
自己的东西被人故意损坏	382	35	0	29	14
被人抢劫或勒索钱、物	431	18	0	6	5
被人排斥	389	31	0	18	22
被别人在背后说坏话	348	40	0	33	39
总　计	2686	231	0	158	145
均值（标准差）	1.40 （$SD=0.76$）				

从校园受欺凌得分上来看，工读女生的平均得分为1.80分（$SD=0.98$），男生的平均得分为2.02分（$SD=1.10$），性别差异显著（$t=2.53$，$p<0.05$），工读男生显著高于工读女生。普通学生中，女生的平均得分为1.40分（$SD=0.76$），男生的平均得分为1.50分（$SD=1.01$），性别差异不显著（$t=1.91$，$p>0.05$），如表6-71所示。

表6-71 不同性别工读学生和普通学生在受欺凌程度得分上的差异

单位：人，分

性别	工读学生		普通学生	
	男	女	男	女
人数（百分比）	587 （32.0%）	208 （11.3%）	581 （31.6%）	460 （25.0%）
均值（标准差）	2.02 （1.10）	1.80 （0.98）	1.50 （1.01）	1.40 （0.76）
方差分析结果 t（p）	$t=2.53$（$p<0.05$）		$t=1.91$（$p>0.05$）	

不同性别组均值比较发现，工读男生受欺凌程度显著高于普通男生（$t=8.41$，$p<0.001$），工读女生受欺凌程度显著高于普通女生（$t=5.30$，$p<0.001$），具体结果如表6-72所示。这表明工读学生和普通学生不同，男、女生在校园里受到的欺凌程度均更高。

表6-72 男、女生受欺凌程度得分上的差异

单位：人，分

学校类别	男		女	
	工读学生	普通学生	工读学生	普通学生
人数（百分比）	587 （32.0%）	581 （31.6%）	208 （11.3%）	460 （25.0%）

续表

学校类别	男		女	
	工读学生	普通学生	工读学生	普通学生
均值（标准差）	2.02（1.10）	1.50（1.01）	1.80（0.98）	1.40（0.76）
方差分析结果 t（p）	$t = 8.41$, $p < 0.001$		$t = 5.30$, $p < 0.001$	

（二）欺凌旁观感受的性别差异

分析不同性别的工读学生和普通学生在旁观欺凌感受对应选项上的评分详情，统计结果见表 6 - 73 ~ 表 6 - 76。

表 6 - 73　工读男生在欺凌旁观感受题目选项的评分详情统计

单位：人，分

问卷题目	完全不符合	很不符合	基本不符合	不确定	基本符合	很符合	完全符合
一个受欺负的人会遭受极大的痛苦	106	39	68	177	85	31	81
欺负会对受害人造成很长时间的伤害	87	41	58	210	76	39	76
我真为那些被欺负者感到难过	83	37	83	175	90	42	77
如果我看到有人欺负人，我确信我有能力阻止他	83	35	58	225	87	37	62
我非常确信我有在欺负情境中进行干预和帮助受害者的能力	83	29	80	227	75	29	64
总　计	442	181	347	1014	413	178	360
均值（标准差）	3.94（$SD = 1.59$)						

表 6 - 74　工读女生在欺凌旁观感受题目选项的评分详情统计

单位：人，分

问卷题目	完全不符合	很不符合	基本不符合	不确定	基本符合	很符合	完全符合
一个受欺负的人会遭受极大的痛苦	32	18	25	63	23	14	33
欺负会对受害人造成很长时间的伤害	27	16	7	85	25	14	34
我真为那些被欺负者感到难过	27	8	21	63	45	10	34
如果我看到有人欺负人，我确信我有能力阻止他	30	24	10	96	21	8	19

问卷题目	完全不符合	很不符合	基本不符合	不确定	基本符合	很符合	完全符合
我非常确信我有在欺负情境中进行干预和帮助受害者的能力	34	8	22	97	26	4	17
总　　计	150	74	85	404	140	50	137
均值（标准差）	3.97（$SD = 1.50$）						

表 6 - 75　普通男生在欺凌旁观感受题目选项的评分详情统计

单位：人，分

问卷题目	完全不符合	很不符合	基本不符合	不确定	基本符合	很符合	完全符合
一个受欺负的人会遭受极大的痛苦	128	31	30	78	96	52	166
欺负会对受害人造成很长时间的伤害	119	29	41	74	79	69	170
我真为那些被欺负者感到难过	99	28	29	74	87	76	188
如果我看到有人欺负人，我确信我有能力阻止他	104	27	36	149	66	53	146
我非常确信我有在欺负情境中进行干预和帮助受害者的能力	109	26	40	155	58	41	152
总　　计	559	141	176	530	386	291	822
均值（标准差）	4.45（$SD = 2.01$）						

表 6 - 76　普通女生在欺凌旁观感受题目选项的评分详情统计

单位：人，分

问卷题目	完全不符合	很不符合	基本不符合	不确定	基本符合	很符合	完全符合
一个受欺负的人会遭受极大的痛苦	84	15	28	67	94	53	119
欺负会对受害人造成很长时间的伤害	75	17	21	65	96	61	125
我真为那些被欺负者感到难过	60	10	17	67	107	58	141
如果我看到有人欺负人，我确信我有能力阻止他	68	17	31	165	85	34	60

问卷题目	完全 不符合	很不 符合	基本 不符合	不确定	基本 符合	很符合	完全 符合
我非常确信我有在欺负情境中进行 干预和帮助受害者的能力	74	16	33	161	79	31	66
总　计	361	75	130	525	461	237	511
均值（标准差）	4.48（$SD = 1.69$）						

从欺凌旁观感受得分上来看，工读女生的平均得分为 3.97 分（$SD = 1.50$），男生的平均得分为 3.94 分（$SD = 1.59$），性别差异不显著（$t = -0.26$，$p > 0.05$）。普通学生中，女生的平均得分为 4.48 分（$SD = 1.69$），男生的平均得分为 4.45 分（$SD = 2.01$），性别差异不显著（$t = -0.29$，$p > 0.05$），如表 6-77 示。

表 6-77　不同性别工读学生和普通学生在欺凌旁观感受得分上的差异

单位：人，分

性别	工读学生		普通学生	
	男	女	男	女
人数（百分比）	587（32.0%）	208（11.3%）	581（31.6%）	460（25.0%）
均值（标准差）	3.94（1.59）	3.97（1.50）	4.45（2.01）	4.48（1.69）
方差分析结果 t（p）	$t = -0.26$（$p > 0.05$）		$t = -0.29$，$p > 0.05$	

不同性别组均值比较发现，工读男生欺凌旁观感受程度显著低于普通男生（$t = -4.80$，$p < 0.001$），工读女生欺凌旁观感受也显著低于普通女生（$t = -3.91$，$p < 0.001$）），具体结果如表 6-78 所示。这表明工读学生和普通学生不同，男、女生在校园里看到他人受欺凌时，均更不同情被欺凌者。

表 6-78　男女生在欺凌旁观感受得分上的差异

单位：人，分

学校类别	男		女	
	工读学生	普通学生	工读学生	普通学生
人数（百分比）	587（32.0%）	581（31.6%）	208（11.3%）	460（25.0%）
均值（标准差）	3.94（1.59）	3.97（1.50）	4.45（2.01）	4.48（1.69）
方差分析结果 t（p）	$t = -4.80$（$p < 0.001$）		$t = -3.91$，$p < 0.001$	

三　工读学生校园欺凌的年龄发展特点

为了考察随着年龄增长，工读学生在校园中的受欺凌水平和欺凌旁观感受是否存在变化趋势，以年龄组为自变量，校园受欺凌和欺凌旁观感受得分为因变量进行单因子方差分析，并检验其是否存在线性趋势，得到如下结果。

（一）受欺凌程度的年龄差异

分析不同年龄组的工读学生和普通学生在校园受欺凌问卷对应选项上的评分详情，统计结果见表6-79～表6-88。

表6-79　13岁及以下组工读学生在受欺凌程度题目选项的评分详情统计

单位：人，分

问卷题目	没有	1次	2次	3～4次	5次以上
受到取笑或作弄	70	19	11	5	12
被人故意打、踢、推、撞	70	13	11	17	6
受到威胁或恐吓	79	16	13	2	7
自己的东西被人故意损坏	68	19	13	14	3
被人抢劫或勒索钱、物	78	10	13	15	1
被人排斥	70	20	11	11	5
被别人在背后说坏话	64	22	16	7	8
总　计	499	119	88	71	42
均值（标准差）	1.83（SD=0.99）				

表6-80　14岁组工读学生在受欺凌程度题目选项的评分详情统计

单位：人，分

问卷题目	没有	1次	2次	3～4次	5次以上
受到取笑或作弄	120	23	25	16	17
被人故意打、踢、推、撞	127	23	26	18	7
受到威胁或恐吓	138	26	18	10	9
自己的东西被人故意损坏	129	21	27	17	7
被人抢劫或勒索钱、物	150	20	20	6	5
被人排斥	131	24	22	16	8
被别人在背后说坏话	122	19	25	18	17
总　计	917	156	163	101	70
均值（标准差）	1.76（SD=0.95）				

表 6 - 81　15 岁组工读学生在受欺凌程度题目选项的评分详情统计

单位：人，分

问卷题目	没有	1 次	2 次	3~4 次	5 次以上
受到取笑或作弄	107	35	40	17	26
被人故意打、踢、推、撞	104	39	30	28	24
受到威胁或恐吓	119	38	20	13	35
自己的东西被人故意损坏	114	34	48	13	16
被人抢劫或勒索钱、物	142	43	20	7	13
被人排斥	116	34	26	25	24
被别人在背后说坏话	95	39	42	17	32
总　计	797	262	226	120	170
均值（标准差）	2.11（SD = 1.15）				

表 6 - 82　16 岁组工读学生在受欺凌程度题目选项的评分详情统计

单位：人，分

问卷题目	没有	1 次	2 次	3~4 次	5 次以上
受到取笑或作弄	75	25	25	20	23
被人故意打、踢、推、撞	95	21	24	12	16
受到威胁或恐吓	103	25	22	10	8
自己的东西被人故意损坏	98	24	18	18	10
被人抢劫或勒索钱、物	123	15	12	13	5
被人排斥	108	18	17	14	11
被别人在背后说坏话	80	18	27	19	24
总　计	682	146	145	106	97
均值（标准差）	1.97（SD = 1.07）				

表 6 - 83　17 岁及以上组工读学生在受欺凌程度题目选项的评分详情统计

单位：人，分

问卷题目	没有	1 次	2 次	3~4 次	5 次以上
受到取笑或作弄	28	13	18	6	19
被人故意打、踢、推、撞	39	14	9	15	7
受到威胁或恐吓	45	16	13	4	6
自己的东西被人故意损坏	38	14	13	14	5
被人抢劫或勒索钱、物	48	6	10	16	4
被人排斥	39	14	8	15	8

问卷题目	没有	1 次	2 次	3 ~ 4 次	5 次以上
被别人在背后说坏话	33	13	24	6	8
总　　计	270	90	95	76	57
均值（标准差）	2. 25（SD = 1. 11）				

表 6 - 84　普通学生 13 岁及以下组在受欺凌程度题目选项的评分详情统计

单位：人，分

问卷题目	没有	1 次	2 次	3 ~ 4 次	5 次以上
受到取笑或作弄	390	40	1	32	50
被人故意打、踢、推、撞	402	43	1	24	43
受到威胁或恐吓	439	34	1	10	29
自己的东西被人故意损坏	417	33	1	29	33
被人抢劫或勒索钱、物	467	22	1	5	18
被人排斥	435	29	1	15	33
被别人在背后说坏话	402	36	1	25	49
总　　计	2952	237	7	140	255
均值（标准差）	1. 47（SD = 0. 95）				

表 6 - 85　普通学生 14 岁组在受欺凌程度题目选项的评分详情统计

单位：人，分

问卷题目	没有	1 次	2 次	3 ~ 4 次	5 次以上
受到取笑或作弄	271	36	0	29	27
被人故意打、踢、推、撞	296	28	0	21	18
受到威胁或恐吓	321	22	0	7	13
自己的东西被人故意损坏	302	28	2	14	17
被人抢劫或勒索钱、物	340	9	1	4	9
被人排斥	314	20	1	11	17
被别人在背后说坏话	277	37	1	20	28
总　　计	2121	180	5	106	129
均值（标准差）	1. 40（SD = 0. 82）				

表 6 – 86　普通学生 15 岁组在受欺凌程度题目选项的评分详情统计

单位：人，分

问卷题目	没有	1 次	2 次	3~4 次	5 次以上
受到取笑或作弄	77	10	0	12	11
被人故意打、踢、推、撞	90	8	0	3	9
受到威胁或恐吓	97	4	0	3	6
自己的东西被人故意损坏	92	4	0	5	9
被人抢劫或勒索钱、物	102	4	0	1	3
被人排斥	90	7	0	4	9
被别人在背后说坏话	80	8	0	8	14
总　　计	628	45	0	36	61
均值（标准差）	1.52（SD = 0.94）				

表 6 – 87　普通学生 16 岁组在受欺凌程度题目选项的评分详情统计

单位：人，分

问卷题目	没有	1 次	2 次	3~4 次	5 次以上
受到取笑或作弄	29	4	1	3	5
被人故意打、踢、推、撞	33	3	1	3	2
受到威胁或恐吓	35	3	0	2	2
自己的东西被人故意损坏	32	4	1	2	3
被人抢劫或勒索钱、物	36	3	0	1	2
被人排斥	35	1	1	2	3
被别人在背后说坏话	26	4	1	6	5
总　　计	226	22	5	19	22
均值（标准差）	1.60（SD = 1.04）				

表 6 – 88　普通学生 17 岁及以上组在受欺凌程度题目选项的评分详情统计

单位：人，分

问卷题目	没有	1 次	2 次	3~4 次	5 次以上
受到取笑或作弄	9	3	0	1	0
被人故意打、踢、推、撞	10	1	0	2	0
受到威胁或恐吓	10	1	0	1	1
自己的东西被人故意损坏	10	2	0	1	0
被人抢劫或勒索钱、物	10	1	0	2	0

问卷题目	没有	1 次	2 次	3~4 次	5 次以上
被人排斥	10	2	0	1	0
被别人在背后说坏话	10	1	0	2	0
总　计	69	11	0	10	1
均值（标准差）	1.49（$SD = 0.98$）				

　　分析不同年龄组的校园受欺凌问卷得分发现，在工读学生中，13 岁及以下组的受欺凌均值为 1.83 分（$SD = 0.99$），14 岁组均值为 1.76 分（$SD = 0.95$），15 岁组为 2.11 分（$SD = 1.15$），16 岁组为 1.97 分（$SD = 1.07$），17 岁及以上组为 2.25 分（$SD = 1.11$）。单因子方差分析结果发现，不同年龄组间差异显著（$F = 5.09$，$p < 0.001$）。进一步通过事后比较分析发现，14 岁组的均值显著低于 15 岁和 17 岁及以上组。对不同年龄组得分的线性趋势分析结果发现，随年龄增长，受欺凌水平的线性增长趋势显著（$F = 10.93$，$p < 0.01$）。

　　在普通学生中，13 岁及以下组的受欺凌程度得分均值为 1.47 分（$SD = 0.95$），14 岁组均值为 1.40 分（$SD = 0.82$），15 岁组为 1.52 分（$SD = 0.94$），16 岁组为 1.60 分（$SD = 1.04$），17 岁及以上组为 1.49 分（$SD = 0.98$），单因子方差分析发现不同年龄组之间差异不显著（$F = 0.74$，$p > 0.05$）。比较相同年龄组不同类型学生得分差异发现，所有年龄组工读学生受欺凌程度均显著高于同年龄组普通学生。各年龄组均值和方差分析结果见表 6 - 89 和图 6 - 8。

表 6 - 89　不同年龄组受欺凌程度上的差异分析

单位：分

年龄组	13 岁及以下	14 岁	15 岁	16 岁	17 岁及以上	不同年龄组间的方差分析
工读学生均值（标准差）	1.83 (0.99)	1.76 (0.95)	2.11 (1.15)	1.97 (1.07)	2.25 (1.11)	$F = 5.09$, $p < 0.001$
普通学生均值（标准差）	1.47 (0.95)	1.40 (0.82)	1.52 (0.94)	1.60 (1.04)	1.49 (0.98)	$F = 0.74$, $p > 0.05$
同年龄组不同类型学生的方差分析	$t = 3.61$ $p < 0.001$	$t = 4.64$ $p < 0.001$	$t = 4.72$ $p < .001$	$t = 2.04$ $p < 0.05$	$t = 2.55$ $p < 0.05$	

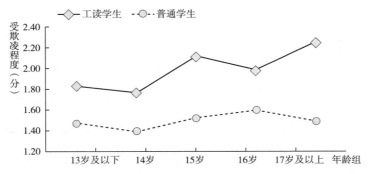

图6-8 受欺凌程度得分在不同年龄组别上的变化趋势

（二）欺凌旁观感受的年龄差异

分析不同年龄组的工读学生和普通学生在校园欺凌旁观感受问卷对应选项上的评分详情，统计结果见表6-90～表6-99。

表6-90 13岁及以下组工读学生在欺凌旁观感受题目选项的评分详情统计

单位：人，分

问卷题目	完全不符合	很不符合	基本不符合	不确定	基本符合	很符合	完全符合
一个受欺负的人会遭受极大的痛苦	27	25	10	22	15	6	12
欺负会对受害人造成很长时间的伤害	17	14	10	46	12	6	12
我真为那些被欺负者感到难过	20	8	29	26	11	9	14
如果我看到有人欺负人，我确信我有能力阻止他	19	8	7	54	10	6	13
我非常确信我有在欺负情境中进行干预和帮助受害者的能力	20	9	28	33	12	4	11
总　计	103	64	84	181	60	31	62
均值（标准差）	3.64（$SD = 1.58$）						

表6-91 14岁组工读学生在欺凌旁观感受题目选项的评分详情统计

单位：人，分

问卷题目	完全不符合	很不符合	基本不符合	不确定	基本符合	很符合	完全符合
一个受欺负的人会遭受极大的痛苦	48	8	19	78	15	12	21

问卷题目	完全 不符合	很不 符合	基本 不符合	不确定	基本 符合	很符合	完全 符合
欺负会对受害人造成很长时间的伤害	38	13	18	78	19	14	21
我真为那些被欺负者感到难过	34	15	24	72	24	9	23
如果我看到有人欺负人，我确信我有能力阻止他	37	13	19	89	17	10	16
我非常确信我有在欺负情境中进行干预和帮助受害者的能力	39	9	26	88	13	6	20
总　计	196	58	106	405	88	51	101
均值（标准差）	3.68（SD = 1.59）						

表 6－92　15 岁组工读学生在欺凌旁观感受题目选项的评分详情统计

单位：人，分

问卷题目	完全 不符合	很不 符合	基本 不符合	不确定	基本 符合	很符合	完全 符合
一个受欺负的人会遭受极大的痛苦	33	11	35	62	33	12	39
欺负会对受害人造成很长时间的伤害	29	11	16	87	29	19	34
我真为那些被欺负者感到难过	29	7	22	60	52	15	40
如果我看到有人欺负人，我确信我有能力阻止他	28	25	18	79	31	15	29
我非常确信我有在欺负情境中进行干预和帮助受害者的能力	30	6	22	100	30	12	25
总　计	149	60	113	388	175	73	167
均值（标准差）	4.13（SD = 1.59）						

表 6－93　16 岁组工读学生在欺凌旁观感受题目选项的评分详情统计

单位：人，分

问卷题目	完全 不符合	很不 符合	基本 不符合	不确定	基本 符合	很符合	完全 符合
一个受欺负的人会遭受极大的痛苦	24	10	18	43	32	10	31
欺负会对受害人造成很长时间的伤害	25	15	13	47	27	10	31

问卷题目	完全 不符合	很不 符合	基本 不符合	不确定	基本 符合	很符合	完全 符合
我真为那些被欺负者感到难过	22	13	16	50	32	11	24
如果我看到有人欺负人，我确信我有能力阻止他	23	9	17	63	33	8	15
我非常确信我有在欺负情境中进行干预和帮助受害者的能力	23	9	19	63	34	5	15
总　计	117	56	83	266	158	44	116
均值（标准差）	4.06（SD = 1.55）						

表 6 - 94　17 岁及以上组工读学生在欺凌旁观感受题目选项的评分详情统计

单位：人，分

问卷题目	完全 不符合	很不 符合	基本 不符合	不确定	基本 符合	很符合	完全 符合
一个受欺负的人会遭受极大的痛苦	6	3	11	35	13	5	11
欺负会对受害人造成很长时间的伤害	5	4	8	37	14	4	12
我真为那些被欺负者感到难过	5	2	13	30	16	8	10
如果我看到有人欺负人，我确信我有能力阻止他	6	4	7	36	17	6	8
我非常确信我有在欺负情境中进行干预和帮助受害者的能力	5	4	7	40	12	6	10
总　计	27	17	46	178	72	29	51
均值（标准差）	4.29（SD = 1.33）						

表 6 - 95　普通学生 13 岁及以下组在欺凌旁观感受题目选项的评分详情统计

单位：人，分

问卷题目	完全 不符合	很不 符合	基本 不符合	不确定	基本 符合	很符合	完全 符合
一个受欺负的人会遭受极大的痛苦	115	24	26	75	72	43	158
欺负会对受害人造成很长时间的伤害	107	22	30	63	76	55	160
我真为那些被欺负者感到难过	93	17	25	70	86	42	180

问卷题目	完全不符合	很不符合	基本不符合	不确定	基本符合	很符合	完全符合
如果我看到有人欺负人，我确信我有能力阻止他	90	21	35	142	61	32	132
我非常确信我有在欺负情境中进行干预和帮助受害者的能力	95	20	39	141	59	23	136
总　计	500	104	155	491	354	195	766
均值（标准差）	\multicolumn{7}{c}{4.46（SD=2.01）}

表 6 – 96　普通学生 14 岁组在欺凌旁观感受题目选项的评分详情统计

单位：人，分

问卷题目	完全不符合	很不符合	基本不符合	不确定	基本符合	很符合	完全符合
一个受欺负的人会遭受极大的痛苦	71	16	22	43	88	46	77
欺负会对受害人造成很长时间的伤害	65	17	21	47	75	52	86
我真为那些被欺负者感到难过	48	18	14	52	72	64	95
如果我看到有人欺负人，我确信我有能力阻止他	58	20	23	109	69	37	47
我非常确信我有在欺负情境中进行干预和帮助受害者的能力	65	13	23	115	52	38	57
总　计	307	84	103	366	356	237	362
均值（标准差）	\multicolumn{7}{c}{4.40（SD=1.76）}

表 6 – 97　普通学生 15 岁组在欺凌旁观感受题目选项的评分详情统计

单位：人，分

问卷题目	完全不符合	很不符合	基本不符合	不确定	基本符合	很符合	完全符合
一个受欺负的人会遭受极大的痛苦	16	2	5	16	23	10	38
欺负会对受害人造成很长时间的伤害	14	5	5	18	16	13	39
我真为那些被欺负者感到难过	11	1	4	13	20	18	43
如果我看到有人欺负人，我确信我有能力阻止他	13	1	5	39	16	11	25

续表

问卷题目	完全 不符合	很不 符合	基本 不符合	不确定	基本 符合	很符合	完全 符合
我非常确信我有在欺负情境中进行干预和帮助受害者的能力	13	5	5	38	20	7	22
总　计	67	14	24	124	95	59	167
均值（标准差）	4.84（$SD=1.66$）						

表6-98　普通学生16岁组在欺凌旁观感受题目选项的评分详情统计

单位：人，分

问卷题目	完全 不符合	很不 符合	基本 不符合	不确定	基本 符合	很符合	完全 符合
一个受欺负的人会遭受极大的痛苦	8	3	3	7	5	5	11
欺负会对受害人造成很长时间的伤害	6	2	4	8	4	9	9
我真为那些被欺负者感到难过	5	2	1	3	12	9	10
如果我看到有人欺负人，我确信我有能力阻止他	9	2	3	18	3	6	1
我非常确信我有在欺负情境中进行干预和帮助受害者的能力	8	4	3	17	5	3	2
总　计	36	13	14	53	29	32	33
均值（标准差）	4.21（$SD=1.64$）						

表6-99　普通学生17岁及以上组在欺凌旁观感受题目选项的评分详情统计

单位：人，分

问卷题目	完全 不符合	很不 符合	基本 不符合	不确定	基本 符合	很符合	完全 符合
一个受欺负的人会遭受极大的痛苦	2	1	2	4	2	1	1
欺负会对受害人造成很长时间的伤害	2	0	2	3	4	1	1
我真为那些被欺负者感到难过	2	0	2	3	4	1	1
如果我看到有人欺负人，我确信我有能力阻止他	2	0	1	6	2	1	1

问卷题目	完全 不符合	很不 符合	基本 不符合	不确定	基本 符合	很符合	完全 符合
我非常确信我有在欺负情境中进行 干预和帮助受害者的能力	2	0	3	5	1	1	1
总　计	10	1	10	21	13	5	5
均值（标准差）	3.94（$SD = 1.70$）						

分析不同年龄组的欺凌旁观感受问卷得分发现，在工读学生中，13 岁及以下组的欺凌旁观感受均值为 3.64 分（$SD = 1.58$），14 岁组均值为 3.68 分（$SD = 1.59$），15 岁组为 4.13 分（$SD = 1.59$），16 岁组为 4.06 分（$SD = 1.55$），17 岁及以上组为 4.29 分（$SD = 1.33$）。单因子方差分析结果发现，不同年龄组间差异显著（$F = 4.58$，$p < 0.01$）。进一步通过事后比较分析发现，13 岁和 14 岁组的均值显著低于 15 岁、16 岁和 17 岁及以上组。对不同年龄组得分的线性趋势检验结果发现，随年龄增长，欺凌旁观感受的线性增长趋势显著（$F = 12.59$，$p < 0.001$）。

在普通学生中，13 岁及以下组的欺凌旁观感受程度得分均值为 4.46 分（$SD = 2.01$），14 岁组均值为 4.40 分（$SD = 1.76$），15 岁组为 4.84 分（$SD = 1.66$），16 岁组为 4.21 分（$SD = 1.64$），17 岁及以上组为 3.94 分（$SD = 1.70$），单因子方差分析发现不同年龄组之间差异不显著（$F = 1.65$，$p > 0.05$）。比较相同年龄组不同类型学生得分差异发现，13 岁及以下、14 岁和 15 岁组工读学生欺凌旁观感受得分均低于同年龄组普通学生。各年龄组均值和方差分析结果见表 6 - 100 和图 6 - 9。

表 6 - 100　不同年龄组欺凌旁观感受上的差异分析

单位：分

年龄组	13 岁及以下	14 岁	15 岁	16 岁	17 岁及以上	不同年龄组间的 方差分析
工读学生均值 （标准差）	3.64 (1.58)	3.68 (1.59)	4.13 (1.59)	4.06 (1.55)	4.29 (1.33)	$F = 4.58$， $p < 0.01$
普通学生均值 （标准差）	4.46 (2.01)	4.40 (1.76)	4.84 (1.66)	4.21 (1.64)	3.94 (1.70)	$F = 1.65$， $p > 0.05$
同年龄组不同 类型学生的方 差分析	$t = -4.14$ $p < 0.001$	$t = -4.78$ $p < 0.001$	$t = -3.73$ $p < 0.001$	$t = -0.54$ $p > 0.05$	$t = 0.72$ $p > 0.05$	

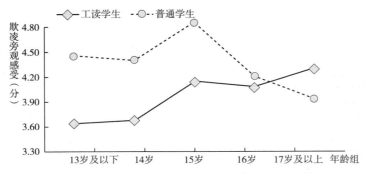

图 6 - 9　欺凌旁观感受得分在不同年龄组别上的变化趋势

四　小结

通过以上分析工读学生在校园里受欺凌的程度和他们作为旁观者时面对欺凌时的感受可以得知，工读学生在学校里受欺凌的频率显著高于普通学生，男生受欺凌的程度高于女生，这与以往的研究结论是一致的。曾有研究者发现，在工读学校中，男生欺凌他人的频率也高于女生，男生的欺凌方式主要是直接言语欺负和直接身体欺负，而女生的欺凌方式主要是言语欺负与间接欺负（何晓莹，2006）。从年龄组差异分析看，工读学生的受欺凌水平随年龄增长有上升趋势，这与研究者提出的随年龄增加参与欺凌的水平增加也是相符合的，不管是欺凌他人，还是被他人欺凌，发生率均比年龄较小的工读学生多。

从欺凌旁观感受来看，工读学生在面对他人被欺凌时，感受比普通学生更消极。他们更不同情欺凌受害者，也不认为自己有阻止欺凌发生的意愿和能力。以往研究者曾指出，工读学校学生欺负情境的不同角色主要有欺负者、被欺负者以及旁观者等，而且多数工读学校学生对于欺负行为持消极态度，他们对欺负行为的容忍程度更高。从年龄组差异分析，工读学生对欺凌行为的感受呈上升趋势，他们对受害者越来越同情，越不认同欺凌行为的发生，相信自己有阻止欺凌能力的倾向也在增长。这可能跟工读学生随着年龄的增长、社会认知能力的提高，其道德判断和道德情感发展也有了提高，对欺凌的感受也更加接近普通人的看法有关。

第四节　对策和建议

青少年期一直被认为是人一生中的重要发展阶段，也是一个伴随着很多风险发生的阶段。处于心理断乳期的他们与父母在一起的时间越来越少，在心理和情感上越来越依靠家庭之外的同伴和朋友。对于存在行为偏差的工读学生而言，更容易被同伴拒绝和排斥，也更难以从良好的同伴关系中获得社会和情感支持。

根据前面所呈现的研究结果可以得知，工读学生的同伴信任和沟通程度低于普通学生，而同伴疏离程度高于普通学生，他们的同伴依恋质量更差。从校园欺凌的角度看，工读学生在学校中遭受的欺凌水平也比普通学生高，他们对校园欺凌的感受也更消极，更低估欺凌给受害者带来的伤害，也没有更多制止欺凌行为的意愿。结合前后分析，可以发现工读学生更难与同伴建立良好的情感联系，更有可能参与校园欺凌活动，即便他们自己也被人欺凌过，但他们似乎已经对欺凌行为形成了习惯性的冷漠和麻木态度，这需要引起高度重视。

良好的同伴关系对青少年的发展十分重要，同伴之间互相信任、平等交流、亲密团结都是建立良好同伴关系的基础。在校园之中，同龄人之间不恃强凌弱，不肆意欺负侮辱他人，是构建良好学习和生活环境的必要条件。为了促进工读学生的积极发展，我们在此针对家庭、学校和社会等不同对象提出几点对策和建议。

一　针对父母和家庭的建议

青少年建立的同伴关系很大程度上受到之前在家庭中形成的个性特点和人际交流模式的影响，所以构建良好的同伴关系和减少校园欺凌首先应该考虑到父母的巨大作用。

首先，良好的家庭环境是个体身心健康的重要保证，父母应该尽力营造和谐、温暖的家庭氛围。父母的相处模式会被孩子模仿，所以父母应学会使用积极正面的沟通方式，即便发生矛盾也尽量以和平的方式解决，用积极的方式调节自己的情绪，尽可能多与孩子沟通和交流。父母对孩子应该更多地采取接纳的态度，减少对孩子的拒绝与排斥，建立良好的亲子关系。

其次，在培养孩子建立良好同伴关系的能力方面，父母要培养孩子的社交能力，采取适当的干预和训练措施。对于被拒绝的青少年，干预的重点是帮助他们学会去注意同伴，做一个善于倾听的听众，而不要试图控制别人；教给他们特定的社交技能，如观点采择能力、言语交流的技巧；同时，要训练他们在不干扰同伴群体活动的情况下友好地加入其中。同伴关系不良的原因之一是缺乏恰当的行为策略，如攻击性的和社交退缩的青少年。对于攻击性的青少年，干预的重点应该是减少他们的敌意和攻击行为，培养他们学会分享与合作，努力提高他们的亲社会水平；对于社交退缩的青少年，应给予他们更多的鼓励和支持，帮助他们学会以积极的方式适时地引起同伴的注意。

最后，针对减少孩子在学校中欺凌他人和被他人欺凌的可能性，有研究者曾经对家长做过团体辅导（陈小敏，2017），发现家长应该形成积极的教养方式，及时监控和管理孩子的行为，支持孩子的学业，使用替代性解决策略来管教和惩罚孩子，同时可以在专业人士的帮助下有针对性地对孩子进行社会技能训练、情绪觉察能力训练、愤怒管理能力训练、观点辨别能力训练、人际问题解决策略训练、合作训练等，这些做法能够有效减少孩子卷入校园欺凌事件。

二 针对学校和管理者的建议

有研究显示，相较于大学生未成年时期和普通中学生，工读学生在父母基本情况、养育方式、家庭模式、亲子互动和家庭学校合育五个层面都不同程度反映出负向问题（路琦，张萌，2020）。这提示我们，要求工读学生家庭完全做到以上几点存在一定的困难。因此，在促进同伴关系和减少校园欺凌方面，学校和相关管理部门应该承担更多的责任。

首先，学校可以对家庭施加一定的影响。如通过家长会、家长学校以及教师家访的形式向父母灌输正确的教育方式，引导父母纠正不良的教养方式，培养良好的亲子关系。

其次，在学校里应该广泛开展心理健康教育，通过多种形式对学生基本的人际冲突应对技巧进行训练。一方面可以在冲突情境中训练被欺负者的应对技巧，另一方面进行正确的归因训练，使学生学会观察他人行为和合理解释他人的行为，学习自我归因及合理的责任判断。

再次，可以进行移情及后果的认知训练，让学生学会在发生冲突的时候多思考别人的感受与事情的后果，学会控制自己的情绪，采取正确应对行为。此外，改善同伴关系也是干预欺负行为的一个重要方面。学校可采用开设交友技巧的课程或者教师个别面谈等形式进行。对于个性较强的欺负者，应该让其学会倾听他人诉说，虚心接受别人的意见；对于性格比较内向的受欺负者，应该引导他们学会正确地表达自己的观点，与同学建立良好的关系。

最后，学校首先应加强反欺负行为的管理。学校应形成整体的干预方案，让所有学生、教师，甚至家长都参与其中。其一，让年龄较大的同伴监督欺凌行为，一看见欺凌行为发生就加以制止；其二，制定全校的反欺凌行为的规章制度，并在全校内广泛宣传；其三，帮助常常受同伴欺凌的青少年建立以友谊为基础的同伴团体；其四，把反欺凌干预计划的基本思想整合到教学、学校活动及其他有青少年参与的社区活动中去（雷雳，张雷，2003）。此外，还应加强对欺凌多发场地的监控，必要时可适当借助技术设备，如录像机等。

三　针对社会和政府的建议

从社会角度来看，首先应充分重视校园欺凌行为的发生、发展及危害，积极推进校园欺凌行为发生机制等方面的调查、研究，为防治欺凌行为提供理论支持。

其次，加强相关法律法规建设，形成反校园欺凌共识。法律保护是治理校园欺凌的法治基础，建议修订完善有关法律条款，如《中华人民共和国未成年人保护法》《中华人民共和国预防未成年人犯罪法》等，增强其可操作性；应通过立法改变过去那种看上去执法主体很多，大家都在管，但实际上管得不太到位的情况，使责任真正落实到各个部门，切实为进一步治理、优化未成年人成长环境提供法律保障（路琦，2012），为校园欺凌行为的治理提供法律依据。我们还应通过制定完善相关政策，将校园欺凌预防纳入政治教育、道德教育、心理教育等基本内容体系；将校园欺凌行为处分、处理作为校纪校规，及时果断处理、矫治校园欺凌行为。

再次，社区、居委会应该充分发挥宣传、教育作用，与家庭、学校联合发现欺负行为、防治欺负行为：一方面帮助被欺负者建立健康的社会支持系统，学会利用教师、家长、同伴来保护自己；另一方面使部分学生切断与社会不良团伙的联系，帮助他们建立合理的社会支持系统，使他们逐步形成正确的行为模式。

最后，还应该加强网络监管，净化媒体环境，以减少媒体中暴力、色情信息等对青少年产生心理、行为上的不良影响。社会媒体也应该在报道真相的基础上，启发公众的深刻反思，通过谴责校园欺凌现象，传播正确的伦理道德，弘扬社会正能量。

参考文献

Allen，J. P.（2008）. The Attachment System in Adolescence. In J. Cassidy & P. Shaver（Eds.），*Handbook of Attachment：Theory，Research，and Clinical Applications*（2nd ed.

ed.) . New York Guilford.

Bagwell, C. L. , Newcomb, A. F. & Bukowski, W. M. (1998) . Preadolescent Friendship and Peer Rejection as Predictors of Adult Adjustment. *Child Development*, 69 （1）, 140 – 153.

Bierman. (2004) . Peer Rejection: Developmental Processes and Intervention Strategies.

Cassidy, J. & Asher, S. R. (1992) . Loneliness and Peer Relations in Young Children. *Child Development*, 63.

Cillessen, A. H. N. & Rose, A. J. (2005) . Understanding Popularity in the Peer System. *Current Directions in Psychological Science*, 14 （2）: 102 – 105.

Cillessen, Antonius H. N. & Others. (1992) . Children's Problems Caused by Consistent Rejection in Early Elementary School. *Affective Measures*, 25.

Coie, J. D. , Cillessen, A. H. N. , Dodge, K. A. , Hubbard, J. A. Schwartz, D. , & Lemerise, E. A. , et al. (1999) . It Takes Two to Fight: A Test of Relational Factors and a Method for Assessing Aggressive Dyads. *Developmental Psychology*, 35 （5）, 1179 – 1188.

Dijkstra, J. K. , Lindenberg, S. & René Veenstra. (2008) . Beyond the Class Norm: Bullying Behavior of Popular Adolescents and Its Relation to Peer Acceptance and Rejection. *Journal of Abnormal Child Psychology*, 36 （8）, 1289 – 1299.

Dishion, T. J. , Li, F. , Spracklen, K. M. , Brown, G. & Haas, E. (1996) . The Measurement of Parenting Practices in Research on Adolescent Problem Behavior: A Multimethod and Multitrait Analysis. *National Institute on Drug Abuse Conferencenational Institute on Drug Abuse Conference.*

Due E. P. , Holstein B. E. , Lynch J. , Diderichsen F. , Gabhain S. N. & Scheidt P. (2005) . Bullying and Symptoms among School – aged Children: International Comparative Cross Sectional Study in 28 Countries. *European Journal of Public Health*, 15 （2）, 128 – 132.

Due E. P. , Holstein B. E. , Lynch J. , et al. (2007) Bullying and Symptoms among School – aged Children: International Comparative Cross Sectional Study in 28 countries.

French, D. C. , Jansen, E. A. & Pidada, S. (2002) . United States and Indonesian Children's and Adolescents' Reports of Relational Aggression by Disliked Peers. *Child Development*, 73 （4）, 1143 – 1150.

Furman, W. & Buhrmester, D. (1992) . Age and Sex in Perceptions of Networks of Personal Relationships. *Child Development*, 63 （1）, 103 – 115.

Goldstein, S. E. , Tisak, M. S. , Persson, A. V. & Boxer, P. (2006) . Children's Evaluations of Ambiguous Provocation by Relationally Aggressive, Physically Aggressive and Prosocial Peers. *Journal of Developmental Psychology*, 24 （4）, 701 – 708.

Gorman, A. H. Schwartz D. , Nakamoto J. & Mayeux, L. (2011) . Unpopularity and Disliking among Peers: Partially Distinct Dimensions of Adolescents' Social Experiences. *Journal of*

Applied Developmental Psychology, 32 (4), 208－217.

Gottman, J. & Parker, J. (Eds.). (1987). *Conversations with Friends*. New York: Cambridge University Press.

Hecht, D. B. Inderbitzen, H. M. & Bukowski, A. L. (1998). The Relationship between Peer Status and Depressive Symptoms in Children and Adolescents. *Journal of Abnormal Child Psychology*, 26 (2), 153－160.

Hodges, E. V. E., Boivin, M., Vitaro, F. & Bukowski, W. M. (1999). The Power of Friendship: Protection Against an Escalating Cycle of Peer Victimization. *Developmental Psychology*, 35 (1), 94－101.

Hodges, E. V. E. & Perry, D. G. (1999). Personal and Interpersonal Antecedents and Consequences of Victimization by Peers. *Journal of Personality & Social Psychology*, 76 (4), 677－685.

Janis Wolak, Kimberly J. & Mitchell et al. (2007). Does Online Harassment Constitute Bullying? An Exploration of Online Harassment by Known Peers and Online－only Contacts. *Journal of Adolescent Health*, 41 (6), 51－58.

Klomek, A. B., Zalsman, G., Apter, A., Meged, S., Har－Even, D. & Diller, R., et al. (2007). Self－object Differentiation in Suicidal Adolescents. *Comprehensive Psychiatry*, 48 (1), 0－13.

Kochenderfer, B. J. & Ladd, G. W. (1996). Peer Victimization: Cause or Consequence of School Maladjustment?. *Child Dev*, 67 (4), 1305－1317.

Kowalski, R. M. (2008). Cyber bullying: Recognizing and Treating Victim and Aggressor. *Psychiatric Times*, 25.

Kupersmidt & Coie. (1990). Preadolescent Peer Status, Aggression, and School Adjustment as Predictors of Externalizing Problems in Adolescence. *Child Development*, 61 (5), 1350－1362.

Laible, D. J., Carlo, G. & Raffaelli, M. (2000). The Differential Relations of Parent and Peer Attachment to Adolescent Adjustment. *Journal of Youth and Adolescence*, 29 (1), 45－59.

Pepler, D. J., Craig, W. M., Connolly, J. A., Yuile, A. & Jiang, D. (2006). A Developmental Perspective on Bullying. *Aggressive Behavior*, 32 (4), 376－384.

Pepler, D., Jiang, D. & Connolly, C. J. (2008). Developmental Trajectories of Bullying and Associated Factors. *Child Development*, 79 (2), 325－338.

Porter, L. (2003). *Young Children's Behavior: Practical Approaches for Caregivers and Teachers*. Second Edition. London, UK: Paul Chapman Pbulishing Ltd.

Prinster, M. J. & LaGreca, A. M. (2004). Childhood Peer Rejection and Aggression as

Predictors of Adolescent Girls' Externalizing and Health Risk behaviors: A 6 – year Longitudinal study. *Journal of Consulting & Clinical Psychology*, 72（1）, 103 – 112.

Salmivalli, C. & Voeten, M.（2004）. Connections between Attitudes, Group Norms, and Behavior in Bullying Situations. *International Conference on Computational Logic in Multi – agent Systems*. Springer – Verlag.

Sentse, M., Scholte, R., Salmivalli, C. & Voeten, M.（2008）. Person – group Dissimilarity in Involvement in Bullying and Its Relation with Social Status. *Journal of Abnormal Child Psychology*, 35（6）, 1009 – 1019.

Slonje, R. & Smith. P. K.（2008）. Cyberbullying: Another Main Type of Bullying?. *Scandinavian Journal of Psychology*, 49（2）, 147 – 154.

Solberg, M. E., Olweus, D. & Endresen, I. M..（2007）. Bullies and Victims at School: Are They the Same Pupils? *British Journal of Educational Psychology*, 77（Pt 2）, 441 – 464.

Underwood, Marion K. & Maccoby, Eleanor E.（2003）. *Social Aggression among Girls*. Guilford Press.

Veenstra, R., Lindenberg, S., Zijlstra, B. J. H., De Winter, A., Verhulst, F. C. & Ormel, J.（2007）. The Dyadic Nature of Bullying and Victimization: Testing Adual Perspective Theory. *Child Development*, 78, 1843 – 1854.

Zettergren, P.（2003）. School Adjustment in Adolescence for Previously Rejected, Average and Popular Children. *British Journal of Educational Psychology*, 73（2）, 207 – 221.

陈福侠, 张福娟.（2010）. 工读学校学生同伴依恋、自我概念与孤独感的特点及其关系. 心理发展与教育,（01）, 76 – 83.

陈小敏.（2017）. 小学校园欺负行为的干预研究. 四川师范大学硕士学位论文.

何晓莹.（2006）. 工读学校学生欺负行为特点及其影响因素研究. 华东师范大学硕士学位论文.

琚晓燕.（2005）. 青少年依恋的测量及其与自尊、社会适应性的关系. 浙江师范大学硕士学位论文.

雷雳, 伍亚娜.（2009）. 青少年的同伴依恋与其互联网使用的关系. 心理与行为研究, 7（2）, 81 – 86.

雷雳, 张雷.（2003）。青少年心理发展. 北京大学出版社.

路琦（2012）. 论建设以实体机构为核心的未成年人违法犯罪预防体系, 中国青年研究,（05）, 108 – 112.

路琦, 付俊杰.（2020）. 青少年问题行为的影响因素分析. 青少年问题行为研究, 社会科学文献出版社, 44 – 45.

路琦, 张萌.（2020）. 家庭因素对青少年问题行为的影响研究 ——基于五个群体及不同年份的对比分析. 青少年犯罪问题,（3）, 43 – 56.

宋海荣．(2004)．青少年依恋、自尊及其二者关系的发展性研究．华东师范大学硕士学位论文．

辛自强，孙汉银，刘丙元，池丽萍．(2003)．青少年社会行为对同伴关系的影响．心理发展与教育，19 (04)，12 – 16.

张静，田录梅，张文新．(2013)．同伴拒绝与早期青少年学业成绩的关系：同伴接纳、友谊支持的调节作用．心理发展与教育，(04)，19 – 26.

张文新．(2004)．学校欺负及其社会生态分析．华南师范大学学报 (社会科学版)，005，97 – 103.

郑伟东．(2011)．初中生亲子依恋、同伴依恋与性心理的关系研究．山西大学硕士学位论文．

郑伟东．(2011)．亲子依恋与学业成就关系研究综述．中国电力教育，(13)，173 – 174.

钟歆，刘聚红，陈旭．(2014)．青少年同伴依恋：基于发展的视角．心理科学进展，22 (7)，1149 – 1158.

第七章　真实社会中的亲社会行为和攻击性行为

第一节　问题提出

青少年期正处于由童年向成年过渡的时期。对于逐渐减弱家庭联系、走向学校、社会的青少年来说，这个阶段是个体社会化的重要阶段，是非常复杂和充满矛盾的。作为社会行为的重要和特殊表现形式，亲社会行为和攻击性行为的发展对青少年自身和社会都会产生很大影响。研究表明，亲社会行为水平高的青少年表现出的问题行为更少，其幸福感和心理健康水平也更高，拥有更多的积极情绪，同时，亲社会行为还可以促进人际关系，可以使青少年感知到更多来自家庭、同伴的社会支持，进而可以更为有效地应对焦虑、孤独等负性情绪（张铭迪，刘文，2012）。青少年亲社会行为的发展是其成年后建立良好人际关系及心理健康、和谐发展的重要基础，促进其亲社会行为发展，将有助于他们更好地适应社会，为他们的终生发展奠定基础。

同时也要看到，处于青少年期的他们情绪变化强烈，带有冲动性，且不善于用理智来控制自己的情绪，若无积极正确的引导，容易出现攻击性行为。工读学生属特殊群体，与普通学生相比，攻击性和消极情绪比较强烈（李闻戈，2007）。有研究显示，在实施或遭遇校园暴力后，工读学生相比于普通学生更愿意选择"同样通过暴力手段报复"和"忍气吞声"的方式，不愿意将相关情况告诉家长或寻求老师帮助（路琦，2020）。攻击性行为是这些学生中比较突出的行为表现形式。攻击性行为是儿童、青少年成长中较为常见的一种社会行为方式，其发展状况既影响他们人格和品德的发展，同时也是个体社会化发展的一个重要指标（冀云，刘晓明，马艳杰，2009）。

一　青少年的亲社会行为

亲社会行为表现为谦让、助人、合作和共享等有利于他人和社会的品质。它是人们在社会交往中所表现出的正能量的行为，是人与人交往中保持和维护良好关系的重要基础，是个体社会化的重要表现和重要组成部分。亲社会行为不仅是一种行为上的表现，而且是认知观念、情感和行为的综合体。就青少年而言，由于其认识能力的发展，亲社会观念会随着年龄的增长而不断发展。

（一）青少年亲社会行为的基本特点

随着个体从儿童期向青少年期的发展变化，他们认同的亲社会行为的范畴也有了很大扩展，较之传统研究的行为类型（帮助、分享、安慰等）发生了很大的变化。例如，儿童眼里的亲社会行为与成人眼里的亲社会行为不同，青少年之间的亲社会行为与青少年、成人之间的亲社会行为也存在很大的差异。

青少年阶段的个体特别重视同伴交往，他们强烈地意识到自己与他人的关系。建立和维护朋友之间的关系、接纳他人成为群体中的成员是青少年社会生活的重要内容。青少年提名的大量亲社会行为中都隐含着维护彼此的友好和谐关系与共同利益的元素，他们认为一切能促进积极社会交往的行为都是亲社会行为（寇彧，张庆鹏，2006）。

以往研究对不同性别青少年表现出的亲社会行为是否存在差异有不同观点，有研究者发现，青少年的亲社会行为性别差异显著，女生显著多于男生（王丽等，2003；葛高飞，2011；赵容，2013；张梦圆等，2015）；但也有研究认为，青少年表现出的亲社会行为在不同性别之间没有差异（刘志军，张英，谭千保，2003）。

（二）青少年亲社会行为的影响因素

首先，从个人发展特点来看，青春期的到来也可能在某些条件下减少亲社会行为，有研究证明青春期激素水平的变化与青春期的攻击性、易怒性和情绪的波动有关（Connolly，Paikoff & Buchanan，1996），这些变化可能会阻碍青少年的亲社会行为。除此之外，作为典型的道德行为，亲社会行为和个人的道德能力之间存在着一定关系，有研究指出，高水平的道德推理能力与亲社会行为正相关，与不良行为负相关，包括欺骗、攻击行为和其他反社会行为（Eisenberg & Fabes，1998）。此外，青少年的认知观点采择和移情与亲社会行为之间存在正相关（Barr & Higgins - D'Alessandro，2009），移情水平高的青少年报告出了更多的亲社会行为，而且这一效应在女性群体上尤其显著。

其次，从家庭环境来看，国内外的一些研究均表明父母教养方式对个体的亲社会行为发展有着持续的影响。父母温暖反映了家长对儿童需要的敏感、支持和关爱，家长的温暖会给儿童安全、控制和信任的感觉，可以增加儿童的亲社会行为。父母的温暖和助人榜样行为可以促进儿童亲社会行为的产生（李晋，2016）。父母情感温暖型教养方式与高中生群体亲社会行为呈显著正相关；父母拒绝型、过度保护型教养方式与亲社会行为呈显著负相关（吴亚东，2017）。乡镇中学初中生的家庭教养方式中理解温暖维度能正向预测亲社会行为，严厉与惩罚维度则负向预测亲社会行为（苏丽梅，2017）。可见父母在教育子女过程中采取积极的教养方式有利于增加孩子的亲社会行为，拒绝和过度保护型教养方式不利于孩子亲社会行为的发展。

再次，有研究证明良好同伴关系的确立是青少年亲社会行为发展的一个重要组成部分，这是由于同伴之间的互相合作增强了其自尊和道德的发展（Simmons & Blyth，2009）。当亲社会行为发生在同伴之间时，他们会回馈给对方一种亲社会的态度，并且会积极地参与亲社会的交替行为中。相比成年人，这种亲社会行为的循环更多发生在同伴之间，这是因为同伴之间有着平等的社会地位。有研究证明良好的同伴关系的形成，是青少年美德形成的基础。在控制人际关系、自主性、能力三方面，强调人际关系的作用会提高青少年被试者与他人接触的兴趣，从而有更高的亲社会倾向。

最后，从学校因素来分析，良好的师生关系会促进青少年亲社会行为发生。好的师生关系使学生获得宝贵的人际交往体验，感受到来自没有亲缘关系的他人的关爱，从而形成对社会的信任，建立积极的社会价值取向，为以后进一步适应社会奠定良好的基础。同时，好的师生关系也会促进师生之间的互动，为个体学习亲社会行为创造更多的机会。此外，学校的育人目标、校园面积和入学人数等也可能会对青少年亲社会行为有影响，在以人为本、校园占地更小、学生数更少的学校中，青少年发生亲社会行为的概率更高（张铭迪，刘文，2012）。

二　青少年的攻击性行为

青少年期正处于由童年向成年过渡的时期，这个阶段的发展非常复杂，充满矛盾，情绪变化强烈，带有冲动性，且不善于用理智来控制自己的情绪，若无积极正确的引导，容易出现攻击行为。攻击性行为存在多种分类方式，从行为的表现形式来分，可以分为身体攻击、言语攻击和间接攻击。身体攻击是指攻击者一方利用身体动作直接对受攻击者实施的攻击行为，如打人、踢人和损坏、抢夺他人财物等；言语攻击是指攻击者一方通过口头言语形式直接对受攻击者实施的行为，如骂人、羞辱、嘲笑、讽刺、起外号等；间接攻击又称关系攻击或心理攻击，它不是面对面的行为，而是攻击者一方通过操纵第三方间接对受攻击者实施的行为，包括对同伴社会关系的破坏（例如破坏被攻击者的友谊、散布他的流言或者在一些活动中将他排除在外）。

青少年的攻击行为一直是研究者们关注的重点，其表现与发展影响了个体人格、品德和良好行为的形成和发展，同时也是个体社会化成败的重要指标（王益文，林崇德，张文新，2004）。

（一）青少年攻击性行为的基本特点

青少年阶段比儿童阶段更多使用言语攻击，与经常表现为身体攻击的学生不同，青少年花费更多的时间谈论别人。随年龄增长，学生愈来愈多表现为言语形式的攻击而不是身体方面的有形攻击。比起其他攻击行为，如打人、尖叫等更多情感上的行为，清晰明白的言语信息更有确定的意图和理性。言语攻击所攻击的不仅仅是有关沟通过程中的主题方面的立场，还有自我概念（Infante & Wigley，1986），研究者对青少年的言语和非言语攻击进行的研究显示两种形式的攻击均能导致学生在当前和未来被同伴拒绝（Chang，2003）。

从性别特点来看，男、生可能使用身体攻击，表现为击、打、推、威胁要揍别人等方式，女生可能更关注诸如与他人建立亲密无间的友谊之类的社交互动，这样，女生的攻击性行为就多集中在社交关系问题上，并且通过对他人友谊和朋友接纳感觉的损害而实现。这种行为被称作"关系性攻击行为"，表现为通过把某人赶出朋友群体来报复，有意识地终止或接受其他的朋友关系而对另外的学生造成伤害或控制，散布谣言使同伴们都拒绝某人等方式。对许多中小学生攻击行为的研究表明，男、女生的攻击行为和父母养育方式关系密切。父母采用身体惩罚或言语训斥等教养方式将会导致青少年高水平的攻击行为，父母不一致的惩罚是形成攻击、过失行为的重要影响因素。

关于青少年攻击行为的发展特点，研究者曾提出了青少年问题行为恶化的发展路径模型（Loeber. et al.，1993），该模型已经被很多研究证实。这三条路径是：其一，外显路径开始于小的攻击（如欺负），日后发展出身体打斗行为，最终成为严重的暴力。其二，内隐路径开始于小的非暴力行为（如偷商店的东西），然后发展为故意破坏公物行为，最终发展为严重的财物犯罪。其三，权威冲突路径开始于固执行为，然后发展为反抗，最终发展为逃避权威（如离家出走）。事实上，很多研究都发现攻击性是一种相对稳定的特性，13 岁时表现出较多的攻击行为和太过活跃的少年，长大后出现酗酒或犯罪行为的概率是行为良好少年的 5 倍。他们的行为只是一步步积累到最后催化出了更严重的表现形式。

（二）青少年攻击性行为的影响因素

个体的身心发展特点、个性和认知特点等均会影响攻击性行为。青春期是心理冲突和行为、情绪问题发生的高危阶段，常常表现出敏感自尊、好斗好胜、思维偏激的特点，容易产生诸如摇摆不定、烦躁不安、易于激动和兴奋等情绪状态，有时态度变得粗野，并产生一些反抗、胡闹、攻击和破坏行为。有研究认为，经历了社会排斥、自尊受损的青少年可能会承受更多的压力，经常处于应激状态，对他人的言行进行敌意性归因，进而导致攻击行为的发生（Brown，Novick，Lord & Richard，1992；王良纯，符明弘，张娜，王亚琳，2014）。有研究表明，青少年获得的社会支持水平与攻击行为的发生呈负相关，而生活压力水平与攻击行为发生呈显著正相关（Assal.，et al.，2004）。

家庭是个体日常学习和生活最直接的环境，家庭危险因素与青少年心理问题的发展息息相关。已有大量研究表明，家庭社会经济地位对儿童和青少年反社会行为包括身体上的攻击行为（如打架、欺负行为）、问题行为（如说谎、偷窃、破坏、纵火和离家出走）等存在一定影响，其影响程度与性别、年龄、反社会类型和测量方式等有关（Piotrowska et al.，2015）。家庭社会经济地位可能通过个体自身或父母教养方式等一些中介因素影响青少年的攻击行为。低社会经济地位的家庭有更高的婚姻冲突和亲子冲突，经历更多的威胁和不可控的生活事件，更多暴露于危害和暴力环境（Stein，Jaycox，Kataok，Rhodes & Vestal，2003），低收入的母亲可能会采取严厉的纪律或惩罚性教养方式，而此类教养方式与儿童攻击行为之间是存在明确关系的。总的来看，与教养方式民主的家长相比，其他教养方式或多或少会增加儿童攻击行为的风险。除此之外，儿童早期遭受虐待也可能会增加其青少年期表现出攻击行为的可能（Batool，2013）。

总之，综合研究结果发现，攻击行为是由遗传因素和环境因素共同作用的结果，其中遗传因素主要涉及 5 - 羟色胺能和多巴胺系统以及神经内分泌系统相关的基因多态性（Craig，2007）；而环境因素主要有生命早期遭受虐待、生活压力、社会经济地位、父母教养方式等因素。并且，环境因素（尤其是不利的环境因素）会诱导表观遗传学水平的改变，来调控相关基因的表达，进而影响攻击行为的发生发展（张艳梅，2018）。攻击行为是由基因、环境、基因与基因、基因与环境交互作用以及其他生化因素共同作用的结果。

三 亲社会行为和攻击行为的测评

如前所述，我们分析了青少年在亲社会行为和攻击性行为方面的表现特点，及其对青少年心理和行为发展的影响，那么工读学生群体在这些方面是否表现出不同特点呢？为了解这些问题，我们通过收集和分析工读学生和普通学生在这两种行为上的表现，对其基本情况和发展特点进行对比研究。

（一）测评样本

调研选择国内工读学校的 908 名学生和普通中学的 1070 名学生作为研究对象。

从性别上来看，工读学校的学生中女生有 243 名，男生有 665 名，普通学校学生中女生有 465 名，男生有 605 名。

从年龄上来看，工读学生的平均年龄为 14.86 岁，标准差为 1.32 岁。为了方便统计和分析，根据不同年龄的人数分布划分为 13 岁及以下、14 岁、15 岁、16 岁和 17 岁及以上五组，各组人数所占比例如图 7-1 所示。

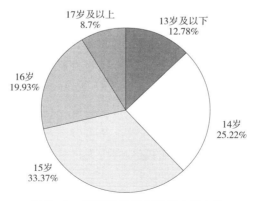

图 7-1 工读学校各年龄组人数占比

普通学生的平均年龄为 13.68 岁，标准差为 1.09 岁。参照工读学生的年龄分组，各组人数所占比例如图 7-2 所示。

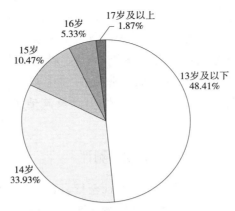

图 7-2　普通学校各年龄组人数占比

（二）亲社会行为的测评工具

为了考察工读学生的亲社会行为，课题组采用"中国儿童青少年心理发育特征调查"项目编制的《儿童和青少年亲社会行为量表》（董奇、林崇德，2011）作为测评工具。该量表包括 12 道题目，适用测评对象为儿童和青少年。

《儿童和青少年亲社会行为量表》为学生自评问卷，所有题目采用 4 点计分，选择"从不"计 1 分；"有时"计 2 分；"经常"计 3 分；"总是"计 4 分，最后计算量表总分及各维度的均值和标准差，用于比较工读学生和普通学生两个群体的差异。

《儿童和青少年亲社会行为量表》可以分为四个维度：（1）遵规和公益性亲社会行为，指的是涉及遵守规则和关心公共利益行为，包括第 1、2、10题；（2）特质性亲社会行为，指的是个体出于自身积极品质和特质而做出的亲社会行为，包括第 3、11、12 题；（3）关系性亲社会行为，指的是社会交往中积极关系的建立和维护行为，包括第 6、7、9 题；（4）利他性亲社会行为，指的是传统意义上的亲社会行为，行动者要以他人利益为重，还可能需要付出一定的代价，包括第 4、5、8 题。从得分上来讲，被试在量表总分和各维度得分越高，表明其表现出的亲社会行为越多。

（三）攻击行为的测评工具

为了考察工读学生的攻击行为，课题组采用"中国儿童青少年心理发育特征调查"项目组改编的《儿童和青少年攻击行为量表》（董奇、林崇德，2011）作为测评工具。该量表包括 10 道题，适用于测评儿童和青少年。

《儿童和青少年攻击行为量表》是学生自评量表，所有题目采用 4 点计分（1 分 = 从不，2 分 = 有时，3 分 = 经常，4 分 = 总是），将每个维度不同题目的得分相加得到总分后计算维度均值和标准差，用于比较工读学生和普通学生两个群体的差异。

《儿童和青少年攻击行为量表》主要测查儿童和青少年的攻击行为，即伤害或损害他人的行为，分为身体攻击和间接攻击两个维度。身体攻击是指对同伴进行身体上的侵害，包括第 1、4、6、8、10 题；间接攻击是指利用各种隐蔽的手段破坏同伴的社会关系，包括第 2、3、5、7、9 题。每个维度所包含题目的得分均值即该维度的得分，得分越高代表学生该类攻击行为越多。量表全部题目得分的均值即总攻击行为的得分，得分越高代表该学生总体攻击行为越多。

第二节　亲社会行为的基本情况分析

一　工读学生亲社会行为的总体特点

首先，对工读学生和普通学生在《儿童和青少年亲社会行为量表》题目选项上评分进行详细分析，分数说明：1 分 = 从不，2 分 = 有时，3 分 = 经常，4 分 = 总是，将四个维度题目的得分相加得到总分后计算维度均值。

（一）遵规与公益亲社会行为

分析工读学生和普通学生在遵规与公益亲社会行为维度题目选项上的评分详情，统计结果见表 7 - 1 和表 7 - 2。

表 7 - 1　工读学生在遵规与公益亲社会行为题目选项的评分详情统计

单位：人，分

问卷题目	从不	有时	经常	总是
我会遵守学校的各种规范	90	262	293	263
我喜欢参加校内外组织的社会公益活动	74	327	295	212
我愿意为班集体做事情	65	315	320	208
总　计	229	904	908	683
均值（标准差）	2.75（$SD = 0.78$）			

表 7 - 2　普通学生在遵规与公益亲社会行为题目选项的评分详情统计

单位：人，分

问卷题目	从不	有时	经常	总是
我会遵守学校的各种规范	74	142	245	609

问卷题目	从不	有时	经常	总是
我喜欢参加校内外组织的社会公益活动	89	278	231	472
我愿意为班集体做事情	64	189	292	525
总　计	227	609	768	1606
均值（标准差）	3.17（$SD = 0.86$）			

从遵规与公益亲社会行为维度得分情况来看，工读学生的均值为 2.75 分（$SD = 0.78$），普通学生的均值为 3.17 分（$SD = 0.86$）。为了比较两者之间是否存在差异，对两组平均值进行方差分析，结果发现工读学生的遵规与公益亲社会行为得分显著低于普通学生（$t = -11.25$，$p < 0.001$），分析结果如表 7-3 所示。从结果可知，工读学生表现出的遵规与公益亲社会行为比普通学生少。

表 7-3　工读学生和普通学生在遵规与公益亲社会行为得分上的差异

单位：人，分

	工读学生	普通学生
人数（百分比）	908（45.9%）	1070（54.1%）
均值（标准差）	2.75（0.78）	3.17（0.86）
方差分析结果 t（p）	$t = -11.25$，$p < 0.001$	

（二）特质性亲社会行为

分析工读学生和普通学生在特质性亲社会行为维度题目选项上的评分详情，统计结果见表 7-4 和表 7-5。

表 7-4　工读学生在特质性亲社会行为题目选项的评分详情统计

单位：人，分

问卷题目	从不	有时	经常	总是
当其他人不能做好某件事时，我会鼓励他们	79	325	305	199
我会宽容做错事的同学	61	309	343	195
我会信守诺言	51	258	364	235
总　计	191	892	1012	629
均值（标准差）	2.76（$SD = 0.76$）			

表7-5　普通学生在特质性亲社会行为题目选项的评分详情统计

单位：人，分

问卷题目	从不	有时	经常	总是
当其他人不能做好某件事时，我会鼓励他们	77	242	290	461
我会宽容做错事的同学	65	253	292	460
我会信守诺言	61	165	295	549
总　　计	203	660	877	1470
均值（标准差）	3.13（$SD = 0.85$）			

从特质性亲社会行为维度得分情况来看，工读学生的均值为 2.76 分（$SD = 0.76$），普通学生的均值为 3.13 分（$SD = 0.85$）。为了比较两者之间是否存在差异，对两组平均值进行方差分析，结果发现工读学生的特质性亲社会行为得分显著低于普通学生（$t = -9.95$，$p < 0.001$），分析结果如表7-6所示。从结果可知，工读学生表现出的特质性亲社会行为比普通学生少。

表7-6　工读学生和普通学生在特质性亲社会行为得分上的差异

单位：人，分

	工读学生	普通学生
人数（百分比）	908（45.9%）	1070（54.1%）
均值（标准差）	2.76（0.76）	3.13（0.85）
方差分析结果 t（p）	$t = -9.95$，$p < 0.001$	

（三）关系性亲社会行为

分析工读学生和普通学生在关系性亲社会行为维度题目选项上的评分详情，统计结果见表7-7和表7-8。

表7-7　工读学生在关系性亲社会行为题目选项的评分详情统计

单位：人，分

问卷题目	从不	有时	经常	总是
我在参加学校活动时（如打球），与队友默契合作	121	345	260	182
我会主动邀请旁观者加入我们的游戏	121	327	277	183
当同学需要时，我愿意让他们用我的东西	70	305	336	197
总　　计	312	977	873	562
均值（标准差）	2.62（$SD = 0.82$）			

表7-8 普通学生在关系性亲社会行为题目选项的评分详情统计

单位：人，分

问卷题目	从不	有时	经常	总是
我在参加学校活动时（如打球），与队友默契合作	106	250	283	431
我会主动邀请旁观者加入我们的游戏	98	274	277	421
当同学需要时，我愿意让他们用我的东西	64	205	317	484
总　计	268	729	877	1336
均值（标准差）	3.02（$SD=0.89$）			

从关系性亲社会行为维度得分情况来看，工读学生的均值为 2.62 分（$SD=0.82$），普通学生的均值为 3.02 分（$SD=0.89$）。为了比较两者之间是否存在差异，对两组平均值进行方差分析，结果发现工读学生的关系性亲社会行为得分显著低于普通学生（$t=-10.45$，$p<0.001$），分析结果如表7-9 所示。从结果可知，工读学生表现出的关系性亲社会行为比普通学生少。

表7-9 工读学生和普通学生在关系性亲社会行为得分上的差异

单位：人，分

	工读学生	普通学生
人数（百分比）	908（45.9%）	1070（54.1%）
均值（标准差）	2.62（0.82）	3.02（0.89）
方差分析结果 t（p）	$t=-10.45$，$p<0.001$	

（四）利他性亲社会行为

分析工读学生和普通学生在利他性亲社会行为维度题目选项上的评分详情，统计结果见表7-10 和表7-11。

表7-10 工读学生在利他性亲社会行为题目选项的评分详情统计

单位：人，分

问卷题目	从不	有时	经常	总是
当看到别人有困难时，我会主动去帮助	69	317	297	225
我很乐意给灾区捐款捐物	90	308	323	187
我会帮同学补课或教同学打球	130	322	257	199
总　计	289	947	877	611
均值（标准差）	2.66（$SD=0.82$）			

表 7 – 11　普通学生在利他性亲社会行为题目选项的评分详情统计

单位：人，分

问卷题目	从不	有时	经常	总是
当看到别人有困难时，我会主动去帮助	70	222	301	477
我很乐意给灾区捐款捐物	80	284	259	447
我会帮同学补课或教同学打球	128	340	224	378
总　计	278	846	784	1302
均值（标准差）	2.97（SD = 0.90）			

从利他性亲社会行为维度得分情况来看，工读学生的均值为 2.66 分（SD = 0.82），普通学生的均值为 2.97 分（SD = 0.90）。为了比较两者之间是否存在差异，对两组平均值进行方差分析，结果发现工读学生的利他性亲社会行为得分显著低于普通学生（$t = -7.81$，$p < 0.001$），分析结果如表7 – 12 所示。从结果可知，工读学生表现出的利他性亲社会行为比普通学生少。

表 7 – 12　工读学生和普通学生在利他性亲社会行为得分上的差异

单位：人，分

	工读学生	普通学生
人数（百分比）	908（45.9%）	1070（54.1%）
均值（标准差）	2.66（0.82）	2.97（0.90）
方差分析结果 t（p）	$t = -7.81$，$p < 0.001$	

（五）总体亲社会行为

由于《儿童和青少年亲社会行为量表》的总分均值越高代表总体亲社会水平越高，为了考察工读学生和普通学生在总体亲社会行为发生方面是否存在差异，对总体亲社会行为的均值做进一步分析。

从总体亲社会行为量表的总体均值来看，工读学生均值得分为 2.70 分（SD = 0.73），普通学生的均值得分为 3.07 分（SD = 0.83），方差分析结果显示两者存在显著差异（$t = -10.48$，$p < 0.001$），工读学生总体亲社会均值低于普通学生。分析结果详情见表 7 – 13。

表 7 – 13　不同类型学生的总体亲社会行为评分方差分析结果

单位：人，分

	工读学生	普通学生
人数（百分比）	908（45.9%）	1070（54.1%）
均值（标准差）	2.70（0.73）	3.07（0.83）
方差分析结果 t（p）	$t = -10.48$，$p < 0.001$	

以上对总体亲社会行为得分的分析，结合量表四个分维度的分析结果表明，不管从哪个水平比较，工读学生的亲社会水平都是低于普通学生的，工读学生更不愿意遵守学校的规则，他们身上表现出的特质性、关系性和利他性的亲社会行为也比普通学生更少。

二 工读学生亲社会行为的性别特点

为了考察不同性别工读学生在亲社会行为的不同维度得分和总分均值是否存在显著差异，对男、女生的得分均值进行方差分析，得到如下结果。

（一）遵规与公益亲社会行为的性别差异

分析不同性别的工读学生和普通学生在遵规与公益亲社会行为对应选项上的评分详情，统计结果见表7－14～表7－17。

表7－14 工读男生在遵规与公益亲社会行为题目选项的评分详情统计

单位：人，分

问卷题目	从不	有时	经常	总是
我会遵守学校的各种规范	66	201	208	190
我喜欢参加校内外组织的社会公益活动	57	245	215	148
我愿意为班集体做事情	50	233	225	157
总　计	173	679	648	495
均值（标准差）	2.73（SD=0.80）			

表7－15 工读女生在遵规与公益亲社会行为题目选项的评分详情统计

单位：人，分

问卷题目	从不	有时	经常	总是
我会遵守学校的各种规范	24	61	85	73
我喜欢参加校内外组织的社会公益活动	17	82	80	64
我愿意为班集体做事情	15	82	95	51
总　计	56	225	260	188
均值（标准差）	2.80（SD=0.73）			

表7－16 普通男生在遵规与公益亲社会行为题目选项的评分详情统计

单位：人，分

问卷题目	从不	有时	经常	总是
我会遵守学校的各种规范	49	83	126	347
我喜欢参加校内外组织的社会公益活动	59	155	116	275
我愿意为班集体做事情	44	112	151	298
总　计	152	350	393	920
均值（标准差）	3.15（SD=0.90）			

表 7 - 17　普通女生在遵规与公益亲社会行为题目选项的评分详情统计

单位：人，分

问卷题目	从不	有时	经常	总是
我会遵守学校的各种规范	25	59	119	262
我喜欢参加校内外组织的社会公益活动	30	123	115	197
我愿意为班集体做事情	20	77	141	227
总　计	75	259	375	686
均值（标准差）	3.20（SD = 0.80）			

从遵规与公益亲社会行为维度得分上来看，工读女生的平均得分为 2.80 分（$SD = 0.73$），工读男生的平均得分为 2.73 分（$SD = 0.80$），性别差异不显著（$t = -1.09$，$p > 0.05$）。普通学生中，女生的平均得分为 3.20 分（$SD = 0.80$），男生的平均得分为 3.15 分（$SD = 0.90$），性别差异不显著（$t = -0.98$，$p > 0.05$）。不同性别组均值与方差分析结果如表 7 - 18 所示。

表 7 - 18　不同性别工读学生和普通学生在遵规与公益亲社会行为得分上的差异

单位：人，分

性别	工读学生		普通学生	
	男	女	男	女
人数（百分比）	665（73.2%）	243（26.8%）	605（56.5%）	465（43.5%）
均值（标准差）	2.73（0.80）	2.80（0.73）	3.15（0.90）	3.20（0.80）
方差分析结果 t（p）	$t = -1.09$，$p > 0.05$		$t = -0.98$，$p > 0.05$	

通过方差分析比较不同学校的相同性别得分情况发现，工读学校女生得分显著低于普通学校女生得分（$t = -6.55$，$p < 0.001$）；同样，工读学校男生的得分显著低于普通学校男生得分（$t = -8.64$，$p < 0.001$）。上述结果说明，工读学校男、女生在遵规与公益亲社会行为上均显著低于普通学校男、女生，方差分析结果可见表 7 - 19。

表 7 - 19　男女生在遵规与公益亲社会行为得分上的差异

单位：人，分

学校类别	男		女	
	工读学生	普通学生	工读学生	普通学生
人数（百分比）	665（52.4%）	605（47.6%）	243（34.3%）	465（65.7%）
均值和标准差	2.73（0.80）	3.15（0.90）	2.80（0.73）	3.20（0.80）
方差分析结果 t（p）	$t = -8.64$，$p < 0.001$		$t = -6.55$，$p < 0.001$	

（二）特质性亲社会行为的性别差异

分析不同性别的工读学生和普通学生在特质性亲社会行为对应选项上的评分详情，统计结果见表7-20～表7-23。

表7-20　工读男生在特质性亲社会行为题目选项的评分详情统计

单位：人，分

问卷题目	从不	有时	经常	总是
当其他人不能做好某件事时，我会鼓励他们	63	241	221	140
我会宽容做错事的同学	51	221	246	147
我会信守诺言	42	186	262	175
总　计	156	648	729	462
均值（标准差）	2.75（SD = 0.77）			

表7-21　工读女生在特质性亲社会行为题目选项的评分详情统计

单位：人，分

问卷题目	从不	有时	经常	总是
当其他人不能做好某件事时，我会鼓励他们	16	84	84	59
我会宽容做错事的同学	10	88	97	48
我会信守诺言	9	72	102	60
总　计	35	244	283	167
均值（标准差）	2.80（SD = 0.70）			

表7-22　普通男生在特质性亲社会行为题目选项的评分详情统计

单位：人，分

问卷题目	从不	有时	经常	总是
当其他人不能做好某件事时，我会鼓励他们	56	132	141	276
我会宽容做错事的同学	45	145	144	271
我会信守诺言	43	89	160	313
总　计	144	366	445	860
均值（标准差）	3.11（0.90）			

表7-23　普通女生在特质性亲社会行为题目选项的评分详情统计

单位：人，分

问卷题目	从不	有时	经常	总是
当其他人不能做好某件事时，我会鼓励他们	21	110	149	185

问卷题目	从不	有时	经常	总是
我会宽容做错事的同学	20	108	148	189
我会信守诺言	18	76	135	236
总　计	59	294	432	610
均值（标准差）		3.14（$SD = 0.78$）		

从特质性亲社会行为维度得分上来看，工读女生的平均得分为 2.80 分（$SD = 0.70$），男生的平均得分为 2.75 分（$SD = 0.77$），性别差异不显著（$t = -0.89$，$p > 0.05$）。普通学生中，女生的平均得分为 3.14 分（$SD = 0.78$），男生的平均得分为 3.11 分（$SD = 0.90$），性别差异不显著（$t = -0.54$，$p > 0.05$）。不同性别组均值与方差分析结果如表 7 - 24 所示。

表 7 - 24　不同性别工读学生和普通学生在特质性亲社会行为得分上的差异

单位：人，分

性别	工读学生		普通学生	
	男	女	男	女
人数（百分比）	665（73.2%）	243（26.8%）	605（56.5%）	465（43.5%）
均值（标准差）	2.75（0.77）	2.80（0.70）	3.11（0.90）	3.14（0.78）
方差分析结果 t（p）	$t = -0.89$，$p > 0.05$		$t = -0.54$，$p > 0.05$	

通过方差分析比较不同学校的相同性别得分情况发现，工读学校女生得分显著低于普通学校女生得分（$t = -5.76$，$p < 0.001$）；同样，工读学校男生的得分显著低于普通学校男生得分（$t = -7.72$，$p < 0.001$）。上述结果说明，工读学校男、女生在特质性亲社会行为上均显著低于普通学校男、女生，方差分析结果可见表 7 - 25。

表 7 - 25　男女生在特质性亲社会行为得分上的差异

单位：人，分

学校类别	男		女	
	工读学生	普通学生	工读学生	普通学生
人数（百分比）	665（52.4%）	605（47.6%）	243（34.3%）	465（65.7%）
均值（标准差）	2.75（0.77）	3.11（0.90）	2.80（0.70）	3.14（0.78）
方差分析结果 t（p）	$t = -7.72$，$p < 0.001$		$t = -5.76$，$p < 0.001$	

（三）关系性亲社会行为的性别差异

分析不同性别的工读学生和普通学生在关系性亲社会行为对应选项上的

评分详情，统计结果见表7-26～表7-29。

表7-26 工读男生在关系性亲社会行为题目选项的评分详情统计

单位：人，分

问卷题目	从不	有时	经常	总是
我在参加学校活动时（如打球），与队友默契合作	83	254	196	132
我会主动邀请旁观者加入我们的游戏	86	242	200	137
当同学需要时，我愿意让他们用我的东西	56	218	241	150
总 计	225	714	637	419
均值（标准差）	2.63（0.82）			

表7-27 工读女生在关系性亲社会行为题目选项的评分详情统计

单位：人，分

问卷题目	从不	有时	经常	总是
我在参加学校活动时（如打球），与队友默契合作	38	91	64	50
我会主动邀请旁观者加入我们的游戏	35	85	77	46
当同学需要时，我愿意让他们用我的东西	14	87	95	47
总 计	87	263	236	143
均值（标准差）	2.60（$SD = 0.82$）			

表7-28 普通男生在关系性亲社会行为题目选项的评分详情统计

单位：人，分

问卷题目	从不	有时	经常	总是
我在参加学校活动时（如打球），与队友默契合作	60	136	134	275
我会主动邀请旁观者加入我们的游戏	61	151	134	259
当同学需要时，我愿意让他们用我的东西	44	117	159	285
总 计	165	404	427	819
均值（标准差）	3.05（$SD = 0.93$）			

表7-29 普通女生在关系性亲社会行为题目选项的评分详情统计

单位：人，分

问卷题目	从不	有时	经常	总是
我在参加学校活动时（如打球），与队友默契合作	46	114	149	156

续表

问卷题目	从不	有时	经常	总是
我会主动邀请旁观者加入我们的游戏	37	123	143	162
当同学需要时，我愿意让他们用我的东西	20	88	158	199
总　计	103	325	450	517
均值（标准差）	2.99（$SD = 0.83$）			

从关系性亲社会行为维度得分来看，工读女生的平均得分为 2.60 分（$SD = 0.82$），男生的平均得分为 2.63 分（$SD = 0.82$），性别差异不显著（$t = 0.89$，$p > 0.05$）。普通学生中，女生的平均得分为 2.99 分（$SD = 0.83$），男生的平均得分为 3.05 分（$SD = 0.93$），性别差异不显著（$t = 1.04$，$p > 0.05$）。不同性别组均值与方差分析结果如表 7-30 所示。

表 7-30　不同性别工读学生和普通学生在关系性亲社会行为得分上的差异

单位：人，分

性别	工读学生		普通学生	
	男	女	男	女
人数（百分比）	665（73.2%）	243（26.8%）	605（56.5%）	465（43.5%）
均值（标准差）	2.63（0.82）	2.60（0.82）	3.05（0.93）	2.99（0.83）
方差分析结果 t（p）	$t = 0.89$，$p > 0.05$		$t = 1.04$，$p > 0.05$	

通过方差分析比较不同学校的相同性别得分情况发现，工读学校女生得分显著低于普通学校女生得分（$t = -6.05$，$p < 0.001$）；同样，工读学校男生的得分显著低于普通学校男生得分（$t = -8.58$，$p < 0.001$）。上述结果说明，工读学校男、女生在关系性亲社会行为上均显著低于普通学校男、女生，方差分析结果可见表 7-31。

表 7-31　男女生在关系性亲社会行为得分上的差异

单位：人，分

学校类别	男		女	
	工读学生	普通学生	工读学生	普通学生
人数（百分比）	665（52.4%）	605（47.6%）	243（34.3%）	465（65.7%）
均值（标准差）	2.63（0.82）	3.05（0.93）	2.60（0.82）	2.99（0.83）
方差分析结果 t（p）	$t = -8.58$，$p < 0.001$		$t = -6.05$，$p < 0.001$	

（四）利他性亲社会行为的性别差异

分析不同性别的工读学生和普通学生在利他性亲社会行为对应选项上的

评分详情，统计结果见表 7-32~ 表 7-35。

表 7-32　工读男生在利他性亲社会行为题目选项的评分详情统计

单位：人，分

问卷题目	从不	有时	经常	总是
当看到别人有困难时，我会主动去帮助	58	237	217	153
我很乐意给灾区捐款捐物	73	242	217	133
我会帮同学补课或教同学打球	97	244	194	130
总　计	228	723	628	416
均值（标准差）	2.62（SD=0.83）			

表 7-33　工读女生在利他性亲社会行为题目选项的评分详情统计

单位：人，分

问卷题目	从不	有时	经常	总是
当看到别人有困难时，我会主动去帮助	11	80	80	72
我很乐意给灾区捐款捐物	17	66	106	54
我会帮同学补课或教同学打球	33	78	63	69
总　计	61	224	249	195
均值（标准差）	2.79（SD=0.79）			

表 7-34　普通男生在利他性亲社会行为题目选项的评分详情统计

单位：人，分

问卷题目	从不	有时	经常	总是
当看到别人有困难时，我会主动去帮助	51	121	148	285
我很乐意给灾区捐款捐物	55	163	122	265
我会帮同学补课或教同学打球	76	173	117	239
总　计	182	457	387	789
均值（标准差）	2.98（SD=0.95）			

表 7-35　普通女生在利他性亲社会行为题目选项的评分详情统计

单位：人，分

问卷题目	从不	有时	经常	总是
当看到别人有困难时，我会主动去帮助	19	101	153	192
我很乐意给灾区捐款捐物	25	121	137	182
我会帮同学补课或教同学打球	52	167	107	139
总　计	96	389	397	513
均值（标准差）	2.95（SD=0.83）			

从利他性亲社会行为维度得分上来看，工读女生的平均得分为 2.79 分

（$SD = 0.79$），男生的平均得分为 2.62 分（$SD = 0.83$），性别差异显著（$t = -2.91$，$p < 0.01$），男生显著低于女生。普通学生中，女生的平均得分为 2.95 分（$SD = 0.83$），男生的平均得分为 2.98 分（$SD = 0.95$），性别差异不显著（$t = 0.56$，$p > 0.05$）。不同性别组均值与方差分析结果如表 7 - 36 所示。

表 7 - 36　不同性别工读学生和普通学生在利他性亲社会行为得分上的差异

单位：人，分

性别	工读学生		普通学生	
	男	女	男	女
人数（百分比）	665（73.2%）	243（26.8%）	605（56.5%）	465（43.5%）
均值（标准差）	2.62（0.83）	2.79（0.79）	2.98（0.95）	2.95（0.83）
方差分析结果 t（p）	$t = -2.91$，$p < 0.01$		$t = 0.56$，$p > 0.05$	

通过方差分析比较不同学校的相同性别得分情况发现，工读学校女生得分显著低于普通学校女生得分（$t = -2.49$，$p < 0.05$）；同样，工读学校男生的得分显著低于普通学校男生得分（$t = -7.31$，$p < 0.001$）。上述结果说明，工读学校男、女生在利他性亲社会行为上均显著低于普通学校男、女生，方差分析结果见表 7 - 37。

表 7 - 37　男女生在利他性亲社会行为得分上的差异

单位：人，分

学校类别	男		女	
	工读学生	普通学生	工读学生	普通学生
人数（百分比）	665（52.4%）	605（47.6%）	243（34.3%）	465（65.7%）
均值（标准差）	2.62（0.83）	2.98（0.95）	2.79（0.79）	2.95（0.83）
方差分析结果 t（p）	$t = -7.31$，$p < 0.001$		$t = -2.49$，$p < 0.05$	

（五）总体亲社会行为的性别差异

为了考察不同性别的工读学生和普通学生在总体亲社会行为发生方面是否存在差异，对总体亲社会行为的均值做进一步分析。

从总体亲社会行为的均值来看，工读学生的女生得分均值为 2.75 分（$SD = 0.69$），男生均值为 2.68 分（$SD = 0.75$），性别差异不显著（$t = -1.21$，$p > 0.05$）。普通女生的均值为 3.07 分（$SD = 0.76$），男生均值为 3.07 分（$SD = 0.89$），性别差异不显著（$t = 0.37$，$p > 0.05$）。分析结果见表 7 - 38。

表 7-38 不同性别工读学生和普通学生在总体亲社会行为评分上的差异

单位：人，分

学校类别	工读学生		普通学生	
	男	女	男	女
人数（百分比）	665（73.2%）	243（26.8%）	605（56.5%）	465（43.5%）
均值（标准差）	2.68（0.75）	2.75（0.69）	3.07（0.89）	3.07（0.76）
方差分析结果 t（p）	$t = -1.21$，$p > 0.05$		$t = 0.37$，$p > 0.05$	

通过方差分析比较不同学校的相同性别得分情况发现，工读学校女生得分显著低于普通学校女生得分（$t = -6.05$，$p < 0.001$）；同样，工读学校男生的得分显著低于普通学校男生得分（$t = -8.58$，$p < 0.001$）。上述结果说明，工读学校男、女生在总体亲社会行为上均显著低于普通学校男、女生，方差分析结果见表 7-39。

表 7-39 不同性别学生的总体亲社会行为评分方差分析结果

单位：人，分

学校类别	男		女	
	工读学生	普通学生	工读学生	普通学生
人数（百分比）	665（52.4%）	605（47.6%）	243（34.3%）	465（65.7%）
均值（标准差）	2.68（0.75）	3.07（0.89）	2.75（0.69）	3.07（0.76）
方差分析结果 t（p）	$t = -8.58$，$p < 0.001$		$t = -6.05$，$p < 0.001$	

通过以上结果可以发现，工读学生仅在利他性亲社会行为方面有显著的性别差异，工读女生利他性亲社会行为的水平要高于工读男生，而在普通学生中则没有这种差别。这表明工读学生的亲社会行为表现存在不同，工读学生以往被关注的主要是攻击等问题行为表现，很少研究会关注他们的亲社会行为特点。利他性亲社会行为指的是相对狭义的亲社会行为，行动者要以他人利益为重，还可能需要付出一定的代价，在这种出于利他动机的亲社会行为表现上，工读女生得分高于男生，这表明工读学校的女生跟男生显著不同，她们更可能同情那些身处困境的人，也更愿意主动去帮助他们。

三 工读学生亲社会行为的年龄发展特点

为了考察随着年龄增长，工读学生的亲社会行为是否存在差异和变化趋势，分析各年龄组的均值，并以年龄组为自变量，亲社会行为量表的各维度得分及总分均值为因变量进行单因素方差分析，并检验其是否存在线性趋势，得到如下结果。

（一）遵规与公益亲社会行为的年龄差异

分析不同年龄组的工读学生和普通学生在遵规与公益亲社会行为对应选项上的评分详情，统计结果见表7－40～表7－49。

表7－40 工读学生13岁及以下年龄组遵规与公益亲社会行为选项的评分详情

单位：人，分

问卷题目	从不	有时	经常	总是
我会遵守学校的各种规范	31	31	30	24
我喜欢参加校内外组织的社会公益活动	10	35	49	22
我愿意为班集体做事情	13	48	32	23
总　计	54	114	111	69
均值（标准差）	2.56（SD = 0.81）			

表7－41 工读学生14岁年龄组遵规与公益亲社会行为选项的评分详情

单位：人，分

问卷题目	从不	有时	经常	总是
我会遵守学校的各种规范	26	50	95	58
我喜欢参加校内外组织的社会公益活动	23	62	90	54
我愿意为班集体做事情	14	70	86	59
总　计	63	182	271	171
均值（标准差）	2.80（SD = 0.78）			

表7－42 工读学生15岁年龄组遵规与公益亲社会行为选项的评分详情

单位：人，分

问卷题目	从不	有时	经常	总是
我会遵守学校的各种规范	17	96	92	98
我喜欢参加校内外组织的社会公益活动	28	105	81	89
我愿意为班集体做事情	22	95	106	80
总　计	67	296	279	267
均值（标准差）	2.82（SD = 0.80）			

表7－43 工读学生16岁年龄组遵规与公益亲社会行为选项的评分详情

单位：人，分

问卷题目	从不	有时	经常	总是
我会遵守学校的各种规范	11	62	92	98
我喜欢参加校内外组织的社会公益活动	11	81	54	35
我愿意为班集体做事情	13	65	68	35
总　计	35	208	214	168
均值（标准差）	2.71（SD = 0.75）			

表 7 - 44　工读学生 17 岁及以上年龄组遵规与公益亲社会行为选项的评分详情

单位：人，分

问卷题目	从不	有时	经常	总是
我会遵守学校的各种规范	5	23	19	32
我喜欢参加校内外组织的社会公益活动	2	44	21	12
我愿意为班集体做事情	3	37	28	11
总　计	10	104	68	55
均值（标准差）	2.71（SD = 0.70）			

表 7 - 45　普通学生 13 岁及以下年龄组遵规与公益亲社会行为选项的评分详情

单位：人，分

问卷题目	从不	有时	经常	总是
我会遵守学校的各种规范	45	70	101	302
我喜欢参加校内外组织的社会公益活动	45	120	87	266
我愿意为班集体做事情	38	87	110	283
总　计	128	277	298	851
均值（标准差）	3.20（SD = 0.92）			

表 7 - 46　普通学生 14 岁年龄组遵规与公益亲社会行为选项的评分详情

单位：人，分

问卷题目	从不	有时	经常	总是
我会遵守学校的各种规范	23	48	85	207
我喜欢参加校内外组织的社会公益活动	26	92	103	142
我愿意为班集体做事情	19	61	116	167
总　计	68	201	304	516
均值（标准差）	3.16（SD = 0.82）			

表 7 - 47　普通学生 15 岁年龄组遵规与公益亲社会行为选项的评分详情

单位：人，分

问卷题目	从不	有时	经常	总是
我会遵守学校的各种规范	4	9	32	67
我喜欢参加校内外组织的社会公益活动	13	35	20	44
我愿意为班集体做事情	6	19	34	53
总　计	23	63	86	164
均值（标准差）	3.16（SD = 0.76）			

表 7 - 48　普通学生 16 岁年龄组遵规与公益亲社会行为选项的评分详情

单位：人，分

问卷题目	从不	有时	经常	总是
我会遵守学校的各种规范	2	8	22	25
我喜欢参加校内外组织的社会公益活动	5	21	15	16
我愿意为班集体做事情	1	16	23	17
总　计	8	45	60	58
均值（标准差）	2.98（SD = 0.74）			

表 7 - 49　普通学生 17 岁及以上年龄组遵规与公益亲社会行为选项的评分详情

单位：人，分

问卷题目	从不	有时	经常	总是
我会遵守学校的各种规范	0	7	5	8
我喜欢参加校内外组织的社会公益活动	0	10	6	4
我愿意为班集体做事情	0	6	9	5
总　计	0	23	20	17
均值（标准差）	2.90（SD = 0.69）			

　　分析不同年龄组在遵规与公益亲社会行为上的得分，发现在工读学生中，13 岁及以下组的均值为 2.56 分（$SD = 0.81$），14 岁组均值为 2.80 分（$SD = 0.78$），15 岁组为 2.82 分（$SD = 0.80$），16 岁组为 2.71 分（$SD = 0.75$），17 岁及以上组为 2.71 分（$SD = 0.70$）。单因素方差分析结果发现，不同年龄组间差异显著（$F = 2.75$，$p < 0.05$），事后比较分析发现 13 岁及以下组的得分显著低于 14 岁和 15 岁组，但线性趋势检验没有发现此类亲社会行为有显著的上升或下降趋势。

　　在普通学生中，13 岁及以下组的遵规与公益亲社会行为均值为 3.20 分（$SD = 0.92$），14 岁组均值为 3.16 分（$SD = 0.82$），15 岁组为 3.16 分（$SD = 0.76$），16 岁组为 2.98 分（$SD = 0.74$），17 岁及以上组为 2.90 分（$SD = 0.69$），单因素方差分析发现不同年龄组之间差异不显著（$F = 1.39$，$p > 0.05$）。比较相同年龄组不同学生得分的差异发现，13 岁及以下、14 岁、15 岁及 16 岁组工读学生遵规与公益亲社会行为得分显著低于同年龄组普通学生。各年龄组均值和方差分析结果见表 7 - 50，变化趋势见图 7 - 3。

表 7 - 50 不同年龄组遵规与公益亲社会行为评分上的差异分析

单位：人，分

年龄组	13 岁及以下	14 岁	15 岁	16 岁	17 岁及以上	不同年龄组间的方差分析
工读学生均值（标准差）	2.56 (0.81)	2.80 (0.78)	2.82 (0.80)	2.71 (0.75)	2.71 (0.70)	$F = 2.75$, $p < 0.05$
普通学生均值（标准差）	3.20 (0.92)	3.16 (0.82)	3.16 (0.76)	2.98 (0.74)	2.90 (0.69)	$F = 1.39$, $p > 0.05$
同年龄组不同类型学生的方差分析	$t = -6.95$ $p < 0.001$	$t = -5.42$ $p < 0.001$	$t = -4.03$ $p < 0.001$	$t = -2.42$ $p < 0.05$	$t = -1.10$ $p > 0.05$	

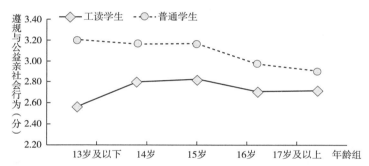

图 7 - 3 遵规与公益亲社会行为评分在不同年龄组别上的变化趋势

（二）特质性亲社会行为的年龄差异

分析不同年龄组的工读学生和普通学生在特质性亲社会行为对应选项上的评分详情，统计结果见表 7 - 51 ～表 7 - 60。

表 7 - 51 工读学生 13 岁及以下年龄组特质性亲社会行为选项的评分详情

单位：人，分

问卷题目	从不	有时	经常	总是
当其他人不能做好某件事时，我会鼓励他们	10	35	50	21
我会宽容做错事的同学	8	22	62	24
我会信守诺言	11	41	39	25
总　计	29	98	151	70
均值（标准差）	2.75 （$SD = 0.70$）			

表7－52　工读学生14岁年龄组特质性亲社会行为选项的评分详情

单位：人

问卷题目	从不	有时	经常	总是
当其他人不能做好某件事时，我会鼓励他们	19	70	89	51
我会宽容做错事的同学	19	68	95	47
我会信守诺言	15	54	100	60
总　计	53	192	284	158
均值（标准差）	2.80（SD = 0.75）			

表7－53　工读学生15岁及年龄组特质性亲社会行为选项的评分详情

单位：人，分

问卷题目	从不	有时	经常	总是
当其他人不能做好某件事时，我会鼓励他们	27	112	91	73
我会宽容做错事的同学	20	117	91	75
我会信守诺言	14	86	113	90
总　计	61	315	295	238
均值（标准差）	2.78（SD = 0.79）			

表7－54　工读学生16岁年龄组特质性亲社会行为选项的评分详情

单位：人，分

问卷题目	从不	有时	经常	总是
当其他人不能做好某件事时，我会鼓励他们	19	73	57	32
我会宽容做错事的同学	11	74	62	34
我会信守诺言	7	54	77	43
总　计	37	201	196	109
均值（标准差）	2.69（SD = 0.74）			

表7－55　工读学生17岁及以上年龄组特质性亲社会行为选项的评分详情

单位：人，分

问卷题目	从不	有时	经常	总是
当其他人不能做好某件事时，我会鼓励他们	4	35	18	22
我会宽容做错事的同学	3	28	33	15
我会信守诺言	4	23	35	17
总　计	11	86	86	54
均值（标准差）	2.77（SD = 0.75）			

表 7 - 56　普通学生 13 岁及以下年龄组特质性亲社会行为选项的评分详情

单位：人，分

问卷题目	从不	有时	经常	总是
当其他人不能做好某件事时，我会鼓励他们	42	103	127	246
我会宽容做错事的同学	38	108	127	245
我会信守诺言	38	80	120	280
总　计	118	291	374	771
均值（标准差）	3.16（SD = 0.91）			

表 7 - 57　普通学生 14 岁年龄组特质性亲社会行为选项的评分详情

单位：人，分

问卷题目	从不	有时	经常	总是
当其他人不能做好某件事时，我会鼓励他们	22	86	106	149
我会宽容做错事的同学	19	92	96	156
我会信守诺言	18	54	110	181
总　计	59	232	312	486
均值（标准差）	3.12（SD = 0.82）			

表 7 - 58　普通学生 15 岁及年龄组特质性亲社会行为选项的评分详情

单位：人，分

问卷题目	从不	有时	经常	总是
当其他人不能做好某件事时，我会鼓励他们	6	28	33	45
我会宽容做错事的同学	6	30	42	34
我会信守诺言	4	14	39	55
总　计	16	72	114	134
均值（标准差）	3.08（SD = 0.74）			

表 7 - 59　普通学生 16 岁年龄组特质性亲社会行为选项的评分详情

单位：人，分

问卷题目	从不	有时	经常	总是
当其他人不能做好某件事时，我会鼓励他们	5	20	17	15
我会宽容做错事的同学	1	18	19	19
我会信守诺言	1	12	18	26
总　计	7	50	54	60
均值（标准差）	2.98（SD = 0.71）			

表 7 - 60　普通学生 17 岁及以上年龄组特质性亲社会行为选项的评分详情

单位：人，分

问卷题目	从不	有时	经常	总是
当其他人不能做好某件事时，我会鼓励他们	2	5	7	6
我会宽容做错事的同学	1	5	8	6
我会信守诺言	0	5	8	7
总　计	3	15	23	19
均值（标准差）	2.97（SD = 0.73）			

分析不同年龄组在特质性亲社会行为上的得分，发现在工读学生中，13 岁及以下组的均值为 2.75 分（$SD = 0.70$），14 岁组均值为 2.80 分（$SD = 0.75$），15 岁组为 2.78 分（$SD = 0.79$），16 岁组为 2.69 分（$SD = 0.74$），17 岁及以上组为 2.77 分（$SD = 0.75$）。单因素方差分析结果发现，不同年龄组间差异不显著（$F = 0.54$，$p > 0.05$）。

在普通学生中，13 岁及以下组的特质性亲社会行为均值为 3.16 分（$SD = 0.91$），14 岁组均值为 3.12 分（$SD = 0.82$），15 岁组为 3.08 分（$SD = 0.74$），16 岁组为 2.98 分（$SD = 0.71$），17 岁及以上组为 2.97 分（$SD = 0.73$），单因素方差分析发现不同年龄组之间差异不显著（$F = 0.84$，$p > 0.05$）。比较相同年龄组不同类型学生得分差异发现，除了 17 岁及以上组，其他各组工读学生特质性亲社会行为均显著低于同年龄组普通学生。各年龄组均值和方差分析结果见表 7 - 61，变化趋势见图 7 - 4。

表 7 - 61　不同年龄组特质性亲社会行为评分上的差异分析

单位：分

年龄组	13 岁及以下	14 岁	15 岁	16 岁	17 岁及以上	不同年龄组间的方差分析
工读学生均值（标准差）	2.75 (0.70)	2.80 (0.75)	2.78 (0.79)	2.69 (0.74)	2.77 (0.75)	$F = 0.54$, $p > 0.05$
普通学生均值（标准差）	3.16 (0.91)	3.12 (0.82)	3.08 (0.74)	2.98 (0.71)	2.97 (0.73)	$F = 0.84$, $p > 0.05$
同年龄组不同类型学生的方差分析	$t = -4.51$ $p < 0.001$	$t = -4.89$ $p < 0.001$	$t = -3.70$ $p < 0.001$	$t = -2.59$ $p < 0.01$	$t = -1.05$ $p > 0.05$	

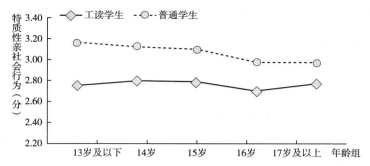

图 7-4　特质性亲社会行为评分在不同年龄组别上的变化趋势

（三）关系性亲社会行为的年龄差异

分析不同年龄组的工读学生和普通学生在关系性亲社会行为对应选项上的评分详情，统计结果见表 7-62～表 7-71。

表 7-62　工读学生 13 岁及以下年龄组关系性亲社会行为选项的评分详情

单位：人，分

问卷题目	从不	有时	经常	总是
我在参加学校活动时（如打球），与队友默契合作	16	53	27	20
我会主动邀请旁观者加入我们的游戏	29	28	39	20
当同学需要时，我愿意让他们用我的东西	13	23	55	25
总　计	58	104	121	65
均值（标准差）	2.55（$SD = 0.80$）			

表 7-63　工读学生 14 岁年龄组关系性亲社会行为选项的评分详情

单位：人，分

问卷题目	从不	有时	经常	总是
我在参加学校活动时（如打球），与队友默契合作	32	68	75	53
我会主动邀请旁观者加入我们的游戏	34	72	77	46
当同学需要时，我愿意让他们用我的东西	20	60	96	53
总　计	86	200	248	152
均值（标准差）	2.68（$SD = 0.84$）			

表 7－64　工读学生 15 岁年龄组关系性亲社会行为选项的评分详情

单位：人，分

问卷题目	从不	有时	经常	总是
我在参加学校活动时（如打球），与队友默契合作	56	100	82	65
我会主动邀请旁观者加入我们的游戏	33	113	82	75
当同学需要时，我愿意让他们用我的东西	23	120	89	71
总　计	112	333	253	211
均值（标准差）	2.62（$SD=0.88$）			

表 7－65　工读学生 16 岁年龄组关系性亲社会行为选项的评分详情

单位：人，分

问卷题目	从不	有时	经常	总是
我在参加学校活动时（如打球），与队友默契合作	13	85	51	32
我会主动邀请旁观者加入我们的游戏	21	75	56	29
当同学需要时，我愿意让他们用我的东西	12	72	64	33
总　计	46	232	171	94
均值（标准差）	2.58（$SD=0.75$）			

表 7－66　工读学生 17 岁及以上年龄组关系性亲社会行为选项的评分详情

单位：人，分

问卷题目	从不	有时	经常	总是
我在参加学校活动时（如打球），与队友默契合作	4	38	25	12
我会主动邀请旁观者加入我们的游戏	4	39	23	13
当同学需要时，我愿意让他们用我的东西	2	30	32	15
总　计	10	107	80	40
均值（标准差）	2.63（$SD=0.70$）			

表 7－67　普通学生 13 岁及以下年龄组关系性亲社会行为选项的评分详情

单位：人，分

问卷题目	从不	有时	经常	总是
我在参加学校活动时（如打球），与队友默契合作	55	103	128	232

续表

问卷题目	从不	有时	经常	总是
我会主动邀请旁观者加入我们的游戏	59	104	124	231
当同学需要时，我愿意让他们用我的东西	37	95	142	244
总　计	151	302	394	707
均值（标准差）	3.07（SD = 0.94）			

表 7 - 68　普通学生 14 岁年龄组关系性亲社会行为选项的评分详情

单位：人，分

问卷题目	从不	有时	经常	总是
我在参加学校活动时（如打球），与队友默契合作	32	85	108	138
我会主动邀请旁观者加入我们的游戏	24	106	97	136
当同学需要时，我愿意让他们用我的东西	17	73	104	169
总　计	73	264	309	443
均值（标准差）	3.03（SD = 0.84）			

表 7 - 69　普通学生 15 岁年龄组关系性亲社会行为选项的评分详情

单位：人，分

问卷题目	从不	有时	经常	总是
我在参加学校活动时（如打球），与队友默契合作	11	34	28	39
我会主动邀请旁观者加入我们的游戏	9	37	29	37
当同学需要时，我愿意让他们用我的东西	7	18	43	44
总　计	27	89	100	120
均值（标准差）	2.93（SD = 0.83）			

表 7 - 70　普通学生 16 岁年龄组关系性亲社会行为选项的评分详情

单位：人，分

问卷题目	从不	有时	经常	总是
我在参加学校活动时（如打球），与队友默契合作	7	20	13	17
我会主动邀请旁观者加入我们的游戏	6	20	18	13
当同学需要时，我愿意让他们用我的东西	2	13	20	22

问卷题目	从不	有时	经常	总是
总　计	15	53	51	52
均值（标准差）	2.82（$SD=0.81$）			

表7-71　普通学生17岁及以上年龄组关系性亲社会行为选项的评分详情

单位：人，分

问卷题目	从不	有时	经常	总是
我在参加学校活动时（如打球），与队友默契合作	1	8	6	5
我会主动邀请旁观者加入我们的游戏	0	7	9	4
当同学需要时，我愿意让他们用我的东西	1	6	8	5
总　计	2	21	23	14
均值（标准差）	2.82（$SD=0.78$）			

　　分析不同年龄组在关系性亲社会行为上的得分，发现在工读学生中，13岁及以下组的均值为2.55分（$SD=0.80$），14岁组均值为2.68分（$SD=0.84$），15岁组为2.62分（$SD=0.88$），16岁组为2.58分（$SD=0.75$），17岁及以上组为2.63分（$SD=0.70$）。单因素方差分析结果发现，不同年龄组间差异不显著（$F=0.61$，$p>0.05$）。

　　在普通学生中，13岁及以下组的关系性亲社会行为均值为3.07分（$SD=0.94$），14岁组均值为3.03分（$SD=0.84$），15岁组为2.93分（$SD=0.83$），16岁组为2.82分（$SD=0.81$），17岁及以上组为2.82分（$SD=0.78$），单因素方差分析发现不同年龄组之间差异不显著（$F=1.64$，$p>0.05$）。比较相同年龄组不同类型学生得分差异发现，除了17岁及以上组，其他各组工读学生关系性亲社会行为均显著低于同年龄组普通学生。各年龄组均值和方差分析结果见表7-72，变化趋势见图7-5。

表7-72　不同年龄组关系性亲社会行为评分的差异分析

单位：分

年龄组	13岁及以下	14岁	15岁	16岁	17岁及以上	不同年龄组间的方差分析
工读学生均值（标准差）	2.55（0.80）	2.68（0.84）	2.62（0.88）	2.58（0.75）	2.63（0.70）	$F=0.61$，$p>0.05$

续表

年龄组	13 岁及以下	14 岁	15 岁	16 岁	17 岁及以上	不同年龄组间的方差分析
普通学生均值（标准差）	3.07 (0.94)	3.03 (0.84)	2.93 (0.83)	2.82 (0.81)	2.82 (0.78)	$F = 1.64$, $p > 0.05$
同年龄组不同类型学生的方差分析	$t = -5.43$ $p < 0.001$	$t = -4.97$ $p < 0.001$	$t = -3.37$ $p < 0.001$	$t = -2.00$ $p < 0.05$	$t = -0.96$ $p > 0.05$	

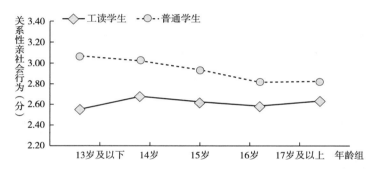

图 7 – 5 关系性亲社会行为评分在不同年龄组别上的变化趋势

（四）利他性亲社会行为的年龄差异

分析不同年龄组的工读学生和普通学生在利他性亲社会行为对应选项上的评分详情，统计结果见表 7 – 73 ~ 表 7 – 82。

表 7 – 73　工读学生 13 岁及以下年龄组利他性亲社会行为选项的评分详情

单位：人

问卷题目	从不	有时	经常	总是
当看到别人有困难时，我会主动去帮助	6	48	34	28
我很乐意给灾区捐款捐物	11	35	48	22
我会帮同学补课或教同学打球	16	24	38	38
总　计	33	107	120	88
均值（标准差）	2.76 （$SD = 0.77$）			

表 7 - 74 工读学生 14 岁年龄组利他性亲社会行为选项的评分详情

单位：人，分

问卷题目	从不	有时	经常	总是
当看到别人有困难时，我会主动去帮助	23	64	81	61
我很乐意给灾区捐款捐物	23	63	93	50
我会帮同学补课或教同学打球	34	71	74	50
总　　计	80	198	248	161
均值（标准差）	2.71（SD = 0.83）			

表 7 - 75 工读学生 15 岁年龄组利他性亲社会行为选项的评分详情

单位：人，分

问卷题目	从不	有时	经常	总是
当看到别人有困难时，我会主动去帮助	27	102	87	87
我很乐意给灾区捐款捐物	35	103	95	70
我会帮同学补课或教同学打球	46	111	70	76
总　　计	108	316	252	233
均值（标准差）	2.67（SD = 0.88）			

表 7 - 76 工读学生 16 岁年龄组利他性亲社会行为选项的评分详情

单位：人，分

问卷题目	从不	有时	经常	总是
当看到别人有困难时，我会主动去帮助	9	74	64	34
我很乐意给灾区捐款捐物	15	78	55	33
我会帮同学补课或教同学打球	24	76	59	22
总　　计	48	228	178	89
均值（标准差）	2.57（SD = 0.76）			

表 7 - 77 工读学生 17 岁及以上年龄组利他性亲社会行为选项的评分详情

单位：人，分

问卷题目	从不	有时	经常	总是
当看到别人有困难时，我会主动去帮助	4	29	31	15
我很乐意给灾区捐款捐物	6	29	32	12
我会帮同学补课或教同学打球	10	40	16	13
总　　计	20	98	79	40
均值（标准差）	2.59（SD = 0.76）			

表7-78 普通学生13岁及以下年龄组利他性亲社会行为选项的评分详情

单位：人，分

问卷题目	从不	有时	经常	总是
当看到别人有困难时，我会主动去帮助	41	92	130	255
我很乐意给灾区捐款捐物	48	114	111	245
我会帮同学补课或教同学打球	66	142	97	213
总　计	155	348	338	713
均值（标准差）	3.04（SD＝0.95）			

表7-79 普通学生14岁年龄组利他性亲社会行为选项的评分详情

单位：人，分

问卷题目	从不	有时	经常	总是
当看到别人有困难时，我会主动去帮助	21	81	105	156
我很乐意给灾区捐款捐物	25	114	90	134
我会帮同学补课或教同学打球	34	130	82	117
总　计	80	325	277	407
均值（标准差）	2.93（SD＝0.86）			

表7-80 普通学生15岁年龄组利他性亲社会行为选项的评分详情

单位：人，分

问卷题目	从不	有时	经常	总是
当看到别人有困难时，我会主动去帮助	6	24	39	43
我很乐意给灾区捐款捐物	4	29	33	46
我会帮同学补课或教同学打球	16	40	27	29
总　计	26	93	99	118
均值（标准差）	2.92（SD＝0.81）			

表7-81 普通学生16岁年龄组利他性亲社会行为选项的评分详情

单位：人，分

问卷题目	从不	有时	经常	总是
当看到别人有困难时，我会主动去帮助	2	16	21	18
我很乐意给灾区捐款捐物	1	22	16	18
我会帮同学补课或教同学打球	10	22	11	14
总　计	13	60	48	50
均值（标准差）	2.79（SD＝0.82）			

表 7 - 82　普通学生 17 岁及以上年龄组利他性亲社会行为选项的评分详情

单位：人，分

问卷题目	从不	有时	经常	总是
当看到别人有困难时，我会主动去帮助	0	9	6	5
我很乐意给灾区捐款捐物	2	5	9	4
我会帮同学补课或教同学打球	2	6	7	5
总　计	4	20	22	14
均值（标准差）	2.77（$SD = 0.70$）			

　　分析不同年龄组在利他性亲社会行为上的得分，发现在工读学生中，13 岁及以下组的均值为 2.76 分（$SD = 0.77$），14 岁组均值为 2.71 分（$SD = 0.83$），15 岁组为 2.67 分（$SD = 0.88$），16 岁组为 2.57 分（$SD = 0.76$），17 岁及以上组为 2.59 分（$SD = 0.76$）。单因素方差分析结果发现，不同年龄组间差异不显著（$F = 1.38$，$p > 0.05$）。

　　在普通学生中，13 岁及以下组的利他性亲社会行为均值为 3.04 分（$SD = 0.95$），14 岁组均值为 2.93 分（$SD = 0.86$），15 岁组为 2.92 分（$SD = 0.81$），16 岁组为 2.79 分（$SD = 0.82$），17 岁及以上组为 2.77 分（$SD = 0.70$），单因素方差分析发现不同年龄组之间差异不显著（$F = 1.81$，$p > 0.05$）。比较相同年龄组不同类型学生得分的差异发现，13 岁及以下、14 岁和 15 岁组工读学生利他性亲社会行为均显著低于同年龄组普通学生。各年龄组均值和详细方差分析结果见表 7 - 83，变化趋势见图 7 - 6。

表 7 - 83　不同年龄组利他性亲社会行为评分上的差异分析

单位：分

年龄组	13 岁及以下	14 岁	15 岁	16 岁	17 岁及以上	不同年龄组间的方差分析
工读学生均值（标准差）	2.76 (0.77)	2.71 (0.83)	2.67 (0.88)	2.57 (0.76)	2.59 (0.76)	$F = 1.38$，$p > 0.05$
普通学生均值（标准差）	3.04 (0.95)	2.93 (0.86)	2.92 (0.81)	2.79 (0.82)	2.77 (0.70)	$F = 1.81$，$p > 0.05$
同年龄组不同类型学生的方差分析	$t = -2.96$ $p < 0.001$	$t = -3.03$ $p < 0.001$	$t = -2.70$ $p < 0.01$	$t = -1.81$ $p > 0.05$	$t = -1.01$ $p > 0.05$	

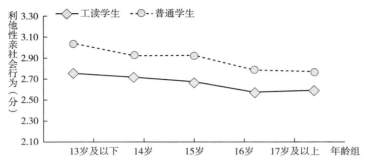

图 7－6　利他性亲社会行为评分在不同年龄组别上的变化趋势

（五）总体亲社会行为的年龄差异

分析不同年龄组的工读学生和普通学生在总体亲社会行为得分上的差异发现，工读学生中 13 岁及以下组的总体亲社会行为均值为 2.66 分（$SD = 0.72$），14 岁组为 2.75 分（$SD = 0.74$），15 岁组为 2.72 分（$SD = 0.77$），16 岁组为 2.64 分（$SD = 0.69$），17 岁及以上组为 2.68 分（$SD = 0.67$），方差分析检验结果发现不同年龄组间无显著差异（$F = 0.77$，$p > 0.05$）。

普通学生中 13 岁及以下组的总体亲社会行为均值为 3.12 分（$SD = 0.90$），14 岁组为 3.06 分（$SD = 0.79$），15 岁组为 3.03 分（$SD = 0.72$），16 岁组为 2.89 分（$SD = 0.73$），17 岁及以下组为 2.86 分（$SD = 0.67$），方差分析检验结果发现不同年龄组间不存在显著差异（$F = 1.45$，$p > 0.05$）。比较相同年龄组不同类型学生得分的差异发现，13 岁及以下、14 岁、15 岁和16 岁组工读学生总体亲社会行为水平均显著低于同年龄组普通学生。各年龄组均值和方差分析结果见表 7－84 和图 7－7。

表 7－84　不同年龄组总体亲社会行为评分的差异分析

单位：分

年龄组	13 岁及以下	14 岁	15 岁	16 岁	17 岁及以上	不同年龄组间的方差分析
工读学生均值（标准差）	2.66 (0.72)	2.75 (0.74)	2.72 (0.77)	2.64 (0.69)	2.68 (0.67)	$F = 0.77$，$p > 0.05$
普通学生均值（标准差）	3.12 (0.90)	3.06 (0.79)	3.03 (0.72)	2.89 (0.73)	2.86 (0.67)	$F = 1.45$，$p > 0.05$

年龄组	13 岁及以下	14 岁	15 岁	16 岁	17 岁及以上	不同年龄组间的方差分析
同年龄组不同类型学生的方差分析	$t = -5.17$ $p < 0.001$	$t = -4.91$ $p < 0.001$	$t = -3.73$ $p < 0.001$	$t = -2.32$ $p < 0.05$	$t = -1.12$ $p > 0.05$	

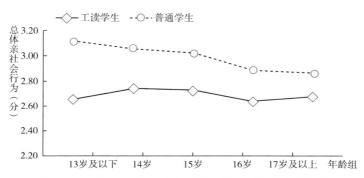

图 7 - 7　总体亲社会行为在不同年龄组别上的变化趋势

四　小结

在很长的时间里，研究者更关心工读学校学生身上常见的偏差行为，却忽视了对工读学校学生的亲社会行为发展状况的研究，探讨工读学校学生亲社会行为的特点与普通学校学生有无差异是很有必要的。首先，通过上面分析工读学生的亲社会行为情况可以得知，工读学生的总体亲社会行为及其四个分维度的亲社会行为均低于普通学生，工读学生更不愿意遵守学校的规则，他们身上表现出的特质性、关系性和利他性的亲社会行为也比普通学生更少。

其次，工读学生男、女生之间在亲社会行为方面的性别差异很有限，工读学生仅在利他性亲社会行为方面有显著的性别差异，在总体亲社会行为和其他维度上均没有差异。这表明在亲社会行为表现方面，男、女生存在很大的相似性。这与以往探讨青少年亲社会性别差异的研究结果基本上是一致的（刘志军、张英、谭千保，2003）。

最后，工读学生的亲社会行为在不同年龄组间基本没有差异，这表明工读学生的亲社会行为基本维持在一定水平上，不会增长或下降。曾有研究者发现，一般初中生的亲社会行为随年级增长而呈现下降趋势（李硕，2018），我们对工读学生亲社会行为的分析发现，在工读学生中并没有出现这种变化，这可能与工读学生的亲社会行为总体上水平不高有关。对于工读学生来讲，他们自身存在的偏差行为可能会导致周围环境的偏见和排斥，促使他们表现出亲社会行为的动力强度可能不如一般青少年，因此他们表现出来的亲社会行为水平较普通学生更低。

第三节 攻击性行为的基本情况分析

一 工读学生的攻击行为总体特点

首先，对工读学生和普通学生在《儿童和青少年攻击行为量表》题目选项上的评分进行详细分析，分数说明：1 分 = 从不，2 分 = 有时，3 分 = 经常，4 分 = 总是，将两个维度题目的得分相加得到总分后计算维度均值。

（一）身体攻击行为

分析工读学生和普通学生在攻击行为量表的身体攻击题目选项上的评分详情，统计结果见表 7 - 85 和表 7 - 86。

表 7 - 85 工读学生在身体攻击题目选项的评分详情统计

单位：人，分

问卷题目	从不	有时	经常	总是
我和别人打架	396	377	94	41
我攻击别人的身体	362	373	117	56
要是比我小的孩子故意惹我，我一定会反击	377	331	132	68
我欺负别人	385	329	146	48
我捉弄别人	366	362	132	48
总　计	1886	1772	621	261
均值（标准差）	1.84（*SD* = 0.73）			

表 7 - 86 普通学生在身体攻击题目选项的评分详情统计

单位：人，分

问卷题目	从不	有时	经常	总是
我和别人打架	747	231	47	45
我攻击别人的身体	790	172	54	54

续表

问卷题目	从不	有时	经常	总是
要是比我小的孩子故意惹我，我一定会反击	711	254	58	47
我欺负别人	796	173	54	47
我捉弄别人	714	241	58	57
总　计	3758	1071	271	250
均值（标准差）	1.44（$SD = 0.72$）			

从身体攻击行为维度得分情况来看，工读学生的均值为 1.84 分（$SD = 0.73$），普通学生的均值为 1.44 分（$SD = 0.72$）。为了比较两者之间是否存在差异，对两组平均值进行方差分析，结果发现工读学生的身体攻击得分显著高于普通学生（$t = 12.04$，$p < 0.001$），分析结果如表 7-87 所示。

表 7-87　工读学生和普通学生在身体攻击得分上的差异

单位：人，分

	工读学生	普通学生
人数（百分比）	908（45.9%）	1070（54.1%）
均值（标准差）	1.84（0.73）	1.44（0.72）
方差分析结果 t（p）	$t = 12.04$　　$p < 0.001$	

通过以上结果可以得知，工读学生的身体攻击行为发生频率高于普通学生。这与一般的研究结论是一致的，工读学生与他人打架、做出欺负行为的可能性更大，这一点并不让人意外。工读学生本身就存在很多问题行为，直接的身体攻击行为是外化问题的重要表现形式。

（二）间接攻击行为

分析工读学生和普通学生在间接攻击行为维度对应选项上的评分详情，统计结果见表 7-88 和表 7-89。

表 7-88　工读学生在间接攻击题目选项的评分详情统计

单位：人，分

问卷题目	从不	有时	经常	总是
当我生某人气的时候，我让其他人也不喜欢他/她	356	381	115	56
当我生某人气的时候，我让别人也不和他/她玩	365	336	155	52

续表

问卷题目	从不	有时	经常	总是
当我生某人气的时候，我在背后说他/她坏话	348	345	162	53
当我生某人气的时候，我就和别人玩，不理他/她	315	335	173	85
当我生某人气的时候，我把这个人的秘密告诉其他人	431	282	148	47
总　计	1815	1679	753	293
均值（标准差）	1.89（SD = 0.77）			

表7－89　普通学生在间接攻击题目选项的评分详情统计

单位：人，分

问卷题目	从不	有时	经常	总是
当我生某人气的时候，我让其他人也不喜欢他/她	768	209	45	48
当我生某人气的时候，我让别人也不和他/她玩	778	184	59	49
当我生某人气的时候，我在背后说他/她坏话	700	266	56	48
当我生某人气的时候，我就和别人玩，不理他/她	577	353	81	59
当我生某人气的时候，我把这个人的秘密告诉其他人	762	199	54	55
总　计	3585	1211	295	259
均值（标准差）	1.48（SD = 0.73）			

从间接攻击行为维度得分情况来看，工读学生的均值为 1.89 分（$SD = 0.77$），普通学生的间接攻击均值为 1.48 分（$SD = 0.73$）。为了比较两者之间是否存在差异，对两组平均值进行方差分析，结果发现工读学生的间接攻击行为得分显著高于普通学生（$t = 12.18$，$p < 0.001$），分析结果如表7－90所示。

表7－90　工读学生和普通学生在间接攻击得分上的差异

单位：人，分

	工读学生	普通学生
人数（百分比）	908（45.9%）	1070（54.1%）
均值（标准差）	1.89（0.77）	1.48（0.73）
方差分析结果 t（p）	$t = 12.18$，$p < 0.001$	

以上结果表明，工读学生的间接攻击行为水平比普通学生更高。间接攻击行为就是通过破坏他人的人际关系、拒绝和排斥他人来实现伤害他人目的的行为，本研究结果发现工读学生中使用间接方式来攻击他人的发生概率显著高于普通学生。

（三）总体攻击行为

由于《儿童和青少年攻击行为量表》的总分均值越高代表总体攻击水平越高，为了考察工读学生和普通学生在总体攻击行为发生方面是否存在差异，我们对总体攻击行为的均值做进一步分析。

从攻击行为量表的总体均值来看，工读学生均值得分为 1.86 分（$SD = 0.72$），普通学生的均值得分为 1.46 分（$SD = 0.71$），方差分析结果显示两者存在显著差异（$t = 12.51$，$p < 0.001$），工读学生总体攻击水平高于普通学生。分析结果详情见表 7 - 91。

表 7 - 91　工读学生和普通学生在总体攻击行为得分上的差异

单位：人，分

	工读学生	普通学生
人数（百分比）	908（45.9%）	1070（54.1%）
均值（标准差）	1.86（0.72）	1.46（0.71）
方差分析结果 t（p）	$t = 12.51$，$p < 0.001$	

以上对总体攻击得分的分析，结合身体攻击和间接攻击两个分维度的分析结果表明，不管从哪个水平比较，工读学生身上表现出的攻击行为都比普通学生更多一些。

二　工读学生攻击行为的性别特点

为了考察不同性别工读学生在攻击行为的不同维度得分和总分均值是否存在显著差异，对男、女生的得分均值进行方差分析，得到如下结果。

（一）身体攻击行为的性别差异

分析不同性别的工读学生和普通学生在身体攻击行为对应选项上的评分详情，统计结果见表 7 - 92 ~ 表 7 - 95。

表 7 - 92　工读男生在身体攻击题目选项的评分详情统计

单位：人，分

问卷题目	从不	有时	经常	总是
我和别人打架	250	302	80	33

续表

问卷题目	从不	有时	经常	总是
我攻击别人的身体	234	282	103	46
要是比我小的孩子故意惹我，我一定会反击	260	245	110	50
我欺负别人	260	255	111	39
我捉弄别人	240	273	111	41
总　计	1244	1357	515	209
均值（标准差）	1.91（SD=0.74）			

表 7-93　工读女生在身体攻击题目选项的评分详情统计

单位：人，分

问卷题目	从不	有时	经常	总是
我和别人打架	146	75	14	8
我攻击别人的身体	128	91	14	10
要是比我小的孩子故意惹我，我一定会反击	117	86	22	18
我欺负别人	125	74	35	9
我捉弄别人	126	89	21	7
总　计	642	415	106	52
均值（标准差）	1.64（SD=0.68）			

表 7-94　普通男生在身体攻击题目选项的评分详情统计

单位：人，分

问卷题目	从不	有时	经常	总是
我和别人打架	398	145	24	38
我攻击别人的身体	432	102	32	39
要是比我小的孩子故意惹我，我一定会反击	405	127	35	38
我欺负别人	438	100	29	38
我捉弄别人	384	143	36	42
总　计	2057	617	156	195
均值（标准差）	1.50（SD=0.79）			

表 7-95　普通女生在身体攻击题目选项的评分详情统计

单位：人，分

问卷题目	从不	有时	经常	总是
我和别人打架	349	86	23	7

续表

问卷题目	从不	有时	经常	总是
我攻击别人的身体	358	70	22	15
要是比我小的孩子故意惹我，我一定会反击	306	127	23	9
我欺负别人	358	73	25	9
我捉弄别人	330	98	22	15
总　　计	1701	454	115	55
均值（标准差）	1.37（$SD = 0.60$）			

从身体攻击行为维度得分上来看，工读女生的平均得分为 1.64 分（$SD = 0.68$），男生的平均得分为 1.91 分（$SD = 0.74$），性别差异显著（$t = 4.85$，$p < 0.001$），男生身体攻击水平显著高于女生。普通学生中，女生的平均得分为 1.37 分（$SD = 0.60$），男生的平均得分为 1.50 分（$SD = 0.79$），性别差异显著（$t = 3.17$，$p < 0.01$），男生显著高于女生。不同性别组均值与方差分析结果如表 7 – 96 所示。

表 7 – 96　不同性别工读学生和普通学生在身体攻击得分上的差异

单位：人，分

性别	工读学生		普通学生	
	男	女	男	女
人数（百分比）	665（33.6%）	243（12.3%）	605（30.6%）	465（23.5%）
均值（标准差）	1.91（0.74）	1.64（0.68）	1.50（0.79）	1.37（0.60）
方差分析结果 t（p）	$t = 4.85$，$p < 0.001$		$t = 3.17$，$p < 0.01$	

通过方差分析比较不同学校的相同性别得分情况发现，工读学校女生得分显著高于普通学校女生得分（$t = 5.37$，$p < 0.001$）；同样，工读学校男生的得分显著高于普通学校男生得分（$t = 9.45$，$p < 0.001$）。上述结果说明，工读学校男、女生的身体攻击行为均显著高于普通学校男、女生，方差分析结果可见表 7 – 97。

表 7 – 97　男女生身体攻击得分上的差异

单位：人，分

学校类别	男		女	
	工读学生	普通学生	工读学生	普通学生
人数（百分比）	665（33.6%）	605（30.6%）	243（12.3%）	465（23.5%）
均值（标准差）	1.91（0.74）	1.50（0.79）	1.64（0.68）	1.37（0.60）
方差分析结果	$t = 9.45$，$p < 0.001$		$t = 5.37$，$p < 0.001$	

（二）间接攻击行为的性别差异

分析不同性别的工读学生和普通学生在间接攻击行为对应选项上的评分详情，统计结果见表7－98～表7－101。

表7－98　工读男生在间接攻击题目选项的评分详情统计

单位：人，分

问卷题目	从不	有时	经常	总是
当我生某人气的时候，我让其他人也不喜欢他/她	237	279	102	47
当我生某人气的时候，我让别人也不和他/她玩	249	263	111	42
当我生某人气的时候，我在背后说他/她坏话	236	268	119	42
当我生某人气的时候，我就和别人玩，不理他/她	216	259	132	58
当我生某人气的时候，我把这个人的秘密告诉其他人	290	221	112	42
总　　计	1228	1290	576	231
均值（标准差）	1.94（SD＝0.78）			

表7－99　工读女生在间接攻击题目选项的评分详情统计

单位：人，分

问卷题目	从不	有时	经常	总是
当我生某人气的时候，我让其他人也不喜欢他/她	119	102	13	9
当我生某人气的时候，我让别人也不和他/她玩	116	73	44	10
当我生某人气的时候，我在背后说他/她坏话	112	77	43	11
当我生某人气的时候，我就和别人玩，不理他/她	99	76	41	27
当我生某人气的时候，我把这个人的秘密告诉其他人	141	61	36	5
总　　计	587	389	177	62
均值（标准差）	1.76（SD＝0.72）			

表7-100 普通男生在间接攻击题目选项的评分详情统计

单位：人，分

问卷题目	从不	有时	经常	总是
当我生某人气的时候，我让其他人也不喜欢他/她	427	111	26	41
当我生某人气的时候，我让别人也不和他/她玩	432	98	34	41
当我生某人气的时候，我在背后说他/她坏话	401	136	28	40
当我生某人气的时候，我就和别人玩，不理他/她	336	175	51	43
当我生某人气的时候，我把这个人的秘密告诉其他人	415	119	28	43
总　计	2011	639	167	208
均值（标准差）	1.53（SD = 0.81）			

表7-101 普通女生在间接攻击题目选项的评分详情统计

单位：人，分

问卷题目	从不	有时	经常	总是
当我生某人气的时候，我让其他人也不喜欢他/她	341	98	19	7
当我生某人气的时候，我让别人也不和他/她玩	346	86	25	8
当我生某人气的时候，我在背后说他/她坏话	299	130	28	8
当我生某人气的时候，我就和别人玩，不理他/她	241	178	30	16
当我生某人气的时候，我把这个人的秘密告诉其他人	347	80	26	12
总　计	1574	572	128	51
均值（标准差）	1.42（SD = 0.59）			

从间接攻击行为维度得分上来看，工读女生的平均得分为 1.76 分（$SD = 0.72$），男生的平均得分为 1.94 分（$SD = 0.78$），性别差异显著（$t = 3.11$，$p < 0.01$），男生显著高于女生。普通学生中，女生的平均得分为 1.42 分（$SD = 0.59$），男生的平均得分为 1.53 分（$SD = 0.81$），性别差异显著（$t = 2.47$，$p < 0.05$），男生显著高于女生。不同性别组均值与方差分析结果如表 7-102 所示。

表 7 -102   不同性别工读学生和普通学生在间接攻击得分上的差异

单位：人，分

性别	工读学生		普通学生	
	男	女	男	女
人数（百分比）	665（33.6%）	243（12.3%）	605（30.6%）	465（23.5%）
均值（标准差）	1.94（0.78）	1.76（0.72）	1.53（0.81）	1.42（0.59）
方差分析结果	$t=3.11$，$p<0.01$		$t=2.47$ $p<0.05$	

通过方差分析比较不同学校的相同性别得分情况发现，工读学校女生得分显著高于普通学校女生得分（$t=6.27$，$p<0.001$）；同样，工读学校男生的得分显著高于普通学校男生得分（$t=9.27$，$p<0.001$）。上述结果说明，工读学校男、女生的间接攻击行为均显著高于普通学校男、女生，方差分析结果见表 7 -103。

表 7 -103   男女生在间接攻击得分上的差异

单位：人，分

学校类别	男		女	
	工读学生	普通学生	工读学生	普通学生
人数（百分比）	665（33.6%）	605（30.6%）	243（12.3%）	465（23.5%）
均值（标准差）	1.94（0.78）	1.53（0.81）	1.76（0.72）	1.42（0.59）
方差分析结果	$t=9.27$，$p<0.001$		$t=6.27$，$p<0.001$	

（三）总体攻击行为的性别差异

为了考察不同性别的工读学生和普通学生在总体攻击行为发生方面是否存在差异，我们对总体攻击行为的均值做进一步分析。

从总体攻击行为的均值来看，工读学校的女生得分均值为 1.70 分（$SD=0.67$），男生均值为 1.92 分（$SD=0.73$），性别差异显著（$t=4.12$，$p<0.001$），男生显著高于女生。普通女生的均值为 1.39 分（$SD=0.58$），男生均值为 1.51 分（$SD=0.79$），性别差异显著（$t=2.88$，$p<0.05$），男生显著高于女生。分析结果见表 7 -104。

表 7 -104   不同性别工读学生和普通学生在总体攻击行为得分上的差异

单位：人，分

性别	工读学生		普通学生	
	男	女	男	女
人数（百分比）	665（33.6%）	243（12.3%）	605（30.6%）	465（23.5%）

	工读学生		普通学生	
均值（标准差）	1.92（0.73）	1.70（0.67）	1.51（0.79）	1.39（0.58）
方差分析结果 t（p）	$t=4.12$，$p<0.001$		$t=2.88$，$p<0.05$	

通过方差分析比较不同学校的相同性别总体攻击得分情况发现，工读学校女生得分显著高于普通学校女生得分（$t=6.07$，$p<0.001$）；同样，工读学校男生的得分显著高于普通学校男生得分（$t=9.63$，$p<0.001$）。上述结果说明，工读学校男、女生的总体攻击行为均显著高于普通学校男、女生，方差分析结果可见表7-105。

表7-105　男女生在总体攻击行为得分上的差异

单位：人，分

学校类别	男		女	
	工读学生	普通学生	工读学生	普通学生
人数（百分比）	665（33.6%）	605（30.6%）	243（12.3%）	465（23.5%）
均值（标准差）	1.92（0.73）	1.51（0.79）	1.70（0.67）	1.39（0.58）
方差分析结果	$t=9.63$，$p<0.001$		$t=6.07$，$p<0.001$	

以上结果表明，不管是工读学校还是普通学校的学生，男生身上表现出来的攻击行为均显著高于女生，而且不管哪种攻击行为类型，工读学校的男生、女生的攻击水平都比普通学校的男、女生要高。这与以往的研究部分一致：有研究比较工读男生和普通男生的攻击行为发现，和普通中学男生相比，工读男生表现出更多的躯体攻击，在间接语言攻击方面无显著差异（李青青、王赟、罗艳艳、杨世昌，2015）。但本研究结果揭示，工读男生在间接攻击行为方面也是显著高于普通男生的。

三　工读学生攻击行为的年龄发展特点

为了考察随着年龄增长，工读学生的攻击行为是否存在差异和变化趋势，分析各年龄组的均值，并以年龄组为自变量，攻击问卷的各维度得分及总分均值为因变量进行单因素方差分析，并检验其是否存在线性趋势，得到如下结果。

（一）身体攻击行为的年龄差异

分析不同年龄组的工读学生和普通学生在身体攻击行为对应选项上的评分详情，统计结果见表7-100～表7-115。

表 7 - 106　工读学生 13 岁及以下年龄组在身体攻击题目选项的评分详情统计

单位：人，分

问卷题目	从不	有时	经常	总是
我和别人打架	56	46	13	1
我攻击别人的身体	35	54	18	9
要是比我小的孩子故意惹我，我一定会反击	43	27	25	21
我欺负别人	36	48	27	5
我捉弄别人	37	50	26	3
总　计	207	225	109	39
均值（标准差）	1.97（$SD = 0.67$）			

表 7 - 107　工读学生 14 岁年龄组在身体攻击题目选项的评分详情统计

单位：人，分

问卷题目	从不	有时	经常	总是
我和别人打架	97	99	23	10
我攻击别人的身体	91	97	28	13
要是比我小的孩子故意惹我，我一定会反击	100	86	35	8
我欺负别人	100	88	31	10
我捉弄别人	95	95	30	9
总　计	483	465	147	50
均值（标准差）	1.79（$SD = 0.70$）			

表 7 - 108　工读学生 15 岁年龄组在身体攻击题目选项的评分详情统计

单位：人，分

问卷题目	从不	有时	经常	总是
我和别人打架	140	116	27	20
我攻击别人的身体	131	113	37	22
要是比我小的孩子故意惹我，我一定会反击	136	119	24	24
我欺负别人	136	99	46	22
我捉弄别人	136	115	31	21
总　计	679	562	165	109
均值（标准差）	1.80（$SD = 0.77$）			

表7-109　工读学生16岁年龄组在身体攻击题目选项的评分详情统计

单位：人，分

问卷题目	从不	有时	经常	总是
我和别人打架	75	76	21	9
我攻击别人的身体	74	71	27	9
要是比我小的孩子故意惹我，我一定会反击	72	70	29	10
我欺负别人	81	68	25	7
我捉弄别人	74	73	25	9
总　计	376	358	127	44
均值（标准差）	1.82（SD = 0.73）			

表7-110　工读学生17岁及以上年龄组在身体攻击题目选项的评分详情统计

单位：人，分

问卷题目	从不	有时	经常	总是
我和别人打架	28	40	10	1
我攻击别人的身体	31	38	7	3
要是比我小的孩子故意惹我，我一定会反击	26	29	19	5
我欺负别人	32	26	17	4
我捉弄别人	24	29	20	6
总　计	141	162	73	19
均值（标准差）	1.92（SD = 0.72）			

表7-111　普通学生13岁及以下年龄组在身体攻击题目选项的评分详情统计

单位：人，分

问卷题目	从不	有时	经常	总是
我和别人打架	369	109	14	26
我攻击别人的身体	388	76	21	33
要是比我小的孩子故意惹我，我一定会反击	358	110	21	29
我欺负别人	386	81	21	30
我捉弄别人	358	108	20	32
总　计	1859	484	97	150
均值（标准差）	1.44（SD = 0.76）			

表 7 – 112 普通学生 14 岁年龄组在身体攻击题目选项的评分详情统计

单位：人，分

问卷题目	从不	有时	经常	总是
我和别人打架	253	82	17	11
我攻击别人的身体	269	64	19	11
要是比我小的孩子故意惹我，我一定会反击	240	96	16	11
我欺负别人	277	58	18	10
我捉弄别人	242	87	19	15
总　计	1281	387	89	58
均值（标准差）	1.41（SD = 0.64）			

表 7 – 113 普通学生 15 岁年龄组在身体攻击题目选项的评分详情统计

单位：人，分

问卷题目	从不	有时	经常	总是
我和别人打架	81	20	6	5
我攻击别人的身体	87	16	5	4
要是比我小的孩子故意惹我，我一定会反击	74	26	8	4
我欺负别人	89	15	4	4
我捉弄别人	74	27	6	5
总　计	405	104	29	22
均值（标准差）	1.41（SD = 0.67）			

表 7 – 114 普通学生 16 岁年龄组在身体攻击题目选项的评分详情统计

单位：人，分

问卷题目	从不	有时	经常	总是
我和别人打架	36	13	5	3
我攻击别人的身体	38	10	4	5
要是比我小的孩子故意惹我，我一定会反击	32	14	8	3
我欺负别人	36	12	6	3
我捉弄别人	32	14	6	5
总　计	174	63	29	19
均值（标准差）	1.62（SD = 0.84）			

表 7 – 115　普通学生 17 岁及以上年龄组在身体攻击题目选项的评分详情统计

单位：人

问卷题目	从不	有时	经常	总是
我和别人打架	8	7	5	0
我攻击别人的身体	8	6	5	1
要是比我小的孩子故意惹我，我一定会反击	7	8	5	0
我欺负别人	8	7	5	0
我捉弄别人	8	5	7	0
总　计	39	33	27	1
均值（标准差）	1.90（$SD = 0.76$）			

分析不同年龄组在身体攻击行为上的得分，发现在工读学生中，13 岁及以下组的身体攻击均值为 1.97 分（$SD = 0.67$），14 岁组均值为 1.79 分（$SD = 0.70$），15 岁组为 1.80 分（$SD = 0.77$），16 岁组为 1.82 分（$SD = 0.73$），17 岁及以上组为 1.92 分（$SD = 0.72$）。单因素方差分析结果发现，不同年龄组间差异不显著（$F = 1.55$，$p > 0.05$）。

在普通学生中，13 岁及以下组的身体攻击行为均值为 1.44 分（$SD = 0.76$），14 岁组均值为 1.41 分（$SD = 0.64$），15 岁组为 1.41 分（$SD = 0.67$），16 岁组为 1.62 分（$SD = 0.84$），17 岁及以上组为 1.90 分（$SD = 0.76$），单因素方差分析发现不同年龄组之间差异显著（$F = 3.25$，$p < 0.05$），说明身体攻击行为在普通学生的不同年龄组间存在差异，事后分析发现 15 岁组显著低于 16 岁和 17 岁及以上组，线性趋势检验也发现线性上升趋势显著（$F = 11.20$，$p < 0.01$），但由于普通学生 16 岁和 17 岁及以上组人数太少，这种上升趋势没有进一步分析的意义。比较相同年龄组不同学生得分的差异发现，13 岁及以下、14 岁和 15 岁组工读学生身体攻击得分显著高于同年龄组普通学生。各年龄组均值和方差分析结果见表 7 – 116，变化趋势如图 7 – 8 所示。

表 7 – 116　不同年龄组身体攻击的差异分析

单位：分

年龄组	13 岁及以下	14 岁	15 岁	16 岁	17 岁及以上	不同年龄组间的方差分析
工读学生均值（标准差）	1.97（0.67）	1.79（0.70）	1.80（0.77）	1.82（0.73）	1.92（0.72）	$F = 1.55$，$p > 0.05$

续表

年龄组	13 岁及以下	14 岁	15 岁	16 岁	17 岁及以上	不同年龄组间的方差分析
普通学生均值（标准差）	1.44 (0.76)	1.41 (0.64)	1.41 (0.67)	1.62 (0.84)	1.90 (0.76)	$F = 3.25$, $p < 0.05$
同年龄组不同类型学生的方差分析	$t = 7.55$ $p < 0.001$	$t = 6.87$ $p < 0.001$	$t = 4.81$ $p < 0.001$	$t = 1.59$ $p > 0.05$	$t = 0.13$ $p > 0.05$	

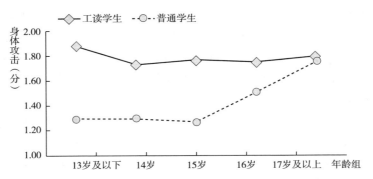

图 7 - 8 身体攻击得分在不同年龄组别上的变化趋势

通过以上结果可以得知，工读学生的身体攻击行为水平在不同年龄组之间差异不显著，说明工读学生的身体攻击行为水平一直维持在某个水平上，相对稳定。

（二）间接攻击的年龄差异

分析不同年龄组的工读学生和普通学生在间接攻击行为对应选项上的评分详情，统计结果见表 7 - 117 ~ 表 7 - 126。

表 7 - 117 工读学生 13 岁及以下年龄组在间接攻击题目选项的评分详情统计

单位：人，分

问卷题目	从不	有时	经常	总是
当我生某人气的时候，我让其他人也不喜欢他/她	41	49	22	4
当我生某人气的时候，我让别人也不和他/她玩	37	36	39	4

问卷题目	从不	有时	经常	总是
当我生某人气的时候，我在背后说他/她坏话	35	34	37	10
当我生某人气的时候，我就和别人玩，不理他/她	38	35	38	5
当我生某人气的时候，我把这个人的秘密告诉其他人	61	27	24	4
总　计	212	181	160	27
均值（标准差）	2.00（SD = 0.74）			

表 7 – 118　工读学生 14 岁年龄组在间接攻击题目选项的评分详情统计

单位：人，分

问卷题目	从不	有时	经常	总是
当我生某人气的时候，我让其他人也不喜欢他/她	85	104	28	12
当我生某人气的时候，我让别人也不和他/她玩	92	96	29	12
当我生某人气的时候，我在背后说他/她坏话	89	101	28	11
当我生某人气的时候，我就和别人玩，不理他/她	80	95	33	21
当我生某人气的时候，我把这个人的秘密告诉其他人	101	86	32	10
总　计	447	482	150	66
均值（标准差）	1.86（SD = 0.73）			

表 7 – 119　工读学生 15 岁年龄组在间接攻击题目选项的评分详情统计

单位：人，分

问卷题目	从不	有时	经常	总是
当我生某人气的时候，我让其他人也不喜欢他/她	128	121	32	22
当我生某人气的时候，我让别人也不和他/她玩	127	108	49	19
当我生某人气的时候，我在背后说他/她坏话	124	107	52	20
当我生某人气的时候，我就和别人玩，不理他/她	111	102	45	45

问卷题目	从不	有时	经常	总是
当我生某人气的时候，我把这个人的秘密告诉其他人	154	79	48	22
总　计	644	517	226	128
均值（标准差）	1.89（SD=0.83）			

表7-120　工读学生16岁年龄组在间接攻击题目选项的评分详情统计

单位：人，分

问卷题目	从不	有时	经常	总是
当我生某人气的时候，我让其他人也不喜欢他/她	70	72	27	12
当我生某人气的时候，我让别人也不和他/她玩	76	65	26	14
当我生某人气的时候，我在背后说他/她坏话	73	75	25	8
当我生某人气的时候，我就和别人玩，不理他/她	61	73	36	11
当我生某人气的时候，我把这个人的秘密告诉其他人	83	66	25	7
总　计	363	351	139	52
均值（标准差）	1.87（SD=0.74）			

表7-121　工读学生17岁及以上年龄组在间接攻击题目选项的评分详情统计

单位：人，分

问卷题目	从不	有时	经常	总是
当我生某人气的时候，我让其他人也不喜欢他/她	32	35	6	6
当我生某人气的时候，我让别人也不和他/她玩	33	31	12	3
当我生某人气的时候，我在背后说他/她坏话	27	28	20	4
当我生某人气的时候，我就和别人玩，不理他/她	25	30	21	3
当我生某人气的时候，我把这个人的秘密告诉其他人	32	24	19	4
总　计	149	148	78	20
均值（标准差）	1.92（SD=0.78）			

表 7 – 122　普通学生 13 岁及以下年龄组在间接攻击题目选项的评分详情统计

单位：人，分

问卷题目	从不	有时	经常	总是
当我生某人气的时候，我让其他人也不喜欢他/她	377	96	18	27
当我生某人气的时候，我让别人也不和他/她玩	381	83	26	28
当我生某人气的时候，我在背后说他/她坏话	351	114	25	28
当我生某人气的时候，我就和别人玩，不理他/她	312	149	26	31
当我生某人气的时候，我把这个人的秘密告诉其他人	371	97	21	29
总　　计	1792	539	116	143
均值（标准差）	1.46（SD = 0.76）			

表 7 – 123　普通学生 14 岁年龄组在间接攻击题目选项的评分详情统计

单位：人，分

问卷题目	从不	有时	经常	总是
当我生某人气的时候，我让其他人也不喜欢他/她	259	77	15	12
当我生某人气的时候，我让别人也不和他/她玩	265	69	16	13
当我生某人气的时候，我在背后说他/她坏话	234	101	15	13
当我生某人气的时候，我就和别人玩，不理他/她	180	134	31	18
当我生某人气的时候，我把这个人的秘密告诉其他人	262	65	20	16
总　　计	1200	446	97	72
均值（标准差）	1.47（SD = 0.67）			

表 7 – 124　普通学生 15 岁年龄组在间接攻击题目选项的评分详情统计

单位：人，分

问卷题目	从不	有时	经常	总是
当我生某人气的时候，我让其他人也不喜欢他/她	85	18	4	5

续表

问卷题目	从不	有时	经常	总是
当我生某人气的时候，我让别人也不和他/她玩	87	15	5	5
当我生某人气的时候，我在背后说他/她坏话	80	22	6	4
当我生某人气的时候，我就和别人玩，不理他/她	55	42	9	6
当我生某人气的时候，我把这个人的秘密告诉其他人	86	17	4	5
总　计	393	114	28	25
均值（标准差）	1.44（SD＝0.67）			

表7－125　普通学生16岁年龄组在间接攻击题目选项的评分详情统计

单位：人，分

问卷题目	从不	有时	经常	总是
当我生某人气的时候，我让其他人也不喜欢他/她	38	12	4	3
当我生某人气的时候，我让别人也不和他/她玩	36	11	7	3
当我生某人气的时候，我在背后说他/她坏话	28	19	7	3
当我生某人气的时候，我就和别人玩，不理他/她	25	20	8	4
当我生某人气的时候，我把这个人的秘密告诉其他人	35	12	6	4
总　计	162	74	32	17
均值（标准差）	1.66（SD＝0.83）			

表7－126　普通学生17岁及以上年龄组在间接攻击题目选项的评分详情统计

单位：人，分

问卷题目	从不	有时	经常	总是
当我生某人气的时候，我让其他人也不喜欢他/她	9	6	4	1
当我生某人气的时候，我让别人也不和他/她玩	9	6	5	0
当我生某人气的时候，我在背后说他/她坏话	7	10	3	0

问卷题目	从不	有时	经常	总是
当我生某人气的时候，我就和别人玩，不理他/她	5	8	7	0
当我生某人气的时候，我把这个人的秘密告诉其他人	8	8	3	1
总　计	38	38	22	2
均值（标准差）	1.88（SD = 0.67）			

　　分析不同年龄组在间接攻击行为上的得分，发现在工读学生中，13 岁及以下组的间接攻击行为均值为 2.00 分（$SD = 0.74$），14 岁组为 1.86 分（$SD = 0.73$），15 岁组为 1.89 分（$SD = 0.83$），16 岁组为 1.87 分（$SD = 0.74$），17 岁及以上组为 1.92 分（$SD = 0.78$）。单因素方差分析结果发现，不同年龄组间差异不显著（$F = 0.81$，$p > 0.05$）。

　　在普通学生中，13 岁及以下组的间接攻击行为均值为 1.46 分（$SD = 0.76$），14 岁组均值为 1.47 分（$SD = 0.67$），15 岁组为 1.44 分（$SD = 0.67$），16 岁组为 1.66 分（$SD = 0.83$），17 岁及以上组为 1.88 分（$SD = 0.67$），单因素方差分析发现不同年龄组之间差异显著（$F = 2.62$，$p < 0.05$），说明间接攻击行为在普通学生的不同年龄组间存在差异，事后分析发现 15 岁组显著低于 16 岁和 17 岁及以上组，线性趋势检验也发现线性上升趋势显著（$F = 8.81$，$p < 0.01$），但由于普通学生 16 岁和 17 岁及以上组人数太少，这种上升趋势没有进一步分析的意义。比较相同年龄组不同学生得分的差异发现，13 岁及以下、14 岁和 15 岁组工读学生间接攻击得分显著高于同年龄组普通学生。各年龄组均值和方差分析结果见表 7 - 126，变化趋势见图 7 - 9。

表 7 - 127　不同年龄组间接攻击的差异分析

单位：分

年龄组	13 岁及以下	14 岁	15 岁	16 岁	17 岁及以上	不同年龄组间的方差分析
工读学生均值（标准差）	2.00 (0.74)	1.86 (0.73)	1.89 (0.83)	1.87 (0.74)	1.92 (0.78)	$F = 0.81$, $p > 0.05$

续表

年龄组	13岁及以下	14岁	15岁	16岁	17岁及以上	不同年龄组间的方差分析
普通学生均值（标准差）	1.46 (0.76)	1.47 (0.67)	1.44 (0.67)	1.66 (0.83)	1.88 (0.67)	$F = 2.62$, $p < 0.05$
同年龄组不同类型学生的方差分析	$t = 7.10$ $p < 0.001$	$t = 6.45$ $p < 0.001$	$t = 5.19$ $p < 0.001$	$t = 1.67$ $p > 0.05$	$t = 0.24$ $p > 0.05$	

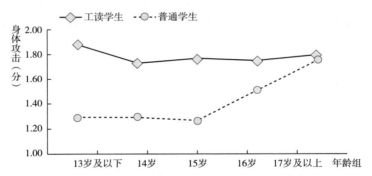

图7-9 间接攻击得分在不同年龄组别上的变化趋势

通过以上结果可以得知，工读学生的间接攻击行为水平在不同年龄组之间差异不显著，说明工读学生的间接攻击行为水平一直维持在某个水平上，相对稳定。

（三）总体攻击的年龄差异

分析不同年龄组的工读学生和普通学生在总体攻击行为得分上的差异发现，工读学生中13岁及以下组的总体攻击行为均值为1.98分（$SD = 0.68$），14岁组为1.82分（$SD = 0.68$），15岁组为1.85分（$SD = 0.77$），16岁组为1.84分（$SD = 0.69$），17岁及以上组为1.92分（$SD = 0.73$），方差分析检验结果发现不同年龄组间无显著差异（$F = 1.18$，$p > 0.05$）。

普通学生中13岁及以下组的总体攻击行为均值为1.45分（$SD = 0.75$），14岁组为1.44分（$SD = 0.63$），15岁组为1.42分（$SD = 0.65$），16岁组为1.64分（$SD = 0.82$），17岁及以下组为1.89分（$SD = 0.68$），方差分析检验结果发现不同年龄组间存在显著差异（$F = 3.01$，$p < 0.05$）。事后分析发现

15 岁组显著低于 16 岁和 17 岁及以上组，线性趋势检验也发现线性上升趋势显著（$F = 10.39$，$p < 0.01$）。普通学生 16 岁和 17 岁及以上组人数太少，这种上升趋势没有进一步分析的意义。比较相同年龄组不同学生得分的差异发现，13 岁及以下、14 岁和 15 岁组工读学生总体攻击得分显著高于同年龄组普通学生。各年龄组均值和方差分析结果见表 7 – 128 和图 7 – 10。

表 7 – 128　不同年龄组总体攻击的差异分析

年龄组	13 岁及以下	14 岁	15 岁	16 岁	17 岁及以上	不同年龄组间的方差分析
工读学生均值（标准差）	1.98 (0.68)	1.82 (0.68)	1.85 (0.77)	1.84 (0.69)	1.92 (0.73)	$F = 1.18$, $p > 0.05$
普通学生均值（标准差）	1.45 (0.75)	1.44 (0.63)	1.42 (0.65)	1.64 (0.82)	1.89 (0.68)	$F = 3.01$, $p < 0.05$
同年龄组不同类型学生的方差分析	$t = 7.53$ $p < 0.001$	$t = 7.03$ $p < 0.001$	$t = 5.18$ $p < 0.001$	$t = 1.67$ $p > 0.05$	$t = 0.19$ $p > 0.05$	

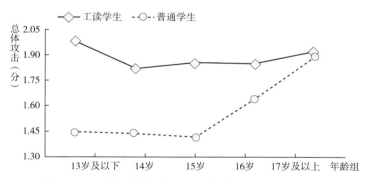

图 7 – 10　总体攻击得分在不同年龄组别上的变化趋势

四　小结

通过对照普通学生的攻击性行为表现，首先本研究发现工读学生的总体攻击行为、身体攻击和间接攻击两种类型的攻击行为均高于普通学生，工读学生身上表现出的攻击行为比普通学生更多一些。曾有研究者对比工读学校男生与普通学校男生的攻击行为，也发现工读男生表现出更多的攻击行为，工读学校学生大都存在问题行为或轻微的违法犯罪行为，较普通中学生更难于管束（李青青等，2015）。因此，工读学校学生表现出更多的攻击行为不难理解。

其次，在性别差异方面，不管是工读学校还是普通学校的学生，男生身上表现出来的攻击行为均显著高于女生，这与以往的研究部分一致。曾有研究者认为，如果算上间接攻击方式，女生的攻击水平可能并不低于男生。但本研究发现并非如此，男生的间接攻击水平也是要高于女生的，毕竟进入青少年阶段后，间接攻击或关系攻击是攻击行为的主要表现形式。不管是从生理激素角度分析，还是从社会角色理解，男生表现出更多攻击性行为都是正常的现象。

最后，在年龄差异方面，本研究结果发现工读学生的总体攻击行为和不同类型攻击行为在不同年龄组之间差异均不显著，这表明工读学生的攻击行为总体上维持在一个相对稳定的水平，不存在显著的上升或下降趋势。

第四节　对策和建议

青少年经历着生理、心理和社会环境的变化，其亲社会行为的发展是其成年后建立良好人际关系及心理健康、和谐发展的重要基础，而青少年的攻击行为则会给他们的学习和生活带来负面影响，并进一步对校园安全和家庭幸福造成消极影响。

根据本研究所呈现的结果分析可以得知，工读学生在亲社会行为表现方面不如普通学生积极，而且表现出的攻击行为比普通学生更多。从总体上看，工读学生在社会性行为方面更加消极，他们表现出了更少的遵规守纪和合作助人行为，做出了更多伤害侮辱、欺负排斥他人的行为。

采取措施促进青少年的亲社会行为发展，减少攻击性行为的发生，将有助于他们更好地适应社会，为他们的终生发展奠定基础。为了促进工读学生的积极发展，我们在此分别针对促进工读学生的亲社会行为和减少其攻击性行为提出对策和建议。

一　促进亲社会行为的建议

对工读学生亲社会行为的培养，应该针对他们的生活环境、行为发展特点，从他们认可的亲社会行为、日常行为着手。只有联合家庭、学校以及社会的力量共同建立亲社会行为的干预模式，才能行之有效。

第一，创建亲密和谐的家庭氛围。良好的家庭环境能促使个体产生遵守规则、乐于分享、诚信友善、乐于助人等亲社会行为。绝大多数生活在良好的家庭道德环境中的儿童，能够潜移默化地将亲社会行为的价值观和价值信念内化。他们通过观察学习，或在父母有意识地培养下，会逐渐地形成道德义务感。作为孩子最为重要的教育者和启蒙者，父母的日常行为对于孩子的影响是极为明显的，对此父母应该积极地对孩子进行正确的引导，以合理科学的教养方式教育孩子，尽可能给予孩子一定的温暖，避免过度保护、惩罚拒绝等消极的教养方式，给孩子营造一个富有情感温暖和关怀的成长环境，让孩子感受到更多来自家庭的温暖，使其形成积极的人生态度，养成富有同情心、助人、合作的良好品质。

第二，加强亲社会行为的学校教育。亲社会行为是个体社会化发展的一个重要指标，学校应加强对学生亲社会行为的培养，这不仅有助于良好人际关系和良好社会品德的形成，还有助于个体的学业进步和自我发展。首先，学校应该利用多种宣传途径进行亲社会行为主题教育，让学生意识到亲社会行为的利他性和互惠性是并存的，助人者在帮助他人解除困境的同时，其自我价值感也得到提升。只有认同这一点，在与人交往的过程中，才能逐渐形成分享，合作、助人、共赢的良好品质。其次，学校可以开展丰富多彩、有益于身心健康的文体活动，从人际交往的角度来完善学生的人格。学生亲社会行为的形成与良好的人际关系有很强的关联性，需要促使他们建立健康向上、和谐友好的人际关系，从而促进其亲社会行为的发展。最后，学校应该更加注重开展丰富多样的道德实践活动，如参加慈善一日捐、环保宣传、敬老院帮助孤老、植树造林、社区公益劳动等志愿者活动，让工读学生全面深刻地体验亲社会行为，从而提升他们的亲社会价值倾向。

第三，以社会为主导，为所有青少年创造健康的道德成长环境。工读学生的教育问题涉及家庭、学校和社会等多方面，从社会职能上，社会各界和各级相关部门在思想上需要形成统一的认识，在工作上需要积极协调配合，如此才能为所有孩子的健康成长创造良好的道德成长环境。全社会应倡导和鼓励符合道德准则的行为，运用强大的传媒舆论力量，打击歪风邪气，形成扶正祛邪、扬善惩恶的社会环境；应加强儿童和青少年娱乐场所和文化活动场所的建设和管理，净化学生的生活环境，为孩子健康成长营造良好的社会风气和环境。

二 减少攻击性行为的建议

（一）营造非攻击性的环境

从影响攻击性行为的情境因素分析，减少青少年生活场所的攻击刺激对于降低攻击性行为很重要。所谓攻击刺激，是指那些与攻击反应有关的物体，一旦出现，就会增加攻击行为的可能性。要做到减少攻击刺激，首先教室里、活动场所尽量不要摆放刀剑枪械、坦克等带有攻击性意味的玩具，降低"武器效应"对学生的负面影响，这是减少学生攻击行为简单有效的方法。其次，对于孩子们比较喜欢的游戏区、活动区，以及人员比较集中的洗手间、阅读区、就餐区等地，学校要尽可能提供充足的空间，减少学生之间因为冲撞、拥挤等偶然事件导致的敌意冲突。最后，学校应提供充足的球类、跳绳等玩具和洗手盆、直饮水器、厕位等公共资源，避免学生之间因争抢资源而发生不必要的冲突（刘思硕，李勇，宋广文，2019）。

（二）合理使用惩戒手段来惩治攻击

心理学研究结果表明，惩罚确实能够起到威慑的作用，但需要两个理想条件作为基础。一是惩罚必须是迅速而确切的，二是惩罚必须是学生难以逃避的。这两条在现实生活中都比较难以实现。使用惩罚来惩治欺凌或者攻击行为，往往导致更多的攻击行为。因此应该使用合理的惩戒手段来应对孩子的攻击行为，有研究显示，轻度惩罚的威胁（强度只足以使小孩暂时停止不适当的行为），能够促使儿童认为这些限制是恰当的，从而可以使那些攻击行为对孩子的吸引力下降。在欧洲国家的反欺凌项目中，发现采取轻微惩罚、对欺负弱小者集中治疗、同父母商量等方法，坚持 20 个月之后可以使欺凌事件数量减少一半。

2019 年 11 月，教育部发布关于《中小学教师实施教育惩戒规则（征求意见稿）》，未来教师可以对违规违纪、言行失范的学生进行制止、管束或者以特定方式予以纠正，这些合理惩戒手段的使用对校园攻击和暴力行为将起到积极的干预作用。

（三）引导攻击者进行合理归因和正确认知

指导高攻击性的青少年调整和改变敌意归因倾向，对于遏制青少年的攻击和欺凌行为有着积极的意义。具体方法为：（1）寻找与伤害相关的非敌意线索，帮助青少年多元化地看待一些伤害或冲突行为，引导他们的敌意归因向着更加积极的归因方向转化；（2）增强应对冲突的非攻击性解决方式的认知；（3）培养同理心，通过心理健康课、德育课、班会课，运用角色扮演等手段，让学生分别体验攻击行为的实施者、受害者和旁观者的角色，感受不同角色尤其是受欺凌者的心理，增强他们的同理心。

（四）培养青少年沟通与解决问题的技能

那些倾向于通过攻击和暴力手段来解决人际问题的青少年，大都缺乏适当的社会技巧。减少校园攻击和暴力的重要方法之一就是，教导孩子们如何以建设性的方法来表达愤怒与批评，如何在人际冲突时加以协调与妥协，如何对别人的合理需求和欲望更加敏感。具体方法有：（1）引导学生学会控制愤怒情绪，教会他们一些控制情绪的方法和策略。如，尽可能精确地把问题定义清楚；列出可能的解决方法；评估每种方法成功的可能性；选择一种方法并实施；评价这种方法的成功程度，在需要时进行调整。（2）引导学生运用积极方法使愤怒情绪消散，如深呼吸、数数或者从事其他分心的事情（听音乐、散步、帮助别人）能够有效消散怒气；或者以清楚、公开、不具有惩罚性的方法表达对同学的愤怒，比如指导高攻击性青少年为自己的欺凌行为向受欺凌者道歉。这些做法能够促进学生之间更多地相互了解并加深他们之间的友谊。

（五）指导青少年合理接触电子媒介

看电视和上网是儿童青少年生活的一部分，合理引导儿童青少年接触电子媒介，能够促进他们健康成长。具体方法有：（1）合理控制青少年看电视和上网的时间，必要的话，可以制定允许孩子看电视和上网的时间表，让孩子有节制地接触电子产品。（2）关注青少年观看的电视节目和网络游戏。父母尽可能了解孩子玩的网络游戏，确定是否符合孩子的年龄特点。要想办法为孩子安排一些能够激发他们想象力和创造力的游戏或活动，促进他们思维发展。（3）引导青少年多看一些表现积极社会行为和态度的节目。（4）与孩子一起讨论电视中的社会冲突和暴力解决方式。引导孩子思考电视中哪些方面是不真实的？为什么攻击性行为在现实生活中是有害的？鼓励孩子对这些情境和问题提出更加成熟、合理、务实和积极的见解。

综上所述，防治青少年的攻击性行为问题是一个长久的系统工程，要想取得实效，需要以科学的理论为指导，以实践研究为基础，制定符合青少年人格心理发展特点的防治措施，并坚定不移地执行下去。

参考文献

Barr，J. J. & Higgins – D'Alessandro，A.（2009）. How Adolescent Empathy and Prosocial Behavior Change in The Context of School Culture: A Two – year Longitudinal Study. *Adolescence*, 44 (176): 751 – 772.

Batool, S. S. (2013). Lack of Adequateparenting : A Potential Risk Factor For Aggression among Adolescents. *Pakistan journal of Psychological Research*, 28.

Brown, J. D. , Novick, N. J. , Lord, K. A. & Richards, J. M. (1992). When Gulliver Travels: Social Context, Psychological Closeness, and Self – appraisals. *Journal of Personality and Social Psychology*, 62 (5): 717 – 727.

Chang, L. (2003). Variable Effects of Children's Aggression, Social Withdrawal, and Prosocial Leadership as Functions of Teacher Beliefs and Behaviors. *Child Development*, 74 (2), 535 – 548.

Craig, I. W. (2007). The Importance of Stress and Genetic Variation in Human Aggression. *Bioessays*, 29 (3), 227 – 236.

Connolly, S. D. , Paikoff, R. & Buchanan, C. M. (1996). Logical and psychosocial Processes in Adolescence. *Psychosocial Development during Adolescence*, (8): 259 – 299.

Eisenberg, N. & Fabes, R. A. (1998). Prosocial Development. *Handbook of Child Psychology*, *vol.* 3: *Social, Emotional, and Personality Development*, (5): 701 – 778.

Infante, D. A. & Wigley, C. J.. (1986). Verbal Aggressiveness: An Interpersonal Model and Measure. *Communication Monographs*, 53 (1), 61 – 69.

Loeber, R. , Wung, P. , Keenan, K. , Giroux, B. , Stouthamer – Loeber, M. & Van Kammen, W. B. , et al. (1993). Developmental Pathways in Disruptive Child Behavior. *Development & Psychopathology*, 5 (103): 1 – 2

Piotrowska, P. J. , Stride, C. B. , Croft, S. E. & Rowe, R. (2015). Socioeconomic Status and Antisocial Behaviour among Children and Adolescents: A Systematic Review and meta – analysis. *Clinical Psychology Review*, (35): 47 – 55.

Simmons, R. G. , & Blyth, D. A. (2009). Moving into Adolescence: the Impact of Pubertal Change and School Context. *Aldinetransaction*, 28 (10), 814 – 815.

Stein, B. D. , Jaycox, L. H. , Kataoka, S. , Rhodes, H. J. & Vestal, K. D. (2003). Prevalence of Child and Adolescent Exposure to Community Violence. *Clinical Child & Family Psychology Review*.

董奇, 林崇德. (2011). 中国6~15岁儿童青少年心理发育关键指标与测评. 科学出版社.

葛高飞. (2011). 中学生亲社会行为家族影响因素的探究与分析. 北京林业大学博士学位论文.

冀云, 刘晓明, 马艳杰. (2009). 未成年犯的攻击性及相关因素. 中国心理卫生杂志, 23 (11), 828 – 829.

寇彧，张庆鹏．（2006）．青少年亲社会行为的概念表征研究．社会学研究，（5），169－187.

李晋．（2016）．父母教养方式对初中生利他行为的影响：人格与共情的中介作用．山东师范大学硕士学位论文．

李青青，王赟，罗艳艳，杨世昌．（2015）．工读男生与普通男生攻击性行为的对照研究．四川精神卫生，（02），17－20.

李闻戈（2007）．工读学生攻击性行为社会认知特点的研究．华东师范大学博士学位论文．

刘思硕，李勇，宋广文．（2019）．青少年的暴力与欺凌：人格心理学的分析与对策．预防青少年犯罪研究，06，10－18.

刘志军，张英，谭千保．（2003）．高中生的自我概念、父母教养方式与其亲社会行为的关系研究．湘潭师范学院学报（自然科学版），25（3），112－115.

路琦．（2020）．青少年问题行为的影响因素分析．青少年问题行为研究．社会科学文献出版社，47.

聂衍刚，李祖娴，万华，胡春香．（2012）．中学生生活压力事件人格特质与攻击行为的关系．中国学校卫生，33（012），1464－1467.

苏丽梅．（2017）．乡镇中学初中生家庭教养方式、道德推脱与亲社会行为的关系研究．云南师范大学硕士学位论文．

王丽．（2003）．中小学生亲社会行为与同伴关系、人际信任、社会期望及自尊的关系研究．陕西师范大学硕士学位论文．

王良纯，符明弘，张娜，王亚琳．（2014）．昆明市流动儿童歧视知觉与应对方式．中国健康心理学杂志，（6），142－144.

王益文，林崇德，张文新．（2004）．儿童攻击行为的多方法测评研究．心理发展与教育，（2），69－74.

吴亚东．（2017）．高中生父母教养方式、自立人格和亲社会行为的关系研究．哈尔滨师范大学硕士学位论文．

张梦圆，杨莹，寇彧．（2015）．青少年的亲社会行为及其发展．青年研究，（4），10－18.

张铭迪，刘文．（2012）．青少年初期亲社会行为的影响因素．社会心理科学，27（8），7－12.

张艳梅．（2018）．青少年攻击行为的遗传易感性、环境影响因素及其交互作用研究．华中科技大学博士学位论文．

赵容．（2013）．初中生亲子关系、感戴与亲社会行为的关系研究．河南大学硕士学位论文．

第三编 自我与虚拟社会的关系

网络虚拟社会深深影响着当今青少年的学习、生活，并与青少年的健康成长息息相关。中国青少年研究中心和中国教育学会专门（工读）教育分会联合组织的"行为规范与青少年犯罪预防研究"，对包括专门（工读）学校学生、普通学校学生，以及专门（工读）学校教师、普通学校教师在内的5251名被试分类进行了问卷调查分析（路琦，2020），结果显示，"每天上网时间不到1小时"的专门（工读）学校学生、普通学校学生分别占14.2%、41.9%，"每天上网超过6小时"的专门（工读）学校学生、普通学校学生分别占29.9%、6.4%；对"哪些因素加剧青少年不良行为或严重不良行为"问题，无论是专门（工读）学校教师群体还是普通学校教师群体，选择"不能正确利用网络"的人数最多，均超过1/3，分别是36.9%、35.2%；与普通学校学生相比，专门（工读）学校学生有更多的网络偏差行为和更多的网络成瘾表现，学习生活更多地被互联网改变和打乱。中国预防青少年犯罪研究会近年来的多次调研也都显示，未成年人犯罪超过70%与网络有关。研究者（马晓辉，雷雳，2012）对1107名青少年使用社交网站的比例进行分析，发现其中拥有QQ空间的有917人，比例占到82.3%。

　　深入研究专门（工读）学校学生与网络虚拟社会的关系，对教育挽救这些有"特殊问题青少年"（路琦，2019）至关重要。对此，中国青少年研究中心和中国教育学会专门（工读）教育分会再次联合组织开展相关调研，对比考察普通学校学生和专门（工读）学校学生的相关情况，获得了大量宝贵的第一手资料和数据。本篇主要呈现的是在线人际交往和在线行为等方面的调查研究内容。

第八章 虚拟社会中的人际交往和人际关系

第一节 问题提出

一 在线人际交往

在线人际交往属于虚拟网络社会中的人际交往。随着在线互动技术的迅猛发展，网络虚拟空间使人类的交往方式、交往结构和交往形式发生了巨大的变化。虚拟社会中的人际互动作为人际交往的一种新形式，具有虚拟性、快捷性和开放性等优势。有研究者（李好永，2008）总结了虚拟社会中人际交往的特点，认为虚拟社会的人际交往超越时空和地域的限制，消除了"这里"和"那里"的界限，拓展了人际交往的范围，加速了信息的传播，使人际交往具有虚拟性、广泛性、开放性、间接性、随意性，并且具有信息传输速度快、交往成本低等特点。具体来说，包括：（1）虚拟社会中的人际交往范围得以最大化，赋予人际交往更广泛的意义和内涵上的升华，使各种关系也变得越来越复杂。（2）虚拟社会中的人际交往需借助计算机和网络以"主体—符号—客体"的间接方式进行。这就要求交往的主体和对象必须具备交往工具，即上网条件和上网知识。传统的在线人际交往主要包括电子邮件、网上在线聊天室、网上电子公告板等，随着移动互联网的发展和智能手机的普及，博客、微博、QQ、微信、抖音、快手等社交平台更加受到年轻用户的喜爱。（3）网络环境的虚拟性导致交往者的身份虚拟化、多样化、复杂化和交往方式的间接性、抽象性，交往主体和客体都是人为塑造出来的虚拟角色，"每个人在网络上的形象成为人们自己想象的产品和自己调整的客体"。（4）虚拟社会的人际交往动机主要是以减轻压力、克服孤独、获得社会支持、情感交流、发泄等为目的。（5）虚拟社会的人际交往更加自由开放，主体可以按照自己的意愿发表言论，表达思想感情，展示个性，以精神交往为主。

二 社交网站使用

在线人际交往最主要的是社交网站及其网络应用。社交网站（Social Network Sites, SNS）是一种旨在帮助人们建立社会网络的互联网服务平台，主要目的是提供社交网络服务（Lenhart & Madden, 2007）。社交网站是一种集留言、相册、日志、音乐、视频等各种技术于一体的网络服务形式（Livingstone, 2008）。用户在社交网站上的行为，比如更新状态、发布新照片和日志等行为都会作为新鲜事出现在好友的首页中，好友通过自己的主页进行回复，从而很容易达到互动的效果。现在中国大陆流行的社交网站有很多，为了确定青少年使用比较多的社交网站，研究者（马晓辉、雷雳，2012）曾对245名青少年进行了预调查。结果显示，在国内现有的比较受欢迎的社交网站中，被试中有97.1%的人都在使用QQ空间，因此研究者当时选择QQ空间作为青少年最常使用的社交网站进行研究。

（一）青少年社交网站使用状况

1. 近90%青少年热衷于使用社交网站

研究者（马晓辉，雷雳，2012）对1107名青少年使用社交网站的比例进行分析，发现其中拥有QQ空间的有917人，比例占到82.3%；另有190人没有开通QQ空间服务，在这190人中有69人表示有人人网、开心网或者其他类型的社交网站账户；只有121人没有使用任何社交网站。所以使用社交网站的青少年所占的比例为89.1%。这表明社交网站已经成为大多数青少年网民都偏爱的网络服务之一，跟国外对于青少年群体的研究结果一致（Hargittai, 2007）。可见，对于青少年群体来说，社交网站已经逐渐成为他们普遍使用的网络服务之一。

通过对青少年使用QQ空间的频率和时间分析，发现有20.7%的青少年每天登录QQ空间至少一次，每周都会登录QQ空间的比例达到59%，表明超过半数的青少年每周都会使用社交网站服务。分析青少年登录QQ空间后停留的时间，发现32.4%的人每次在社交网站中停留的时间为10~20分钟，有10.8%的个体每次在QQ空间消耗超过1个小时的时间。

2. 青少年使用社交网站意在自我和人际

分析青少年最喜欢的QQ空间服务，发现青少年最喜欢的QQ空间模块为日志（67.4%）、相册（58.3%）、说说（58.3%）和留言板（52.9%），这四种类型的QQ空间服务选择人数均超过50%。

进一步分析发现，青少年登录QQ空间后最经常做的事情为关注朋友动态、回复留言和评论、浏览好友空间、更新说说，这四种行为比例均超过40%，而更新皮肤和个人形象、分享信息是最少做的事情。这表明青少年使用社交网站的最主要目的还是跟朋友交流，尝试新鲜事物和分享信息则相对比较次要。

分析青少年QQ空间内被好友或他人留言的情况发现，没有留言和评价的占2.9%，很少留言评价的占46.2%，经常有留言和评价的占49.4%。这表明90%以上青少年的QQ空间有人留言和评价，他们能够通过个人主页得到他人的支持。

3. 男生更好娱乐服务，女生则爱社交服务

在最喜欢的社交网站服务方面，女生比男生更喜欢相册和说说，而男生比女生更喜欢音乐盒和城市达人服务。在最常做的事情方面，女生比男生更经常更新说说、上传照片、关注朋友动态、浏览他人空间和查看回复留言，而男生比女生更经常分享信息。

这表明青少年女生更喜欢使用社交网站的社交服务，而男生更喜欢娱乐性质的服务。国外多项针对大学生的研究结果也表明，女性比男性使用社交网站的比例更高（Hinduja & Patchin，2008），而且女性更容易过度使用社交网络（Barker，2009）。总体上说，年轻男性和女性在使用社交网站上表现出不同的特点（Lenhart & Madden，2007）。对青少年在社交方面的性别差异研究显示（Valkenburg，Sumter & Peter，2011），男、女生在自我表现的能力发展方面有显著差异，对于女生来说，无论是在网络中还是在面对面交往中，她们表现的水平在10～11岁时显著提高，直到青少年中期开始维持比较稳定的水平；男生虽然也有同样的发展趋势，但是他们的发展时间要比女生晚两年。

4. 青少年对社交服务的重视随年级上升

首先，分析不同年级青少年最喜欢的QQ空间服务的差异情况，发现青少年对说说板块的喜欢程度随年级升高而增长；而对音乐盒、礼物和秀世界的喜欢程度随年级升高而呈下降趋势。这表明，随着年级的升高，青少年越来越喜欢可以随时发表心情或想法的说说服务，而对音乐盒、礼物和秀世界的兴趣则随年级升高而减少。

其次，对青少年登录QQ空间后最常做的事情进行年级差异比较分析发现，随着年级增长，关怀好友动态、查看和回复留言、更新说说三种行为呈增长趋势，而分享、更新皮肤和个人形象两种行为则呈减少趋势。这种结果意味着，到了青少年后期，他们越来越将社交网站作为跟朋友交流的工具，

而不是娱乐消遣的工具。

（二）青少年社交网站使用的特点

为了详细考察青少年在社交网站中的使用行为表现，研究者（马晓辉、雷雳，2012）选取了100名青少年为被试，对他们在QQ空间中展现的内容进行了逐个分析，发现可以将青少年的主要使用行为分为人际交流和娱乐消遣两方面（虽然两者也有交融），其中人际交流部分包含了青少年展示自我和与来访者互动的各种形式；娱乐消遣部分包含了青少年通过QQ空间服务去浏览信息、共享网络资源等形式。

1. 人际交往方面

首先，从自我展示方面来看，88.3%的青少年主动对自己的QQ空间进行了风格化管理，希望自己的个人主页更加绚丽多彩、与众不同，表明大部分青少年将QQ空间作为展示自我的一个地方。

在个人兴趣爱好方面，有71.4%的青少年在QQ空间中公开了自己感兴趣的链接信息，这些信息包括QQ的其他服务、明星主页、运动热点新闻等，是青少年通过QQ空间进行娱乐消遣和获取相关信息的体现。

有42.9%的人使用秀世界模块服务，这也是一种青少年展示自我的方式。国外一项对Facebook的内容分析研究结果也表明，有8%的人在年龄问题上作假（Hinduja & Patchin，2008），45%的个人主页是用户自主定义的，也就是经过个性装扮的。

其次，从人际交流的服务内容方面来看，关于日志情况，青少年的大部分日志并非自己写的，而是分享和转载其他网友的日志内容。相应的，这种情况也导致日志的被评论率不高，对青少年来说，那些分享和转载的日志更多的是一种存储感兴趣信息的方式，并非展示自我、与他人交流的方式，因此少有人评论也很正常。

所有的青少年都发表说说，85.7%的人发表的说说会有熟人进行评论，也就是说绝大多数青少年通过发表说说和回复评论来跟好友交流。

最后，在人际间信息交往的服务方面，从QQ空间的留言板内容的分析结果来看，几乎所有的空间都会有人留言，从内容看留言的人大部分是青少年熟悉的朋友和同学。

所有参与调查的青少年都使用了礼物功能，即便没有送出过礼物，最少的也收到过2份礼物，可见通过QQ空间互送礼物是非常普遍的行为，可以促进青少年跟朋友的情感交流。

2. 娱乐消遣方面

首先，对 QQ 空间中的音乐盒内容进行分析，发现有 40.3% 的青少年选择自己喜欢的音乐信息，这表明近半数的青少年通过 QQ 空间的音乐盒网络服务欣赏音乐。

其次，青少年比较热衷于分享网络资源，80.5% 的青少年都有自己的分享链接，他们比较喜欢通过分享途径来了解新信息，学习新知识；有 68.8% 的人参与过网络投票，但绝大多数人只是喜欢参与他人发起的投票，通过这种投票可以获得乐趣，获取新信息。

三　在线人际交往对青少年发展的影响

现实世界中的人际交往是直接的、生动的、具体的、真实的、个性化的、全面的、封闭式的交往，使人能够感受世界的真实，有利于增强人际间的情感，提高交往能力，促使其服从社会伦理道德规范，建立良好的信任关系，促进人际关系向着稳定、健康、有序的方向发展。但这种人际交往的规则具有强大的约束力，需要承担较多的责任，会形成压力，使个体处于紧张之中，引导不当会引起心理障碍。而对于"虚拟社会"人际交往存在两种评价。一种评价认为"虚拟社会"人际交往打破了地域、时空和责任压力的界限，扩大了交往范围，有利于缓解各种矛盾引发的面对面的冲突，减轻责任压力，满足个体自我宣泄的欲望，使人们尽享沟通无限的乐趣。另一种评价则认为这种交往方式具有简单片面性，导致人际情感的疏远，"造成社会知觉的模糊性"，"使人与人之间的信任度降低，归属感变差"，产生信任危机，"使网民的社会卷入减少，心理幸福感降低，表现为孤独感和抑郁感的增加"，以及产生网络行为失范等社会问题，并容易使人沉溺其中，引发心理病变——网络成瘾。

四　工读学生在线人际交往的测评

综上所述，随着移动通信和无线网络技术的迅猛发展，在线人际交往在生活中成为普遍现象。在线人际交往基于共同兴趣，激发了人际交往的主动性，扩展了人际交往的范围，促使个体不断实现自我完善（田丽，安静，2013）。目前智能手机在青少年中基本普及，智能手机使用改变了青少年的人际交往对象、方式和内容，使在线人际交往成为青少年人际交往的重要组成部分。智能手机的普及，也使各种手机社交软件成为人们人际交往的重要工具。在中国，微信、短视频（抖音、快手）等社交网络应用备受青少年网民的追捧（蒋谊，陈欣，杨宇航，2016；华红林，2020）。工读学生的智能手机、微信、短视频（抖音、快手）使用具有哪些特点，以往鲜有研究报道。本研究对工读学生的在线人际交往状况进行调查，并与普通学生进行比较，从而了解工读学生在线人际交往的特点，为进一步改善工读学生的在线人际交往提供有针对性的依据和建议。

（一）智能手机使用

1. 测评样本

本次调研选择国内的工读学生 1024 名，其中女生 272 名，男生 752 名；普通学生 1251 名，其中女生 597 名，男生 654 名。

从年龄上来看，工读学生平均年龄 14.92 岁，标准差为 1.31 岁；普通学生平均年龄 13.84 岁，标准差为 1.59 岁。为了方便统计和分析，将不同年龄的学生分为：13 岁及以下、14 岁、15 岁、16 岁、17 岁及以上五组。除去年龄缺失的学生 67 名，1024 名工读学生的年龄分布为：13 岁及以下 118 人，14 岁 245 人，15 岁 349 人，16 岁 224 人，17 岁及以上 88 人；1251 名普通学生的年龄分布为：13 岁及以下 554 人，14 岁 414 人，15 岁 174 人，16 岁 81 人，17 岁及以上 28 人。各年龄组分别在两类学生中的占比如图 8 - 1 和图 8 - 2 所示。

2. 测评工具

课题组参考 Kwon 等人（2013）编制的智能手机依赖简版量表（Smartphone Addiction Scale – Short Version，SAS – SV）与项明强、王梓蓉和马奔（2019）翻译修订的简版智能手机依赖量表，编制了《青少年智能手机使用问卷》。该问卷设定一个维度，共包含 10 个项目，每个项目按"完全不符

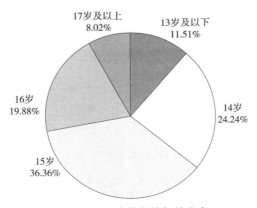

图 8 - 1　工读学生的年龄分布

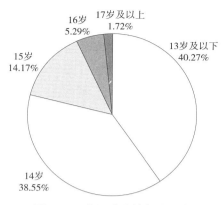

16岁
5.29%
17岁及以上
1.72%
15岁
14.17%
13岁及以下
40.27%
14岁
38.55%

图 8－2　普通学生的年龄分布

合、很不符合、基本不符合、不确定、基本符合、很符合"顺序进行"1、2、3、4、5、6"六级评分，将各项目评分相加得问卷总分，根据各项目分数之和求均值，再进一步计算标准差、比较工读学生和普通学生两个群体的差异性。

（二）微信使用

1. 测评样本

本次调研选择国内的工读学生 1025 名，其中女生 267 名，男生 758 名；普通学生 990 名，其中女生 443 名，男生 547 名。

从年龄上来看，工读学生平均年龄 14.91 岁，标准差为 1.21 岁；普通学生平均年龄 13.91 岁，标准差为 1.09 岁。为了方便统计和分析，将不同年龄的学生分为：13 岁及以下、14 岁、15 岁、16 岁、17 岁及以上五组。除去年龄缺失的学生 67 名，1025 名工读学生的年龄分布为：13 岁及以下 165 人，14 岁 196 人，15 岁 330 人，16 岁 232 人，17 岁及以上 102 人；990 名普通学生的年龄分布为：13 岁及以下 466 人，14 岁 285 人，15 岁 136 人，16 岁 69 人，17 岁及以上 34 人。各年龄组分别在两类学生中的占比如图 8－3 和图 8－4 所示。

2. 测评工具

课题组编制了《青少年微信使用状况调查问卷》。该问卷设定一个维度，共 11 个题目，每个题目按"非常不符合、比较不符合、不确定、比较符合、非常符合"顺序进行"1、2、3、4、5"五级评分，将各题目评分相加得问卷总分，根据各题目分数之和求均值，再进一步计算标准差，比较工读学生和普通学生两个群体的差异性。

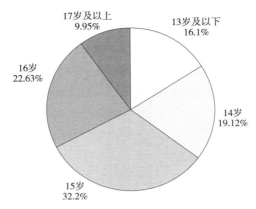

图 8-3　工读学生的年龄分布

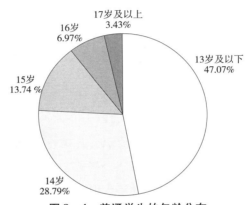

图 8-4　普通学生的年龄分布

（三）短视频使用（抖音）

1. 测评样本

本次调研选择国内的工读学生 944 名，其中女生 226 名，男生 718 名；普通学生 813 名，其中女生 366 名，男生 447 名。

从年龄上来看，工读学生平均年龄 15.04 岁，标准差为 1.32 岁；普通学生平均年龄 13.96 岁，标准差为 1.66 岁。为了方便统计和分析，将不同年龄的学生分为：13 岁及以下、14 岁、15 岁、16 岁、17 岁及以上五组。除去不使用抖音或年龄缺失的学生 125 名，944 名工读学生的年龄分布为：13 岁及以下 92 人，14 岁 183 人，15 岁 345 人，16 岁 227 人，17 岁及以上 97 人；除去不使用抖音或年龄缺失的学生 218 名，813 名普通学生的年龄分布为：13 岁及以下 340 人，14 岁 255 人，15 岁 119 人，16 岁 70 人，17 岁及以上 29 人。各年龄组分别在两类学生中的占比如图 8-5 和图 8-6 所示。

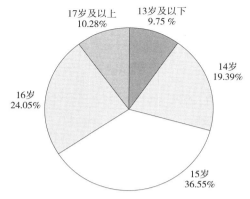

图 8 – 5　工读学生的年龄分布

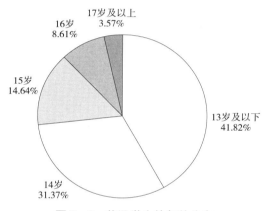

图 8 – 6　普通学生的年龄分布

2. 测评工具

课题组选用的测评工具分为两部分：一是基本信息，包括：（1）抖音好友数量，按照"0 = 小于 10，1 = 11 ~ 50，2 = 51 ~ 100，3 = 101 ~ 150，4 = 151 ~ 200，5 = 201 ~ 250，6 = 251 ~ 300，7 = 301 ~ 400，8 = 大于 400"进行选择和计分；（2）过去一周平均一天花费在使用抖音上的时间，按照"0 = 小于 10 小时，1 = 10 ~ 30 小时，2 = 31 ~ 60 小时，3 = 1 ~ 2 小时，4 = 2 ~ 3 小时，5 = 大于 3 小时"进行选择和计分。

二是编制了《青少年抖音使用状况调查问卷》，分为抖音使用强度和抖音使用动机两个维度。抖音使用强度共 6 个题目，每个题目按照"非常不符合、比较不符合、不确定、比较符合、非常符合"顺序进行"1、2、3、4、5"五级评分。抖音使用动机共 20 个题目，每个题目按照"从不、很少、有时、经常、总是"顺序进行"1、2、3、4、5"五级评分。将各维度题目评分相加得维度总分并求维度均值，再进一步计算标准差、比较工读学生和普通学生两个群体的差异性。

（四）短视频使用（快手）

1. 测评样本

本次调研选择国内的工读学生 1105 名，其中女生 273 名，男生 832 名；普通学生 1056 名，其中女生 492 名，男生 564 名。

从年龄上来看，工读学生平均年龄 14.02 岁，标准差为 1.09 岁；普通学生平均年龄 13.11 岁，标准差为 0.981 岁。为了方便统计和分析，将不同年龄的学生分为：13 岁及以下、14 岁、15 岁、16 岁、17 岁及以上五组。除去不使用快手或年龄缺失的学生 133 名，1105 名工读学生的年龄分布为：13 岁及以下 103 人，14 岁 243 人，15 岁 393 人，16 岁 262 人，17 岁及以上 104 人；除去不使用快手或年龄缺失的学生 339 名，1056 名普通学生的年龄分布为：13 岁及以下 312 人，14 岁 410 人，15 岁 207 人，16 岁 73 人，17 岁及以上 24 人。各年龄组分别在两类学生中的占比如图 8 - 7 和图 8 - 8 所示。

2. 测评工具

课题组选用的测评工具分为两部分：一是基本信息，包括：（1）快手好友数量，按照 "0 = 小于 10 人，1 = 11 ~ 50 人，2 = 51 ~ 100 人，3 = 101 ~ 150 人，4 = 151 ~ 200 人，5 = 201 ~ 250 人，6 = 251 ~ 300 人，7 = 301 ~ 400 人，8 = 大于 400 人" 进行选择和计分；（2）过去一周平均一天花费在使用快手上的时间，按照 "0 = 小于 10 小时，1 = 10 ~ 30 小时，2 = 31 ~ 60 小时，3 = 1 ~ 2 小时，4 = 2 ~ 3 小时，5 = 大于 3 小时" 进行选择和计分。

二是编制了《青少年快手使用状况调查问卷》，分为快手使用强度和快

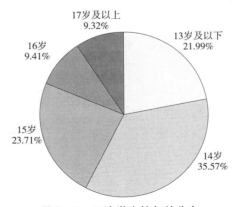

图 8 - 7　工读学生的年龄分布

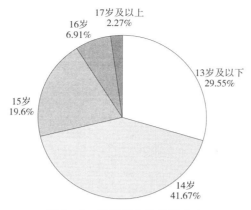

图 8 - 8　普通学生的年龄分布

手使用动机两个维度。快手使用强度共 6 个题目，每个题目按照"非常不符合、比较不符合、不确定、比较符合、非常符合"顺序进行"1、2、3、4、5"五级评分。快手使用动机共 20 个题目，每个题目按照"从不、很少、有时、经常、总是"顺序进行"1、2、3、4、5"五级评分。将各维度项目评分相加得维度总分并求维度均值，再进一步计算标准差，比较工读学生和普通学生两个群体的差异性。

第二节　智能手机使用的基本情况分析

一　智能手机使用的总体特点

首先，对智能手机使用部分的问卷题目选项进行详细分析：选择"完全不符合"得 1 分，选择"很不符合"得 2 分，选择"基本不符合"得 3 分、选择"不确定"得 4 分，选择"基本符合"得 5 分，选择"很符合"得 6 分，根据各题目分数之和求维度均分。工读学生和普通学生在智能手机使用题目选项上的评分详情，统计结果见表 8 - 1 和表 8 - 2。

表 8 - 1　工读学生在智能手机使用题目选项的评分详情统计

单位：人，分

问卷题目	完全不符合	很不符合	基本不符合	不确定	基本符合	很符合
由于使用智能手机，未能完成原计划的学习任务	237	115	220	249	117	86

续表

问卷题目	完全不符合	很不符合	基本不符合	不确定	基本符合	很符合
由于使用智能手机，在上课、写作业或者学习时难以集中注意力	211	129	236	218	155	75
在使用智能手机时感到手腕或者脖子疼	212	134	194	255	146	83
不能忍受没有智能手机	202	80	208	248	180	106
没有手机时感到没有耐心和焦躁不安	201	110	186	264	163	100
即使不用手机也会老想着手机	205	89	211	219	179	121
尽管我的日常生活已经严重受到玩手机的影响，但我仍然不愿意放弃使用手机	189	93	176	278	180	108
不断地看手机以确保不错过同他人通过微信等进行交流和沟通	164	83	233	246	168	130
使用手机的时间比我预期的时间要长得多	171	81	177	278	203	114
身边的人对我说我使用手机的时间太长了	185	107	207	247	168	110
总　　计	1977	1021	2048	2502	1659	1033
均值（标准差）	3.39（SD = 1.25）					

表 8 - 2　普通学生在智能手机使用题目选项的评分详情统计

单位：人，分

问卷题目	完全不符合	很不符合	基本不符合	不确定	基本符合	很符合
由于使用智能手机，未能完成原计划的学习任务	432	141	262	214	136	66
由于使用智能手机，在上课、写作业或者学习时难以集中注意力	452	171	217	215	129	67

问卷题目	完全不符合	很不符合	基本不符合	不确定	基本符合	很符合
在使用智能手机时感到手腕或者脖子疼	407	116	234	209	202	83
不能忍受没有智能手机	425	131	224	248	147	76
没有手机时感到没有耐心和焦躁不安	449	167	222	220	128	65
即使不用手机也会老想着手机	426	141	218	229	161	76
尽管我的日常生活已经严重受到玩手机的影响，但我仍然不愿意放弃使用手机	438	144	222	238	138	71
不断地看手机以确保不错过同他人通过微信等进行交流和沟通	418	139	209	268	149	68
使用手机的时间比我预期的时间要长得多	369	134	239	236	192	81
身边的人对我说我使用手机的时间太长了	392	143	211	250	161	94
总　计	4208	1427	2258	2327	1543	747
均值（标准差）	2.74（SD = 1.33）					

从智能手机使用问卷的得分情况来看，工读学生的智能手机使用度为 3.39 分（$SD = 1.25$），普通学生的智能手机使用度为 2.74 分（$SD = 1.33$）。为了比较两者之间是否存在差异，对两组平均值进行方差分析，结果发现工读学生在使用度的评分显著高于普通学生（$t = 27.04$，$p < 0.001$），分析结果如表 8 - 3 所示。

表 8 - 3　工读学生和普通学生在智能手机使用得分上的差异

单位：人，分

	工读学校	普通学生
人数（百分比）	1024（45.01%）	1251（54.99%）
均值和标准差	3.39（1.25）	2.74（1.33）
方差分析结果 t（p）	$t = 27.04$	$p < 0.001$

二 智能手机使用的性别特点

分析不同性别的工读学生和普通学生在智能手机使用对应选项上的评分详情，统计结果见表8-4～表8-7。

表8-4 工读男生在智能手机使用题目选项的评分详情统计

单位：人，分

问卷题目	完全不符合	很不符合	基本不符合	不确定	基本符合	很符合
由于使用智能手机，未能完成原计划的学习任务	167	81	158	179	93	74
由于使用智能手机，在上课、写作业或者学习时难以集中注意力	138	93	155	175	125	66
在使用智能手机时感到手腕或者脖子疼	144	107	138	181	114	68
不能忍受没有智能手机	135	59	143	189	139	87
没有手机时感到没有耐心和焦躁不安	138	78	139	194	124	79
即使不用手机也会老想着手机	143	66	141	170	133	99
尽管我的日常生活已经严重受到玩手机的影响，但我仍然不愿意放弃使用手机	124	71	135	200	134	88
不断地看手机以确保不错过同他人通过微信等进行交流和沟通	111	54	167	189	126	105
使用手机的时间比我预期的时间要长得多	116	60	137	203	146	90
身边的人对我说我使用手机的时间太长了	124	74	139	187	136	92
总　计	1340	743	1452	1867	1270	848
均值（标准差）	3.47（SD=1.25）					

表8-5 工读女生在智能手机使用题目选项的评分详情统计

单位：人，分

问卷题目	完全不符合	很不符合	基本不符合	不确定	基本符合	很符合
由于使用智能手机，未能完成原计划的学习任务	70	34	62	70	24	12
由于使用智能手机，在上课、写作业或者学习时难以集中注意力	73	36	81	43	30	9
在使用智能手机时感到手腕或者脖子疼	68	27	56	74	32	15
不能忍受没有智能手机	67	21	65	59	41	19
没有手机时感到没有耐心和焦躁不安	63	32	47	70	39	21
即使不用手机也会老想着手机	62	23	70	49	46	22
尽管我的日常生活已经严重受到玩手机的影响，但我仍然不愿意放弃使用手机	65	22	41	78	46	20
不断地看手机以确保不错过同他人通过微信等进行交流和沟通	53	29	66	57	42	25
使用手机的时间比我预期的时间要长得多	55	21	40	75	57	24
身边的人对我说我使用手机的时间太长了	61	33	68	60	32	18
总　计	637	278	596	635	389	185
均值（标准差）	3.15（SD = 1.19）					

表8-6 普通男生在智能手机使用题目选项的评分详情统计

单位：人，分

问卷题目	完全不符合	很不符合	基本不符合	不确定	基本符合	很符合
由于使用智能手机，未能完成原计划的学习任务	244	62	129	106	69	44

问卷题目	完全 不符合	很不 符合	基本 不符合	不确定	基本 符合	很符合
由于使用智能手机，在上课、写作业或者学习时难以集中注意力	246	78	103	121	64	42
在使用智能手机时感到手腕或者脖子疼	215	65	118	120	92	44
不能忍受没有智能手机	234	60	110	137	69	44
没有手机时感到没有耐心和焦躁不安	244	75	117	112	67	39
即使不用手机也会老想着手机	238	58	109	121	83	45
尽管我的日常生活已经严重受到玩手机的影响，但我仍然不愿意放弃使用手机	236	68	106	127	71	46
不断地看手机以确保不错过同他人通过微信等进行交流和沟通	227	60	98	151	78	40
使用手机的时间比我预期的时间要长得多	210	53	124	127	94	46
身边的人对我说我使用手机的时间太长了	211	69	101	134	80	59
总　计	2305	648	1115	1256	767	449
均值（标准差）	2.83（SD=1.37）					

表 8-7　普通女生在智能手机使用题目选项的评分详情统计

单位：人，分

问卷题目	完全 不符合	很不 符合	基本 不符合	不确定	基本 符合	很符合
由于使用智能手机，未能完成原计划的学习任务	188	79	133	108	67	22
由于使用智能手机，在上课、写作业或者学习时难以集中注意力	206	93	114	94	65	25

问卷题目	完全不符合	很不符合	基本不符合	不确定	基本符合	很符合
在使用智能手机时感到手腕或者脖子疼	192	51	116	89	110	39
不能忍受没有智能手机	191	71	114	111	78	32
没有手机时感到没有耐心和焦躁不安	205	92	105	108	61	26
即使不用手机也会老想着手机	188	83	109	108	78	31
尽管我的日常生活已经严重受到玩手机的影响，但我仍然不愿意放弃使用手机	202	76	116	111	67	25
不断地看手机以确保不错过同他人通过微信等进行交流和沟通	191	79	111	117	71	28
使用手机的时间比我预期的时间要长得多	159	81	115	109	98	35
身边的人对我说我使用手机的时间太长了	181	74	110	116	81	35
总　计	1903	779	1143	1071	776	298
均值（标准差）	2.82（$SD = 1.29$）					

从得分上来看，工读女生的智能手机使用平均得分为 3.15 分（$SD = 1.19$），男生的平均得分为 3.47 分（$SD = 1.25$），性别差异显著（$t = 3.61$，$p < 0.001$），男生得分显著高于女生。普通学生中，女生的平均得分为 2.82 分（$SD = 1.29$），男生的平均得分为 2.83 分（$SD = 1.37$），性别差异不显著（$t = 0.10$，$p = 0.92$）。不同性别组均值与方差分析结果如表 8 - 8 所示。

表 8 - 8　不同性别工读学生和普通学生在智能手机使用得分上的差异

单位：人，分

性别	工读学生		普通学生	
	男	女	男	女
人数（百分比）	752（33.1%）	272（12%）	654（28.4%）	597（26.5%）
均值（标准差）	3.47（1.25）	3.15（1.19）	2.83（1.37）	2.82（1.29）
方差分析结果 t（p）	$t = 3.61$，$p < 0.001$		$t = 0.10$，$p = 0.92$	

通过方差分析比较不同学校的相同性别得分情况发现，工读学校男生的得分显著高于普通学校男生得分（$t = 76.05$，$p < 0.001$）；同样，工读学校女生得分显著高于普通学校女生得分（$t = 43.37$，$p < 0.001$）。总体上工读学生在智能手机使用度上均显著高于普通学生，方差分析结果见表8-9。

表8-9　男女生在智能手机使用程度得分上的差异

单位：人，分

学校类别	男		女	
	工读学生	普通学生	工读学生	普通学生
人数（百分比）	752（33.1%）	654（28.4%）	272（12%）	597（26.5%）
均值（标准差）	3.47（1.25）	2.83（1.37）	3.15（1.19）	2.82（1.29）
方差分析结果 t（p）	$t = 76.05$	$p < 0.001$	$t = 43.37$	$p < 0.001$

三　智能手机使用的年龄发展特点

为了考察随着年龄增长，工读学生的智能手机使用是否存在变化趋势，以年龄组为自变量，智能手机使用得分为因变量进行单因素方差分析，并检验其是否存在线性趋势，得到如下结果。

分析不同年龄组的工读学生和普通学生在智能手机使用对应选项上的评分详情，统计结果见表8-10~表8-19。

表8-10　工读学生13岁及以下年龄组在智能手机使用题目选项的评分详情统计

单位：人，分

问卷题目	完全不符合	很不符合	基本不符合	不确定	基本符合	很符合
由于使用智能手机，未能完成原计划的学习任务	35	19	20	32	8	4
由于使用智能手机，在上课、写作业或者学习时难以集中注意力	29	19	35	18	13	4
在使用智能手机时感到手腕或者脖子疼	23	25	25	27	10	8
不能忍受没有智能手机	22	9	26	30	25	6
没有手机时感到没有耐心和焦躁不安	21	23	20	29	17	8

问卷题目	完全 不符合	很不 符合	基本 不符合	不确定	基本 符合	很符合
即使不用手机也会老想 着手机	26	12	27	20	21	12
尽管我的日常生活已经 严重受到玩手机的影响, 但我仍然不愿意放弃使 用手机	21	14	23	29	19	12
不断地看手机以确保不 错过同他人通过微信等 进行交流和沟通	20	20	33	28	7	10
使用手机的时间比我预 期的时间要长得多	22	15	25	26	23	7
身边的人对我说我使用 手机的时间太长了	23	16	35	17	17	10
总　　计	242	172	269	256	160	81
均值（标准差）	3.14 （SD = 1.10）					

表 8 - 11　工读学生 14 岁年龄组在智能手机使用题目选项的评分详情统计

单位：人，分

问卷题目	完全 不符合	很不 符合	基本 不符合	不确定	基本 符合	很符合
由于使用智能手机, 未 能完成原计划的学习 任务	64	25	54	58	25	19
由于使用智能手机, 在 上课、写作业或者学习 时难以集中注意力	54	36	74	37	32	12
在使用智能手机时感到 手腕或者脖子疼	58	39	38	69	28	13
不能忍受没有智能手机	54	27	64	43	31	26
没有手机时感到没有耐 心和焦躁不安	56	33	44	67	31	14
即使不用手机也会老想 着手机	53	28	56	45	36	27

问卷题目	完全不符合	很不符合	基本不符合	不确定	基本符合	很符合
尽管我的日常生活已经严重受到玩手机的影响，但我仍然不愿意放弃使用手机	52	27	34	69	39	24
不断地看手机以确保不错过同他人通过微信等进行交流和沟通	44	24	61	52	29	35
使用手机的时间比我预期的时间要长得多	49	23	39	68	41	25
身边的人对我说我使用手机的时间太长了	53	32	50	53	33	24
总　计	537	294	514	561	325	219
均值（标准差）	3.20（SD = 1.26）					

表 8-12　工读学生 15 岁年龄组在智能手机使用题目选项的评分详情统计

单位：人，分

问卷题目	完全不符合	很不符合	基本不符合	不确定	基本符合	很符合
由于使用智能手机，未能完成原计划的学习任务	70	32	79	81	45	42
由于使用智能手机，在上课、写作业或者学习时难以集中注意力	72	33	73	76	60	35
在使用智能手机时感到手腕或者脖子疼	68	31	73	83	57	37
不能忍受没有智能手机	61	23	62	85	71	47
没有手机时感到没有耐心和焦躁不安	59	26	62	84	68	50
即使不用手机也会老想着手机	61	24	66	78	70	50
尽管我的日常生活已经严重受到玩手机的影响，但我仍然不愿意放弃使用手机	56	27	60	96	67	43

问卷题目	完全不符合	很不符合	基本不符合	不确定	基本符合	很符合
不断地看手机以确保不错过同他人通过微信等进行交流和沟通	50	15	76	87	68	53
使用手机的时间比我预期的时间要长得多	49	23	60	104	66	47
身边的人对我说我使用手机的时间太长了	52	34	62	93	62	46
总　计	598	268	673	867	634	450
均值（标准差）	3.58（SD = 1.25）					

表 8－13　工读学生 16 岁年龄组在智能手机使用题目选项的评分详情统计

单位：人，分

问卷题目	完全不符合	很不符合	基本不符合	不确定	基本符合	很符合
由于使用智能手机，未能完成原计划的学习任务	48	24	46	59	31	16
由于使用智能手机，在上课、写作业或者学习时难以集中注意力	42	25	38	63	36	20
在使用智能手机时感到手腕或者脖子疼	54	25	44	55	30	16
不能忍受没有智能手机	50	16	31	67	38	22
没有手机时感到没有耐心和焦躁不安	49	21	36	64	32	22
即使不用手机也会老想着手机	49	20	41	54	33	27
尽管我的日常生活已经严重受到玩手机的影响，但我仍然不愿意放弃使用手机	44	16	41	61	38	24
不断地看手机以确保不错过同他人通过微信等进行交流和沟通	33	18	39	59	48	27

续表

问卷题目	完全 不符合	很不 符合	基本 不符合	不确定	基本 符合	很符合
使用手机的时间比我预期的时间要长得多	36	13	34	60	52	29
身边的人对我说我使用手机的时间太长了	40	17	41	65	35	26
总　计	445	195	391	607	373	229
均值（标准差）	3.43（SD = 1.26）					

表 8-14　工读学生 17 岁及以上年龄组在智能手机使用题目选项的评分详情统计

单位：人，分

问卷题目	完全 不符合	很不 符合	基本 不符合	不确定	基本 符合	很符合
由于使用智能手机，未能完成原计划的学习任务	20	15	21	19	8	5
由于使用智能手机，在上课、写作业或者学习时难以集中注意力	14	16	16	24	14	4
在使用智能手机时感到手腕或者脖子疼	9	14	14	21	21	9
不能忍受没有智能手机	15	5	25	23	15	5
没有手机时感到没有耐心和焦躁不安	16	7	24	20	15	6
即使不用手机也会老想着手机	16	5	21	22	19	5
尽管我的日常生活已经严重受到玩手机的影响，但我仍然不愿意放弃使用手机	16	9	18	23	17	5
不断地看手机以确保不错过同他人通过微信等进行交流和沟通	17	6	24	20	16	5
使用手机的时间比我预期的时间要长得多	15	7	19	20	21	6

续表

问卷题目	完全 不符合	很不 符合	基本 不符合	不确定	基本 符合	很符合
身边的人对我说我使用手机的时间太长了	17	8	19	19	21	4
总　计	155	92	201	211	167	54
均值（标准差）	3.35（SD = 1.19）					

表 8 – 15　普通学生 13 岁及以下年龄组在智能手机使用题目选项的评分详情统计

单位：人，分

问卷题目	完全 不符合	很不 符合	基本 不符合	不确定	基本 符合	很符合
由于使用智能手机，未能完成原计划的学习任务	239	49	114	93	36	23
由于使用智能手机，在上课、写作业或者学习时难以集中注意力	228	66	100	94	39	27
在使用智能手机时感到手腕或者脖子疼	204	35	116	92	70	37
不能忍受没有智能手机	220	51	98	113	45	27
没有手机时感到没有耐心和焦躁不安	225	63	101	96	47	22
即使不用手机也会老想着手机	223	53	102	102	44	30
尽管我的日常生活已经严重受到玩手机的影响，但我仍然不愿意放弃使用手机	223	59	101	92	52	27
不断地看手机以确保不错过同他人通过微信等进行交流和沟通	205	55	100	119	48	27
使用手机的时间比我预期的时间要长得多	195	59	107	108	61	24
身边的人对我说我使用手机的时间太长了	209	51	97	100	60	37
总　计	2171	541	1036	1009	502	281
均值（标准差）	2.63（SD = 1.32）					

表 8-16　普通学生 14 岁年龄组在智能手机使用题目选项的评分详情统计

单位：人，分

问卷题目	完全不符合	很不符合	基本不符合	不确定	基本符合	很符合
由于使用智能手机，未能完成原计划的学习任务	139	46	87	62	55	25
由于使用智能手机，在上课、写作业或者学习时难以集中注意力	147	55	67	74	49	22
在使用智能手机时感到手腕或者脖子疼	133	42	75	72	69	23
不能忍受没有智能手机	139	47	69	77	58	24
没有手机时感到没有耐心和焦躁不安	152	53	64	70	49	26
即使不用手机也会老想着手机	136	48	68	72	66	24
尽管我的日常生活已经严重受到玩手机的影响，但我仍然不愿意放弃使用手机	142	42	67	91	49	23
不断地看手机以确保不错过同他人通过微信等进行交流和沟通	144	43	64	94	46	23
使用手机的时间比我预期的时间要长得多	123	43	75	79	67	27
身边的人对我说我使用手机的时间太长了	120	52	65	86	59	32
总　计	1375	471	701	777	467	249
均值（标准差）	2.86（SD = 1.36）					

表 8-17　普通学生 15 岁年龄组在智能手机使用题目选项的评分详情统计

单位：人，分

问卷题目	完全不符合	很不符合	基本不符合	不确定	基本符合	很符合
由于使用智能手机，未能完成原计划的学习任务	42	24	36	36	25	11

续表

问卷题目	完全不符合	很不符合	基本不符合	不确定	基本符合	很符合
由于使用智能手机，在上课、写作业或者学习时难以集中注意力	58	29	25	27	27	8
在使用智能手机时感到手腕或者脖子疼	47	20	24	25	43	15
不能忍受没有智能手机	48	18	32	37	26	13
没有手机时感到没有耐心和焦躁不安	51	30	29	34	20	10
即使不用手机也会老想着手机	50	25	25	29	32	13
尽管我的日常生活已经严重受到玩手机的影响，但我仍然不愿意放弃使用手机	59	22	27	31	22	13
不断地看手机以确保不错过同他人通过微信等进行交流和沟通	53	24	25	32	32	8
使用手机的时间比我预期的时间要长得多	37	18	34	29	40	16
身边的人对我说我使用手机的时间太长了	49	20	26	39	24	16
总　计	494	230	283	319	291	123
均值（标准差）	3.03（SD = 1.27）					

表 8-18　普通学生 16 岁年龄组在智能手机使用题目选项的评分详情统计

单位：人，分

问卷题目	完全不符合	很不符合	基本不符合	不确定	基本符合	很符合
由于使用智能手机，未能完成原计划的学习任务	9	18	18	17	13	6
由于使用智能手机，在上课、写作业或者学习时难以集中注意力	15	19	14	15	9	9

续表

问卷题目	完全 不符合	很不 符合	基本 不符合	不确定	基本 符合	很符合
在使用智能手机时感到 手腕或者脖子疼	18	15	10	14	17	7
不能忍受没有智能手机	16	13	15	14	12	11
没有手机时感到没有耐 心和焦躁不安	17	17	18	13	10	6
即使不用手机也会老想 着手机	14	14	14	20	11	8
尽管我的日常生活已经 严重受到玩手机的影响， 但我仍然不愿意放弃使 用手机	12	18	17	16	11	7
不断地看手机以确保不 错过同他人通过微信等 进行交流和沟通	12	13	15	14	18	9
使用手机的时间比我预 期的时间要长得多	12	9	16	14	17	13
身边的人对我说我使用 手机的时间太长了	12	14	18	19	11	7
总　计	137	150	155	156	129	83
均值（标准差）	3.29（SD = 1.24）					

表 8 – 19　普通学生 17 岁及以上年龄组在智能手机使用题目选项的评分详情统计

单位：人，分

问卷题目	完全 不符合	很不 符合	基本 不符合	不确定	基本 符合	很符合
由于使用智能手机，未 能完成原计划的学习 任务	3	4	7	6	7	1
由于使用智能手机，在 上课、写作业或者学习 时难以集中注意力	4	2	11	5	5	1
在使用智能手机时感到 手腕或者脖子疼	5	4	9	6	3	1

续表

问卷题目	完全不符合	很不符合	基本不符合	不确定	基本符合	很符合
不能忍受没有智能手机	2	2	10	7	6	1
没有手机时感到没有耐心和焦躁不安	4	4	10	7	2	1
即使不用手机也会老想着手机	3	1	9	6	8	1
尽管我的日常生活已经严重受到玩手机的影响，但我仍然不愿意放弃使用手机	2	3	10	8	4	1
不断地看手机以确保不错过同他人通过微信等进行交流和沟通	4	4	5	9	5	1
使用手机的时间比我预期的时间要长得多	2	5	7	6	7	1
身边的人对我说我使用手机的时间太长了	2	6	5	6	7	2
总　计	31	35	83	66	54	11
均值（标准差）	3.39（SD = 1.05）					

分析不同年龄组在智能手机使用上的得分，发现在工读学生中，13岁及以下组的智能手机使用均值为3.14分（$SD = 1.10$），14岁组均值为3.20分（$SD = 1.26$），15岁组为3.58分（$SD = 1.25$），16岁组为3.43分（$SD = 1.26$），17岁及以上组为3.35分（$SD = 1.19$）。通过单因素方差分析结果发现，不同年龄组间差异显著（$F = 4.73$，$p < 0.001$）。进一步通过事后分析发现，13岁及以下组、14岁组和15岁组之间差异显著，年龄越高，智能手机使用度越高。

在普通学生中，13岁及以下组的智能手机使用均值为2.63分（$SD = 1.32$），14岁组均值为2.86分（$SD = 1.36$），15岁组为3.03分（$SD = 1.27$），16岁组为3.29分（$SD = 1.24$），17岁及以上组为3.39分（$SD = 1.05$），单因素方差分析发现不同年龄组之间均存在显著差异（$F = 9.39$，$p < 0.001$）。方差分析结果见表8-20，变化趋势见图8-9。

表 8 – 20　不同年龄组智能手机使用程度的差异分析

单位：分

年龄组	13 岁以下	14 岁	15 岁	16 岁	17 岁及以上	方差分析
工读学生均值（标准差）	3.14 (1.10)	3.20 (1.27)	3.58 (1.25)	3.43 (1.26)	3.35 (1.19)	$F = 4.73$, $p < 0.001$
普通学生均值（标准差）	2.63 (1.32)	2.86 (1.36)	3.03 (1.27)	3.29 (1.24)	3.39 (1.05)	$F = 9.39$, $p < 0.001$
方差分析结果 t （p）	$t = 30.97$ $p < 0.001$	$t = 39.54$ $p < 0.001$	$t = 53.33$ $p < 0.001$	$t = 40.81$ $p < 0.001$	$t = 26.49$ $p < 0.001$	

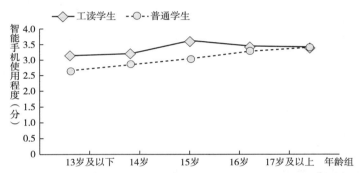

图 8 – 9　智能手机使用程度得分在不同年龄组别上的变化趋势

通过以上结果可以得知，普通学生的智能手机使用程度有随着年龄增大而增长的趋势。工读学生 15 岁年龄组的智能手机使用程度显著高于其他年龄组。从总体趋势看，除 17 岁及以上年龄段外，工读学生其余每个年龄段的智能手机使用程度均高于普通学生。

四　小结

从工读学生的智能手机使用分析结果可知，工读学生的智能手机使用程度明显高于普通学生：工读男生的智能手机使用程度显著高于工读女生，工读男、女生的智能手机使用程度分别显著高于普通男、女生；工读学生的智能手机使用程度在 15 岁年龄组达到最高，普通学生的智能手机使用程度随年龄增长而呈现稳定上升趋势。

这与以往的研究结果有基本一致的方面，也有存在差异的方面。有调查发现，目前中学生使用手机的现象十分普遍。手机拥有率随着年级的增高呈显著上升趋势，但每日使用手机时长普遍较短，63.9%的中学生平均每天使用手机不超过 1 小时。他们都担心手机使用时间过长会影响学业（张之银，2015）。需要指出的是，在移动互联网时代，手机上网无疑是媒介素养的重要组成部分，适度使用手机获取有益信息是青少年需要掌握的技能。还有研究者（路琦，2020）调查发现：在每天上网的时长方面，工读学校学生每天上网时间不到 1 小时的占 14.2%，1~2 小时的占 22.6%，3~4 小时的占23.3%，5~6 小时的占 10.0%，超过 6 小时的占 29.9%；普通学校学生每天上网时间不到 1 小时的占 41.9%，1~2 小时的占 34.3%，3~4 小时的占13.5%，5~6 小时的占 3.9%，超过 6 小时的占 6.4%。

第三节　微信使用的基本情况分析

一　微信使用的总体特点

（一）微信好友数量

首先，对微信好友数量进行分析，结果表明：工读学生好友数量少于 10人的有 211 人，好友数量在 11~50 人的有 325 人，好友数量在 51~100 人的有 139 人，好友数量在 101~150 人的有 126 人，好友数量在 151~200 人的有 42 人，好友数量在 201~250 人的有 52 人，好友数量在 251~300 人的有29 人，好友数量在 301~400 人有 12 人，好友数量多于 400 人的有 89 人。普通学生好友数量少于 10 人的有 349 人，好友数量在 11~50 之间的有 372 人，好友数量在 51~100 之间的有 129 人，好友数量在 101~150 之间的有 48 人，好友数量在 151~200 之间的有 17 人，好友数量在 201~250 之间的有 12 人，好友数量在 251~300 之间的有 21 人，好友数量在 301~400 之间的有 6 人，好友数量在多于 400 的有 36 人。工读学生和普通学生的微信好友数量具体分布见图 8-10 和图 8-11。

（二）微信使用时间

然后，对过去一周的微信使用时间进行分析，结果表明：工读学生微信使用时间等于小于 10 分钟的有 315 人，微信使用时间在 10~30 分钟的有 241人，微信使用时间在 31~60 分钟的有 147 人，微信使用时间在 1~2 小时的有 90 人，微信使用时间在 2~3 小时的有 58 人，微信使用时间大于 3 小时的有 174 人。普通学生微信使用时间等于小于 10 分钟的有 467 人，微信使用时

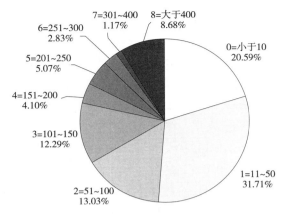

图 8 - 10　工读学生的微信好友数量分布

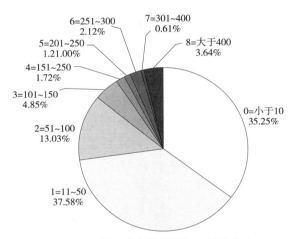

图 8 - 11　普通学生的微信好友数量分布

间在 10 ~ 30 分钟的有 299 人，微信使用时间在 31 ~ 60 分钟的有 99 人，微信使用时间在 1 ~ 2 小时的有 59 人，微信使用时间在 2 ~ 3 小时的有 22 人，微信使用时间大于 3 小时的有 44 人。工读学生和普通学生的微信使用时间具体分布见图 8 - 12 和图 8 - 13。

（三）微信使用情况

首先，对微信使用问卷的题目选项进行详细分析：选择"非常不符合"得 1 分，选择"比较不符合"得 2 分，选择"不确定"得 3 分、选择"比较符合"得 4 分，选择"非常符合"得 5 分，根据各项目分数之和求维度均分。

分析工读学生和普通学生在微信使用对应选项上的评分详情，统计表见

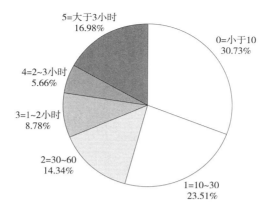

图 8 – 12 工读学生的微信使用时间

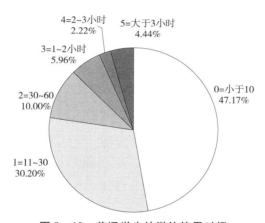

图 8 – 13 普通学生的微信使用时间

表 8 – 21 和表 8 – 22。

表 8 – 21 工读学生在微信使用题目选项的评分详情统计

单位：人，分

问卷题目	非常 不符合	比较 不符合	不确定	比较 符合	非常 符合
微信是我每天日常活动的一部分	336	138	241	193	117
我很自豪地告诉别人我在使用微信	302	214	283	138	88
微信已成为我日常生活的一部分	274	137	289	209	116
我一会儿不使用微信就感觉同外界失去 了联系	331	182	269	158	85
我感觉我是微信社区中的一员	296	129	310	182	108
关闭微信，我会感觉很不舒服	338	214	278	119	76

问卷题目	非常 不符合	比较 不符合	不确定	比较 符合	非常 符合
我使用微信是为了联系过去跟我交往的人	267	157	279	190	132
我使用微信是为了了解更多班级里的同学们	260	47	295	199	124
我使用微信是为了了解更多住在我附近的人	314	189	262	167	93
我使用微信是为了联系我的老朋友们	254	114	280	203	174
我使用微信是为了结交新朋友	287	140	310	173	115
总　计	3259	1661	3096	1931	1228
均值（标准差）	2.67（SD = 1.10）				

表 8-22　普通学生在微信使用题目选项的评分详情统计

单位：人，分

问卷题目	非常 不符合	比较 不符合	不确定	比较 符合	非常 符合
微信是我每天日常活动的一部分	467	202	157	115	49
我很自豪地告诉别人我在使用微信	427	226	179	120	38
微信已成为我日常生活的一部分	411	206	202	126	45
我一会儿不使用微信就感觉同外界失去了联系	512	222	144	86	26
我感觉我是微信社区中的一员	450	173	188	118	61
关闭微信，我会感觉很不舒服	534	180	163	84	29
我使用微信是为了联系过去跟我交往的人	372	163	188	189	78
我使用微信是为了了解更多班级里的同学们	347	177	180	209	77
我使用微信是为了了解更多住在我附近的人	494	185	166	94	51
我使用微信是为了联系我的老朋友们	332	148	168	240	102
我使用微信是为了结交新朋友	404	156	225	133	72
总　计	4750	2038	1960	1514	628
均值（标准差）	2.20（SD = 1.00）				

　　从微信使用问卷得分情况来看，工读学生的微信使用均值为 2.67 分

（$SD = 1.10$），普通学生的微信使用均值为 2.20 分（$SD = 1.00$）。为了比较两者之间是否存在差异，对两组平均值进行方差分析，结果发现工读学生在微信使用上的评分显著高于普通学生（$t = 77.31$，$p < 0.001$），分析结果如表 8 – 23 所示。

表 8 – 23 工读学生和普通学生在微信使用得分上的差异

单位：人，分

	工读学生	普通学生
人数（百分比）	1025（50.9%）	990（49.1%）
均值（标准差）	2.67（1.10）	2.20（1.00）
方差分析结果 t（p）	$t = 77.31$	$p < 0.001$

二 微信使用的性别特点

为了考察不同性别工读学生在微信使用上是否存在显著差异，对男、女生的得分均值进行方差分析，得到如下结果。

分析不同性别的工读学生和普通学生在微信使用对应选项上的评分详情，统计结果见表 8 – 24 ~ 表 8 – 28。

表 8 – 24 工读男生在微信使用题目选项的评分详情统计

单位：人，分

问卷题目	非常不符合	比较不符合	不确定	比较符合	非常符合
微信是我每天日常活动的一部分	264	99	157	149	89
我很自豪地告诉别人我在使用微信	238	147	206	100	67
微信已成为我日常生活的一部分	214	100	216	140	88
我一会儿不使用微信就感觉同外界失去了联系	258	128	199	108	65
我感觉我是微信社区中的一员	226	94	213	142	83
关闭微信，我会感觉很不舒服	254	138	209	99	58
我使用微信是为了联系过去跟我交往的人	206	100	200	152	100
我使用微信是为了了解更多班级里的同学们	203	100	226	135	94
我使用微信是为了了解更多住在我附近的人	240	120	191	139	68

问卷题目	非常 不符合	比较 不符合	不确定	比较 符合	非常 符合
我使用微信是为了联系我的老朋友们	199	84	209	152	114
我使用微信是为了结交新朋友	204	104	233	129	88
总　计	2506	1214	2259	1445	914
均值（标准差）	2.66（SD = 1.14）				

表 8 – 25　工读女生在微信使用题目选项的评分详情统计

单位：人，分

问卷题目	非常 不符合	比较 不符合	不确定	比较 符合	非常 符合
微信是我每天日常活动的一部分	72	39	84	44	28
我很自豪地告诉别人我在使用微信	64	67	77	38	21
微信已成为我日常生活的一部分	60	37	73	69	28
我一会儿不使用微信就感觉同外界失去了联系	73	54	70	50	20
我感觉我是微信社区中的一员	70	35	97	40	25
关闭微信，我会感觉很不舒服	84	76	69	20	18
我使用微信是为了联系过去跟我交往的人	61	57	79	38	32
我使用微信是为了了解更多班级里的同学们	57	47	69	64	30
我使用微信是为了了解更多住在我附近的人	74	69	71	28	25
我使用微信是为了联系我的老朋友们	55	30	71	51	60
我使用微信是为了结交新朋友	83	36	77	44	27
总　计	753	547	837	486	314
均值（标准差）	2.68（SD = 0.98）				

表 8 – 26　普通男生在微信使用题目选项的评分详情统计

单位：人，分

问卷题目	非常 不符合	比较 不符合	不确定	比较 符合	非常 符合
微信是我每天日常活动的一部分	284	100	85	57	21
我很自豪地告诉别人我在使用微信	256	124	97	48	22

续表

问卷题目	非常不符合	比较不符合	不确定	比较符合	非常符合
微信已成为我日常生活的一部分	241	104	116	63	23
我一会儿不使用微信就感觉同外界失去了联系	280	111	86	54	16
我感觉我是微信社区中的一员	254	58	113	58	37
关闭微信，我会感觉很不舒服	290	96	90	55	16
我使用微信是为了联系过去跟我交往的人	220	83	109	91	44
我使用微信是为了了解更多班级里的同学们	208	97	108	93	41
我使用微信是为了了解更多住在我附近的人	281	98	100	40	28
我使用微信是为了联系我的老朋友们	204	84	97	106	56
我使用微信是为了结交新朋友	233	82	129	65	38
总　计	2751	1037	1130	730	342
均值（标准差）	2.14（SD = 1.01）				

表 8 - 27　普通女生在微信使用题目选项的评分详情统计

单位：人，分

问卷题目	非常不符合	比较不符合	不确定	比较符合	非常符合
微信是我每天日常活动的一部分	183	102	72	58	28
我很自豪地告诉人我在使用微信	171	102	82	72	16
微信已成为我日常生活的一部分	170	102	86	63	22
我一会儿不使用微信就感觉同外界失去了联系	232	111	58	32	10
我感觉我是微信社区中的一员	196	88	75	60	24
关闭微信，我会感觉很不舒服	244	84	73	29	13
我使用微信是为了联系过去跟我交往的人	152	80	79	98	34
我使用微信是为了了解更多班级里的同学们	139	80	72	116	36
我使用微信是为了了解更多住在我附近的人	213	87	66	54	23

问卷题目	非常 不符合	比较 不符合	不确定	比较 符合	非常 符合
我使用微信是为了联系我的老朋友们	128	64	71	134	46
我使用微信是为了结交新朋友	171	74	96	68	34
总　计	1999	974	830	784	286
均值（标准差）	2.36（$SD = 0.97$）				

从微信使用得分上来看，工读男生的平均得分为 2.66 分（$SD = 1.14$），工读女生的平均得分为 2.68 分（$SD = 0.98$），男生显著低于女生（$t = -63.95$，$p < 0.001$）。普通学生中，男生的平均得分为 2.14 分（$SD = 1.01$），女生的平均得分为 2.36 分（$SD = 0.97$），性别差异显著（$t = -48.88$，$p < 0.001$），男生显著低于女生。不同性别组均值与方差分析结果如表 8 - 28 所示。

表 8 - 28　不同性别工读学生和普通学生在微信使用得分上的差异

单位：人，分

性别	工读学生		普通学生	
	男	女	男	女
人数（百分比）	758（37.6%）	267（13.3%）	547（27.1%）	443（22%）
均值和标准差	2.66（1.14）	2.68（0.98）	2.14（1.01）	2.36（0.97）
方差分析结果 t（p）	$t = -63.95$，$p < 0.001$		$t = -48.88$，$p < 0.001$	

通过方差分析比较不同学校的相同性别得分情况发现，同样，工读学校男生的得分显著高于普通学校男生得分（$t = 63.95$，$p < 0.001$）；工读学校女生得分显著高于普通学校女生得分（$t = 44.71$，$p < 0.001$）。上述结果说明，学生中男、女生微信使用评分差异显著，女生显著高于男生。同时工读学校男、女生的微信使用均显著高于普通学校男、女生，方差分析结果可见表 8 - 29。

表 8 - 29　男女生在微信使用得分上的差异

单位：人，分

学校类别	男		女	
	工读学生	普通学生	工读学生	普通学生
人数（百分比）	758（37.6%）	547（27.1%）	267（13.3%）	443（22.0%）

学校类别	男		女	
	工读学生	普通学生	工读学生	普通学生
均值和标准差	2.66（1.14）	2.14（1.01）	2.68（0.98）	2.36（0.97）
方差分析结果 t（p）	$t = 63.95$，$p < 0.001$		$t = 44.71$，$p < 0.001$	

三　微信使用的年龄发展特点

为了考察随着年龄增长，工读学生的微信使用是否存在变化趋势，以年龄组为自变量，微信使用各维度得分为因变量进行单因素方差分析，并检验其是否存在线性趋势，得到如下结果。

分析不同年龄组的工读学生和普通学生在微信使用对应选项上的评分详情，统计结果见表 8 – 30 ~ 表 8 – 39。

表 8 – 30　工读学生 13 岁及以下年龄组在微信使用题目选项的评分详情统计

单位：人，分

问卷题目	非常不符合	比较不符合	不确定	比较符合	非常符合
微信是我每天日常活动的一部分	76	24	48	11	6
我很自豪地告诉别人我在使用微信	52	36	51	17	9
微信已成为我日常生活的一部分	55	31	61	13	5
我一会儿不使用微信就感觉同外界失去了联系	59	27	53	16	10
我感觉我是微信社区中的一员	56	18	61	20	10
关闭微信，我会感觉很不舒服	60	25	52	20	8
我使用微信是为了联系过去跟我交往的人	55	16	61	25	8
我使用微信是为了了解更多班级里的同学们	50	29	52	19	15
我使用微信是为了了解更多住在我附近的人	53	21	54	21	16
我使用微信是为了联系我的老朋友们	53	22	57	18	15
我使用微信是为了结交新朋友	52	20	58	20	15
总　计	621	269	608	200	117
均值（标准差）	2.41（$SD = 1.02$）				

表 8 - 31　工读学生 14 岁年龄组在微信使用题目选项的评分详情统计

单位：人，分

问卷题目	非常不符合	比较不符合	不确定	比较符合	非常符合
微信是我每天日常活动的一部分	72	24	35	50	15
我很自豪地告诉别人我在使用微信	69	32	63	22	10
微信已成为我日常生活的一部分	66	24	65	29	12
我一会儿不使用微信就感觉同外界失去了联系	73	28	59	26	0
我感觉我是微信社区中的一员	68	28	41	44	15
关闭微信，我会感觉很不舒服	75	33	61	18	9
我使用微信是为了联系过去跟我交往的人	59	46	41	27	23
我使用微信是为了了解更多班级里的同学们	61	18	68	30	19
我使用微信是为了了解更多住在我附近的人	67	23	41	47	18
我使用微信是为了联系我的老朋友们	58	17	67	28	26
我使用微信是为了结交新朋友	69	20	72	18	17
总　　计	737	293	613	339	164
均值（标准差）	2.50（SD = 1.08）				

表 8 - 32　工读学生 15 岁年龄组在微信使用题目选项的评分详情统计

单位：人，分

问卷题目	非常不符合	比较不符合	不确定	比较符合	非常符合
微信是我每天日常活动的一部分	94	35	92	58	51
我很自豪地告诉别人我在使用微信	92	85	79	43	31
微信已成为我日常生活的一部分	74	38	81	82	55
我一会儿不使用微信就感觉同外界失去了联系	89	58	80	63	40
我感觉我是微信社区中的一员	80	36	118	51	45
关闭微信，我会感觉很不舒服	99	83	83	37	28
我使用微信是为了联系过去跟我交往的人	71	55	88	65	51
我使用微信是为了了解更多班级里的同学们	75	47	83	77	48

续表

问卷题目	非常 不符合	比较 不符合	不确定	比较 符合	非常 符合
我使用微信是为了了解更多住在我附近的人	95	79	84	42	30
我使用微信是为了联系我的老朋友们	68	27	75	84	76
我使用微信是为了结交新朋友	101	38	84	65	42
总　　计	938	581	947	667	497
均值（标准差）	2.78 （SD = 1.10）				

表 8 - 33　工读学生 16 岁年龄组在微信使用题目选项的评分详情统计

单位：人，分

问卷题目	非常 不符合	比较 不符合	不确定	比较 符合	非常 符合
微信是我每天日常活动的一部分	50	35	52	59	36
我很自豪地告诉别人我在使用微信	49	41	70	42	30
微信已成为我日常生活的一部分	41	29	63	63	36
我一会儿不使用微信就感觉同外界失去了联系	64	47	59	41	21
我感觉我是微信社区中的一员	46	33	74	49	30
关闭微信，我会感觉很不舒服	60	51	63	31	27
我使用微信是为了联系过去跟我交往的人	41	30	74	46	41
我使用微信是为了了解更多班级里的同学们	36	42	69	50	35
我使用微信是为了了解更多住在我附近的人	57	43	64	41	27
我使用微信是为了联系我的老朋友们	38	34	61	51	48
我使用微信是为了结交新朋友	44	32	74	47	35
总　　计	526	417	723	520	366
均值（标准差）	2.91 （SD = 1.08）				

表 8 - 34　工读学生 17 岁及以上年龄组在微信使用题目选项的评分详情统计

单位：人，分

问卷题目	非常 不符合	比较 不符合	不确定	比较 符合	非常 符合
微信是我每天日常活动的一部分	44	20	14	15	9

续表

问卷题目	非常不符合	比较不符合	不确定	比较符合	非常符合
我很自豪地告诉别人我在使用微信	40	20	20	14	8
微信已成为我日常生活的一部分	38	15	19	22	8
我一会儿不使用微信就感觉同外界失去了联系	46	22	18	12	4
我感觉我是微信社区中的一员	46	14	16	18	8
关闭微信,我会感觉很不舒服	44	22	19	13	4
我使用微信是为了联系过去跟我交往的人	41	10	15	27	9
我使用微信是为了了解更多班级里的同学们	38	11	23	23	7
我使用微信是为了了解更多住在我附近的人	42	23	19	16	2
我使用微信是为了联系我的老朋友们	37	14	20	22	9
我使用微信是为了结交新朋友	21	30	22	23	6
总　计	437	201	205	205	74
均值（标准差）	2.36（SD = 1.13）				

表 8-35　普通学生 13 岁及以下年龄组在微信使用题目选项的评分详情统计

单位：人,分

问卷题目	非常不符合	比较不符合	不确定	比较符合	非常符合
微信是我每天日常活动的一部分	240	99	65	40	22
我很自豪地告诉别人我在使用微信	211	117	78	46	14
微信已成为我日常生活的一部分	212	103	95	39	17
我一会儿不使用微信就感觉同外界失去了联系	246	106	69	35	10
我感觉我是微信社区中的一员	233	80	95	39	29
关闭微信,我会感觉很不舒服	257	88	79	32	10
我使用微信是为了联系过去跟我交往的人	193	79	86	74	34
我使用微信是为了了解更多班级里的同学们	175	93	76	86	36
我使用微信是为了了解更多住在我附近的人	232	90	78	36	30

续表

问卷题目	非常 不符合	比较 不符合	不确定	比较 符合	非常 符合
我使用微信是为了联系我的老朋友们	163	80	81	95	47
我使用微信是为了结交新朋友	194	74	114	51	33
总　计	2356	1009	916	573	282
均值（标准差）	\multicolumn{5}{c}{2.11（SD = 0.97）}

表 8 – 36　普通学生 14 岁年龄组在微信使用题目选项的评分详情统计

单位：人，分

问卷题目	非常 不符合	比较 不符合	不确定	比较 符合	非常 符合
微信是我每天日常活动的一部分	127	58	54	37	9
我很自豪地告诉别人我在使用微信	118	66	53	38	10
微信已成为我日常生活的一部分	113	62	57	10	13
我一会儿不使用微信就感觉同外界失去了联系	143	66	43	26	7
我感觉我是微信社区中的一员	125	53	49	44	14
关闭微信，我会感觉很不舒服	146	54	49	28	8
我使用微信是为了联系过去跟我交往的人	96	50	57	62	20
我使用微信是为了了解更多班级里的同学们	93	43	62	68	19
我使用微信是为了了解更多住在我附近的人	143	56	49	29	8
我使用微信是为了联系我的老朋友们	95	39	51	76	24
我使用微信是为了结交新朋友	117	46	63	41	18
总　计	1316	593	587	459	150
均值（标准差）	\multicolumn{5}{c}{2.22（SD = 0.96）}

表 8 – 37　普通学生 15 岁年龄组在微信使用题目选项的评分详情统计

单位：人，分

问卷题目	非常 不符合	比较 不符合	不确定	比较 符合	非常 符合
微信是我每天日常活动的一部分	68	26	19	15	8
我很自豪地告诉别人我在使用微信	67	27	20	14	8

续表

问卷题目	非常 不符合	比较 不符合	不确定	比较 符合	非常 符合
微信已成为我日常生活的一部分	60	26	22	20	8
我一会儿不使用微信就感觉同外界失去了联系	91	26	11	14	4
我感觉我是微信社区中的一员	68	18	22	18	10
关闭微信，我会感觉很不舒服	85	20	16	10	5
我使用微信是为了联系过去跟我交往的人	56	20	20	28	12
我使用微信是为了了解更多班级里的同学们	53	23	15	33	12
我使用微信是为了了解更多住在我附近的人	76	22	13	18	7
我使用微信是为了联系我的老朋友们	50	15	17	38	16
我使用微信是为了结交新朋友	59	19	23	22	13
总　　计	733	242	198	230	103
均值（标准差）	2.16（SD = 1.05）				

表 8 – 38　普通学生 16 岁年龄组在微信使用题目选项的评分详情统计

单位：人，分

问卷题目	非常 不符合	比较 不符合	不确定	比较 符合	非常 符合
微信是我每天日常活动的一部分	23	15	9	16	6
我很自豪地告诉别人我在使用微信	25	9	19	13	3
微信已成为我日常生活的一部分	20	10	19	16	4
我一会儿不使用微信就感觉同外界失去了联系	32	15	13	7	2
我感觉我是微信社区中的一员	25	16	15	9	4
关闭微信，我会感觉很不舒服	34	12	11	9	3
我使用微信是为了联系过去跟我交往的人	20	10	15	16	8
我使用微信是为了了解更多班级里的同学们	18	13	17	15	6
我使用微信是为了了解更多住在我附近的人	31	14	15	6	3

问卷题目	非常 不符合	比较 不符合	不确定	比较 符合	非常 符合
我使用微信是为了联系我的老朋友们	16	11	11	21	10
我使用微信是为了结交新朋友	23	15	15	12	4
总　　计	267	140	159	140	53
均值（标准差）	2.44 （SD = 1.02）				

表 8 - 39　普通学生 17 岁及以上年龄组在微信使用题目选项的评分详情统计

单位：人，分

问卷题目	非常 不符合	比较 不符合	不确定	比较 符合	非常 符合
微信是我每天日常活动的一部分	9	4	10	7	4
我很自豪地告诉别人我在使用微信	6	7	9	9	3
微信已成为我日常生活的一部分	6	5	9	11	3
我一会儿不使用微信就感觉同外界失去了联系	10	9	8	4	3
我感觉我是微信社区中的一员	9	6	7	8	4
关闭微信，我会感觉很不舒服	12	6	8	5	3
我使用微信是为了联系过去跟我交往的人	7	4	10	9	4
我使用微信是为了了解更多班级里的同学们	8	5	10	7	4
我使用微信是为了了解更多住在我附近的人	12	3	11	5	3
我使用微信是为了联系我的老朋友们	8	3	8	10	5
我使用微信是为了结交新朋友	11	2	10	7	4
总　　计	98	54	100	82	40
均值（标准差）	2.76 （SD = 1.13）				

分析不同年龄组在微信使用上的得分，发现在工读学生中，13 岁及以下组的微信使用均值为 2.41 分（SD = 1.02），14 岁组均值为 2.50 分（SD = 1.08），15 岁组为 2.78 分（SD = 1.10），16 岁组为 2.91 分（SD = 1.08），17 岁及以上组为 2.36 分（SD = 1.13）。单因素方差分析结果发现，不同年龄组间差异显著（$F = 9.60$，$p < 0.001$）。进一步通过事后分析发现，15 岁组显著高于 13 岁及以下组和 17 岁及以上组，16 岁组得分显著高于 13 岁及以下组、

14 岁组和 17 岁及以上组。

在普通学生中，13 岁及以下组的微信使用均值为 2.11 分（$SD = 0.97$），14 岁组均值为 2.22 分（$SD = 0.96$），15 岁组为 2.16 分（$SD = 1.05$），16 岁组为 2.44 分（$SD = 1.02$），17 岁及以上组为 2.76 分（$SD = 1.13$），单因素方差分析发现不同年龄组之间差异显著，17 岁及以上组显著高于 13 岁及以下组、14 岁组和 15 岁组（$F = 4.82$，$p < 0.001$）。方差分析结果见表 8 – 40，变化趋势见图 8 – 14。

表 8 – 40　不同年龄组微信使用的差异分析

单位：分

年龄组	13 岁及以下	14 岁	15 岁	16 岁	17 岁及以上	方差分析
工读学生均值（标准差）	2.41 (1.02)	2.50 (1.08)	2.78 (1.10)	2.91 (1.08)	2.36 (1.13)	$F = 9.60$, $p < 0.001$
普通学生均值（标准差）	2.11 (0.97)	2.22 (0.96)	2.16 (1.05)	2.44 (1.02)	2.76 (1.13)	$F = 4.82$, $p < 0.001$
方差分析结果 t（p）	$t = 30.40$ $p < 0.001$	$t = 32.35$ $p < 0.001$	$t = 45.96$ $p < 0.001$	$t = 41.14$ $p < 0.001$	$t = -21.07$ $p < 0.001$	

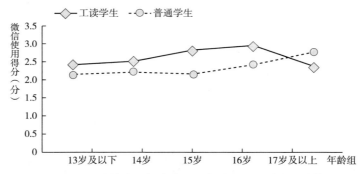

图 8 – 14　微信使用得分在不同年龄组别上的变化趋势

通过以上结果可以得知，工读学生和普通学生的微信使用在不同年龄组之间均存在显著差异。普通学生的微信使用随年龄增长有上升趋势，年龄越大，微信使用水平越高。工读学生的微信使用在 16 岁年龄段之前一直处于上升趋势，之后明显下降。除 17 岁及以上年龄段工读学生的微信使用程度低于普通学生外，工读学生其余每个年龄段的微信使用程度均高于普通学生。

四　小结

从工读学生的微信使用分析结果可知，工读学生的微信使用程度显著高于普通学生：将近80%的工读学生微信好友数量不超过150人，60%以上的工读学生平均每天的微信使用时间少于1小时；女生的微信使用程度均显著高于男生，且工读学校男、女生的智能手机使用程度分别显著高于普通学校男、女生；工读学生的微信使用在16岁年龄段之前一直处于上升趋势，之后明显下降。普通学生的微信使用随年龄增长有上升趋势，年龄越大，微信使用水平越高。除17岁及以上年龄段工读学生的微信使用程度低于普通学生外，工读学生其余每个年龄段的微信使用程度均高于普通学生。

本次调查中被试的微信使用比例达到90%以上，要高于以往的调查结果46.1%（张之银，2015）。这说明随着时代发展，中学生微信使用的情况变得越来越普遍。微信作为一种新兴传播媒介，正在对中学生的生活方式、学习习惯、价值观念等方面产生重要的影响。因此，学校也必须紧跟时代的步伐，适应信息时代的变化，使当代的教育教学更具有实践性和时代性。

第四节　短视频使用的基本情况分析

短视频即短片视频，是一种互联网内容传播方式，指在各种新媒体平台上播放的、适合在移动状态和短时休闲状态下观看的、高频推送的视频内容，时长一般在5分钟以内。短视频观看便捷、内容新奇，让不少青少年欲罢不能。其中，以抖音、快手最为常见且用户数量最多，所以课题组以这两种形式为代表，进行了调查。

一　抖音使用

（一）抖音使用的总体特点

1. 抖音好友数量

首先，对抖音好友数量进行分析，结果表明：工读学生好友数量少于10人的有565人，好友数量为11~50人的有108人，好友数量为51~100人的有62人，好友数量为101~150人的有43人，好友数量为151~200人的有31人，好友数量为201~250人的有37人，好友数量为251~300人的有11人，好友数量为301~400人的有8人，好友数量多于400人的有57人，22

人好友数量值缺失。普通学生好友数量少于 10 人的有 151 人，好友数量为
11 ~ 50 人的有 56 人，好友数量为 51 ~ 100 人的有 26 人，好友数量为 101 ~
150 人的有 12 人，好友数量为 151 ~ 200 人的有 7 人，好友数量为 201 ~ 250
人的有 8 人，好友数量为 251 ~ 300 人的有 2 人，好友数量为 301 ~ 400 人的
有 4 人，好友数量多于 400 人的有 20 人，527 人好友数量值缺失。工读学生
和普通学生的微信好友数量具体分布见图 8 - 15 和图 8 - 16。

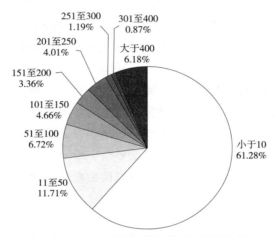

图 8 - 15　工读学生的抖音好友数量分布

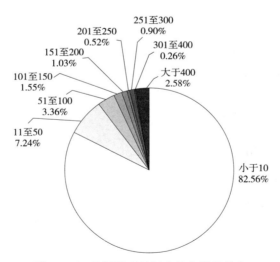

图 8 - 16　普通学生的抖音好友数量分布

2. 抖音使用时间

然后，对过去一周的抖音使用时间进行分析，结果表明：工读学生抖音使用时间少于 10 分钟的有 537 人，10～30 分钟的有 46 人，31～60 分钟的有 46 人，1～2 小时的有 81 人，2～3 小时的有 48 人，大于 3 小时的有 154 人，32 人使用时间值缺失。普通学生抖音使用时间少于 10 分钟的有 137 人，10～30 分钟的有 55 人，31～60 分钟的有 28 人，1～2 小时的有 36 人，2～3 小时的有 15 人，大于 3 小时的有 28 人，514 人使用时间值缺失。工读学生和普通学生的抖音使用时间具体分布见图 8 – 17 和图 8 – 18。

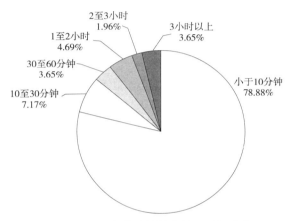

图 8 – 17　工读学生的抖音使用时间分布

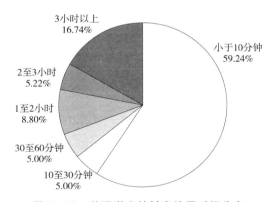

图 8 – 18　普通学生的抖音使用时间分布

3. 抖音使用强度和动机情况

首先，对抖音使用强度问卷的题目选项进行详细分析：选择"非常不符合"得 1 分，选择"比较不符合"得 2 分，选择"不确定"得 3 分、选择

"比较符合"得 4 分,选择"非常符合"得 5 分,根据各题目分数之和求维度均分。

分析工读学生和普通学生在抖音使用强度对应选项上的评分详情,统计结果见表 8 - 41 和表 8 - 42。

表 8 - 41 工读学生在抖音使用强度题目选项的评分详情统计

单位:人,分

问卷题目	非常 不符合	比较 不符合	不确定	比较 符合	非常 符合
抖音是我每天日常活动的一部分	319	117	231	152	125
我很自豪地告诉别人我在使用抖音	306	159	256	122	98
抖音已成为我日常生活的一部分	282	116	245	171	126
我一会儿不使用抖音就感觉同外界失去了联系	326	148	259	119	92
我感觉我是抖音社区中的一员	303	144	239	136	121
关闭抖音,我会感觉很不舒服	329	141	236	143	91
总　计	1865	825	1466	843	653
均值（标准差）	2.57（SD = 1.21）				

表 8 - 42 普通学生在抖音使用强度题目选项的评分详情统计

单位:人,分

问卷题目	非常 不符合	比较 不符合	不确定	比较 符合	非常 符合
抖音是我每天日常活动的一部分	474	120	88	87	45
我很自豪地告诉别人我在使用抖音	454	141	108	66	44
抖音已成为我日常生活的一部分	454	122	115	71	50
我一会儿不使用抖音就感觉同外界失去了联系	497	117	102	51	45
我感觉我是抖音社区中的一员	464	110	117	60	61
关闭抖音,我会感觉很不舒服	500	112	107	51	41
总　计	2843	722	637	386	290
均值（标准差）	1.88（SD = 1.14）				

从抖音使用强度问卷的得分情况来看,工读学生的抖音使用强度均值为 2.57 分（$SD = 1.21$）,普通学生的抖音使用强度均值为 1.88 分（$SD = 1.14$）。为了比较两者之间是否存在差异,对两组平均值进行方差分析,结果发现工读学生在抖音使用强度上的评分显著高于普通学生（$t = 12.22$, $p <$

0.001），分析结果如表 8 - 43 所示。

表 8 - 43　工读学生和普通学生在抖音使用强度得分上的差异

单位：分

	工读学校	普通学生
人数（百分比）	944（53.7%）	814（46.3%）
均值和标准差	2.57（1.21）	1.88（1.14）
方差分析结果 t（p）	$t = 12.22$，$p < 0.001$	

　　然后，对抖音使用动机问卷的题目选项进行详细分析：选择"非常不符合"得 1 分，选择"比较不符合"得 2 分，选择"不确定"得 3 分、选择"比较符合"得 4 分，选择"非常符合"得 5 分，根据各项目分数之和求维度均分。

　　分析工读学生和普通学生在抖音使用动机对应选项上的评分详情，统计结果见表 8 - 44 和表 8 - 45。

表 8 - 44　工读学生在抖音使用动机题目选项的评分详情统计表

单位：人，分

问卷题目	非常不符合	比较不符合	不确定	比较符合	非常符合
同我的朋友们互动	334	206	253	73	75
可以看到我的朋友们的最新的视觉状态	314	161	259	108	98
它很有趣	254	135	275	125	148
关注我的朋友们都在干什么	318	122	278	133	85
为了看别人分享的东西	278	160	265	114	122
想看好友的照片	317	136	281	122	83
查看别人发表的东西	285	126	296	109	121
用照片描绘我的生活	330	150	256	132	69
为了记住特殊事件	318	166	253	121	84
将我的生活分享给朋友们	340	140	259	116	83
为了记录我周围的世界	326	128	273	120	91
为了纪念一些事情	306	144	249	112	102
为了记住一些重要的东西	318	150	271	109	92
为了让自己更受欢迎	335	181	233	112	77
很酷	320	144	252	134	89
自我推广	345	158	267	88	79

续表

问卷题目	非常 不符合	比较 不符合	不确定	比较 符合	非常 符合
为我的朋友们提供我的可视的状态更新	343	165	248	110	76
为了找到与我有共同兴趣爱好的人	309	124	276	130	101
搞一些艺术创意	332	149	277	96	85
为了炫耀我的拍照技能	380	143	228	116	68
总　计	6402	2988	5249	2280	1828
均值（标准差）	2.46（SD = 1.13）				

表 8 - 45　普通学生在抖音使用动机选项的评分详情统计

单位：人，分

问卷题目	非常 不符合	比较 不符合	不确定	比较 符合	非常 符合
同我的朋友们互动	448	134	129	43	54
可以看到我的朋友们的最新的视觉状态	430	132	138	57	51
它很有趣	341	103	196	86	80
关注我的朋友们都在干什么	419	129	155	50	53
为了看别人分享的东西	366	117	165	82	76
想看好友的照片	426	132	142	57	48
查看别人发表的东西	377	135	157	69	67
用照片描绘我的生活	428	126	142	55	56
为了记住特殊事件	418	120	155	53	60
将我的生活分享给朋友们	432	136	135	48	54
为了记录我周围的世界	414	133	149	53	56
为了纪念一些事情	401	132	154	55	64
为了记住一些重要的东西	408	119	157	57	65
为了让自己更受欢迎	470	111	130	47	48
很酷	458	106	142	48	51
自我推广	496	99	112	51	44
为我的朋友们提供我的可视的状态更新	477	112	126	43	47
为了找到与我有共同兴趣爱好的人	441	106	139	55	64
搞一些艺术创意	456	120	122	58	48
为了炫耀我的拍照技能	503	104	107	41	43
总　计	8609	2406	2852	1108	1129
均值（标准差）	1.98（SD = 1.11）				

从抖音使用动机问卷的得分情况来看，工读学生的抖音使用动机均值为 2.46 分（$SD = 1.13$），普通学生的抖音使用动机均值为 1.98 分（$SD = 1.11$）。为了比较两者之间是否存在差异，对两组平均值进行方差分析，结果发现工读学生在抖音使用上的评分显著高于普通学生（$t = 9.14$，$p < 0.001$），分析结果如表 8 – 46 所示。

表 8 – 46　工读学生和普通学生在抖音使用动机得分上的差异

单位：人，分

	工读学校	普通学生
人数（百分比）	944（53.7%）	814（46.3%）
均值和标准差	2.46（1.13）	1.98（1.11）
方差分析结果 t（p）	$t = 9.14$，$p < 0.001$	

（二）抖音使用强度和动机的性别特点

为了考察不同性别工读学生在抖音使用强度和动机上是否存在显著差异，对男、女生的得分均值进行方差分析，得到如下结果。

首先分析不同性别的工读学生和普通学生在抖音使用强度对应选项上的评分详情，统计表分别见表 8 – 47 ~ 表 8 – 50。

表 8 – 47　工读男生在抖音使用强度题目选项的评分详情统计

单位：人，分

问卷题目	非常不符合	比较不符合	不确定	比较符合	非常符合
抖音是我每天日常活动的一部分	257	91	172	105	93
我很自豪地告诉别人我在使用抖音	243	110	199	87	76
抖音已成为我日常生活的一部分	230	88	197	105	96
我一会儿不使用抖音就感觉同外界失去了联系	260	103	194	92	69
我感觉我是抖音社区中的一员	244	96	190	93	94
关闭抖音，我会感觉很不舒服	261	101	189	96	67
总　计	1495	589	1141	578	495
均值（标准差）	2.53（$SD = 1.23$）				

表 8 – 48　工读女生在抖音使用强度题目选项的评分详情统计

单位：人，分

问卷题目	非常不符合	比较不符合	不确定	比较符合	非常符合
抖音是我每天日常活动的一部分	62	26	59	47	32

续表

问卷题目	非常 不符合	比较 不符合	不确定	比较 符合	非常 符合
我很自豪地告诉别人我在使用抖音	63	49	57	35	22
抖音已成为我日常生活的一部分	52	28	48	66	30
我一会儿不使用抖音就感觉同外界失去了联系	66	45	65	27	23
我感觉我是抖音社区中的一员	59	48	49	43	27
关闭抖音，我会感觉很不舒服	68	40	47	47	24
总　计	370	236	325	265	158
均值（标准差）	2.70（SD = 1.14）				

表 8 – 49　普通男生在抖音使用强度题目选项的评分详情统计

单位：人，分

问卷题目	非常 不符合	比较 不符合	不确定	比较 符合	非常 符合
抖音是我每天日常活动的一部分	273	56	51	38	29
我很自豪地告诉别人我在使用抖音	251	77	57	36	26
抖音已成为我日常生活的一部分	249	62	74	31	30
我一会儿不使用抖音就感觉同外界失去了联系	273	54	60	32	27
我感觉我是抖音社区中的一员	255	59	62	33	37
关闭抖音，我会感觉很不舒服	270	60	58	35	23
总　计	1571	368	362	205	172
均值（标准差）	1.89（SD = 1.16）				

表 8 – 50　普通女生在抖音使用强度题目选项的评分详情统计

单位：人，分

问卷题目	非常 不符合	比较 不符合	不确定	比较 符合	非常 符合
抖音是我每天日常活动的一部分	201	64	37	43	20
我很自豪地告诉别人我在使用抖音	203	64	51	30	18
抖音已成为我日常生活的一部分	205	60	41	40	20
我一会儿不使用抖音就感觉同外界失去了联系	224	63	42	19	18
我感觉我是抖音社区中的一员	209	51	55	27	24
关闭抖音，我会感觉很不舒服	230	52	49	16	18
总　计	1272	354	275	175	118
均值（标准差）	1.86（SD = 1.11）				

从抖音使用强度得分上来看，工读学校男生的平均得分为 2.53 分（SD = 1.23），工读女生的平均得分为 2.70 分（SD = 1.14），男生显著低于女生（t = -1.98，p < 0.05）。普通学生中，男生的平均得分为 1.89 分（SD = 1.16），女生的平均得分为 1.86 分（SD = 1.11），性别差异不显著（t = 0.33，p = 0.49）。不同性别组均值与方差分析结果如表 8-51 所示。

表 8-51　不同性别工读学生和普通学生在抖音使用强度得分上的差异

单位：人，分

性别	工读学生		普通学生	
	男	女	男	女
人数（百分比）	718（40.8%）	226（12.9%）	448（25.5%）	366（20.8%）
均值和标准差	2.53（1.23）	2.70（1.14）	1.89（1.16）	1.86（1.11）
方差分析结果 t（p）	t = -1.98，p < 0.05		t = 0.33，p = 0.49	

通过方差分析比较不同学校的相同性别得分情况发现，工读学校男生的得分显著高于普通学校男生得分（t = 7.64，p < 0.001）；工读学校女生得分显著高于普通学校女生得分（t = 8.64，p < 0.001）。上述结果说明，学生中男、女生抖音使用强度评分差异显著，女生显著高于男生。同时工读学校男、女生的抖音使用均显著高于普通学校男、女生。方差分析结果见表 8-52。

表 8-52　男女生在抖音使用强度得分上的差异

单位：人，分

学校类别	男		女	
	工读学生	普通学生	工读学生	普通学生
人数（百分比）	718（40.8%）	448（25.5%）	226（12.9%）	366（20.8%）
均值和标准差	2.53（1.23）	1.89（1.16）	2.70（1.14）	1.86（1.11）
方差分析结果 t（p）	t = 7.64，p < 0.001		t = 8.64，p < 0.001	

接下来，分析不同性别的工读学生和普通学生在抖音使用动机对应选项上的评分详情，统计结果见表 8-53~表 8-56。

表 8-53　工读男生在抖音使用动机题目选项的评分详情统计

单位：人，分

问卷题目	非常不符合	比较不符合	不确定	比较符合	非常符合
同我的朋友们互动	269	156	183	56	51

问卷题目	非常 不符合	比较 不符合	不确定	比较 符合	非常 符合
可以看到我的朋友们的最新的视觉状态	248	124	200	84	59
它很有趣	209	89	214	93	108
关注我的朋友们都在干什么	246	92	218	92	63
为了看别人分享的东西	220	109	205	89	90
想看好友的照片	250	93	222	82	67
查看别人发表的东西	228	95	214	84	91
用照片描绘我的生活	260	112	197	91	53
为了记住特殊事件	247	108	201	95	65
将我的生活分享给朋友们	260	106	206	77	66
为了记录我周围的世界	254	96	201	92	70
为了纪念一些事情	236	105	201	89	77
为了记住一些重要的东西	245	104	205	86	74
为了让自己更受欢迎	259	116	181	94	62
很酷	249	101	207	86	71
自我推广	263	109	204	71	67
为我的朋友们提供我的可视的状态更新	266	101	200	91	58
为了找到与我有共同兴趣爱好的人	238	96	216	89	76
搞一些艺术创意	257	115	207	69	65
为了炫耀我的拍照技能	290	107	181	77	56
总　计	4994	2134	4063	1687	1389
均值（标准差）	2.45（*SD* = 1.16）				

表 8 – 54　工读女生在抖音使用动机题目选项的评分详情统计

单位：人，分

问卷题目	非常 不符合	比较 不符合	不确定	比较 符合	非常 符合
同我的朋友们互动	65	50	70	17	24
可以看到我的朋友们的最新的视觉状态	66	37	59	24	39
它很有趣	45	46	61	32	40
关注我的朋友们都在干什么	72	30	60	41	22
为了看别人分享的东西	58	51	60	25	32
想看好友的照片	67	43	59	40	16

续表

问卷题目	非常 不符合	比较 不符合	不确定	比较 符合	非常 符合
查看别人发表的东西	57	31	82	25	30
用照片描绘我的生活	70	38	59	41	16
为了记住特殊事件	71	58	52	26	19
将我的生活分享给朋友们	80	34	53	39	17
为了记录我周围的世界	72	32	72	28	21
为了纪念一些事情	70	39	48	23	25
为了记住一些重要的东西	73	46	66	23	18
为了让自己更受欢迎	76	65	52	18	15
很酷	71	43	45	48	18
自我推广	82	49	63	17	12
为我的朋友们提供我的可视的状态更新	77	64	48	19	18
为了找到与我有共同兴趣爱好的人	71	28	60	41	25
搞一些艺术创意	75	34	70	27	20
为了炫耀我的拍照技能	90	36	47	39	12
总　　计	1408	854	1186	593	439
均值（标准差）	2.49（$SD=1.06$）				

表 8 - 55　普通男生在抖音使用动机题目选项的评分详情统计

单位：人，分

问卷题目	非常 不符合	比较 不符合	不确定	比较 符合	非常 符合
同我的朋友们互动	249	51	80	29	35
可以看到我的朋友们的最新的视觉状态	239	64	78	29	34
它很有趣	197	51	106	42	47
关注我的朋友们都在干什么	233	62	84	29	36
为了看别人分享的东西	211	58	86	44	45
想看好友的照片	239	60	81	32	32
查看别人发表的东西	214	65	86	41	37
用照片描绘我的生活	238	62	79	32	33
为了记住特殊事件	231	61	88	32	32
将我的生活分享给朋友们	237	71	75	27	33
为了记录我周围的世界	231	64	81	34	33
为了纪念一些事情	222	61	87	37	36

问卷题目	非常 不符合	比较 不符合	不确定	比较 符合	非常 符合
为了记住一些重要的东西	229	54	89	34	37
为了让自己更受欢迎	257	52	76	29	30
很酷	249	52	87	25	29
自我推广	260	51	70	31	27
为我的朋友们提供我的可视的状态更新	255	53	79	27	28
为了找到与我有共同兴趣爱好的人	246	46	85	32	35
搞一些艺术创意	253	54	70	38	28
为了炫耀我的拍照技能	270	48	72	25	25
总　计	4760	1140	1639	649	672
均值（标准差）	2.01（$SD = 1.16$）				

表 8-56　普通女生在抖音使用动机题目选项的评分详情统计

单位：人，分

问卷题目	非常 不符合	比较 不符合	不确定	比较 符合	非常 符合
同我的朋友们互动	249	51	80	29	35
可以看到我的朋友们的最新的视觉状态	239	64	78	29	34
它很有趣	197	51	106	42	47
关注我的朋友们都在干什么	233	62	84	29	36
为了看别人分享的东西	211	58	86	44	45
想看好友的照片	239	60	81	32	32
查看别人发表的东西	214	65	86	41	37
用照片描绘我的生活	238	62	79	32	33
为了记住特殊事件	231	61	88	32	32
将我的生活分享给朋友们	237	71	75	27	33
为了记录我周围的世界	231	64	81	34	33
为了纪念一些事情	222	61	87	37	36
为了记住一些重要的东西	229	54	89	34	37
为了让自己更受欢迎	257	52	76	29	30
很酷	249	52	87	25	29
自我推广	260	51	70	31	27
为我的朋友们提供我的可视的状态更新	255	53	79	27	28

问卷题目	非常 不符合	比较 不符合	不确定	比较 符合	非常 符合
为了找到与我有共同兴趣爱好的人	246	46	85	32	35
搞一些艺术创意	253	54	70	38	28
为了炫耀我的拍照技能	270	48	72	25	25
总　计	4760	1140	1639	649	672
均值（标准差）	1.94（$SD = 1.04$）				

从抖音使用动机得分上来看，工读男生的平均得分为 2.45（$SD = 1.16$），工读女生的平均得分为 2.49（$SD = 1.06$），差异不显著（$t = -0.93$，$p = 0.35$）。普通学生中，男生的平均得分为 2.01（$SD = 1.16$），女生的平均得分为 1.94（$SD = 1.04$），性别差异不显著（$t = 0.15$，$p = 0.88$）。不同性别组均值与方差分析结果见表 8-57。

表 8-57　不同性别工读学生和普通学生在抖音使用动机得分上的差异

单位：人，分

性别	工读学生		普通学生	
	男	女	男	女
人数（百分比）	718（40.8%）	226（12.9%）	448（25.5%）	366（20.8%）
均值和标准差	2.45（1.16）	2.49（1.06）	2.01（1.16）	1.94（1.04）
方差分析结果 t（p）	$t = -0.93$，$p = 0.35$		$t = 0.15$，$p = 0.88$	

通过方差分析比较不同学校的相同性别得分情况发现，工读学校男生的得分显著高于普通学校男生得分（$t = 5.33$，$p < 0.001$）；工读学校女生得分显著高于普通学生女生得分（$t = 4.51$，$p < 0.001$）。上述结果说明，工读学校男、女生的抖音使用动机分别显著高于普通学校男、女生，方差分析结果见表 8-58。

表 8-58　男女生在抖音使用动机得分上的差异

单位：人，分

学校类别	男		女	
	工读学生	普通学生	工读学生	普通学生
人数（百分比）	718（40.8%）	448（25.5%）	226（12.9%）	366（20.8%）
均值和标准差	2.45（1.16）	2.01（1.16）	2.49（1.06）	1.94（1.04）
方差分析结果 t（p）	$t = 5.33$，$p < 0.001$		$t = 4.51$，$p < 0.001$	

（三）抖音使用强度和动机的年龄发展特点

为了考察随着年龄增长，工读学生的抖音使用强度和动机是否存在变化趋势，以年龄组为自变量，抖音使用强度和动机得分为因变量进行单因素方差分析，并检验其是否存在线性趋势，得到如下结果。

分析不同年龄组的工读学生和普通学生在抖音使用强度对应选项上的评分详情，统计结果见表 8-59～表 8-68。

表 8-59   工读学生 13 岁及以下年龄组在抖音使用强度题目选项的评分详情统计

单位：人，分

问卷题目	非常不符合	比较不符合	不确定	比较符合	非常符合
抖音是我每天日常活动的一部分	53	10	15	8	6
我很自豪地告诉别人我在使用抖音	34	25	21	8	4
抖音已成为我日常生活的一部分	35	12	22	9	14
我一会儿不使用抖音就感觉同外界失去了联系	39	12	16	11	14
我感觉我是抖音社区中的一员	33	11	19	12	17
关闭抖音，我会感觉很不舒服	35	12	17	17	10
总　计	229	82	110	65	65
均值（标准差）	2.37（SD = 1.13）				

表 8-60   工读学生 14 岁年龄组在抖音使用强度题目选项的评分详情统计

单位：人，分

问卷题目	非常不符合	比较不符合	不确定	比较符合	非常符合
抖音是我每天日常活动的一部分	59	42	33	23	26
我很自豪地告诉别人我在使用抖音	61	30	52	18	21
抖音已成为我日常生活的一部分	57	21	58	22	25
我一会儿不使用抖音就感觉同外界失去了联系	67	27	57	15	17
我感觉我是抖音社区中的一员	62	23	57	22	19
关闭抖音，我会感觉很不舒服	62	24	57	20	20
总　计	368	167	314	120	128
均值（标准差）	2.52（SD = 1.23）				

表 8 – 61　工读学生 15 岁年龄组在抖音使用强度题目选项的评分详情统计

单位：人，分

问卷题目	非常 不符合	比较 不符合	不确定	比较 符合	非常 符合
抖音是我每日常活动的一部分	106	27	102	57	53
我很自豪地告诉别人我在使用抖音	104	54	93	49	43
抖音已成为我日常生活的一部分	91	40	81	79	51
我一会儿不使用抖音就感觉同外界失去了联系	101	53	104	46	41
我感觉我是抖音社区中的一员	95	58	89	51	51
关闭抖音，我会感觉很不舒服	113	48	80	68	34
总　计	610	280	549	350	273
均值（标准差）	2.70（$SD = 1.23$）				

表 8 – 62　工读学生 16 岁年龄组在抖音使用强度题目选项的评分详情统计

单位：人，分

问卷题目	非常 不符合	比较 不符合	不确定	比较 符合	非常 符合
抖音是我每天日常活动的一部分	72	25	48	48	34
我很自豪地告诉别人我在使用抖音	76	32	58	35	26
抖音已成为我日常生活的一部分	72	27	49	47	31
我一会儿不使用抖音就感觉同外界失去了联系	84	39	54	33	17
我感觉我是抖音社区中的一员	80	26	58	32	31
关闭抖音，我会感觉很不舒服	83	40	51	30	22
总　计	467	189	318	225	161
均值（标准差）	2.57（$SD = 1.24$）				

表 8 – 63　工读学生 17 岁及以上年龄组在抖音使用强度题目选项的评分详情统计

单位：人，分

问卷题目	非常 不符合	比较 不符合	不确定	比较 符合	非常 符合
抖音是我每天日常活动的一部分	29	13	33	16	6
我很自豪地告诉别人我在使用抖音	31	18	32	12	4
抖音已成为我日常生活的一部分	27	16	35	14	5
我一会儿不使用抖音就感觉同外界失去了联系	35	17	28	14	3
我感觉我是抖音社区中的一员	33	26	16	19	3

问卷题目	非常 不符合	比较 不符合	不确定	比较 符合	非常 符合
关闭抖音，我会感觉很不舒服	36	17	31	8	5
总　　计	191	107	175	83	26
均值（标准差）	2.39（SD = 1.08）				

表 8 – 64　普通学生 13 岁及以下年龄组在抖音使用强度题目选项的评分详情统计

单位：人，分

问卷题目	非常 不符合	比较 不符合	不确定	比较 符合	非常 符合
抖音是我每天日常活动的一部分	212	54	37	21	15
我很自豪地告诉别人我在使用抖音	202	62	42	21	13
抖音已成为我日常生活的一部分	197	60	46	20	16
我一会儿不使用抖音就感觉同外界失去 了联系	218	46	40	21	15
我感觉我是抖音社区中的一员	207	44	50	17	22
关闭抖音，我会感觉很不舒服	215	44	46	20	14
总　　计	1251	310	261	120	95
均值（标准差）	1.77（SD = 1.07）				

表 8 – 65　普通学生 14 岁年龄组在抖音使用强度题目选项的评分详情统计

单位：人，分

问卷题目	非常 不符合	比较 不符合	不确定	比较 符合	非常 符合
抖音是我每天日常活动的一部分	147	41	30	19	18
我很自豪地告诉别人我在使用抖音	142	44	36	17	16
抖音已成为我日常生活的一部分	143	42	34	18	18
我一会儿不使用抖音就感觉同外界失去 了联系	148	42	34	13	17
我感觉我是抖音社区中的一员	141	37	35	24	18
关闭抖音，我会感觉很不舒服	155	36	35	14	15
总　　计	876	242	204	105	102
均值（标准差）	1.90（SD = 1.16）				

表 8 – 66　普通学生 15 岁年龄组在抖音使用强度题目选项的评分详情统计

单位：人，分

问卷题目	非常 不符合	比较 不符合	不确定	比较 符合	非常 符合
抖音是我每天日常活动的一部分	71	16	9	16	7

问卷题目	非常 不符合	比较 不符合	不确定	比较 符合	非常 符合
我很自豪地告诉别人我在使用抖音	71	20	14	5	9
抖音已成为我日常生活的一部分	70	12	16	13	8
我一会儿不使用抖音就感觉同外界失去了联系	80	15	12	4	8
我感觉我是抖音社区中的一员	68	17	18	5	11
关闭抖音，我会感觉很不舒服	78	17	13	3	7
总　　计	438	97	82	46	50
均值（标准差）	1.84（SD = 1.14）				

表 8 - 67　普通学生 16 岁年龄组在抖音使用强度题目选项的评分详情统计

单位：人，分

问卷题目	非常 不符合	比较 不符合	不确定	比较 符合	非常 符合
抖音是我每天日常活动的一部分	32	9	5	18	6
我很自豪地告诉别人我在使用抖音	28	13	11	15	3
抖音已成为我日常生活的一部分	32	8	12	14	4
我一会儿不使用抖音就感觉同外界失去了联系	37	11	11	9	2
我感觉我是抖音社区中的一员	34	12	9	8	6
关闭抖音，我会感觉很不舒服	38	13	9	8	2
总　　计	201	66	57	72	23
均值（标准差）	2.16（SD = 1.16）				

表 8 - 68　普通学生 17 岁及以上年龄组在抖音使用强度题目选项的评分详情统计

单位：人，分

问卷题目	非常 不符合	比较 不符合	不确定	比较 符合	非常 符合
抖音是我每天日常活动的一部分	12	0	7	7	3
我很自豪地告诉别人我在使用抖音	11	2	5	8	3
抖音已成为我日常生活的一部分	12	0	7	6	4
我一会儿不使用抖音就感觉同外界失去了联系	14	3	5	4	3
我感觉我是抖音社区中的一员	14	0	5	6	4
关闭抖音，我会感觉很不舒服	14	2	4	6	3
总　　计	77	7	33	37	20
均值（标准差）	2.52（SD = 1.38）				

　　分析不同年龄组在抖音使用强度上的得分，发现在工读学生中，13 岁及以下组的抖音使用均值为 2.37 分（$SD = 1.13$），14 岁组均值为 2.52 分（$SD = 1.23$），15 岁组为 2.70 分（$SD = 1.23$），16 岁组为 2.57 分（$SD = 1.24$），17 岁及以上组为 2.39 分（$SD = 1.08$）。单因素方差分析结果发现，不同年龄组间差异不显著（$F = 2.19$，$p = 0.07$），说明抖音使用强度在工读学生的不同年龄组间无变化。

　　在普通学生中，13 岁及以下组的抖音使用强度均值为 1.77 分（$SD = 1.07$），14 岁组均值为 1.90 分（$SD = 1.16$），15 岁组为 1.84 分（$SD = 1.14$），16 岁组为 2.16 分（$SD = 1.16$），17 岁及以上组为 2.52 分（$SD = 1.38$）。单因素方差分析发现不同年龄组之间差异不显著（$F = 4.24$，$p = 0.09$），说明抖音使用强度在普通学生的不同年龄组间无变化。方差分析结果见表 8-69，变化趋势见图 8-19。

表 8-69　不同年龄组抖音使用强度的差异分析

单位：分

年龄组	13 岁以下	14 岁	15 岁	16 岁	17 岁及以上	方差分析
工读学生均值（标准差）	2.37 (1.13)	2.52 (1.23)	2.70 (1.23)	2.57 (1.24)	2.39 (1.08)	$F = 2.19$, $p = 0.07$
普通学生均值（标准差）	1.77 (1.07)	1.90 (1.16)	1.84 (1.14)	2.16 (1.16)	2.52 (1.38)	$F = 4.24$, $p = 0.09$
方差分析结果 t (p)	4.72 ($p < 0.001$)	5.38 ($p < 0.001$)	6.68 ($p < 0.001$)	2.47 ($p < 0.05$)	−0.51 ($p = 0.61$)	

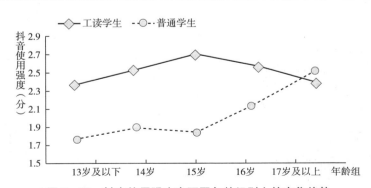

图 8-19　抖音使用强度在不同年龄组别上的变化趋势

通过以上结果可以得知，工读学生和普通学生的抖音使用强度在不同年龄组之间均不存在显著差异。工读学生的抖音使用强度在 15 岁年龄段前一直处于上升趋势，之后明显下降。普通学生的抖音使用强度随年龄增长有上升趋势，年龄越大，抖音使用强度水平越高。除 17 岁及以上年龄段工读学生的抖音使用强度低于普通学生外，工读学生其余年龄段的抖音使用强度均高于普通学生。

接下来，分析不同年龄组的工读学生和普通学生在抖音使用动机对应选项上的评分详情，统计结果见表 8 – 70 ~ 表 8 – 79。

表 8 – 70　工读学生 13 岁及以下年龄组在抖音使用动机题目选项的评分详情统计

单位：人，分

问卷题目	非常不符合	比较不符合	不确定	比较符合	非常符合
同我的朋友们互动	31	28	19	9	5
可以看到我的朋友们的最新的视觉状态	29	23	21	13	5
它很有趣	23	19	24	16	9
关注我的朋友们都在干什么	29	19	23	14	7
为了看别人分享的东西	29	21	24	8	10
想看好友的照片	31	22	28	7	4
查看别人发表的东西	30	22	21	8	10
用照片描绘我的生活	32	24	24	10	1
为了记住特殊事件	33	18	28	12	1
将我的生活分享给朋友们	33	20	22	11	6
为了记录我周围的世界	30	15	19	23	5
为了纪念一些事情	28	15	20	18	11
为了记住一些重要的东西	31	20	21	14	4
为了让自己更受欢迎	32	25	23	9	2
很酷	27	22	21	16	6
自我推广	30	29	20	8	4
为我的朋友们提供我的可视的状态更新	30	27	23	10	2
为了找到与我有共同兴趣爱好的人	28	18	36	4	5
搞一些艺术创意	28	26	24	9	5
为了炫耀我的拍照技能	37	21	27	3	4
总　计	601	434	468	222	106
均值（标准差）	2.33（SD = 0.92）				

表 8 - 71　工读学生 14 岁年龄组在抖音使用动机题目选项的评分详情统计

单位：人，分

问卷题目	非常不符合	比较不符合	不确定	比较符合	非常符合
同我的朋友们互动	69	53	33	12	14
可以看到我的朋友们的最新的视觉状态	65	51	34	17	14
它很有趣	48	23	60	25	24
关注我的朋友们都在干什么	64	24	61	20	11
为了看别人分享的东西	56	25	58	21	20
想看好友的照片	64	24	56	22	13
查看别人发表的东西	55	22	63	19	22
用照片描绘我的生活	63	28	57	20	12
为了记住特殊事件	64	23	57	23	14
将我的生活分享给朋友们	70	24	53	21	13
为了记录我周围的世界	64	24	55	22	16
为了纪念一些事情	59	25	56	19	20
为了记住一些重要的东西	62	28	54	24	13
为了让自己更受欢迎	69	23	56	21	12
很酷	64	20	60	25	12
自我推广	68	24	58	17	13
为我的朋友们提供我的可视的状态更新	66	24	59	18	14
为了找到与我有共同兴趣爱好的人	63	23	58	21	16
搞一些艺术创意	65	25	54	22	14
为了炫耀我的拍照技能	73	24	54	16	13
总　计	1271	537	1096	405	300
均值（标准差）	2.42（SD = 1.15）				

表 8 - 72　工读学生 15 岁年龄组在抖音使用动机题目选项的评分详情统计

单位：人，分

问卷题目	非常不符合	比较不符合	不确定	比较符合	非常符合
同我的朋友们互动	114	59	115	28	28
可以看到我的朋友们的最新的视觉状态	105	47	97	39	56
它很有趣	84	52	97	43	68
关注我的朋友们都在干什么	16	39	101	59	38

续表

问卷题目	非常 不符合	比较 不符合	不确定	比较 符合	非常 符合
为了看别人分享的东西	90	59	96	45	54
想看好友的照片	107	45	99	61	33
查看别人发的东西	100	26	128	38	51
用照片描绘我的生活	116	47	96	55	30
为了记住特殊事件	104	65	89	46	41
将我的生活分享给朋友们	119	48	85	57	34
为了记录我周围的世界	112	43	115	32	42
为了纪念一些事情	105	47	82	46	41
为了记住一些重要的东西	113	35	116	40	41
为了让自己更受欢迎	118	70	86	35	35
很酷	110	47	85	58	44
自我推广	120	57	102	30	36
为我的朋友们提供我的可视的状态更新	122	67	91	32	33
为了找到与我有共同兴趣爱好的人	104	40	84	70	46
搞一些艺术创意	121	36	124	31	33
为了炫耀我的拍照技能	132	52	79	55	25
总　计	2112	981	1967	900	809
均值（标准差）	2.57（$SD=1.14$）				

表 8 - 73　工读学生 16 岁年龄组在抖音使用动机题目选项的评分详情统计

单位：人，分

问卷题目	非常 不符合	比较 不符合	不确定	比较 符合	非常 符合
同我的朋友们互动	85	34	67	18	23
可以看到我的朋友们的最新的视觉状态	80	29	69	29	20
它很有趣	67	19	71	31	37
关注我的朋友们都在干什么	84	29	59	30	24
为了看别人分享的东西	74	25	65	30	32
想看好友的照片	82	35	61	22	27
查看别人发的东西	69	28	63	34	31
用照片描绘我的生活	81	37	59	26	23
为了记住特殊事件	82	33	59	29	24
将我的生活分享给朋友们	83	35	61	19	27

问卷题目	非常 不符合	比较 不符合	不确定	比较 符合	非常 符合
为了记录我周围的世界	85	33	67	17	23
为了纪念一些事情	79	46	51	23	25
为了记住一些重要的东西	79	38	61	21	28
为了让自己更受欢迎	81	50	50	23	23
很酷	82	27	68	27	23
自我推广	89	33	58	22	22
为我的朋友们提供我的可视的状态更新	85	32	58	28	24
为了找到与我有共同兴趣爱好的人	79	29	63	25	31
搞一些艺术创意	83	35	55	24	28
为了炫耀我的拍照技能	95	36	55	19	20
总　　计	1624	663	1220	497	515
均值（标准差）	2.46（SD=1.22）				

表 8-74　工读学生 17 岁及以上年龄组在抖音使用动机题目选项的评分详情统计

单位：人，分

问卷题目	非常 不符合	比较 不符合	不确定	比较 符合	非常 符合
同我的朋友们互动	35	32	19	6	5
可以看到我的朋友们的最新的视觉状态	35	11	38	10	3
它很有趣	32	22	23	10	10
关注我的朋友们都在干什么	35	11	34	10	5
为了看别人分享的东西	29	30	22	10	6
想看好友的照片	33	10	37	10	6
查看别人发表的东西	31	28	21	10	7
用照片描绘我的生活	38	14	20	21	3
为了记住特殊事件	35	27	20	11	4
将我的生活分享给朋友们	35	13	38	8	3
为了记录我周围的世界	35	13	17	26	5
为了纪念一些事情	35	11	40	6	5
为了记住一些重要的东西	33	29	19	10	6
为了让自己更受欢迎	35	13	18	24	5
很酷	37	28	18	8	4
自我推广	38	15	29	11	4

续表

问卷题目	非常 不符合	比较 不符合	不确定	比较 符合	非常 符合
为我的朋友们提供我的可视的状态更新	40	15	17	22	3
为了找到与我有共同兴趣爱好的人	35	14	35	10	3
搞一些艺术创意	35	27	20	10	5
为了炫耀我的拍照技能	43	10	13	23	6
总　计	704	373	498	256	98
均值（标准差）	2.30（1.02）				

表 8 - 75　普通学生 13 岁及以下年龄组在抖音使用动机题目选项的评分详情统计

单位：人，分

问卷题目	非常 不符合	比较 不符合	不确定	比较 符合	非常 符合
同我的朋友们互动	192	50	52	23	20
可以看到我的朋友们的最新的视觉状态	180	59	54	25	19
它很有趣	155	47	78	29	27
关注我的朋友们都在干什么	180	50	65	19	21
为了看别人分享的东西	167	49	65	30	24
想看好友的照片	183	59	52	22	19
查看别人发表的东西	172	53	64	24	21
用照片描绘我的生活	185	51	58	23	20
为了记住特殊事件	184	51	62	21	19
将我的生活分享给朋友们	184	55	56	19	21
为了记录我周围的世界	177	51	63	24	20
为了纪念一些事情	179	53	61	20	23
为了记住一些重要的东西	181	47	64	24	20
为了让自己更受欢迎	197	51	56	17	15
很酷	198	48	58	17	15
自我推广	207	41	52	20	15
为我的朋友们提供我的可视的状态更新	201	46	50	20	19
为了找到与我有共同兴趣爱好的人	200	39	51	25	20
搞一些艺术创意	195	50	49	22	19
为了炫耀我的拍照技能	207	49	43	17	16
总　计	3724	999	1153	441	393
均值（标准差）	1.92（SD = 1.08）				

表 8 - 76　普通学生 14 岁年龄组在抖音使用动机题目选项的评分详情统计

单位：人，分

问卷题目	非常 不符合	比较 不符合	不确定	比较 符合	非常 符合
同我的朋友们互动	127	49	50	10	18
可以看到我的朋友们的最新的视觉状态	130	42	48	17	16
它很有趣	102	35	66	22	28
关注我的朋友们都在干什么	125	41	49	21	17
为了看别人分享的东西	107	42	51	26	27
想看好友的照片	129	38	56	16	14
查看别人发表的东西	111	43	53	22	24
用照片描绘我的生活	124	40	50	19	19
为了记住特殊事件	121	38	56	16	20
将我的生活分享给朋友们	127	45	49	15	16
为了记录我周围的世界	121	51	45	19	16
为了纪念一些事情	115	44	54	17	22
为了记住一些重要的东西	115	43	52	20	22
为了让自己更受欢迎	139	35	49	13	16
很酷	135	34	49	15	18
自我推广	149	35	37	14	14
为我的朋友们提供我的可视的状态更新	139	41	46	11	14
为了找到与我有共同兴趣爱好的人	126	44	47	11	24
搞一些艺术创意	134	42	48	11	16
为了炫耀我的拍照技能	152	36	35	12	16
总　　计	2528	818	990	327	377
均值（标准差）	\multicolumn{5}{c}{2.03（$SD = 1.11$）}

表 8 - 77　普通学生 15 岁年龄组在抖音使用动机题目选项的评分详情统计

单位：人，分

问卷题目	非常 不符合	比较 不符合	不确定	比较 符合	非常 符合
同我的朋友们互动	76	22	10	3	7
可以看到我的朋友们的最新的视觉状态	71	20	15	5	8
它很有趣	48	19	26	12	14
关注我的朋友们都在干什么	65	23	19	4	8

问卷题目	非常 不符合	比较 不符合	不确定	比较 符合	非常 符合
为了看别人分享的东西	52	18	24	11	14
想看好友的照片	72	16	13	10	8
查看别人发表的东西	60	24	17	6	12
用照片描绘我的生活	72	23	12	3	9
为了记住特殊事件	71	16	13	8	11
将我的生活分享给朋友们	70	25	9	6	6
为了记录我周围的世界	71	17	16	3	12
为了纪念一些事情	66	19	14	8	12
为了记住一些重要的东西	68	18	14	3	16
为了让自己更受欢迎	82	14	6	9	8
很酷	78	13	13	6	9
自我推广	85	15	8	4	7
为我的朋友们提供我的可视的状态更新	83	15	11	2	8
为了找到与我有共同兴趣爱好的人	70	16	18	5	10
搞一些艺术创意	79	17	8	8	7
为了炫耀我的拍照技能	89	10	8	4	5
总　　计	1428	360	274	120	191
均值（标准差）	1.86（$SD = 1.07$）				

表 8－78　普通学生 16 岁年龄组在抖音使用动机题目选项的评分详情统计

单位：人，分

问卷题目	非常 不符合	比较 不符合	不确定	比较 符合	非常 符合
同我的朋友们互动	39	13	11	3	4
可以看到我的朋友们的最新的视觉状态	37	10	14	6	3
它很有趣	26	2	19	15	7
关注我的朋友们都在干什么	38	12	13	3	4
为了看别人分享的东西	30	7	17	9	7
想看好友的照片	33	15	12	5	4
查看别人发表的东西	26	11	15	11	7
用照片描绘我的生活	38	10	12	5	5
为了记住特殊事件	34	11	14	5	6
将我的生活分享给朋友们	41	8	12	5	4

问卷题目	非常不符合	比较不符合	不确定	比较符合	非常符合
为了记录我周围的世界	36	10	14	5	5
为了纪念一些事情	32	12	15	7	4
为了记住一些重要的东西	35	10	15	6	4
为了让自己更受欢迎	43	10	10	4	3
很酷	38	8	14	6	4
自我推广	46	5	10	5	4
为我的朋友们提供我的可视的状态更新	44	8	10	4	4
为了找到与我有共同兴趣爱好的人	36	6	14	9	5
搞一些艺术创意	38	8	11	9	4
为了炫耀我的拍照技能	46	5	12	3	4
总　计	736	181	264	125	92
均值（标准差）	2.04（SD = 1.11）				

表 8 - 79　普通学生 17 岁及以上年龄组在抖音使用动机题目选项的评分详情统计

单位：人，分

问卷题目	非常不符合	比较不符合	不确定	比较符合	非常符合
同我的朋友们互动	14	0	6	4	5
可以看到我的朋友们的最新的视觉状态	12	1	7	4	5
它很有趣	10	0	7	8	4
关注我的朋友们都在干什么	11	3	9	3	3
为了看别人分享的东西	10	1	8	6	4
想看好友的照片	9	4	9	4	3
查看别人发表的东西	8	4	8	6	3
用照片描绘我的生活	9	2	10	5	3
为了记住特殊事件	8	4	10	3	4
将我的生活分享给朋友们	10	3	9	3	4
为了记录我周围的世界	9	4	11	2	3
为了纪念一些事情	9	4	10	3	3
为了记住一些重要的东西	9	1	12	4	3
为了让自己更受欢迎	9	1	9	4	6
很酷	9	3	8	4	5
自我推广	9	3	5	8	4

问卷题目	非常 不符合	比较 不符合	不确定	比较 符合	非常 符合
为我的朋友们提供我的可视的状态更新	10	2	9	6	2
为了找到与我有共同兴趣爱好的人	9	1	9	5	5
搞一些艺术创意	10	3	6	8	2
为了炫耀我的拍照技能	9	4	9	5	2
总　计	193	48	171	95	73
均值（标准差）	2.67（$SD = 1.29$）				

　　分析不同年龄组在抖音使用动机上的得分，发现在工读学生中，13 岁及以下组的抖音使用均值为 2.33 分（$SD = 0.92$），14 岁组均值为 2.42 分（$SD = 1.15$），15 岁组为 2.57 分（$SD = 1.14$），16 岁组为 2.46 分（$SD = 1.22$），17 岁及以上组为 2.30 分（$SD = 1.02$）。单因素方差分析结果发现，不同年龄组间差异不显著（$F = 1.62$，$p = 0.17$），说明抖音使用动机在工读学生的不同年龄组间无变化。

　　在普通学生中，13 岁及以下组的抖音使用动机均值为 1.92 分（$SD = 1.08$），14 岁组均值为 2.03 分（$SD = 1.11$），15 岁组为 1.86 分（$SD = 1.07$），16 岁组为 2.04 分（$SD = 1.11$），17 岁及以上组为 2.67 分（$SD = 1.29$），单因素方差分析发现不同年龄组之间差异显著（$F = 3.69$，$p < 0.01$）。事后比较发现，17 岁及以上组显著高于 13 岁及以上组和 15 岁组。方差分析结果见表 8 - 80，变化趋势见图 8 - 20。

表 8 - 80　不同年龄组抖音使用动机上的差异分析

单位：分

年龄组	13 岁及以下	14 岁	15 岁	16 岁	17 岁及以上	方差分析
工读学生均值（标准差）	2.33 (0.92)	2.42 (1.15)	2.57 (1.14)	2.46 (1.22)	2.30 (1.02)	$F = 1.62$, $p = 0.17$
普通学生均值（标准差）	1.92 (1.08)	2.03 (1.11)	1.86 (1.07)	2.04 (1.11)	2.67 (1.29)	$F = 3.69$, $p < 0.01$
方差分析结果 t（p）	3.37 ($p < 0.001$)	3.52 ($p < 0.001$)	5.95 ($p < 0.001$)	2.61 ($p < 0.01$)	- 1.61 ($p = 0.11$)	

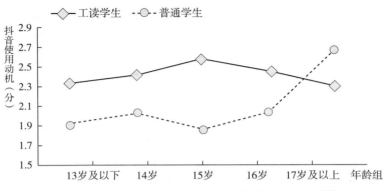

图 8－20　抖音使用动机在不同年龄组别上的变化趋势

通过以上结果可以得知，工读学生的抖音使用动机在 15 岁年龄段前一直处于上升趋势，之后明显下降。普通学生的抖音使用动机随年龄增长有上升趋势，年龄越大，抖音使用水平越高。除 17 岁及以上年龄段工读学生的抖音使用动机低于普通学生外，工读学生其余年龄段的抖音使用动机均高于普通学生。

二　快手使用

（一）快手使用的总体特点

1. 快手好友数量

首先，对快手好友数量进行分析，结果表明：工读学生好友数量少于 10人的有 797 人，好友数量为 11～50 人的有 44 人，好友数量为 51～100 人的有 39 人，好友数量为 101～150 人的有 36 人，好友数量为 151～200 人的有 31 人，好友数量为 201～250 人的有 31 人，好友数量为 251～300 人的有 13人，好友数量为 301～400 人的有 13 人，好友数量多于 400 人的有 94 人，6人好友数量值缺失。

普通学生好友数量少于 10 人的有 570 人，好友数量为 11～50 人的有 130人，好友数量为 51～100 人的有 81 人，好友数量为 101～150 人的有 44 人，好友数量为 151～200 人的有 20 人，好友数量为 201～250 人的有 19 人，好友数量为 251～300 人的有 13 人，好友数量为 301～400 人的有 20 人，好友数量多于 400 人的有 89 人，70 人好友数量值缺失。工读学生和普通学生的快手好友数量具体分布见图 8－21 和图 8－22。

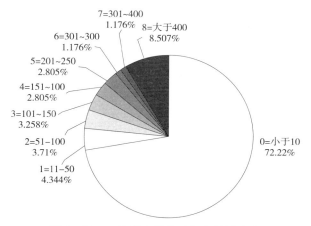

图 8-21 工读学生的快手好友数量分布

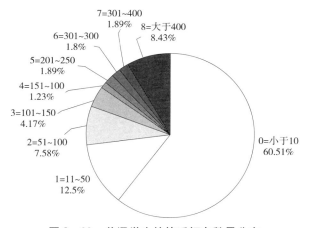

图 8-22 普通学生的快手好友数量分布

2. 快手使用时间

接下来，对过去一周平均每天的快手使用时间进行分析，结果表明：工读学生快手使用时间少于 10 分钟的有 814 人，10~30 分钟的有 39 人，31~60 分钟的有 31 人，1~2 小时的有 56 人，2~3 小时的有 40 人，大于 3 小时的有 112 人，13 人快手使用时间值缺失。

普通学生快手使用时间少于 10 分钟的有 556 人，10~30 分钟的有 157 人，31~60 分钟的有 91 人，1~2 小时的有 85 人，2~3 小时的有 33 人，大于 3 小时的有 60 人，74 人快手使用时间值缺失。工读学生和普通学生的快手使用时间具体分布见图 8-23 和图 8-24。

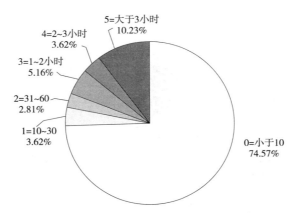

图 8-23　工读学生的快手使用时间分布

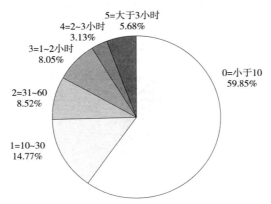

图 8-24　普通学生的快手使用时间分布

3. 快手的使用强度和动机情况

首先，对快手的使用强度问卷的题目选项进行详细分析：选择"非常不符合"得1分，选择"比较不符合"得2分，选择"不确定"得3分、选择"比较符合"得4分，选择"非常符合"得5分，根据各项目分数之和求维度均分。

分析工读学生和普通学生在快手使用强度对应选项上的评分详情，统计结果见表 8-81 和表 8-82。

表 8-81　工读学生在快手使用强度题目选项的评分详情统计

单位：人，分

问卷题目	非常 不符合	比较 不符合	不确定	比较 符合	非常 符合
快手是我每天日常活动的一部分	366	160	237	185	135

续表

问卷题目	非常 不符合	比较 不符合	不确定	比较 符合	非常 符合
我很自豪地告诉别人我在使用快手	334	159	235	184	144
快手已成为我日常生活的一部分	479	152	235	136	97
我一会儿不使用快手就感觉同外界失去	511	152	223	142	76
我感觉我是快手社区中的一员	491	165	221	137	88
关闭快手，我会感觉很不舒服	529	153	216	127	77
总　计	2710	941	1367	911	617
均值（标准差）	1.95（SD=1.16）				

表 8 – 82　普通学生在快手使用强度题目选项的评分详情统计

单位：人

问卷题目	非常 不符合	比较 不符合	不确定	比较 符合	非常 符合
快手是我每天日常活动的一部分	569	175	167	98	47
我很自豪地告诉别人我在使用快手	597	183	173	70	31
快手已成为我日常生活的一部分	605	164	163	81	39
我一会儿不使用快手就感觉同外界失去	694	161	134	38	27
我感觉我是快手社区中的一员	609	159	167	85	35
关闭快手，我会感觉很不舒服	669	169	130	49	36
总　计	3743	1011	934	421	215
均值（标准差）	1.78（SD=0.97）				

从快手使用强度问卷的维度得分情况来看，工读学生的快手使用强度均值为 1.95 分（$SD = 1.16$），普通学生的快手使用强度均值为 1.78 分（$SD = 0.97$）。为了比较两者之间是否存在差异，对两组平均值进行方差分析，结果发现工读学生在快手使用强度上的评分显著高于普通学生（$t = 54.43$，$p < 0.001$），分析结果如表 8 – 83 所示。

表 8 – 83　工读学生和普通学生在快手使用强度得分上的差异

单位：人，分

	工读学生	普通学生
人数（百分比）	1074（43.2%）	1044（56.8%）
均值和标准差	1.95（1.16）	1.78（0.97）
方差分析结果 t（p）	$t = 54.43$，$p < 0.001$	

相对于普通学生，工读学生的快手使用强度更高。

接下来，对快手使用动机问卷的题目选项进行详细分析：选择"从不"得1分，选择"很少"得2分，选择"有时"得3分、选择"经常"得4分，选择"总是"得5分，根据各项目分数之和求维度均分。

分析工读学生和普通学生在快手使用动机对应选项上的评分详情，统计结果见表8-84和表8-85。

表8-84　工读学生在快手使用动机题目选项上的评分详情统计

单位：人，分

问卷题目	从不	很少	有时	经常	总是
同我的朋友们互动	492	144	257	116	92
可以看到我的朋友们的最新的视觉状态	467	139	243	152	99
它很有趣	417	125	281	170	107
关注我的朋友们都在干什么	416	156	289	142	98
为了看别人分享的东西	404	133	271	187	103
想看好友的照片	454	150	254	137	101
查看别人发表的东西	423	144	264	172	98
用照片描绘我的生活	445	144	283	119	108
为了记住特殊事件	425	171	257	139	105
将我的生活分享给朋友们	450	151	274	125	100
为了记录我周围的世界	428	145	262	168	96
为了纪念一些事情	429	159	262	133	115
为了记住一些重要的东西	423	141	255	170	107
为了让自己更受欢迎	450	138	290	126	94
很酷	445	148	265	131	107
自我推广	462	154	262	125	91
为我的朋友们提供我的可视的状态更新	452	159	252	132	103
为了找到与我有共同兴趣爱好的人	455	160	238	143	100
搞一些艺术创意	452	154	258	146	86
为了炫耀我的拍照技能	466	130	270	124	94
总　计	8855	2945	5287	2857	2004
均值（标准差）	2.36（$SD=1.20$）				

表 8 – 85　普通学生在快手使用动机题目选项上的评分详情统计

单位：人，分

问卷题目	从不	很少	有时	经常	总是
同我的朋友们互动	491	212	208	81	63
可以看到我的朋友们的最新的视觉状态	486	178	224	98	67
它很有趣	445	162	242	109	94
关注我的朋友们都在干什么	490	202	214	85	57
为了看别人分享的东西	492	205	210	84	60
想看好友的照片	516	198	190	91	54
查看别人发表的东西	478	193	218	93	68
用照片描绘我的生活	528	208	190	61	63
为了记住特殊事件	508	191	198	83	70
将我的生活分享给朋友们	532	195	188	68	64
为了记录我周围的世界	529	193	179	72	75
为了纪念一些事情	502	182	199	85	80
为了记住一些重要的东西	503	194	186	80	80
为了让自己更受欢迎	604	178	166	51	49
很酷	590	190	158	53	55
自我推广	624	179	146	45	49
为我的朋友们提供我的可视的状态更新	577	205	159	59	46
为了找到与我有共同兴趣爱好的人	541	187	178	70	72
搞一些艺术创意	575	197	155	59	51
为了炫耀我的拍照技能	686	169	119	30	38
总　　计	10697	3818	3727	1457	1255
均值（标准差）	1.98（SD = 1.05）				

从快手使用动机问卷的维度得分情况来看，工读学生的快手使用动机均值为 2.36 分（$SD = 1.20$），普通学生的快手使用动机均值为 1.98 分（$SD = 1.05$）。为了比较两者之间是否存在差异，对两组平均值进行方差分析，结果发现工读学生快手使用动机上的评分显著高于普通学生（$t = 62.16$，$p < 0.001$），分析结果如表 8 – 86 所示。

表 8 – 86　工读学生和普通学生在快手使用动机得分上的差异

单位：人，分

	工读学生	普通学生
人数（百分比）	1009（50.2%）	1001（49.8%）

	工读学生	普通学生
均值和标准差	2.36（1.20）	1.98（1.05）
方差分析结果 t（p）	$t = 62.16$，$p < 0.001$	

（二）快手使用强度和动机的性别特点

为了考察不同性别工读学生在快手使用强度和动机上是否存在显著差异，对男、女生的得分均值进行方差分析，得到如下结果。

首先，分析不同性别的工读学生和普通学生在快手使用强度对应选项上的评分详情，统计结果见表 8-87~表 8-90。

表 8-87　工读男生在快手使用强度题目选项的评分详情统计

单位：人，分

问卷题目	非常不符合	比较不符合	不确定	比较符合	非常符合
快手是我每天日常活动的一部分	265	119	178	145	114
我很自豪地告诉别人我在使用快手	249	145	185	150	97
快手已成为我日常生活的一部分	341	108	179	110	88
我一会儿不使用快手就感觉同外界失去	357	119	172	118	66
我感觉我是快手社区中的一员	343	121	178	109	78
关闭快手，我会感觉很不舒服	370	111	174	108	67
总　计	1925	723	1066	740	510
均值（标准差）	2.05（$SD = 1.20$）				

表 8-88　工读女生在快手使用强度题目选项的评分详情统计

单位：人，分

问卷题目	非常不符合	比较不符合	不确定	比较符合	非常符合
快手是我每天日常活动的一部分	101	41	58	40	31
我很自豪地告诉别人我在使用快手	85	53	59	44	31
快手已成为我日常生活的一部分	138	44	56	26	9
我一会儿不使用快手就感觉同外界失去	154	33	51	24	10
我感觉我是快手社区中的一员	148	44	43	28	10
关闭快手，我会感觉很不舒服	159	42	42	19	10
总　计	785	257	309	181	101
均值（标准差）	1.64（$SD = 0.98$）				

表8－89　普通男生在快手使用强度题目选项的评分详情统计

单位：人，分

问卷题目	非常不符合	比较不符合	不确定	比较符合	非常符合
快手是我每天日常活动的一部分	335	70	80	47	32
我很自豪地告诉别人我在使用快手	343	88	89	23	20
快手已成为我日常生活的一部分	344	76	84	33	25
我一会儿不使用快手就感觉同外界失去	378	67	78	23	16
我感觉我是快手社区中的一员	350	67	76	43	28
关闭快手，我会感觉很不舒服	367	68	72	31	25
总　　计	2117	436	479	200	146
均值（标准差）	1.78（$SD = 1.01$）				

表8－90　普通女生在快手使用强度题目选项的评分详情统计

单位：人，分

问卷题目	非常不符合	比较不符合	不确定	比较符合	非常符合
快手是我每天日常活动的一部分	234	105	87	51	15
我很自豪地告诉别人我在使用快手	254	95	84	47	11
快手已成为我日常生活的一部分	261	88	79	48	14
我一会儿不使用快手就感觉同外界失去	316	94	56	15	11
我感觉我是快手社区中的一员	259	92	91	42	7
关闭快手，我会感觉很不舒服	302	101	58	18	11
总　　计	1626	575	455	221	69
均值（标准差）	1.76（$SD = 0.93$）				

从快手使用强度得分上来看，工读男生的平均得分为2.05分（$SD = 1.20$），女生的平均得分为1.64分（$SD = 0.98$），男生得分显著高于女生（$t = 48.04$，$p < 0.001$）。普通学生中，男生的平均得分为1.78分（$SD = 1.01$），女生的平均得分为1.76分（$SD = 0.93$），性别差异显著（$t = 40.99$，$p < 0.001$），男生显著高于女生。不同性别组均值与方差分析结果如表8－91所示。

表 8 - 91　不同性别工读学生和普通学生在快手使用强度得分上的差异

单位：人，分

性别	工读学生		普通学生	
	男	女	男	女
人数（百分比）	805（38%）	269（12.7%）	558（26.3%）	486（22.9%）
均值和标准差	2.05（1.20）	1.64（0.98）	1.78（1.01）	1.76（0.93）
方差分析结果 t（p）	$t=48.04$，$p<0.001$		$t=40.99$，$p<0.001$	

通过方差分析比较不同学校的相同性别得分情况发现，工读学校男生的得分显著高于普通学校男生得分（$t=36.79$，$p<0.001$）；工读学校女生得分则显著低于普通学生女生得分（$t=-27.18$，$p<0.001$）。方差分析结果见表 8 - 92。

表 8 - 92　男女生在快手使用强度得分上的差异

单位：人，分

学校类别	男		女	
	工读学生	普通学生	工读学生	普通学生
人数（百分比）	805（38%）	558（26.3%）	269（12.7%）	486（22.9%）
均值和标准差	2.05（1.20）	1.78（1.01）	1.64（0.98）	1.76（0.93）
方差分析结果	$t=36.79$，$p<0.001$		$t=-27.18$，$p<0.001$	

接下来，分析不同性别的工读学生和普通学生在快手使用动机对应选项上的评分详情，统计结果见表 8 - 93 ~ 表 8 - 96。

表 8 - 93　工读男生在快手使用动机题目选项的评分详情统计

单位：人，分

问卷题目	从不	很少	有时	经常	总是
同我的朋友们互动	344	111	199	93	81
可以看到我的朋友们的最新的视觉状态	328	107	193	116	84
它很有趣	300	89	217	127	95
关注我的朋友们都在干什么	302	116	215	114	82
为了看别人分享的东西	297	94	200	144	93
想看好友的照片	327	106	199	106	86
查看别人发表的东西	303	104	202	135	84
用照片描绘我的生活	321	105	216	94	91
为了记住特殊事件	301	124	201	109	89

续表

问卷题目	从不	很少	有时	经常	总是
将我的生活分享给朋友们	325	107	211	100	84
为了记录我周围的世界	305	107	201	133	81
为了纪念一些事情	303	117	199	105	102
为了记住一些重要的东西	300	107	199	129	92
为了让自己更受欢迎	314	95	232	102	83
很酷	313	111	202	107	91
自我推广	323	119	199	107	79
为我的朋友们提供我的可视的状态更新	319	116	195	107	89
为了找到与我有共同兴趣爱好的人	317	122	189	115	82
搞一些艺术创意	319	110	199	118	78
为了炫耀我的拍照技能	330	96	215	96	82
总　计	6291	2163	4083	2257	1728

均值（标准差）　　2.45（SD=1.23）

表8-94　工读女生在快手使用动机题目选项的评分详情统计

单位：人，分

问卷题目	从不	很少	有时	经常	总是
同我的朋友们互动	148	33	58	23	11
可以看到我的朋友们的最新的视觉状态	139	32	50	36	15
它很有趣	117	36	64	43	12
关注我的朋友们都在干什么	114	40	74	28	18
为了看别人分享的东西	107	39	71	43	10
想看好友的照片	127	44	55	31	15
查看别人发表的东西	120	40	62	37	14
用照片描绘我的生活	124	39	67	25	17
为了记住特殊事件	124	47	56	30	16
将我的生活分享给朋友们	125	44	63	25	16
为了记录我周围的世界	123	38	61	35	15
为了纪念一些事情	126	42	63	28	13
为了记住一些重要的东西	123	34	56	41	15
为了让自己更受欢迎	136	43	58	24	11
很酷	132	37	63	24	16

问卷题目	从不	很少	有时	经常	总是
自我推广	139	35	63	21	12
为我的朋友们提供我的可视的状态更新	133	43	57	25	14
为了找到与我有共同兴趣爱好的人	138	38	49	28	18
摘一些艺术创意	133	44	59	28	8
为了炫耀我的拍照技能	136	34	55	28	12
总　计	2564	782	1204	603	278
均值（标准差）	2.09 ($SD=1.03$)				

表8-95　普通男生在快手使用动机题目选项的评分详情统计

单位：人，分

问卷题目	从不	很少	有时	经常	总是
同我的朋友们互动	287	93	108	34	41
可以看到我的朋友们的最新的视觉状态	282	92	110	34	45
它很有趣	276	74	113	45	54
关注我的朋友们都在干什么	287	100	101	36	35
为了看别人分享的东西	289	96	98	36	42
想看别人发表的照片	305	91	95	32	37
查看别人的生活	288	91	103	37	41
用照片记录我的生活	311	97	88	24	39
为了记住特殊事件	296	87	96	34	47
将我的生活分享给朋友们	314	95	81	30	40
为了记录我周围的世界	314	84	82	34	46
为了纪念一些事情	291	90	87	42	49
为了记住一些重要的东西	299	90	83	36	50
为了让自己更受欢迎	329	87	86	25	32
很酷	325	86	83	34	31
自我推广	341	84	77	21	32
为我的朋友们提供我的可视的状态更新	325	98	74	31	31
为了找到与我有共同兴趣爱好的人	313	85	91	31	40
摘一些艺术创意	327	83	86	27	31
为了炫耀我的拍照技能	374	76	64	15	26

问卷题目	从不	很少	有时	经常	总是
总　计	6173	1779	1806	638	789
均值（标准差）	1.97（SD = 1.10）				

表 8 - 96　普通女生在快手使用动机题目选项的评分详情统计

单位：人，分

问卷题目	从不	很少	有时	经常	总是
同我的朋友们互动	204	119	100	47	22
可以看到我的朋友们的最新的视觉状态	204	86	114	64	22
它很有趣	169	88	129	64	40
关注我的朋友们都在干什么	203	102	113	49	22
为了看别人分享的东西	203	109	112	48	18
想看好友的照片	211	107	95	59	17
查看别人发表的东西	190	102	115	56	27
用照片描绘我的生活	217	111	102	37	24
为了记住特殊事件	212	104	102	49	23
将我的生活分享给朋友们	218	100	107	38	24
为了记录我周围的世界	215	109	97	38	29
为了纪念一些事情	211	92	112	43	31
为了记住一些重要的东西	204	104	103	44	30
为了让自己更受欢迎	275	91	80	26	17
很酷	265	104	75	19	24
自我推广	283	95	69	24	17
为我的朋友们提供我的可视的状态更新	252	107	85	28	15
为了找到与我有共同兴趣爱好的人	228	102	87	39	32
搞一些艺术创意	248	114	69	32	20
为了炫耀我的拍照技能	312	93	55	15	12
总　计	4524	2039	1921	819	466
均值（标准差）	1.99（SD = 0.99）				

从快手使用动机得分上来看，工读男生的平均得分为 2.45 分（SD = 1.23），工读女生的平均得分为 2.09 分（SD = 1.03），性别差异显著（t = 54.38，p < 0.001），男生显著高于女生。普通学生中，男生的平均得分为

1.97 分（$SD = 1.10$），女生的平均得分为 1.99 分（$SD = 0.99$），性别差异显著（$t = -40.36$，$p < 0.001$），男生显著低于女生。不同性别组均值与方差分析结果如表 8 - 97 所示。

表 8 - 97 不同性别工读学生和普通学生在快手使用动机得分上的差异

单位：人，分

性别	工读学生		普通学生	
	男	女	男	女
人数（百分比）	761（37.9%）	248（12.3%）	536（26.7%）	465（23.1%）
均值和标准差	2.45（1.23）	2.09（1.03）	1.97（1.10）	1.99（0.99）
方差分析结果 t（p）	$t = 54.38$，$p < 0.001$		$t = -40.36$，$p < 0.001$	

通过方差分析比较不同学校的相同性别得分情况发现，工读学校男生的得分显著高于普通学校男生得分（$t = 58.76$，$p < 0.001$）；同样，工读学校女生得分显著高于普通学校女生得分（$t = 31.59$，$p < 0.001$）。方差分析结果见表 8 - 98。

表 8 - 98 男女生在快手使用目的得分上的差异

单位：人，分

学校类别	男		女	
	工读学生	普通学生	工读学生	普通学生
人数（百分比）	761（37.9%）	536（26.7%）	248（12.3%）	465（23.1%）
均值和标准差	2.45（1.23）	1.97（1.10）	2.09（1.03）	1.99（0.99）
方差分析结果 t（p）	$t = 58.76$，$p < 0.001$		$t = 31.59$，$p < 0.001$	

（三）快手使用强度和动机的年龄发展特点

为了考察随着年龄增长，工读学生的快手使用强度和动机是否存在变化趋势，以年龄组为自变量，快手使用强度和动机得分为因变量进行单因素方差分析，并检验其是否存在线性趋势，得到如下结果。

首先，分析不同年龄组的工读学生和普通学生在快手使用强度对应选项上的评分详情，统计结果见表 8 - 99 ~ 表 8 - 108。

表 8 - 99 工读学生 13 岁及以下年龄组在快手使用强度题目选项的评分详情统计

单位：人，分

问卷题目	非常不符合	比较不符合	不确定	比较符合	非常符合
快手是我每天日常活动的一部分	39	12	23	17	11

问卷题目	非常 不符合	比较 不符合	不确定	比较 符合	非常 符合
我很自豪地告诉别人我在使用快手	27	26	25	12	13
快手已成为我日常生活的一部分	48	16	22	11	6
我一会儿不使用快手就感觉同外界失去	44	15	24	13	7
我感觉我是快手社区中的一员	44	25	20	9	5
关闭快手，我会感觉很不舒服	49	18	19	11	6
总　计	251	112	133	73	48
均值（标准差）	1.84（SD＝1.07）				

表 8 - 100　工读学生 14 岁年龄组在快手使用强度题目选项的评分详情统计

单位：人，分

问卷题目	非常 不符合	比较 不符合	不确定	比较 符合	非常 符合
快手是我每天日常活动的一部分	82	38	50	38	30
我很自豪地告诉别人我在使用快手	72	51	48	42	28
快手已成为我日常生活的一部分	98	36	56	30	22
我一会儿不使用快手就感觉同外界失去	105	35	48	33	22
我感觉我是快手社区中的一员	105	30	50	36	22
关闭快手，我会感觉很不舒服	113	30	53	29	18
总　计	575	220	305	208	142
均值（标准差）	1.92（SD＝1.13）				

表 8 - 101　工读学生 15 岁年龄组在快手使用强度题目选项的评分详情统计

单位：人，分

问卷题目	非常 不符合	比较 不符合	不确定	比较 符合	非常 符合
快手是我每天日常活动的一部分	140	74	87	65	46
我很自豪地告诉别人我在使用快手	135	63	78	71	43
快手已成为我日常生活的一部分	186	49	75	47	34
我一会儿不使用快手就感觉同外界失去	197	51	62	59	23
我感觉我是快手社区中的一员	186	59	70	45	31
关闭快手，我会感觉很不舒服	199	54	58	52	27
总　计	10043	350	430	339	204
均值（标准差）	1.90（SD＝1.16）				

表 8 – 102　工读学生 16 岁年龄组在快手使用强度题目选项的评分详情统计

单位：人，分

问卷题目	非常不符合	比较不符合	不确定	比较符合	非常符合
快手是我每天日常活动的一部分	78	34	58	47	42
我很自豪地告诉别人我在使用快手	76	43	63	46	33
快手已成为我日常生活的一部分	113	32	55	33	27
我一会儿不使用快手就感觉同外界失去	128	32	60	24	18
我感觉我是快手社区中的一员	123	30	57	31	20
关闭快手，我会感觉很不舒服	126	32	61	24	19
总　　计	644	203	354	205	159
均值（标准差）	1.98（SD = 1.25）				

表 8 – 103　工读学生 17 岁及以上年龄组在快手使用强度题目选项的评分详情统计

单位：人，分

问卷题目	非常不符合	比较不符合	不确定	比较符合	非常符合
快手是我每天日常活动的一部分	26	24	18	19	15
我很自豪地告诉别人我在使用快手	24	16	29	23	11
快手已成为我日常生活的一部分	34	19	27	15	8
我一会儿不使用快手就感觉同外界失去	37	19	29	13	6
我感觉我是快手社区中的一员	33	21	24	16	10
关闭快手，我会感觉很不舒服	42	19	25	11	7
总　　计	196	118	152	97	57
均值（标准差）	2.01（SD = 1.13）				

表 8 – 104　普通学生 13 岁及以下年龄组在快手使用强度题目选项的评分详情统计

单位：人，分

问卷题目	非常不符合	比较不符合	不确定	比较符合	非常符合
快手是我每天日常活动的一部分	186	52	42	19	13
我很自豪地告诉别人我在使用快手	183	62	47	11	7
快手已成为我日常生活的一部分	190	53	46	12	10
我一会儿不使用快手就感觉同外界失去	210	46	37	11	7
我感觉我是快手社区中的一员	190	45	45	20	12

续表

问卷题目	非常 不符合	比较 不符合	不确定	比较 符合	非常 符合
关闭快手，我会感觉很不舒服	202	53	34	13	10
总　计	1161	311	251	86	59
均值（标准差）	1.70（SD＝0.94）				

表8－105　普通学生14岁年龄组在快手使用强度题目选项的评分详情统计

单位：人，分

问卷题目	非常 不符合	比较 不符合	不确定	比较 符合	非常 符合
快手是我每天日常活动的一部分	241	69	76	38	16
我很自豪地告诉别人我在使用快手	248	66	79	34	13
快手已成为我日常生活的一部分	254	61	70	38	16
我一会儿不使用快手就感觉同外界失去	291	62	61	15	11
我感觉我是快手社区中的一员	252	62	80	34	11
关闭快手，我会感觉很不舒服	280	61	63	20	14
总　计	1566	381	429	179	81
均值（标准差）	1.79（SD＝0.96）				

表8－106　普通学生15岁年龄组在快手使用强度题目选项的评分详情统计

单位：人，分

问卷题目	非常 不符合	比较 不符合	不确定	比较 符合	非常 符合
快手是我每天日常活动的一部分	94	34	37	32	10
我很自豪地告诉别人我在使用快手	114	37	32	17	7
快手已成为我日常生活的一部分	17	35	32	22	9
我一会儿不使用快手就感觉同外界失去	133	36	23	8	6
我感觉我是快手社区中的一员	115	39	26	19	8
关闭快手，我会感觉很不舒服	128	35	23	13	8
总　计	601	216	173	111	48
均值（标准差）	1.87（SD＝1.02）				

表8－107　普通学生16岁年龄组在快手使用强度题目选项的评分详情统计

单位：人，分

问卷题目	非常 不符合	比较 不符合	不确定	比较 符合	非常 符合
快手是我每天日常活动的一部分	34	15	8	9	7

问卷题目	非常 不符合	比较 不符合	不确定	比较 符合	非常 符合
我很自豪地告诉别人我在使用快手	36	15	12	6	4
快手已成为我日常生活的一部分	37	12	11	9	4
我一会儿不使用快手就感觉同外界失去	41	14	11	4	3
我感觉我是快手社区中的一员	36	11	13	9	4
关闭快手，我会感觉很不舒服	43	14	8	3	4
总　计	227	81	63	40	26
均值（标准差）	1.97（$SD=1.09$）				

表 8-108　普通学生 17 岁及以上年龄组在快手使用强度题目选项的评分详情统计

单位：人，分

问卷题目	非常 不符合	比较 不符合	不确定	比较 符合	非常 符合
快手是我每天日常活动的一部分	14	5	4	0	1
我很自豪地告诉别人我在使用快手	16	3	3	2	0
快手已成为我日常生活的一部分	17	3	4	0	0
我一会儿不使用快手就感觉同外界失去	19	3	2	0	0
我感觉我是快手社区中的一员	16	2	3	3	0
关闭快手，我会感觉很不舒服	16	6	2	0	0
总　计	98	22	18	5	1
均值（标准差）	1.53（$SD=0.74$）				

　　分析不同年龄组在快手使用强度上的得分，发现在工读学生中，13 岁及以下组均值为 1.84 分（$SD=1.07$），14 岁组均值为 1.92 分（$SD=1.13$），15 岁组为 1.90 分（$SD=1.16$），16 岁组为 1.98 分（$SD=1.25$），17 岁及以上组为 2.01 分（$SD=1.13$）。单因素方差分析结果发现，不同年龄组之间差异不显著（$F=8.82$，$p=0.65$），说明快手使用强度在工读学生的不同年龄组间无变化。

　　在普通学生中，13 岁及以下组均值为 1.70 分（$SD=0.94$），14 岁组均值为 1.79 分（$SD=0.96$），15 岁组为 1.87 分（$SD=1.02$），16 岁组为 1.97 分（$SD=1.09$），17 岁及以上组为 1.53 分（$SD=0.74$）。单因素方差分析发现，不同年龄组之间差异不显著（$F=2.11$，$p=0.41$），说明快手使用强度在普通学生的不同年龄组间无变化。方差分析结果见表 8-109，变化趋势见图 8-25。

表 8 – 109　不同年龄组快手使用强度上的差异分析

单位：分

年龄组	13 岁以下	14 岁	15 岁	16 岁	17 岁及以上	方差分析
工读学生均值（标准差）	1.84 (1.07)	1.92 (1.13)	1.90 (1.16)	1.98 (1.25)	2.01 (1.13)	$F = 8.82$, $p = 0.65$
普通学生均值（标准差）	1.70 (0.94)	1.79 (0.96)	1.87 (1.02)	1.97 (1.09)	1.53 (0.74)	$F = 2.11$, $p = 0.41$
方差分析结果 t (p)	$t = 1.73$ $p = 0.31$	$t = 2.61$ $p = 0.28$	$t = 1.97$ $p = 0.52$	$t = 2.53$ $p = 0.66$	$t = 18.51$ $p < 0.001$	

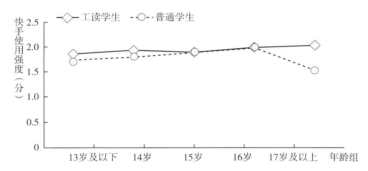

图 8 – 25　快手使用强度得分在不同年龄组别上的变化趋势

接下来，分析不同年龄组的工读学生和普通学生在快手使用动机对应选项上的评分详情，统计结果见表 8 – 110 ～ 表 8 – 119。

表 8 – 110　工读学生 13 岁及以下年龄组在快手使用动机题目选项的评分详情统计

单位：人，分

问卷题目	从不	很少	有时	经常	总是
同我的朋友们互动	46	21	21	10	5
可以看到我的朋友们的最新的视觉状态	45	15	24	13	5
它很有趣	37	16	26	17	7
关注我的朋友们都在干什么	39	17	26	11	10

续表

问卷题目	从不	很少	有时	经常	总是
为了看别人分享的东西	33	18	25	15	12
想看好友的照片	40	21	23	6	13
查看别人发表的东西	37	21	20	17	8
用照片描绘我的生活	45	9	30	9	10
为了记住特殊事件	40	19	24	11	9
将我的生活分享给朋友们	42	19	25	11	6
为了记录我周围的世界	36	20	23	12	12
为了纪念一些事情	40	15	29	8	11
为了记住一些重要的东西	39	13	26	17	8
为了让自己更受欢迎	39	13	33	9	9
很酷	40	13	26	11	13
自我推广	41	12	30	11	9
为我的朋友们提供我的可视的状态更新	35	27	22	9	10
为了找到与我有共同兴趣爱好的人	41	17	19	14	9
搞一些艺术创意	40	21	23	12	6
为了炫耀我的拍照技能	35	13	28	14	12
总　计	790	340	503	237	184
均值（标准差）	\multicolumn{5}{c}{2.35（$SD = 1.06$）}

表 8 – 111　工读学生 14 岁年龄组在快手使用动机题目选项的评分详情统计

单位：人，分

问卷题目	从不	很少	有时	经常	总是
同我的朋友们互动	99	30	64	30	20
可以看到我的朋友们的最新的视觉状态	95	31	57	33	26
它很有趣	85	38	61	40	18
关注我的朋友们都在干什么	85	36	76	29	15
为了看别人分享的东西	92	32	60	41	16
想看好友的照片	98	37	50	32	19
查看别人发表的东西	98	40	56	30	18
用照片描绘我的生活	97	34	64	28	17
为了记住特殊事件	90	44	52	34	20
将我的生活分享给朋友们	95	39	48	35	22

问卷题目	从不	很少	有时	经常	总是
为了记录我周围的世界	92	30	55	43	19
为了纪念一些事情	88	39	62	26	23
为了记住一些重要的东西	88	35	57	40	20
为了让自己更受欢迎	102	36	59	27	16
很酷	101	37	54	26	19
自我推广	103	38	50	28	19
为我的朋友们提供我的可视的状态更新	103	37	55	26	19
为了找到与我有共同兴趣爱好的人	102	34	48	35	21
搞一些艺术创意	99	36	53	34	17
为了炫耀我的拍照技能	104	33	59	21	19
总　计	1916	716	1140	638	383
均值（标准差）	2.29（SD = 1.13）				

表 8 – 112　工读学生 15 岁年龄组在快手使用动机题目选项的评分详情统计

单位：人，分

问卷题目	从不	很少	有时	经常	总是
同我的朋友们互动	191	44	73	42	42
可以看到我的朋友们的最新的视觉状态	178	46	71	57	38
它很有趣	167	33	86	61	44
关注我的朋友们都在干什么	163	61	81	51	35
为了看别人分享的东西	160	44	73	72	41
想看好友的照片	180	45	85	50	32
查看别人发表的东西	158	40	88	68	37
用照片描绘我的生活	174	57	84	41	36
为了记住特殊事件	168	56	85	44	37
将我的生活分享给朋友们	181	47	92	40	33
为了记录我周围的世界	171	49	83	61	29
为了纪念一些事情	169	57	77	47	42
为了记住一些重要的东西	166	49	79	58	37
为了让自己更受欢迎	174	47	94	43	33
很酷	169	52	83	49	38
自我推广	179	59	81	40	31

续表

问卷题目	从不	很少	有时	经常	总是
为我的朋友们提供我的可视的状态更新	174	49	82	47	39
为了找到与我有共同兴趣爱好的人	174	59	76	46	38
搞一些艺术创意	181	45	83	52	31
为了炫耀我的拍照技能	184	47	80	49	27
总　计	3461	986	1636	1018	720
均值（标准差）	2.27（SD＝1.23）				

表8－113　工读学生16岁年龄组在快手使用动机题目选项的评分详情统计

单位：人，分

问卷题目	从不	很少	有时	经常	总是
同我的朋友们互动	119	28	72	19	22
可以看到我的朋友们的最新的视觉状态	111	32	63	31	25
它很有趣	98	25	74	33	31
关注我的朋友们都在干什么	102	29	73	29	29
为了看别人分享的东西	92	30	72	40	26
想看好友的照片	105	32	63	30	31
查看别人发表的东西	97	29	67	40	28
用照片描绘我的生活	100	26	73	26	36
为了记住特殊事件	101	33	62	36	30
将我的生活分享给朋友们	103	29	68	27	34
为了记录我周围的世界	100	28	69	34	30
为了纪念一些事情	99	34	61	36	31
为了记住一些重要的东西	97	30	61	38	34
为了让自己更受欢迎	105	26	68	31	31
很酷	100	31	68	31	31
自我推广	102	31	67	32	28
为我的朋友们提供我的可视的状态更新	102	28	65	36	29
为了找到与我有共同兴趣爱好的人	102	28	65	36	29
搞一些艺术创意	103	33	64	33	27
为了炫耀我的拍照技能	100	36	69	30	26
总　计	2038	598	1344	648	588
均值（标准差）	2.43（SD＝1.27）				

表 8 - 114　工读学生 17 岁及以下年龄组在快手使用动机题目选项的评分详情统计

单位：人，分

问卷题目	从不	很少	有时	经常	总是
同我的朋友们互动	37	21	27	15	3
可以看到我的朋友们的最新的视觉状态	38	15	28	18	5
它很有趣	30	13	34	19	7
关注我的朋友们都在干什么	27	13	33	22	9
为了看别人分享的东西	27	9	41	19	8
想看好友的照片	31	15	33	19	6
查看别人发表的东西	33	14	33	17	7
用照片描绘我的生活	29	18	32	15	9
为了记住特殊事件	26	19	34	14	9
将我的生活分享给朋友们	29	17	41	12	5
为了记录我周围的世界	29	18	32	18	6
为了纪念一些事情	33	14	33	16	8
为了记住一些重要的东西	33	14	32	17	8
为了让自己更受欢迎	30	16	36	16	5
很酷	35	15	34	14	6
自我推广	37	14	34	14	4
为我的朋友们提供我的可视的状态更新	38	18	29	14	6
为了找到与我有共同兴趣爱好的人	35	17	31	15	5
搞一些艺术创意	32	16	30	18	6
为了炫耀我的拍照技能	33	15	28	15	7
总　　计	642	311	655	327	129
均值（标准差）	2.48（SD = 1.11）				

表 8 - 115　普通学生 13 岁及以下年龄组在快手使用动机题目选项的评分详情统计

单位：人，分

问卷题目	从不	很少	有时	经常	总是
同我的朋友们互动	160	54	53	22	22
可以看到我的朋友们的最新的视觉状态	155	46	66	21	23
它很有趣	144	49	61	26	31
关注我的朋友们都在干什么	150	57	62	23	17

续表

问卷题目	从不	很少	有时	经常	总是
为了看别人分享的东西	162	53	53	23	19
想看好友的照片	160	56	55	24	15
查看别人发表的东西	158	45	59	31	17
用照片描绘我的生活	161	61	50	20	17
为了记住特殊事件	159	49	57	26	19
将我的生活分享给朋友们	168	55	51	16	18
为了记录我周围的世界	167	50	51	21	21
为了纪念一些事情	158	54	57	21	19
为了记住一些重要的东西	164	46	54	24	18
为了让自己更受欢迎	178	51	51	17	12
很酷	169	52	48	22	17
自我推广	179	55	45	12	17
为我的朋友们提供我的可视的状态更新	164	60	48	19	16
为了找到与我有共同兴趣爱好的人	160	57	51	20	20
搞一些艺术创意	165	60	43	22	16
为了炫耀我的拍照技能	195	44	45	10	11
总　计	3276	1054	1060	420	365
均值（标准差）	1.95（$SD = 1.08$）				

表 8-116　普通学生 14 岁年龄组在快手使用动机题目选项的评分详情统计

单位：人，分

问卷题目	从不	很少	有时	经常	总是
同我的朋友们互动	203	90	87	35	25
可以看到我的朋友们的最新的视觉状态	209	77	88	41	24
它很有趣	186	73	103	43	35
关注我的朋友们都在干什么	211	87	82	33	24
为了看别人分享的东西	204	86	92	33	23
想看好友的照片	222	84	71	37	22
查看别人发表的东西	201	87	93	331	27
用照片描绘我的生活	221	88	78	24	28
为了记住特殊事件	216	75	88	31	29
将我的生活分享给朋友们	217	88	80	28	25

问卷题目	从不	很少	有时	经常	总是
为了记录我周围的世界	213	86	83	25	30
为了纪念一些事情	204	84	82	34	34
为了记住一些重要的东西	200	87	82	30	38
为了让自己更受欢迎	243	83	72	17	23
很酷	247	87	66	18	20
自我推广	265	76	60	15	19
为我的朋友们提供我的可视的状态更新	238	88	72	23	17
为了找到与我有共同兴趣爱好的人	226	79	79	27	28
搞一些艺术创意	240	84	71	20	20
为了炫耀我的拍照技能	293	79	40	10	16
总　　计	4459	1668	1569	855	507
均值（标准差）	\multicolumn{5}{c}{1.95（SD = 1.04）}				

表 8-117　普通学生 15 岁年龄组在快手使用动机题目选项的评分详情统计

单位：人，分

问卷题目	从不	很少	有时	经常	总是
同我的朋友们互动	90	49	44	15	9
可以看到我的朋友们的最新的视觉状态	87	37	47	25	11
它很有趣	77	25	54	29	21
关注我的朋友们都在干什么	92	42	40	20	11
为了看别人分享的东西	91	43	40	22	10
想看好友的照片	93	37	43	23	10
查看别人发表的东西	81	43	42	25	15
用照片描绘我的生活	104	42	35	13	12
为了记住特殊事件	94	46	36	17	13
将我的生活分享给朋友们	106	36	34	17	13
为了记录我周围的世界	104	39	28	20	15
为了纪念一些事情	101	28	36	23	17
为了记住一些重要的东西	99	38	34	16	18
为了让自己更受欢迎	130	28	26	13	8
很酷	122	30	29	11	12
自我推广	128	29	23	16	8

续表

问卷题目	从不	很少	有时	经常	总是
为我的朋友们提供我的可视的状态更新	124	37	25	10	9
为了找到与我有共同兴趣爱好的人	111	35	27	19	13
搞一些艺术创意	117	38	25	11	9
为了炫耀我的拍照技能	141	30	18	9	6
总　计	2092	732	686	354	240
均值（标准差）	2.01（SD = 1.04）				

表 8-118　普通学生 16 岁年龄组在快手使用动机题目选项的评分详情统计

单位：人，分

问卷题目	从不	很少	有时	经常	总是
同我的朋友们互动	26	16	18	7	6
可以看到我的朋友们的最新的视觉状态	23	15	18	9	7
它很有趣	26	11	19	9	6
关注我的朋友们都在干什么	25	13	22	9	4
为了看别人分享的东西	23	19	19	6	6
想看好友的照片	29	18	15	5	6
查看别人发表的东西	27	14	18	6	7
用照片描绘我的生活	31	13	20	4	7
为了记住特殊事件	27	17	12	8	8
将我的生活分享给朋友们	30	13	16	6	7
为了记录我周围的世界	33	14	11	6	8
为了纪念一些事情	28	12	17	7	9
为了记住一些重要的东西	27	20	11	9	5
为了让自己更受欢迎	39	12	13	4	5
很酷	39	17	11	2	4
自我推广	42	13	12	2	4
为我的朋友们提供我的可视的状态更新	40	12	11	7	3
为了找到与我有共同兴趣爱好的人	32	12	15	4	10
搞一些艺术创意	42	10	10	6	5
为了炫耀我的拍照技能	44	14	10	1	4
总　计	633	285	298	117	119
均值（标准差）	2.16（SD = 1.05）				

表 8 – 119　普通学生 17 岁及以上年龄组在快手使用动机题目选项的评分详情统计

单位：人，分

问卷题目	从不	很少	有时	经常	总是
同我的朋友们互动	12	3	6	2	1
可以看到我的朋友们的最新的视觉状态	12	3	5	2	2
它很有趣	12	4	5	2	1
关注我的朋友们都在干什么	12	3	8	0	1
为了看别人分享的东西	12	4	6	0	2
想看好友的照片	12	3	6	2	1
查看别人发表的东西	11	4	6	0	2
用照片描绘我的生活	11	4	7	0	1
为了记住特殊事件	12	4	5	1	1
将我的生活分享给朋友们	11	3	7	1	1
为了记录我周围的世界	12	4	6	0	1
为了纪念一些事情	11	4	7	0	1
为了记住一些重要的东西	13	3	5	0	1
为了让自己更受欢迎	14	4	4	0	1
很酷	13	4	4	0	2
自我推广	10	6	6	0	1
为我的朋友们提供我的可视的状态更新	11	8	3	0	1
为了找到与我有共同兴趣爱好的人	12	4	6	0	1
搞一些艺术创意	11	5	6	0	1
为了炫耀我的拍照技能	13	2	6	0	1
总　计	237	79	114	11	24
均值（标准差）	1.95（SD = 1.10）				

　　分析不同年龄组在快手使用动机上的得分，发现在工读学生中，13 岁及以下组均值为 2.35 分（$SD = 1.06$），14 岁组为 2.29 分（$SD = 1.13$），15 岁组为 2.27 分（$SD = 1.23$），16 岁组为 2.43 分（$SD = 1.27$），17 岁及以上组为 2.48 分（$SD = 1.11$）。单因素方差分析结果发现，不同年龄组间无显著差异（$F = 0.99$，$p = 0.08$），说明快手使用动机在工读学生的不同年龄组间无变化。

　　在普通学生中，13 岁及以下组均值为 1.95 分（$SD = 1.08$），14 岁组为

1.95 分（$SD = 1.04$），15 岁组为 2.01 分（$SD = 1.04$），16 岁组为 2.16 分（$SD = 1.05$），17 岁及以上组为 1.95 分（$SD = 1.10$）。单因素方差分析发现，不同年龄组之间差异不显著（$F = 0.66$，$p = 0.06$），说明快手使用动机在普通学生的不同年龄组间无变化。方差分析结果见表 8 – 120，变化趋势见图 8 – 26。

表 8 – 120　不同年龄组快手使用动机的差异分析

单位：分

年龄组	13 岁以下	14 岁	15 岁	16 岁	17 岁及以上	方差分析
工读学生均值（标准差）	2.35 (1.06)	2.29 (1.13)	2.27 (1.23)	2.43 (1.27)	2.48 (1.11)	$F = 0.99$, $p = 0.08$
普通学生均值（标准差）	1.95 (1.08)	1.95 (1.04)	2.01 (1.04)	2.16 (1.05)	1.95 (1.10)	$F = 0.66$, $p = 0.06$
方差分析结果 t（p）	$t = 21.93$ $p < 0.001$	$t = 29.87$ $p < 0.001$	$t = 34.82$ $p < 0.001$	$t = 29.94$ $p < 0.001$	$t = 21.06$ $p < 0.001$	

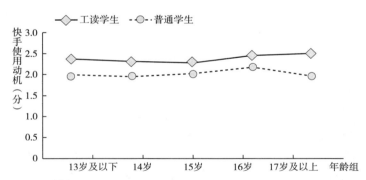

图 8 – 26　快手使用动机得分在不同年龄组别上的变化趋势

四　小结

从工读学生的短视频（抖音、快手）使用分析结果可知，工读学生的短视频（抖音、快手）使用强度和动机显著高于普通学生：将近 80% 的工读学生和普通学生短视频（抖音、快手）好友数量不超过 100 人，50% 以上的工读学生和普通学生平均每天的短视频（抖音、快手）使用时间少于 10 分钟；工读学生和普通学生的短视频（抖音、快手）使用强度和动机存在显著的性别差异；除 17 岁及以上年龄段外，其余每个年龄段工读学生的短视频（抖音、快手）使用强度和动机均高于普通学生。

与智能手机和微信使用相比，本次调查中被试的短视频（抖音、快手）使用率以及使用程度均相对较低。这与以往调查研究和新闻媒体报道的结果既有一致的地方，也有差异的地方，需要未来做进一步研究。2018 年 5 月，共青团中央维护青少年权益部牵头发起的一项调查显示，20% 的青少年表示"几乎总是"在看短视频，"每天看几次"的比例也接近 10%。《中国青年报》也曾报道，一项针对 1974 名受访家长进行的调查显示，92.1% 的受访家长觉得青少年沉迷短视频的现象普遍，70.6% 的受访家长担心孩子沉迷短视频会对学习生活提不起兴趣，66.3% 的受访家长担心孩子模仿不良的短视频内容。2019 年 11 月初至 2020 年 1 月，中国青少年研究中心与中国教育学会工读教育分会联合组织的调查分析（路琦，2020）结果显示，从上网频率看，工读学校学生 39.3% 一天上网多次，15.2% 一天上网一次，12.4% 2 ~ 3 天上一次网，15.6% 一周上一次网，17.5% 一周上不了一次网；普通学校学生 12.6% 一天上网多次，17.2% 一天上网一次，13.4% 2 ~ 3 天上一次网，27.4% 一周上一次网，29.4% 一周上不了一次网。随着网络短视频行业的蓬勃发展，短视频（抖音、快手）使用极有可能导致青少年不同程度的沉迷问题。因此，需要对青少年的短视频（抖音、快手）使用行为加强引导和监控，别让青少年成短视频"瘾君子"（吴玲，2020）。

第五节　对策和建议

一　重视工读学生在线人际交往的需求

在线人际交往是青少年社会化的一种新方式和新途径。尽管移动互联网的普及给青少年在线/线下同伴关系带来一些风险，但总体而言，青少年日益增多的在线同伴交往活动是有助于他们维持现实中的同伴关系与其他社会关系的。因此，在引导青少年建立和维持良好健全人际关系过程中，我们既要重视在线人际交往对青少年的消极影响，同时更要看到其对青少年身心发展极其有益的方面。在最新的《青少年蓝皮书·中国未成年人互联网运用和阅读实践报告（2017—2018）》中，青少年在被问及"你觉得网络交往最大的好处是什么"这一问题时，35.7% 的青少年认为能与好友保持联系，15.4% 的青少年认为方便发表自己的观点，还有部分青少年认为：能及时了解好友动态、能更好了解新闻、能方便地参与感兴趣的话题讨论、有朋友互动、游戏更好玩、能随时结交新朋友等。由此可见，在当今移动互联网背景下，越来越多的青少年选择利用网络媒体平台打造属于自己的重要社交网络，在线人际交往已不仅仅是青少年之间简单的人际交往，更是承载着青少年积极情感的交往方式，已完全融入他们的现实生活中。或许，对当代青少年来说，现实和虚拟的人际交往场景已经被彻底打通了，而这个现实与虚拟彼此交融的有机整体，才是他们的全部世界。

从工读学校学生自身的角度来说，他们对在线人际交往有一定的需求。本次调研的结果也表明，工读学生的智能手机、微信、短视频（抖音、快手）使用程度明显高于普通学生。以往研究显示，青少年学生使用手机功能的上网功能所占比例最大，此外，对听歌、游戏、通话及短信等功能也有着广泛的需求，可见手机已经在学生的日常生活中占据重要作用（林亚红等，2016）。微信作为一种新兴传播媒介，已经渗入校园生活和校园文化的方方面面，工读学生作为微信的重要用户群体，其生活方式、学习习惯、价值观念等都受到微信的重要影响（蒋谊，陈欣，杨宇航，2016）。此外，短视频因其多姿多彩的内容与形式，吸引了青少年的关注，很多人在短视频使用上花费了大量时间。当然，短视频的内容也潜移默化地改变着使用者的观念、心态、行为等（刘扶尧，2019）。

二 改善工读学生在线人际交往的建议

智能手机、微信、短视频等在线人际交往方式满足了很多青少年的好奇心，对那些缺少时间管理观念和自我约束意识的未成年人来说，时间很容易在不经意间流走。当它们成为一种在未成年人中广泛传播的文化元素时，就具备了准公共产品的属性。针对这类准公共产品，社会各方面应该各负其责，进一步推动综合治理，促使未成年人更好地使用在线交往平台。

（一）政府部门和网络平台携手合作，提升工读学生的网络素养

（1）需要建立和完善相关法律制度。近年来，国家对青少年特别是未成年人的网络保护事宜高度重视，制订出台了一系列互联网管理法律法规，起到了一定的积极作用，但目前尚没有关于未成年人网络保护的专门法律法规（路琦，2020）。要通过建立健全相关法律制度，对青少年在线人际交往行为进行全面规范，从而不断完善整个在线交往平台的发展。

（2）要着力预防青少年沉迷于在线人际交往活动。防沉迷的治本之策，是提升青少年的网络素养。应该在法律和政策层面推动网络素养教育进学

校、进课堂，使其成为青少年的一项基本常识和技能。各类网络平台应设置一些网络素养教育方面的内容，加大宣传力度，可采用任务激励等游戏化的设置，来调动未成年人用户学习的主动性。

（二）学校应加强对工读学生的宣传和引导

（1）要加大宣传力度，引导学生树立正确观念。学校要加大宣传力度，对智能手机、微信、短视频等在线人际交往进行正确的引导，帮助学生树立正确的信息媒体观念，正确看待并合理使用智能手机和各种网络交流平台等，发挥其积极功能，促使学生健康、快乐地成长。

（2）加强管理，规范学生的使用行为。出于传统的使用手机影响学习的认知，学校普遍不支持中学生在校期间使用手机，屏蔽教学区的 wifi 信号，甚至"明令禁止使用手机"。教师要严格限制学生在校期间手机等通信设备的使用，避免学生在校期间刷微信、看短视频。此外要鼓励学生积极参与课外活动，通过体育锻炼提高自身身体素质，为投身学习打下坚实的基础，从而不断实现自身的全面发展。

（三）家长要加强对工读学生的教育和监控

（1）要以"宜疏不宜堵"为原则，科学引导。"堵"，是指通过没收手机、切断网络等方式强制切断青少年跟网络、短视频的联结。"堵"可能会管用一时，但往往只治标，不能治本，且很可能会直接或者间接导致长期沉迷于短视频无法自拔的青少年做出一些极端行为。而"疏"则侧重于从青少年沉迷短视频的源头、原因入手，解决沉迷背后的心理、心态等问题。从现实来看，许多青少年沉迷于短视频，多因为空虚无聊或在现实生活、学习中受挫，想通过观看短视频逃避压力、寻求快乐等。而许多父母有的忙于工作，很少跟孩子沟通，有的对孩子奉行"高压"和"棍棒"政策，有的则自身沉迷于手机做出坏的示范。与其说青少年被短视频的内容所吸引产生沉迷问题，不如说很多时候，是不健康的家庭教育生态把孩子推向了网络。

（2）要以身作则，从最根本的家庭教育入手。要想破解青少年沉迷手机、短视频的问题，家长必须从重视家庭教育入手，加强跟孩子的沟通、交流、互动，科学有效地关注、关照其心理状态，帮助青少年解决现实中压力无处释放、受挫无法排解等问题。此外，家长在家庭生活中要真正做到以身作则，坚决拒绝做"低头族"，想方设法带动孩子一起发展有益身心的爱好，让孩子在现实生活中找到真正的兴趣、乐趣所在。如此一来，孩子刷手机、看短视频的时间才会自然而然地降低，沉迷于短视频的情况才会得到根本好转（吉蕾，2019）。

（四）工读学生要增强个人自律，养成良好习惯

在线交往平台内容丰富，能满足青春期学生的多元需求。许多内容传播的是正能量，在接受知识的同时，也能给中学生带来内心的愉悦与满足。但是，在线交往平台上也会有暴力、色情、诈骗等不良信息，他们给中学生带来的危害可能是难以估量的。中学生只有不断加强自身修养，注意自我约束，养成良好的在线交往习惯，才能有效地避免沉迷其中，有效地避免误入歧途。

参考文献

Barker, V. (2009). Older Adolescents' Motivations for Social Network Site Use: The Influence of Gender, Group Identity, and Collective Self – Esteem. *Cyber Psychology & Behavior*, 2, 209 – 213.

Hargittai, E. (2007). Whose space? Differences among Users and Non – users of Social network Sites. *Journal of Computer – Mediated Communication*, 13 (1), 276 – 297.

Hinduja, S. & Patchin, J. W. (2008). Personal Information of Adolescents on the Internet: A Quantitative Content Analysis of Myspace. *Journal of Adolescence*, 31, 125 – 146.

Kwon, M., Kim, D. – J., Cho, H. & Yang, S. (2013). The Smartphone Addiction Scale: Development and Validation of a Short Version for Adolescents. *PLoS ONE*, 8 (12), e83558.

Lenhart, A. & Madden, M. (2007). *Teens, Privacy, & Online Social Networks: How Teens Manage their Online Identities and Personal Information in the Age of Myspace*. Washington DC: Pew Internet & American Life Project.

Livingstone, S. (2008). Taking risky Opportunities in Youthful Content Creation: Teenagers' Use of Social Networking Sites for Intimacy, Privacy and Self – expression. *New Media & Society*, 10 (3), 393 – 411.

Lenhart, A. & Madden, M. (2007). *Teens, Privacy, & Online Social Networks: How Teens Manage Their Online Identities and Personal Information in the Age of Myspace*. Washington D. C.: Pew Internet & American Life Project.

Valkenburg, P. M., Sumter, S. R., & Peter, J. (2011). Gender Differences in Online and Offline Self – disclosure in Pre – Adolescence and adolescence. *British Journal of Developmental Psychology*, 29 (2), 253 – 269.

华红林. (2020). 移动短视频对青少年德育的影响与对策. 青少年学刊, (2), 7 – 11.

吉蕾．（2019）．破解青少年短视频沉迷宜疏不宜堵．东方烟草报，7 月 6 日第 003 版．

蒋谊，陈欣，杨宇航．（2016）．微时代背景下江苏高校学生微信使用情况分析．新闻研究导刊，7（23），24－25．

李好永．（2008）．"虚拟世界"与"现实世界"人际交往的比较．中国科技信息，（1），121－122，125．

林亚红，沈琼琼，敬攀，周东升，梅曦，胡珍玉．（2016）．中学生手机使用与注意力的关系调查及护理建议．现代实用医学，28（9），1245－1247．

刘扶尧．（2019）．高中女生短视频使用状况及问题的个案研究．求知论坛，（34），12－13．

路琦．（2019）．创新和完善我国工读教育的现实思考．工读教育研究．社会科学文献出版社，41－53．

路琦．（2020）．青少年问题行为研究．社会科学文献出版社，64－92．

马晓辉，雷雳．（2012）．青少年的社交网站使用动机．全国心理学学术会议．

田丽，安静．（2013）．网络社交现状及对现实人际交往的影响研究．图书情报工作，57（15），13－19．

吴玲．（2020）．别让青少年成短视频"瘾君子"．中国新闻出版广电报，6 月 18 日第 003 版．

项明强，王梓蓉，马奔．（2019）．智能手机依赖量表中文版在青少年中的信效度检验．中国临床心理学杂志，27（5），959－964．

张之银．（2015）．中学生手机使用现状分析——基于上海市五所中学的实证研究．新闻传播，（23），96－98．

第九章　虚拟社会中的在线行为

第一节　问题提出

一　在线行为

今天的青少年，无论是在学校、家里或是路上都被数字媒体包围着，比如计算机和互联网、视频游戏、移动电话以及其他的手持设备（Roberts & Foehr，2008），他们已经被人称为"数字土著"（digital natives；Prensky，2001）——他们生活在数字世界里，他们所有的生活都围绕着、渗透在数字世界里。互联网为青少年提供了数不胜数的活动，如收发邮件、发送短信、博客微博、社交网站、搜索信息、在线游戏、在线音乐、网络购物等，并且这样的应用一直日新月异、层出不穷。其中，在线购物和网络游戏是青少年常见的在线行为且对青少年的身心健康发展产生重要影响。

网络游戏是电子游戏与互联网结合而成的一种新型娱乐方式。它借助互联网这样一种先进的沟通和交流工具，来实现对于现实生活的再现或想象，在本质上是游戏的具体形式。近年来，常有报道称一些青少年因为过度沉迷于网络游戏而怠于学习、忽视亲朋好友，自身的健康状况也受到不利影响，出现网络游戏障碍（Gentile et al.，2009）。因此，网络游戏被不少社会人士和家长贴上了"暴力、低俗、电子毒品"的标签，在他们眼中网络游戏属于"精神鸦片"，坚决反对青少年接触网络游戏。此外，随着国民经济的不断增长、计算机互联网技术的不断完善，青少年网络购物行为日益频繁起来。对于青少年而言，在繁忙的学业压力下很难抽出时间逛街购物，而网络购物具有很强的便利性，他们能够在网络平台随时进行商品消费，提高购物的效率，满足自身的购物欲望。这样一来也会导致青少年消费不够理性，造成一定的社会经济问题，影响学生身心健康发展（王耀清，2018）。

二 青少年的在线购物冲动

(一) 在线购物的特点

随着生活媒介的变化，越来越多的消费者从传统环境走向网络环境进行购物。网络购物方式是对传统购物方式的发展和补充，两者存在许多相似之处。相对于传统的购物方式，网络消费决策有其自身的特点。消费者在整个购物过程中所面临的环境是虚拟的，网络购物对消费者来说是一种全新的购物体验。网络购物不仅仅是一种购买行为，而且代表着一种全新的生活模式，只需要一台智能手机或一台电脑，随便上网浏览一下，便可以下单获得自己渴望的产品。这种购物方式与传统购物方式相比有了一些改变。

第一，从购物经验来看，网络购物是一种崭新的商业模式，与传统的商业模式相比尚不够成熟和完善。从消费者个人角度来看，消费者进行传统购物时更多受其品牌经验或偏好的影响，而网络购物却更多地受网络和计算机操作经验的影响，因为网上支付系统、安全保障等技术支持系统不仅复杂而且相对不易操作。

第二，从商家选择来看，在传统购物方式下，消费者对零售商家的选择，通常考虑自己的居住地、交通状况，以及该零售商的信誉、服务等因素。而在网络购物环境下，消费者对零售商家的选择主要体现在对商业网站的选择上，包括网站知名度、电商信誉，以及支付方式安全性、隐私风险等。

(二) 在线购物对青少年的影响

随着电子商务的普及，消费者在网络上购买产品和服务的机会越来越多。截至 2017 年 6 月，我国网络购物用户规模达到 5.14 亿，相较于 2016 年年底增长 10.2%。其中，手机网络购物用户规模达到 4.80 亿，半年增长率为 9.0%，使用比例由 63.4% 增至 66.4%，网民中学生群体占比最高，为24.8%。有学者调查研究指出，网络购物者比非网络购物者更具冲动性购物倾向，在电子商务的总体消费中，冲动性消费占 35%~60%。所谓冲动性购买是指在没有计划的前提下，消费者瞬间产生一种强大的、立即购买商品的渴望，并可能引发某些情绪反应和内心冲突，使消费者快速达成购买决定（孔寅平，陈毅文，2010）。

在线购物虽然带来了很多便捷和实惠，与此同时，也使心智尚未完全成熟的青少年群体无法控制自己的冲动性网络购物行为，造成一定的过度消费经济问题或者消费安全经济问题。因此，青少年的在线购物冲动问题值得关注。

三 青少年的网络游戏障碍

(一) 网络游戏的特点

网络游戏 (Online Games)，简称网游，是电子游戏与互联网结合而成的一种新型娱乐方式。通常说的网络游戏一般指"大型多人在线角色扮演游戏"，它是以互联网络为传输基础，能够使多个用户同时进入某个游戏场景，操作具有某种社会特性的游戏角色，并且能与其他游戏用户控制的角色实现实时互动的游戏产品。目前中国网络游戏市场男性青少年比较喜欢的游戏有《穿越火线》《特种部队》《疯狂赛车》《街头篮球》等，女性青少年比较喜欢的游戏有《劲舞团》《QQ 炫舞》等。其他类型的游戏包括"多人在线游戏""休闲类网络游戏"（张国华，雷雳，2013）。

网络游戏之所以能够吸引大量的青少年群体，跟它所具有的一些特点有关。

首先，从技术层面上看，网络游戏采用最先进的技术手段，呈现虚幻逼真的情景，将虚幻世界展示得美轮美奂，令人心旷神怡、流连忘返。网络游戏中用到的三维 (3D) 技术，可以演绎出壮观的场面、优美的画面和动听的音乐，游戏玩家则以数字化的虚拟身份来展示或想象主体身临其境的状态。网络游戏所营造的空间为玩家提供了一种更直观精细、更接近真实世界的认知方式，使玩家在游戏世界中产生更为真切的感觉。

其次，从心理需求层面看，网络游戏将网络和传统电子游戏相结合，具有以往单机游戏所不具备的人际互动性、情节开放性、更大的情感卷入等特点（郑宏明，孙延军，2006）。研究者（Griffiths，2004）认为，玩家之所以喜欢玩网络游戏，是因为他们在玩游戏的时候既可以进行社会交往也可以独自玩耍、享受暴力带来的乐趣、没完没了地玩下去，而且可以在游戏过程中进行探险、策略性思考、角色建构等。

(二) 网络游戏对青少年的消极影响

现在，有关暴力网络游戏对攻击的影响成为研究的焦点。研究表明，暴力游戏会引起游戏玩家的不良生理反应（刘桂芹，张大均，2010；郭晓丽，江光荣，2007）、启动攻击性认知、情绪和行为（李婧洁等，2008）、提升其内隐攻击性（陈美芬，陈舜蓬，2005；崔丽娟等，2006），游戏中频繁出现的暴力会使得用户敏感性降低，对现实生活中的暴力采取漠视的态度（Bushman & Huesmann，2006），也可能让青少年对暴力行为更加宽容，并使青少年改变"暴力行为是不好的"观念，包容现实生活中的攻击行为并且减少助人行为（Anderson，2004）。

对暴力游戏的横向和纵向研究结果大致相同（Bushman & Huesmann，2006；魏华等，2010）。研究发现，网络游戏的攻击和暴力内容在短期内可能导致对暴力脱敏（郭晓丽，江光荣，朱旭，2009）以及敌意倾向的提高（刘桂芹，张大均，2010），并唤起个体的攻击倾向，启动个体已有的攻击性图式、认知，提高个体的生理唤醒、自动引发对观察到的攻击性行为的模仿，其长期效应可能导致个体习得攻击性图式和攻击性信念，减少被试对攻击性行为的消极感受（Bushman & Huesmann，2006）。对暴力游戏与攻击性关系的元分析也表明，暴力游戏增加了被试在现实生活和实验室情境中的攻击性认知、情绪、生理唤起及行为，其他的消极影响还包括降低同情心与亲社会倾向等（Anderson et al.，2010）。对有些青少年来说，暴力网络游戏甚至会促使他们做出一些犯罪行为（Gentile et al.，2009）。

此外，虽然网络游戏不像对烟、酒、毒品等物质的依赖那么大，但在虚拟游戏的刺激下，青少年会感受到在现实世界体会不到的快感，无法抑制游戏带来的乐趣，很多青少年会出现网络游戏成瘾现象（Gentile et al.，2009；Mehroof & Griffiths，2010）。通常来说，网络游戏使人成瘾的因素包括：想完成游戏的动力、竞争的动力、提高操作技巧的动力、渴望探险的动力、获得高得分的动力（张璇等，2006）。网络游戏成瘾者常常在虚拟世界的象征中去"实现"对权力、财富等需求的满足，并逐步代替现实中的有效行为，导致他们情绪低落、志趣丧失、生物钟紊乱、烦躁不安、丧失人际交往的能力等（Peters & Malesky，2008），从而对玩家的心理健康产生消极影响（南洪钧，钱俊平，吴俊杰，2011）。

（三）网络游戏对青少年的积极影响

目前绝大多数研究者认为网络游戏会对用户起消极作用，但也有少数研究表明网络游戏可能对青少年产生积极影响。网络游戏之所以盛行，跟它能够满足人们的心理需求是分不开的。有研究者指出，网络游戏可以让用户宣泄在现实生活中产生的不良情绪，满足缺失型需要（Suler，2001）。此外，网络游戏可以让玩家舒缓压力，放松身心，达到宣泄郁闷的目的。

同时，在网络游戏中还可以和其他玩家交流（Greitemeyer & Osswald，2010），接触到许多在现实生活中无法碰到的人和事，增加对他人和社会的了解，锻炼自己的社会交往能力。在很多社交性的亲社会型网络游戏（甚至是合作性的暴力游戏）中，青少年可以通过团队合作来学习协作的技巧，培养团队合作意识、集体主义观念以及亲社会行为（Greitemeyer & Osswald，2010；Greitemeyer，Traut - Mattausch，& Osswald，2012），增加共情并减少攻击性行为（Greitemeyer，Osswald & Brauer，2010；Greitemeyer，Agthe，Turner & Gschwendtner，2012），有些研究甚至发现接触攻击性媒体会对个体产生积极影响（Adachi & Willoughby，2013）。

此外，网络游戏还可以为青少年提供丰富的角色扮演机会，使得青少年可以通过体验不同的角色来更好地把握现实生活中的角色选择和定位。国外的很多研究都表明，适量玩网络游戏可以培养孩子们的收集、整理、分析、计划、创新等方面的能力（Gentile et al.，2009），帮助玩家从压力和紧张中恢复过来（Reinecke，2009），促进心理健康和社会性发展（Greitemeyer & Osswald，2010）。

总的来说，网络游戏影响的具体性质和强度取决于游戏量、游戏内容、游戏情景、空间结构和游戏技巧（赵永乐，何莹，郑涌，2011；Gentile et al.，2009）。网络游戏对青少年成长有一定的积极作用，适当的游戏方式能够起到促进他们社会化进程的作用。

四　工读学生在线行为的测评

综上所述，互联网的快速普及使之悄然成为现代人的一种生活方式，并已渗透到青少年的日常生活中，成为可能影响他们心理社会成长的重要因素。与此同时，青少年的"在线购物冲动""网络游戏障碍"等不良现象频发，由此带来的心理、教育和社会问题也变得严峻起来。工读学生的在线购物冲动、网络游戏障碍具有哪些特点，成为备受关注的话题。本研究以在线购物冲动、网络游戏障碍为例对工读学生的在线行为进行调查，并与普通学生进行比较，从而了解工读学生在线行为的特点，为进一步改善工读学生的在线行为提供针对性的建议。

（一）在线购物冲动

1. 测评样本

本次调研选择国内的工读学生 908 名，其中女生 243 名，男生 665 名；普通学生 1072 名，其中女生 467 名，男生 605 名。

从年龄上来看，工读学生平均年龄 15.06 岁，标准差为 2.41 岁；普通学生平均年龄 13.83 岁，标准差为 1.45 岁。为了方便统计和分析，将不同年龄的学生分为：13 岁及以下、14 岁、15 岁、16 岁、17 岁及以上五组。除去年龄缺失的学生 73 名，908 名工读学生的年龄分布为：13 岁及以下 103 人，14

岁 212 人，15 岁 288 人，16 岁 219 人，17 岁及以上 86 人；除去年龄缺失的学生 67 名，1072 名普通学生的年龄分布为：13 岁及以下 472 人，14 岁 371 人，15 岁 144 人，16 岁 59 人，17 岁及以上 26 人。各年龄组分别在两类学生中的占比如图 9 - 1 和图 9 - 2 所示。

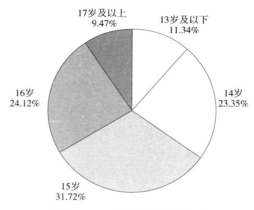

图 9 - 1　工读学生的年龄分布

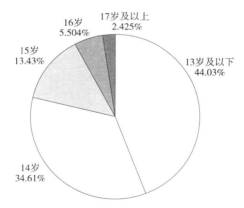

图 9 - 2　普通学生的性别分布

2. 测评工具

课题组参考李永兰、蔡蓉和陈艳（2019）等编制的网络冲动购物意向量表，自编了《青少年在线购物冲动问卷》。该问卷设定一个维度，共包含 11 个题目，每个题目按照"完全不符合、很不符合、基本不符合、不确定、基本符合、很符合、完全符合"顺序进行"1、2、3、4、5、6、7"七级评分。其中，第 1、2、3 题在计算总分时反向计分。将各项目评分相加得问卷总分并求均值，再进一步计算标准差，比较工读学生和普通学生两个群体的差异性。

（二）网络游戏障碍

1. 测评样本

本次调研选择国内的工读学生 984 名，其中女生 243 名，男生 741 名；普通学生 984 名，其中女生 449 名，男生 535 名。

从年龄上来看，工读学生平均年龄 15.03 岁，标准差为 1.33 岁；普通学生平均年龄 13.83 岁，标准差为 1.25 岁。为了方便统计和分析，将不同年龄的学生分为：13 岁及以下、14 岁、15 岁、16 岁、17 岁及以上五组。除去年龄缺失的学生 85 名，984 名工读学生的年龄分布为：13 岁及以下 104 人，14 岁 200 人，15 岁 346 人，16 岁 236 人，17 岁及以上 98 人；除去年龄缺失的学生 47 名，984 名普通学生的年龄分布为：13 岁及以下 451 人，14 岁 293 人，15 岁 139 人，16 岁 70 人，17 岁及以上 31 人。各年龄组分别在两类学生中的占比如图 9 - 3 和图 9 - 4 所示。

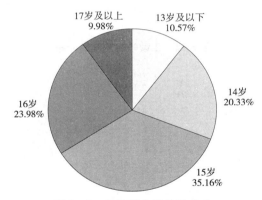

图 9 - 3　工读学生的年龄分布

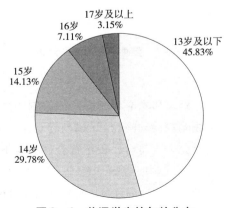

图 9 - 4　普通学生的年龄分布

2. 测评工具

课题组依据陶然等（2008）制定的《网络成瘾临床诊断标准》和《精神疾病诊断与统计手册（第五版）》（DSM‒5）建议的网络游戏成瘾诊断标准，编制了《青少年网络游戏障碍问卷》。该问卷设定一个维度，共包含 9 个题目，每个题目按照"非常不符合、比较不符合、不确定、比较符合、非常符合"顺序进行"1、2、3、4、5"五级评分，将各题目评分相加得问卷总分并求均值，再进一步计算标准差，比较工读学生和普通学生两个群体的差异性。

第二节　在线购物冲动的基本情况分析

一　在线购物冲动的总体特点

首先，对在线购物冲动部分的问卷题目选项进行详细分析：选择"完全不符合"得 1 分，选择"很不符合"得 2 分，选择"基本不符合"得 3 分、选择"不确定"得 4 分，选择"基本符合"得 5 分，选择"很符合"得 6 分，选择"完全符合"得 7 分，根据各项目分数之和求维度均分。

分析工读学生和普通学生在在线购物冲动对应选项上的评分详情，统计结果见表 9‒1 和表 9‒2。

表 9‒1　工读学生在在线购物冲动题目选项的评分详情统计

单位：人，分

问卷题目	完全不符合	很不符合	基本不符合	不确定	基本符合	很符合	完全符合
在网上，我的绝大多数购物都是有提前计划的	139	42	106	280	175	56	110
在网上，在买东西之前我总是仔细考虑自己是否需要它	93	36	79	281	201	80	138
在网上，我对我要购买的绝大多数东西都进行了精心的计划	105	50	115	275	172	69	122
在网上，我总是不假思索地买东西	150	70	106	312	167	32	71

续表

问卷题目	完全不符合	很不符合	基本不符合	不确定	基本符合	很符合	完全符合
在网上，我总是先将选好的东西放进购物车，思考后再付款	101	33	117	244	209	76	128
在网上，我看到什么新的东西，我就想买	156	65	98	270	194	55	70
在网上，有时间我买东西是因为我喜欢买东西，而不是我需要它们	164	62	145	287	129	44	77
在网上，我购买我喜欢的东西时不会考虑能否用得上	154	54	106	276	157	80	81
在网上，我购买产品或者服务是基于当时的感受	160	72	128	292	144	48	64
在网上，不受约束地购买东西是非常有趣的	159	55	95	299	148	77	75
在网上，我有时在购买某些东西后会感到愧疚	148	78	135	294	139	45	69
总　计	1529	617	1230	3110	1835	662	1005
均值（标准差）	3.81（$SD = 1.84$）						

表 9－2　普通学生在在线购物冲动题目选项的评分详情统计

单位：人，分

问卷题目	完全不符合	很不符合	基本不符合	不确定	基本符合	很符合	完全符合
在网上，我的绝大多数购物都是有提前计划的	195	39	80	212	227	88	231
在网上，在买东西之前我总是仔细考虑自己是否需要它	144	42	57	168	241	124	296

问卷题目	完全不符合	很不符合	基本不符合	不确定	基本符合	很符合	完全符合
在网上，我对我要购买的绝大多数东西都进行了精心的计划	140	37	87	210	230	114	254
在网上，我总是不假思索地买东西	369	93	143	206	73	46	142
在网上，我总是先将选好的东西放进购物车，思考后再付款	155	31	66	183	213	116	308
在网上，我看到什么新的东西，我就想买	356	102	158	205	76	33	142
在网上，有时间我买东西是因为我喜欢买东西，而不是我需要它们	369	116	129	181	109	30	138
在网上，我购买我喜欢的东西时不会考虑能否用得上	319	106	133	187	98	56	173
在网上，我购买产品或者服务是基于当时的感受	284	91	120	250	127	48	152
在网上，不受约束地购买东西是非常有趣的	359	100	131	209	85	46	142
在网上，我有时在购买某些东西后会感到愧疚	279	82	120	248	134	46	163
总　计	2969	839	1224	2259	1613	747	2141
均值（标准差）	3.52（SD=1.06）						

从在线购物冲动问卷的得分情况来看，工读学生的在线购物冲动度为3.81分（$SD=1.84$），普通学生的在线购物冲动度为3.52分（$SD=1.06$）。为了比较两者之间是否存在差异，对两组平均值进行独立样本 t 检验，结果发现工读学生的在线购物冲动评分显著高于普通学生（$t=6.60$，$p<0.001$），分析结果如表9-3所示。

表 9 – 3　工读学生和普通学生在在线购物冲动得分上的差异

单位：人，分

	工读学生	普通学生
人数（百分比）	908（45.86%）	1072（54.14%）
均值和标准差	3.81（1.84）	3.52（1.06）
方差分析结果 t（p）	$t = 6.60$，$p < 0.001$	

二　在线购物冲动的性别特点

为了考察不同性别工读学生在在线购物冲动上是否存在显著差异，对男、女生的得分均值进行独立样本 t 检验，得到如下结果。

分析不同性别的工读学生和普通学生在在线购物冲动对应选项上的评分详情，统计结果见表 9 – 4 ~ 表 9 – 7。

表 9 – 4　工读男生在在线购物冲动题目选项的评分详情统计

单位：人，分

问卷题目	完全不符合	很不符合	基本不符合	不确定	基本符合	很符合	完全符合
在网上，我的绝大多数购物都是有提前计划的	109	26	69	195	130	44	92
在网上，在买东西之前我总是仔细考虑自己是否需要它	71	26	56	206	139	59	108
在网上，我对我要购买的绝大多数东西都进行了精心的计划	82	34	66	208	125	53	97
在网上，我总是不假思索地买东西	115	45	81	233	112	27	52
在网上，我总是先将选好的东西放进购物车，思考后再付款	73	23	75	189	147	60	98
在网上，我看到什么新的东西，我就想买	121	44	75	206	128	36	55

问卷题目	完全不符合	很不符合	基本不符合	不确定	基本符合	很符合	完全符合
在网上，有时间我买东西是因为我喜欢买东西，而不是我需要它们	134	44	96	212	90	33	56
在网上，我购买我喜欢的东西时不会考虑能否用得上	126	34	82	202	108	51	62
在网上，我购买产品或者服务是基于当时的感受	126	40	92	218	101	38	50
在网上，不受约束地购买东西是非常有趣的	125	39	70	223	100	50	58
在网上，我有时在购买某些东西后会感到愧疚	111	49	90	224	102	31	58
总　　计	1193	404	852	2316	1282	482	786
均值（标准差）	3.79（$SD = 0.86$）						

表 9-5　工读女生在在线购物冲动题目选项的评分详情统计

单位：人，分

问卷题目	完全不符合	很不符合	基本不符合	不确定	基本符合	很符合	完全符合
在网上，我的绝大多数购物都是有提前计划的	30	16	37	85	45	12	18
在网上，在买东西之前我总是仔细考虑自己是否需要它	22	10	23	75	62	21	30
在网上，我对我要购买的绝大多数东西都进行了精心的计划	23	16	49	67	47	16	25
在网上，我总是不假思索地买东西	35	25	25	79	55	5	19

问卷题目	完全 不符合	很不 符合	基本 不符合	不确定	基本 符合	很符合	完全 符合
在网上,我总是先将选好的东西放进购物车,思考后再付款	28	10	42	55	62	16	30
在网上,我看到什么新的东西,我就想买	35	21	23	64	66	19	15
在网上,有时间我买东西是因为我喜欢买东西,而不是我需要它们	30	18	49	75	39	11	21
在网上,我购买我喜欢的东西时不会考虑能否用得上	28	20	24	74	49	29	19
在网上,我购买产品或者服务是基于当时的感受	34	32	36	74	43	10	14
在网上,不受约束地购买东西是非常有趣的	34	16	25	76	48	27	17
在网上,我有时在购买某些东西后会感到愧疚	37	29	45	70	37	14	11
总　计	336	213	378	794	553	180	219
均值(标准差)							

均值(标准差)：3.87（$SD = 0.79$）

表9-6　普通男生在在线购物冲动题目选项的评分详情统计

单位：人,分

问卷题目	完全 不符合	很不 符合	基本 不符合	不确定	基本 符合	很符合	完全 符合
在网上,我的绝大多数购物都是有提前计划的	129	21	34	122	94	42	163
在网上,在买东西之前我总是仔细考虑自己是否需要它	103	26	27	95	100	60	194

618

问卷题目	完全不符合	很不符合	基本不符合	不确定	基本符合	很符合	完全符合
在网上，我对我要购买的绝大多数东西都进行了精心的计划	99	23	45	112	94	54	178
在网上，我总是不假思索地买东西	212	50	54	115	36	23	115
在网上，我总是先将选好的东西放进购物车，思考后再付款	105	21	35	112	85	55	192
在网上，我看到什么新的东西，我就想买	222	60	56	110	31	16	110
在网上，有时间我买东西是因为我喜欢买东西，而不是我需要它们	218	65	54	99	42	17	110
在网上，我购买我喜欢的东西时不会考虑能否用得上	193	58	51	110	36	34	123
在网上，我购买产品或者服务是基于当时的感受	172	53	52	125	59	23	121
在网上，不受约束地购买东西是非常有趣的	207	55	57	116	36	24	110
在网上，我有时在购买某些东西后会感到愧疚	163	40	53	140	56	22	131
总　　计	1823	472	518	1256	669	370	1547
均值（标准差）	3.58（SD = 1.14）						

表 9－7　普通女生在在线购物冲动题目选项的评分详情统计

单位：人，分

问卷题目	完全不符合	很不符合	基本不符合	不确定	基本符合	很符合	完全符合
在网上，我的绝大多数购物都是有提前计划的	66	18	46	90	133	46	68

问卷题目	完全不符合	很不符合	基本不符合	不确定	基本符合	很符合	完全符合
在网上，在买东西之前我总是仔细考虑自己是否需要它	41	16	30	73	141	64	102
在网上，我对我要购买的绝大多数东西都进行了精心的计划	41	14	42	98	136	60	76
在网上，我总是不假思索地买东西	157	43	89	91	37	23	27
在网上，我总是先将选好的东西放进购物车，思考后再付款	50	10	31	71	128	61	116
在网上，我看到什么新的东西，我就想买	134	42	102	95	45	17	32
在网上，有时间我买东西是因为我喜欢买东西，而不是我需要它们	151	51	75	82	67	13	28
在网上，我购买我喜欢的东西时不会考虑能否用得上	126	48	82	77	62	22	50
在网上，我购买产品或者服务是基于当时的感受	112	38	68	125	68	25	31
在网上，不受约束地购买东西是非常有趣的	152	45	74	93	49	22	32
在网上，我有时在购买某些东西后会感到愧疚	116	42	67	108	78	24	32
总　计	1146	367	706	1003	944	377	594
均值（标准差）	3.40（$SD=0.95$）						

从得分上来看，工读男生的平均得分为 3.79（$SD=0.86$），女生的平均得分为 3.87（$SD=0.79$），性别差异不显著（$t=-1.31$，$p=0.19$）。普通学

生中，男生的平均得分为 3.58（$SD = 1.14$），女生的平均得分为 3.40（$SD = 0.95$），性别差异显著（$t = 2.71$，$p < 0.01$），男生得分显著高于女生。不同性别组均值与独立样本 t 检验分析结果如表 9 – 8 所示。

表 9 – 8　不同性别工读学生和普通学生在在线购物冲动得分上的差异

单位：人，分

性别	工读学生		普通学生	
	男	女	男	女
人数（百分比）	665（73.2%）	243（26.8%）	605（56.4%）	467（43.6%）
均值和标准差	3.79（0.86）	3.87（0.79）	3.58（1.14）	3.40（0.95）
方差分析结果 t（p）	$t = -1.31$，$p = 0.19$		$t = 2.71$，$p < 0.01$	

通过独立样本 t 检验比较不同学校的相同性别得分情况发现，工读学校男生的得分显著高于普通学校男生得分（$t = 3.46$，$p < 0.001$）；同样，工读学校女生得分显著高于普通学校女生得分（$t = 5.51$，$p < 0.001$）。总体上工读学生的在线购物冲动程度均显著高于普通学生，独立样本 t 检验分析结果见表 9 – 9。

表 9 – 9　男女生在在线购物冲动得分上的差异

单位：人，分

学校类别	男		女	
	工读学生	普通学生	工读学生	普通学生
人数（百分比）	665（33.5%）	605（30.6%）	243（12.3%）	467（23.6%）
均值和标准差	3.79（0.86）	3.58（1.14）	3.87（0.79）	3.40（0.95）
方差分析结果 t（p）	$t = 3.46$，$p < 0.001$		$t = 5.51$，$p < 0.001$	

三　在线购物冲动的年龄发展特点

为了考察随着年龄增长，工读学生的在线购物冲动是否存在变化趋势，以年龄组为自变量，在线购物冲动得分为因变量进行单因素方差分析，并检验其是否存在线性趋势，得到如下结果。

分析不同年龄组的工读学生和普通学生在在线购物冲动对应选项上的评分详情，统计结果见表 9 – 10 ~ 表 9 – 19。

表9－10　工读学生13岁及以下年龄组在在线购物冲动题目选项的评分详情统计

单位：人，分

问卷题目	完全不符合	很不符合	基本不符合	不确定	基本符合	很符合	完全符合
在网上，我的绝大多数购物都是有提前计划的	21	6	29	16	20	5	6
在网上，在买东西之前我总是仔细考虑自己是否需要它	14	3	9	41	23	9	4
在网上，我对我要购买的绝大多数东西都进行了精心的计划	15	23	7	26	18	10	4
在网上，我总是不假思索地买东西	17	9	9	42	16	5	5
在网上，我总是先将选好的东西放进购物车，思考后再付款	15	4	9	21	42	6	6
在网上，我看到什么新的东西，我就想买	18	8	7	23	34	8	5
在网上，有时间我买东西是因为我喜欢买东西，而不是我需要它们	16	6	29	28	14	5	5
在网上，我购买我喜欢的东西时不会考虑能否用得上	15	5	10	22	18	26	7
在网上，我购买产品或者服务是基于当时的感受	17	9	30	21	16	6	4
在网上，不受约束地购买东西是非常有趣的	15	6	12	24	15	25	6
在网上，我有时在购买某些东西后会感到愧疚	19	6	32	25	14	3	4
总　　计	182	85	183	289	230	108	56
均值（标准差）	3.94（SD＝0.80）						

表 9 – 11　工读学生 14 岁年龄组在在线购物冲动题目选项的评分详情统计

单位：人，分

问卷题目	完全不符合	很不符合	基本不符合	不确定	基本符合	很符合	完全符合
在网上，我的绝大多数购物都是有提前计划的	43	16	14	77	25	10	27
在网上，在买东西之前我总是仔细考虑自己是否需要它	30	15	14	76	25	15	37
在网上，我对我要购买的绝大多数东西都进行了精心的计划	35	8	29	72	27	9	32
在网上，我总是不假思索地买东西	45	15	16	87	25	4	20
在网上，我总是先将选好的东西放进购物车，思考后再付款	36	10	21	72	33	10	30
在网上，我看到什么新的东西，我就想买	47	14	19	76	27	14	15
在网上，有时间我买东西是因为我喜欢买东西，而不是我需要它们	45	22	16	76	23	8	22
在网上，我购买我喜欢的东西时不会考虑能否用得上	48	13	21	84	20	12	14
在网上，我购买产品或者服务是基于当时的感受	44	15	22	77	26	12	16
在网上，不受约束地购买东西是非常有趣的	46	13	19	85	21	13	15
在网上，我有时在购买某些东西后会感到愧疚	42	11	23	81	26	10	19
总　计	461	152	214	863	278	117	247
均值（标准差）	3.74（$SD = 0.89$）						

表 9 – 12　工读学生 15 岁年龄组在在线购物冲动题目选项的评分详情统计

单位：人，分

问卷题目	完全不符合	很不符合	基本不符合	不确定	基本符合	很符合	完全符合
在网上，我的绝大多数购物都是有提前计划的	35	8	31	93	61	17	43
在网上，在买东西之前我总是仔细考虑自己是否需要它	26	8	29	72	78	24	51
在网上，我对我要购买的绝大多数东西都进行了精心的计划	26	12	42	83	56	23	46
在网上，我总是不假思索地买东西	44	21	42	88	60	9	24
在网上，我总是先将选好的东西放进购物车，思考后再付款	27	8	47	67	61	22	56
在网上，我看到什么新的东西，我就想买	48	21	35	77	67	14	26
在网上，有时间我买东西是因为我喜欢买东西，而不是我需要它们	55	13	50	80	51	15	24
在网上，我购买我喜欢的东西时不会考虑能否用得上	46	17	38	82	61	10	34
在网上，我购买产品或者服务是基于当时的感受	45	31	36	91	45	16	24
在网上，不受约束地购买东西是非常有趣的	53	16	31	88	62	15	23
在网上，我有时在购买某些东西后会感到愧疚	49	32	30	92	48	13	24
总　计	454	187	411	913	650	178	375
均值（标准差）	3. 79 （*SD* = 0. 84）						

表 9 – 13　工读学生 16 岁年龄组在在线购物冲动题目选项的评分详情统计

单位：人，分

问卷题目	完全不符合	很不符合	基本不符合	不确定	基本符合	很符合	完全符合
在网上，我的绝大多数购物都是有提前计划的	28	10	24	63	47	19	28
在网上，在买东西之前我总是仔细考虑自己是否需要它	16	6	22	64	49	27	35
在网上，我对我要购买的绝大多数东西都进行了精心的计划	19	6	22	73	47	21	31
在网上，我总是不假思索地买东西	33	20	30	69	40	11	16
在网上，我总是先将选好的东西放进购物车，思考后再付款	15	8	23	65	50	31	27
在网上，我看到什么新的东西，我就想买	31	19	25	67	44	15	18
在网上，有时间我买东西是因为我喜欢买东西，而不是我需要它们	34	17	35	70	29	13	21
在网上，我购买我喜欢的东西时不会考虑能否用得上	32	14	24	67	45	18	19
在网上，我购买产品或者服务是基于当时的感受	33	13	28	80	39	12	14
在网上，不受约束地购买东西是非常有趣的	35	16	22	76	36	11	23
在网上，我有时在购买某些东西后会感到愧疚	27	22	30	75	36	15	14
总　　计	303	151	285	769	462	193	246
均值（标准差）	3.82（$SD = 0.86$）						

表 9 - 14　工读学生 17 岁及以上年龄组在在线购物冲动题目选项的评分详情统计

单位：人，分

问卷题目	完全不符合	很不符合	基本不符合	不确定	基本符合	很符合	完全符合
在网上，我的绝大多数购物都是有提前计划的	12	2	8	31	22	5	6
在网上，在买东西之前我总是仔细考虑自己是否需要它	7	4	5	28	26	5	11
在网上，我对我要购买的绝大多数东西都进行了精心的计划	10	1	15	21	24	6	9
在网上，我总是不假思索地买东西	11	5	9	26	26	3	6
在网上，我总是先将选好的东西放进购物车，思考后再付款	8	3	17	19	23	7	9
在网上，我看到什么新的东西，我就想买	12	3	12	27	22	4	6
在网上，有时间我买东西是因为我喜欢买东西，而不是我需要它们	14	4	15	33	12	3	5
在网上，我购买我喜欢的东西时不会考虑能否用得上	13	5	13	21	13	14	7
在网上，我购买产品或者服务是基于当时的感受	21	4	12	23	18	2	6
在网上，不受约束地购买东西是非常有趣的	10	4	11	26	14	13	8
在网上，我有时在购买某些东西后会感到愧疚	11	7	20	21	15	4	8
总　　计	129	42	137	276	215	66	81
均值（标准差）	3.87（SD = 0.73）						

表 9 – 15　普通学生 13 岁及以下年龄组在在线购物冲动题目选项的评分详情统计

单位：人，分

问卷题目	完全不符合	很不符合	基本不符合	不确定	基本符合	很符合	完全符合
在网上，我的绝大多数购物都是有提前计划的	107	19	31	88	69	31	127
在网上，在买东西之前我总是仔细考虑自己是否需要它	77	24	24	70	85	45	147
在网上，我对我要购买的绝大多数东西都进行了精心的计划	81	13	37	85	85	36	135
在网上，我总是不假思索地买东西	149	31	56	91	24	20	101
在网上，我总是先将选好的东西放进购物车，思考后再付款	90	12	32	74	73	46	145
在网上，我看到什么新的东西，我就想买	140	40	65	90	26	15	96
在网上，有时间我买东西是因为我喜欢买东西，而不是我需要它们	149	42	55	76	37	15	98
在网上，我购买我喜欢的东西时不会考虑能否用得上	133	35	59	82	32	18	113
在网上，我购买产品或者服务是基于当时的感受	128	25	50	97	53	16	103
在网上，不受约束地购买东西是非常有趣的	144	37	54	89	34	15	99
在网上，我有时在购买某些东西后会感到愧疚	129	33	51	90	51	16	102
总　　计	1327	311	514	932	569	273	1266
均值（标准差）	3.69（$SD = 1.13$）						

表 9 – 16　普通学生 14 岁年龄组在在线购物冲动题目选项的评分详情统计

单位：人，分

问卷题目	完全不符合	很不符合	基本不符合	不确定	基本符合	很符合	完全符合
在网上，我的绝大多数购物都是有提前计划的	58	9	30	83	92	34	65
在网上，在买东西之前我总是仔细考虑自己是否需要它	43	12	21	61	88	54	92
在网上，我对我要购买的绝大多数东西都进行了精心的计划	40	13	32	80	88	50	68
在网上，我总是不假思索地买东西	133	42	52	70	33	14	27
在网上，我总是先将选好的东西放进购物车，思考后再付款	42	9	21	73	75	51	100
在网上，我看到什么新的东西，我就想买	130	40	56	72	35	11	27
在网上，有时间我买东西是因为我喜欢买东西，而不是我需要它们	133	47	48	67	40	10	26
在网上，我购买我喜欢的东西时不会考虑能否用得上	114	47	43	66	42	25	34
在网上，我购买产品或者服务是基于当时的感受	98	36	41	101	44	21	30
在网上，不受约束地购买东西是非常有趣的	133	37	50	73	33	22	23
在网上，我有时在购买某些东西后会感到愧疚	100	28	42	98	54	20	29
总　计	1024	320	436	844	624	312	521
均值（标准差）	3.36（$SD = 0.99$）						

表9－17　普通学生15岁年龄组在在线购物冲动题目选项的评分详情统计

单位：人，分

问卷题目	完全不符合	很不符合	基本不符合	不确定	基本符合	很符合	完全符合
在网上，我的绝大多数购物都是有提前计划的	22	8	13	20	37	14	30
在网上，在买东西之前我总是仔细考虑自己是否需要它	17	4	5	19	39	18	42
在网上，我对我要购买的绝大多数东西都进行了精心的计划	15	8	8	21	33	19	40
在网上，我总是不假思索地买东西	67	13	20	20	8	6	10
在网上，我总是先将选好的东西放进购物车，思考后再付款	16	9	6	16	37	12	48
在网上，我看到什么新的东西，我就想买	68	9	23	20	9	2	13
在网上，有时间我买东西是因为我喜欢买东西，而不是我需要它们	65	15	18	21	16	1	8
在网上，我购买我喜欢的东西时不会考虑能否用得上	57	14	21	19	12	5	16
在网上，我购买产品或者服务是基于当时的感受	47	19	17	26	15	6	14
在网上，不受约束地购买东西是非常有趣的	63	17	15	18	11	7	13
在网上，我有时在购买某些东西后会感到愧疚	40	16	15	26	18	7	22
总　　计	477	132	161	226	235	97	256
均值（标准差）	3.18（SD＝0.99）						

表 9-18　普通学生 16 岁年龄组在在线购物冲动题目选项的评分详情统计

单位：人，分

问卷题目	完全不符合	很不符合	基本不符合	不确定	基本符合	很符合	完全符合
在网上，我的绝大多数购物都是有提前计划的	6	2	3	12	23	6	7
在网上，在买东西之前我总是仔细考虑自己是否需要它	5	2	3	11	19	6	13
在网上，我对我要购买的绝大多数东西都进行了精心的计划	3	1	6	16	16	7	10
在网上，我总是不假思索地买东西	17	4	10	19	3	4	2
在网上，我总是先将选好的东西放进购物车，思考后再付款	5	1	7	12	17	4	13
在网上，我看到什么新的东西，我就想买	15	9	9	16	2	4	4
在网上，有时间我买东西是因为我喜欢买东西，而不是我需要它们	18	11	3	12	8	2	5
在网上，我购买我喜欢的东西时不会考虑能否用得上	13	6	8	13	7	4	8
在网上，我购买产品或者服务是基于当时的感受	10	8	9	19	6	3	4
在网上，不受约束地购买东西是非常有趣的	14	6	11	19	3	6	
在网上，我有时在购买某些东西后会感到愧疚	8	1	9	26	6	1	8
总　计	114	51	78	175	110	47	74
均值（标准差）	3.49（$SD = 0.87$）						

表 9-19　普通学生 17 岁及以上年龄组在在线购物冲动题目选项的评分详情统计

单位：人，分

问卷题目	完全不符合	很不符合	基本不符合	不确定	基本符合	很符合	完全符合
在网上，我的绝大多数购物都是有提前计划的	2	1	3	9	6	3	2
在网上，在买东西之前我总是仔细考虑自己是否需要它	2	0	4	7	10	1	2
在网上，我对我要购买的绝大多数东西都进行了精心的计划	1	2	4	8	8	2	1
在网上，我总是不假思索地买东西	3	3	5	6	5	2	2
在网上，我总是先将选好的东西放进购物车，思考后再付款	2	0	0	8	11	3	2
在网上，我看到什么新的东西，我就想买	3	4	5	7	4	1	2
在网上，有时间我买东西是因为我喜欢买东西，而不是我需要它们	4	1	5	5	8	2	1
在网上，我购买我喜欢的东西时不会考虑能否用得上	2	4	2	7	5	4	2
在网上，我购买产品或者服务是基于当时的感受	1	3	3	7	9	2	1
在网上，不受约束地购买东西是非常有趣的	5	3	1	10	4	2	1
在网上，我有时在购买某些东西后会感到愧疚	2	4	3	8	5	2	2
总　计	27	25	35	82	75	24	18
均值（标准差）	3.91（SD=0.84）						

分析不同年龄组在在线购物冲动上的得分，发现在工读学生中，13 岁及以下组的在线购物冲动均值为 3.94 分（$SD = 0.80$），14 岁组均值为 3.74 分（$SD = 0.89$），15 岁组为 3.79 分（$SD = 0.84$），16 岁组为 3.82 分（$SD = 0.86$），17 岁及以上组为 3.87 分（$SD = 0.73$）。单因素方差分析结果发现，不同年龄组间差异不显著（$F = 1.08$，$p = 0.36$）。

在普通学生中，13 岁及以下组的在线购物冲动均值为 3.69 分（$SD = 1.13$），14 岁组均值为 3.36 分（$SD = 0.99$），15 岁组为 3.18 分（$SD = 0.99$），16 岁组为 3.49 分（$SD = 0.87$），17 岁及以上组为 3.91 分（$SD = 0.84$），单因素方差分析发现不同年龄组之间均存在显著差异（$F = 10.18$，$p < 0.001$）。进一步通过事后分析发现，13 岁及以下组、14 岁组和 15 岁组之间差异显著，15 岁组与 16 岁组、17 岁及以上组差异显著。方差分析结果见表 9 – 20，变化趋势见图 9 – 5。

表 9 – 20　不同年龄组在线购物冲动程度的差异分析

单位：分

年龄组	13 岁及以下	14 岁	15 岁	16 岁	17 岁及以上	方差分析
工读学生均值（标准差）	3.94（$SD = 0.80$）	3.74（$SD = 0.89$）	3.79（$SD = 0.84$）	3.82（$SD = 0.86$）	3.87（$SD = 0.73$）	$F = 1.08$，$p = 0.36$
普通学生均值（标准差）	3.69（$SD = 1.13$）	3.36（$SD = 0.99$）	3.18（$SD = 0.99$）	3.49（$SD = 0.87$）	3.91（$SD = 0.84$）	$F = 10.18$，$p < 0.001$
方差分析结果 t（p）	2.58（$p < 0.05$）	4.86（$p < 0.001$）	6.34（$p < 0.001$）	2.69（$p < 0.01$）	− 0.22（$p = 0.83$）	

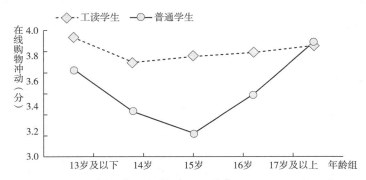

图 9 – 5　在线购物冲动得分在不同年龄组别上的变化趋势

通过以上结果可以得知，工读学生的在线购物冲动程度在不同年龄组之间不存在显著差异，但普通学生的在线购物冲动程度随年龄增长发生显著变化。跟普通学生相比，工读学生随着年龄的增长，在线购物冲动稍有下降。

四 小结

从工读学生的在线购物冲动分析结果可知，工读学生的在线购物冲动程度明显高于普通学生；工读男生的在线购物冲动程度低于女生，但差异不显著。工读男、女生的在线购物冲动程度分别显著高于普通男、女生；工读学生的在线购物冲动在不同年龄组间差异不显著。除 17 岁及以上年龄段外，工读学生的在线购物冲动程度均显著高于普通学生。

这与以往的研究结果既有一致的地方，也有差异的地方。有研究者（王卓，2004）指出，虽然男性网络用户的总数超过了女性网络用户，但是女性消费者更加热衷于在网上下载（付费）音乐、购买书籍和日用品以及服饰等。即使在十几岁的青少年中，女孩子对在线购物的兴趣也比男孩子要大得多。女孩子在更早的年龄开始在线购物，并且对家庭消费的影响也大于男孩。也有实证研究发现，女性的冲动购买倾向显著高于男性（孔寅平、陈毅文，2010）。本次调查结果表明，男生的在线购物冲动问题同样值得关注。

第三节 网络游戏障碍的基本情况分析

一 网络游戏障碍的总体特点

首先，对网络游戏障碍问卷的题目选项进行详细分析：选择"非常不符合"得 1 分，选择"比较不符合"得 2 分，选择"不确定"得 3 分、选择"比较符合"得 4 分，选择"非常符合"得 5 分。

分析工读学生和普通学生在网络游戏障碍对应选项上的评分详情，统计结果见表 9-21 和表 9-22。

表 9-21　工读学生在网络游戏障碍题目选项的评分详情统计

单位：人，分

问卷题目	非常不符合	比较不符合	不确定	比较符合	非常符合
我在没有玩网络游戏的时候也会花大量时间想着游戏，或计划着下一次什么时候能玩	232	158	320	173	101

问卷题目	非常不符合	比较不符合	不确定	比较符合	非常符合
当我尝试去减少或停止网络游戏，或不能玩游戏时，我会感到不安、暴躁、易怒、生气、焦虑或悲伤	258	160	353	140	73
为了得到过去得到的同样的兴奋度，我感到需要增加玩网络游戏的时间、玩更刺激的游戏或使用更强的装备	229	168	343	155	89
我觉得应该少玩，但是未能减少在玩网络游戏上的时间	201	172	346	171	94
因为网络游戏，我失去了兴趣或减少了其他娱乐活动（爱好、会见朋友）	265	140	359	120	100
即使知道负面后果，我还会继续玩网络游戏。比如没有得到足够的睡眠、上课/上班迟到、花太多钱、同他人争吵或忽视了重要的职责	223	166	323	175	97
我向家人、朋友或他人撒谎玩网络游戏的多少，或尽力不让家人或朋友知道自己玩游戏的多少	248	144	386	128	78
我玩网络游戏来逃避或忘记个人问题、或缓解不舒服的感觉比如内疚、焦虑、无助或沮丧	237	194	315	150	88
我因为网络游戏危险到或失去重要关系、或工作、教育或就业机会	269	159	327	142	87
总　计	2162	1461	3072	1354	807
均值（标准差）	2.68（$SD=1.04$）				

表 9-22　普通学生在网络游戏障碍题目选项的评分详情统计表

单位：人，分

问卷题目	非常不符合	比较不符合	不确定	比较符合	非常符合
我在没有玩网络游戏的时候也会花大量时间想着游戏，或计划着下一次什么时候能玩	456	186	197	91	54
当我尝试去减少或停止网络游戏，或不能玩游戏时，我会感到不安、暴躁、易怒、生气、焦虑或悲伤	487	195	194	64	44

续表

问卷题目	非常 不符合	比较 不符合	不确定	比较 符合	非常 符合
为了得到过去得到的同样的兴奋度，我感到需要增加玩网络游戏的时间、玩更刺激的游戏或使用更强的装备	493	155	214	74	48
我觉得应该少玩，但是未能减少在玩网络游戏上的时间	389	171	213	145	66
因为网络游戏，我失去了兴趣或减少了其他娱乐活动（爱好、会见朋友）	477	170	189	88	60
即使知道负面后果，我还会继续玩网络游戏。比如没有得到足够的睡眠、上课/上班迟到、花太多钱、同他人争吵或忽视了重要的职责	476	174	188	100	46
我向家人、朋友或他人撒谎玩网络游戏的多少，或尽力不让家人或朋友知道自己玩游戏的多少	485	185	196	72	46
我玩网络游戏来逃避或忘记个人问题、或缓解不舒服的感觉比如内疚、焦虑、无助或沮丧	454	185	208	82	55
我因为网络游戏危险到或失去重要关系、或工作、教育或就业机会	537	148	190	67	42
总　计	4254	1569	1789	783	461
均值（标准差）	2.05（SD = 1.24）				

从网络游戏障碍问卷的得分情况来看，工读学生的网络游戏障碍均值为2.68 分（$SD = 1.04$），普通学生的网络游戏障碍均值为2.05 分（$SD = 1.24$）。为了比较两者之间是否存在差异，对两组平均值进行方差分析，结果发现工读学生在网络游戏障碍上的评分显著高于普通学生（$t = 13.44$，$p < 0.001$），分析结果如表9 – 23 和图9 – 6 所示。

表9 – 23　工读学生和普通学生在网络游戏障碍得分上的差异

单位：人，分

	工读学生	普通学生
人数（百分比）	984（50%）	984（50%）
均值和标准差	2.68（1.04）	2.05（1.24）
方差分析结果 t（p）	$t = 13.44$，$p < 0.001$	

二 网络游戏障碍的性别特点

为了考察不同性别工读学生在网络游戏障碍上是否存在显著差异，对男、女生的得分均值进行方差分析，得到如下结果。

分析不同性别的工读学生和普通学生在网络游戏障碍对应选项上的评分详情，统计结果见表 9 - 24 ~ 表 9 - 27。

表 9 - 24　工读男生在网络游戏障碍题目选项的评分详情统计

单位：人，分

问卷题目	非常不符合	比较不符合	不确定	比较符合	非常符合
我在没有玩网络游戏的时候也会花大量时间想着游戏，或计划着下一次什么时候能玩	153	114	265	121	88
当我尝试去减少或停止网络游戏，或不能玩游戏时，我会感到不安、暴躁、易怒、生气、焦虑或悲伤	169	121	269	115	67
为了得到过去得到的同样的兴奋度，我感到需要增加玩网络游戏的时间、玩更刺激的游戏或使用更强的装备	147	128	277	112	77
我觉得应该少玩，但是未能减少在玩网络游戏上的时间	130	116	279	140	76
因为网络游戏，我失去了兴趣或减少了其他娱乐活动（爱好、会见朋友）	173	104	280	98	86
即使知道负面后果，我还会继续玩网络游戏。比如没有得到足够的睡眠、上课/上班迟到、花太多钱、同他人争吵或忽视了重要的职责	139	120	268	129	85
我向家人、朋友或他人撒谎玩网络游戏的多少，或尽力不让家人或朋友知道自己玩游戏的多少	159	111	300	105	66
我玩网络游戏来逃避或忘记个人问题、或缓解不舒服的感觉比如内疚、焦虑、无助或沮丧	153	134	255	126	73
我因为网络游戏危险到或失去重要关系、或工作、教育或就业机会	173	123	268	105	72
总　　计	1396	1071	2461	1051	690
均值（标准差）	2.79（$SD = 1.01$）				

表 9 – 25　工读女生在网络游戏障碍题目选项的评分详情统计

单位：人，分

问卷题目	非常不符合	比较不符合	不确定	比较符合	非常符合
我在没有玩网络游戏的时候也会花大量时间想着游戏，或计划着下一次什么时候能玩	79	44	55	52	13
当我尝试去减少或停止网络游戏，或不能玩游戏时，我会感到不安、暴躁、易怒、生气、焦虑或悲伤	89	39	84	25	6
为了得到过去得到的同样的兴奋度，我感到需要增加玩网络游戏的时间、玩更刺激的游戏或使用更强的装备	82	40	66	43	12
我觉得应该少玩，但是未能减少在玩网络游戏上的时间	71	56	67	31	18
因为网络游戏，我失去了兴趣或减少了其他娱乐活动（爱好、会见朋友）	92	36	79	22	14
即使知道负面后果，我还会继续玩网络游戏。比如没有得到足够的睡眠、上课/上班迟到、花太多钱、同他人争吵或忽视了重要的职责	84	46	55	46	12
我向家人、朋友或他人撒谎玩网络游戏的多少，或尽力不让家人或朋友知道自己玩游戏的多少	89	33	86	23	12
我玩网络游戏来逃避或忘记个人问题、或缓解不舒服的感觉比如内疚、焦虑、无助或沮丧	84	60	60	24	15
我因为网络游戏危险到或失去重要关系、或工作、教育或就业机会	96	36	59	37	15
总　计	766	390	611	303	117
均值（标准差）	2.37（$SD = 1.03$）				

表 9 – 26　普通男生在网络游戏障碍题目选项的评分详情统计

单位：人，分

问卷题目	非常不符合	比较不符合	不确定	比较符合	非常符合
我在没有玩网络游戏的时候也会花大量时间想着游戏，或计划着下一次什么时候能玩	225	91	117	62	40

637

续表

问卷题目	非常 不符合	比较 不符合	不确定	比较 符合	非常 符合
当我尝试去减少或停止网络游戏，或不能玩游戏时，我会感到不安、暴躁、易怒、生气、焦虑或悲伤	247	104	110	43	31
为了得到过去得到的同样的兴奋度，我感到需要增加玩网络游戏的时间、玩更刺激的游戏或使用更强的装备	238	83	124	54	36
我觉得应该少玩，但是未能减少在玩网络游戏上的时间	185	93	126	86	45
因为网络游戏，我失去了兴趣或减少了其他娱乐活动（爱好、会见朋友）	238	89	115	52	41
即使知道负面后果，我还会继续玩网络游戏。比如没有得到足够的睡眠、上课/上班迟到、花太多钱、同他人争吵或忽视了重要的职责	229	105	104	62	35
我向家人、朋友或他人撒谎玩网络游戏的多少，或尽力不让家人或朋友知道自己玩游戏的多少	238	99	119	49	30
我玩网络游戏来逃避或忘记个人问题、或缓解不舒服的感觉比如内疚、焦虑、无助或沮丧	222	104	123	53	33
我因为网络游戏危险到或失去重要关系、或工作、教育或就业机会	268	79	113	46	29
总　计	2090	847	1051	507	320
均值（标准差）	2.19（$SD = 1.07$）				

表 9 - 27　普通女生在网络游戏障碍题目选项的评分详情统计

单位：人，分

问卷题目	非常 不符合	比较 不符合	不确定	比较 符合	非常 符合
我在没有玩网络游戏的时候也会花大量时间想着游戏，或计划着下一次什么时候能玩	231	95	80	29	14
当我尝试去减少或停止网络游戏，或不能玩游戏时，我会感到不安、暴躁、易怒、生气、焦虑或悲伤	240	91	84	21	13

问卷题目	非常不符合	比较不符合	不确定	比较符合	非常符合
为了得到过去得到的同样的兴奋度，我感到需要增加玩网络游戏的时间、玩更刺激的游戏或使用更强的装备	255	72	90	20	12
我觉得应该少玩，但是未能减少在玩网络游戏上的时间	204	78	87	59	21
因为网络游戏，我失去了兴趣或减少了其他娱乐活动（爱好、会见朋友）	239	81	74	36	19
即使知道负面后果，我还会继续玩网络游戏。比如没有得到足够的睡眠、上课/上班迟到、花太多钱、同他人争吵或忽视了重要的职责	247	69	84	38	11
我向家人、朋友或他人撒谎玩网络游戏的多少，或尽力不让家人或朋友知道自己玩游戏的多少	247	86	77	23	16
我玩网络游戏来逃避或忘记个人问题、或缓解不舒服的感觉比如内疚、焦虑、无助或沮丧	232	81	85	29	22
我因为网络游戏危险到或失去重要关系、或工作、教育或就业机会	269	69	77	21	13
总　　计	2164	722	738	276	141
均值（标准差）	1.89（$SD = 0.97$）				

从网络游戏障碍得分上来看，工读男生的平均得分为 2.79 分（$SD = 1.01$），工读女生的平均得分为 2.37 分（$SD = 1.03$），男生显著高于女生（$t = 4.88$，$p < 0.001$）。普通学生中，男生的平均得分为 2.19 分（$SD = 1.07$），女生的平均得分为 1.89 分（$SD = 0.97$），性别差异显著（$t = 3.54$，$p < 0.001$），男生显著高于女生。不同性别组均值与方差分析结果如表 9 - 28 所示。

表 9 - 28　不同性别工读学生和普通学生在网络游戏障碍得分上的差异

单位：人，分

性别	工读学生		普通学生	
	男	女	男	女
人数（百分比）	741（37.7%）	243（12.3%）	535（27.2%）	449（22.8%）

续表

性别	工读学生		普通学生	
	男	女	男	女
均值和标准差	2.79（1.01）	2.37（1.03）	2.19（1.07）	1.89（0.97）
方差分析结果 t（p）	$t=4.88$，$p<0.001$		$t=3.54$，$p<0.001$	

通过方差分析比较不同学校的相同性别得分情况发现，工读学校男生的得分显著高于普通学校男生得分（$t=8.97$，$p<0.001$）；同样，工读学校女生得分显著高于普通学生女生得分（$t=5.64$，$p<0.001$）。上述结果说明，男、女生网络游戏障碍评分差异显著，男生显著高于女生。同时工读学校男、女生的网络游戏障碍均显著高于普通学校男、女生，方差分析结果可见表9－29。

表9－29 男女生在网络游戏障碍得分上的差异

单位：人，分

学校类别	男		女	
	工读学生	普通学生	工读学生	普通学生
人数（百分比）	741（37.7%）	535（27.2%）	243（12.3%）	449（22.8%）
均值和标准差	2.79（1.01）	2.19（1.07）	2.37（1.03）	1.89（0.97）
方差分析结果 t（p）	$t=8.97$，$p<0.001$		$t=5.64$，$p<0.001$	

三 网络游戏障碍的年龄发展特点

为了考察随着年龄增长，工读学生和普通学生的网络游戏障碍是否存在变化趋势，以年龄组为自变量，网络游戏障碍得分为因变量进行单因素方差分析，并检验其是否存在线性趋势，得到如下结果。

分析不同年龄组的工读学生和普通学生在网络游戏障碍对应选项上的评分详情，统计结果见表9－30～表9－39。

表9－30 工读学生13岁及以下年龄组在网络游戏障碍题目选项的评分详情统计

单位：人，分

问卷题目	非常不符合	比较不符合	不确定	比较符合	非常符合
我在没有玩网络游戏的时候也会花大量时间想着游戏，或计划着下一次什么时候能玩	29	21	37	11	6

续表

问卷题目	非常不符合	比较不符合	不确定	比较符合	非常符合
当我尝试去减少或停止网络游戏，或不能玩游戏时，我会感到不安、暴躁、易怒、生气、焦虑或悲伤	26	24	40	9	5
为了得到过去得到的同样的兴奋度，我感到需要增加玩网络游戏的时间、玩更刺激的游戏或使用更强的装备	21	19	43	13	8
我觉得应该少玩，但是未能减少在玩网络游戏上的时间	20	24	38	14	8
因为网络游戏，我失去了兴趣或减少了其他娱乐活动（爱好、会见朋友）	30	15	32	12	15
即使知道负面后果，我还会继续玩网络游戏。比如没得到足够的睡眠、上课/上班迟到、花太多钱、同他人争吵或忽视了重要的职责	21	27	36	11	9
我向家人、朋友或他人撒谎玩网络游戏的多少，或尽力不让家人或朋友知道自己玩游戏的多少	21	21	40	13	9
我玩网络游戏来逃避或忘记个人问题、或缓解不舒服的感觉比如内疚、焦虑、无助或沮丧	30	22	34	14	4
我因为网络游戏危险到或失去重要关系、或工作、教育或就业机会	24	25	31	15	9
总　　计	222	198	331	112	73
均值（标准差）	2.59（$SD = 0.91$）				

表 9 - 31　工读学生 14 岁年龄组在网络游戏障碍题目选项的评分详情统计

单位：人，分

问卷题目	非常不符合	比较不符合	不确定	比较符合	非常符合
我在没有玩网络游戏的时候也会花大量时间想着游戏，或计划着下一次什么时候能玩	54	20	73	29	24
当我尝试去减少或停止网络游戏，或不能玩游戏时，我会感到不安、暴躁、易怒、生气、焦虑或悲伤	56	24	76	29	15

问卷题目	非常不符合	比较不符合	不确定	比较符合	非常符合
为了得到过去得到的同样的兴奋度，我感到需要增加玩网络游戏的时间、玩更刺激的游戏或使用更强的装备	45	31	81	22	21
我觉得应该少玩，但是未能减少在玩网络游戏上的时间	41	27	76	32	24
因为网络游戏，我失去了兴趣或减少了其他娱乐活动（爱好、会见朋友）	49	23	85	19	24
即使知道负面后果，我还会继续玩网络游戏。比如没有得到足够的睡眠、上课/上班迟到、花太多钱、同他人争吵或忽视了重要的职责	47	26	80	28	19
我向家人、朋友或他人撒谎玩网络游戏的多少，或尽力不让家人或朋友知道自己玩游戏的多少	56	20	83	25	16
我玩网络游戏来逃避或忘记个人问题、或缓解不舒服的感觉比如内疚、焦虑、无助或沮丧	51	26	75	30	18
我因为网络游戏危险到或失去重要关系、或工作、教育或就业机会	54	25	75	25	21
总　计	453	222	704	239	182
均值（标准差）	2.71（SD = 1.07）				

表 9 - 32　工读学生 15 岁年龄组在网络游戏障碍题目选项的评分详情统计

单位：人，分

问卷题目	非常不符合	比较不符合	不确定	比较符合	非常符合
我在没有玩网络游戏的时候也会花大量时间想着游戏，或计划着下一次什么时候能玩	71	57	95	81	42
当我尝试去减少或停止网络游戏，或不能玩游戏时，我会感到不安、暴躁、易怒、生气、焦虑或悲伤	84	55	121	55	31
为了得到过去得到的同样的兴奋度，我感到需要增加玩网络游戏的时间、玩更刺激的游戏或使用更强的装备	79	57	104	71	35

问卷题目	非常 不符合	比较 不符合	不确定	比较 符合	非常 符合
我觉得应该少玩，但是未能减少在玩网络游戏上的时间	69	67	105	67	38
因为网络游戏，我失去了兴趣或减少了其他娱乐活动（爱好、会见朋友）	95	50	127	39	35
即使知道负面后果，我还会继续玩网络游戏。比如没有得到足够的睡眠、上课/上班迟到、花太多钱、同他人争吵或忽视了重要的职责	74	55	92	83	42
我向家人、朋友或他人撒谎玩网络游戏的多少，或尽力不让家人或朋友知道自己玩游戏的多少	78	57	135	45	31
我玩网络游戏来逃避或忘记个人问题、或缓解不舒服的感觉比如内疚、焦虑、无助或沮丧	71	87	102	49	37
我因为网络游戏危险到或失去重要关系、或工作、教育或就业机会	98	54	96	65	33
总　计	719	539	977	555	324
均值（标准差）	2.75（$SD = 1.07$）				

表 9 – 33　工读学生16岁年龄组在网络游戏障碍题目选项的评分详情统计

单位：人，分

问卷题目	非常 不符合	比较 不符合	不确定	比较 符合	非常 符合
我在没有玩网络游戏的时候也会花大量时间想着游戏，或计划着下一次什么时候能玩	50	47	80	35	24
当我尝试去减少或停止网络游戏，或不能玩游戏时，我会感到不安、暴躁、易怒、生气、焦虑或悲伤	62	46	79	31	18
为了得到过去得到的同样的兴奋度，我感到需要增加玩网络游戏的时间、玩更刺激的游戏或使用更强的装备	56	52	72	37	19
我觉得应该少玩，但是未能减少在玩网络游戏上的时间	43	45	88	38	22

续表

问卷题目	非常 不符合	比较 不符合	不确定	比较 符合	非常 符合
因为网络游戏，我失去了兴趣或减少了 其他娱乐活动（爱好、会见朋友）	61	40	80	34	21
即使知道负面后果，我还会继续玩网络 游戏。比如没有得到足够的睡眠、上课 /上班迟到、花太多钱、同他人争吵或 忽视了重要的职责	51	50	76	38	21
我向家人、朋友或他人撒谎玩网络游戏 的多少，或尽力不让家人或朋友知道自 己玩游戏的多少	61	35	88	32	20
我玩网络游戏来逃避或忘记个人问题、 或缓解不舒服的感觉比如内疚、焦虑、 无助或沮丧	55	43	76	38	24
我因为网络游戏危险到或失去重要关 系、或工作、教育或就业机会	65	44	85	23	19
总　　计	504	402	724	306	188
均值（标准差）	2.66（$SD = 1.04$）				

表 9 - 34　工读学生 17 岁及以上年龄组在网络游戏障碍题目选项的评分详情统计

单位：人，分

问卷题目	非常 不符合	比较 不符合	不确定	比较 符合	非常 符合
我在没有玩网络游戏的时候也会花大量 时间想着游戏，或计划着下一次什么时 候能玩	28	13	35	17	5
当我尝试去减少或停止网络游戏，或不 能玩游戏时，我会感到不安、暴躁、易 怒、生气、焦虑或悲伤	30	11	37	16	4
为了得到过去得到的同样的兴奋度，我 感到需要增加玩网络游戏的时间、玩更 刺激的游戏或使用更强的装备	28	9	43	12	6
我觉得应该少玩，但是未能减少在玩网 络游戏上的时间	28	9	39	20	2
因为网络游戏，我失去了兴趣或减少了 其他娱乐活动（爱好、会见朋友）	30	12	35	16	5

续表

问卷题目	非常 不符合	比较 不符合	不确定	比较 符合	非常 符合
即使知道负面后果，我还会继续玩网络游戏。比如没有得到足够的睡眠、上课/上班迟到、花太多钱、同他人争吵或忽视了重要的职责	30	8	39	15	6
我向家人、朋友或他人撒谎玩网络游戏的多少，或尽力不让家人或朋友知道自己玩游戏的多少	32	11	40	13	2
我玩网络游戏来逃避或忘记个人问题、或缓解不舒服的感觉比如内疚、焦虑、无助或沮丧	30	16	28	19	5
我因为网络游戏危险到或失去重要关系、或工作、教育或就业机会	28	11	40	14	5
总　计	264	100	336	142	40
均值（标准差）	2.54（$SD = 1.06$）				

表9-35　普通学生13岁及以下年龄组在网络游戏障碍题目选项的评分详情统计

单位：人，分

问卷题目	非常 不符合	比较 不符合	不确定	比较 符合	非常 符合
我在没有玩网络游戏的时候也会花大量时间想着游戏，或计划着下一次什么时候能玩	230	87	87	23	24
当我尝试去减少或停止网络游戏，或不能玩游戏时，我会感到不安、暴躁、易怒、生气、焦虑或悲伤	226	93	91	20	21
为了得到过去得到的同样的兴奋度，我感到需要增加玩网络游戏的时间、玩更刺激的游戏或使用更强的装备	237	67	106	21	20
我觉得应该少玩，但是未能减少在玩网络游戏上的时间	197	81	94	55	24
因为网络游戏，我失去了兴趣或减少了其他娱乐活动（爱好、会见朋友）	226	76	87	32	30
即使知道负面后果，我还继续玩网络游戏。比如没有得到足够的睡眠、上课/上班迟到、花太多钱、同他人争吵或忽视了重要的职责	231	76	88	34	22

645

问卷题目	非常 不符合	比较 不符合	不确定	比较 符合	非常 符合
我向家人、朋友或他人撒谎玩网络游戏的多少，或尽力不让家人或朋友知道自己玩游戏的多少	233	80	95	21	22
我玩网络游戏来逃避或忘记个人问题、或缓解不舒服的感觉比如内疚、焦虑、无助或沮丧	218	86	94	32	21
我因为网络游戏危险到或失去重要关系、或工作、教育或就业机会	253	73	86	23	16
总　计	2051	719	828	261	200
均值（标准差）	1.98（SD = 1.02）				

表 9 – 36　普通学生 14 岁年龄组在网络游戏障碍题目选项的评分详情统计

单位：人，分

问卷题目	非常 不符合	比较 不符合	不确定	比较 符合	非常 符合
我在没有玩网络游戏的时候也会花大量时间想着游戏，或计划着下一次什么时候能玩	136	51	60	29	17
当我尝试去减少或停止网络游戏，或不能玩游戏时，我会感到不安、暴躁、易怒、生气、焦虑或悲伤	143	54	59	23	14
为了得到过去得到的同样的兴奋度，我感到需要增加玩网络游戏的时间、玩更刺激的游戏或使用更强的装备	147	46	58	23	19
我觉得应该少玩，但是未能减少在玩网络游戏上的时间	114	48	64	43	24
因为网络游戏，我失去了兴趣或减少了其他娱乐活动（爱好、会见朋友）	134	51	64	26	18
即使知道负面后果，我还会继续玩网络游戏。比如没有得到足够的睡眠、上课/上班迟到、花太多钱、同他人争吵或忽视了重要的职责	138	50	65	27	13
我向家人、朋友或他人撒谎玩网络游戏的多少，或尽力不让家人或朋友知道自己玩游戏的多少	138	56	58	26	15

问卷题目	非常 不符合	比较 不符合	不确定	比较 符合	非常 符合
我玩网络游戏来逃避或忘记个人问题、或缓解不舒服的感觉比如内疚、焦虑、无助或沮丧	132	50	69	22	20
我因为网络游戏危险到或失去重要关系、或工作、教育或就业机会	151	44	62	20	16
总　计	1233	450	559	239	156
均值（标准差）	2.10（$SD = 1.06$）				

表9-37　普通学生15岁年龄组在网络游戏障碍题目选项的评分详情统计

单位：人，分

问卷题目	非常 不符合	比较 不符合	不确定	比较 符合	非常 符合
我在没有玩网络游戏的时候也会花大量时间想着游戏，或计划着下一次什么时候能玩	69	28	20	15	7
当我尝试去减少或停止网络游戏，或不能玩游戏时，我会感到不安、暴躁、易怒、生气、焦虑或悲伤	84	23	20	7	5
为了得到过去得到的同样的兴奋度，我感到需要增加玩网络游戏的时间、玩更刺激的游戏或使用更强的装备	85	18	23	10	3
我觉得应该少玩，但是未能减少在玩网络游戏上的时间	56	26	26	23	8
因为网络游戏，我失去了兴趣或减少了其他娱乐活动（爱好、会见朋友）	85	20	18	11	5
即使知道负面后果，我还会继续玩网络游戏。比如没有得到足够的睡眠、上课/上班迟到、花太多钱、同他人争吵或忽视了重要的职责	78	26	13	18	4
我向家人、朋友或他人撒谎玩网络游戏的多少，或尽力不让家人或朋友知道自己玩游戏的多少	86	21	21	8	3
我玩网络游戏来逃避或忘记个人问题、或缓解不舒服的感觉比如内疚、焦虑、无助或沮丧	79	21	19	14	6

续表

问卷题目	非常 不符合	比较 不符合	不确定	比较 符合	非常 符合
我因为网络游戏危险到或失去重要关系、或工作、教育或就业机会	96	13	17	9	4
总　计	718	196	177	115	45
均值（标准差）	1.86（SD=0.92）				

表9-38　普通学生16岁年龄组在网络游戏障碍题目选项的评分详情统计

单位：人，分

问卷题目	非常 不符合	比较 不符合	不确定	比较 符合	非常 符合
我在没有玩网络游戏的时候也会花大量时间想着游戏，或计划着下一次什么时候能玩	15	15	22	14	4
当我尝试去减少或停止网络游戏，或不能玩游戏时，我会感到不安、暴躁、易怒、生气、焦虑或悲伤	25	19	15	8	3
为了得到过去得到的同样的兴奋度，我感到需要增加玩网络游戏的时间、玩更刺激的游戏或使用更强的装备	19	18	18	10	5
我觉得应该少玩，但是未能减少在玩网络游戏上的时间	15	10	19	17	9
因为网络游戏，我失去了兴趣或减少了其他娱乐活动（爱好、会见朋友）	26	15	12	12	5
即使知道负面后果，我还会继续玩网络游戏。比如没有得到足够的睡眠、上课/上班迟到、花太多钱、同他人争吵或忽视了重要的职责	23	13	15	13	6
我向家人、朋友或他人撒谎玩网络游戏的多少，或尽力不让家人或朋友知道自己玩游戏的多少	21	21	15	9	4
我玩网络游戏来逃避或忘记个人问题、或缓解不舒服的感觉比如内疚、焦虑、无助或沮丧	18	20	16	9	7
我因为网络游戏危险到或失去重要关系、或工作、教育或就业机会	29	13	15	9	4
总　计	191	144	147	101	47
均值（标准差）	2.47（SD=1.03）				

表 9 – 39　普通学生 17 岁及以上年龄组在网络游戏障碍题目选项的评分详情统计

单位：人，分

问卷题目	非常 不符合	比较 不符合	不确定	比较 符合	非常 符合
我在没有玩网络游戏的时候也会花大量时间想着游戏，或计划着下一次什么时候能玩	6	5	8	10	2
当我尝试去减少或停止网络游戏，或不能玩游戏时，我会感到不安、暴躁、易怒、生气、焦虑或悲伤	9	6	9	6	1
为了得到过去得到的同样的兴奋度，我感到需要增加玩网络游戏的时间、玩更刺激的游戏或使用更强的装备	5	6	9	10	1
我觉得应该少玩，但是未能减少在玩网络游戏上的时间	7	6	10	7	1
因为网络游戏，我失去了兴趣或减少了其他娱乐活动（爱好、会见朋友）	6	8	8	7	2
即使知道负面后果，我还会继续玩网络游戏。比如没有得到足够的睡眠、上课/上班迟到、花太多钱、同他人争吵或忽视了重要的职责	6	9	7	8	0
我向家人、朋友或他人撒谎玩网络游戏的多少，或尽力不让家人或朋友知道自己玩游戏的多少	7	7	7	8	2
我玩网络游戏来逃避或忘记个人问题、或缓解不舒服的感觉比如内疚、焦虑、无助或沮丧	7	8	10	5	1
我因为网络游戏危险到或失去重要关系、或工作、教育或就业机会	8	5	10	6	2
总　计	61	60	78	67	13
均值（标准差）	2.68（SD = 1.03）				

分析不同年龄组在网络游戏障碍上的得分，发现在工读学生中，13 岁及以下组的网络游戏障碍均值为 2.59 分（$SD = 0.91$），14 岁组均值为 2.71 分（$SD = 1.07$），15 岁组为 2.75 分（$SD = 1.07$），16 岁组为 2.66 分（$SD = 1.04$），17 岁及以上组为 2.54 分（$SD = 1.06$）。单因素方差分析结果发现，不同年龄组间差异不显著（$F = 1.10$，$p = 0.09$）。

在普通学生中，13 岁及以下组的网络游戏障碍均值为 1.98 分（$SD =$

1.02），14 岁组均值为 2.10 分（$SD = 1.06$），15 岁组为 1.86 分（$SD = 0.92$），16 岁组为 2.47 分（$SD = 1.03$），17 岁及以上组为 2.68 分（$SD = 1.03$），单因素方差分析发现不同年龄组之间差异显著（$F = 7.97$，$p < 0.001$）。进一步通过事后分析发现，16 岁组和 17 岁及以上组均显著高于 13 岁及以下组和 15 岁组。方差分析结果见表 9 - 40，变化趋势见图 9 - 6。

表 9 - 40　不同年龄组网络游戏障碍上的差异分析

单位：分

年龄组	13 岁以下	14 岁	15 岁	16 岁	17 岁及以上	方差分析
工读学生均值（标准差）	2.59 (0.91)	2.71 (1.07)	2.75 (1.07)	2.66 (1.04)	2.54 (1.06)	$F = 1.10$, $p = 0.09$
普通学生均值（标准差）	1.98 (1.02)	2.10 (1.06)	1.86 (0.92)	2.47 (1.03)	2.68 (1.03)	$F = 7.97$, $p < 0.001$
方差分析结果 t（p）	4.40 ($p < 0.001$)	5.51 ($p < 0.001$)	6.54 ($p < 0.001$)	2.07 ($p < 0.05$)	- 0.24 ($p = 0.50$)	

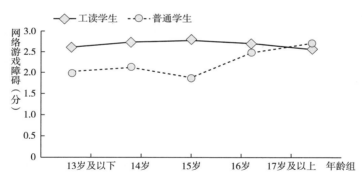

图 9 - 6　网络游戏障碍得分在不同年龄组别上的变化趋势

通过以上结果可以得知，工读学生的网络游戏障碍在不同年龄组之间的差异不显著，但普通学生的网络游戏障碍随年龄增长发生显著变化，在 15 岁以后网络游戏障碍显著提高。这说明跟普通学生相比，工读学生随着年龄的增长，网络游戏障碍保持较高水平且相对平稳。

四　小结

从工读学生的网络游戏障碍分析结果可知，工读学生的网络游戏障碍程度明显高于普通学生：工读男生的网络游戏障碍程度显著高于工读女生，工读男、女生的网络游戏障碍程度分别显著高于普通男、女生；跟普通学生相比，工读学生随着年龄的增长，网络游戏障碍保持较高水平且相对平稳。除17岁及以上年龄段外，工读学生的网络游戏障碍程度均显著高于普通学生。

　　这与以往的研究结果既有一致的地方，也有差异的地方，需要未来做进一步研究。《中国网络游戏用户行为研究报告（2011～2012）》指出，中国网络游戏用户以男性和小于18岁的玩家占主要部分。进一步的调查发现，网络游戏成瘾者以男性、小于18岁、初高中受教育程度为主（任楚远等，2014）。网络游戏作为信息时代的产物之一，深受人们的喜爱，接触并使用网络游戏的年轻人越来越多，由此导致的网络游戏障碍问题不容忽视。新出版的DSM-5第一次将网络游戏成瘾纳入其中，表明网络游戏成瘾已正式被认可为一种新的成瘾性疾病。

第四节　对策和建议

一　工读学生在线行为的影响因素

（一）在线购物冲动

在线购物冲动的影响因素，可以归纳为人口学因素、购物网站设计特征、网购动机、外部因素等方面。

1. 人口学因素

在线购物行为受个体差异的影响，不同性别、年级和不同生源地的同学在进行网络购物时，个体的差异都会影响他们的购买行为。（1）性别差异会导致不同的购买行为。以往研究者（李环宇、张学梅、罗文豪，2018）认为，男生会比女生更容易产生网上购买行为，同时拥有更多的网购经验。本次调查发现，工读女生的在线购物冲动高于工读男生，但差异不显著；普通男生的在线购物冲动得分显著高于普通女生。（2）年龄因素会导致网络购物冲动程度及倾向购买的商品品种也不相同。低年级的同学网络购物时往往是追求它的价格低和商品品种丰富这两种特点。而高年级的同学在此基础上更加注重网购的便利性。他们没有时间去逛商场，所以在网上下单然后等待快递到达不失为一个更好的选择。（3）生源地来源不同的同学们在网购时也会存在显著差异。城镇学生更早接触到网络，也更早接触到网络购物，所以很早就了解到网络购物的便利性。但是很多农村地区互联网并没有那么普及，物流业也相对落后，所以接触网络购物、产生冲动性购买的行为也相对较少。

2. 购物网站设计特征

网站结构、弹出窗口、搜索引擎配置和网站布局维度等网站特性在一定程度上引起在线冲动购买。有研究表明，网站的视觉性、易用性和互动性对在线冲动购买产生重要影响（Liu et al.，2013），网站的属性（如导航、视觉外观和定制预览）也会延长购物者浏览网页的时间，进而会增加他们的购买冲动（Moez，2013）。还有研究者（Verhagen & vanDolen，2011）提出，网站的易操作性、视觉性和安全性可以显著影响消费者的购物情绪，这些情绪反过来影响网上冲动购物行为。

3. 网购动机

网络购物动机是网络行为动机中的一种（李永兰、蔡蓉、陈艳，2019）。工读学生的网络购物动机与马斯洛的需要层次理论相符合。学生的主要生活来源是父母供应，所以总体来说工读学生的消费水平处于满足生理需求阶段，吃饭穿衣的花费是他们进行网络购物的主要支出。在满足生理需要的同时，可能会掺杂着一些后天习得性的需求，在消费心理上呈现一种追新求变的态势，如服装鞋帽、日用百货以及电子产品（如手机、电脑等）。年轻学生也喜欢标新立异、与众不同，因此消费中追求个性化的自我表现动机也比较显著。对流行和时尚比较敏感，希望自己能紧跟潮流，会选择网络购物来实现其求美动机。

4. 外部因素

很多学生在进行网络购买行为时，会受到外部因素的影响，其中包括打折促销等优惠方式（如"双十一""双十二"或者"618"这种购物狂欢节）和自己当时的情绪，而社交购物的兴起也会促进他们进行网络购物，并且很多学生会在购买行为发生以后才会发现自己购买的行为实在是冲动了。

（二）网络游戏障碍

网络游戏使用的影响因素，可以归纳为人口学因素、人格特征、心理需求、游戏动机等方面。

1. 人口学因素

网络游戏的用户群体主要是青少年、男性、学生，这与网络游戏成瘾的人群分布特点相似。以往研究认为网络游戏玩家以男性青少年为主，但调查显示网络游戏玩家的构成已趋于多样化，年龄跨度和性别构成发生了变化。虽然男性青少年玩网络游戏的比例仍然高于女性，但随着为女性青少年设计的网络游戏数量的增加，女性青少年玩家也在逐渐增加。

2. 人格特征

相比之下，内在特征（如玩家的人格和动机）可能是影响个体游戏行为的更为关键的变量。有研究表明，与非网络游戏玩家相比，网络游戏玩家更具有开放性、责任心和外向性特点。网络游戏爱好者与非网络游戏爱好者在怀疑性、世故性和实验性三种人格特质上的差异显著，偏好不同网络游戏类型的玩家具有不同的人格特征，而不同人格类型的玩家在网络游戏中也会表现出不同的行为偏好。对成瘾玩家与非成瘾玩家的比较研究也发现，成瘾玩家的自我调节、冲动性失调（冲动控制）和宜人性水平更低。

3. 心理需求

网络游戏吸引游戏者的根本原因，是它满足了游戏者的心理需求。网络游戏中各种心理需求的满足，也从某种程度上反映了现实生活中该种需求的缺失。有研究表明，青少年网络游戏心理需求由现实情感的补偿与发泄、人际交往与团队归属、成就体验三个维度组成。

4. 游戏动机

有学者指出，资深的网络游戏玩家通常具有很强的竞争动机，而网络游戏恰好满足了他们对于竞争的需要，因此他们会更加投入网络游戏当中去。玩家的网络游戏动机主要是体验控制感和成为英雄的快感与成就感，以及人际沟通和情感交流等。玩家在网络游戏行为过程中可能受到各种内在动机和外在动机的影响，它们共同决定了网络游戏行为的启动、执行和延续。

5. 游戏态度

游戏态度是指玩家对网络游戏行为的积极或消极感受。研究表明，玩家对游戏角色的态度在网络游戏成瘾过程中起到重要作用，成瘾玩家认为自己的游戏角色与众不同，更希望能在现实生活中像游戏角色那样行事。

二　改善工读学生在线行为的建议

如前所述，过度沉迷于在线行为（如网络购物、网络游戏）不仅会影响青少年的身心健康，同时也会影响他们的心理和社会性发展的各个方面。因此，需要完善政策法规，加强教育引导，积极预防矫治，以促进工读学生养成健康的在线行为习惯，促进学生身心健康发展。

（一）完善政策法规

为引导未成年人"玩健康的游戏"和"健康地玩游戏"，文化部网络游戏内容审查委员会、中国教育学会中小学信息技术教育委员会和中国青少年网络协会于 2010 年联合发布了《未成年人健康参与网络游戏提示》，倡议社会各界行动起来，从主动控制青少年网络游戏时间、不参与可能花费大量时间的游戏、注意保护个人信息、不要将游戏当作精神寄托、养成积极健康的游戏心态五个方面促进未成年人健康游戏和成长。

（二）加强教育引导

其一，加强理性消费观念推广宣传，完善网络安全知识学习，适度进行网络购物消费；引导青少年充分认识到在线行为的利弊，正确对待网络购物和网络游戏，培养正确的消费观念和网络游戏观念。

其二，帮助青少年提高自我管理意识，做到节制购物、不玩不良网络游戏，主动控制自己的在线行为，防止过度沉迷。

其三，家校密切合作，发现有沉迷网络游戏、行为举止异常或学习成绩突然下降等状况的学生，要及时进行疏导和教育。工读学生要在教师和家长的引导下，树立起正确的消费价值观念，不能盲目消费，要注重网络购物资金的安全性，安全理性地购买自身需求产品。

其四，组织开展形式多样的社团、社会实践、研学实践等活动，丰富学生的学习和假期生活，将学生注意力转移到实践动手上来，自觉远离不良在线行为。

（三）积极预防矫治

针对工读学生的网络游戏障碍等病理性在线行为，需要进行一定的干预和治疗，主要有药物治疗和心理治疗。药物主要有抗抑郁药和心境稳定药，心理治疗主要包括认知行为疗法、森田疗法和家庭治疗等。此外，在具体应用领域中还经常采用构建积极的网络活动平台、启用防沉迷系统、对网络游戏实行宵禁、使用过滤软件、生理反馈法、团体辅导法、家庭教育等多种干预措施。

随着研究的深入，学者们开始从生物—心理—社会综合模式的角度考察网络游戏成瘾现象，因此也有越来越多的研究者采用综合模式进行网络游戏成瘾的干预和矫治，但目前采用综合模式矫治网络游戏成瘾的研究还远少于矫治一般性网络成瘾的研究。

参考文献

Adachi, P. J. & Willoughby, T. (2013). It's Not How Much You Play, but How Much You Enjoy the Game: The Longitudinal Associations between Adolescents' Self-Esteem and the Frequency Versus Enjoyment of Involvement in Sports. *Journal of Youth and Adolescence*, 43, 137 – 145.

Anderson, C. A. （2004）. An Update on the Effects of Playing Violent Video games. *Journal of Adolescence*, 27, 113 – 122.

Anderson, C. A., Shibuya, A., Ihori, N., Swing, E. L., Bushman, B. J., Sakamoto, A. Saleem, M. （2010）. Violent Videogame Effects on Aggression, Empathy, and Prosocial Behavior in Eastern and Western Countries: A Meta – analytic Review. *Psychological Bulletin*, 136 （2）, 151 – 173.

Bushman, B. & Huesmann, L. R. （2006）. Short – term and Long – term Effects of Violent Media on Aggression in Children and Adults. *Archives of Pediatric and Adolescent Medicine*, 160, 348 – 352.

Gentile, D. A., Anderson, C. A., Yukawa, S., Ihori, N., Saleem, M., Ming, L. K., et al. （2009）. The Effects of Prosocial Video Games on Prosocial Behaviors: International Evidence from Correlational, Longitudinal, and Experimental Studies. *Personality and Social Psychology Bulletin*, 35 （6）, 752 – 763.

Griffiths, M. D. （2004）. Online Computer Gaming: A Comparison of Adolescent and Adult Gamers. *Journal of Adolescence*, 27 （1）, 87 – 96.

Greitemeyer, T. & Osswald, S. （2010）. Effects of Prosocial Video Games on Prosocial Behavior. *Journal of Personality and Social Psychology*, 98 （2）, 211 – 21.

Greitemeyer T., Traut – Mattausch E. & Osswald S. （2012）. How to Ameliorate negative Effects of Violent Video Games on Cooperation: Play it Cooperatively in a Team. *Computers in Human Behavior*, 28, 1465 – 1470.

Greitemeyer, T., Osswald, S., Brauer, M. （2010）. Playing Prosocial Video Games Increases Empathy and Decreases Schadenfreude. *Emotion*, 6, 796 – 802.

Greitemeyer, T., Agthe, M., Turner, R. & Gschwendtner, C. （2012）. Acting Prosocially Reduces Retaliation: Effects of Prosocial Video Games on Aggressive Behavior. *European Journal of Social Psychology*, 42 （2）, 235 – 242.

Liu, Y., Li, H. & Hu, F. （2013）. Website Attributes in Urging Online Impulse Purchase: An Empirical Investigation on Consumer Perceptions. *Decision Support Systems*, 55 （3）, 829 – 837.

Mehroof, M. & Griffiths, M. D. （2010）. Online Gaming Addiction: The Role of Sensation Seeking, Self – control, Neuroticism, Aggression, State anxiety, and Trait anxiety. *Cyberpsychology, Behavior, and Social Networking*, 13, 313 – 316.

Moez, L. （2013）. Antecedents and Effect of Commitment on the Impulse Buying by Internet. *Journal of Internet Banking and Commerce*, 18 （1）1 – 22.

Peters，C. S. & Malesky，L. A.（2008）. Problematic Usage among Highly - Engaged Players of Massively Multiplayer Online Role Playing Games. *CyberPsychology and Behavior*，11，481 - 484.

Prensky，M.（2001）. *Digital natives，digital immigrants - A new way to look at ourselves and our kids*，9（3）. From On the Horizon：NCB University Press.

Reinecke，L.（2009）. Games and Recovery. *Journal of Media Psychology：Theories，Methods，and Applications*，21（3），126 - 142.

Roberts，D. F. & Foehr，U. G.（2008）. Trends in Media Use. *The Future of Children*，18（1），11 - 37

Suler，J.（2001）. *The psychology of Cyberspace*. http：//users. rider. edu/ ~ suler/psycyber/psycyber. html.

Verhagen，T. & Dolen，W. V.（2011）. The Influence of Online Store Beliefs on Consumer Online Impulse buying：A Model and Empirical Application. *Information & Management*，48（8），320 - 327.

陈美芬，陈舜蓬.（2005）. 攻击性网络游戏对个体内隐攻击性的影响. 心理科学，28（2），458 - 460.

崔丽娟，胡海龙，吴明证，解春玲.（2006）. 网络游戏成瘾者的内隐攻击性研究. 心理科学，29（3），570 - 573.

郭晓丽，江光荣.（2007）. 暴力电子游戏对儿童及青少年的影响研究综述. 中国临床心理学杂志，15（2），188 - 190.

郭晓丽，江光荣，朱旭.（2009）. 暴力电子游戏的短期脱敏效应：两种接触方式比较. 心理学报，41（3）：259 - 266.

孔寅平，陈毅文.（2010）. 大学生产品卷入度对冲动性网络购物的影响. 人类工效学，16（3），28 - 30，58.

李环宇，张学梅，罗文豪.（2018）. 大学生冲动性网络购物的动机及影响因素. 现代商业，（1），45 - 47.

李婧洁，张卫，甄霜菊，梁娟，章聪.（2008）. 暴力电脑游戏对个体攻击性的影响. 心理发展与教育，24（2），108 - 112.

李永兰，蔡蓉，陈艳.（2019）. 大学生网络效能感与冲动网络购物意向的关系：网络购物动机的中介作用. 中国临床心理学杂志，27（1），198 - 200，118.

刘桂芹，张大均.（2010）. 暴力网络游戏对青少年心理发展的影响及干预措施. 教育科学研究，7（1），65 - 67.

南洪钧，钱俊平，吴俊杰.（2011）. 网络游戏行为对大学生心理健康的影响. 内蒙古师范大学学报（教育科学版），24（1），46 - 49.

任楚远，李焕，张英，刘彩谊，陶然.（2014）. 住院网络游戏成瘾者人格特质与游戏类型的关系研究．中国药物依赖性杂志，23（2），144 – 148.

陶然，黄秀琴，王吉囡，刘彩谊，张惠敏，肖利军，姚淑敏．（2008）．网络成瘾临床诊断标准的制定．解放军医学杂志，33（10），1188 – 1191.

王耀清．（2018）．高中生网络购物的行为分析．现代经济信息，（25），147.

王卓．（2004）．女性更热衷于在线购物．https：//t. qianzhan. com/caijing/detail/190214 – d86c1a71. html.

魏华，张丛丽，周宗奎，金琼，田媛．（2010）．媒体暴力对大学生攻击性的长时效应和短时效应．心理发展与教育，26（5），489 – 494.

张国华，雷雳．（2013）．网络游戏感知和体验与青少年网络游戏成瘾的关系：网络游戏态度的中介作用．全国心理学学术会议．

张璇，谢敏，胡晓晴，葛少华，郑全全．（2006）．大学生电脑游戏成瘾及其影响因素初探．中国临床心理学杂志，14（2），150 – 152.

赵永乐，何莹，郑涌．（2011）．网络游戏的教育价值及面临的问题．教育评论，（3），38 – 40.

郑宏明，孙延军．（2006）．暴力电子游戏对攻击行为及相关变量的影响．心理科学进展，14（2），266 – 272.

附件　青少年社会性发展状况调查问卷

本书使用的调查问卷详细内容请扫描二维码获取。

图书在版编目（CIP）数据

专门学校学生社会性发展研究：基于专门学校学生
与普通学生的比较分析／路琦等著 . --北京：社会科
学文献出版社，2021.1
　　ISBN 978 - 7 - 5201 - 7805 - 1

　　Ⅰ.①专… 　Ⅱ.①路… 　Ⅲ.①工读学校 - 学生 - 对比
研究 - 中国 　Ⅳ.①G765

　　中国版本图书馆 CIP 数据核字（2021）第 005997 号

专门学校学生社会性发展研究

基于专门学校学生与普通学生的比较分析

著　　者／路　琦　雷　雳　马晓辉　等

出 版 人／王利民
责任编辑／王玉敏

出　　　版／社会科学文献出版社·联合出版中心（010）59367153
　　　　　　地址：北京市北三环中路甲 29 号院华龙大厦　邮编：100029
　　　　　　网址：www. ssap. com. cn
发　　　行／市场营销中心（010）59367081　59367083
印　　　装／三河市尚艺印装有限公司

规　　　格／开　本：787mm × 1092mm　1/16
　　　　　　印　张：41.75　字　数：745 千字
版　　　次／2021 年 1 月第 1 版　2021 年 1 月第 1 次印刷
书　　　号／ISBN 978 - 7 - 5201 - 7805 - 1
定　　　价／179.00 元

本书如有印装质量问题，请与读者服务中心（010 - 59367028）联系